Tobias Weltner

Scripting für Administratoren

Tobias Weltner

Scripting für Administratoren

2. Auflage

Tobias Weltner: Scripting für Administratoren, 2. Auflage
Microsoft Press Deutschland, Konrad-Zuse-Str. 1, 85716 Unterschleißheim
Copyright © 2005 Microsoft Press Deutschland

Das in diesem Buch enthaltene Programmmaterial ist mit keiner Verpflichtung oder Garantie irgendeiner Art verbunden. Autor, Übersetzer und der Verlag übernehmen folglich keine Verantwortung und werden keine daraus folgende oder sonstige Haftung übernehmen, die auf irgendeine Art aus der Benutzung dieses Programmmaterials oder Teilen davon entsteht.

Das Werk einschließlich aller Teile ist urheberrechtlich geschützt. Jede Verwertung außerhalb der engen Grenzen des Urheberrechtsgesetzes ist ohne Zustimmung des Verlags unzulässig und strafbar. Das gilt insbesondere für Vervielfältigungen, Übersetzungen, Mikroverfilmungen und die Einspeicherung und Verarbeitung in elektronischen Systemen.

Die in den Beispielen verwendeten Namen von Firmen, Organisationen, Produkten, Domänen, Personen, Orten, Ereignissen sowie E-Mail-Adressen und Logos sind frei erfunden, soweit nichts anderes angegeben ist. Jede Ähnlichkeit mit tatsächlichen Firmen, Organisationen, Produkten, Domänen, Personen, Orten, Ereignissen, E-Mail-Adressen und Logos ist rein zufällig.

15 14 13 12 11 10 9 8 7 6 5 4 3 2
07 06

ISBN 3-86063-979-X

© Microsoft Press Deutschland
(ein Unternehmensbereich der Microsoft Deutschland GmbH)
Konrad-Zuse-Str. 1, D-85716 Unterschleißheim
Alle Rechte vorbehalten

Fachlektorat: Georg Weiherer
Korrektorat: Jutta Alfes, Siegen
Satz: Gerhard Alfes, mediaService, Siegen (www.media-service.tv)
Umschlaggestaltung: Hommer Design GmbH, Haar (www.HommerDesign.com)
Layout und Gesamtherstellung: Kösel, Krugzell (www.KoeselBuch.de)

Inhaltsverzeichnis

Vorwort .... **XIII**

1 Einführung **1**
   Welche Voraussetzungen brauchen Sie? 1
   Welche Voraussetzungen braucht Ihr Computer? 3
      Virenschutzprogramme 4
   Die Scripting-Architektur 4
      Der Windows Script Host 4
      Die Sprache VBScript 6
      Skriptbare Zusatzkomponenten 6
      Mitgelieferte Dokumentation 7
   QuickEdit – ein kleiner VBScript-Editor 8
      Skripts öffnen und ausführen 9
      Syntax-Highlighting und Soforthilfe 12
      Bereichsmarkierungen 15
      Volltextsuche 15
      Testversion des Systemscripters 16
   VBScript Guerilla Session 17
      Eigenschaften, Methoden und andere Fachbegriffe 17
      Nach Informationen fragen 19
      Informationen ausgeben 22
   Problemskripts meistern 24
      Skripts im Debugger schrittweise ausführen 26
      Mit dem Debugger arbeiten 27
   Skripts schützen und verschlüsseln 28
      Mit dem Encoder: Skripts unlesbar machen 28

2 System-Informationen **31**
   Infrastruktur-Daten über Ihr Netzwerk erfragen 31
      Das *Wscript.Network*-Objekt 31
      ADSystemInfo 33
      WinNTSystemInfo 34
   Systemordner ermitteln 35
      Alle Windows-Spezialordner ermitteln 35
   Umgebungsvariablen auflösen 38

3 Einfache Dateisystem-Aufgaben **41**
   Lokaler Zugriff auf das Dateisystem 42
   Mit Pfadnamen arbeiten 43

Zufallsgesteuerte Dateinamen	44
Prüfen, ob Dateien oder Ordner existieren	44
Nächsten freien Laufwerksbuchstaben bestimmen	44
Prüfen, ob eine Datei existiert	46
Prüfen, ob ein Ordner existiert	46
Kopieren, Verschieben und Löschen	48
Sicherheitskopie einer Datei anlegen	48
Mit Platzhalterzeichen arbeiten	49
Kopierfunktion des Systems einsetzen	52
Direkter Zugriff auf Dateisystemobjekte	52
Laufwerke verwenden	53
Auf ein bestimmtes Laufwerk zugreifen	53
Alle vorhandenen Laufwerke untersuchen	55
Laufwerkstypen bestimmen	56
Laufwerkstyp suchen	57
Ordner verwenden	58
Unterordner auflisten	59
Dateien verwenden	61
Dateien eines Ordners auflisten	62
»Temp«-Ordner aufräumen	62
Dateiattribute lesen und setzen	64
Datei-Inhalte	65
Neue Dateien anlegen	65
Datei-Inhalte lesen	67
Temporäre Dateien schreiben	68
Dateien im Ordner *Eigene Dateien* anlegen	69
Dateien und Ordner umbenennen	70
Verknüpfungen	72
Neue Programmgruppen anlegen	73
Dokumente-Menü bereinigen	73
Datei-Inhalte auswerten	74
Textinhalte zeilenweise interpretieren	74
Ein anderes Logbuch auswerten	81
Textdateien als Datenbank verwenden	82
Mit Binärdateien arbeiten	86
Zusatzinformationen für Dateien lesen	88

4 Dateisystem-Aufgaben mit WMI   91

Dateien und Ordner ansprechen	91
Bestimmte Dateien und Ordner finden	95
Erweiterte Abfragen	97
Dateien und Ordner kopieren	102
Dateiveränderungen überwachen	104
Ergebnisse sortieren	107
NTFS-Berechtigungen verwalten	108
NTFS-Berechtigungen sichtbar machen	109
NTFS-Berechtigungen ändern	113
Berechtigungen klonen	114
Neue Berechtigungen setzen	115

Besitz übernehmen 118
　　　Fernzugriff auf Remotesysteme 119

5 Externe Programme steuern 121
　　Externe Programme starten 122
　　　Auf Programme warten: Synchrone Ausführung 122
　　Externe Programme mit mehr Kontrolle 125
　　　Konsolenausgaben abfangen 125
　　　Ein- und Ausgabe eines Konsolenbefehls kidnappen 127
　　　Programme vorzeitig abbrechen 128
　　Programme auf Remotesystemen starten 129
　　　Programme beenden 129
　　　Skripts remote ausführen 130
　　Zeitgesteuerte Programmstarts 131

6 Zugriff auf die Registry 135
　　　Registry-Zugriff: Drei Wege 135
　　Kurzer Registry-Rundgang 135
　　　Die Hauptschlüssel (Hives) 136
　　　Variablentypen 137
　　Mit *WScript.Shell* die Registry verwalten 137
　　　Einen Wert aus der Registry lesen 137
　　　Prüfen, ob der gesuchte Wert überhaupt existiert 138
　　　Den (Standard)-Wert eines Schlüssels lesen 139
　　　Eigene Daten in der Registry speichern 140
　　　Skripts in Kontextmenüs einbauen 141
　　　Neue Kontextmenü-Befehle entwerfen 143
　　　Anregungen für eigene Kontextmenü-Befehle 144
　　Mit WMI die Registry steuern 144
　　　Die WMI-Registry-Befehle 144
　　　Verbindung zu den WMI-Registry-Funktionen aufnehmen 145
　　　Werte aus der Registry lesen 146
　　　Registry-Zugriff über das Netzwerk 146
　　　Unterschlüssel eines Schlüssels auflisten 147
　　　Liste der installierten Dateitypen abrufen 148
　　　Werte eines Schlüssels auflisten 149
　　　Einen Schlüssel in der Registry anlegen 152
　　　Einen Wert in die Registry eintragen 153
　　　Werte aus der Registry entfernen 155
　　　Einen kompletten Schlüssel entfernen 156
　　　Zugriffsrechte auf Registry-Schlüssel prüfen 157

7 Datenbanken 159
　　Recordsets als »Mini-Datenbank« 159
　　　Ein Recordset neu anlegen 160
　　　Recordsets lesen 164
　　　Filtern und nach bestimmten Informationen suchen 166
　　Neue Datenbanken anlegen 168
　　　Aufbau der Datenbank festlegen 169

Datenbank generieren	169
Besonderheiten bei der Tabellendefinition	171
Echte Datenbanken ansprechen	172
Zugriff über DSN-Registrierung	172
Direkter Zugriff auf eine Datenbank	175
Mit Recordsets der Datenbank arbeiten	177
SQL-Abfragen einsetzen	179
SQL-Abfragen verstehen	179
Wichtige SQL-Abfragen in der Übersicht	180

8 ADSI – das Active Directory Service Interface **183**

Überblick: Die ADSI-Provider	184
Der WinNT:-Provider	184
Der LDAP:-Provider	185
Das lokale System ansprechen	185
Auf einen Container zugreifen	185
Auf Remotesysteme zugreifen	187
Das Schema eines Objekts nutzen	187
Welche Informationen stehen zur Verfügung?	189
Alle lesbaren Informationen automatisiert anzeigen	191
Das Active Directory ansprechen	194
Zugriff über WinNT:	194
Zugriff über LDAP:	195
Vorhandene Objekte ändern	201
Komplexere Eigenschaften richtig interpretieren	203
Neue Objekte anlegen	210
Ein neues Benutzerkonto mit WinNT: anlegen	210
Ein neues Benutzerkonto mit LDAP: anlegen	211
Vorhandene Objekte löschen	212

9 Domänen verwalten **213**

Infrastruktur analysieren	213
Den Primären Domänencontroller finden	215
Native Mode oder Mixed Mode?	215
Flexible Single Master Operations prüfen	215
Sites untersuchen	217
Sicherheitseinstellungen der Domäne	218
Gruppenrichtlinien protokollieren	219
Gruppenrichtlinien-Objekte anzeigen	220
Kennwortrichtlinien überprüfen	222
Benutzerrechte protokollieren	224
Überwachung kontrollieren (Auditing)	228
Vertrauensstellungen	230
Replikation	230
Standorte (Sites)	233
Alle Standorte auflisten	234
Standort-Verknüpfung anlegen	235
Domänencontroller finden	236
Server eines Standortes auflisten	236

Subnetze	237
Subnetze auflisten	238
Subnetz entfernen	238

10 Computer verwalten ... 239

Computer-Konten verwalten	239
Konto verschieben	244
Computer-Konten löschen	244
Computer-Eigenschaften ändern	245
Nach Computer-Konten suchen	246
Remoteinstallations-ID hinterlegen	247
Konto umbenennen	248
Prüfen, ob ein Computer online ist	248
Domänencontroller auflisten	249
Die Rolle des Computers feststellen	250
Zusatzfunktionen eines Computers ermitteln	251
Global Catalog Server	251
Betriebssystem	252
Software	253
Hotfixes auflisten	253
Service Pack Status melden	254
Installierte Software inventarisieren	254
Komplettes Softwareinventar	255
Starten und Herunterfahren	256
Autostart-Programme auflisten	259
Computer neu starten	259

11 Benutzer verwalten ... 261

Lokale Benutzerkonten	261
Neues Benutzerkonto anlegen	263
Ein Benutzerkonto entfernen	263
Einstellungen lokaler Konten ändern	263
Allgemein	264
Profil	269
Mitgliedschaft	270
Kennwörter ändern	272
Domänenkonten verwalten	273
Ein neues domänenbasiertes Benutzerkonto anlegen	273
Auf ein domänenbasiertes Benutzerkonto zugreifen	273
Ein domänenbasiertes Benutzerkonto löschen	275
Domänenkonten-Eigenschaften ändern	276
Allgemein	276
Adresse	278
Konto	280
Profil	287
Rufnummern	289
Organisation	291
Mitglied von	295
Einwählen	300

Terminaldienstprofile	304
Remoteüberwachung	306
Umgebung	307
Sitzungen	308
Veröffentlichte Zertifikate	309
COM+	312

12 Gruppen verwalten — 315
Gruppe anlegen	315
Gruppe löschen	316
Domänenbasierte Gruppen	316
Nach Gruppen suchen	318

13 Organisationseinheiten verwalten — 321
Organisationseinheit anlegen	321
Organisationseinheit löschen	323
Eigenschaften ändern	324
Allgemein	324
Verwaltet von	325
Gruppenrichtlinie	326

14 Drucker und Dienste — 333
Erste Übersicht	333
Lokale Drucker installieren	335
Resource-Kit-Lösung	336
WMI-Lösung	337
GUI-Methode	341
Druckerfreigaben verwalten	343
Einen lokalen Drucker freigeben	343
Drucker-Eigenschaften festlegen	346
Allgemein	346
Erweitert	348
Standarddrucker festlegen	349
Druckserver verwalten	350
Spooler-Dienst überwachen	350
Druckerwarteschlangen eines Computers überwachen	352
Drucker anhalten und fortsetzen	353
Offline arbeiten	354
Drucker umbenennen	355
Drucker löschen	355
Druckaufträge überwachen	356
Druckaufträge anhalten oder abbrechen	359
Größenbeschränkung für Druckaufträge	362
Druckaufträge bei Wartungsarbeiten abbrechen	363
Druckjob-Eigenschaften	364

15 Dienste — 367
Überblick	367

  Allgemein 369
  Anmelden 370
  Abhängigkeiten 370
 Auf Dienste zugreifen 371
  WMI verwenden 371
  ADSI verwenden 372
 Dienste starten und stoppen 373
  Dienst beenden 373
  Dienst starten 375
  Dienst anhalten 376
  Dienst fortsetzen 377
 Detailinformationen zu Diensten anzeigen 378
 Detailinformationen zu Diensten ändern 379
  Anzeigename ändern 380
  EXE-Datei ändern 380
  Starttyp ändern 380
  Dienstkonto ändern 381
  Dienst-Kennworte ändern 382
 Dienste überwachen 383
  Ereignislogbuch-Einträge zu Diensten auflisten 383
  Dienst-Prozesse auflisten 384
  Auf Dienst-Ereignisse reagieren 387
 Dienste installieren 389
 Abhängigkeiten anzeigen 391

16 Ereignislogbücher   393
 Überblick 393
  Ereignislogbücher 394
  Ereignisse 395
 Ereignislogbücher verwalten 396
  Alle verfügbaren Ereignislogbücher anzeigen 397
  Ein Ereignislogbuch sichern 399
  Ereignislogbuch löschen 400
 Ereignisse schreiben 400
 Ereignisse analysieren 401
  Alle Ereignisse anzeigen 401
  Ausgewählte Ereignisse anzeigen 403
 Ereignisse in Realtime verarbeiten 408

17 Netzwerk-Verwaltung   411
 Netzwerkverbindungen 411
  Eine bestimmte Netzwerkkarte ansprechen 413
 Netzwerkkarten 415
 Netzwerkkarten-Einstellungen ändern 419
  DHCP und IP-Adressen 419
  Weitere Einstellungen 423
 Netzwerk-Freigaben 423
  Eigene Freigaben 424
  Freigaben anlegen 427

Inhaltsverzeichnis

  Freigaben mit Zugriffsberechtigung erstellen 429
  Freigabe löschen 432
  Netzlaufwerke 433
  Freigaberessourcen verwalten 434
 Windows-Firewall 435
  Firewall ein- und ausschalten 436
  Firewall-Ausnahmen 436
  ICMP-Einstellungen 438
  Firewall-Profile und Netzwerk-Domänen 440

Anhang A Auf der Buch-CD **443**

Stichwortverzeichnis **445**

Vorwort

»Real men don't click« lautet der plakative Beiname eines Projekts der Eidgenössischen Technischen Hochschule Zürich zur Skriptautomation von Windows 2000, die mit diesem Buch zwar rein gar nichts zu tun hat, aber vor denselben Herausforderungen stehen viele Administratoren und Systemverwalter heute: Windows Server (und Clients) sollen flächendeckend über Automationsskripts verwaltet werden: um Zeit zu sparen, Anmeldevorgänge zu automatisieren, Fehler zu vermeiden oder Routineaufgaben abzubilden.

Wenn auch Sie sich für die Automation von Windows-Systemen interessieren, halten Sie mit dieser komplett überarbeiteten Neuauflage genau das richtige Buch in den Händen. Auf knapp 500 Seiten finden Sie unzählige kleine und übersichtliche Beispielskripts aus allen wichtigen administrativen Lebenslagen, die Sie sofort einsetzen oder als Beispiel übernehmen und erweitern können.

Die Beispiele sprechen alle aktuellen Skript- und Automationsschnittstellen einschließlich WMI (Windows Management Instrumentation) und ADSI (Active Directory Service Interfaces) an und reflektieren die Erfahrung aus hunderten von Projektarbeiten sowie der Trainings zum Thema Skriptautomation, die ich seit Jahren halte. Am besten blättern Sie einfach einmal durch das Inhaltsverzeichnis, um sich einen Überblick über die Themenvielfalt zu verschaffen.

Da Zeit im Alltag eines Administrators häufig ein seltenes Gut ist, finden Sie auf der Buch-CD außerdem einen Skripteditor als Vollversion, der speziell für dieses Buch entstand und mit dem Sie Skripts nicht nur besonders schnell verstehen können, sondern der Ihnen auch bei der Umsetzung von eigenen Ideen in Skripts behilflich ist.

Dieser Editor hinterlegt nicht nur alle wichtigen Skriptbefehle farblich, sondern verfügt außerdem über ein ausklappbares Hilfepanel: klicken Sie auf einen Befehl, wird darin schnell und unkompliziert die Erklärung angezeigt. Außerdem »kennt« der Editor alle Beispielskripts aus diesem Buch, die Sie über Angabe der Skriptnummer blitzschnell in den Editor laden - und sofort ausprobieren können.

So können Sie sämtliche Skripts aus diesem Buch ganz einfach als Vorlage für eigene Ideen und Projekte nutzen - die Eingabe eines Stichworts ins Suchen-Feld des Editors genügt. Probieren Sie dieses kleine Tool einfach mal aus - zusammen mit den ausführlichen Informationen aus dem Buch sind Sie bestens gerüstet, um eigene Herausforderungen schnell und effizient zu meistern.

Übrigens: falls Sie noch niemals programmiert haben oder einen besonders gründlichen Einstieg in die Programmiersprache VBScript wünschen, empfehle ich Ihnen als Vorlektüre das Buch »Windows Scripting – Der Einsteigerworkshop«, ebenfalls erschienen bei Microsoft Press.

Ich jedenfalls wünsche Ihnen viel Spaß und Erfolg und würde mich über einen Besuch im kostenlosen Forum auf *www.scriptinternals.de* freuen,

Herzlichst,
Tobias Weltner

1 Einführung

1	Welche Voraussetzungen brauchen Sie?
3	Welche Voraussetzungen braucht Ihr Computer?
4	Die Scripting-Architektur
8	QuickEdit – ein kleiner VBScript-Editor
17	VBScript Guerilla Session
24	Problemskripts meistern
28	Skripts schützen und verschlüsseln

Die rasante Entwicklung der Informationstechnologie in den letzten zehn Jahren führt dazu, dass heute Computer und Netzwerke weit mehr Aufgaben zu meistern haben als früher.

Kümmerten sich Administratoren früher hauptsächlich um Fileserver und Datenbanken, so werden heute oft ganze Geschäftsprozesse in der IT abgebildet. Das spart Zeit und Geld, jedenfalls dann, wenn alles funktioniert. Ausfälle dagegen sind heute teurer denn je.

Umso wichtiger wird es für den Administrator, »seine« IT im Griff zu haben, Abläufe nachvollziehen zu können und Routineaufgaben schnell und effizient zu meistern.

Während in der Unix-Welt dazu schon seit Jahrzehnten Skripts eingesetzt werden, nutzten Windows-Administratoren höchstens so genannte Batch-Dateien – wenn überhaupt.

Dabei sind Skripts genial einfach und äußerst hilfreich. Es sind reine Textdateien, die äußerst mächtige und dabei doch einfach verständliche Anweisungen enthalten. Administratoren können so quasi mit dem Texteditor neue Befehle basteln, die genau das leisten, was der Administrator gerade benötigt.

Wie wichtig Skripts sind, hat Microsoft inzwischen erkannt. In den letzten Jahren wurden immer neue Skriptschnittstellen geschaffen, und heute ist ein Windows-System in fast allen wichtigen Bereichen über Skripts steuer- und automatisierbar.

Welche Voraussetzungen brauchen Sie?

Dieses Buch ist kein Lehrbuch für Programmiersprachen, denn dafür reicht der Platz nicht aus. Weil Skripts aber relativ einfach aufgebaut sind, kann praktisch jeder, der schon einmal Kontakt zu einer Programmiersprache hatte, Skripts nachvollziehen, anpassen und für eigene Zwecke umschreiben. Genau aus diesem Grund finden Sie in diesem Buch unzählige Beispiele für die verschiedensten administrativen Aufgaben.

```
Set objnet = CreateObject("WScript.Network")
objnet.MapNetworkDrive "X:", "\\S2003\PROFILES"
```

Listing 1.1: Ein Netzlaufwerk mappen

Selbst wenn Sie die Informationen nicht hätten, die in diesem Kapitel noch folgen, könnten Sie sicher sagen, welche Aufgabe Listing 1.1 ausführt. Und Sie könnten das Skript bestimmt sehr einfach an Ihre eigenen Gegebenheiten anpassen, also den Laufwerksbuchstaben und Netzwerkpfad ändern.

Um Skripts anwenden zu können, brauchen Sie also nicht unbedingt Programmierkenntnisse, sondern viel wichtiger unzählige Beispiele, die Sie als Vorlage verwenden können. Diese finden Sie in den nächsten Kapiteln dieses Buches zuhauf.

Die speziellen Eigenarten der Skriptsprache VBScript, die in diesem Buch eingesetzt wird, lernen Sie außerdem als Auffrischung in einer »Guerilla Session« in diesem Kapitel kennen.

Und schließlich enthält dieses Buch eine Reihe von Werkzeugen, die Ihnen das Erlernen und die Arbeit mit Skripts sehr erleichtert. Schauen Sie sich dazu unbedingt den Abschnitt zu »QuickEdit« an, einem speziell für dieses Buch entworfenen VBScript-Editor, den Sie auf der Buch-CD als Vollversion finden (▶ *Skript-Editoren\QuickEdit.msi*).

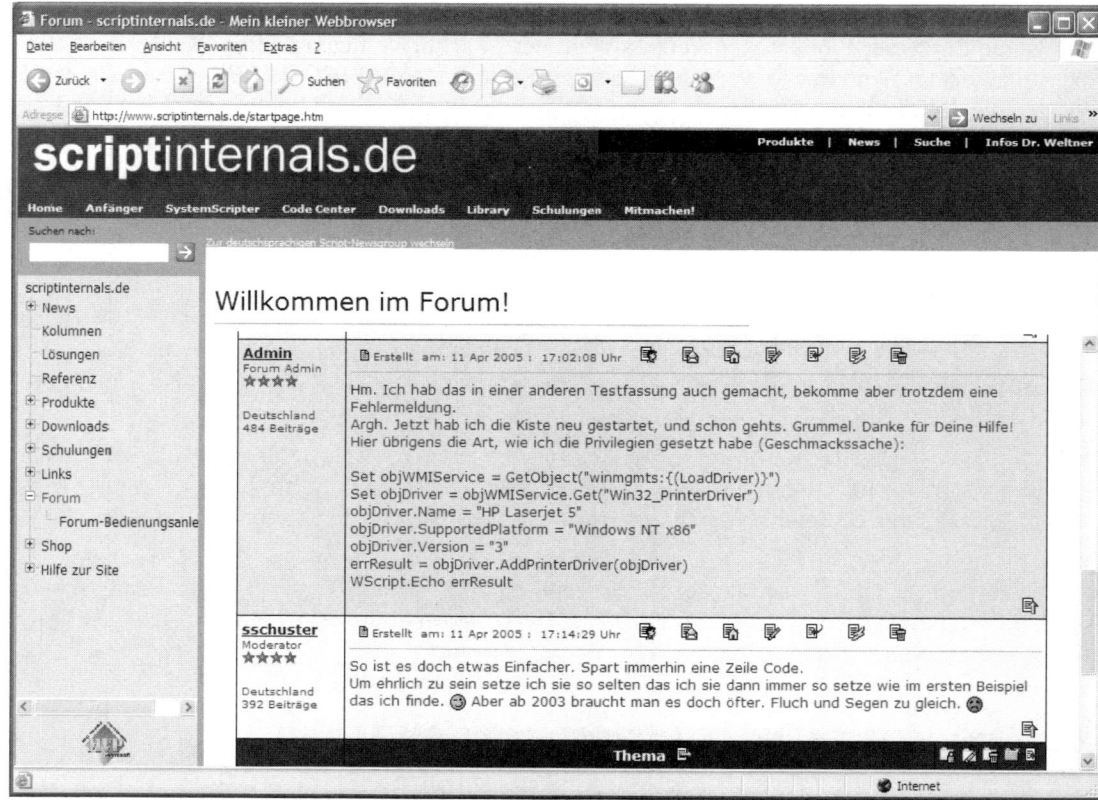

Abbildung 1.1: Kostenloser Support bei scriptinternals.de

Wenn Sie anschließend trotzdem feststellen, dass für Ihren Geschmack zu viele Grundlagenfragen offen bleiben, dann sollten Sie das Buch »Windows Scripting – der Einsteiger-Workshop« aus dem Microsoft Press Verlag hinzuziehen. Dieses Buch führt Sie in einfach verständlichen Schritten an die Sprache VBScript heran und bildet eine exzellente Grundlage für dieses Buch.

Übrigens sind Sie herzlich eingeladen, das kostenlose Forum auf *www.scriptinternals.de* zu besuchen. Dort können Sie selbst Fragen stellen und erhalten meist schnell die richtige Antwort.

Welche Voraussetzungen braucht Ihr Computer?

Skripts werden ab Windows 2000 standardmäßig von Microsoft unterstützt. Wenn Sie also mit Windows 2000, Windows XP oder Windows Server 2003 arbeiten, können Sie die Skripts in diesem Buch ohne weitere Vorbereitungen einsetzen.

Zwar können Sie Skripts auch auf älteren Windows-Plattformen einsetzen, wenn Sie den kostenlosen *Windows Script Host* (WSH) von Microsoft herunterladen und installieren. Dieses Buch richtet sich aber primär an Administratoren, die Systeme ab Windows 2000 einsetzen. Erst ab Windows 2000 sind alle nötigen Dienste und Erweiterungen Teil des Betriebssystems, die Skripts benötigen, um anspruchsvolle Aufgaben zu erledigen.

ACHTUNG: Die meisten Skripts dieses Buches greifen auf externe Befehlsbibliotheken zu. Der überwiegende Teil dieser Bibliotheken steht ab Windows 2000 zur Verfügung. Einige wenige Bibliotheken sind erst ab Windows XP verfügbar, wie zum Beispiel die *CAPICOM.Utilities*-Bibliothek. Sie finden die nötige Bibliothek aber als DLL-Datei auf der Buch-CD und können diese bei Windows 2000 nachinstallieren (▶ *Microsoft-Software\ CAPICOM 2.1.0.1*).

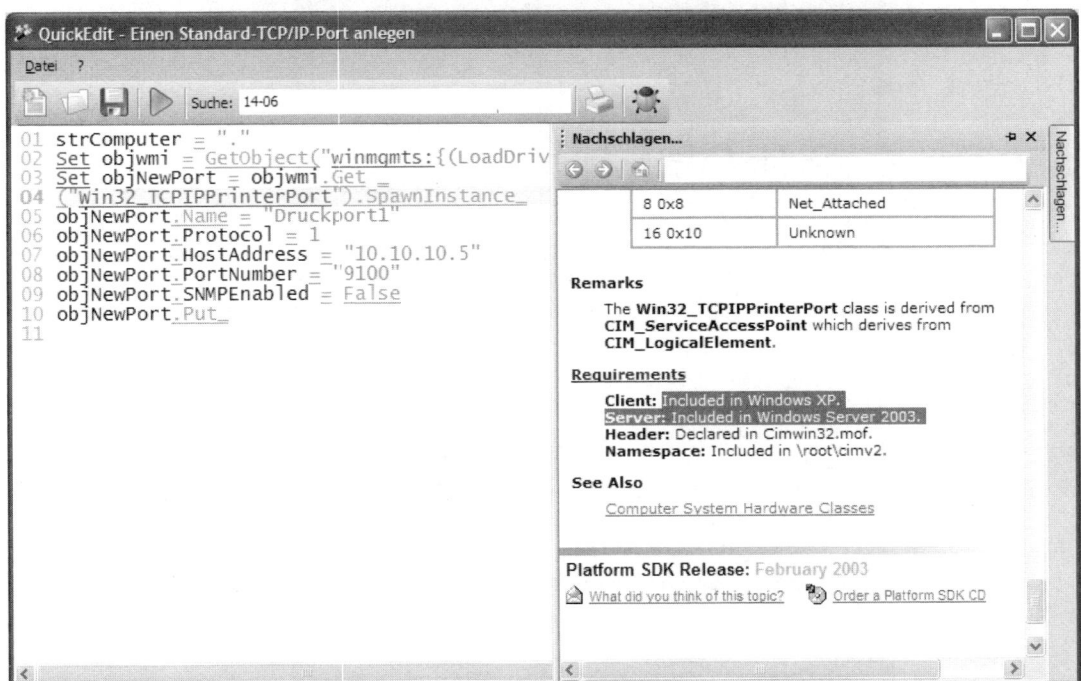

Abbildung 1.2: *QuickEdit verrät, dass TCP/IP-Ports der WMI erst ab XP/2003 unterstützt werden*

Einführung

Einige Skripts nutzen die Funktionen des Windows Verwaltungsdienstes (WMI). Auch dieser wird ständig erweitert, und einige Funktionen stehen erst ab Windows XP oder Server 2003 zur Verfügung. Im Zweifelsfall können Sie den WMI-Klassennamen im »QuickEdit«-Editor nachschlagen, der gleich genauer vorgestellt wird. Dieser nennt Ihnen auch die Voraussetzungen.

Virenschutzprogramme

Da Skripts genauso machtvoll sind wie herkömmliche Programme, können Skripts natürlich auch von Virenprogrammierern missbraucht werden. Für Sie gilt: Starten Sie nie ein Skript, dessen Innenleben Sie nicht wirklich verstanden haben. Andernfalls könnte das Skript Dinge tun, die Ihnen gar nicht lieb sind.

Virenschutzprogramme, die heute zum Standard eines jeden Computers zählen sollten, gehen mit Skripts unterschiedlich clever um. Schlechte Virenschutzprogramme verdächtigen beinahe jedes Skript und machen die Arbeit mit Skripts fast unmöglich. Aber auch einige Markenprodukte vermuten pauschal Viren, wenn Skripts auf bestimmte Befehlsbibliotheken wie zum Beispiel »ADODB.Stream« zugreifen.

Sie können sicher sein, dass alle Skripts in diesem Buch gründlich auf Viren getestet wurden. Sollte Ihr Virenscanner trotzdem Alarm schlagen, dann handelt es sich um einen Fehlalarm, und zumindest auf Skript-Entwicklungssystemen sollten Sie erwägen, den Virenscanner zu wechseln oder zumindest die Skriptprüfung abzuschalten.

Die Scripting-Architektur

Bevor Sie Ihr erstes Skript verfassen, ist ein Blick auf die Scripting Architektur sinnvoll. Schauen Sie sich an, was genau technisch passiert, wenn Sie eine Skriptdatei namens »test.vbs« zum Beispiel per Doppelklick starten.

Der Windows Script Host

Die Dateierweiterung ».vbs« ist mit dem Windows Script Host verknüpft. Skripts sind also sozusagen die Dokumente des WSH, und genauso wie eine ».doc«-Datei beim Öffnen von *Microsoft Word* geladen und angezeigt oder eine klassische Batchdatei mit der Erweiterung ».bat« vom Kommandozeileninterpreter ausgeführt wird, öffnet der WSH die Skriptdatei und führt die Anweisungen darin aus.

Der WSH bildet das Fundament der Scripting Architektur und wird als »Script Host« bezeichnet. Es bildet die unterste von drei Schichten in Abbildung 1.3.

Das Wort »Host« steht dabei für »Gastgeber«, kennzeichnet also ein Programm, das Skripts laden und ausführen kann.

> **HINWEIS:** Der WSH ist nicht der einzige Script Host auf Ihrem System. Auch der Internet Explorer als Webbrowser kann Skripts ausführen, wenn diese in HTML-Seiten eingebettet sind, und ähnlich verhält es sich mit dem Internet Information Server (IIS), dem Microsoft-Webserver. Er kann ebenfalls Skripts verarbeiten, die in ASP-Seiten eingebettet sind. Im Rahmen dieses Buches allerdings spielen die anderen Script Hosts keine Rolle.

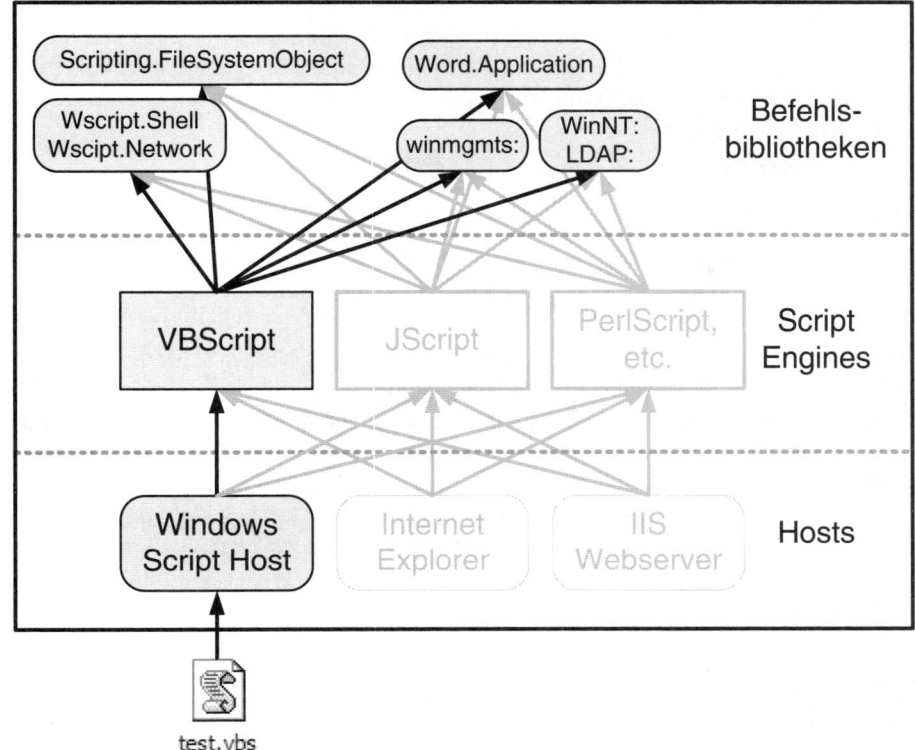

Abbildung 1.3: Die drei Stützpfeiler, über die Ihre Skripts Macht bekommen

Der WSH liefert bereits einige wichtige Skriptbefehle, die die Ausführung des Skripts betreffen. Der WSH kann zum Beispiel ein Skript vorzeitig mit seinem *Quit*-Befehl abbrechen oder mit *Sleep* eine Wartepause einbauen. Er kann auch externe Argumente, die Sie dem Skript mit auf den Weg gegeben haben, ans Skript weiterleiten. Die WSH-eigenen Befehle stehen Ihrem Skript über das Objekt *WScript* zur Verfügung, das auch unter dem Namen *WSH* angesprochen werden kann.

```
MsgBox "Start"
WScript.Sleep 1000      ' eine Sekunde warten
MsgBox "WSH hat gerade das Skript eine Sekunde verzögert."
WScript.Quit
MsgBox "Diese Nachricht erscheint nicht mehr, weil der WSH das Skript schon abgebrochen hat."
```

Listing 1.2: Ein erstes Testskript

HINWEIS: Um dieses Skript in Aktion zu erleben, starten Sie zum Beispiel den Windows-Editor »notepad.exe« und geben das Skript ein. Speichern Sie es unter einem beliebigen Namen, aber hängen Sie als Dateierweiterung ».vbs« an. So wird aus der Textdatei eine Skriptdatei, die Sie anschließend per Doppelklick starten können.

Natürlich finden Sie alle Skripts dieses Buches auch auf der Buch-CD und können sich die Tipparbeit sparen (▶ *Skripts aus dem Buch*).

Einführung

Haben Sie bereits *QuickEdit* installiert (▶ *Skript-Editoren\QuickEdit.msi*), dann geht es sogar noch einfacher: Geben Sie oben ins *Suchen*-Feld des Editors die Kennzahl des Skripts ein, also zum Beispiel »1-2«, und drücken Sie Eingabe, und schon wird das Skript in den Editor geladen. Über die grüne »Play«-Schaltfläche können Sie das Skript sofort ausprobieren. Mehr zu *QuickEdit* lesen Sie gleich.

Die Sprache VBScript

Die WSH-Befehle allein genügen aber natürlich nicht, um Alltagsaufgaben zu lösen. Deshalb bindet der WSH zusätzlich eine Sprachengine ein. Das geschieht automatisch und richtet sich nach der Datei-Erweiterung Ihres Skripts. Bei Skripts mit der Dateiextension ».vbs« wird die Sprachengine für VBScript eingebunden, so dass Ihr Skript zusätzlich sämtliche VBScript-Befehle versteht. Der *MsgBox*-Befehl aus Listing 1.2 stammt von VBScript. Die Sprachengine liegt in der mittleren Schicht von Abbildung 1.3.

Wenn Sie sich das Beispiel noch einmal genauer ansehen, werden Sie ein einfaches Prinzip entdecken: Alle VBScript-Befehle gelten als Standardbefehle, und deshalb können Sie diese Befehle einfach in Ihrem Skript verwenden. Alle übrigen Befehle, zum Beispiel die des WSH, stehen nicht automatisch zur Verfügung, sondern müssen über ein so genanntes Objekt angesprochen werden.

Die Befehle des WSH stehen dem Skript über das Objekt *WScript* zur Verfügung, und deshalb steht im Beispiel nicht *Quit*, sondern *WScript.Quit*. So ist klar, wer diesen Befehl tatsächlich zur Verfügung stellt.

Skriptbare Zusatzkomponenten

Allerdings genügt das noch immer nicht, um anspruchsvolle administrative Aufgaben zu meistern, denn die VBScript-Befehle sind plattformunabängig und bieten zum Beispiel keine Befehle zur Benutzerverwaltung, für den Dateisystemzugriff oder den Registrierungsdatenbank-Zugriff.

Deshalb kann sich Ihr Skript je nach Bedarf in weitere Befehlsbibliotheken einklinken, die es auf Ihrem System gibt. Diese Befehlsbibliotheken kann man sich also wie Befehlserweiterungen vorstellen. Sie finden sich in der obersten Schicht in Abbildung 1.3.

Brauchen Sie per Skript Zugriff auf das lokale Dateisystem, dann klinken Sie einfach die dafür zuständige Komponente in Ihr Skript ein – gleich, welche Skriptsprache Sie gerade einsetzen – und schon stehen Ihnen diese Befehle zur Verfügung.

Die besondere Schönheit dieses Konzepts: Weil alle Einzelteile eigenständige Module sind, lässt sich der Script Host nicht nur ideal erweitern, sondern auch Updates – zum Beispiel einer Script-Engine – fügen sich nahtlos ins bestehende System ein.

Und: Diese Einzelteile werden ständig wiederverwendet. Dieselbe VBScript-Skript-Engine, die Ihre lokalen VBS-Skripts interpretiert und ausführt, verrichtet auch in Webseiten ihren Dienst, die der Internet Explorer anzeigt oder wird vom Internet Information Server dazu verwendet, ASP-Seiten zu erzeugen.

Sie werden gleich genauer erfahren, wie Sie professionelle Skriptfunktionen aus externen Komponenten nutzen. Zunächst nur ein kurzes Beispiel, das den Inhalt einer Textdatei anzeigt. Es setzt voraus, dass bei Ihnen die Datei »c:\boot.ini« vorhanden ist:

```
' Dateipfad der gewünschten Datei in Variable speichern
strFile = "C:\boot.ini"

' Befehlserweiterung für das Dateisystem nachladen
Set objfs = CreateObject("Scripting.FileSystemObject")

' gibt es die angegebene Datei überhaupt?
If Not objfs.FileExists(strFile) Then
   ' nein.
   WScript.Echo strFile & " existiert nicht."
Else
   ' ja, also die Datei öffnen
   Set objfile = objfs.OpenTextFile(strFile)

   ' ist die Datei leer?
   If objfile.atEndOfStream Then
   ' ja.
      WScript.Echo "Die Datei ist leer."
   Else
   ' nein, also den ganzen Inhalt lesen
   ' und ausgeben
      WScript.echo objfile.ReadAll
   End If

   ' Datei wieder schließen
   objfile.Close
End If
```

Listing 1.3: Den Inhalt einer Datei anzeigen

Mitgelieferte Dokumentation

Microsoft stellt Ihnen eine deutschsprachige Dokumentation für den WSH zur Verfügung, die Sie auf der ▶ Buch-CD im Ordner *Dokumentationen* finden. Installieren Sie die Datei »scd56de.exe«, dann finden Sie in der Programmgruppe *Microsoft Windows Script* das elektronische Handbuch. Es liegt im Ordner auch als »WSH-Dokumentation.chm« direkt vor.

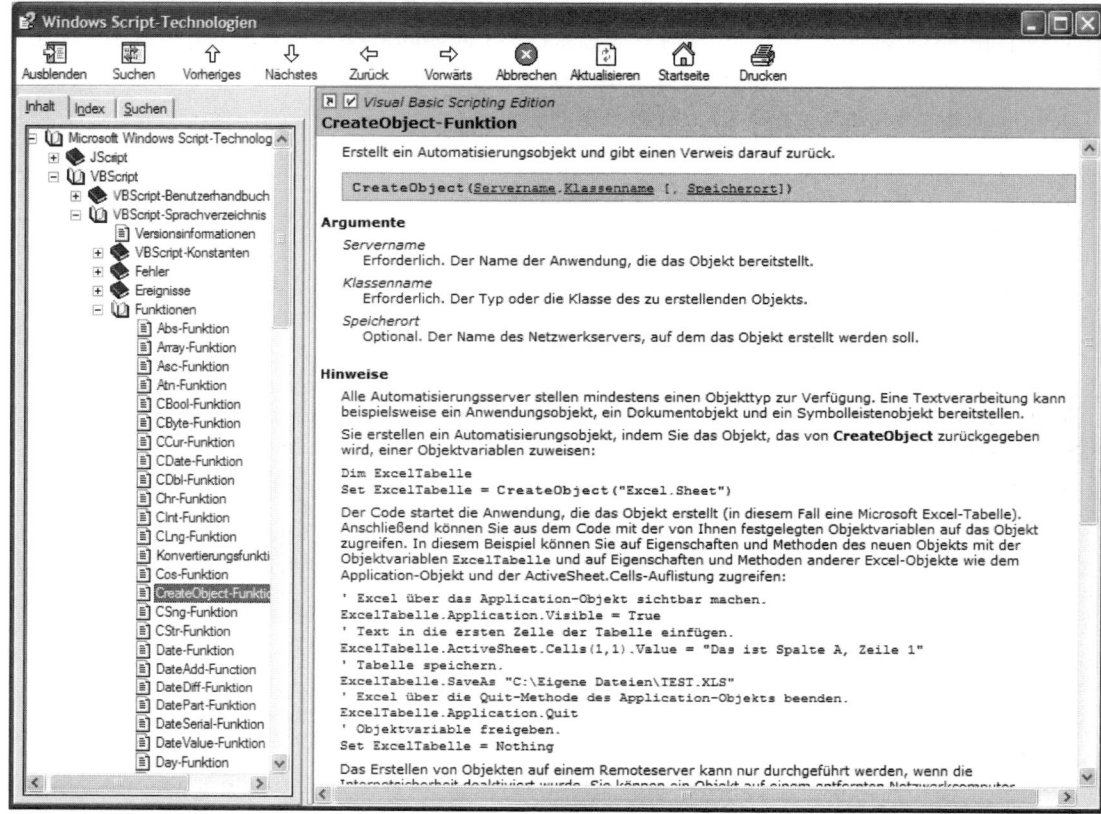

Abbildung 1.4: *Die mitgelieferte deutsche WSH-Dokumentation*

Darin können Sie sämtliche Befehle des WSH und der Sprachen *VBScript* und *JScript* nachschlagen.

WICHTIG: Wenn Sie Befehle nachschlagen, dann achten Sie bitte darauf, dass der WSH zwei verschiedene Sprachen unterstützt: *VBScript* und *JScript*. Im Rahmen dieses Buches kommt ausschließlich die Sprache *VBScript* zum Einsatz, weil sie leichter zu erlernen ist und sich im Serverumfeld durchgesetzt hat. Wenn Sie also Informationen nachschlagen, dann stellen Sie sicher, dass Sie auch Informationen zu *VBScript* und nicht etwa *JScript* gefunden haben.

QuickEdit – ein kleiner VBScript-Editor

Speziell für dieses Buch habe ich einen VBScript-Editor namens »QuickEdit« geschaffen, den Sie auf der Buch-CD finden (▶ *Skript-Editoren\QuickEdit.msi*). Dieses Programm, das Sie gleich kennen lernen, hilft Ihnen enorm, die Beispielskripte in diesem Buch nachzuvollziehen und auch eigene Skripts zu erstellen.

ACHTUNG: Das Programm ist keine Freeware und darf deshalb nicht frei weitergegeben werden, unter anderem deshalb, weil das Programm sämtliche Skripts dieses Buches beinhaltet. Es ist eine lizenzierte Software. Sie haben mit dem Erwerb dieses Buches automatisch eine kostenfreie Lizenz erhalten. Die Software ist eine kostenlose Zugabe für Sie als Leser. Sie haben aber keinen Anspruch auf Funktionstüchtigkeit. Sollte die Software bei Ihnen nicht oder nicht wie gewünscht funktionieren, dann haben Sie jedoch die Möglichkeit, im Forum auf *www.scriptinternals.de* einen Fehlerbericht einzureichen. Dort finden Sie auch mögliche Updates der Software.

QuickEdit leistet für Sie die folgenden Dinge:

- **Skripts öffnen, editieren, speichern:** Sie können mit dem Editor VBScript-Skripts öffnen, die Skripts ändern und abspeichern. Möchten Sie ein Skript in den Editor laden, dann genügt es, das Skripticon per Drag & Drop in den Editor zu ziehen.
- **Beispielskripts aus dem Buch:** Alle Beispielskripts in diesem Buch sind im Editor gespeichert. Interessieren Sie sich für ein bestimmtes Beispielskript, dann genügt es, die Kennziffer des Skripts ins Suchen-Feld einzugeben und Eingabe zu drücken. Schon zeigt der Editor es an. Geben Sie nur die Kapitelnummer ins Suchfeld ein, dann sehen Sie alle Beispielskripts eines Kapitels und können sich das gewünschte aussuchen.
- **Einfache Testmöglichkeiten:** Möchten Sie ein Skript testen, dann klicken Sie einfach auf die Play-Schaltfläche, und schon wird es ausgeführt. Haben Sie einen Debugger installiert, dann können Sie auch die Debug-Schaltfläche anklicken und das Skript so in den Debugger laden.
- **VBScript-Syntaxhighlighting:** Alle VBScript-Befehle werden vom Editor farblich hervorgehoben.
- **Integrierte Hilfe:** Sie haben Fragen zu einem Befehl? Alle Befehle, die der Editor näher erklären kann, sind als Link dargestellt. Sie brauchen bloß auf einen Link zu klicken, um in einem Dockingfenster die entsprechende Seite aus der Microsoft Dokumentation zu sehen. Die Hilfe blendet automatisch aus, wenn Sie im Editor weiterarbeiten, kann aber auch als permanentes Fenster angezeigt werden.
- **Bereichsmarkierung:** Bereiche, die logisch zusammengehören, zum Beispiel Klammern oder Schleifen, werden automatisch markiert, so dass Sie leicht sehen, welche offene Klammer zu welcher geschlossenen Klammer gehört oder wo eine Schleife endet.
- **Volltextsuche:** Suchen Sie Skripts, in denen ein bestimmter Befehl oder ein Schlüsselwort vorkommen? Dann geben Sie den gesuchten Begriff oder einen Teil davon ins Suchfeld ein und drücken Eingabe. Schon werden alle Skripts aufgelistet, die dem Kriterium entsprechen, und Sie können das gewünschte aussuchen.
- **Druckfunktion:** Der Editor kann Skriptlistings für Sie formatiert ausdrucken.

Schauen Sie sich diese Funktionen in einem kurzen Rundgang an, bevor Sie damit beginnen, VBScript zu erforschen.

Skripts öffnen und ausführen

QuickEdit erlaubt Ihnen, sowohl die Beispielskripts aus diesem Buch als auch jedes andere Skript zu öffnen und sofort auszuführen.

Beispielskripts aus dem Buch öffnen

Möchten Sie ein Beispielskript aus diesem Buch öffnen, dann genügt es, die Kennziffer des Beispielskripts ins Suchen-Feld einzugeben und Eingabe zu drücken. Möchten Sie also zum Beispiel das folgende Skript in den Editor laden, dann geben Sie dessen Kennziffer ein, also »1-4«.

```
MsgBox "Hallo Welt"
```

Listing 1.4: Ein Beispielskript in den Editor laden

Die Kennziffer entspricht also der Abbildungsnummer. Allerdings müssen Sie den Punkt durch einen Bindestrich ersetzen.

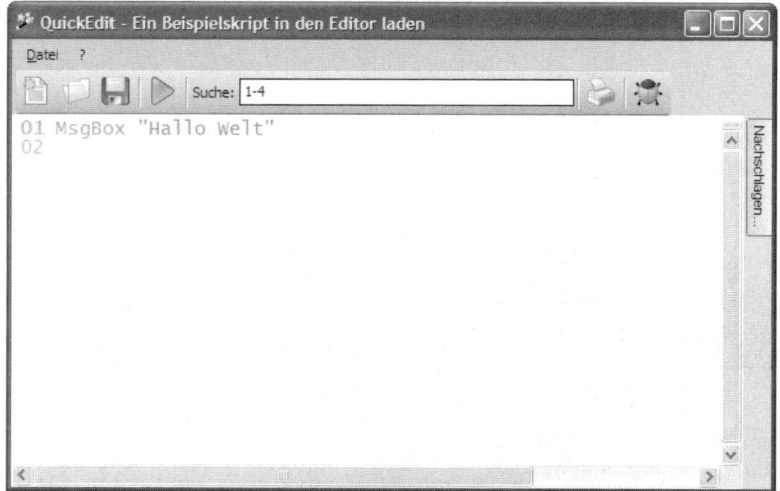

Abbildung 1.5: *Blitzschnell Beispielskripts aus dem Buch laden*

Möchten Sie dagegen alle Skripts eines Kapitels sehen, dann geben Sie im Suchfeld nur die Kapitelnummer ein. Ein Auswahlfeld erscheint und zeigt Ihnen alle Skripts, aus denen Sie sich dann eins aussuchen können.

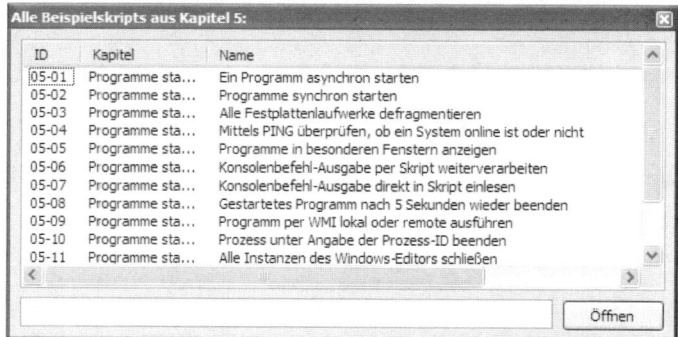

Abbildung 1.6: *Alle Skripts aus Kapitel 5 anzeigen*

Andere Skripts öffnen

Möchten Sie Skripts öffnen, die Sie bereits an anderer Stelle abgespeichert haben, dann klicken Sie entweder auf die Schaltfläche mit dem Diskettensymbol, wählen *Datei – Öffnen* oder ziehen das Skripticon in den Editor.

Skripts sofort ausführen

Möchten Sie das Skript ausprobieren, dann klicken Sie auf die grüne Play-Schaltfläche. Automatisch öffnet der Editor eine Konsole und führt das Skript für Sie aus. Das Konsolenfenster bleibt so lange geöffnet, bis Sie es von Hand wieder schließen, damit Sie eventuelle Rückmeldungen lesen können.

Abbildung 1.7: Skripts testweise per Mausklick ausführen

Skripts im Debugger ausführen

Haben Sie einen Debugger installiert, dann können Sie Skripts auch mit dem Debugger laden lassen und so schrittweise ausführen. Dazu klicken Sie auf die Schaltfläche mit dem »Bug«- bzw. »Käfer«-Symbol.

Sollte das Skript daraufhin einfach nur ausgeführt werden, dann haben Sie entweder keinen Debugger installiert, oder der installierte Debugger funktioniert nicht richtig. Mehr zu Debuggern lesen Sie später in diesem Kapitel.

Einführung

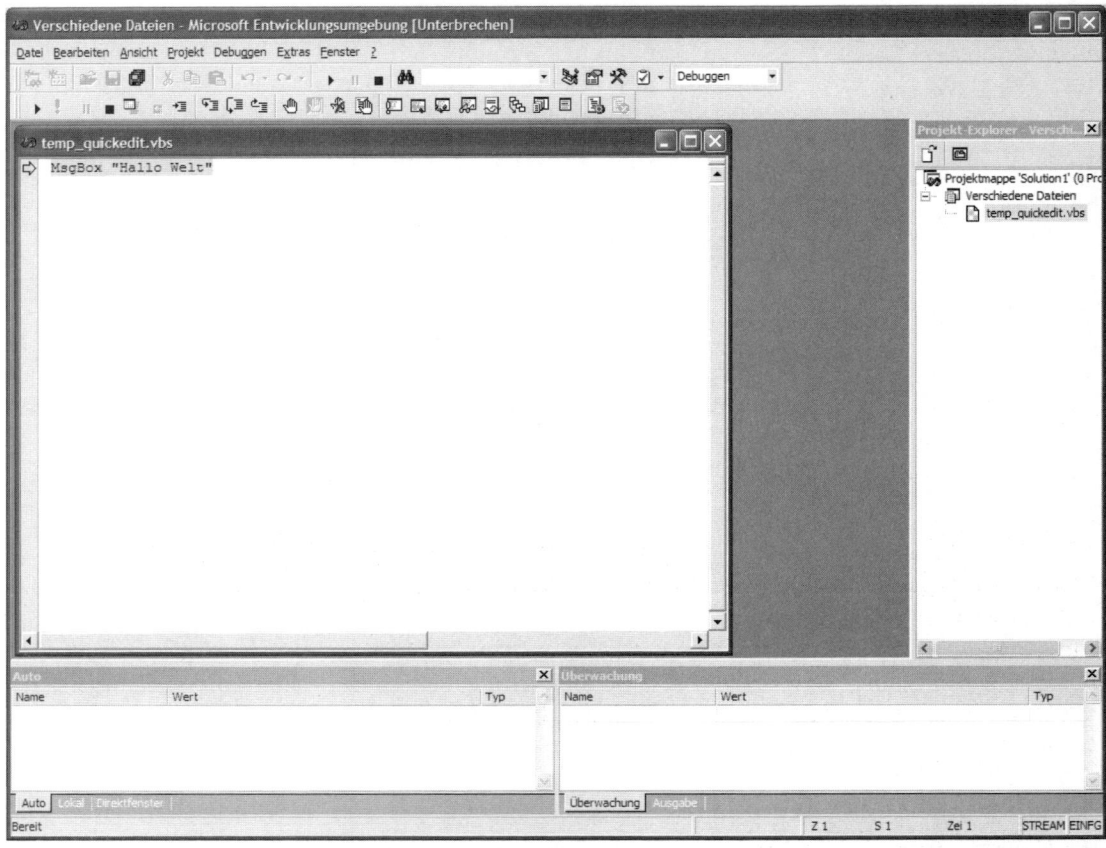

Abbildung 1.8: *Skript per Mausklick in den Debugger laden*

Syntax-Highlighting und Soforthilfe

Zu allen VBScript-Befehlen und vielen sonstigen Begriffen kann der Editor zusätzliche Hilfe einblenden. Dazu klicken Sie rechts auf die Registerkarte »Nachschlagen«. Wenn Sie dies tun, wird ein Hilfsfenster eingeblendet, und darin sehen Sie zunächst die VBScript-Einstiegshilfe, wo Sie sich über alle wichtigen Grundbegriffe informieren können. Klicken Sie auf unterstrichene Links, um tiefer in ein bestimmtes Thema einzusteigen.

Über die Navigationsschaltflächen können Sie zwischen den angezeigten Seiten vor- und zurücknavigieren. Wenn Sie mögen, können Sie ins Textfeld auch eine Internetadresse eingeben und das Hilfspaneel auch zum Browsen im Internet nutzen.

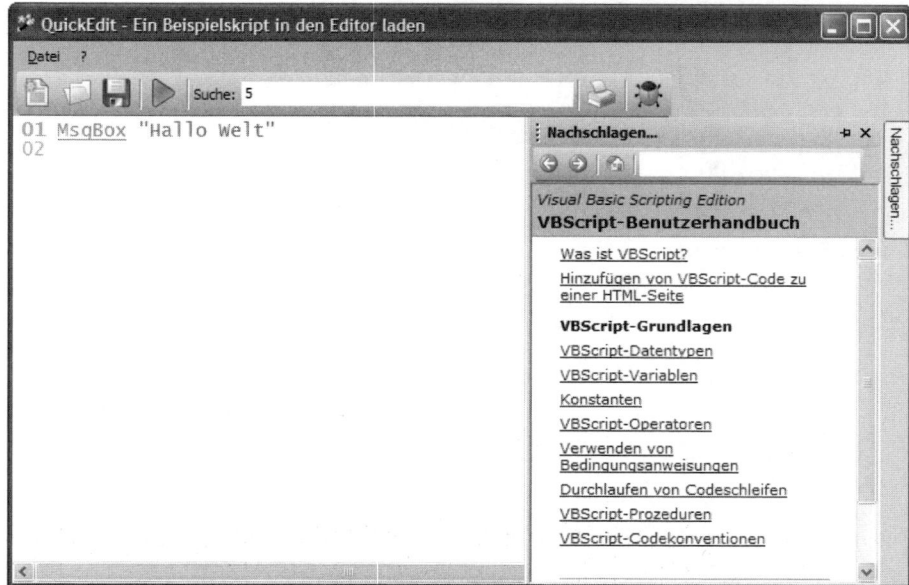

Abbildung 1.9: *Hilfepaneel einblenden*

Solange das Hilfspaneel eingeblendet ist, passiert aber noch mehr. Der Editor unterstreicht jetzt alle Befehle in Ihrem Skript, zu dem er mehr Hilfe anzeigen kann. Möchten Sie also zum Beispiel wissen, wie der MsgBox-Befehl aus dem Skript genauer funktioniert, dann klicken Sie auf das unterstrichene Wort MsgBox im Skript.

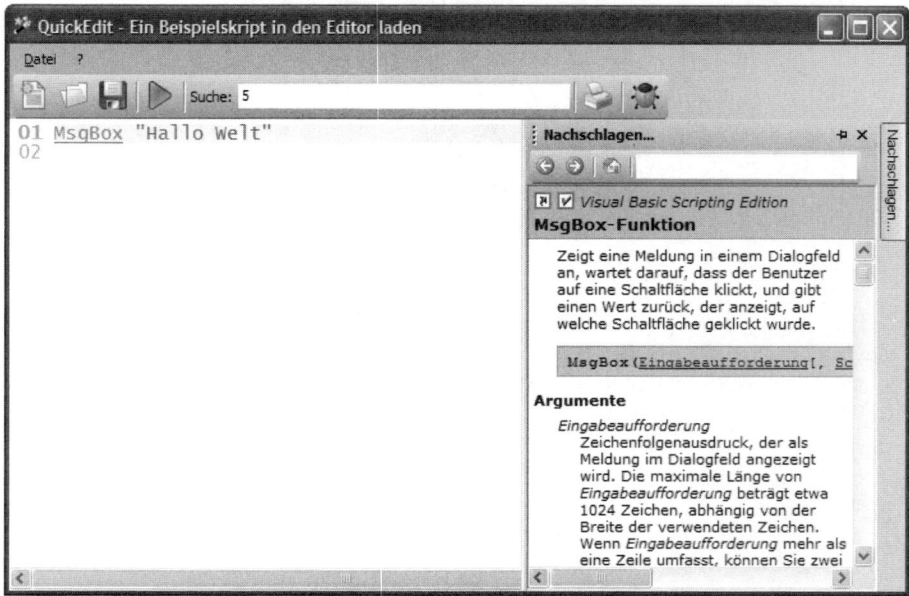

Abbildung 1.10: *Hilfen zum Befehl anzeigen lassen*

Einführung 13

Alle VBScript-Befehle und sonstige Begriffe, zu denen der Editor mehr Hilfe anbieten kann, erscheinen unterstrichen. Sie brauchen nur auf solch einen Begriff zu klicken, um die Hilfe anzuzeigen.

Möchten Sie zum Beispiel mehr zum Befehl *MsgBox* wissen, dann klicken Sie auf ihn. Die Hilfe erscheint.

Sobald Sie im Editor weitertippen, verschwindet das Hilfepaneel wieder, kann aber jederzeit erneut zum Vorschein gebracht werden, indem Sie erneut auf die Registerkarte »Nachschlagen« am rechten Fensterrand klicken.

Möchten Sie die Hilfe permanent eingeblendet lassen, dann klicken Sie auf das Pin-Symbol am rechten oberen Rand der »Nachschlagen...«-Titelleiste. Das Fenster bleibt nun ständig sichtbar.

Die Breite des Hilfefensters können Sie ebenfalls anpassen, indem Sie mit der Maus den linken Rand verschieben. Und wenn Sie die Hilfe festgepinnt haben, können Sie daraus auch ein separates Fenster machen, indem Sie die Hilfe per Maus über ihre Titelleiste aus dem Fenster ziehen.

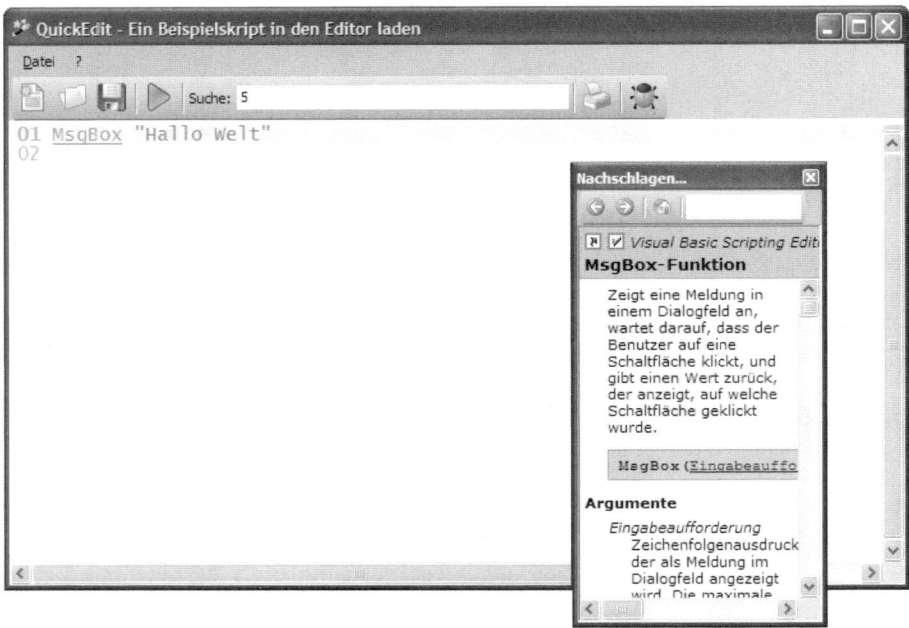

Abbildung 1.11: *Hilfe als separates Fenster anzeigen*

TIPP: Sollten Sie das Hilfepaneel einmal ganz schließen, dann bekommen Sie es jederzeit zurück, indem Sie im »?«-Menü *Hilfe* wählen.

Bereichsmarkierungen

QuickEdit erkennt automatisch zusammengehörige Bereiche, zum Beispiel innerhalb einer Schleife, und rückt Ihren Code bei der Eingabe auch automatisch ein, damit der Scriptcode übersichtlich bleibt.

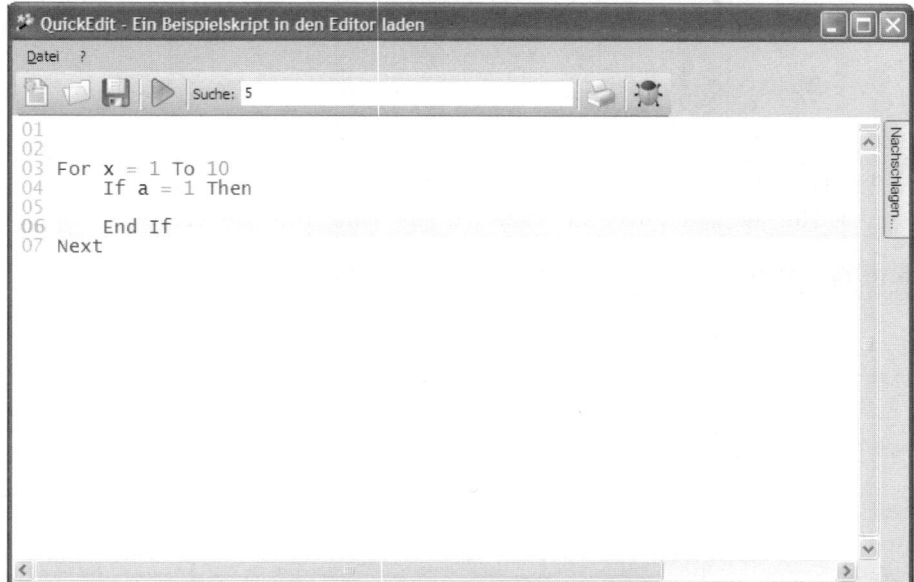

Abbildung 1.12: Automatisch Anfang und Ende von Bereichen anzeigen

Dabei wird die aktuelle Zeile stets gelb hinterlegt.

Volltextsuche

Ganz besonders wertvoll ist die Volltextsuche, mit der Sie bestimmte Schlüsselbegriffe in allen Skripts dieses Buches finden. So können Sie zum Beispiel alle Skripts auflisten, die einen bestimmten Befehl einsetzen, für den Sie sich näher interessieren.

Das folgende Skript enthält ein ungewöhnliches Schlüsselwort namens »Zumsel«.

```
WScript.Echo "Dieser Text enthält das Wort Zumsel"
```

Listing 1.5: Beispielskript für die Volltextsuch-Funktion

Um es zu finden, genügt es, das Schlüsselwort »zumsel« im Suchfeld einzugeben und Eingabe zu drücken. Dabei werden Sie schnell feststellen, dass nicht nur Listing 1.5 diesen Begriff enthält, sondern auch ein anderes Skript in Kapitel 7.

Einführung

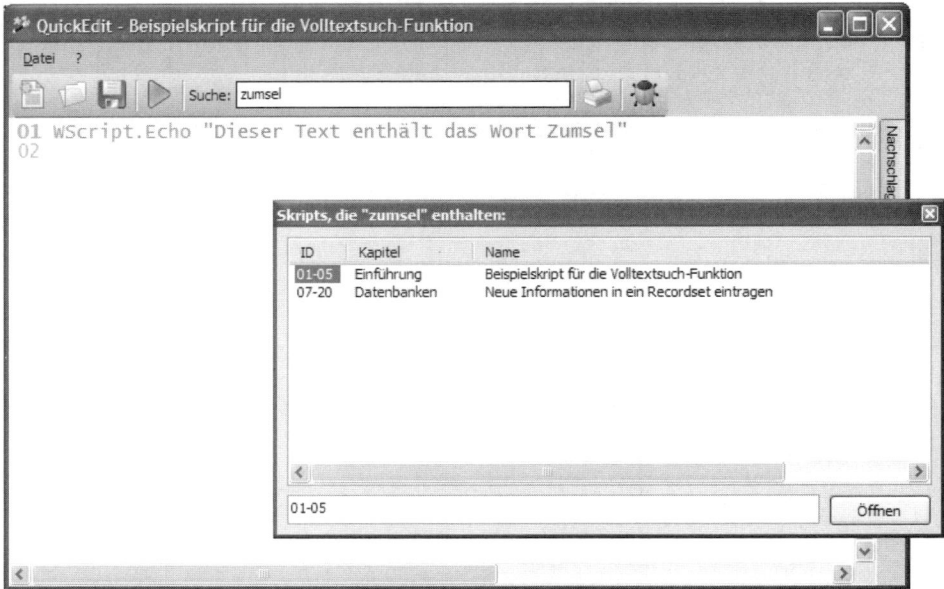

Abbildung 1.13: Suchbegriffe in den Beispielskripts finden

Ebenso gut könnten Sie natürlich auch nach Konstanten oder Befehlsbibliotheken suchen. Wollen Sie zum Beispiel wissen, wie Sie per Skript Datenbanken steuern, dann geben Sie den Begriff »Datenbank« ein und sehen diese Übersicht:

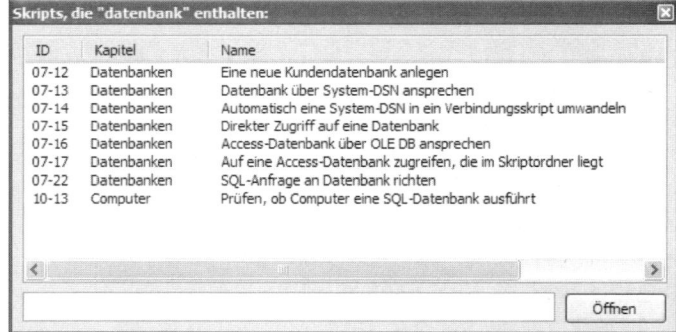

Abbildung 1.14: Skripts, die den Begriff »Datenbank« enthalten

Testversion des Systemscripters

QuickEdit ist ein einfacher Skripteditor, der es Ihnen leicht macht, Skripts zu verstehen und Hilfe zu den einzelnen Befehlen abzurufen. Wenn Sie tiefer in die Skripterstellung einsteigen wollen, genügt dieser Editor aber nicht.

Häufig stellt sich nämlich die Frage, welche Befehle und Eigenschaften ein unbekanntes Objekt eigentlich anbietet und welche Argumente für diese neuen Befehle nötig sind. Auf der Buch-CD finden Sie deshalb eine 30-Tage-Testversion des *SystemScripters* (▶ *Skript-Editoren\SystemScripter.msi*).

Der SystemScripter ist ein professioneller Skripteditor mit zahlreichen ausgeklügelten Hilfsfunktionen. Wenn Sie darin beispielsweise hinter einem unbekannten Objektnamen einen Punkt angeben, erscheinen Listen und zeigen Ihnen, welche Eigenschaften und Methoden zur Verfügung stehen.

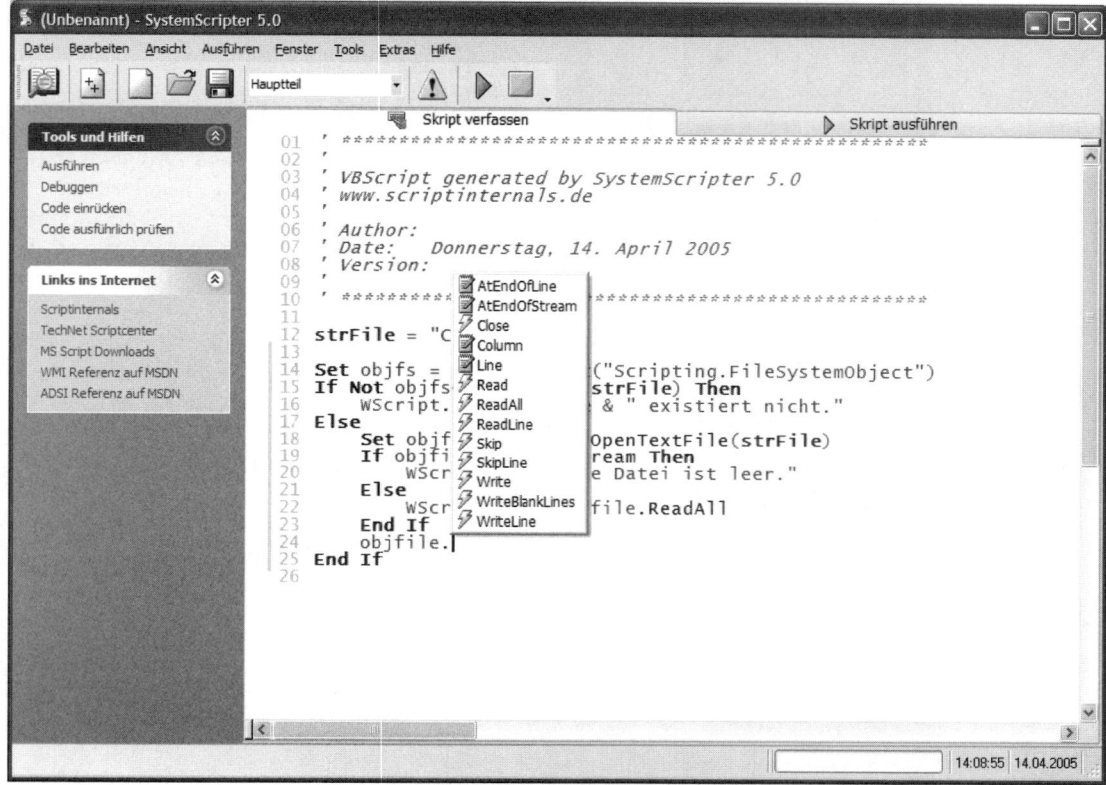

Abbildung 1.15: Mit dem SystemScripter lassen sich Skripts sehr bequem erstellen

In der Praxis werden Sie häufig beide Editoren in Kombination einsetzen. QuickEdit liefert eine sehr gute Übersicht und Nachschlagemöglichkeit für Skripts, die Sie nachvollziehen möchten. Der SystemScripter dagegen hilft Ihnen dabei, wenn Sie Skripts weiterentwickeln oder unbekannte Objekte und Befehlsbibliotheken erforschen wollen.

VBScript Guerilla Session

Obwohl dieses Buch kein VBScript-Lehrbuch ist, sollen einige wichtige Eigenheiten und Fachbegriffe der Skriptsprache VBScript nun kurz und knapp vorgestellt werden.

Eigenschaften, Methoden und andere Fachbegriffe

Sie werden in diesem Buch immer wieder von Begriffen wie »Eigenschaften«, »Methoden«, »Funktionen« und »Variablen« hören. Deshalb lohnt es sich, diese Grundbausteine der Programmierung gleich zu Anfang etwas genauer zu erklären.

Obwohl es unzählige Skripts gibt, sind alle Skripts immer aus denselben Grundbausteinen aufgebaut. Der WSH arbeitet die Anweisungen in diesen Skripts von oben nach unten ab (das hatten Sie wahrscheinlich schon vermutet) und liest dabei jede Zeile von rechts nach links (nicht von links nach rechts, das ist schon etwas ungewöhnlicher).

Die folgenden Bausteine können in Skripts vorkommen:

- **Variablen:** Variablen speichern vorübergehend Informationen. VBScript unterstützt nur einen Variablentyp namens *Variant*, der ganz beliebige Datenformate speichert: Daten, Zahlen, Texte (so genannte *Strings*) und auch Objekte. Möchten Sie also einen Wert zwischenspeichern, dann weisen Sie ihn einer Variablen zu. Dabei werden Variablen implizit für Sie angelegt: Sobald Sie die Variable benennen, legt der WSH sie im Arbeitsspeicher für Sie an. Erlaubt sind beliebige Variablennamen, die allerdings keine Umlaute und Sonderzeichen enthalten dürfen. Variablennamen dürfen auch nicht mit Zahlen beginnen oder so heißen wie vordefinierte VBScript-Schlüsselworte.

```
wert = 12
```

- **Eigenschaften:** Eigenschaften sind im Grunde nichts anderes als Variablen. Nur werden diese Variablen nicht vom WSH verwaltet, sondern von einem externen Objekt, das Ihr Skript einsetzt, also von den Zusatzbibliotheken, die in Abbildung 1.3 in der obersten Ebene zu finden sind. Hat Ihr Skript zum Beispiel Zugriff auf eine Datei, dann liefert das Datei-Objekt, das diese Datei repräsentiert, Eigenschaften wie *Name* oder *DateLastAccessed*. Sie finden darin den Namen beziehungsweise das Datum, zu dem die Datei das letzte Mal gelesen wurde. Viele Eigenschaften sind nicht nur lesbar, sondern auch schreibbar. Würden Sie zum Beispiel den Inhalt der Eigenschaft *Name* ändern, dann würde die Datei einen neuen Namen erhalten.

```
' setzt voraus, dass es die Datei c:\test.txt gibt und er Aufrufer
' Schreibberechtigungen auf diese Datei besitzt:
Set objFS = CreateObject("Scripting.FileSystemObject")
Set objFile = objFS.GetFile("C:\test.txt")
WScript.Echo objFile.Name
objFile.Name = "test.bak"
```

***Listing 1.6:** Den Namen einer Datei ändern*

- **Methoden:** Im alltäglichen Sprachgebrauch könnte man Methoden auch als »Befehl« bezeichnen. Methoden führen bestimmte Aufgaben aus. VBScript liefert zahlreiche Methoden mit, über die Ihr Skript zum Beispiel Informationen anzeigen oder erfragen kann. Viel mehr Methoden schlummern in den externen Objekten, auf die Ihre Skripts zugreifen können. Methoden funktionieren formal immer gleich, egal ob es sich um eine eingebaute VBScript-Methode oder die Methode eines externen Objekts handelt.

- **Argumente:** Die meisten Methoden benötigen zusätzliche Informationen, um die jeweilige Aufgabe auszuführen. Solche Zusatzinformationen werden Argumente genannt und direkt hinter den Methodennamen geschrieben. Dabei trennen Kommata die einzelnen Argumente voneinander.

```
MsgBox "Hallo Welt", vbYesNo + vbQuestion
```

***Listing 1.7:** Einen Befehl mit Argumenten aufrufen*

- **Funktionen und Prozeduren:** Methoden gibt es in zwei Sorten: Funktionen und Prozeduren. Funktionen sind Befehle, die etwas tun und dann eine Erfolgsmeldung an das Skript zurückliefern.

Prozeduren dagegen führen nur die gewünschte Aufgabe aus, melden aber keine Informationen an den Aufrufer zurück. Setzen Sie eine Funktion ein, dann müssen die Argumente in Klammern gestellt und der Rückgabewert entweder in einer Variablen gespeichert oder die Funktion mit dem Schlüsselbegriff *Call* aufgerufen werden. Verwenden Sie Prozeduren, dann dürfen die Argumente nicht in Klammern gestellt werden. Funktionen können auf Wunsch wie Prozeduren aufgerufen werden, wenn Sie auf den Rückgabewert keinen Wert legen.

```
MsgBox "Hallo", vbYesNo                  ' Aufruf als Prozedur
Call MsgBox("Hallo", vbYesNo)            ' Aufruf als Funktion, Rückgabewert wird ignoriert
wert = MsgBox("Hallo", vbYesNo)          ' Aufruf als Funktion, gewählte Schaltfläche wird
                                         ' in der Variablen wert gespeichert
```

Listing 1.8: Funktionen und Prozeduren

- **Bedingungen und Schleifen:** Um in Skripts intelligente Abläufe nachbilden zu können, gibt es Bedingungen und Schleifen. Bedingungen führen bestimmte Skriptzeilen nur aus, wenn die jeweilige Bedingung erfüllt ist. Schleifen wiederholen einen Skriptteil entweder so oft wie angegeben oder bis eine bestimmte Abbruchbedingung erfüllt ist.

```
Do
    datum = InputBox("Geben Sie ein Datum ein!",,now)
Loop until isDate(datum)

MsgBox FormatDateTime(datum, vbLongDate)
```

Listing 1.9: So lange nachfragen, bis ein Datum eingegeben wurde

Nach Informationen fragen

In den nächsten Kapiteln werden Sie unzählige Beispiele für Aufgaben finden, die Skripts für Sie lösen können. Dabei haben alle diese Skriptbeispiele eins gemein: Meist müssen zuerst Informationen ins Skript eingefüttert werden, und anschließend sollen Informationen vom Skript an den Skriptbenutzer zurückgemeldet werden.

Schauen Sie sich deshalb zuerst an, wie Sie Informationen in Skripts einlesen.

Einfache Ja/Nein-Abfragen

Möchten Sie Fragen über ein einfaches Dialogfeld beantworten lassen, dann verwenden Sie *MsgBox*:

```
antwort = MsgBox("Wollen Sie das Skript starten?", _
    vbYesNo + vbQuestion, "Frage")

If antwort = vbYes Then
    WScript.Echo "OK"
Else
    WScript.Echo "Dann nicht"
End If
```

Listing 1.10: Einfache Ja/Nein-Fragen stellen

Einführung

TIPP: Schlagen Sie *MsgBox* im WSH-Handbuch nach! Schauen Sie, wie Sie vorgehen müssen, um andere Antwort-Schaltflächen oder Symbole einzublenden.

Freitexteingaben

Wollen Sie freie Text- oder Zahleneingaben erfragen, dann setzen Sie *InputBox* ein:

```
strName = InputBox("Servername?", "Server", "10.10.10.10")
WScript.Echo "Sie haben eingegeben:", strName
```

Listing 1.11: Freitexteingaben erlauben

Konsoleneingaben

Möchten Sie für Freitexteingaben nicht ein Dialogfeld verwenden, sondern die Eingabe direkt von der Konsole aus erfragen, dann machen Sie dies so:

```
If InStr(LCase(WSH.ScriptFullName), "wscript")>0 Then
    WScript.Echo "Sie müssen dieses Skript mit CScript ausführen!"
    WScript.quit
End If

WScript.StdOut.Write "Name: > "
strName = WScript.StdIn.ReadLine

WScript.Echo "Sie haben eingegeben:", strName
```

Listing 1.12: Freitexteingaben direkt von der Konsole

WICHTIG: Falls das Skript meldet, Sie müssten es mit »CScript« ausführen, dann schalten Sie Ihren WSH auf den konsolenbasierten WSH namens »CScript« um. Dazu geben Sie den Befehl:

```
wscript //H:CScript Eingabe
```

Dieser WSH ist für administrative Aufgaben wesentlich besser geeignet als der normalerweise aktive WSH namens »WScript«. Allerdings sollten Sie nun Skripts nicht mehr per Doppelklick starten, weil sich sonst die Konsole nach Beendigung des Skripts sofort wieder schließen würde.

Öffnen Sie stattdessen selbst ein Konsolenfenster und ziehen Sie das gewünschte Skript ins Fenster hinein, um es dort auszuführen.

Sie können Skripts auch in einen Ordner kopieren, der in der Umgebungsvariablen %path% genannt ist. Wenn Sie das tun, dann können Sie das Skript anschließend aus der Konsole heraus ohne weitere Pfadangabe starten.

Möchten Sie den Standard-WSH zurück haben, dann geben Sie diesen Befehl:

```
wscript //H:WScript Eingabe
```

Argumente übergeben

Möchten Sie einem Skript schon beim Start Argumente mit auf den Weg geben, dann schreiben Sie die Argumente durch Leerzeichen getrennt hinter den Skriptnamen. Argumente, die selbst Leerzeichen enthalten, gehören in Anführungszeichen.

Das Skript kann über *WScript.Arguments* überprüfen, ob und wenn ja, welche Argumente übergeben wurden.

```
If WScript.Arguments.count = 0 Then
   WScript.Echo "Keine Argumente übergeben"
Else
   For Each arg In WScript.Arguments
      WScript.Echo arg
   Next

   For x = 0 To WScript.Arguments.Count-1
      WScript.Echo "Argument " & x+1 & ":", WScript.Arguments(x)
   Next
End If
```

Listing 1.13: Argumente an ein Skript übergeben

HINWEIS: Erinnern Sie sich? *WScript* ist ein Objekt, das den WSH repräsentiert, entspricht also der Ebene 1 aus Abbildung 1.3. Dieses Objekt bietet nicht nur die Befehle *Quit* und *Sleep*, sondern mit *Arguments* auch eine Liste der übergebenen Argumente.

Probieren Sie doch einmal aus, was passiert, wenn Sie per Drag & Drop eine oder mehrere Dateien auf dem Symbol des Skripts aus Listing 1.13 fallen lassen!

Benannte Argumente einsetzen

Argumente, die Sie einem Skript übergeben, dürfen benannt sein. Benannt heißt, dass das Argument dem Format »/BEZEICHNER:WERT« entspricht. Durch die Benennung der Argumente wird es unerheblich, in welcher Reihenfolge Sie die Argumente angeben:

```
If WScript.Arguments.Named.Count = 0 Then
   WScript.Echo "Keine benannten Argumente."
Else
   For Each schalter In WScript.Arguments.Named
      WScript.Echo "Schalter /" & schalter & " hat den Wert " & WScript.Arguments.named(schalter)
   Next
End If
```

Listing 1.14: Benannte Argumente auslesen

Übergeben Sie Listing 1.14 zum Beispiel das Argument »/server:10.10.10.10 /user:Tobias«, dann meldet es zwei benannte Argumente.

Sie können auf diese Weise Skripts erstellen, die es dem Anwender offen lassen, ob er die Information bereits beim Aufruf als Argument mitliefert oder lieber eine Nachfrage wünscht:

```
If WScript.Arguments.Named.Exists("server") Then
   strServer = WScript.Arguments.Named("server")
Else
   strServer = InputBox("Server?")
End If

WScript.Echo "Sie haben angegeben: " & strServer
```

Listing 1.15: Benannte Argumente optional verwenden

Einführung

Würden Sie dem Skript das Argument »/server:test« beim Aufruf mitgeben, dann liefe es unbeaufsichtigt und würde die Serverangabe aus dem übergebenen Argument verwenden. Ohne dieses Argument würde der Anwender interaktiv nach dem Servernamen gefragt.

Informationen ausgeben

Häufig ermitteln Skripts Informationen für Sie, die dann natürlich ausgegeben werden sollen. Hier finden Sie einige Anregungen:

Standardausgabe

Alle Standardinformationen sollten Sie immer über *WScript.Echo* ausgeben. Wenn Sie das tun, dann überlassen Sie es dem Skriptanwender, ob er die Informationen lieber direkt in der Konsole lesen oder als Dialogfeld angezeigt bekommen möchte.

WScript.Echo schreibt Informationen in die Konsole, wenn Sie den WSH »CScript« einsetzen. Es meldet die Information als Dialogfeld, wenn Sie den WSH »WScript« verwenden. Wie Sie zwischen den beiden umschalten, haben Sie bereits gelesen.

ACHTUNG: Die meisten Skripts in diesem Buch ermitteln umfangreiche Informationen und geben diese mit *WScript.Echo* aus. Es wäre äußerst beschwerlich, diese als jeweils einzelne Dialogfelder anzuzeigen. Sie sollten deshalb unbedingt den WSH »CScript« verwenden, wenn Sie die Buch-Skripts ausprobieren.

Wenn Sie als WSH »CScript« verwenden, dann können Sie mit *WScript.Echo* sehr einfach Textdateien erstellen. Dazu rufen Sie das Skript in der Konsole auf und leiten das Ergebnis, das normalerweise in die Konsole geschrieben würde, in eine Datei um.

Das nächste Skript würde auf diese Weise eine einfache HTML-Datei schreiben:

```
WScript.Echo "<html><body><h1>"
WScript.Echo Time
WScript.Echo "</h1></body></html>"
```

Listing 1.16: Eine einfache HTML-Datei generieren

Rufen Sie das Skript im Konsolenfenster folgendermaßen auf:

```
skript.vbs > test.htm Eingabe
```

Schon wird die Datei »test.htm« generiert, und wenn Sie diese öffnen, sehen Sie die selbsterstellte HTML-Seite, die die aktuelle Uhrzeit angibt.

Dialogfelder

Möchten Sie eine Information auf jeden Fall als Dialogfeld anzeigen, dann verwenden Sie *MsgBox*.

```
MsgBox "Information", vbInformation, "Ergebnis"
MsgBox "Information", vbExclamation, "Ergebnis"
MsgBox "Information", vbQuestion, "Ergebnis"
MsgBox "Information", vbCritical, "Ergebnis"
```

Listing 1.17: Meldungen als Dialogfeld anzeigen

MsgBox kann vier verschiedene Symbole anzeigen.

Möchten Sie das Dialogfeld nur für eine bestimmte Zeit anzeigen lassen, dann setzen Sie Popup aus einer der WSH-Bibliotheken ein, die Sie in den nächsten Kapiteln noch genauer kennen lernen:

```
Set objshell = CreateObject("WScript.Shell")
objshell.Popup "Hallo", 5, "Ergebnis", vbInformation
```

Listing 1.18: *Dialogfeld für 5 Sekunden anzeigen*

Ausgabedateien generieren

Skripts können Dateien nicht nur über den Umweg der Umleitung anlegen, sondern auch direkt. Auf diese Weise können Sie alle Formen von Textdateien generieren, weil Sie den Inhalt und die Dateierweiterung selbst bestimmen. Möglich sind also neben *txt*-Dateien auch *ini*-, *htm*-, *hta*- oder *xml*-Dateien.

Wie Sie per Skript Dateien anlegen, ist Thema in Kapitel 3.

Excel-Tabellen generieren

Haben Sie *Microsoft Excel* zur Verfügung, dann kann ein Skript Informationen auch direkt als Speadsheet anzeigen. Dies ist ein Beispiel, wie Skripts sich die Fähigkeiten anderer skriptbarer Anwendungen zunutze machen können:

```
Set objexcel = CreateObject("Excel.Application")
objexcel.Visible = True

objexcel.Workbooks.add

For x = 1 To 30
   objexcel.cells(x, 1).value = "Ich schreibe den Wert " & x
Next

For x = 1 To 30
   objexcel.cells(x, x).value = "Geht auch so..."
Next

For x = 1 To 30
   objexcel.cells(x, 4).value = "...oder so..." & x
Next
```

Listing 1.19: *Informationen in ein Excel-Spreadsheet eintragen*

Als Ergebnis füllt Listing 1.19 Informationen in Zellen eines Excel-Spreadsheets ein.

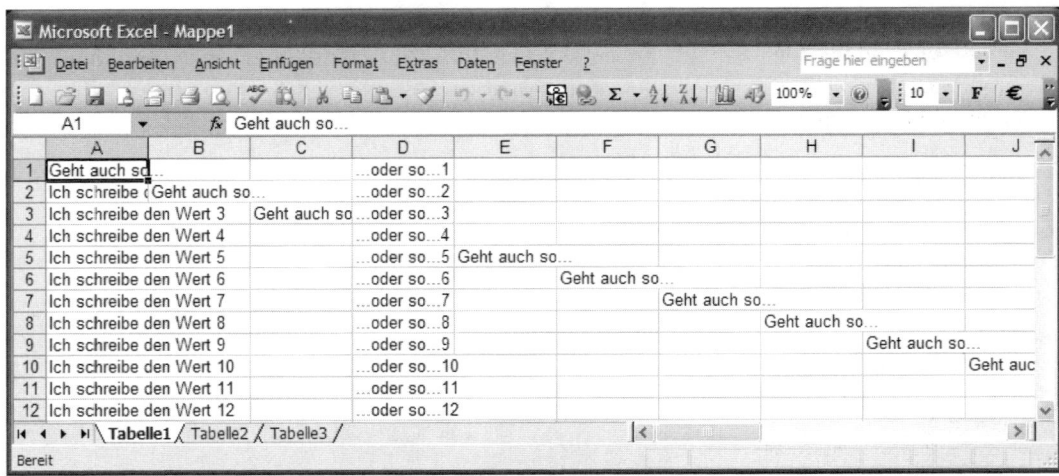

Abbildung 1.16: Per Skript Informationen in ein Excel-Spreadsheet eintragen

Problemskripts meistern

Selten kann es passieren, dass sich ein Skript in einer Schleife verzettelt und endlos läuft. So etwas ist natürlich kein Zufall, sondern meist Folge eines Skript-Designfehlers. Da solche herrenlosen Skripts unsichtbar im Hintergrund weiterlaufen und enorme Rechenkapazitäten binden können, sollten Sie die Möglichkeiten kennen, solche Skripts abzubrechen.

Der erste Weg ist ein Blick in die Taskliste. Die öffnen Sie per Strg+ Alt+ Entf. Klicken Sie anschließend auf die Schaltfläche *Task-Manager* und aktivieren dann die Registerkarte *Prozesse*.

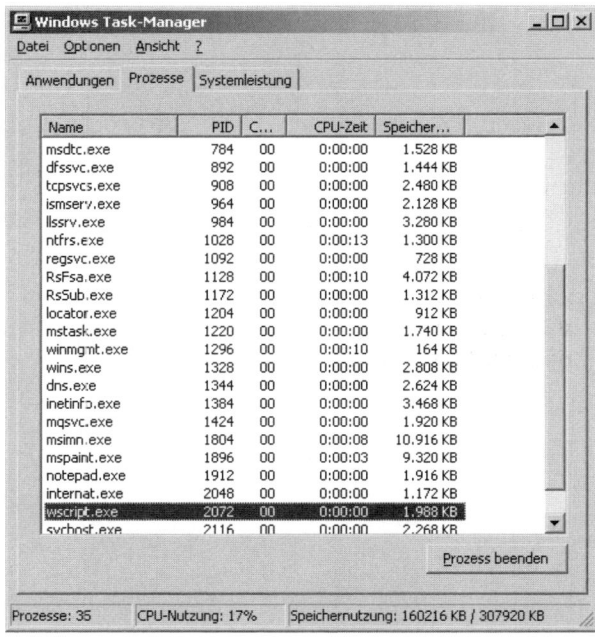

Abbildung 1.17: Skripts werden in der Taskliste als wscript.exe gemeldet

Alle Skripts firmieren in dieser Liste als *wscript.exe* oder *cscript.exe*. Wollen Sie ein Skript beenden, dann wählen Sie es in der Liste aus und klicken dann auf *Prozess beenden*.

Das lässt sich sogar automatisieren. Das nächste Skript meldet, wie viel Skripts zurzeit laufen und bietet an, diese Skripts zu beenden.

```
wql = "select * from win32_process where name='wscript.exe' or name='cscript.exe'"

Set objwmi = GetObject("winmgmts:")
Set prozesse = objwmi.ExecQuery(wql)
anzahl = prozesse.Count
If anzahl>1 Then
   antwort = MsgBox("Es laufen " & anzahl-1 _
   & " Skripts. Alle beenden?", vbYesNo + vbQuestion)
   If antwort = vbYes Then
      counter = 0
      For Each prozess In prozesse
         alter = Mid(prozess.CreationDate,9,6)
         alter = CDate(Left(alter,2) & ":" & Mid(alter, 3,2) _
         & ":" & Right(alter,2))
         alter = DateDiff("s", alter, Time)
         If alter>10 Then
            prozess.Terminate 0
            counter = counter + 1
         End If

      Next
      WScript.Echo counter & " Skripts beendet."
   End If
Else
   WScript.Echo "Es laufen derzeit keine Skripts."
End If
```

Listing 1.20: *Alle laufenden Skripts beenden*

Dieses Skript ist ein kleiner Vorgriff auf die vielfältigen Möglichkeiten von WMI. Sie brauchen das Skript nicht an dieser Stelle zu verstehen. Dazu ist in den übrigen Kapiteln noch genügend Zeit. Interessant ist aber, dass das Skript sogar herausfinden kann, wie lange die Skripts laufen.

WICHTIG: Listing 1.20 beendet nur solche Skripts, die schon seit mindestens zehn Sekunden laufen und verhindert so, dass es sich selbst aus dem Speicher wirft.

Platzieren Sie dieses Skript zum Beispiel oben in Ihr Startmenü (Skript auf den Startknopf der Taskleiste fallen lassen). So können Sie im Zweifelsfall bequem sehen, wie viele Skripts derzeit laufen, und wenn Sie Meuterei vermuten, sofort alle Skripts zur Raison bringen.

Timeouts setzen und entschärfen

Damit während der Entwicklungsphase gar nicht erst ewig laufende Skripts entstehen können, gibt es ein Timeout. Wird das Timeout für ein Skript gesetzt, dann bricht der Script Host die Ausführung spätestens nach dieser Zeit ab. Sie erhalten allerdings keine Benachrichtigung, wenn so was passiert, und so kann ein versehentlich zu niedrig angesetztes Timeout umgekehrt auch für erhebliches Kopfzerbrechen sorgen.

Das Timeout für einzelne Skripts setzen Sie über einen Rechtsklick auf Ihr Skripticon und *Eigenschaften*. Sie können das Timeout auch direkt in Ihren Skriptcode integrieren:

```
WScript.Timeout = 12
```

Dieser Befehl würde das Skript nach maximal zwölf Sekunden beenden.

Das Timeout für alle Skripts setzen Sie, indem Sie im Startmenü *Ausführen* wählen, den Befehl *Wscript* eintippen und mit der Eingabetaste bestätigen. Das ist aber nicht ratsam. Sie sollten möglichst nie ein globales Timeout setzen.

Skripts im Debugger schrittweise ausführen

Bei längeren oder komplizierteren Skripts brauchen Sie Hilfsmittel, um die Fehlerursache zu ergründen. Der kostenlose Script Debugger leistet diese Hilfe.

Mit seiner Hilfe können Sie Skripts Schritt für Schritt ausführen und sich dabei nach jedem Schritt Variableninhalte anzeigen lassen. Auch Haltepunkte lassen sich festlegen. Damit ist der Debugger nicht nur Ihr bester Freund, wenn es um Skript-Reparatur geht. Durch die schrittweise Ausführung können Sie Ihre Skripts außerdem sehr einfach nachvollziehen und verstehen lernen.

Script Debugger nachträglich installieren

Bei Windows 2000 ist der Script Debugger bereits Teil des Betriebssystems, muss aber zuerst noch aktiviert werden. Das geschieht über das *Software*-Modul der Systemsteuerung. Wählen Sie dann den Befehl *Windows-Komponenten hinzufügen/entfernen*.

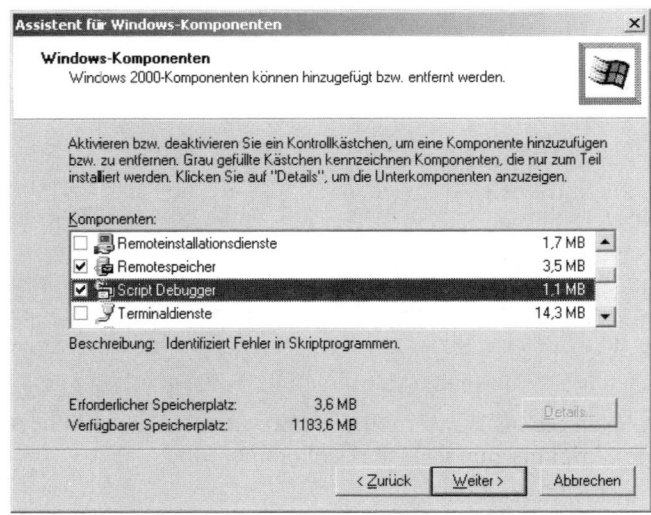

Abbildung 1.18: *Der Script Debugger ist bei Windows 2000 bereits enthalten*

Bei Windows XP ist der Debugger nicht enthalten, kann aber von der Buch-CD nachinstalliert werden (▶ *Microsoft-Software\Debugger*).

TIPP: Sie finden den Debugger auf der Buch-CD im Ordner »Debugger« in zwei Sprachversionen vor: deutsch und englisch. Installieren Sie zuerst die deutsche Version, wenn Sie ein deutsches Windows einsetzen. Sollte der Debugger anschließend nicht funktionieren, dann installieren Sie die englische Version. In vielen Firmen wird nämlich eine englische Windows-Version mit deutscher Oberfläche eingesetzt, die also trotz deutscher Menüs eine englische Debugger-Version erfordert.

Sollte der Debugger bei intensiver Nutzung plötzlich nicht mehr reagieren, dann melden Sie sich kurz bei Windows ab und dann neu an. Das Problem wird dadurch beseitigt.

Zuverlässiger und leistungsfähiger sind die professionellen Debugger. Visual Studio (also zum Beispiel auch Visual Basic) bringt einen eigenen Debugger mit, der wesentlich mehr Funktionen anbietet als der Script Debugger. Dasselbe gilt für Microsoft Office Developer Edition.

Ein fehlerhaftes Skript debuggen

Um ein Skript im Debugger genauer analysieren zu können, muss es zunächst in den Debugger gelangen. Es genügt nicht, Skripts in den laufenden Debugger zu laden.

Sie können ein Skript auf folgende Weise in den Debugger laden:

- **QuickEdit:** Klicken Sie auf das »Bug«-Symbol.
- **SystemScripter:** Wählen Sie *Ausführen – Debugger*.
- **Manuell:** Rufen Sie das Skript von der Konsole aus mit diesem Befehl auf:

```
wscript //X c:\skript.vbs
```

Ersetzen Sie dabei »wscript« durch »cscript«, wenn Sie lieber den konsolenbasierten Script Host verwenden wollen, und ersetzen Sie »c:\skript.vbs« durch den Pfadnamen Ihres Skripts.

TIPP: Ziehen Sie ein Skript per Drag & Drop ins Konsolenfenster, um den Pfadnamen in die Konsole einzufügen.

Allerdings ist keineswegs gewährleistet, dass der Script Debugger nun wirklich in Aktion tritt. Ist kein Debugger installiert, dann wird das Skript ganz normal ausgeführt.

Mit dem Debugger arbeiten

Im Debugger öffnen Sie zuerst am besten das *Command*-Fenster: *View – Command Window*. Im *Command*-Fenster können Sie nun interaktiv Skriptbefehle eingeben, Prozeduren aufrufen und vor allem natürlich Variableninhalte untersuchen. Debuggen Sie ein VBScript, dann geben Sie dazu ein Fragezeichen, ein Leerzeichen und dann den fraglichen Variablennamen ein.

WICHTIG: Die Debugger-Varianten unterscheiden sich voneinander. Es kann also sein, dass die Handhabung und die entsprechenden Abbildungen bei Ihnen etwas anders aussehen. Sieht das Debugger-Fenster vollkommen anders aus als beschrieben, dann ist bei Ihnen der Debugger von Visual Studio installiert.

Um das Skript schrittweise auszuführen, klicken Sie ins Fenster mit dem Skriptcode. Drücken Sie F8 für einen Einzelschritt. Die Taste F5 setzt das Skript bis zum nächsten Haltepunkt fort.

Haltepunkte lassen sich entweder fest in den Skriptcode integrieren. Verwenden Sie bei VBScript also den Begriff *stopp*. Flexibler sind die dynamischen Haltepunkte. Dazu klicken Sie ins Fenster mit dem Skriptcode, klicken auf die Skriptzeile, an der angehalten werden soll, und drücken F9. Dieselbe Taste löscht einen Haltepunkt wieder.

WICHTIG: Haltepunkte können nur in Zeilen festgelegt werden, die eine Skriptanweisung enthalten. Wählen Sie eine Kommentar- oder Leerzeile aus, dann kann kein Haltepunkt gesetzt werden.

Denken Sie daran, dass der Debugger keine Änderungen am Skriptcode zulässt. Um das Skript zu ändern, müssen Sie den Debugger verlassen und das Skript selbst via Rechtsklick und *Bearbeiten* in einen normalen Texteditor laden.

Ebenfalls wichtig: Sobald Sie den Debugger beenden, wird der noch verbliebene Rest des Skripts ausgeführt. Wollen Sie das nicht, dann klicken Sie ins *Command*-Fenster und tippen *WScript.Quit* ein. Bestätigen Sie mit der Eingabetaste. Das Skript endet dann sofort.

Der Debugger markiert die Skriptzeile, die als nächstes ausgeführt wird, gelb. Diese Zeile ist also noch nicht verarbeitet worden. Ist im Fenster mit dem Skriptcode keine Zeile mehr gelb markiert, dann ist das Skript beendet.

Skripts schützen und verschlüsseln

Sicher kommt irgendwann der Tag, an dem Sie Skripts an andere weitergeben oder auf Maschinen im Unternehmen installieren wollen. Spätestens hier wird aus der pflegeleichten Skript-Wartung ein Problem: Vielleicht möchten Sie nicht, dass andere sehen, wie Sie Ihre Skriptlösung erstellt haben, oder noch viel entscheidender: Sie wollen verhindern, dass jemand Änderungen an Ihrem Skript vornimmt.

Mit dem Encoder: Skripts unlesbar machen

Möchten Sie verhindern, dass jemand den Inhalt Ihrer Skripts lesen kann, dann verschlüsseln Sie Ihre Skripts. Skript-Verschlüsselung ist ein relativ schwacher Schutz, denn Sie werden gleich sehen, wie relativ leicht es ist, verschlüsselte Skripts wieder zu entschlüsseln. Trotzdem ist die Verschlüsselung eine gute Sache, verhindert sie doch, dass Mitarbeiter oder Laien Skripts öffnen und vom lesbaren Skriptcode animiert würden, darin herumzuspielen.

Skripts können Sie auf mehreren Wegen verschlüsseln:

- **SystemScripter:** Wählen Sie *Datei – Speichern unter* und wählen Sie im Speichern unter-Dialog in der *Typ*-Ausklappliste die Verschlüsselungsoption. Über *Datei – Öffnen* können Sie auf gleichem Weg verschlüsselte Skripts wieder entschlüsseln.
- **Manuell:** Setzen Sie die interne Befehlsbibliothek des WSH für die Verschlüsselung ein. Wie dies geschieht, lesen Sie gleich.

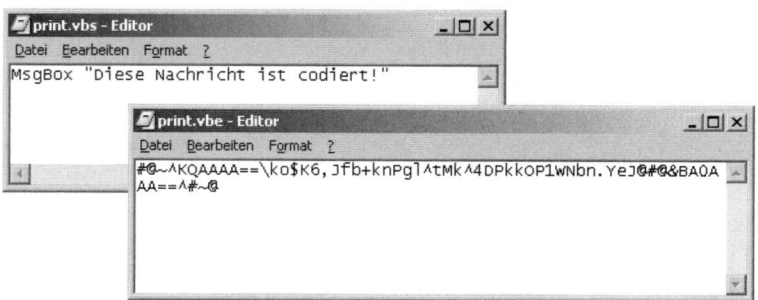

Abbildung 1.19: *Vorher – Nachher: Skripts mit dem Encoder verschlüsseln*

Der Script Encoder kann Skripts verschlüsseln. Normalerweise werden Skripts über das Tool *Screnc.exe* verschlüsselt, das von Microsoft heruntergeladen werden kann. Ein wesentlich bequemerer Ansatz verwendet die Verschlüsselungs-Engine direkt, denn die ist fest in den Script Host integriert: *Scripting.Encoder*.

Das nächste Skript fügt den neuen Kontextmenü-Befehl *Skript verschlüsseln* ins Kontextmenü Ihrer VBS-Skripts ein. Wählen Sie ihn, dann legt der Script Host eine verschlüsselte Kopie des Skripts mit der Extension *.vbe* an. Dieses verschlüsselte Skript können Sie wie gewohnt ausführen, aber nicht mehr lesen und verändern.

WICHTIG: Speichern Sie anschließend Ihr Originalskript mit der *.vbs*-Erweiterung an einem sicheren Ort! Haben Sie ein Skript verschlüsselt, dann können Sie damit das Skript nicht mehr lesbar machen oder später entdeckte Fehler korrigieren.

```
Set fsenc = CreateObject("Scripting.Encoder")
Set fs = CreateObject("Scripting.FileSystemObject")

Set args = WScript.Arguments
If args.Count = 0 Then

    Set wshshell = CreateObject("WScript.Shell")
    Key = "HKCR\vbsfile\shell\encode\"
    wshshell.RegWrite Key, "Skript verschlüsseln"
    wshshell.RegWrite Key & "command\", "wscript.exe """ _
        & WScript.ScriptFullName & """ ""%L"""
    MsgBox "Skript als Kontextmenü 'Skript verschlüsseln' " & _
        " für VBS-Dateien eingetragen!", vbInformation
    WScript.Quit
ElseIf Not LCase(fs.GetExtensionName(args(0))) = "vbs" Then
    MsgBox "Ich akzeptiere nur VBS-Skripts!", vbExclamation
    WScript.Quit
End If


Set textstream = fs.OpenTextFile(args(0))
code = textstream.ReadAll
textstream.Close

code2 = fsenc.EncodeScriptFile(".vbs", code,0, "")

filename = fs.GetBaseName(args(0)) & ".vbe"
folder = fs.GetParentFolderName(args(0)) & "\"
Set textstream = fs.CreateTextFile(folder & filename, True)
textstream.Write code2
textstream.Close

WScript.Echo "Fertig! Codiertes Skript gespeichert als: """ & filename & """"
```

Listing 1.21: Fügt zu VBS-Skripts den Kontextmenübefehl Skript verschlüsseln *hinzu*

ASP-Seiten und andere Formate verschlüsseln

Der Script Encoder verschlüsselt nicht nur reine Skripts. Skriptcode kann auch eingebettet in HTML-Seiten, ASP-Seiten und als Scriptlet vorkommen. Auch solche Dateien lassen sich verschlüsseln.

Weil hier aber nicht der ganze Dateiinhalt verschlüsselt werden darf, ist es wichtig, dem Encode-Befehl den gewünschten Typ mitzuteilen. Das nächste Beispiel kodiert ASP-Seiten, die Sie auf dem Script Icon abladen:

```
Set fsenc = CreateObject("Scripting.Encoder")
Set fs = CreateObject("Scripting.FileSystemObject")

Set args = WScript.Arguments
If args.Count = 0 Then
    MsgBox "Ziehen Sie eine ASP-Seite auf mein Icon!", vbInformation
    WScript.Quit
ElseIf Not LCase(fs.GetExtensionName(args(0))) = "asp" Then
    MsgBox "Ich akzeptiere nur ASP-Seiten!", vbExclamation
    WScript.Quit
End If


Set textstream = fs.OpenTextFile(args(0))
code = textstream.ReadAll
textstream.Close

code2 = fsenc.EncodeScriptFile(".asp", code,0, "")

filename = fs.GetBaseName(args(0)) & "(codiert).asp"
folder = fs.GetParentFolderName(args(0)) & "\"
Set textstream = fs.CreateTextFile(folder & filename, True)
textstream.Write code2
textstream.Close

MsgBox "Fertig! Codierte ASP-Seite gespeichert als: """ & filename & """"
```

Listing 1.22: *ASP-Seiten verschlüsseln*

2 System-Informationen

31	Infrastruktur-Daten über Ihr Netzwerk erfragen
35	Systemordner ermitteln
38	Umgebungsvariablen auflösen

Bevor Sie in den nächsten Kapiteln damit beginnen, Windows zu automatisieren, brauchen Sie als Grundlage in den meisten Fällen Informationen.

Möchten Sie sich zum Beispiel am Netzwerk anmelden, dann muss Ihr Skript den Benutzer- und Domänennamen kennen. Wollen Sie eigene Dateien skriptgesteuert anlegen, dann sollte Ihr Skript einen Ordner kennen, in dem Sie auch tatsächlich Schreibrecht haben.

Lesen Sie deshalb in diesem Kapitel als Einführung, wie Sie die wichtigsten Eckdaten über Ihr System erfragen.

Infrastruktur-Daten über Ihr Netzwerk erfragen

Der WSH selbst kann Ihnen keine wesentlichen Eckdaten des Windows-Systems liefern. Über externe Objekte, die auf allen Windows-Systemen zur Verfügung stehen, ist das jedoch sehr einfach möglich. Die folgenden Objekte spielen dabei eine Rolle:

Objekt	Beschreibung
WScript.Network	Benutzer- und Domäneninformationen
WScript.Shell	unter anderem Zugriff auf Umgebungsvariablen
ADSystemInfo	ausführliche Domäneninformationen; nur verfügbar, wenn das System Domänenmitglied ist
WinNTSystemInfo	Netzwerkinformationen

Tabelle 2.1: Objekte, die Eckdaten des Systems liefern

Das *Wscript.Network*-Objekt

Dieses Objekt liefert in den Eigenschaften *ComputerName*, *UserDomain* und *UserName* Informationen über den Namen des Computers im Netzwerk und den qualifizierten Namen des angemeldeten Benutzers.

Um zum Beispiel den Namen des augenblicklich eingeloggten Benutzers, seinen Computernamen und den Domänennamen herauszufinden, genügt dieses Skript:

```
Set objNet = CreateObject("WScript.Network")
strComputer = objNet.ComputerName
strUser = objNet.UserName
strUserQualified = objNet.UserDomain & "\" & objNet.UserName

WScript.Echo "Computername: " & strComputer
WScript.Echo "Benutzername: " & strUser
WScript.Echo "Qualifiziert: " & strUserQualified
```

Listing 2.1: Computer- und Benutzername ermitteln

Das Skript lädt mit Hilfe des *CreateObject*-Befehls die Bibliothek »WScript.Network«. Das Ergebnis ist ein Objekt. Bei VBScript werden Objekte stets mit »Set« einer Variablen zugewiesen.

Die neue Befehlserweiterung steht nun also in der Variablen *objNet* zur Verfügung. Das Skript kann jetzt auf die spezifischen Eigenschaften des Objekts zugreifen, zum Beispiel also auf die Eigenschaften *ComputerName*, *UserName* oder *UserDomain*.

Haben Sie die Testversion des *SystemScripters* von der Buch-CD installiert, dann würden Sie hier sehen, welche Eigenschaften und Methoden das neue Objekt anzubieten hat:

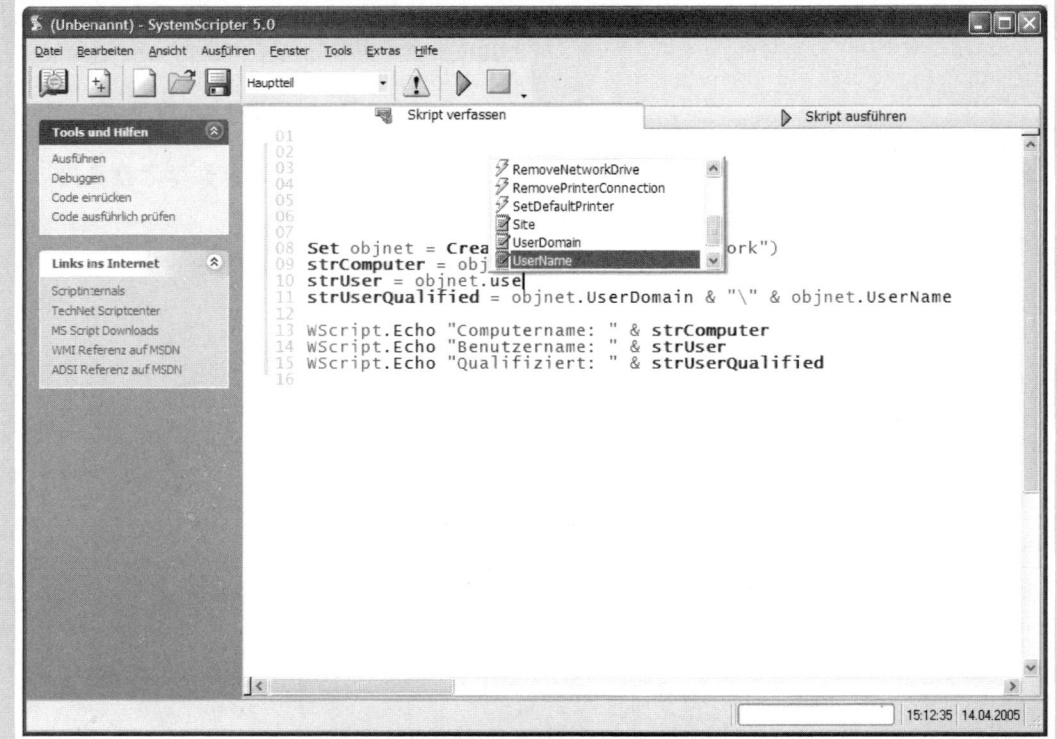

Abbildung 2.1: Unterstützung im SystemScripter zu Objekten und deren Eigenschaften

Bei Systemen, die nicht an einer Domäne angemeldet sind, entspricht *UserDomain* dem Computernamen, denn es handelt sich in diesem Fall um ein lokales Benutzerkonto. Auf diese Weise kann ein Skript beispielsweise ermitteln, ob das System Domänenmitglied ist oder nicht:

```
Set objNet = CreateObject("WScript.Network")
strDomain = objNet.UserDomain
strComputer = objNet.ComputerName

If strDomain = strComputer Then
    WScript.Echo "nicht an Domäne angemeldet"
Else
    WScript.Echo "An Domäne angemeldet"
End If
```

Listing 2.2: *Domänenmitgliedschaft testen*

ADSystemInfo

ADSystemInfo ist ab Windows 2000 Bestandteil des Betriebssystems, setzt aber voraus, dass das System an einer Domäne angemeldet ist. Falls Sie versuchen, dieses Objekt auf Systemen anzusprechen, die nicht an einer Domäne angemeldet sind, kommt es zu einer Fehlermeldung.

ADSystemInfo liefert alle wichtigen Infrastrukturdaten zur Anmeldung des Systems an einem Active Directory. Sie können beispielsweise nach Trees, Forests und spezifischen Domänencontrollern fragen, die derzeit eine der »Flexible Single Master Operations« (FSMOs) ausführen. FSMOs sind fünf Dienstleistungen, die nur auf einem einzelnen Domänencontroller in einem Netzwerk ausgeführt werden dürfen.

Methode/Eigenschaft	Bedeutung
GetAnyDCName	Name eines Domänencontrollers
GetDCSiteName(strServer)	Domänencontroller-Site, die für einen Computer zuständig ist
GetTrees	Trees einer Domäne
ComputerName	Ihr Computername
DomainDNSName	Domänenname im DNS-Format
DomainShortName	Domänenname im WINS-Format
ForestDNSName	Forest-Name im DNS-Format
IsNativeMode	True, wenn Domäne im Windows 2000 Native Mode läuft
PDCRoleOwner	Primärer Domänencontroller
SchemaRoleOwner	Schema Master
SiteName	Name der Site
UserName	Benutzername
RefreshSchemaCache	Schema des Active Directories neu lesen

Tabelle 2.2: *Funktionen des ADSystemInfo-Objekts*

Wollen Sie zum Beispiel wissen, welcher Domänencontroller die Rolle des »Primären Domänencontroller-Emulators« spielt, dann genügen diese Zeilen:

```
Set info = CreateObject("ADSystemInfo")
MsgBox "DC mit PDC-Emulation: " & info.PDCRoleOwner
```

Listing 2.3: Primären Domain Controller Emulator ermitteln

Abbildung 2.2: LDAP-konformen Namen des Primären Domänencontrollers ermitteln

WinNTSystemInfo

WinNTSystemInfo steht ebenfalls ab Windows 2000 auf jedem System zur Verfügung, setzt aber anders als ADSystemInfo keine Domänenanmeldung voraus.

Eigenschaft	Bedeutung
ComputerName	Name Ihres Computers
DomainName	Domänenname
PDC	Primärer Domänencontroller
UserName	Benutzername

Tabelle 2.3: Eigenschaften des WinNTSystemInfo-Objekts

Lediglich die Eigenschaft PDC setzt eine Domänenanmeldung voraus, weil sie den Namen des nächstgelegenen PDC (Primärer Domänencontroller bzw. Domänencontroller mit entsprechender Emulationsrolle) liefert.

```
Set objntinfo = CreateObject("WinNTSystemInfo")
WScript.Echo objntinfo.ComputerName
WScript.Echo objntinfo.DomainName
WScript.Echo objntinfo.UserName

On Error Resume Next
WScript.Echo objntinfo.PDC
If Err.number<>0 Then
    WScript.Echo "Kein PDC verfügbar, System vermutl. kein Domänenmitglied"
End If
On Error Goto 0
```

Listing 2.4: Anmeldeinformationen und PDC ermitteln

Systemordner ermitteln

Skripte sollten so »relativ« wie möglich verfasst werden. Vermeiden Sie also, absolute Pfadnamen oder absolute Benutzernamen in Ihren Skripten, denn diese Informationen können auf anderen Systemen nicht mehr zutreffend sein, und Ihr Skript wäre damit nur auf dem Entwicklungssystem lauffähig.

Besser ist, Systemdaten dynamisch vom Skript erfragen zu lassen. Möchten Sie zum Beispiel skriptgesteuert eine Datei mit temporären Daten anlegen, dann legen Sie diese Datei nicht als *C:\Temp.txt* an. Möglicherweise besitzt der Anwender Ihres Skriptes in diesem Verzeichnis gar keine Schreibberechtigung, oder der Ordner existiert überhaupt nicht.

Legen Sie die Datei besser im *Temp*-Ordner oder im Ordner *Eigene Dateien* des Users an, der das Skript gerade verwendet. Wie aber bekommen Sie diese Pfadinformationen?

Alle Windows-Spezialordner ermitteln

Alle besonderen Ordner des Betriebssystems werden über *SpecialFolders* erfragt. Dazu geben Sie als Schlüsselwort an, für welchen Systemordner Sie sich interessieren.

Schlüsselwort	Windows-Version	Bedeutung
AllUsersDesktop	ab Windows 2000	Desktop für alle Benutzer
AllUsersStartMenu	ab Windows 2000	Startmenü für alle Benutzer
AllUsersPrograms	ab Windows 2000	*Programme*-Menü für alle Benutzer
AllUsersStartup	ab Windows 2000	Autostart-Gruppe für alle Benutzer
Desktop	alle	Desktop des aktuellen Benutzers
Favorites	alle	Favoriten des aktuellen Benutzers
Fonts	alle	Schriftartenordner
MyDocuments	alle	Eigene Dateien des aktuellen Benutzers
NetHood	alle	Netzwerkumgebung
PrintHood	alle	Druckerordner
Programs	alle	*Programme*-Menü des aktuellen Benutzers
Recent	alle	*Dokumente*-Menü des aktuellen Benutzers
SendTo	alle	*Senden an*-Menü des aktuellen Benutzers
Start Menu	alle	Startmenü des aktuellen Benutzers
StartupB	ab Windows 2000	
Templates	ab Windows 2000	Vorlagenordner

Tabelle 2.4: *Schlüsselwörter der Windows-Systemordner*

Wollen Sie erfragen, wo der *SendTo*-Ordner gespeichert ist, der den Inhalt des *Senden an*-Kontextmenüs bestimmt? Das folgende Skript verrät es Ihnen und öffnet diesen Ordner automatisch, so dass Sie den Inhalt des *Senden an*-Menüs erweitern können:

```
Set wshshell = CreateObject("WScript.Shell")
sendenan = wshshell.SpecialFolders("SendTo")
msg = "Senden an-Menü wird hier gespeichert: """ & sendenan & """ Öffnen?"
antwort = MsgBox(msg, vbYesNo+vbQuestion)
If antwort = vbYes Then
    wshshell.Run """" & sendenan & """"
End If
```

Listing 2.5: Senden an-Ordner ermitteln und auf Wunsch öffnen

Wenn Sie wollten, dann könnten Sie mit diesen Informationen auch skriptgesteuert und vollautomatisch neue Reiseziele ins *Senden an*-Menü integrieren.

Das nächste Skript fügt in den Ordner eine Verknüpfung auf den Texteditor *Notepad* ein. Sie bekommen damit die Freiheit, beliebige Dateien per Rechtsklick, *Senden an*, *Im Editor öffnen* im Editor zu öffnen.

```
Set wshshell = CreateObject("WScript.Shell")
sendenan = wshshell.SpecialFolders("SendTo")

Set link = wshshell.CreateShortcut(sendenan & "\Im Editor öffnen.lnk")
link.TargetPath = "notepad.exe"
link.IconLocation = "notepad.exe,0"
link.Save

WScript.Echo "Link angelegt/aktualisiert"
```

Listing 2.6: Automatisch eine Verknüpfung auf den Editor ins Senden an-Menü integrieren

Um beispielsweise eine Textdatei im Ordner *Eigene Dateien* des aktuellen Benutzers anzulegen, setzen Sie das folgende Skript ein:

```
Set wshshell = CreateObject("WScript.Shell")
Set fs = CreateObject("Scripting.FileSystemObject")

eigenedateien = wshshell.SpecialFolders("MyDocuments")
Set file = fs.CreateTextFile(eigenedateien & "\testdatei.txt", True)

file.WriteLine "Dies ist eine skriptgesteuert angelegte Textdatei."
file.Close

MsgBox "Datei ""testdatei.txt"" im Ordner ""Eigene Dateien"" angelegt."
```

Listing 2.7: Textdatei im Ordner Eigene Dateien anlegen

Direkter Zugriff auf Windows- und Systemordner

Arbeiten Sie ohnehin bereits mit dem *Scripting.FileSystemObject*-Objekt, um zum Beispiel im lokalen Dateisystem Verwaltungsarbeiten zu erledigen, dann könnten Sie die Funktion *GetSpecialFolder* einsetzen. Sie liefert nicht den Namen eines Ordners zurück, sondern ein *Folder*-Objekt, mit dem Sie sofort weiterarbeiten könnten.

Code	Systemordner
0	Windows-Ordner
1	System-Ordner
2	Temp-Ordner

Tabelle 2.5: Code-Kennzahlen der GetSpecialFolder-Methode

Möchten Sie zum Beispiel eine Textdatei nur vorübergehend anlegen, um Zwischenergebnisse zu speichern, dann legen Sie die Datei einfach direkt im *Temp*-Ordner an:

```
Set fs = CreateObject("Scripting.FileSystemObject")

' TEMP-Ordner öffnen
Set temp = fs.GetSpecialFolder(2)

' Textdatei anlegen
Set file = temp.CreateTextFile("testdatei.txt", True)
file.WriteLine "Dies ist eine Testdatei, die Sie löschen können."
file.Close

MsgBox "Datei ""testdatei.txt"" wurde im Ordner """ & temp.Name & """ angelegt."
```

Listing 2.8: Textdatei im Temp-Ordner anlegen

Wie Sie sehen, benötigt das Skript dank *GetSpecialFolder* überhaupt keine Referenz auf das *WScript.Shell*-Objekt, sondern kann diesen besonderen Ordner direkt öffnen.

Auch der System-Ordner birgt interessante Schätze. Das nächste Skript liest die Versionen aller DLL-Dateien im Systemordner und generiert daraus eine Liste, die im *Temp*-Ordner gespeichert und dann im Editor geöffnet wird.

```
WScript.Echo "Ermittle alle DLL-Versionen. Etwas Geduld bitte."
Set fs = CreateObject("Scripting.FileSystemObject")
' SYSTEM-Ordner öffnen
Set System = fs.GetSpecialFolder(1)

' alle DLL-Dateien prüfen
For each file in System.Files
   ext = LCase(fs.GetExtensionName(file.Name))
   If ext = "dll" Then
      Version = fs.GetFileVersion(file.Path)
      liste = liste & file.Name & vbTab & Version & vbCrLf
   End If
Next

' TEMP-Ordner öffnen
Set temp = fs.GetSpecialFolder(2)

' Textdatei anlegen
Set file = temp.CreateTextFile("testdatei.txt", True)
file.WriteLine liste
file.Close
```

```
Set wshshell = CreateObject("WScript.Shell")
wshshell.Run """" & temp.path & "\testdatei.txt" & """"
```

Listing 2.9: Automatisch Versionen aller DLL-Dateien im Systemordner ermitteln

Das Skript benötigt für seine Arbeit einige Sekunden. Haben Sie also bitte etwas Geduld.

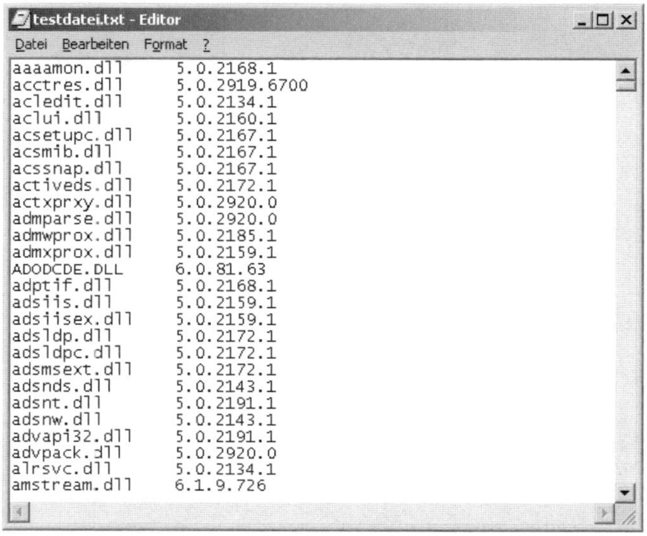

Abbildung 2.3: Die Versionen Ihrer System-DLLs bestimmen

Brauchen Sie keinen direkten Zugriff auf den Systemordner, sondern sind nur an seinem Namen interessiert? Dann verwenden Sie die *Path*-Eigenschaft des *Folder*-Objekts. Das nächste Skript ermittelt den Namen Ihres *System*-Ordners.

```
Set fs = CreateObject("Scripting.FileSystemObject")
Set System = fs.GetSpecialFolder(1)
MsgBox System.Path
```

Listing 2.10: Den Pfadnamen des Systemordners ermitteln

Umgebungsvariablen auflösen

Umgebungsvariablen sind die Variablen des Betriebssystems. In ihnen speichert Windows zum Beispiel den Pfadnamen des Windows-Ordners. Aber auch viele weitere nützliche Informationen sind in Umgebungsvariablen zu finden.

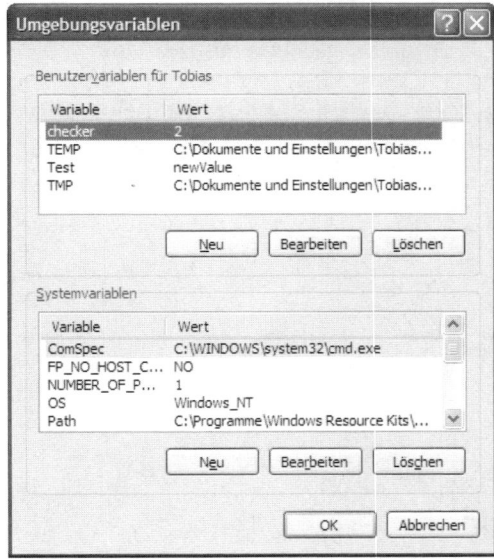

Abbildung 2.4: *Umgebungsvariablen per Skript auslesen*

Wenn Sie den Namen der gewünschten Umgebungsvariablen kennen, löst die Funktion *ExpandEnvironmentStrings* aus dem *WScript.Shell*-Objekt diese Variable für Sie auf. So könnten Sie zum Beispiel ebenfalls den Pfadnamen des Windows-Ordners ermitteln, der in der Umgebungsvariablen *%windir%* zu finden ist:

```
Set wshshell = CreateObject("WScript.Shell")
windir = wshshell.ExpandEnvironmentStrings("%WINDIR%")
MsgBox windir
```

Listing 2.11: *Mit Umgebungsvariablen den Windows-Ordner bestimmen*

Alle Umgebungsvariablen auslesen

Möchten Sie dagegen alle Umgebungsvariablen auflisten, so hilft die Collection *Environment* des *WScript.Shell*-Objekts weiter.

In den meisten Fällen werden in Skripten dabei die Umgebungsvariablen aus der *Process*-Liste benötigt. Das sind die Umgebungsvariablen, die jedem Prozess beim Start mitgeliefert werden. Es sind keine besonderen Berechtigungen erforderlich, um diese Umgebungsvariablen zu lesen:

```
Set objshell = CreateObject("WScript.Shell")

For Each strVar In objshell.Environment("Process")
   WScript.Echo strVar
Next
```

Listing 2.12: *Alle Umgebungsvariablen im Process-Kontext auflisten*

Bestimmte Umgebungsvariable auflösen

Auf diese Weise kann auch der Inhalt einer bestimmten Umgebungsvariablen aus der Liste gelesen werden. Hierzu wird die Liste wie ein zweidimensionales Feld verwendet. Der erste Index benennt die gewünschte Liste, also in der Regel *Process*, und der zweite Index nennt die gewünschte Umgebungsvariable. Der Inhalt der Umgebungsvariablen *%windir%* lässt sich also auch so bestimmen:

```
Set objshell = CreateObject("WScript.Shell")
WScript.Echo objshell.Environment("Process")("windir")
```

Listing 2.13: Inhalt einer bestimmten Umgebungsvariablen auflisten

3 Einfache Dateisystem-Aufgaben

42	Lokaler Zugriff auf das Dateisystem
43	Mit Pfadnamen arbeiten
44	Prüfen, ob Dateien oder Ordner existieren
48	Kopieren, Verschieben und Löschen
52	Direkter Zugriff auf Dateisystemobjekte
53	Laufwerke verwenden
58	Ordner verwenden
61	Dateien verwenden
65	Datei-Inhalte
72	Verknüpfungen
74	Datei-Inhalte auswerten
86	Mit Binärdateien arbeiten
88	Zusatzinformationen für Dateien lesen

Der Zugriff auf das Dateisystem eines Rechners ist eine der wichtigsten Einsatzbereiche von Skripts. Ganz gleich, ob Sie veraltete Dateien ausfindig machen wollen, Backups anlegen möchten oder Informationen aus Logdaten extrahieren müssen – immer müssen Skripts dafür Zugriff auf das Dateisystem erlangen.

Dieser Zugriff kann auf zwei unterschiedliche Arten erfolgen. Für den rein lokalen Zugriff eignet sich das *Scripting.FileSystemObject*. Es liefert alle notwendigen Befehle, um das Dateisystem des Rechners zu kontrollieren, auf dem das Skript ausgeführt wird. Für die meisten Skriptaufgaben ist es deshalb die beste Wahl, insbesondere, wenn Sie Logon-Skripts schreiben, die ohnehin stets lokal ausgeführt werden.

Müssen Sie dagegen auf das Dateisystem fremder Rechner via Netzwerk zugreifen, setzen Skripts den WMI-Dienst ein. Er wird im nächsten Kapitel beschrieben. Der WMI-Dienst ist auch notwendig, wenn Sie fortgeschrittene Aufgaben im Dateisystem meisten wollen, beispielsweise das Auslesen oder Ändern von NTFS-Berechtigungen.

TIPP: In gewissen Maße können Sie die Skripts und Funktionen, die Sie in diesem Kapitel kennen lernen, auch remote einsetzen. Alle Pfadangaben, die in diesem Kapitel verwendet werden, können sich nämlich auch auf Netzlaufwerke beziehen und sogar UNC-Pfadnamen sein. Ein Administrator hat für gewöhnlich mindestens Zugriff auf die administrativen Freigaben eines Remotesystems (»\\RemotePC\C$«) und kann über diese also auch ferngesteuert die hier gezeigten Funktionen einsetzen – zum Beispiel, um auf einfache Art Ordner und Dateien zu verteilen oder Logbücher einzusammeln.

Lokaler Zugriff auf das Dateisystem

Damit Ihre Skripts auf das lokale Dateisystem zugreifen können, benötigen sie zusätzliche Befehle, die das Objekt *Scripting.FileSystemObject* liefert. Das nächste Skript zeigt, wie das funktioniert:

```
Set objfs = CreateObject("Scripting.FileSystemObject")
MsgBox "Habe nun eine Referenz auf das Objekt """ & TypeName(objfs) & """"
```

Listing 3.1: Auf das Scripting.FileSystemObject zugreifen

> *TypeName* ist eine nützliche VBScript-Funktion, die Ihnen verrät, was für Daten in einer Variablen gespeichert sind. Bei »normalen« Variableninhalten wie Text, Zahlen oder Daten liefert *TypeName* den internen Variablen-Subtyp zurück, zum Beispiel *String*, *Long* oder *Date*. Ist in der Variablen dagegen ein Objekt gespeichert, dann liefert *TypeName* den Namen des Objekts zurück. Nur wenn dieser Name nicht bestimmbar ist, lautet das Ergebnis *Object*.
>
> Ebenfalls wichtig ist die VBScript-Anweisung *Set*. Immer, wenn Sie in einer Variablen ein Objekt speichern wollen, muss dieses Objekt der Variablen mit *Set* zugewiesen werden.

Wenn Sie ein geeignetes Skript-Entwicklungssystem wie zum Beispiel den *SystemScripter* verwenden, zeigt dieses Ihnen die neuen Befehle an, die das eingebundene Objekt Ihnen bietet. Dazu genügt es, den Objektnamen und anschließend einen Punkt einzugeben.

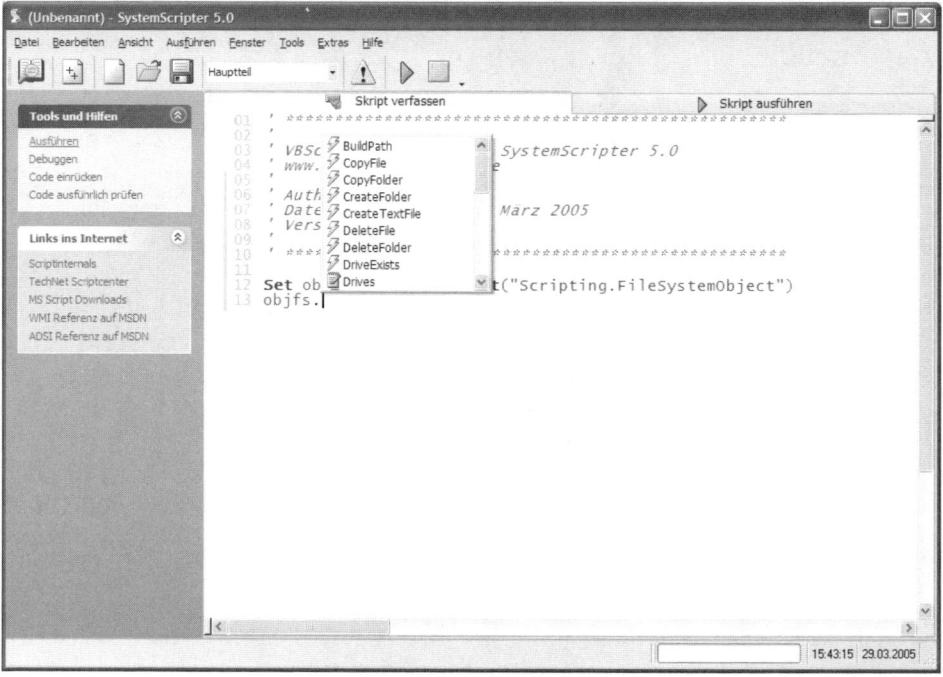

Abbildung 3.1: Fortgeschrittene Editoren zeigen die neu verfügbaren Befehle an

Mit Pfadnamen arbeiten

Wenn Sie eigene Dateisystem-Skripts entwerfen, werden Sie eher früher als später mit Dateipfaden und Dateinamen arbeiten. Oft ist es nötig, den Ordnernamen zu ermitteln, in dem eine Datei liegt, oder den Dateityp einer Datei zu bestimmen.

Sie können hierfür entweder reine VBScript-Befehle einsetzen. Das folgende Skript zeigt zum Beispiel, wie Sie den Ordnernamen und den Typ eines Dateinamens ermitteln:

```
test = "C:\Einstellungen\Testordner\Willi.txt"

' Ordner bestimmen
pos1 = InStrRev(test, "\")
MsgBox "Dateiname: " & Mid(test, pos1+1)
MsgBox "Ordnername: " & Left(test, pos1)

' Typ bestimmen
pos1 = InStrRev(test, ".")
MsgBox "Typ: " & Mid(test, pos1+1)
```

Listing 3.2: *Dateipfade mit den VBScript-Textbefehlen in Einzelteile zerlegen*

Eleganter sind allerdings die Funktionen des *Scripting.FileSystemObjects*:

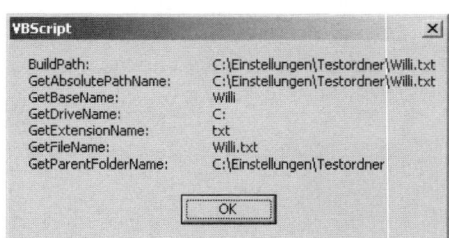

Abbildung 3.2: *Fix und fertig vorhanden: Funktionen, um Dateipfade zu zerlegen*

Methode	Beschreibung
BuildPath	Erstellt Pfad aus Pfad- und Dateiname
GetAbsolutePathName	Erzeugt einen eindeutigen Pfadnamen, indem bei Ordnern ein »\«-Zeichen angefügt wird, bei Dateien nicht.
GetBaseName	Extrahiert den reinen Dateinamen
GetDriveName	Extrahiert den Laufwerksbuchstaben
GetExtensionName	Extrahiert den Dateityp
GetFileName	Extrahiert Dateiname einschließlich Extension
GetParentFolderName	Extrahiert den übergeordneten Pfadnamen

Tabelle 3.1: *Methoden, um Pfadnamen in Einzelteile aufzusplitten*

Das nächste Skript demonstriert all diese Funktionen in Aktion:

```
Set objfs = CreateObject("Scripting.FileSystemObject")

strOrdner = "C:\Einstellungen\Testordner"
```

Einfache Dateisystem-Aufgaben

```
strDatei = "Willi.txt"
strPath = objfs.BuildPath(strOrdner, strDatei)

WScript.Echo "BuildPath: ", strPath
WScript.Echo "GetAbsolutePathName: " , objfs.GetAbsolutePathName(strPath)
WScript.Echo "GetBaseName: " , objfs.GetBaseName(strPath)
WScript.Echo "GetDriveName: " , objfs.GetDriveName(strPath)
WScript.Echo "GetExtensionName: " , objfs.GetExtensionName(strPath)
WScript.Echo "GetFileName: " , objfs.GetFileName(strPath)
WScript.Echo "GetParentFolderName: " , objfs.GetParentFolderName(strPath)
```

Listing 3.3: Dateinamen-Manipulation mit den integrierten FileSystemObject-Methoden

Zufallsgesteuerte Dateinamen

Eine besondere Funktion ist *GetTempName*. Diese Funktion liefert einen zufällig generierten Dateinamen zurück, den Sie zum Beispiel für Dateien verwenden könnten, die Sie nur vorübergehend für interne Zwecke einsetzen.

Prüfen, ob Dateien oder Ordner existieren

Über die folgenden Befehle kann Ihr Skript prüfen, ob Laufwerke, Dateien oder Ordner existieren:

Befehl	Beschreibung
DriveExists	Prüft, ob ein Laufwerksbuchstabe durch ein Laufwerk belegt ist
FileExists	Prüft, ob eine Datei existiert
FolderExists	Prüft, ob ein Ordner existiert
CreateFolder	Legt einen neuen Ordner an

Tabelle 3.2: Existenz von Laufwerken, Dateien und Ordnern überprüfen

Nächsten freien Laufwerksbuchstaben bestimmen

Soll ein Logon-Skript zum Beispiel den nächsten freien Laufwerksbuchstaben ermitteln, dann kann dazu *DriveExists* verwendet werden. Das folgende Skript prüft, ob der Laufwerksbuchstabe *E:* noch frei ist oder nicht:

```
Set objfs = CreateObject("Scripting.FileSystemObject")

If objfs.DriveExists("E:") Then
   WScript.Echo "Laufwerk E: existiert schon."
Else
   WScript.Echo "Laufwerk E: existiert noch nicht."
End If
```

Listing 3.4: Prüfen, ob Laufwerksbuchstabe E: belegt ist oder nicht

Um den nächsten freien Laufwerksbuchstaben zu finden, setzen Sie eine *For...Next*-Schleife ein, die der Reihe nach alle Laufwerksbuchstaben durchgeht, bis ein noch unbelegter Laufwerksbuchstabe gefunden ist.

Weil die *For...Next*-Schleife allerdings nur Zahlenräume durchlaufen kann, aber keine Buchstabenbereiche, werden die Buchstaben zuerst mit *Asc* in den korrespondierenden ANSI-Code umgewandelt. Innerhalb der Schleife wird aus dem aktuellen ANSI-Code dann wieder mit *Chr* der zugehörige Buchstabe ermittelt und dann über *DriveExists* geprüft.

```
Set objfs = CreateObject("Scripting.FileSystemObject")

For x = Asc("D") To Asc("Z")
   strBuchstabe = Chr(x) & ":"
   If objfs.DriveExists(strBuchstabe) Then
      WScript.Echo "Nächstes freies Laufwerk: " & strBuchstabe
      Exit For
   End If
Next
```

Listing 3.5: *Nächsten unbelegten Laufwerksbuchstaben ermitteln*

Das Ergebnis wird vom Skript ausgegeben:

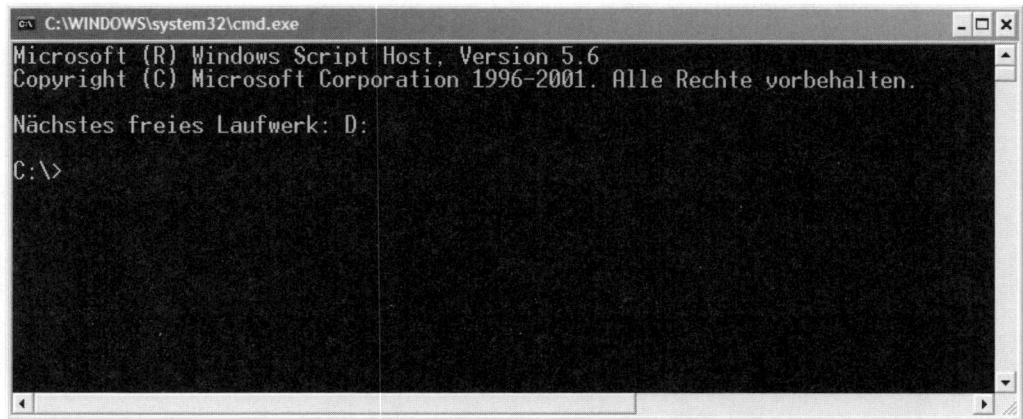

Abbildung 3.3: *Den nächsten unbelegten Laufwerksbuchstaben ermitteln*

Dieses Skript kann auch als eigenständige Funktion formuliert werden und lässt sich dann leichter in eigenen Projekten einsetzen:

```
WScript.Echo "Nächstes freies Laufwerk: " & NextFree

Function NextFree
   Set objfs = CreateObject("Scripting.FileSystemObject")

   For x = Asc("D") To Asc("Z")
      strBuchstabe = Chr(x) & ":"
      If objfs.DriveExists(strBuchstabe) Then
         NextFree = strBuchstabe
         Exit Function
```

```
        End If
    Next
End Function
```

Listing 3.6: Nächstes freies Laufwerk über eigene Funktion bestimmen

> Skripts werden übersichtlicher und besser einsetzbar, wenn Sie die wesentlichen Aufgaben darin modulartig fassen. Dazu dienen selbstdefinierte Funktionen. Das vorangegangene Skript definierte dazu im Block *Function...End Function* die Funktion *NextFree*, die den nächsten freien Laufwerksbuchstaben ermittelt.
>
> Der Rückgabewert der Funktion wird festgelegt, indem Sie diesen Wert einer Variablen zuweisen, die so heißt wie die Funktion selbst. Aus diesem Grund speichert die Funktion den Rückgabewert im Beispiel in der Variablen *NextFree*.
>
> Sobald die Funktion das gewünschte Ergebnis ermittelt hat, kann sie abgebrochen werden. Das geschieht über die Anweisung *Exit Function*.

Prüfen, ob eine Datei existiert

Mit *FileExists* prüfen Sie, ob eine Datei existiert. Das folgende Beispiel stellt fest, ob die Datei *C:\BOOT.INI* vorhanden ist. Skripts könnten auf dieser Information aufbauen und zum Beispiel diese Datei öffnen, wenn sie existiert. Wie Sie Dateien öffnen und deren Inhalt lesen, wird später in diesem Kapitel noch ausführlich gezeigt.

```
strFile = "C:\BOOT.INI"

Set objfs = CreateObject("Scripting.FileSystemObject")

If objfs.FileExists(strFile) Then
    WScript.Echo "Die Datei " & strFile & " ist vorhanden."
Else
    WScript.Echo "Die Datei " & strFile & " ist nicht vorhanden."
End If
```

Listing 3.7: Prüfen, ob eine Datei existiert

Prüfen, ob ein Ordner existiert

FolderExists prüft, ob ein Ordner existiert. Falls der Ordner nicht existiert, kann dieser mit *CreateFolder* angelegt werden. Das folgende Skript legt den Ordner *C:\TEST* nur dann an, wenn dieser noch nicht existiert.

```
strFolder = "C:\TEST"

Set objfs = CreateObject("Scripting.FileSystemObject")

If objfs.FolderExists(strFolder) Then
    WScript.Echo "Der Ordner " & strFolder & " ist schon vorhanden."
Else
    objfs.CreateFolder strFolder
```

```
        WScript.Echo "Der Ordner " & strFolder & " wurde neu angelegt."
End If
```

Listing 3.8: Ordner anlegen, wenn dieser noch nicht existiert

CreateFolder kann Ordner nur dann anlegen, wenn der übergeordnete Ordner existiert und Sie die nötigen Schreibberechtigungen haben. Der folgende selbstdefinierte Befehl *CreateFolder* legt beliebige Ordner einschließlich der eventuell notwendigen übergeordneten Ordner für Sie an:

```
strFolder = "C:\Projekte\2005\Skripts"

CreateFolder strFolder

Sub CreateFolder(ByVal path)
   Set objfs = CreateObject("Scripting.FileSystemObject")

   arrFolder = Split(path, "\")
   strCurFolder = ""

   For Each part In arrFolder
      strCurFolder = strCurFolder & part & "\"
      If Not objfs.FolderExists(strCurFolder) Then
         objfs.CreateFolder strCurFolder
         WScript.Echo strCurFolder & " angelegt..."
      End If
   Next
End Sub
```

Listing 3.9: Neuer Befehl zum Anlegen beliebiger Unterordner

Neben selbstdefinierten Funktionen, die Sie über den Block *Function...End Function* anlegen, gibt es noch selbstdefinierte Prozeduren. Diese werden mit dem Block *Sub...End Sub* definiert. Im Gegensatz zu Funktionen liefern Prozeduren nie einen Rückgabewert zurück.

Im Beispiel wird der neue Befehl *CreateFolder* definiert. Wird in Ihrem Skript *CreateFolder* aufgerufen, dann bezieht sich dies immer auf den neudefinierten Befehl. Möchten Sie dagegen die *CreateFolder*-Funktion des *Scripting.FileSystemObjects* ansprechen, dann stellen Sie zuerst den Objektnamen vor, also zum Beispiel *objfs.CreateFolder*.

Selbstdefinierte Funktionen und Prozeduren können Argumente akzeptieren. Im Beispiel verlangt die Prozedur *CreateFolder* genau ein Argument, nämlich den Pfadnamen des Ordners, der angelegt werden soll. Argumente werden hinter dem Funktions- bzw. Prozedurnamen in Klammern angegeben. Dabei sorgt die Anweisung *ByVal* dafür, dass Änderungen am übergebenen Argument, die innerhalb der Funktion oder Prozedur möglicherweise vorgenommen werden, sich nicht auf den Hauptteil des Skripts auswirken. Generell sollten Sie vor jedes Argument die Anweisung *ByVal* stellen.

Die Prozedur *CreateFolder* zerlegt den angegenenen Pfadnamen mit *Split* in seine Bestandteile und verwendet dabei »\« als Trennzeichen. Das Ergebnis ist ein Variablenfeld, das mit *For Each...Next* durchlaufen werden kann. Innerhalb der Schleife baut die Prozedur in der Variablen *strCurFolder* dann den Pfadnamen schrittweise wieder auf und prüft jeweils, ob dieser Ordner schon existiert. So werden alle noch fehlenden Ordner automatisch erstellt.

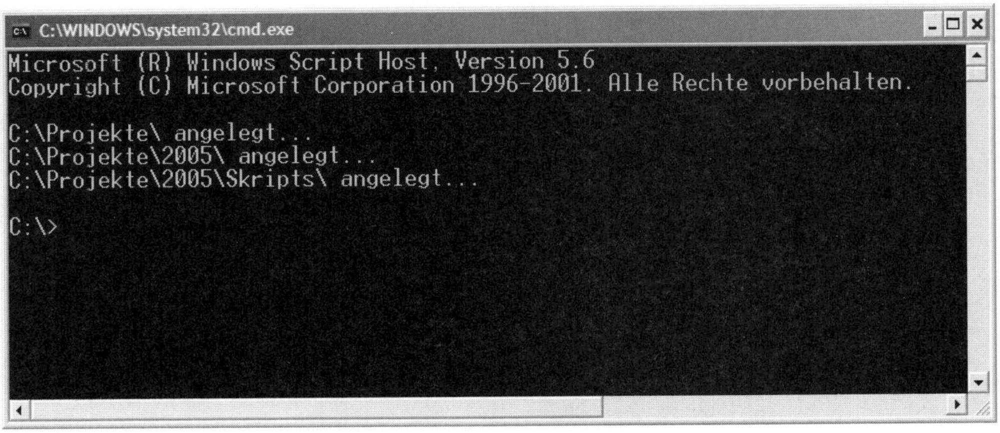

```
C:\WINDOWS\system32\cmd.exe
Microsoft (R) Windows Script Host, Version 5.6
Copyright (C) Microsoft Corporation 1996-2001. Alle Rechte vorbehalten.

C:\Projekte\ angelegt...
C:\Projekte\2005\ angelegt...
C:\Projekte\2005\Skripts\ angelegt...

C:\>
```

Abbildung 3.4: Einen Ordner mit sämtlichen erforderlichen übergeordneten Ordnern anlegen

Kopieren, Verschieben und Löschen

Möchten Sie einfache Kopier- oder Verschiebeaktionen durchführen, eignen sich hierfür die folgenden Befehle:

Befehl	Beschreibung
CopyFile	Kopiert eine oder mehrere Dateien
CopyFolder	Kopiert einen oder mehrere Ordner samt Inhalt
DeleteFile	Löscht eine oder mehrere Dateien
DeleteFolder	Löscht einen oder mehrere Ordner samt Inhalt
MoveFile	Verschiebt eine oder mehrere Dateien
MoveFolder	Verschiebt einen oder mehrere Ordner samt Inhalt

Tabelle 3.3: Einfache Dateisystem-Befehle

Alle Befehle unterstützen Platzhalterzeichen. Dabei steht »*« für eine beliebige Anzahl beliebiger Zeichen und »?« für genau ein beliebiges Zeichen.

Sicherheitskopie einer Datei anlegen

Möchten Sie eine Sicherheitskopie einer bestimmten Datei anlegen, dann gehen Sie so vor:

```
strFile = "c:\boot.ini"
strKopie = "c:\boot.bak"

Set objfs = CreateObject("Scripting.FileSystemObject")
objfs.CopyFile strFile, strKopie, false
```

Listing 3.10: Sicherheitskopie der Datei C:\BOOT.INI erstellen

Allerdings liefert dieses Skript eine Fehlermeldung, wenn die Datei nicht vorhanden ist oder wenn die Kopie schon existiert. Die folgenden Erweiterungen fangen diese Fehler weit gehend ab:

```
strFile = "c:\boot.ini"
strKopie = "c:\boot.bak"

Set objfs = CreateObject("Scripting.FileSystemObject")
If Not objfs.FileExists(strFile) Then
   WScript.Echo strFile & " ist nicht vorhanden."
   WScript.quit
End If

objfs.CopyFile strFile, strKopie, True
```

Listing 3.11: *Erweiterte Prüfungen machen das Skript zuverlässiger*

Aber auch jetzt kann es noch zu einem Fehler kommen: Haben Sie mit dem Skript erfolgreich eine Sicherheitskopie der Datei *C:\BOOT.INI* angelegt und ist das *Schreibgeschützt*-Attribut dieser Datei gesetzt, dann kann *CopyFile* diese Datei nicht überschreiben, obwohl als drittes Argument mit True normalerweise das Überschreiben von vorhandenen Dateien erlaubt wird.

Hier hilft nur, das *Schreibgeschützt*-Attribut entweder zuvor zu entfernen (wie das geschieht, lesen Sie etwas später), oder aber die Sicherheitskopie vor dem Kopiervorgang zu entfernen. Dazu wird *DeleteFile* eingesetzt. Geben Sie hier als zweites Argument true ein, dann werden Dateien auch bei vorhandenem *Schreibgeschützt*-Attribut gelöscht.

```
strFile = "c:\boot.ini"
strKopie = "c:\boot.bak"

Set objfs = CreateObject("Scripting.FileSystemObject")
If Not objfs.FileExists(strFile) Then
   WScript.Echo strFile & " ist nicht vorhanden."
   WScript.quit
End If

If objfs.FileExists(strKopie) Then
   antwort = MsgBox("Sicherheitskopie existiert bereits. Ersetzen?", _
       vbYesNo + vbQuestion)
   If antwort = vbNo Then
      WScript.Quit
   End If
   objfs.DeleteFile strKopie, True
End If

objfs.CopyFile strFile, strKopie, True
```

Listing 3.12: *Vor dem Kopieren eine möglicherweise vorhandene Sicherheitskopie löschen*

Mit Platzhalterzeichen arbeiten

Wollen Sie einen bestimmten Dateityp kopieren, dann setzen Sie Platzhalterzeichen ein. Das folgende Skript kopiert alle Dateien mit der Dateierweiterung ».log« aus dem Windows-Ordner in einen separaten Ordner.

```
strQuelle = "c:\windows\"
strZiel = "c:\Logfiles\"

Set objfs = CreateObject("Scripting.FileSystemObject")

If Not objfs.FolderExists(strZiel) Then
    objfs.CreateFolder strZiel
End If

objfs.CopyFile strQuelle & "*.log", strZiel
```

Listing 3.13: Alle Log-Dateien aus dem Windows-Ordner kopieren

Achten Sie unbedingt darauf, in *strQuelle* und *strZiel* die Ordnernamen anzupassen. Hierbei ist es wichtig, bei Ordnernamen ein abschließendes »\«-Zeichen anzuhängen, um unmissverständlich auszudrücken, dass es sich um eine Ordnerangabe handelt. Tun Sie das nicht, kann Ihre Angabe als Dateipfad missverstanden werden.

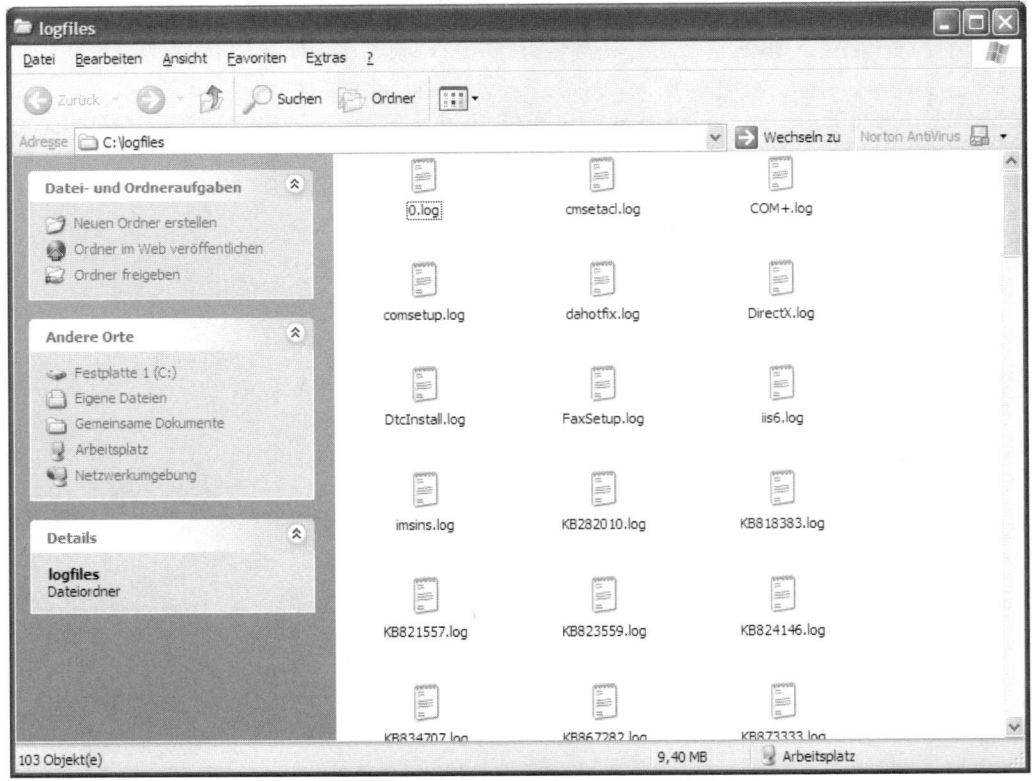

Abbildung 3.5: Alle Logdateien aus dem Windows-Ordner in einen neuen Ordner kopieren

Das Skript löst einen Fehler aus, wenn überhaupt keine Dateien Ihrer Anforderung entsprachen, also zum Beispiel keine *.log*-Dateien im Windows-Ordner gefunden wurden. Das folgende Skript ermittelt den Windows-Ordner automatisch und meldet, falls keine Dateien gefunden wurden. Außerdem werden die Pfadangaben automatisch auf das abschließende »\«-Zeichen geprüft und dieses Zeichen angefügt, falls nötig.

```
Const WindowsFolder = 0
strFilter = "*.log"

Set objfs = CreateObject("Scripting.FileSystemObject")

strQuelle = objfs.GetSpecialFolder(WindowsFolder).path
strZiel = "c:\Logfiles\"

If Right(strQuelle, 1)<>"\" Then
   strQuelle = strQuelle & "\"
End If

If Right(strZiel, 1)<>"\" Then
   strZiel = strZiel & "\"
End If

If Not objfs.FolderExists(strZiel) Then
   objfs.CreateFolder strZiel
End If


On Error Resume Next
objfs.CopyFile strQuelle & strFilter, strZiel

If Err.number<>0 Then
   WScript.Echo "Fehler: " & Err.Description
Else
   WScript.Echo "OK"
End If

On Error Goto 0
```

Listing 3.14: Dateien eines bestimmten Typs aus dem Windows-Ordner kopieren

> *SpecialFolders* liefert Zugriff auf bestimmte Systemordner. Die Kennziffer *0* entspricht dem *Windows*-Ordner. Das Ergebnis ist ein *Folder*-Objekt, das unter anderem in der Eigenschaft *Path* den Pfadnamen dieses Ordners meldet.
>
> Sie könnten *SpecialFolders* die gewünschte Kennziffer natürlich direkt übergeben, aber wenn Sie das Skript später neu öffnen und zu verstehen versuchen, werden Sie vermutlich nicht mehr wissen, wofür die Zahl *0* steht. Deshalb wird die Zahl im Beispiel mit *Const* als Konstante definiert und mit einem aussagekräftigen Namen versehen.
>
> Um Laufzeitfehler abzufangen, die während der Ausführung von *CopyFile* auftreten können, wird dieser Skriptbereich in einen *On Error Resume Next...On Error Goto 0*-Block gefasst. Innerhalb dieses Blocks werden alle Fehler »verschluckt«. Es ist nun Ihre Verantwortung, den Fehlerstatus selbst zu überprüfen. Das kann über das immer vorhandene *Err*-Objekt geschehen. Dessen Eigenschaft *Number* ist immer ungleich *0*, wenn ein Fehler aufgetreten ist. Die Eigenschaft *Description* meldet in diesem Fall die Ursache des Fehlers.

Kopierfunktion des Systems einsetzen

Die Kopierfunktion des *Scripting.FileSystemObject*-Objekts arbeitet stets im Hintergrund. Bei längeren Kopiervorgängen erhalten Sie also kein Feedback, und ein Anwender könnte annehmen, das Skript reagiere nicht mehr.

Skripts können deshalb auch auf die Kopierfunktionen der Windows-Oberfläche zurückgreifen, die bei längeren Vorgängen automatisch ein animiertes Fenster anzeigen. Diese Funktionen stehen über *Shell.Application* zur Verfügung und werden im Rahmen dieses Buches nur kurz gestreift.

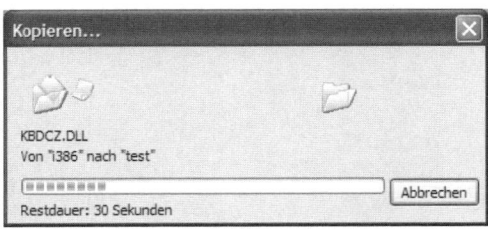

Abbildung 3.6: *Kopierfunktion mit Fortschrittsanzeige per Skript*

Das folgende Skript kopiert alle dynamischen Link-Libraries (DLLs) aus dem Ordner »C:\i386« in den Ordner »c:\test«:

```
Const FOF_CREATEPROGRESSDLG = &H0

ParentFolder = "c:\test\"
Set objShell = CreateObject("Shell.Application")
Set objFolder = objShell.NameSpace(ParentFolder)

objFolder.CopyHere "C:\i386\*.dll", FOF_CREATEPROGRESSDLG
```

Listing 3.15: *Kopiervorgang mit Dialogfenster*

Direkter Zugriff auf Dateisystemobjekte

Wollen Sie keine allgemeinen Kopier-, Verschiebe- oder Lösch-Aufgaben meistern, sondern mehr Informationen über bestimmte Elemente des Dateisystems ermitteln, dann ist dazu der direkte Zugriff auf die gewünschten Dateisystemobjekte nötig. Das Dateisystem wird mit fünf Objekttypen abgebildet:

Objekttyp	Beschreibung
Drive	Repräsentiert ein Laufwerk, dem ein Laufwerksbuchstabe zugewiesen ist
Folder	Repräsentiert einen Ordner oder Unterordner
File	Repräsentiert eine beliebige Datei
TextStream	Repräsentiert den Inhalt einer beliebigen Datei
Shortcut	Repräsentiert eine Datei-Verknüpfung

Tabelle 3.4: *Die vier Grundelemente des Dateisystems*

Laufwerke verwenden

Jedes Laufwerk wird mit einem *Drive*-Objekt repräsentiert. Sie können sich mit *GetDrive* entweder das *Drive*-Objekt eines bestimmten Laufwerks beschaffen oder mit der Eigenschaft *Drives* eine Liste aller Laufwerke erfragen.

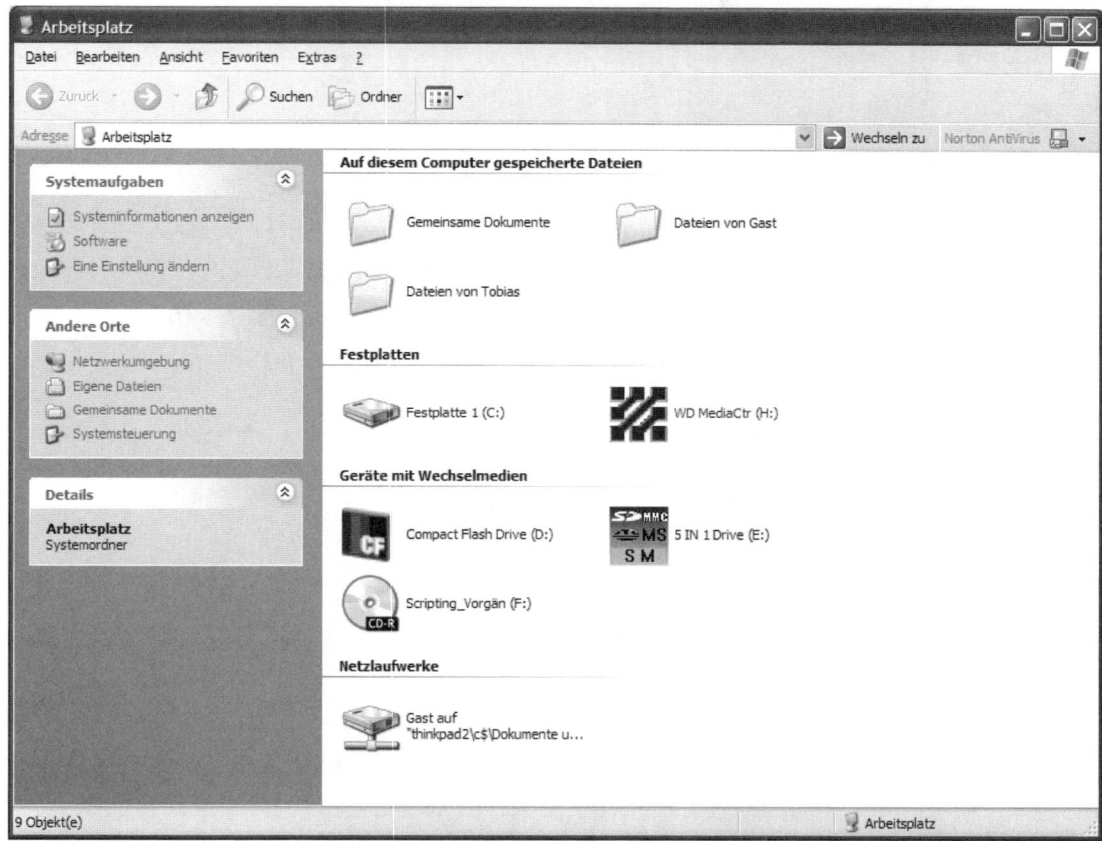

Abbildung 3.7: Laufwerke verwalten

Auf ein bestimmtes Laufwerk zugreifen

Klicken Sie im Arbeitsplatz-Fenster ein Laufwerk mit der rechten Maustaste an und wählen im Kontextmenü Eigenschaften, dann sehen Sie ein Fenster ähnlich wie in Abbildung 3.8. Skripts können diese Informationen ebenfalls ermitteln und auswerten.

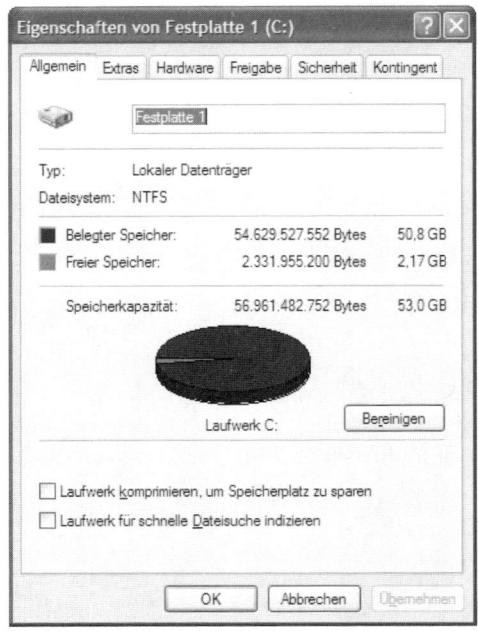

Abbildung 3.8: Die Informationen zu einem Laufwerk

Dazu greift ein Skript zuerst auf das Laufwerk zu und erhält ein Drive-Objekt. Dieses enthält unter anderem die Eigenschaften aus Tabelle 3.5.

Feld	Drive-Eigenschaft
Datenträgerbezeichnung	*VolumeName*
Typ	*DriveType*
Dateisystem	*FileSystem*
Belegter Speicher	*(TotalSize-FreeSpace)*
Freier Speicher	*AvailableSpace, FreeSpace*
Speicherkapazität	*TotalSize*

Tabelle 3.5: Die Eckdaten eines Laufwerks per Skript ermitteln

Mit dem folgenden Skript bestimmen Sie beispielsweise, wie viel Speicherplatz auf dem Laufwerk C: frei ist:

```
Set objfs = CreateObject("Scripting.FileSystemObject")
Set Drive = objfs.GetDrive("C:\")
free = Drive.FreeSpace
MsgBox "Auf C: frei: " & FormatNumber(free/1024^2,2) & " MB"
```

Listing 3.16: Freien Speicherplatz auf einem Laufwerk bestimmen

WICHTIG: Bei älteren Script Hosts enthielt das *Scripting.FileSystemObject* einen Fehler. Hier wurden für alle Größenangaben maximal 2 GB gemeldet.

Alle vorhandenen Laufwerke untersuchen

Die Eigenschaft *Drives* liefert eine Liste mit allen Laufwerken des Systems. Diese Liste wird als so genannte Collection verpackt. Die meisten Listen verwenden dieses Format. Collections können mit einer *For Each...Next*-Schleife ausgelesen werden.

```
Set objfs = CreateObject("Scripting.FileSystemObject")
For Each objdrive In objfs.Drives
    WScript.Echo objdrive.DriveLetter
Next
```

Listing 3.17: *Alle verfügbaren Laufwerke auflisten*

Innerhalb der *For Each...Next*-Schleife wird für jedes gefundene Laufwerk in der Variablen *objdrive* ein *Drive*-Objekt zurückgeliefert. Das Skript liest daraus mit der Eigenschaft *DriveLetter* den Laufwerksbuchstaben aus. Neben *DriveLetter* hat das Objekt eine Reihe weiterer Informationen anzubieten:

Eigenschaft	Beschreibung
AvailableSpace	Freier Speicher für den aktuellen Benutzer
DriveLetter	Laufwerksbuchstabe
DriveType	Typ des Laufwerks
FileSystem	Dateisystem des Laufwerks
FreeSpace	Freier Speicher insgesamt
IsReady	Datenträger eingelegt
Path	Laufwerkspfad
RootFolder	Stammverzeichnis
SerialNumber	Seriennummer des Datenträgers
ShareName	Freigabename, falls Datenträger freigegeben ist
TotalSize	Gesamtgröße
VolumeName	Datenträgerbezeichnung

Tabelle 3.6: *Eigenschaften über ein Laufwerk*

Wollen Sie mehr über den Datenträger eines Laufwerks erfahren, also zum Beispiel sein Dateisystem oder seine Größe, dann müssen Sie sicherstellen, dass sich auch ein Datenträger im Laufwerk befindet. Das erledigt *isReady*.

```
Set objfs = CreateObject("Scripting.FileSystemObject")
Set Drives = objfs.Drives
For Each laufwerk In Drives
   If laufwerk.IsReady Then
      WScript.Echo laufwerk.DriveLetter & ":"
      WScript.Echo "Typ:  " & laufwerk.DriveType
      WScript.Echo "Name: " & laufwerk.VolumeName
   Else
```

Einfache Dateisystem-Aufgaben

```
        WScript.Echo laufwerk.DriveLetter & vbTab & "[kein Datenträger]"
    End If
    WScript.Echo string(80, "=")
Next
```

Listing 3.18: Informationen über Laufwerke erfragen

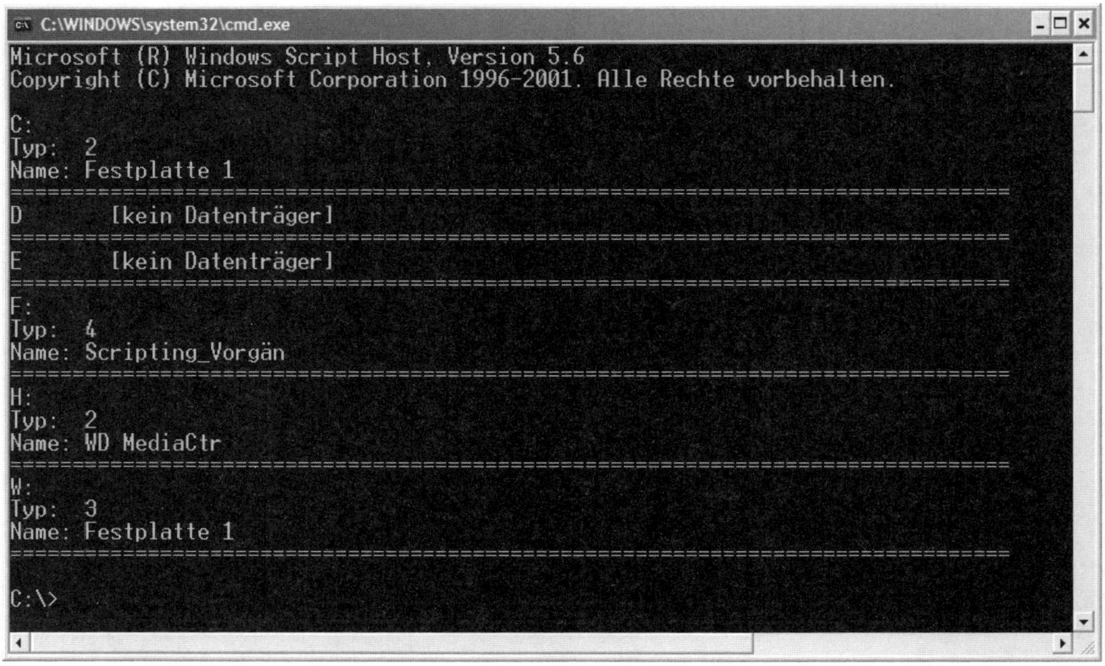

Abbildung 3.9: Informationen über alle vorhandenen Laufwerke ermitteln

Laufwerkstypen bestimmen

DriveType liefert leider nur eine Codezahl zurück. Diese Codezahl kann aber mit den Informationen der folgenden Tabelle entschlüsselt werden:

Konstante	Beschreibung
0	Unbekannt
1	Wechselmedium
2	Festplatte
3	Netzlaufwerk
4	CD-ROM
5	RAM-Disk

Tabelle 3.7: Konstanten für den Laufwerkstyp

Diese Informationen können direkt ins Skript integriert werden:

```
typen = Array("unbekannt", "Wechseldatenträger", "Festplatte", _
   "Netzlaufwerk", "CD-ROM", "RAM-Disk")

Set objfs = CreateObject("Scripting.FileSystemObject")
Set Drives = objfs.Drives
For Each laufwerk In Drives
   WScript.Echo "Typ:   " & typen(laufwerk.DriveType)
   If laufwerk.IsReady Then
      WScript.Echo laufwerk.DriveLetter & ":"
      WScript.Echo "Name: " & laufwerk.VolumeName
   Else
      WScript.Echo laufwerk.DriveLetter & vbTab & "[kein Datenträger]"
   End If
   WScript.Echo string(80, "=")
Next
```

Listing 3.19: Laufwerkstyp im Klartext anzeigen

Laufwerkstyp suchen

Auf ähnliche Weise kann ein Skript auch nach einem bestimmten Laufwerkstyp suchen. Das nächste Skript sucht ein CD-ROM-Laufwerk und meldet den Laufwerksbuchstaben des ersten gefundenen Laufwerks.

```
Set objfs = CreateObject("Scripting.FileSystemObject")

strLW = ""

For Each objDrive In objfs.Drives
   If objDrive.DriveType = 4 Then
      strLW = objDrive.DriveLetter & ":"
      Exit For
   End If
Next

If strLW = "" Then
   WScript.Echo "Kein CD-ROM-Laufwerk vorhanden."
Else
   WScript.Echo "Erstes CD-ROM-Laufwerk ist " & strLW
End If
```

Listing 3.20: Laufwerksbuchstabe des CD-ROM-Laufwerks ermitteln

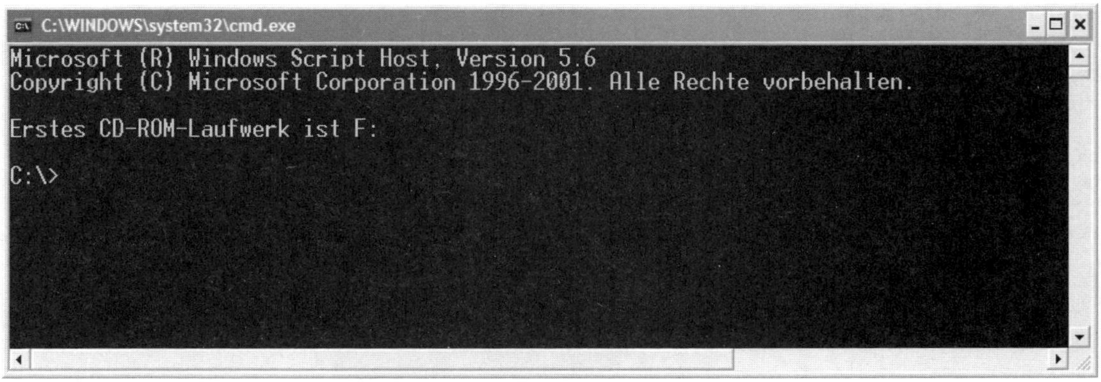

Abbildung 3.10: Das erste verfügbare CD-ROM-Laufwerk ermitteln

Ordner verwenden

Ordner werden mit einem *Folder*-Objekt repräsentiert. Sie können mit *GetFolder* entweder direkt auf einen Ordner zugreifen oder über *Subfolders* eine Liste der Unterordner eines Ordners erhalten.

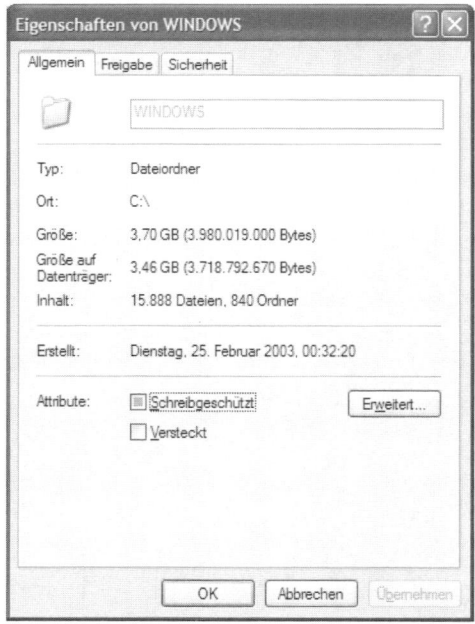

Abbildung 3.11: Die Eigenschaften eines Ordners

Die Informationen, die Abbildung 3.11 zeigt, können per Skript über die folgenden Eigenschaften angesprochen werden:

Feld	Eigenschaft
Ordnername	Name, Path
Typ	–
Größe	Size
Inhalt	SubFolders, Files
Erstellt	DateCreated
Attribute	Attributes

Tabelle 3.8: Eigenschaften eines Ordners

Das folgende Skript meldet, wann der Ordner »C:\TEST« angelegt wurde. Dazu muss dieser Ordner natürlich vorhanden sein.

Das Skript greift mit *GetFolder* auf den gewünschten Ordner zu und ermittelt in *DateCreated* das Datum, an dem der Ordner angelegt wurde. Über *FormatDateTime* kann das Datum optional auch in langem Format einschließlich Wochentag ausgegeben werden:

```
Set objfs = CreateObject("Scripting.FileSystemObject")
Set objfolder = objfs.GetFolder("C:\TEST")

WScript.Echo objfolder.DateCreated
WScript.Echo FormatDateTime(objfolder.DateCreated, vbLongDate)
```

Listing 3.21: Erzeugungsdatum eines Ordners ermitteln

Unterordner auflisten

Wollen Sie die Unterordner eines Ordners ermitteln, dann greifen Sie zunächst mit *GetFolder* auf den gewünschten Ordner zu und erfragen dann dessen *Subfolders*-Eigenschaft. Diese liefert eine Liste der Unterordner zurück. Die Liste kann mit einer *For Each...Next*-Schleife durchlaufen werden und liefert bei jedem Schleifendurchlauf ein *Folder*-Objekt zurück:

```
Set objfs = CreateObject("Scripting.FileSystemObject")
Set objfolder = objfs.GetFolder("C:\")

For Each objsubfolder In objfolder.SubFolders
   On Error Resume Next
   With objsubfolder
      WScript.Echo .Path
      WScript.Echo .DateLastModified
      WScript.Echo FormatNumber(.Size/1024^2, 1) & " MB"
      WScript.Echo string(80, "_")
   End With
   On Error Goto 0
Next
```

Listing 3.22: Alle Unterordner eines Ordners auflisten

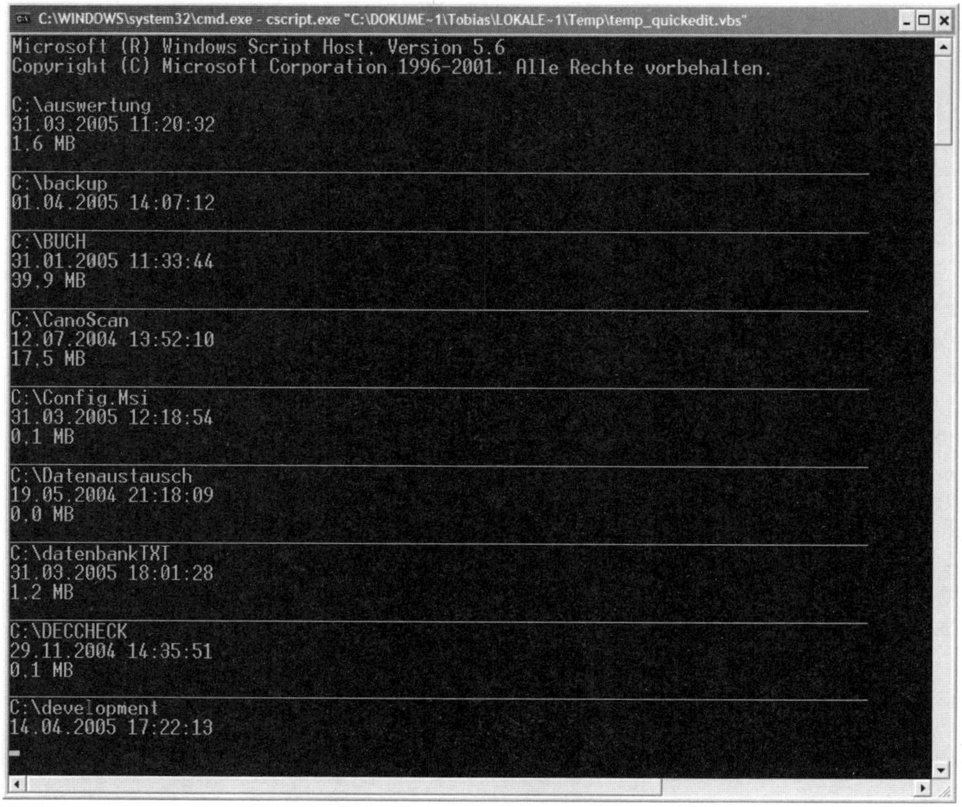

```
Microsoft (R) Windows Script Host, Version 5.6
Copyright (C) Microsoft Corporation 1996-2001. Alle Rechte vorbehalten.

C:\auswertung
31.03.2005 11:20:32
1,6 MB
_____
C:\backup
01.04.2005 14:07:12
_____
C:\BUCH
31.01.2005 11:33:44
39,9 MB
_____
C:\CanoScan
12.07.2004 13:52:10
17,5 MB
_____
C:\Config.Msi
31.03.2005 12:18:54
0,1 MB
_____
C:\Datenaustausch
19.05.2004 21:18:09
0,0 MB
_____
C:\datenbankTXT
31.03.2005 18:01:28
1,2 MB
_____
C:\DECCHECK
29.11.2004 14:35:51
0,1 MB
_____
C:\development
14.04.2005 17:22:13
```

Abbildung 3.12: *Alle Unterordner eines Ordners auflisten*

Möchten Sie mehrmals hintereinander auf ein Objekt zugreifen, dann ist die *With...End With*-Struktur eine willkommene Erleichterung. Dazu wird hinter *With* der Name des Objekts geschrieben, mit dem Sie arbeiten wollen. Innerhalb des *With...End With*-Blocks brauchen Sie nun den Objektnamen nicht immer wieder zu schreiben. Es genügt jetzt, einen einfachen Punkt zu schreiben, um auf das Objekt zuzugreifen.

Ohne *With...End With* müssten Sie stattdessen anstelle des Punktes jeweils den Objektnamen und einen Punkt schreiben:

```
Set objfs = CreateObject("Scripting.FileSystemObject")
Set objfolder = objfs.GetFolder("C:\")

For Each objsubfolder In objfolder.SubFolders
   On Error Resume Next
   WScript.Echo objsubfolder.Path
   WScript.Echo objsubfolder.DateLastModified
   WScript.Echo FormatNumber(objsubfolder.Size/1024^2, 1) & " MB"
   WScript.Echo string(80, "_")
   On Error Goto 0
Next
```

Listing 3.23: *Ohne With...End With-Block muss das gewünschte Objekt jedes Mal angegeben werden*

Weil es sein kann, dass Sie auf einige Unterordner keine Zugriffsberechtigungen haben, ist die Schleife außerdem in einen *On Error Resume Next/On Error Goto 0*-Block gestellt. Er überspringt Fehler, die sonst zum Abbruch des Skripts führen würden.

Darüber hinaus liefert *GetSpecialFolder* den direkten Zugriff auf das *Folder*-Objekt wichtiger Systemordner.

Möchten Sie zum Beispiel die Gesamtgröße des Windows-Ordners ermitteln, könnten Sie folgendes Skript einsetzen:

```
Const WindowsFolder = 0
Const SystemFolder = 1
Const TemporaryFolder = 2

Set objfs = CreateObject("Scripting.FileSystemObject")
Set objfolder = objfs.GetSpecialFolder(WindowsFolder)

WScript.Echo FormatNumber(objfolder.size/1024^2,1) & " MB"
```

Listing 3.24: Größe des Windows-Ordners bestimmen

Dateien verwenden

Dateien werden durch das *File*-Objekt repräsentiert. Mit *GetFile* greifen Sie auf eine bestimmte Datei zu.

Wollen Sie zum Beispiel wissen, wann die Datei »C:\BOOT.INI« zum letzten Mal geändert wurde, dann setzen Sie das nächste Skript ein:

```
strFile = "C:\BOOT.INI"

Set objfs = CreateObject("Scripting.FileSystemObject")

If objfs.FileExists(strFile) Then
    Set file = objfs.GetFile(strFile)

    On Error Resume Next

    letzteaenderung = file.DateLastModified

    ok = (Err.number = 0)

    On Error Goto 0

    If ok Then
        tage = DateDiff("d", letzteaenderung, Now)
        WScript.Echo "Änderung vor " & tage & " Tagen."
    Else
        WScript.Echo "Datumsangabe in der Datei fehlt!"
    End If
Else
```

```
    WScript.Echo "Datei " & strFile & " existiert nicht."
End If
```

Listing 3.25: Herausfinden, wann eine Datei zum letzten Mal geändert wurde

WICHTIG: Die Datumseigenschaften einer Datei – *DateCreated*, *DateLastModified* und *DateLastAccessed* – sind nicht immer tatsächlich definiert. Ist ein Datum nicht definiert und versuchen Sie, auf das Datum zuzugreifen, dann kommt es zu einem Fehler. Kapseln Sie deshalb solche Abfragen am besten wie im Beispiel gezeigt mit *On Error Resume Next* und *On Error GoTo 0*.

Dateien eines Ordners auflisten

Möchten Sie alle Dateien auflisten, die in einem bestimmten Ordner lagern, dann greifen Sie zunächst mit *GetFolder* auf den Ordner zu und verwenden dann dessen *Files*-Eigenschaft. Diese liefert eine Liste der Dateien, die im Ordner liegen. Mit einer *For Each...Next*-Schleife kann diese Liste durchlaufen werden und liefert bei jedem Durchlauf das *File*-Objekt einer Datei zurück:

```
Set objfs = CreateObject("Scripting.FileSystemObject")

Set objFolder = objfs.GetFolder("C:\")

For Each objFile In objFolder.Files
   On Error Resume Next

   WScript.Echo objFile.Name
   WScript.Echo objFile.ShortName
   WScript.Echo FormatNumber(objFile.size/1024,1) & " KB"
   WScript.Echo objFile.DateLastModified
   WScript.Echo DateDiff("d", objFile.DateLastModified, Now) & " Tage"
   WScript.Echo string(80, "=")

   On Error Goto 0
Next
```

Listing 3.26: Alle Dateien im Ordner C:\ auflisten

»Temp«-Ordner aufräumen

Im Ordner für temporäre Daten werden Informationen vorübergehend zwischengespeichert. Stürzen Programme ab oder sind diese unsauber programmiert, dann können darin Dateien liegen bleiben, die längst nicht mehr gebraucht werden. Auf Dauer summieren sich diese Datenmengen und können beträchtliche Ausmaße annehmen.

Das folgende Skript ermittelt deshalb alle Dateien und Ordner im *Temp*-Ordner. Dateien und Ordner, die älter als 5 Tage sind, werden automatisch gelöscht. Allerdings fragt das Skript aus Sicherheitsgründen zunächst, ob Sie gefundene Daten tatsächlich löschen wollen. Antworten Sie mit *Nein*, dann werden Ihnen die Daten nur aufgelistet, aber nicht gelöscht.

Sie sollten sich die Daten unbedingt zuerst nur anzeigen lassen, um sicherzustellen, dass das Skript keine wichtigen Daten löscht. Im *Temp*-Ordner liegen zwar generell keine wichtigen Daten, aber falls Sie das Skript falsch eingeben und es versehentlich nicht den *Temp*-Ordner untersucht, sondern den *Windows*-Ordner, hätte die Löschaktion katastrophale Folgen.

Solch ein Tippfehler kann leicht passieren. Sie bräuchten im Skript nur die Kennziffer für *GetSpecialFolder* von *2* (für den *Temp*-Ordner) auf *0* (für den *Windows*-Ordner) zu ändern, um Ihr System unbrauchbar zu machen.

Automatisierte Löschaktionen sind also gleichermaßen sinnvoll wie gefährlich, und sollten Sie sich für den Einsatz von Löschskripten entscheiden, sind extreme Sorgfalt und ein gutes Backup zwingend.

```
Const TemporaryFolder = 2

Set objfs = CreateObject("Scripting.FileSystemObject")
Set objTemp = objfs.GetSpecialFolder(TemporaryFolder)

antwort = MsgBox("Wollen Sie löschen?", vbYesNo + vbQuestion + vbDefaultButton2)

size = 0

For Each objfile In objTemp.files
   alter = DateDiff("d", objfile.DateCreated, Now)
   If alter>5 Then
      size = size + objfile.size
      WScript.Echo objfile.Name
      If antwort = vbYes Then
         On Error Resume Next
         objfs.deletefile objfile.path, True
         On Error Goto 0
      End If
   End If
Next

For Each objsubfolder In objTemp.subfolders
   alter = DateDiff("d", objsubfolder.DateCreated, Now)
   If alter>5 Then
      size = size + objsubfolder.size
      WScript.Echo objsubfolder.Name
      If antwort = vbYes Then
         On Error Resume Next
         objfs.deletefolder objsubfolder.path, True
         On Error Goto 0
      End If
   End If
Next

WScript.Echo FormatNumber(size/1024^2,1) & " MB Datenmüll gefunden."
```

Listing 3.27: Datenballast aus dem Temp-Ordner entfernen

Dateiattribute lesen und setzen

Dateiattribute bestimmen zum Beispiel, ob eine Datei schreibgeschützt ist. Die folgenden Attribute gibt es:

Attribut	Bedeutung
Schreibgeschützt	Datei kann nicht verändert werden
Archiv	Datei wurde seit dem letzten Backup geändert
System	Datei gehört zum System
Versteckt	Datei ist unsichtbar

Tabelle 3.9: Dateiattribute

Alle Dateiattribute werden als Bits in einer gemeinsamen Zahl gespeichert, die Sie über *Attributes* lesen und verändern können. Welche Bits welchem Attribut entsprechen, verrät diese Tabelle:

Attribut-Konstanten	Beschreibung
1	Schreibgeschützt
2	Versteckt
4	System
16	Ordner
32	Archiv
1024	Verknüpfung
2048	Komprimiert

Tabelle 3.10: Konstanten der Datei-Attribute

Wie Sie sehen, enthalten die Attribute mehr Informationen als nur die regulären Dateiattribute. Sie können mit ihrer Hilfe zum Beispiel auch bestimmen, ob eine Datei komprimiert ist oder ob es sich um eine Verknüpfung handelt.

Das ist wichtig, denn nur die normalen Dateiattribute dürfen verändert werden. Die übrigen Bits sind schreibgeschützt. Das nächste Skript zeigt, wie Sie das *Schreibschutz*-Attribut der Datei »C:\BOOT.INI« setzen, ohne die schreibgeschützten Attribute anzurühren:

```
Set fs = CreateObject("Scripting.FileSystemObject")
datei = "C:\BOOT.INI"

SetSchreibschutz datei
MsgBox "Schreibschutz gesetzt bei " & datei

DeleteSchreibschutz datei
MsgBox "Schreibschutz entfernt bei " & datei

Sub SetSchreibschutz(dateiname)
    If Not fs.FileExists(dateiname) Then Exit sub
    Set file = fs.GetFile(dateiname)
```

```
    file.Attributes = file.Attributes And Not (8+16+64+128+256+1024+2048) Or 1
End Sub

Sub DeleteSchreibschutz(dateiname)
    If Not fs.FileExists(dateiname) Then Exit sub
    Set file = fs.GetFile(dateiname)
    file.Attributes = file.Attributes And Not _
    (8+16+64+128+256+1024+2048) And Not 1
End Sub
```

Listing 3.28: Schreibschutz bei Dateien setzen und entfernen

Der Kniff besteht also darin, alle Bits mit »And Not« auszublenden, die nicht verändert werden dürfen. Mit »Or« setzen Sie dann Bits, während »And Not« Bits löscht.

Wollen Sie anstelle des »Schreibgeschützt«-Attributes das »System«-Attribut ändern, dann schauen Sie in Tabelle 3.10. Sofort wissen Sie, dass dieses Attribut die Kennzahl »4« trägt. Ersetzen Sie also in Listing 3.28 die Kennzahl »1« (Schreibschutz) durch die Kennzahl »4« (System), und schon ändert dasselbe Skript das System-Attribut.

Datei-Inhalte

Der Inhalt einer Datei wird durch ein *TextStream*-Objekt repräsentiert. Allerdings gestattet das *Scripting.FileSystemObject* nur den Zugriff auf Dateien, die Textinformationen enthalten. Binärdateien lassen sich auf diese Weise nicht lesen oder verändern. Binärinformationen können aber über ein anderes COM-Objekt verarbeitet werden, das Sie später in diesem Kapitel kennen lernen.

Der Zugriff auf das *TextStream*-Objekt geschieht über die Funktionen *CreateTextFile* und *OpenTextFile*. Haben Sie sich mit *GetFile* bereits ein *File*-Objekt beschafft, dann können Sie auch die Funktion *OpenAsTextStream* einsetzen.

Neue Dateien anlegen

Möchten Sie zum Beispiel eine neue Datei anlegen und das aktuelle Datum hineinschreiben, dann könnten Sie so vorgehen:

```
Set objfs = CreateObject("Scripting.FileSystemObject")
Set objstream = objfs.CreateTextFile("C:\test.txt")
objstream.WriteLine "Aktuelles Datum:"
objstream.WriteLine Now
objstream.close
```

Listing 3.29: Neue Textdatei anlegen und Datumsinformation schreiben

HTML-Dateien schreiben

Sie sind nicht darauf beschränkt, Textdateien zu schreiben. Zwingend ist nur, dass die Datei-Inhalte im Textformat vorliegen. Sie können deshalb auch ebenso gut XML- oder HTML-Dateien auf diese Weise erzeugen:

```
Set objfs = CreateObject("Scripting.FileSystemObject")
Set objstream = objfs.CreateTextFile("C:\test.htm")
```

Einfache Dateisystem-Aufgaben

```
objstream.WriteLine "<html><body>"
objstream.WriteLine "<h1>Datum</h1>"
objstream.WriteLine "<p>" & Now & "</p>"
objstream.WriteLine "</body></html>"
objstream.close
```

Listing 3.30: HTML-Datei erzeugen

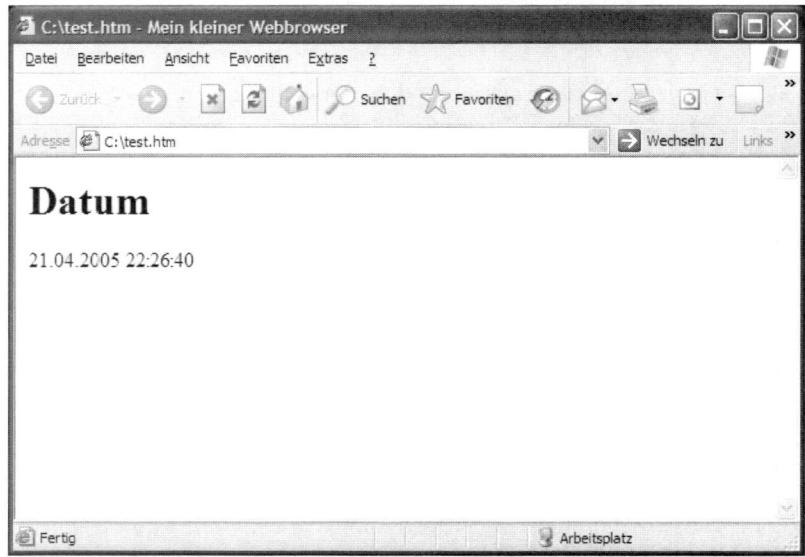

Abbildung 3.13: Eine HTML-Datei per Skript generieren

Informationen an Textdateien anhängen

Mehr Möglichkeiten bietet *OpenTextFile*, denn damit lassen sich nicht nur neue Dateien anlegen, sondern auch bestehende Dateien lesen und Informationen an bestehende Dateien anhängen. Das nächste Skript legt ebenfalls eine Textdatei mit Datumsinformationen an:

```
Const ForWriting = 2
Set objfs = CreateObject("Scripting.FileSystemObject")
Set objstream = objfs.OpenTextFile("C:\test.txt", ForWriting, True)
objstream.WriteLine "Aktuelles Datum:"
objstream.WriteLine Now
objstream.close
```

Listing 3.31: Neue Textdatei mit OpenTextFile anlegen und Datumsinformation schreiben

Im Gegensatz zu *CreateTextFile* können Sie das Skript nun so erweitern, dass neue Informationen an bestehende Informationen angehängt werden. So erreichen Sie eine Logbuchfunktion:

```
Const ForAppending = 8
Const ForWriting = 2
Set objfs = CreateObject("Scripting.FileSystemObject")
Set objstream = objfs.OpenTextFile("C:\test.txt", ForAppending, True)
```

```
objstream.WriteLine "Aktuelles Datum:"
objstream.WriteLine Now
objstream.close
```

Listing 3.32: *Neue Informationen an eine Datei anhängen*

Gleiches ist möglich, wenn Sie bereits Zugriff auf ein *File*-Objekt besitzen, zum Beispiel, weil Sie zuvor mit *GetFile* auf eine Datei zugegriffen haben:

```
Const ForAppending = 8
Const ForWriting = 2
Set objfs = CreateObject("Scripting.FileSystemObject")
Set objfile = objfs.GetFile("C:\test.txt")
Set objstream = objfile.OpenAsTextStream(ForAppending)
objstream.WriteLine "Aktuelles Datum:"
objstream.WriteLine Now
objstream.close
```

Listing 3.33: *Zugriff auf den Dateiinhalt mittels OpenAsTextStream*

Datei-Inhalte lesen

Möchten Sie den Inhalt einer Datei lesen, dann verwenden Sie die Funktionen *ReadAll* oder *Read* des *TextStream*-Objekts.

Bei kleineren Dateien ist *ReadAll* die einfachste Variante. Sie liest den gesamten Datei-Inhalt, schlägt aber fehl, wenn die Datei völlig leer ist. Deshalb sollte vorher mit der Eigenschaft *atEndOfStream* geprüft werden, ob die Datei überhaupt Daten enthält:

```
Const ForReading = 1
Set objfs = CreateObject("Scripting.FileSystemObject")
Set objstream = objfs.OpenTextFile("C:\BOOT.INI", ForReading)

If objstream.AtEndOfStream Then
   WScript.Echo "Datei ist leer"
Else
   WScript.Echo "Datei-Inhalt:"
   WScript.Echo objstream.ReadAll
End If

objstream.close
```

Listing 3.34: *Inhalt einer Datei in einem Zug auslesen*

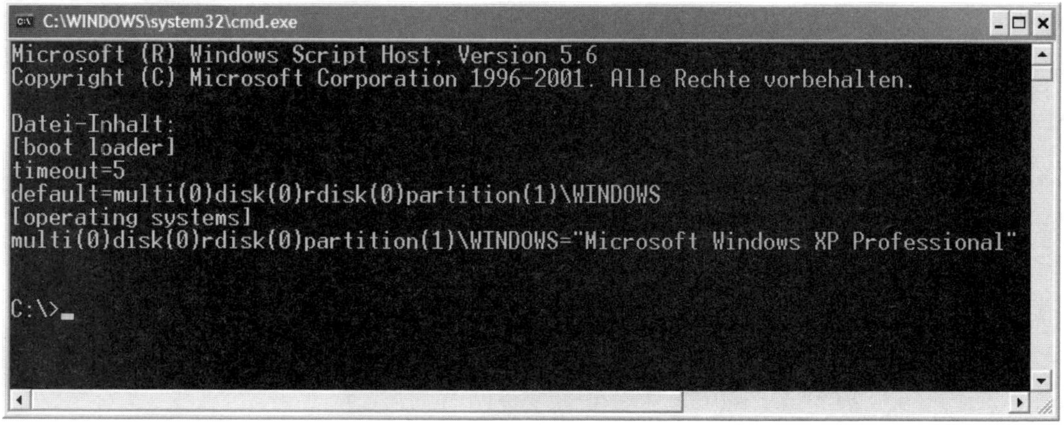

```
C:\WINDOWS\system32\cmd.exe

Microsoft (R) Windows Script Host, Version 5.6
Copyright (C) Microsoft Corporation 1996-2001. Alle Rechte vorbehalten.

Datei-Inhalt:
[boot loader]
timeout=5
default=multi(0)disk(0)rdisk(0)partition(1)\WINDOWS
[operating systems]
multi(0)disk(0)rdisk(0)partition(1)\WINDOWS="Microsoft Windows XP Professional"

C:\>_
```

Abbildung 3.14: *Den Inhalt einer Datei lesen*

Bei größeren Dateien sollte der Inhalt dagegen besser zeilenweise gelesen werden. Dies ist schneller, weil jeweils nur eine Zeile im Speicher gehalten werden muss:

```
Const ForReading = 1
Set objfs = CreateObject("Scripting.FileSystemObject")
Set objstream = objfs.OpenTextFile("C:\BOOT.INI", ForReading)

Do Until objstream.AtEndOfStream
   WScript.Echo objstream.ReadLine
Loop
```

Listing 3.35: *Inhalt einer Textdatei zeilenweise auslesen*

> Die *Do...Loop*-Schleife wird so lange durchlaufen, bis das Abbruchkriterium erfüllt ist. Das Abbruchkriterium kann hinter *Do* oder hinter *Loop* stehen. Im Beispiel steht das Abbruchkriterium hinter *Do* und sorgt so dafür, dass die Schleife sofort abbricht, wenn das Datei-Ende erreicht ist. Ist die Datei also völlig leer, wird die Schleife nie durchlaufen.

Temporäre Dateien schreiben

Wollen Sie Informationen nur vorübergehend in Textdateien speichern, dann ist der *Temp*-Ordner ein guter Ort dafür. Hier ist sichergestellt, dass Ihr Skript die nötigen Schreibberechtigungen besitzt. Skripts funktionieren so unabhängig davon, in welchem Benutzerkontext das Skript ausgeführt wird.

Hier spielt *CreateTextFile* eine besondere Rolle. Dieser Befehl wird nämlich nicht nur vom *Scripting.FileSystemObject* selbst angeboten, sondern steht auch im *Folder*-Objekt zur Verfügung. Das nächste Skript zeigt, wie einfach es damit ist, eine Textdatei im *Temp*-Ordner anzulegen:

```
filename = "test.txt"

Set fs = CreateObject("Scripting.FileSystemObject")

' TEMP-Ordner öffnen
Set folder = fs.GetSpecialFolder(2)
```

```
' Datei anlegen
Set textstream = folder.CreateTextFile(filename, true)
textstream.WriteLine "Skriptstart: " & Now
textstream.Close

filepath = folder.Path & "\" & filename
MsgBox "Habe temporäre Datei hier angelegt: """ & filepath & """"
```

Listing 3.36: Textdatei im Temp-Ordner anlegen

Dateien im Ordner *Eigene Dateien* anlegen

Vielleicht wollen Sie Dateien nicht für interne Zwecke anlegen, sondern dauerhaft, als Service für den Anwender. Das nächste Skript generiert zum Beispiel eine Dateiliste eines beliebigen Ordners und speichert die als HTML-Tabelle ab.

Solche Dateien sollten natürlich nicht im *Temp*-Ordner landen. Viel besser wäre es, wenn diese Dateien im Ordner *Eigene Dateien* des aktuellen Benutzers abgelegt werden könnten. Hier ist sichergestellt, dass der Skriptbenutzer Schreibberechtigung hat.

Den Namen des *Eigene Dateien*-Ordners des aktuellen Benutzers liefert die Methode *SpecialFolders* des *WScript.Shell*-Objekts:

```
MsgBox "Lege Dateiliste an. Das dauert einen Moment!"
ListFolder "C:\"

Sub ListFolder(path)
   Set fs = CreateObject("Scripting.FileSystemObject")
   Set wshshell = CreateObject("WScript.Shell")

   mydocs = wshshell.SpecialFolders("MyDocuments")
   filename = mydocs & "\dateiliste.htm"

   Set textstream = fs.CreateTextFile(filename, True)
   textstream.WriteLine "<html><body><table border = 1>"
   Set folder = fs.GetFolder(Path)

   For each subfolder in folder.SubFolders
      textstream.WriteLine "<tr><td>" & subfolder.Name & "</td><td>" _
         & GetMB(subfolder.Size) & "</td></tr>"
   Next

   For each file in folder.Files
      textstream.WriteLine "<tr><td>" & file.Name & _
   "</td><td>" & GetKB(file.Size) & "</td></tr>"
   Next

   textstream.WriteLine "</table></body></html>"
   textstream.Close

   wshshell.Run "IEXPLORE.EXE """ & filename & """"
End Sub

function GetKB(bytes)
  GetKB = FormatNumber(bytes/1024,2) & " KB"
```

Einfache Dateisystem-Aufgaben

```
end function

function GetMB(bytes)
  GetMB = FormatNumber(bytes/1024^2,1) & " MB"
end function
```

Listing 3.37: Ordnerlisting anlegen

Das Skript legt ein Ordnerlisting an und meldet die Größe der Dateien und Unterordner. Die Berechnung der Gesamtgröße eines Unterordners ist dafür verantwortlich, warum das Skript einige Zeit zur Ausführung benötigt. Die Liste wird als *Dateiliste.htm* in den Ordner *Eigene Dateien* des aktuellen Benutzers gelegt und außerdem zuvorkommend im Internet Explorer geöffnet.

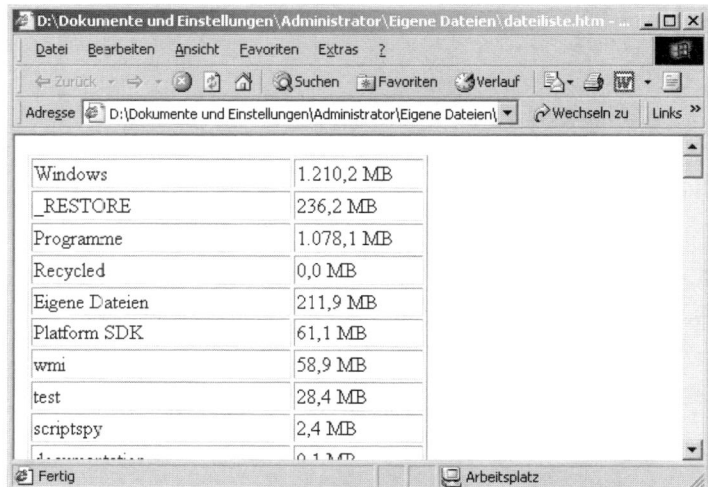

Abbildung 3.15: Automatisch Tabelle mit Ordnern und Dateien anlegen, die in einem Ordner liegen

Wollten Sie die Liste stattdessen lieber direkt auf den Desktop des Benutzers legen, so ersetzen Sie lediglich das Argument von *SpecialFolders*: »MyDocuments« durch »Desktop«.

Dateien und Ordner umbenennen

Es gibt keinen Befehl, um Dateien oder Ordner explizit umzubenennen. Das ist auch gar nicht nötig. Die Eigenschaft *Name* ist nämlich veränderbar. Wollen Sie also Dateien oder Ordner umbenennen, dann greifen Sie via *GetFile* oder *GetFolder* auf das Objekt zu und ändern dessen *Name*-Eigenschaft.

Das nächste Skript zeigt, wofür das gut sein könnte. Oft sammeln sich bei Webprojekten unzählige Grafikdateien an, und auch wer Digitalkameras nutzt, speichert meist unzählige Foto-Dateien auf der Festplatte. Aus Gründen der Übersicht wäre es schöner, allen Grafikdateien eine einheitliche Namensform zuzuordnen, zum Beispiel »FOTOxxx.JPG«.

Genau das leistet das nächste Skript. Es fragt nach dem Ordner, in dem sich die Grafiken befinden, und benennt die Dateien dann um. Die Namenssyntax können Sie im Skript selbst festlegen. Nebenbei legt das Skript eine Protokolldatei an, die auch nachträglich noch Aufschluss darüber gibt, welche Dateien umbenannt wurden und wie die Dateien früher hießen.

WICHTIG: Wenden Sie dieses Skript zuerst auf einen Testordner an. Klar ist, dass das Umbenennen von Ordnern und Dateien immer riskant ist und deshalb wohlüberlegt sein will. Haben Sie die Dateien zum Beispiel bereits in einem Projekt referenziert, und ändern sich nun die Dateinamen, dann können die Dateien nicht mehr gefunden werden. Das Beispielskript versteht sich deshalb nur als Service, um ein Grafikarchiv aufzuräumen.

```
ordner = InputBox("Geben Sie den Ordner mit den Grafikdateien an!")
report = Aufraeumen(ordner, "jpg", "grafik", 4)
WScript.Echo report

Function Aufraeumen(ordner, extension, prefix, counter)
   Set fs = CreateObject("Scripting.FileSystemObject")

   If Not fs.FolderExists(ordner) Then
      Aufraeumen = "Ordner """ & ordner & """ nicht gefunden."
      Exit Function
   Else
      zaehler = 0
      Set protokoll = fs.OpenTextFile(ordner & "\index.txt", 8, True)
      Set folder = fs.GetFolder(ordner)
      renamed = 0
      For each file in folder.Files
         myextension = LCase(fs.GetExtensionName(file.Name))
         If LCase(extension) = myextension Then
            If Not LCase(Left(file.Name, Len(prefix))) = LCase(prefix) Then
               Do
                  neuername = prefix & Right(string(counter, "0") & _
                     zaehler, counter) & "." & extension
                  zaehler = zaehler + 1
               Loop While fs.FileExists(ordner & "\" & neuername)
               protokoll.WriteLine Now & vbTab & file.Name & "->" & neuername
               file.Name = neuername
               renamed = renamed + 1
            End If
         End If
      Next
      protokoll.Close
      Aufraeumen = renamed & " Dateien umbenannt. Informationen in index.txt"
   End If
End Function
```

Listing 3.38: *JPG-Grafiken in einem Ordner mit laufenden Dateinamen ausstatten*

Das Skript ist intelligent genug, »Lücken« aufzufüllen. Löschen Sie also später Grafiken im Ordner und fügen neue Grafiken hinzu, dann vergibt das Skript laufende Nummern auch aus den freigewordenen Zahlen der gelöschten Dateien.

```
index.txt - Editor
Datei  Bearbeiten  Format  ?
15.09.2000 01:22:25    EX-GRNBR.JPG->grafik0000.jpg
15.09.2000 01:22:25    TP-YELLW.JPG->grafik0001.jpg
15.09.2000 01:22:25    WIN_LOGO.JPG->grafik0002.jpg
15.09.2000 01:22:25    BGAMEX.JPG->grafik0003.jpg
15.09.2000 01:22:25    BGCC.JPG->grafik0004.jpg
15.09.2000 01:22:25    BGDISCOV.JPG->grafik0005.jpg
15.09.2000 01:22:25    BGJCB.JPG->grafik0006.jpg
15.09.2000 01:22:25    BGMC.JPG->grafik0007.jpg
15.09.2000 01:22:25    BGVISA.JPG->grafik0008.jpg
15.09.2000 01:22:25    CNNCTERR.JPG->grafik0009.jpg
15.09.2000 01:22:25    CONNECT.JPG->grafik0010.jpg
15.09.2000 01:22:25    DIALTONE.JPG->grafik0011.jpg
15.09.2000 01:22:25    DRPSHDW.JPG->grafik0012.jpg
15.09.2000 01:22:25    ERROR.JPG->grafik0013.jpg
15.09.2000 01:22:25    EULA.JPG->grafik0014.jpg
15.09.2000 01:22:25    HNDSHAKE.JPG->grafik0015.jpg
15.09.2000 01:22:25    INSTALLD.JPG->grafik0016.jpg
15.09.2000 01:22:25    LOGO.JPG->grafik0017.jpg
15.09.2000 01:22:25    MSN.JPG->grafik0018.jpg
15.09.2000 01:22:25    PID.JPG->grafik0019.jpg
15.09.2000 01:22:25    PK.JPG->grafik0020.jpg
15.09.2000 01:22:25    REG.JPG->grafik0021.jpg
```

Abbildung 3.16: Grafikarchive systematisch umbenennen: Protokolldatei liefert Resultat

Verknüpfungen

Verknüpfungen sind besondere Dateien. Sie verweisen den Anwender auf andere Dateien und tragen die Dateierweiterung ».lnk«. Ihre Skripte können sowohl existierende Verknüpfungen ausfragen als auch neue Verknüpfungen anlegen.

Dazu dient die Funktion *CreateShortcut* des *WScript.Shell*-Objekts. Sie liefert ein *Shortcut*-Objekt zurück, das folgendermaßen aufgebaut ist:

Eigenschaft/Methode	Beschreibung
Arguments	Kommandozeilenparameter, die an das Programm in *TargetPath* übergeben werden sollen
Description	Beschreibung, normalerweise unsichtbar
FullName	Name
Hotkey	Tastenkombination
IconLocation	Icon
RelativePath	Relativer Pfad der Zieldatei
TargetPath	Pfad der Datei, auf die die Verknüpfung verweist
WindowStyle	Fenstertyp, mit dem die Datei angezeigt werden soll
WorkingDirectory	Arbeitsverzeichnis
Save	Änderungen im Objekt speichern (wirksam werden lassen)

Tabelle 3.11: Das Innenleben des Shortcut-Objekts

Wollen Sie also zum Beispiel eine Verknüpfung auf den Texteditor auf Ihren Desktop legen, dann könnte das folgendermaßen gelingen:

```
Set wshshell = CreateObject("WScript.Shell")
desktop = wshshell.SpecialFolders("Desktop")
```

```
Name = desktop & "\Editor öffnen.lnk"

Set scut = wshshell.CreateShortcut(Name)
scut.TargetPath = "notepad.exe"
scut.IconLocation = "notepad.exe,0"
scut.WindowStyle = 3
scut.Save


MsgBox "Verknüpfung liegt auf Ihrem Desktop!"
```

Listing 3.39: Verknüpfung zum Texteditor auf den Desktop legen

Das Skript verwendet als *Windowstyle* die Kennziffer 3. Der Editor wird also mit einem bildschirmfüllenden Fenster geöffnet.

Neue Programmgruppen anlegen

Sie könnten ebenso gut eine neue Programmgruppe namens *Nützliche Tools* in Ihr *Programme*-Menü aufnehmen und darin Verknüpfungen auf wichtige Tools ablegen:

```
gruppe = "Nützliche Skripttools"
Set wshshell = CreateObject("WScript.Shell")
Set fs = CreateObject("Scripting.FileSystemObject")

programme = wshshell.SpecialFolders("Programs")
programmgruppe = programme & "\" & gruppe

If Not fs.FolderExists(programmgruppe) Then
   fs.CreateFolder programmgruppe
End If

InsertLink programmgruppe, "Registrierungseditor", "REGEDIT.EXE"
InsertLink programmgruppe, "Texteditor", "NOTEPAD.EXE"
InsertLink programmgruppe, "DOS-Box", "%COMSPEC%"
InsertLink programmgruppe, "Windows-Ordner öffnen", "%WINDIR%"

MsgBox "Neue Programmgruppe angelegt!"

Sub InsertLink(ziel, name, programm)
   Set scut = wshshell.CreateShortcut(ziel & "\" & Name & ".lnk")
   scut.TargetPath = wshshell.ExpandEnvironmentStrings(programm)
   scut.IconLocation = programm & ",0"
   scut.WindowStyle = 3
   scut.Save
End Sub
```

Listing 3.40: Neue Programmgruppe mit Systemtools anlegen

Dokumente-Menü bereinigen

Umgekehrt geht es auch: Übergeben Sie *CreateShortcut* den Pfadnamen einer schon vorhandenen Verknüpfung, dann enthält das *Shortcut*-Objekt alle Eckdaten dieser Verknüpfung.

Das nächste Skript macht sich das zunutze. Es entfernt in Ihrem *Dokumente*-Menü alle Verweise auf Dateien, die nicht in der Liste der interessanten Dateitypen aufgenommen ist.

Öffnen Sie testweise Ihr *Dokumente*-Menü, um zu sehen, wie es darin gerade aussieht. Starten Sie dann das Skript, und werfen Sie noch einmal einen Blick ins *Dokumente*-Menü. Alle Verweise sind daraus entfernt, die auf »uninteressante« Dateien verwiesen hatten.

```
' Nur Dateien diesen Typs bleiben anschließend im Dokumente-Menü übrig:
liste = "doc;txt;bmp"

Set wshshell = CreateObject("WScript.Shell")
Set fs = CreateObject("Scripting.FileSystemObject")

dokumente = wshshell.SpecialFolders("Recent")
Set folder = fs.GetFolder(dokumente)
For each file in folder.Files
    ext = LCase(fs.GetExtensionName(file.Name))
    If ext = "lnk" Then
        Set scut = wshshell.CreateShortcut(file.Path)
        ext2 = LCase(fs.GetExtensionName(scut.TargetPath))
        If InStr(liste, ext2) = 0 Then
            file.Delete True
        End If
    End If
Next
```

Listing 3.41: Dokumente-Menü intelligent bereinigen: unerwünschte Verweise entfernen

Datei-Inhalte auswerten

Administratoren stehen häufig vor der Herausforderung, Logbuchdateien und andere Textinformationen aus verschiedenen Quellen auszuwerten. Sie haben auf den vergangenen Seiten gelesen, wie die Inhalte von Textdateien per Skript gelesen werden können. Lesen Sie nun, wie Sie vorhandene Textinformationen »parsen«, also die für Sie wichtigen Informationen aus einer Textdatei extrahieren.

Hierfür stehen mehrere Ansätze zur Verfügung:

- **Manuelle Auswertung:** Skripts können die Textinhalte zeilenweise lesen und die gelesenen Informationen stückweise extrahieren. Dabei entscheiden Sie, wie die Informationen in den Textzeilen voneinander abgegrenzt sind. Verbreitet sind kommaseparierte Listen, Trennzeichen wie Tabulatoren und feste Spaltengrenzen.
- **Datenbank:** Windows kann Textdateien als Pseudo-Datenbank ansprechen. In diesem Fall bestimmen Sie einmalig, wie die Struktur der Textdatei beschaffen ist. Anschließend können Sie den Inhalt der Textdatei wie eine Datenbank behandeln und die Informationen mit der Datenbanksprache SQL extrahieren.

Textinhalte zeilenweise interpretieren

Im folgenden Beispiel wird die Protokoll-Datei der Windows-Firewall von Windows XP mit Service Pack 2 ausgewertet. Das Protokoll der Windows-Firewall befindet sich im Windows-Ordner in der Datei *pfirewall.log*.

Falls Sie nicht Windows XP mit Service Pack 2 einsetzen, können Sie das Beispiel leicht an andere Logdateien anpassen. Hinweise dafür folgen im Anschluß.

Ziel des folgenden Skripts ist es, eine Liste potenzieller Angreifer zu generieren. Dazu extrahiert das Skript aus dem Firewall-Logbuch die Absender-IP-Adressen, die an Ihren Computer Daten geschickt haben, die von der Firewall abgefangen wurden.

```
strPath = "%windir%\pfirewall.log"
strComment = "#"
strDelimiter = " "
arrFields = Array("Date", "Time", "Action", "Protocol", "SrcIP", _
    "DstIP", "SrcPort", "DstPort", "Size", "TCPFlags", "TCPSyn", _
    "TCPPack", "TCPWin", "ICMPType", "ICMPCode", "Info", "Path")

Set objfs = CreateObject("Scripting.FileSystemObject")
Set objshell = CreateObject("WScript.Shell")

' Umgebungsvariable auflösen
strPath = objshell.ExpandEnvironmentStrings(strPath)

' existiert die Datei?
If Not objfs.FileExists(strPath) Then
    WScript.Echo "Die Datei " & strPath & " wurde nicht gefunden."
    WScript.quit
End If

' Datei öffnen
Set objfile = objfs.OpenTextFile(strPath)

' Inhalt zeilenweise lesen
Do Until objfile.AtEndOfStream
    strZeile = objfile.ReadLine

    ' wenn die Zeile nicht mit dem Kommentarzeichen beginnt...
    If Left(strZeile, Len(strComment))<>strComment And _
        Trim(strZeile)<>"" Then
        ' ...dann Zeile mit dem Begrenzungszeichen in Feld wandeln:
        strArray = Split(strZeile, strDelimiter)

        ' alle Informationen des Feldes in einer Schleife auslesen...
        x = 0
        For Each info In strArray
            ' ...und in eine Variable schreiben,
            ' die der Feldposition entspricht
            ' die Variablennamen dafür sind in arrFields
            ' vorgegeben worden
            varname = "str" & arrFields(x)

            ' Anweisung ausführen, die den Inhalt in
            ' die Variable speichert:
            ExecuteGlobal   varname & " = """ & info & """"
            ' Feldzähler um eins erhöhen
            x = x + 1
        Next

        ' für Sie relevante Informationen ausgeben:
        WScript.Echo strSRCIP
    End If
Loop
```

Listing 3.42: Absender-IP-Adressen aus dem Firewall-Logbuch extrahieren

---

Einfache Dateisystem-Aufgaben

Wenn Sie dieses Skript starten, wertet es die Datei *pfirewall.log* im Windows-Ordner aus und liefert eine Liste mit den IP-Adressen zurückgewiesener Netzwerk-Pakete. Bevor Sie erfahren, was mit solch einer Liste anzufangen ist, schauen Sie sich zuerst das Skript näher an. Es ist universell gehalten und kann deshalb leicht auf beliebige andere Textdateien zugeschnitten werden.

Die ersten vier Variablen definieren Ort und Inhaltsformat der auszuwertenden Textdatei. *strPath* enthält den Pfadnamen der Textdatei. Diese Variable darf Umgebungsvariablen enthalten, denn Umgebungsvariablen in der Variablen werden später mit *ExpandEnvironmentStrings* automatisch aufgelöst.

strComment enthält das Kommentarzeichen. Zeilen, die mit diesem Zeichen beginnen, werden bei der Auswertung ignoriert. In der Datei *pfirewall.log* lautet das Kommentarzeichen »#«.

strDelimiter legt das Trennzeichen fest, das die einzelnen Informationen in jeder Zeile voneinander abgrenzt. Bei *pfirewall.log* lautet das Trennzeichen » «, ist also ein einfaches Leerzeichen. Bei kommaseparierten Textzeilen würden Sie »,« verwenden, und bei Tabulator-separierten Textzeilen würden Sie der Variablen *strDelimter* die Konstante *vbTab* zuweisen.

arrFields ist ein Variablenfeld und enthält die Namen der einzelnen Informationsfelder. Das Skript speichert die gelesenen Informationen später in Variablen, die stets mit »str« beginnen und dann den hier gewählten Namen verwenden. Achten Sie also darauf, in dieser Liste gültige Variablennamen zu verwenden. Verzichten Sie also auf Sonderzeichen wie Bindestriche oder deutsche Umlaute.

Die Textdatei wird dann geöffnet und zeilenweise eingelesen. Wenn die gelesene Zeile nicht mit dem festgelegten Kommentarzeichen beginnt, wird die Zeile in die Einzelinformationen zerlegt. Das erledigt *Split* und benötigt dazu nur das zuvor festgelegte Trennzeichen.

Anschließend werden die gelesenen Informationen automatisch in Variablen gespeichert. Dazu wird zuerst in *varname* der Variablenname für das jeweilige Feld generiert. Der Variablenname besteht immer aus dem Präfix »str« und dann aus dem Bezeichner für das jeweilige Feld, den Sie zuvor in arrFields festgelegt hatten.

Um die Variable mit dem gelesenen Inhalt zu füllen, wendet das Skript den besonderen Befehl *ExecuteGlobal* an. Mit ihm können VBScript-Anweisungen, die in einer Variable gespeichert sind, ausgeführt werden. Das ist nötig, weil der Variablenname ja im Skript dynamisch generiert wird.

Weil das Skript nur eine Liste der Absender-IP-Adressen ausgeben soll, gibt es auch nur den Inhalt der Variablen *strSRCIP* aus.

Doppelgänger eliminieren

Vermutlich enthält die Liste zahlreiche Doppeleinträge. Für einen schnellen Überblick wäre es schöner, wenn die Liste doppelte Einträge ignorieren würde. Um Doppelgänger zu eliminieren, benötigen Sie ein so genanntes Dictionary. Ein Dictionary führt Buch darüber, welche Informationen Sie schon gelesen haben. Es kann also sehr einfach feststellen, ob eine bestimmte IP-Adresse bereits protokolliert wurde oder nicht.

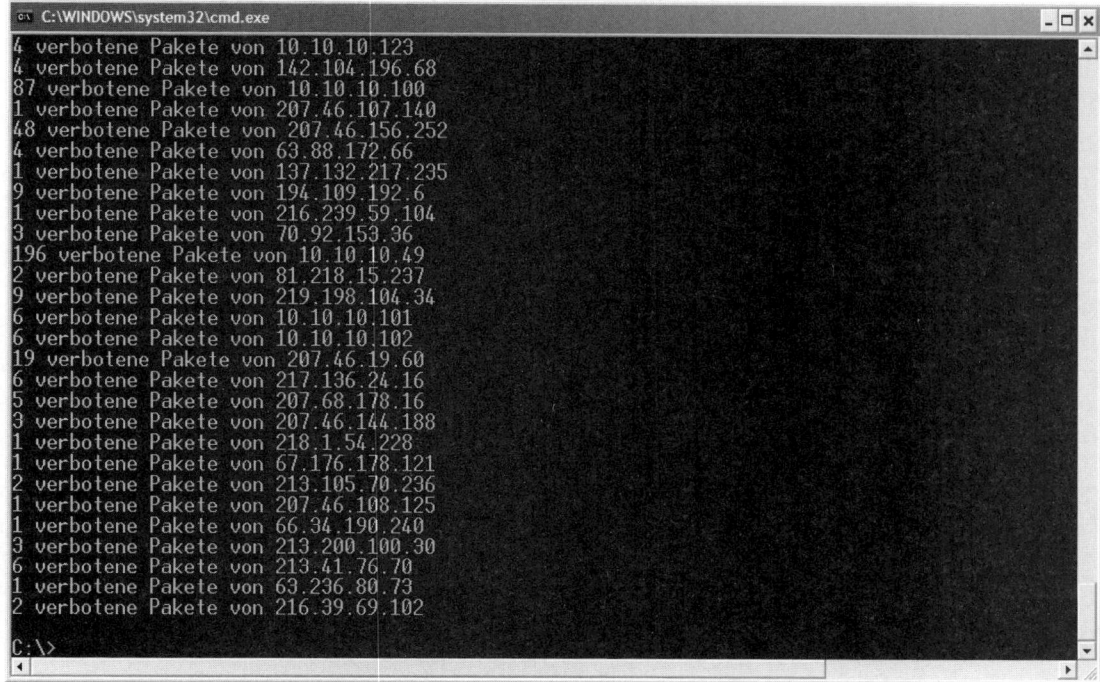

Abbildung 3.17: *Angeifer-IP-Adressen aus dem Firewall-Logbuch lesen*

Das nächste Skript zeigt keine doppelten IP-Adressen mehr an, sondern gibt für jede IP-Adresse aus, wie oft diese ein verbotenes Paket gesendet hat:

```
Const TextCompare = 1

strPath = "%windir%\pfirewall.log"
strComment = "#"
strDelimiter = " "
arrFields = Array("Date", "Time", "Action", "Protocol", "SrcIP", _
   "DstIP", "SrcPort", "DstPort", "Size", "TCPFlags", "TCPSyn", _
   "TCPPack", "TCPWin", "ICMPType", "ICMPCode", "Info", "Path")

Set objfs = CreateObject("Scripting.FileSystemObject")
Set objshell = CreateObject("WScript.Shell")

' ein Dictionary anlegen
Set objdict = CreateObject("Scripting.Dictionary")
' Groß- und Kleinschreibung bei Vergleichen nicht beachten
objdict.CompareMode = TextCompare


' Umgebungsvariable auflösen
strPath = objshell.ExpandEnvironmentStrings(strPath)

' existiert die Datei?
If Not objfs.FileExists(strPath) Then
   WScript.Echo "Die Datei " & strPath & " wurde nicht gefunden."
```

Einfache Dateisystem-Aufgaben

```
      WScript.quit
   End If

' Datei öffnen
Set objfile = objfs.OpenTextFile(strPath)

' Inhalt zeilenweise lesen
Do Until cbjfile.AtEndOfStream
   strZeile = objfile.ReadLine

      ' wenn die Zeile nicht mit dem Kommentarzeichen beginnt...
      If Left(strZeile, Len(strComment))<>strComment And Trim(strZeile)<>"" Then
         ' ...dann Zeile mit dem Begrenzungszeichen in ein Feld wandeln:
         strArray = Split(strZeile, strDelimiter)

         ' alle Informationen des Feldes in einer Schleife auslesen...
         x = 0
         For Each info In strArray
            ' ...und in eine Variable schreiben, die der Feldposition entspricht
            ' die Variablennamen dafür sind in arrFields vorgegeben worden
            varname = "str" & arrFields(x)

            ' Anweisung ausführen, die den Inhalt in die Variable speichert:
            ExecuteGlobal  varname & " = """ & info & """"
            ' Feldzähler um eins erhöhen
            x = x + 1
         Next

         ' wurde die IP schon protokolliert?
         If Not objdict.exists(strSRCIP) Then
            ' nein, aufnehmen!
            objdict.add strSRCIP, 1
         Else
            ' ja, Zähler um eins erhöhen
            objdict(strSRCIP) = objdict(strSRCIP) + 1
         Enc If
      End If
Loop

' Inhalt des Dictionaries ausgeben
For Each key In objdict
   WScript.Echo objdict(key) & " verbotene Pakete von " & key
Next
```

Listing 3.43: Verbotene Pakete und potenzielle Angriffshäufigkeit bestimmen

HINWEIS: Die Auswertung eines Firewall-Logbuchs kann ausgesprochen aussagekräftig sein. Wenn Sie beispielsweise über einen DSL-Router mit dem Internet verbunden sind und dieser eine eigene integrierte Firewall besitzt, sollte eigentlich kein Angriff aus dem Internet Ihren PC erreichen. Häufig belegt die Auswertung Ihres Firewall-Logs aber, dass dem doch so ist. Viele Router-Firewalls sind älteren Baujahrs und löchrig geworden. Eine Personal Firewall wie die Windows-Firewall ist in diesem Fall ein lebenswichtiges Schutzschild für Ihre Computersicherheit.

Wenn Sie verdächtige IP-Adressen in der Auswertung entdecken, dann rufen Sie aus einem Konsolenfenster doch einmal *tracert IP-Adresse* auf. Häufig gelingt es Ihnen, auf diese Weise einen

Anhaltspunkt über den Absender zu erlangen. Surfen Sie dann zu einer Suchseite wie *www.google.de*, und geben Sie als Suchbegriff den gefundenen Absendernamen sowie das Schlüsselwort »firewall« ein. In vielen Fällen erhalten Sie auf diese Weise aktuelle Informationen zu Angreifern, die es zumindest beinahe geschafft hätten, Ihren Computer zu erreichen.

Firewall-Log als Excel-Spreadsheet

Mit nur einer kleinen Abwandlung kann Ihr Skript die ausgewerteten Informationen auch in ein Excel-Spreadsheet konvertieren. Voraussetzung dafür ist natürlich, dass Microsoft Excel auf Ihrem Computer installiert ist. Der Konversionsvorgang kann je nach Größe des Firewall-Logs einige Minuten dauern, aber Sie können dabei zusehen, wie das Skript Zeile für Zeile in das Spreadsheet einfügt.

ACHTUNG: Geht Ihnen die Geduld aus und schließen Sie das Excel-Spreadsheet vorzeitig, dann ist das nicht weiter schlimm, aber Ihr Skript wird mit einer Fehlermeldung abbrechen, weil es die Verbindung zu Excel verloren hat.

```
Const TextCompare = 1

strPath = "%windir%\pfirewall.log"
strComment = "#"
strDelimiter = " "
arrFields = Array("Date", "Time", "Action", "Protocol", "SrcIP", _
    "DstIP", "SrcPort", "DstPort", "Size", "TCPFlags", "TCPSyn", _
    "TCPPack", "TCPWin", "ICMPType", "ICMPCode", "Info", "Path")
Set objfs = CreateObject("Scripting.FileSystemObject")
Set objshell = CreateObject("WScript.Shell")

' Umgebungsvariable auflösen
strPath = objshell.ExpandEnvironmentStrings(strPath)

' existiert die Datei?
If Not objfs.FileExists(strPath) Then
    WScript.Echo "Die Datei " & strPath & " wurde nicht gefunden."
    WScript.quit
End If

' Excel öffnen:
Set objexcel = CreateObject("Excel.Application")
objexcel.visible = True
objexcel.Workbooks.add
zeile = 1

WScript.Echo "Beginne Auswertung..."

' Überschriften generieren
spalte = 1
For Each field In arrFields
    If field<>"" Then
        objexcel.cells(zeile, spalte).value = field
        spalte = spalte + 1
    End If
Next
```

Einfache Dateisystem-Aufgaben

```
' Datei öffnen
Set objfile = objfs.OpenTextFile(strPath)

' Inhalt zeilenweise lesen
Do Until cbjfile.AtEndOfStream
    strZeile = objfile.ReadLine



    ' wenn die Zeile nicht mit dem Kommentarzeichen beginnt...
    If Left(strZeile, Len(strComment))<>strComment Then
        ' Zeile und Spalte in Excel anpassen
        zeile = zeile + 1
        spalte = 1
        ' ...dann Zeile mit dem Begrenzungszeichen in ein Feld wandeln:
        strArray = Split(strZeile, strDelimiter)

        ' alle Informationen des Feldes in einer Schleife auslesen...
        x = 0
        For Each info In strArray
            ' ist es ein in arrFields benanntes Feld?
            If arrFields(x)<>"" Then
                objexcel.cells(zeile, spalte).value = info
                spalte = spalte + 1
            End If
            ' Feldzähler um eins erhöhen
            x = x + 1
        Next
    End If
Loop

WScript.Echo "OK"
```

Listing 3.44: Firewall-Logbuch in Excel-Spreadsheet überführen

Hierbei werden alle Felder, die Sie in *arrFields* benannt haben, in das Excel-Spreadsheet überführt. Das wäre vermutlich auch über die Import-Funktion von Excel machbar. Ihr Skript ist aber flexibler, denn Sie können sehr einfach Felder ausschließen, die Sie nicht interessieren.

Dazu geben Sie diesen Feldern in *arrFields* einfach keinen Namen. Möchten Sie zum Beispiel in Excel nur eine Liste der Absender-IP-Adressen, des angesprochenen Ports und des Zeitstempels, dann ändern Sie im Skript die Definition für *arrFields* folgendermaßen:

```
arrFields = Array("Date", "Time", "", "", "SrcIP", _
    "", "", "DstPort", "", "", "", _
    "", "", "", "", "", "")
```

Wollen Sie auch in Excel doppelte IP-Adresseinträge ausblenden oder andere Auswertungen vornehmen, dann wählen Sie in Excel *Daten – Filter – AutoFilter*. Nun können Sie im Kopfzeilenbereich kleine Ausklapplisten öffnen und damit festlegen, welche Kriterien Sie suchen oder kombinieren möchten.

Klicken Sie zum Beispiel auf die Schaltfläche für die Ausklappliste hinter *SrcIP*, und wählen Sie die Absender-IP-Adresse aus, die Sie näher analysieren wollen. Schon sehen Sie nur noch Pakete, die von dieser Adresse aus an Ihren PC gesendet wurden. In SrcPort sehen Sie nun, auf welche Ports es der potenzielle Angreifer abgesehen hat.

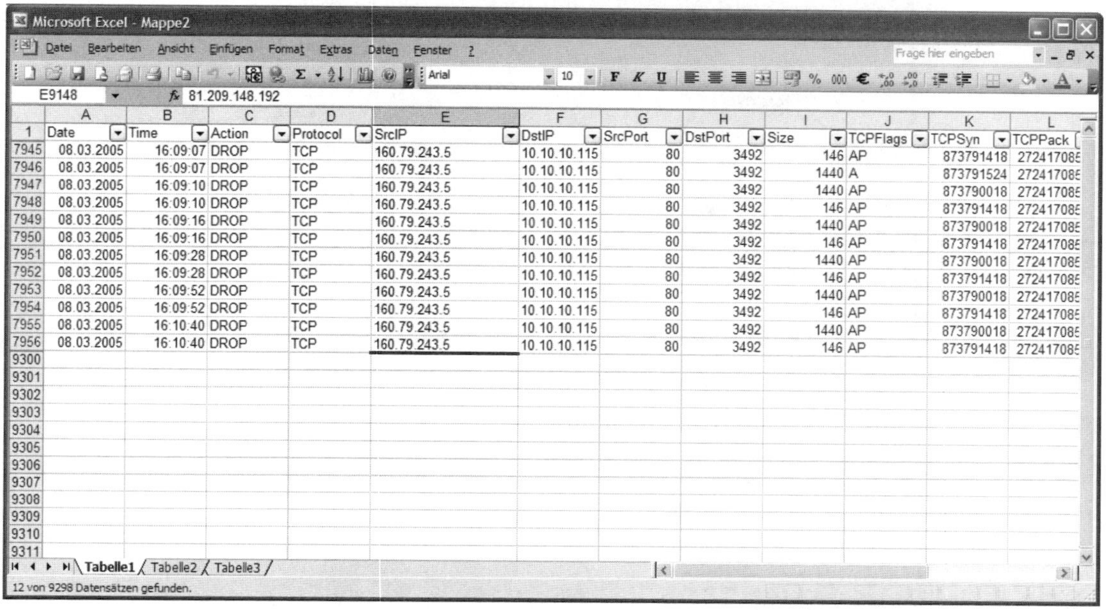

Abbildung 3.18: Angriffs-Analyse in Excel

Ein anderes Logbuch auswerten

Ihre Auswertungsskripts funktionieren aufgrund der flexiblen Beschreibung der auszuwertenden Daten auch mit anderen Textinformationen, solange diese durch ein beliebiges Zeichen voneinander abgegrenzt werden.

Ab Windows XP Service Pack 2 befindet sich zum Beispiel im Windows-Ordner die Datei *windowsupdate.log*, die penibel alle automatischen Updates protokolliert, die normalerweise unsichtbar im Hintergrund ablaufen. Diese Protokolldatei ist zu kryptisch, um sie in rohem Format auszuwerten. Sobald Sie sie aber zum Beispiel mit Listing 3.44 in ein Excel-Sheet überführen, erhalten Sie detaillierte Kontrolle über den Update-Prozess.

Dazu brauchen Sie im Skript nur die ersten Beschreibungsinformationen folgendermaßen anzupassen:

```
strPath = "%windir%\windowsupdate.log"
strComment = "#"
strDelimiter = vbTab
arrFields = Array("Date", "Time", "", "", "", _
    "", "", "", "", "", "", _
    "", "", "From", "Result", "Action", "Info")
```

Starten Sie das Skript dann. Sobald die Daten in Excel überführt wurden, können Sie mit *Daten – Filter – AutoFilter* wie im vorangegangenen Beispiel die Filterung aktivieren.

Wählen Sie dann zum Beispiel in der Spalte *From* aus: *AutomaticUpdates*. Nun sehen Sie alle Aktionen, die die Automatischen Updates durchgeführt haben.

Einfache Dateisystem-Aufgaben

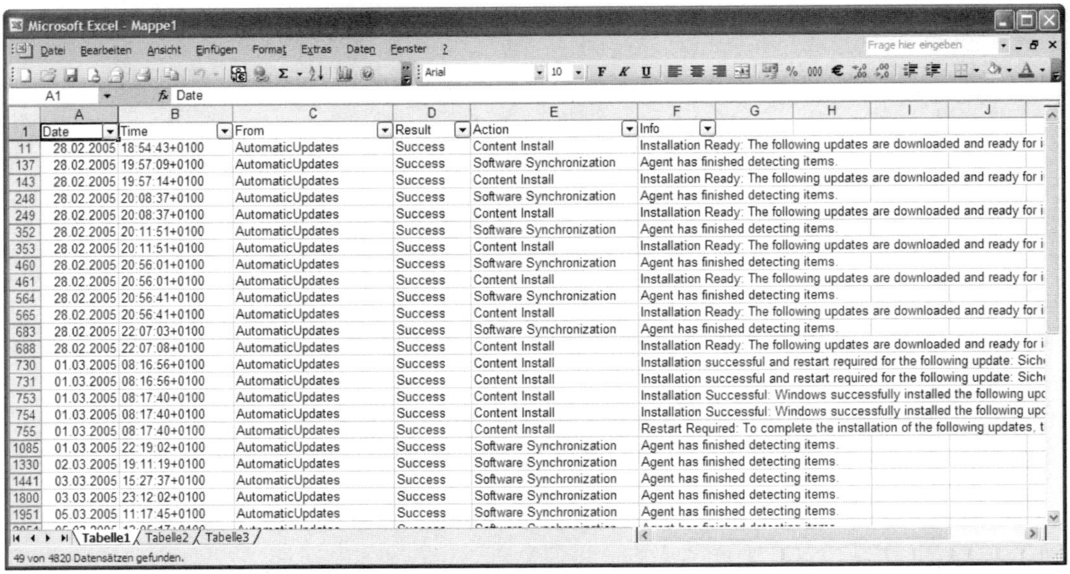

Abbildung 3.19: Patch-Status und Automatische Updates kontrollieren

Textdateien als Datenbank verwenden

Im vorangegangenen Abschnitt haben Sie erfahren, wie Sie Textinhalte per Skript parsen und wichtige Informationen extrahieren konnten. Allerdings war dafür einiger Aufwand nötig, und die Beispielskripts setzen zudem Textinformationen mit Begrenzungszeichen voraus. Textinformationen mit fester Spaltenbreite können damit nicht eingelesen werden. Hierzu wäre ein ganz anderer Ansatz erforderlich.

In diesem Abschnitt erfahren Sie deshalb, wie Sie die aufwändige Parsing-Arbeit auf Windows abwälzen können. So lassen sich Textinformationen in beinahe beliebigem Ausgangsformat verarbeiten. Außerdem benötigen Sie nun nicht mehr unbedingt ein Zusatzprogramm wie Excel, um bestimmte Informationen zu extrahieren.

Der in Windows integrierte Datenbanktreiber ist nämlich in der Lage, Textdateien wie eine Datenbank zu interpretieren. Dazu brauchen Sie ihm lediglich zu beschreiben, wie die Daten in der Textdatei zu verstehen sind.

Hierzu legen Sie beispielsweise den Ordner »C:\Auswertung« an. In diesem Ordner legen Sie eine Textdatei namens »schema.ini« an, die folgenden Inhalt erhält:

```
[pfirewall.log]
ColNameHeader=False
Format=Delimited( )
CharacterSet=ANSI
Col1=Date Text
Col2=Time Text
Col3=Action Text
Col4=Protocol Text
Col5=SrcIP Text
Col6=DstIP Text
Col7=SrcPort Text
Col8=DstPort Text
```

```
Col9=Size Long
Col10=TCPFlags Long
Col11=TCPSyn Text
Col12=TCPPack Text
Col13=TCPWin Text
Col14=ICMPType Text
Col15=ICMPCode Text
Col16=Info Text
Col17=Path Text

[windowsupdate.log]
Format=TabDelimited
CharacterSet=OEM
Col1=Date Text
Col2=Time Text
Col3=Code1 Long
Col4=Code2 Text
Col5=Description Text
Col6=Code3 Text
Col7=Timestamp Text
Col8=Code4 Text
Col9=Code5 Text
Col10=Code6 Text
Col11=GUID Text
Col12=Code7 Text
Col13=Code8 Text
Col14=From Text
Col15=Result Text
Col16=Info Text
Col17=Detail Text
```

Listing 3.45: Aufbau der Datei schema.ini

Das allein genügt aber noch nicht, denn der Datenbanktreiber erkennt zwar übliche Textdateien mit den Erweiterungen *txt*, *csv*, *tab*, *asc*, *tmp* oder *htm*, aber ausgerechnet Dateien mit der Erweiterung *log* werden nicht als Datenbank akzeptiert.

Sie müssen also zunächst diese Dateierweiterung zur Liste der erlaubten Dateierweiterungen hinzufügen. Dazu öffnen Sie im Registrierungseditor *REGEDIT.EXE* den Zweig *HKEY_LOCAL_MACHINE\SOFTWARE\Microsoft\Jet\4.0\Engines\Text* und finden dann in der rechten Spalte den Eintrag *DisabledExtensions*. Doppelklicken Sie auf den Eintrag, und fügen Sie durch ein Komma getrennt die neue Erweiterung *log* hinzu.

TIPP: Alternativ könnten Sie natürlich die folgenden Skripte anpassen und die Logbuch-Dateien unter einem Namen mit von vornherein unterstützter Dateierweiterung speichern. Denken Sie in diesem Fall aber auch daran, die Datei schema.ini entsprechend anzupassen.

Das folgende Skript zeigt, wie Sie nun die Datei *pfirewall.log* als Datenbank ansprechen und auswerten können. Dazu kopiert das Skript die Originaldatei in den Auswertungsordner, in dem auch die Datei *schema.ini* liegt.

Anschließend kann das Skript die kopierte Datei als Datenbank öffnen. Der Name der Textdatei dient dabei als Tabellenname. Die innere Struktur der Datei wird aus der schema.ini-Datei gelesen.

Kernstück ist die SQL-Anweisung, die die Daten auswählt. Im Beispiel wird aus der Tabelle *pfirewall.log* (also aus der kopierten Textdatei namens *pfirewall.log*) alles ausgelesen (hierfür steht der Stern), und die Ausgabe wird sortiert (»ORDER BY«) nach der Spalte der Absender-IP-Adresse aufsteigend (»ASC«) ausgegeben.

Einfache Dateisystem-Aufgaben

```
strFile = "%windir%\pfirewall.log"
strFolder = "c:\auswertung\"

Set objfs = CreateObject("Scripting.FileSystemObject")
Set objado = CreateObject("ADODB.Connection")
Set objshell = CreateObject("WScript.Shell")

strFile = objshell.ExpandEnvironmentStrings(strFile)

objfs.CopyFile strFile, strFolder

objado.open "Driver={Microsoft Text Driver (*.txt; *.csv)};DefaultDir=" & strFolder

sql = "select * from pfirewall.log order by srcip asc"
Set rs = objado.Execute(sql)


Do Until rs.EOF
   WScript.Echo rs("Date") & " von IP " & rs("SrcIP") & " an Port " & rs("DstPort")
      rs.movenext
Loop

objado.Close
```

Listing 3.46: *Potenzielle Angreifer als sortierte Liste ausgeben*

Da die Beispiel-*Schema.ini*-Datei auch gleich den Aufbau der *windowsupdate.log*-Datei definiert, zeigt das nächste Beispiel, wie Sie eine Liste der Vorgänge erhalten, die Automatische Updates für Sie durchgeführt hat:

```
strFile = "%windir%\windowsupdate.log"
strFolder = "c:\auswertung\"

Set objfs = CreateObject("Scripting.FileSystemObject")
Set objado = CreateObject("ADODB.Connection")
Set objshell = CreateObject("WScript.Shell")

strFile = objshell.ExpandEnvironmentStrings(strFile)

objfs.CopyFile strFile, strFolder

objado.open "Driver={Microsoft Text Driver (*.txt; *.csv)};DefaultDir=" & strFolder

sql = "select * from windowsupdate.log where From='AutomaticUpdates'"
Set rs = objado.Execute(sql)


Do Until rs.EOF
   WScript.Echo rs("Date") & " " & rs("Result") & ": " & rs("Info")
   WScript.Echo rs("Detail")
   WScript.Echo string(80, "=")
      rs.movenext
Loop

objado.Close
```

Listing 3.47: *Durchgeführte automatische Updates auflisten*

Aufbau der Schema.ini-Datei

Das wesentliche Schlüsselelement bei diesem Ansatz ist die Datei »schema.ini«, die beschreibt, wie die Daten in der Textdatei organisiert sind.

Jede Textdatei wird in einer eigenen Sektion beschrieben, die mit dem Namen der Textdatei beginnt. Dieser Name wird in eckige Klammern gefasst. Danach folgen die Grundeinstellungen:

Eintrag	Beschreibung
ColNameHeader	*False/True*. Wenn *True*, dann wird angenommen, dass die erste Zeile der Textdatei die Spaltennamen enthält
Format	Legt die Art des Trennzeichens fest, das die einzelnen Informationen pro Textzeile voneinander abgrenzt. Erlaubt sind *TabDelimited* (Tabulatorzeichen), *CSVDelimited* (Komma), *Delimited(:)* (in Klammern steht das gewünschte Trennzeichen, zum Beispiel ein Doppelpunkt oder ein Leerzeichen), *FixedLength* (Informationen verwenden eine feste Spaltenbreite. Die jeweiligen Spaltenbreiten werden an anderer Stelle definiert).
MaxScanRows	Legt fest, wie viele Zeilen untersucht werden sollen, um das Datenformat der einzelnen Spalten automatisch zu bestimmen. *0* legt fest, dass die ganze Textdatei durchsucht werden soll.
CharacterSet	Legt den Zeichensatz der Textdatei fest. Erlaubt sind *ANSI* (Windows-typische Textdateien) und *OEM* (Konsolen-Textdateien)

Tabelle 3.12: Basis-Einstellungen der schema.ini

Anschließend werden die einzelnen Informationsspalten definiert. Jede Spaltendefinition beginnt mit *Col* und einer fortlaufenden Nummer. Danach folgt ein Gleichheitszeichen und dann der Name, unter dem diese Spalte bei späteren SQL-Abfragen angesprochen werden soll. Danach folgt der Datentyp. Die folgenden Datentypen werden unterstützt:

Datentyp	Beschreibung
Bit	True/False
Byte	Ganzzahlen bis 2^8
Short	Ganzzahlen bis 2^16
Long	alle Ganzzahlen
Currency	Währung
Single	Fließkommazahl einfacher Genauigkeit
Double	Fließkommazahl doppelter Genauigkeit
DateTime	Datum/Zeit
Text	Text bis 32767 Zeichen
Memo	Text beliebiger Länge
Char	wie Text
Float	wie Double
Integer	wie Short
LongChar	wie Memo
Date	wie DateTime

Tabelle 3.13: Datenformate für Textinformationen

Einfache Dateisystem-Aufgaben

WICHTIG: Achten Sie darauf, für Spalten das korrekte Datenformat zu verwenden. Wenn Sie für eine Spalte ein Datumsformat verwenden, in das auch nur ein gefundener Wert nicht konvertiert werden kann, dann bleibt diese Spalte leer. Verwenden Sie deshalb im Zweifelsfall das Format *Text*, das am anspruchslosesten ist.

Falls Sie als Format das Format *FixedLength* verwenden, muss hinter dem Datenformat das Schlüsselwort *Width* und dann als Zahl die Spaltenbreite in Zeichen angehängt werden.

Mit Binärdateien arbeiten

Offiziell ist es nicht möglich, binäre Dateninhalte mit dem *Scripting.FileSystemObject* zu verarbeiten. Tatsächlich aber ist dies möglich und kann auch sinnvoll sein. Dazu wird die Binärdatei einfach wie eine Textdatei behandelt.

Was das bedeutet, zeigt das nächste Skript. Es liest eine beliebige Datei (beispielsweise ein Programm oder ein Bilddokument) und verwandelt die Binärstruktur der Datei in eine Textform.

```
set fs = CreateObject("Scripting.FileSystemObject")
home = fs.GetParentFolderName(WScript.ScriptFullName)
set outfile = fs.CreateTextFile(home & "\" & fs.GetFileName(wscript.arguments(0)) & ".txt")
set infile = fs.OpenTextFile(WScript.Arguments(0))

do until infile.atEndOfStream
   char = infile.Read(1)
   outfile.Write right("0" & Hex(asc(char)), 2)
loop

infile.close
outfile.close
MsgBox "OK"
```

Listing 3.48: *Binärdatei in hexadezimal codierte Textdatei verwandeln*

Das Skript ermittelt zunächst den Ordner, in dem es selbst liegt, und speichert dessen Pfadnamen in *home*. Das Skript erwartet, dass Sie ihm entweder per Drag & Drop oder als Argument eine beliebige Datei übergeben. Dessen Pfadname findet sich in *WScript.Arguments(0)*.

WICHTIG: Weil das Skript die neue Datei in demselben Ordner speichert, in dem auch das Skript selbst liegt, funktioniert die Sache nicht, wenn Sie das Skript von einer schreibgeschützten CD aus ausführen. Kopieren Sie das Skript also zuerst in einen Ordner, in dem Sie über Schreibberechtigung verfügen.

Das Skript legt nun im Ordner, in dem es selbst liegt, mit *CreateTextFile* eine neue Datei an und nennt diese so wie die Datei, die dem Skript übergeben wird. Nur die Erweiterung txt wird an den Dateinamen angehängt. Haben Sie also beispielsweise per Drag & Drop die Datei »bild.jpg« auf das Skripticon gezogen, dann legt das Skript die Datei »bild.jpg.txt« an.

Nun öffnet es die übergebene Datei mit *OpenTextFile*. Anschließend liest es mit *Read(1)* byteweise den Dateiinhalt aus. Mit *Asc* bestimmt das Skript den ANSI-Code des gelesenen Zeichens und wandelt diesen mit *Hex* in einen zweistelligen hexadezimalen Wert um. Der wird in die neu angelegte Textdatei geschrieben.

Im Endeffekt hat das Skript damit einen beliebigen binären Datei-Inhalt gelesen und die Bytes in hexadezimaler Form in eine Textdatei geschrieben. Wofür könnte das gut sein?

Die Textdatei könnte nun in jeder beliebigen Form transportiert und zum Beispiel in mehreren Stücken per Email an eine andere Person geschickt werden. Tatsächlich wurden auf diese Weise sogar schon Exportbeschränkungen umgangen, die für Programme, nicht aber für gedruckte Informationen galten, denn natürlich könnten Sie die generierte Textdatei auch ausdrucken und als Papierstapel mit über die Grenze nehmen. Und auch andere Gefahren werden deutlich: Angreifer könnten Programme durch Firewalls schleusen, die die Firewall nicht als das erkennt, was sie sind: Programmdateien.

Damit dem Empfänger die Textdaten auch etwas nutzen, benötigt dieser das Gegenstück zum ersten Skript, also ein Skript, das aus den Textinformationen wieder die ursprüngliche binäre Datei herstellt.

Dies kann das *Scripting.FileSystemObject*-Objekt zwar nicht leisten, wohl aber ein anderes Standard-Objekt: *ADODB.Stream*. Es ist eigentlich dafür gedacht, Binärdaten bei Datenbankoperationen in Dateien zu schreiben.

Zusätzlich wird ein zweites Objekt benötigt: *CAPICOM.Utilities*. Dieses Objekt ist ab Windows XP ebenfalls standardmäßig vorhanden und kann bei älteren Windows-Versionen kostenlos nachgerüstet werden. Es verfügt über die Mittel, aus einem Strom von hexadezimalen Werten wieder eine Binärstruktur zu erstellen.

```
Const adTypeBinary = 1
Const adModeReadWrite = 3
Const adSaveCreateOverwrite = 2

set capi = CreateObject("CAPICOM.Utilities")
set fs = CreateObject("scripting.filesystemobject")
home = fs.GetParentFolderName(WScript.ScriptFullName)
strName = fs.GetFileName(WScript.Arguments(0))
strName = left(strName, len(strName)-4)

set infile = fs.OpenTextFile(WScript.Arguments(0))
do until infile.atEndOfStream
    rawhex = rawhex & infile.Readline
loop

binary = capi.BinaryStringToByteArray(capi.HexToBinary(rawhex))

With CreateObject("ADODB.Stream")
    .type = adTypeBinary
    .mode = adModeReadWrite
    .open
    .write binary
    .savetofile home & "\" & strName, adSaveCreateOverwrite
End With
MsgBox "Ausgepackt"
```

Listing 3.49: Auspack-Skript verwandelt Textinformationen in Binärdateien

Zunächst werden die Informationen aus der Textdatei über die ganz normalen Methoden des *Scripting.FileSystemObject*-Objekts aus der Textdatei eingelesen und in *rawhex* gespeichert. Anschließend kommt *CAPICOM.Utilities* zum Einsatz: *HexToBinary* verwandelt die lange Liste hexadezimaler Ziffern in einen Binärstring. *BinaryStringToByteArray* macht daraus ein binäres Byte-Array, das nun die binäre Struktur der ursprünglichen Datei repräsentiert.

Dieses Byte-Array kann jetzt mit *ADODB.Stream* als Binärdatei gespeichert werden. Damit schließt sich der Kreis: Aus der Textdatei wird wieder die ursprüngliche binäre Datei. Sie brauchen die Textdatei also nur auf dem Auspackskript fallen zu lassen.

Zusatzinformationen für Dateien lesen

Windows speichert in Dateien verschiedene Zusatzinformationen, die beispielsweise im Explorer angezeigt oder per Rechtsklick und *Eigenschaften* im Registertab *Details* zu sehen sind. Bei diesen Zusatzinformationen handelt es sich um Daten wie den Autor eines Dokuments oder die Auflösung einer Bilddatei.

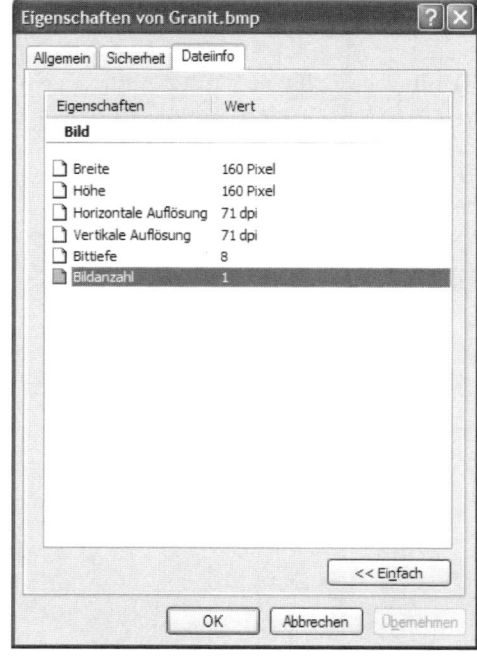

Abbildung 3.20: *In vielen Dateien sind Zusatzinformationen hinterlegt*

Welche Zusatzinformationen zur Verfügung stehen, hängt also nicht nur davon ab, ob diese Informationen vom Autor der Datei eingepflegt wurden, sondern auch vom generellen Dateityp.

Das *Scripting.FileSystemObject*-Objekt kann auf diese Zusatzinformationen nicht zugreifen. Ein anderes Objekt namens *Shell.Application* ist jedoch dazu in der Lage. Shell.Application ist die Skriptschnittstelle für die Explorer-Oberfläche.

Das folgende Skript zeigt, welche Informationen auf diese Weise abgerufen werden können. Dazu spricht es mit *NameSpace* den *System32*-Ordner im Windows-Ordner an. Passen Sie den Pfad im Skript entsprechend an, wenn Ihr Windows nicht im Ordner »C:\WINDOWS« installiert ist.

Bis zu 40 Informationen können pro Datei hinterlegt werden. Die Beschreibung dieser Informationen wird zunächst im Feld *arrHeaders* gespeichert. Anschließend werden alle Dateien im Ordner der Reihe nach durchlaufen und für jede Datei die verfügbaren Zusatzinformationen ausgelesen und ausgegeben.

```
Set objShell = CreateObject ("Shell.Application")
Set objFolder = objShell.Namespace("C:\windows\system32")

Const cats = 39
Redim arrHeaders(cats)

For i = 0 To cats
    arrHeaders(i) = objFolder.GetDetailsOf (objFolder.Items, i)
Next

For Each strFileName In objFolder.Items
    For i = 0 To cats
        WScript.echo i, arrHeaders(i) & ": " & _
      objFolder.GetDetailsOf (strFileName, i)
    Next
    WScript.Echo string(80, "-")
Next
```

Listing 3.50: *Detailinformationen für Dateien auslesen*

Möchten Sie die Zusatzinformationen einer bestimmten Datei auslesen, dann gehen Sie so vor und geben in *strPath* und *strName* den Pfad und den Namen der gewünschten Datei an:

```
strPath = "C:\Windows"
strName = "Granit.bmp"


Set objShell = CreateObject ("Shell.Application")
Set objFolder = objShell.Namespace(strPath)

Const cats = 39
Redim arrHeaders(cats)

For i = 0 To cats
    arrHeaders(i) = objFolder.GetDetailsOf (objFolder.Items, i)
Next

Set objFile = objFolder.ParseName(strName)

For i = 0 To cats
   wert = objFolder.GetDetailsOf(objFile, i)
   If wert <> "" Then
       WScript.echo i, arrHeaders(i) & ": " &  wert
   End If
Next
```

Listing 3.51: *Detailinformationen einer bestimmten Datei auflisten*

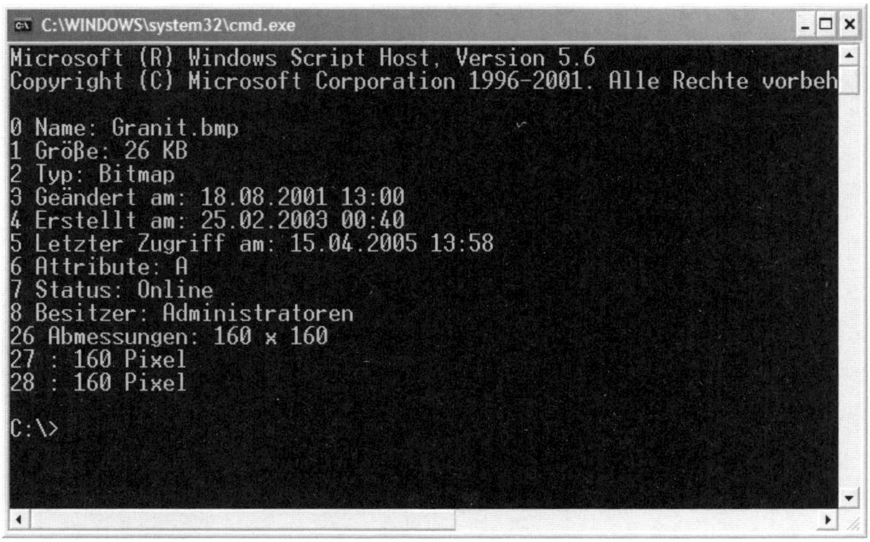

```
C:\WINDOWS\system32\cmd.exe

Microsoft (R) Windows Script Host, Version 5.6
Copyright (C) Microsoft Corporation 1996-2001. Alle Rechte vorbeh

0 Name: Granit.bmp
1 Größe: 26 KB
2 Typ: Bitmap
3 Geändert am: 18.08.2001 13:00
4 Erstellt am: 25.02.2003 00:40
5 Letzter Zugriff am: 15.04.2005 13:58
6 Attribute: A
7 Status: Online
8 Besitzer: Administratoren
26 Abmessungen: 160 x 160
27 : 160 Pixel
28 : 160 Pixel

C:\>
```

Abbildung 3.21: *Zusatzinformationen einer Datei auslesen*

4 Dateisystem-Aufgaben mit WMI

91	Dateien und Ordner ansprechen
95	Bestimmte Dateien und Ordner finden
97	Erweiterte Abfragen
102	Dateien und Ordner kopieren
104	Dateiveränderungen überwachen
107	Ergebnisse sortieren
108	NTFS-Berechtigungen verwalten
113	NTFS-Berechtigungen ändern
118	Besitz übernehmen
119	Fernzugriff auf Remotesysteme

Für einfache Aufgaben, die das lokale Dateisystem betreffen, eignet sich das *Scripting.FileSystemObject* aus dem vorangegangenen Kapitel hervorragend und wird deshalb gern eingesetzt. Aber diesem Objekt sind Grenzen gesetzt. Es kann zum Beispiel nicht remote auf andere Systeme zugreifen und erlaubt deshalb keine Fernverwaltung. Es kann auch nicht auf komplexere Teile des Dateisystems zugreifen wie zum Beispiel die NTFS-Berechtigungen.

Für solche Aufgaben eignet sich dagegen der WMI-Dienst (*Windows Management Instrumentation*). Er ist seit Windows 2000 fester Bestandteil von Windows und kann bei älteren Windows-Versionen nachgerüstet werden.

Tatsächlich deckt WMI nicht nur komplexe Aufgaben rund um das Dateisystem ab. Auch viele Alltagsaufgaben lassen sich mit WMI meistern, teilweise sogar erheblich einfacher als mit dem *Scripting.FileSystemObject*-Objekt.

Dateien und Ordner ansprechen

Wie einfach es mit WMI ist, alle wichtigen Eckdaten einer Datei oder eines Ordners abzufragen, zeigt das folgende Beispiel. Es macht deutlich, wie Sie via WMI Kontakt zu einer beliebigen Datei aufnehmen:

```
strFile = "c:\boot.ini"

Set objWMI = GetObject("winmgmts:")
```

```
Set objFile = objWMI.Get("CIM_LogicalFile='" & strFile & "'")
WScript.Echo objFile.GetObjectText_
```

Listing 4.1: Alle wichtigen Eckdaten der Datei C:\BOOT.INI auflisten

Das Skript nimmt zuerst mit dem *GetObject*-Befehl Kontakt zum WMI-Dienst auf. Dieser wird unter dem Namen »winmgmts:« angesprochen.

```
C:\WINDOWS\system32\cmd.exe
Microsoft (R) Windows Script Host, Version 5.6
Copyright (C) Microsoft Corporation 1996-2001. Alle Rechte vorbehalten.

instance of CIM_DataFile
{
        AccessMask = 18809273;
        Archive = TRUE;
        Caption = "c:\\boot.ini";
        Compressed = FALSE;
        CreationClassName = "CIM_LogicalFile";
        CreationDate = "20010917220246.000000+120";
        CSCreationClassName = "Win32_ComputerSystem";
        CSName = "THINKPAD2";
        Description = "c:\\boot.ini";
        Drive = "c:";
        EightDotThreeFileName = "c:\\boot.ini";
        Encrypted = FALSE;
        Extension = "ini";
        FileName = "boot";
        FileSize = "210";
        FileType = "Konfigurationseinstellungen";
        FSCreationClassName = "Win32_FileSystem";
        FSName = "NTFS";
        Hidden = TRUE;
        InstallDate = "20010917220246.000000+120";
        LastAccessed = "20050415135318.371267+120";
        LastModified = "20050215123334.737592+060";
        Name = "c:\\boot.ini";
        Path = "\\";
        Readable = TRUE;
        Status = "OK";
        System = TRUE;
        Writeable = FALSE;
};
C:\>
```

Abbildung 4.1: Detailinformationen zu einer Datei per WMI erfragen

Anschließend beauftragt das Skript den WMI-Dienst, die Datei »c:\boot.ini« anzusprechen. Dazu verwendet das Skript *Get* und gibt den allgemeinen Klassennamen für Dateien und Ordner (*CIM_LogicalFile*) sowie den gewünschten Dateipfad an. Dieser wird in einfache Anführungszeichen gestellt.

Das Ergebnis ist ein Objekt, das die gewünschte Datei repräsentiert. Über dessen eingebauten Befehl *GetObjectText_* werden automatisch alle Informationen als Text ausgegeben, die in diesem Objekt enthalten sind. *GetObjectText_* funktioniert generell bei allen WMI-Objekten.

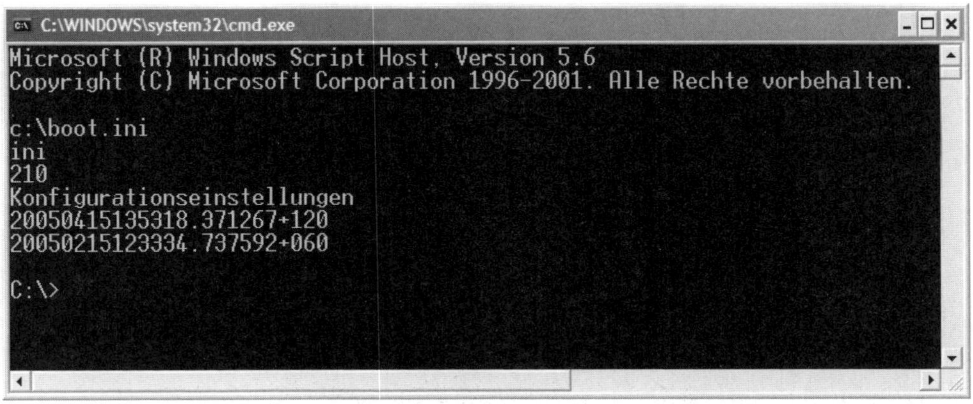

```
C:\WINDOWS\system32\cmd.exe

Microsoft (R) Windows Script Host, Version 5.6
Copyright (C) Microsoft Corporation 1996-2001. Alle Rechte vorbehalten.

c:\boot.ini
ini
210
Konfigurationseinstellungen
20050415135318.371267+120
20050215123334.737592+060

C:\>
```

Abbildung 4.2: Ausgewählte Eigenschaften anzeigen

Sie können sich nun in Ruhe einen Überblick verschaffen, welche Informationen Ihnen auf diesem Weg geliefert werden. Haben Sie Informationen entdeckt, die Sie interessieren, dann können Sie diese auch gezielt einzeln abfragen:

```
strFile = "c:\boot.ini"

Set objWMI = GetObject("winmgmts:")
Set objFile = objWMI.Get("CIM_LogicalFile='" & strFile & "'")
With objFile
    WScript.Echo .Description
    WScript.Echo .Extension
    WScript.Echo .FileSize
    WScript.Echo .FileType
    WScript.Echo .LastAccessed
    WScript.Echo .LastModified
End With
```

Listing 4.2: Abfrage ausgewählter Datei-Eigenschaften

Datums- und Zeitinformationen entschlüsseln

Einige Eigenschaften wie zum Beispiel *DateLastAccessed* sind Zeitinformationen. WMI stellt Zeitinformationen immer in einem eigenen etwas kryptischen Format dar. Allerdings verfügt Windows ab XP über ein zusätzliches Objekt, das dieses Zeitformat in das übliche Datumsformat konvertieren kann:

```
strFile = "c:\boot.ini"

Set objWMI = GetObject("winmgmts:")
Set objFile = objWMI.Get("CIM_LogicalFile='" & strFile & "'")
With objFile
    WScript.Echo .Description
    WScript.Echo .Extension
    WScript.Echo .FileSize
    WScript.Echo .FileType

    WScript.Echo .LastAccessed
```

Dateisystem-Aufgaben mit WMI

```
      WScript.Echo GetDate(.LastAccessed)
      WScript.Echo FormatDateTime(GetDate(.LastAccessed), vbLongDate)

      WScript.Echo .LastModified
      WScript.Echo GetDate(.LastModified)
      WScript.Echo FormatDateTime(GetDate(.LastModified), vbLongDate)
End With

Function GetDate(ByVal WMIDate)
   Set objdt = CreateObject("WbemScripting.SWbemDateTime")
   objdt.Value = WMIDate
   ' false bewirkt, dass die lokale Zeitzoneninformation
   ' mit berücksichtigt wird:
   GetDate = objdt.GetVarDate(False)
End Function
```

Listing 4.3: *WMI-Zeitinformationen in VBScript-Datumsinformation konvertieren*

Sie können mit der Funktion *GetDate* also in allen künftigen Skripts Zeit- und Datumsinformationen sehr einfach in das VBScript-Format konvertieren und dann wie gewohnt weiterverarbeiten, zum Beispiel mit *FormatDateTime* den Wochentag ausgeben.

Weil die hierbei verwendete WMI-Klasse *CIM_LogicalFile* sowohl Dateien als auch Ordner repräsentiert, könnten Sie die Skripte ebenso gut auf einen Ordner anwenden und erhielten dann dessen Eckdaten. Dazu geben Sie in der Variablen *strFile* einfach den Pfadnamen des Ordners an, zum Beispiel »c:\windows«.

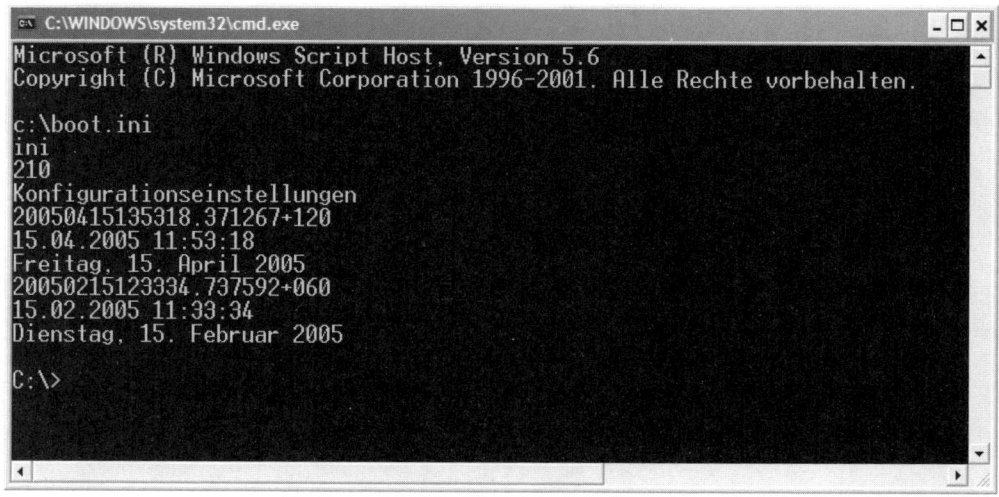

Abbildung 4.3: *WMI-Datumsinformationen in Klartext wandeln*

Daten, die für Ordner nicht abfragbar sind (zum Beispiel *FileSize*) liefern als Wert *null* zurück.

Bestimmte Dateien und Ordner finden

WMI erlaubt Ihnen sogar, Dateien und Ordner quer über das Dateisystem zu finden. Weil das Dateisystem nicht indiziert ist, dauert solch eine Suche allerdings je nach Abfrageart sehr lange. Sie sparen sich aber komplizierte rekursive Skriptaufrufe.

Um Dateien und/oder Ordner aufzulisten, die bestimmten Kriterien entsprechen, ist eine Suchabfrage nötig. Sie verwendet eine an die Datenbanksprache SQL angelehnte Abfragesprache namens WQL (*WMI Query Language*). Zur Auswahl der gewünschten Dateien und/oder Ordner stehen Ihnen alle Eigenschaften zur Verfügung, die Listing 4.1 aufgelistet hat.

Möchten Sie zum Beispiel alle Dateien und Ordner im Windows-Ordner auflisten, und liegt der Windows-Ordner bei Ihnen auf Laufwerk *C:* und heißt »Windows«, dann würde ein Skript den WMI-Dienst beauftragen, alle Dateisystemobjekte auszugeben, bei denen die Eigenschaft *Drive="C:"* und die Eigenschaft *Path="\\windows\\"* lautet.

ACHTUNG: Wenn Sie nach Eigenschaftswerten suchen, die ein »\«-Zeichen enthalten, dann muss dieses Zeichen maskiert werden. Dazu schreiben Sie für jedes »\«-Zeichen einen doppelten Backslash: »\\«.

```
Set objWMI = GetObject("winmgmts:")
wql = "Select * from CIM_LogicalFile where Drive='C:' and Path='\\windows\\'"

Set colFiles = objWMI.ExecQuery(wql,,48)

For Each objFile In colFiles
    WScript.Echo objFile.Name, objFile.path_.Class
Next
```

Listing 4.4: Alle Dateien und Ordner im Ordner C:\WINDOWS auflisten

> WQL-Abfragen werden mit der Funktion *ExecQuery* an den WMI-Dienst übermittelt. Der liefert das Ergebnis in Form einer Collection zurück, also einer Liste. Sie können diese mit einer *For Each...Next*-Schleife durchlaufen und erhalten bei jedem Schleifendurchlauf genau eins der Ergebnisobjekte zurück, bis alle Objekte aus der Liste ausgelesen sind.
>
> Damit *ExecQuery* die Anfrage schnell und ohne große Speicheranforderungen ausführt, ist es nötig, als dritten Parameter »48« anzugeben. Als Vorgabe würde *ExecQuery* nämlich zuerst alle Daten sammeln und erst dann an Ihr Skript weitergeben, wenn die gesamte Abfrage ausgeführt ist. Bei Abfragen, die größere Ergebnismengen liefern, wie es bei Dateisystemabfragen häufig der Fall ist, würde so eine große Datenmenge zwischengespeichert werden müssen. Das dauert nicht nur sehr lange, sondern kann auch zu Speicherfehlern führen.
>
> Durch Angabe der Zahl »48« beauftragen Sie *ExecQuery* stattdessen, die Ergebnisse sofort weiterzugeben und nicht zu sammeln. Für die Skriptlogik ergeben sich daraus keine Unterschiede. Das Skript wird nur schneller und robuster.

Wie Sie schnell sehen, liefert dieses Skript sowohl Dateien als auch Ordner. Das ist verständlich, denn die WMI-Klasse *CIM_LogicalFile* umfasst Dateien und Ordner. Über die Eigenschaft *path_* und dessen Eigenschaft *Class* ermittelt das Skript deshalb außerdem den tatsächlichen Klassennamen der gefundenen Objekte. Wenn Sie sich das Ergebnis genauer ansehen, werden Sie entdecken, dass die Klasse *CIM_LogicalFile* tatsächlich zwei unterschiedliche abgeleitete Klassen zurück liefert: *CIM_DataFile* und *Win32_Directory*.

Möchten Sie also nur die Dateien im angegebenen Ordner finden, dann verwenden Sie in der Abfrage anstelle von *CIM_LogicalFile* direkt die spezielle abgeleitete Klasse *CIM_DataFile*. Sie liefert ausschließlich Dateien zurück:

```
Set objWMI = GetObject("winmgmts:")
wql = "Select * from CIM_DataFile where Drive='C:' and Path='\\windows\\'"

Set colFiles = objWMI.ExecQuery(wql,,48)

For Each objFile In colFiles
    WScript.Echo objFile.Name
Next
```

Listing 4.5: Alle Dateien im Ordner C:\WINDOWS auflisten

Wollen Sie dagegen nur die Unterordner des angegebenen Ordners sehen, dann verwenden Sie die Klasse *Win32_Directory*:

```
Set objWMI = GetObject("winmgmts:")
wql = "Select * from Win32_Directory where Drive='C:' and Path='\\windows\\'"

Set colFiles = objWMI.ExecQuery(wql,,48)

For Each objFile In colFiles
    WScript.Echo objFile.Name
Next
```

Listing 4.6: Alle Unterordner im Ordner C:\WINDOWS auflisten

Kombinieren Sie beide Abfragen, dann erhalten Sie ein einfaches Ordnerlisting. Das folgende Skript definiert dazu die Funktion *GetFolderContent*. Ihr übergeben Sie einfach den gewünschten Pfadnamen des Ordners und erhalten ein Ordnerlisting zurück.

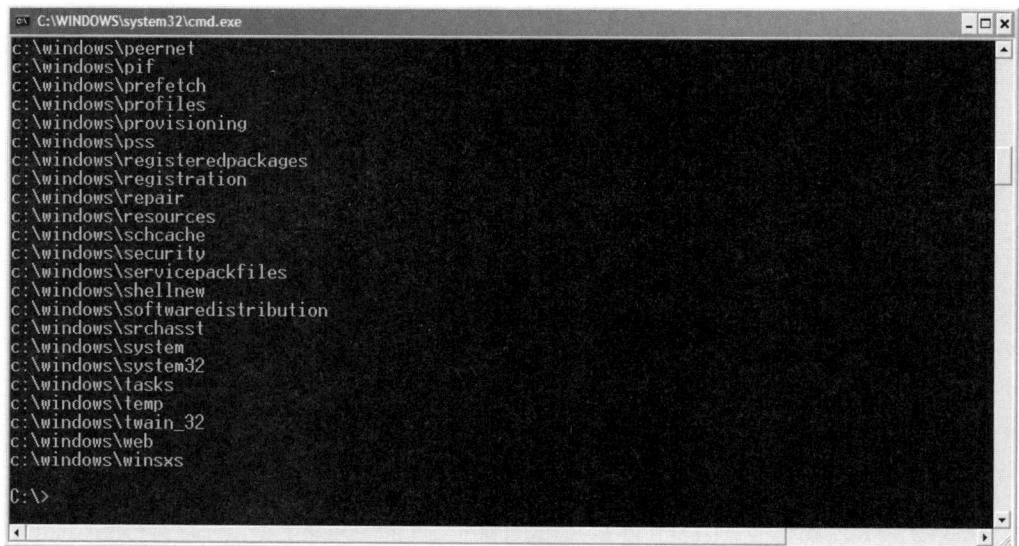

Abbildung 4.4: Unterordner eines Ordners mit WMI auflisten

Einfache Ordnerlistings erstellen

Die Funktion *GetFolderContent* verwandelt den angegebenen Pfad automatisch WMI-gerecht in eine entsprechende Abfrage. Dazu wird zuerst der Laufwerksbuchstabe aus dem Pfad ermittelt, danach der restliche Pfad extrahiert und die »\«-Zeichen durch »\\«-Zeichen ersetzt.

```
WScript.Echo GetFolderContent("C:\windows")
WScript.Echo GetFolderContent("C:\")


Function GetFolderContent(ByVal path)
    ' Position des ersten Backslash finden
    intPos = InStr(path, "\")
    If intPos = 0 Then Exit Function

    ' Laufwerksbuchstaben extrahieren
    strDrive = Left(path, intPos-1)

    ' Rest des Pfades extrahieren
    strPath = Mid(path, Len(strDrive)+1)

    ' abschließenden Backslash anfügen
    If Not Right(strPath, 1) = "\" Then
        strPath = strPath & "\"
    End If

    ' Backslash durch doppelten Backslash ersetzen:
    strPath = Replace(strPath, "\", "\\")

    ' mit WMI verbinden
    Set objWMI = GetObject("winmgmts:")

    ' alle Ordner im angegebenen Ordner finden
    wql = "Select * from Win32_Directory where Drive='" & strDrive & "' and Path='" & strPath & "'"

    Set colFiles = objWMI.ExecQuery(wql,,48)

    For Each objFile In colFiles
        GetFolderContent = GetFolderContent & "[" & objFile.Name & "]" & vbNewLine
    Next

    ' alle Dateien im angegebenen Ordner finden
    wql = "Select * from CIM_DataFile where Drive='" & strDrive & "' and Path='" & strPath & "'"

    Set colFiles = objWMI.ExecQuery(wql,,48)

    For Each objFile In colFiles
        GetFolderContent = GetFolderContent & objFile.Name & vbTab & objFile.FileType & vbNewLine
    Next
End Function
```

Listing 4.7: Unterordner und Dateien in einem beliebigen Ordner auflisten

Erweiterte Abfragen

Die WMI-Abfragen, die Sie gerade kennen gelernt haben, sind ausgesprochen flexibel, denn natürlich brauchen Sie die Abfragen nicht auf die Angabe von *Drive* und *Path* zu beschränken.

Möchten Sie zum Beispiel alle Logbuch-Dateien im Windows-Ordner finden, dann genügt dieses Skript, das zusätzlich festlegt, wie die Eigenschaft *Extension* beschaffen sein soll:

```
Set objWMI = GetObject("winmgmts:")
wql = "Select * from CIM_DataFile where Drive='C:' and Path='\\windows\\' and Extension='log'"

Set colFiles = objWMI.ExecQuery(wql,,48)

For Each objFile In colFiles
    WScript.Echo objFile.Name
Next
```

Listing 4.8: *Alle Log-Dateien im Windows-Ordner auflisten*

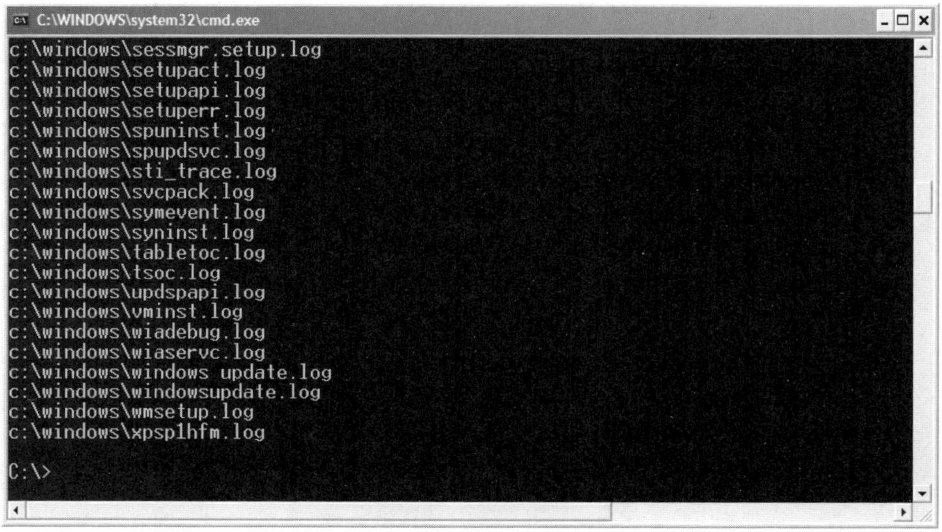

```
c:\windows\sessmgr.setup.log
c:\windows\setupact.log
c:\windows\setupapi.log
c:\windows\setuperr.log
c:\windows\spuninst.log
c:\windows\spupdsvc.log
c:\windows\sti_trace.log
c:\windows\svcpack.log
c:\windows\symevent.log
c:\windows\syninst.log
c:\windows\tabletoc.log
c:\windows\tsoc.log
c:\windows\updspapi.log
c:\windows\vminst.log
c:\windows\wiadebug.log
c:\windows\wiaservc.log
c:\windows\windows update.log
c:\windows\windowsupdate.log
c:\windows\wmsetup.log
c:\windows\xpsp1hfm.log
C:\>
```

Abbildung 4.5: *Alle Logbuchdateien im Windows-Ordner finden*

Riesen-Dateien ermitteln

Geht der Speicherplatz eines Laufwerks zur Neige, dann könnten Sie WMI beauftragen, nach allen Dateien zu suchen, die größer sind als ein Megabyte. Hier würde die Abfrage die Eigenschaft *FileSize* heranziehen und diesmal nicht auf Gleichheit prüfen, sondern den Größer-als-Operator verwenden:

```
Set objWMI = GetObject("winmgmts:")
wql = "Select * from CIM_DataFile where Drive='C:' and Path='\\windows\\' and FileSize>" & 1024^2

Set colFiles = objWMI.ExecQuery(wql,,48)

For Each objFile In colFiles
    size = FormatNumber(objFile.FileSize/1024^2,1) & " MB"
    WScript.Echo objFile.name, size
Next
```

Listing 4.9: *Alle Dateien im Windows-Ordner finden, die größer als 1 MB sind*

Wollten Sie Riesendateien nicht nur im Windows-Ordner finden, sondern überall auf Laufwerk
»C:\«, dann lockern Sie die Abfragebedingungen einfach etwas und entfernen den Vergleich auf die
Eigenschaft *Path*. Nun kann die Abfrage allerdings erheblich länger dauern. WMI muss nun zunächst
die gesamte Dateisystemstruktur einlesen. Denken Sie vor allem bei Produktivsystemen daran, dass
dieser Vorgang die CPU-Belastung für einen längeren Zeitraum in die Höhe treibt.

```
Set objWMI = GetObject("winmgmts:")
wql = "Select * from CIM_DataFile where Drive='C:' and FileSize>" & 1024^2

Set colFiles = objWMI.ExecQuery(wql,,48)

For Each objFile In colFiles
    size = FormatNumber(objFile.FileSize/1024^2,1) & " MB"
      WScript.Echo objFile.name, size
Next
```

Listing 4.10: Alle Dateien auf Laufwerk C:\ finden, die größer als 1 MB sind

WMI-Skripts können nicht nur Speicherfresser finden, sondern unter Umständen auch für Abhilfe
sorgen. Das nächste Skript sucht zum Beispiel nach allen *BMP*-Bilddateien, die üblicherweise sehr
groß sind und sich leicht komprimieren lassen. Das Skript berücksichtigt nur *BMP*-Dateien, die größer sind als 1 MB, und komprimiert diese automatisch mit *Compress*. Dazu wird die NTFS-Kompression verwendet. Voraussetzung ist also, dass Ihr Laufwerk das NTFS-Dateisystem verwendet.

ACHTUNG: Bevor Sie dieses Skript einsetzen, machen Sie sich die Folgen klar: Das Skript wird alle
BMP-Bilder auf Laufwerk C:\ NTFS-komprimieren, wenn die Datei größer ist als 1 MB. Das spart
sehr viel Speicherplatz, allerdings kann der Zugriff auf *BMP*-Bilder auf langsamen Systemen träger
werden.

Wenn Sie das Skript anpassen, denken Sie auch daran, was für Dateitypen Sie komprimieren. Viele Datenformate sind bereits stark komprimiert (zum Beispiel *ZIP*, *JPG*).

```
Set objWMI = GetObject("winmgmts:")
wql = "Select * from CIM_DataFile where Drive='C:' and FileSize>" & 1024^2 & " and Extension='bmp'"

Set colFiles = objWMI.ExecQuery(wql,,48)

For Each objFile In colFiles
    size = FormatNumber(objFile.FileSize/1024^2,1) & " MB"
    rv = objFile.Compress
    If rv = 0 Then
       status = "OK"
    Else
       status = "Fehler " & rv
    End If
    
    WScript.Echo objFile.name, size, status
Next
```

Listing 4.11: Alle BMP-Dateien auf Laufwerk C:\ komprimieren, die größer als 1 MB sind

Auf einem zufällig ausgewählten Testsystem ergab die Kompression mit dem vorangegangenen Skript
immerhin einen Speicherplatzgewinn von 810 MB. Wie viel Speicherplatz Sie sparen können, hängt
natürlich davon ab, wie stark Sie mit den komprimierten Dateitypen arbeiten.

Über *Uncompress* können Sie die Komprimierung rückgängig machen. Das funktioniert natürlich auch für einzelne Dateien oder Ordner. Bei Ordnern wirkt sich die Änderung auf den gesamten Ordnerinhalt aus:

```
strFile = "c:\test.bmp"

Set objWMI = GetObject("winmgmts:")
Set objFile = objWMI.Get("CIM_LogicalFile='" & strFile & "'")
rv = objFile.Uncompress
WScript.Echo rv
```

Listing 4.12: Mit Uncompress einen Ordner samt Inhalt ohne Kompression speichern

Versteckte Ordner finden

Falls Sie sehr viel Zeit haben, können Sie Abfragen auch unbeschränkt über das gesamte Dateisystem laufen lassen. Das folgende Skript findet zum Beispiel alle versteckten Ordner. Dabei sucht es nach Instanzen der Klasse *Win32_Directory*, bei denen die Eigenschaft *Hidden* auf *true* gesetzt ist.

```
Set objWMI = GetObject("winmgmts:")
wql = "Select * from Win32_Directory Where Hidden = True"
Set colFiles = objWMI.ExecQuery(wql,,48)
For Each objFile in colFiles
    Wscript.Echo objFile.Name
Next
```

Listing 4.13: Alle versteckten Ordner im Dateisystem finden

Mit Datumsangaben suchen

Das etwas sonderbar anmutende WMI-Datumsformat haben Sie bereits in Listing 4.3 kennen gelernt. Wenn Sie wissen, wie Datums- und Zeitinformationen WMI-konform verpackt werden, können Sie auch nach Datums- und Zeitangaben suchen.

Das nächste Skript zeigt, wie das funktioniert. Es sucht nach allen Ordnern, die ab dem 1. April 2005 angelegt worden sind.

```
wmiDate = "20050401000000.000000+120"

Set objWMI = GetObject("winmgmts:")
wql = "Select * from Win32_Directory Where CreationDate > '" & wmiDate & "'"
Set colFolders = objWMI.ExecQuery(wql)

For Each objFolder In colFolders
    WScript.Echo objFolder.Name, objfolder.CreationDate
Next
```

Listing 4.14: Alle Ordner finden, die ab dem 1.4.2005 angelegt wurden

Möchten Sie das Datum lieber automatisch erstellen, hilft wieder das *WbemScripting.SWBemDateTime*-Objekt, das aber leider erst ab Windows XP vorhanden ist:

```
Set wmidatum1 = CreateObject("WbemScripting.SWbemDateTime")
Set wmidatum2 = CreateObject("WbemScripting.SWbemDateTime")
```

```
' alle Ordner finden, die in den letzten 5 Tagen
' angelegt worden sind. Date enthält dabei das
' aktuelle Tagesdatum, von dem 5 Tage abgezogen werden:
datum = Date - 5

wmidatum1.SetVarDate datum, True

Set objWMI = GetObject("winmgmts:")
wql = "Select * from Win32_Directory Where CreationDate>'" & _
   wmidatum1.value & "'"
Set colFolders = objWMI.ExecQuery(wql)

For Each objFolder In colFolders
    wmidatum2.Value = objFolder.CreationDate
    WScript.Echo objFolder.Name, wmidatum2.GetVarDate(True)
Next
```

Listing 4.15: Alle Ordner finden, die in den letzten 5 Tagen angelegt wurden

Mit Platzhalterzeichen arbeiten

Ab Windows XP Service Pack 2 erlauben WMI-Abfragen sogar den Einsatz von Platzhalterzeichen. Dazu wird die Anweisung *LIKE* eingesetzt. Das Platzhalterzeichen lautet »%«.

Möchten Sie zum Beispiel eine Liste aller Ordnerpfade erhalten, die auf Laufwerk »C:\« liegen und mit dem Buchstaben »W« beginnen, dann könnten Sie dieses Skript einsetzen:

```
Set objWMI = GetObject("winmgmts:")
wql = "Select * from Win32_Directory where Name Like 'c:\\W%'"
Set colFolders = objWMI.ExecQuery(wql,,48)
For Each objFolder in colFolders
    Wscript.Echo "Name: " & objFolder.Name
Next
```

Listing 4.16: Alle Ordnerpfade auf C:\ finden, die mit »W« beginnen

Wollen Sie dagegen sämtliche Ordner finden, deren Name mit dem Buchstaben »W« beginnt, dann fragen Sie stattdessen nach der Eigenschaft *FileName*:

```
Set objWMI = GetObject("winmgmts:")
wql = "Select * from Win32_Directory where FileName Like 'W%'"
Set colFolders = objWMI.ExecQuery(wql,,48)
For Each objFolder In colFolders
    WScript.Echo objFolder.FileName & " in " & objfolder.drive & objfolder.path
Next
```

Listing 4.17: Alle Ordnernamen, die mit »W« beginnen, auf sämtlichen Laufwerken finden.

Sind Sie auf der Suche nach temporären Dateien, die im Namen eine Tilde (»~«) enthalten, dann hilft das folgende Skript, das allerdings eine sehr aufwändige Abfrage durchführt, die einige Zeit kosten kann:

```
Set objWMI = GetObject("winmgmts:")
wql = "Select * from CIM_DataFile where FileName Like '%~%'"
Set colFiles = objWMI.ExecQuery(wql,,48)
For Each objFile in colFiles
    Wscript.Echo objFile.Name
Next
```

Listing 4.18: Temporäre Dateien finden, die ein »~«-Zeichen im Namen tragen

Dateien und Ordner kopieren

Sie können die *Log*-Dateien, die Ihnen Listing 4.8 herausgesucht hat, sogar weiterbearbeiten, zum Beispiel in einem speziellen Ordner kopieren. Kopiervorgänge setzen allerdings voraus, dass es den angegebenen Zielordner noch nicht gibt, denn WMI kann Daten nicht überschreiben.

```
Set objWMI = GetObject("winmgmts:")
wql = "Select * from CIM_DataFile where Drive='C:' and Path='\\windows\\' and Extension='log'"

Set colFiles = objWMI.ExecQuery(wql,,48)

For Each objFile In colFiles
    rv = objFile.Copy("c:\\logs\\" & objFile.filename & "." & objFile.Extension)
    If rv=0 Then
        WScript.Echo objFile.name & " kopiert..."
    Else
        WScript.Echo objFile.name & " konnte nicht kopiert werden. Fehler Nr. " & rv
    End If
Next
```

Listing 4.19: Alle Logfiles aus dem Windows-Ordner in den Ordner C:\LOGS kopieren

Falls beim Kopiervorgang ein Fehler auftritt, liefert Tabelle 4.1 nähere Informationen. Die dort aufgeführten Rückgabewerte gelten für alle WMI-Dateisystembefehle.

Der Fehlercode 9 bedeutet zum Beispiel in Zusammenhang mit Kopieraktionen, dass der Zielordner nicht vorhanden ist. Im Beispiel muss also der Zielordner »C:\LOGS« zuerst erstellt werden, bevor das Skript Dateien hineinkopieren kann.

Der Fehlercode 10 zeigt an, dass es eine gleichnamige Datei bereits am Zielort gibt. WMI kann keine Dateien überschreiben.

Rückgabewert	Beschreibung
0	Erfolg
2	Zugriff verweigert
8	Unbekannter Fehler
9	Ungültiges Objekt, z.B. nicht vorhandener Zielordner
10	Objekt existiert bereits und kann nicht überschrieben werden
11	Kein NTFS-Dateisystem
12	Windows 9x-System ▶

Rückgabewert	Beschreibung
13	Laufwerk ist nicht identisch
14	Ordner ist nicht leer
15	Zugriffsverletzung
16	Ungültige Start-Datei
17	Benutzerrecht fehlt
21	Ungültiger Parameter

Tabelle 4.1: Rückgabewerte der WMI-Dateisystem-Operationen

WMI kann leider keine neuen Ordner anlegen. Wenn Sie das Skript lokal ausführen wollen, können Sie aber Ihre Erkenntnisse aus dem letzten Kapitel einbringen und am Anfang des Skripts prüfen, ob der Zielordner existiert. Falls nicht, legen Sie ihn mit Hilfe des *Scripting.FileSystemObject*-Objekts an:

```
' prüfen, ob C:\LOGS existiert
strZiel = "C:\LOGS"
Set objfs = CreateObject("Scripting.FileSystemObject")
If Not objfs.FolderExists(strZiel) Then
    ' existiert nicht, also anlegen
    objfs.CreateFolder strZiel
End If

' strZiel WMI-konform angeben
If Not Right(strZiel, 1)="\" Then
    strZiel = strZiel & "\"
End If
strZiel = Replace(strZiel, "\", "\\")

Set objWMI = GetObject("winmgmts:")
wql = "Select * from CIM_DataFile where Drive='C:' and Path='\\windows\\' and Extension='log'"

Set colFiles = objWMI.ExecQuery(wql,,48)

For Each objFile In colFiles
    rv = objFile.Copy(strZiel & objFile.filename & "." & objFile.Extension)
    If rv=0 Then
        WScript.Echo objFile.name & " kopiert..."
    Else
        WScript.Echo objFile.name & " konnte nicht kopiert werden. Fehler Nr. " & rv
    End If
Next
```

Listing 4.20: Log-Dateien in einen automatisch erstellten Ordner kopieren

Ordner samt Inhalt kopieren

Möchten Sie einfach nur einen Ordner kopieren, wenden Sie das folgende Skript an:

```
strFile = "C:\Originale"
```

```
Set objWMI = GetObject("winmgmts:")
Set objFile = objWMI.Get("CIM_LogicalFile='" & strFile & "'")
rv = objFile.Copy("C:\Kopie von Originale")
WScript.Echo rv
```

Listing 4.21: *Kopie eines Ordners samt Inhalt anlegen*

Dabei wird der Ordner samt Inhalt kopiert, sofern es den Zielordner noch nicht gibt. Möchten Sie nur den Ordner samt Dateien, aber keine Unterordner kopieren, dann funktioniert dies so:

```
strFile = "C:\Originale"

Set objWMI = GetObject("winmgmts:")
Set objFile = objWMI.Get("CIM_LogicalFile='" & strFile & "'")
rv = objFile.CopyEx("C:\Kopie von Originale",Null, Null, False)
WScript.Echo rv
```

Listing 4.22: *Kopie eines Ordners ohne untergeordnete Ordner*

Dateiveränderungen überwachen

Auf Wunsch kann WMI ausgewählte Dateien überwachen und Aktionen ausführen, wenn sich die Eigenschaften der Datei ändern. Auf diese Weise kann ein Skript zum Beispiel reagieren, sobald sich der Inhalt einer Logbuch-Datei verändert.

Das folgende Skript überwacht die Logbuch-Datei der Windows XP Service Pack 2 Windows-Firewall *pfirewall.log*. Immer, wenn die Firewall ein Datenpaket ablehnt, schlägt das Skript Alarm.

```
Set objWMI = GetObject("winmgmts:")
wql = "SELECT * FROM __InstanceModificationEvent WITHIN 10 WHERE " _
    & "TargetInstance ISA 'CIM_DataFile' and " _
        & "TargetInstance.Name='c:\\windows\\pfirewall.log'"
Set colMonitoredEvents = objWMI.ExecNotificationQuery(wql)

WScript.Echo "Überwachung gestartet."

Do
    Set objLatestEvent = colMonitoredEvents.NextEvent
    WScript.Echo "Firewall-Log geändert!"
    WScript.Echo "Neue Größe: " & objLatestEvent.TargetInstance.FileSize
    WScript.Echo "Alte Größe: " & objLatestEvent.PreviousInstance.FileSize
    antwort = MsgBox("Überwachung fortsetzen?", vbYesNo + vbQuestion)
    If antwort = vbNo Then Exit Do
Loop

WScript.Echo "Überwachung beendet."
```

Listing 4.23: *Änderungen an der Datei C:\WINDOWS\pfirewall.log werden gemeldet*

Überwachungsaufträge werden mit dem Befehl *ExecNotificationQuery* an den WMI-Dienst gerichtet. Dabei stehen drei verschiedene Überwachungsarten zur Verfügung:

Ereignis	Beschreibung
__InstanceCreationEvent	Ein neues Objekt wurde erzeugt
__InstanceModificationEvent	Ein bestehendes Objekt wurde verändert
__InstanceDeletionEvent	Ein bestehendes Objekt wurde gelöscht

Tabelle 4.2: Überwachungsereignisse und ihre Aufgaben

Im Beispiel kommt der *__InstanceModificationEvent* zum Einsatz, denn eine bestehende Logbuch-Datei soll überwacht und Änderungen angezeigt werden. Mit der Angabe von *WITHIN* legen Sie fest, in welchen Zeitintervallen der WMI-Dienst die Abfrage überprüfen soll. Die Angabe wird in Sekunden gemacht. Im Beispiel meldet das Skript Änderungen also spätestens nach 10 Sekunden. *TargetInstance* bezieht sich auf das zu überwachende Objekt. Mit *ISA* legen Sie die Klasse des zu überwachenden Objekts fest. Weil das Skript eine Datei überwachen soll, lautet der Klassenname *CIM_DataFile*. Da Sie selbstverständlich nicht alle Änderungen an sämtlichen Dateien überwachen wollen (und dies auch aufgrund der astronomischen CPU-Belastung, die daraus resultieren würde, niemals versuchen sollten), wird außerdem die zu überwachende Instanz durch Angabe der Eigenschaft *Name* genau festgelegt.

ExecNotificationEvent liefert ein Überwachungsobjekt zurück. In einer Endlosschleife wartet das Skript nun mittels *NextEvent* auf die Auslösung des gewünschten Ereignisses. Sobald das gewünschte Ereignis eintritt, setzt das Skript seine Arbeit fort und meldet die Änderung. Dabei stehen zwei Objekte zur Auswertung zur Verfügung: *TargetInstance* repräsentiert die zu überwachende Datei nach der Änderung, *PreviousInstance* vor der Änderung. Das Skript kann so die Größe der Datei vor und nach der Änderung melden.

Anschließend kann der Anwender bestimmen, ob die Überwachung fortgeführt oder abgebrochen werden soll.

Daraus lässt sich ein echtes Firewall-Monitoring erstellen. Da das Skript »weiß«, wie groß die Datei vor der Änderung war, kann es den Inhalt der Datei einlesen und nur die Logbuch-Einträge ausgeben, die neu hinzugekommen sind:

```
Set objfs = CreateObject("Scripting.FileSystemObject")

Set objWMI = GetObject("winmgmts:")
wql = "SELECT * FROM __InstanceModificationEvent WITHIN 10 WHERE " _
        & "TargetInstance ISA 'CIM_DataFile' and " _
            & "TargetInstance.Name='c:\\windows\\pfirewall.log'"
Set colMonitoredEvents = objWMI.ExecNotificationQuery(wql)

WScript.Echo "Überwachung gestartet."

Do
    Set objLatestEvent = colMonitoredEvents.NextEvent
    size_new = objLatestEvent.TargetInstance.FileSize
    size_old = objLatestEvent.PreviousInstance.FileSize

    Set objfile = objfs.OpenTextFile("C:\Windows\pfirewall.log")
    objfile.read size_old
```

```
    Do Until objfile.AtEndOfStream
        WScript.Echo objfile.ReadLine
    Loop
    objfile.close
Loop
```

Listing 4.24: Neue Einträge im Firewall-Logbuch in die Konsole ausgeben

HINWEIS: Weil das Skript sich in einer Endlosschleife befindet, können Sie die Überwachung nur auf einem der beiden folgenden Wege abbrechen:

Wenn Sie zur Ausführung Ihrer Skripts *CScript* verwenden, hat sich ein Konsolenfenster geöffnet und wird angezeigt, solange das Skript läuft. Schließen Sie das Konsolenfenster, dann endet die Überwachung.

Führen Sie Ihre Skripts dagegen mit *WScript* aus, dann bleibt das Skript unsichtbar. Sie können es abbrechen, indem Sie den Taskmanager öffnen und in der Liste der laufenden Prozesse den Prozess *WScript.exe* suchen und per Klick auf *Task beenden* beenden.

Erzeugung neuer Dateien überwachen

Mit dem *__InstanceCreationEvent* überwachen Sie die Erzeugung neuer Objekte, also auch neuer Dateien. Das nächste Skript soll Alarm schlagen, wenn eine neue Datei im Ordner »C:\WINDOWS« angelegt wird.

Das Skript kann dazu nicht Objekte vom Typ *CIM_DataFile* überwachen, denn dazu müsste es den Namen der neu erstellten Datei kennen, oder es wäre gezwungen, sämtliche Instanzen von *CIM_DataFile* zu überwachen, was natürlich viel zu aufwändig wäre.

Stattdessen überwacht das folgende Skript neue Instanzen vom Typ *CIM_DirectoryContainsFile*. Immer, wenn eine neue Datei angelegt wird, legt WMI automatisch eine Instanz dieser Klasse an.

Das folgende Skript alarmiert Sie, sobald eine beliebige Datei im Ordner »C:\WINDOWS« angelegt wird:

```
Set objWMI = GetObject("winmgmts:")

wql = "SELECT * FROM __InstanceCreationEvent WITHIN 5 WHERE " _
    & "Targetinstance ISA 'CIM_DirectoryContainsFile' and " _
        & "TargetInstance.GroupComponent= " _
            & "'Win32_Directory.Name=""c:\\\\windows""'"

Set colMonitoredEvents = objWMI.ExecNotificationQuery(wql)

WScript.Echo "Überwachung gestartet."

Do
    Set objLatestEvent = colMonitoredEvents.NextEvent
    WScript.Echo objLatestEvent.TargetInstance.PartComponent
    Set objFile = objWMI.Get(objLatestEvent.targetinstance.partcomponent)
    WScript.Echo objFile.getObjectText_
Loop
```

Listing 4.25: Melden, wenn neue Dateien im Windows-Ordner angelegt werden objLatestEvent.TargetInstance.PartComponent liefert hierbei den WMI-Pfad der auslösenden Datei, also der Datei, die neu angelegt wurde. Über *Get* und unter Angabe dieses WMI-Pfades können Sie auf die Datei zugreifen und sich dann alle Details der Datei anzeigen lassen.

Löschen von Dateien überwachen

Auf umgekehrtem Weg können Sie auch das Löschen von Dateien aus einem Ordner überwachen. Hierzu wird der *__InstanceDeletionEvent* verwendet und wie im vorangegangenen Beispiel auf die Klasse *CIM_DirectoryContainsFile* angewendet:

```
Set objWMI = GetObject("winmgmts:")
wql = "SELECT * FROM __InstanceDeletionEvent WITHIN 5 WHERE " _
      & "Targetinstance ISA 'CIM_DirectoryContainsFile' and " _
      & "TargetInstance.GroupComponent= " _
      & "'Win32_Directory.Name=""c:\\\\windows""'"

Set colMonitoredEvents = objWMI.ExecNotificationQuery(wql)

WScript.Echo "Überwachung gestartet."

Do
    Set objLatestEvent = colMonitoredEvents.NextEvent
    WScript.Echo "gelöscht: " & objLatestEvent.TargetInstance.PartComponent
Loop
```

Listing 4.26: *Melden, wenn Dateien im Ordner C:\WINDOWS gelöscht werden*

Ergebnisse sortieren

WMI kann vieles, aber leider nicht sortieren. Bei der Fülle an Informationen, die WMI-Abfragen liefern, wäre eine Sortiereinrichtung allerdings sehr wünschenswert.

Glücklicherweise gibt es andere Standard-Komponenten des Windows-Betriebssystems, die die Sortierarbeit übernehmen können. *ADODB.Recordset* liefert beispielsweise ein Datenbank-Recordset, das per Skript angelegt, definiert und dann mit Daten befüllt werden kann. Anschließend braucht das Skript die von WMI erhaltenen Daten nur noch in dieses Recordset zu schreiben, um sie anschließend beliebig sortiert wieder daraus abzurufen.

Das folgende Skript sucht auf Laufwerk *C:* nach allen Dateien, die größer als 1 MB sind, und speichert diese im Recordset. Anschließend gibt es eine nach Größe sortierte Liste zurück, wobei die jeweils größten Dateien zuerst zurückgemeldet werden.

```
Const adVarChar = 200
Const adLongInt = 3

' ein neues Recordset anlegen
Set DataList = CreateObject("ADODB.Recordset")

' Die Felder des Recordsets definieren
DataList.Fields.Append "Path", adVarChar, 255
DataList.Fields.Append "Size", adLongInt, 10
DataList.Open

' Dateien suchen
```

```
Set objWMI = GetObject("winmgmts:")
wql = "SELECT * FROM CIM_DataFile where Drive='C:' and FileSize>" & 1024^2
Set colFiles = objWMI.ExecQuery(wql)

' gefundene Dateien ins Recordset schreiben
On Error Resume Next
   For Each File In colFiles
      DataList.AddNew
      DataList("Path") = File.Name
      DataList("Size") = File.FileSize
      DataList.Update
   Next
On Error Goto 0

' Recordset sortieren
DataList.Sort = "Size ASC"
DataList.MoveFirst

Do Until DataList.EOF
   size = FormatNumber(DataList("Size")/1024^2,1) & " MB"
    WScript.Echo DataList("Path"), size
   DataList.MoveNext
Loop
```

Listing 4.27: Dateien mit einer Mindestgröße von 1 MB sortiert ausgeben

HINWEIS: Die Arbeit mit Recordsets wird im Datenbank-Kapitel detailliert erklärt. Dort erfahren Sie auch, welche sonstigen Datenformate Sie in Recordsets speichern können.

Über die Eigenschaft *Sort* legen Sie fest, wie das Recordset seinen Inhalt sortieren soll. Die Angabe »DESC« bestimmt eine Sortierung in absteigender Reihenfolge. Wollen Sie in aufsteigender Reihenfolge sortieren, dann verwenden Sie stattdessen »ASC«.

NTFS-Berechtigungen verwalten

Windows stellt zur Speicherung auf Datenträgern unterschiedliche Dateisysteme zur Verfügung. Festplatten verwenden heute meist das NTFS-Dateisystem. Ein wesentlicher Vorzug dieses Dateisystems ist die integrierte Berechtigungsverwaltung, mit der Sie festlegen können, welche Personen in welcher Weise auf die Dateien zugreifen dürfen.

Die folgenden Beispiele zeigen Ihnen, wie Sie per Skript die NTFS-Berechtigungen lesen und verändern können, immer vorausgesetzt, die entsprechenden Dateien und Ordner befinden sich auf einem Laufwerk, das das NTFS-Dateisystem auch einsetzt.

Einen Sonderfall stellt *Windows XP Home* dar. Dieses Betriebssystem unterstützt zwar das NTFS-Dateisystem, stellt dem Anwender aber keine Dialogfenster zur Verfügung, über die man die Sicherheitseinstellungen einsehen oder ändern kann. Stattdessen verwaltet Windows XP Home die NTFS-Berechtigungen automatisch im Hintergrund. Trotzdem können Sie auch auf Windows XP Home die vollständigen Funktionen von NTFS nutzen, wenn Sie dafür die folgenden Skripte verwenden.

NTFS-Berechtigungen sichtbar machen

Jeder Ordner und jede Datei auf einem NTFS-Datenträger verfügt über einen so genannten *Security Descriptor*. Er stellt sozusagen das elektronische Schloß dar, das bestimmt, welcher Zugriff auf den Ordner oder die Datei erlaubt ist.

Sie können den Security Descriptor per Skript leicht sichtbar machen und so dessen genauere Struktur erkunden:

```
strObjekt = "c:\windows"
Set wmi = GetObject("winmgmts:")
Set objekt = wmi.Get("Win32_LogicalFileSecuritySetting='" & strObjekt & "'")

retval = objekt.GetSecurityDescriptor(secdesc)

If retval = 0 Then
   WScript.Echo secdesc.getobjectText_
Else
   WScript.Echo "Fehler: " & retval
End If
```

Listing 4.28: Den Security Descriptor einer Datei oder eines Ordners sichtbar machen

Das Skript zeigt den Security Descriptor des Ordners »C:\WINDOWS« an. Das Ergebnis könnte bei Ihnen in etwa so aussehen:

```
AccessMask = 268435456;
AceFlags = 11;
AceType = 0;
Trustee =
instance of Win32_Trustee
{
        Domain = "NT-AUTORITÄT";
        Name = "SYSTEM";
        SID = {1, 1, 0, 0, 0, 0, 0, 5, 18, 0, 0, 0};
        SidLength = 12;
        SIDString = "S-1-5-18";
};
};
instance of Win32_ACE
{
        AccessMask = 268435456;
        AceFlags = 11;
        AceType = 0;
        Trustee =
instance of Win32_Trustee
{
        Name = "ERSTELLER-BESITZER";
        SID = {1, 1, 0, 0, 0, 0, 0, 3, 0, 0, 0, 0};
        SidLength = 12;
        SIDString = "S-1-3-0";
};
}};
        Owner =
instance of Win32_Trustee
{
        Domain = "VORDEFINIERT";
        Name = "Administratoren";
        SID = {1, 2, 0, 0, 0, 0, 0, 5, 32, 0, 0, 0, 32, 2, 0, 0};
        SidLength = 16;
        SIDString = "S-1-5-32-544";
};
};
```

Abbildung 4.6: Aufbau eines Security Descriptors

Die geschweiften Klammern zeigen weitere Objekte an, die im Security Descriptor gespeichert sind. Der Security Descriptor selbst verfügt über die folgenden Eigenschaften:

Eigenschaft	Beschreibung
ControlFlags	Zahlenwert, der als Bitmaske festlegt, wie dieser Security Descriptor zu verstehen ist. Dieser Wert legt zum Beispiel fest, ob übergeordnete Berechtigungen vererbt werden und wie dieser Security Descriptor seine Berechtigungen an Dateien und Ordner weitergibt, wenn es sich beim Objekt um einen Ordner handelt.
DACL	Feld mit den jeweiligen Berechtigungen. Jede Berechtigung wird als Access Control Entry festgelegt und enthält die gewährten Berechtigungen sowie die Person oder Gruppe, für die diese Berechtigungen gelten sollen.
Owner	Der Besitzer des Objekts. Der Besitzer kann den Security Descriptor jederzeit ändern, selbst dann, wenn er eigentlich keine Berechtigungen dazu besitzt.
Group	Gruppe, der dieses Objekt gehört.
SACL	Feld mit den jeweiligen Überwachungsanforderungen. Als Vorgabe enthält der Security Descriptor keine SACL, aber wenn Sie Auditing aktivieren, legen die Access Control Entries in diesem Feld fest, welche Personen oder Gruppen in welchem Umfang überwacht werden.

Tabelle 4.3: Aufbau des Security Descriptors

Die eigentlichen Berechtigungen werden also innerhalb der DACL als individuelle Access Control Entries festgelegt. Ein Access Control Entry hat diesen Aufbau:

Eigenschaft	Beschreibung
AccessMask	Zahlenwert, der als Bitmaske festlegt, welche Berechtigungen dieser Eintrag kontrolliert
AceFlags	Zahlenwert, der als Bitmaske festlegt, wie dieser Access Control Entry seine Berechtigungen an untergeordnete Objekte weitergibt (Vererbung)
AceType	Zahlenwert, der festlegt, um was für eine Art von Access Control Entry es sich handelt. Der Wert 0 legt fest, dass die angegebenen Berechtigungen gewährt werden (Erlaubnis). Der Wert 1 verbietet die angegebenen Berechtigungen explizit (Verbot). Der Wert 2 bestimmt, dass es sich um Überwachungsanforderungen handelt (Audit).
Trustee	Verweis auf ein Trustee-Objekt. Dieses Objekt legt die Person oder Gruppe fest, für die dieser Access Control Entry gültig ist.

Tabelle 4.4: Aufbau des Access Control Entry

Effektive Berechtigungen überprüfen

Möchten Sie vor einer Dateisystem-Operation überprüfen, ob Sie überhaupt über die notwendigen Berechtigungen verfügen, dann können Sie die effektiven Berechtigungen ermitteln. Das sind die Berechtigungen, die für den Aufrufer des Skripts gelten.

Dazu greift das Prüfskript zuerst auf die fragliche Datei oder den Ordner zu und legt dann in der Variablen *permissions* fest, welche Berechtigungen überprüft werden sollen. Zur Verfügung stehen eine Reihe von Konstanten, die Sie einzeln oder summiert prüfen können und die jeweils eine bestimmte Berechtigung repräsentieren.

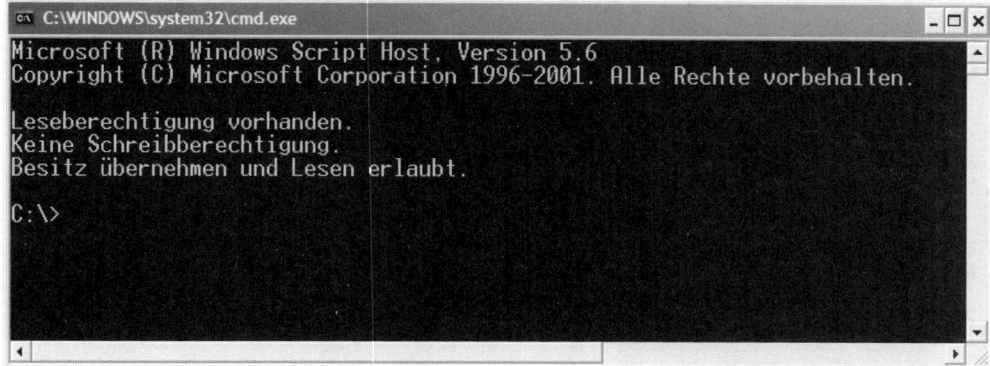

Abbildung 4.7: Berechtigungen überprüfen

GetEffectivePermission liefert *true* zurück, wenn die Berechtigung vorhanden ist, andernfalls *false*.

```
Const FILE_READ = &h1
Const FILE_LIST_DIR = &h1
Const FILE_WRITE = &h2
Const FILE_ADD_FILE = &h2
Const FILE_APPEND = &h4
Const FILE_EXECUTE = &h20
Const FILE_TRAVERSE = &h20
Const FILE_DELETE_CHILD = &H40
Const FILE_READ_ATTRIBUTES = &h80
Const FILE_WRITE_ATTRIBUTES = &h100
Const FILE_DELETE = &h10000
Const FILE_READ_CONTROL = &h20000
Const FILE_WRITE_DAC = &h40000
Const FILE_WRITE_OWNER = &h80000
Const FILE_SYNCHRONIZE = &h100000


strFile = "c:\boot.ini"

Set objWMI = GetObject("winmgmts:")
Set objFile = objWMI.Get("CIM_LogicalFile='" & strFile & "'")

permissions = FILE_READ

ok = objFile.GetEffectivePermission(permissions)

If ok Then
   WScript.Echo "Leseberechtigung vorhanden."
Else
   WScript.Echo "Keine Leseberechtigung."
End If

permissions = FILE_WRITE

ok = objFile.GetEffectivePermission(permissions)

If ok Then
```

```
      WScript.Echo "Schreibberechtigung vorhanden."
Else
      WScript.Echo "Keine Schreibberechtigung."
End If

permissions = FILE_WRITE_OWNER + FILE_READ

ok = objFile.GetEffectivePermission(permissions)

If ok Then
      WScript.Echo "Besitz übernehmen und Lesen erlaubt."
Else
      WScript.Echo "Keine ausreichenden Berechtigungen."
End If
```

Listing 4.29: Prüfen, ob das Skript ausreichende NTFS-Berechtigungen besitzt

Aktuelle Berechtigungen auflisten

Möchten Sie lieber die gesamten Berechtigungen auslesen, anstatt bestimmte Berechtigungen zu prüfen, dann gehen Sie ähnlich vor, lesen diesmal aber aus der Datei oder dem Ordner die Eigenschaft *AccessMask* aus.

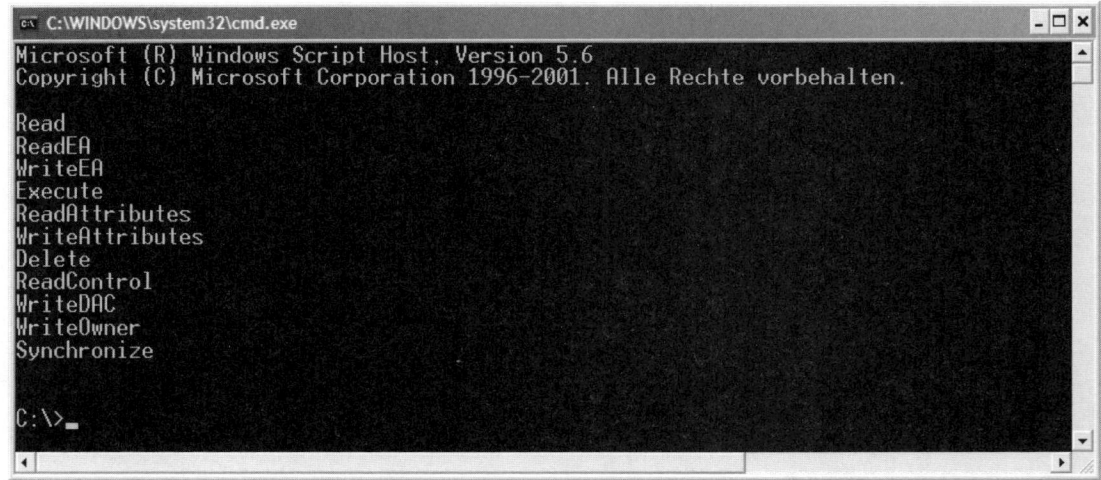

Abbildung 4.8: NTFS-Berechtigungen im Klartext ausgeben

Sie liefert einen Zahlenwert, der als Bitmaske genau festlegt, welche Berechtigungen Ihnen zur Verfügung stehen. Die Funktion *ShowRights* verwandelt diese Bitmaske in Klartextbeschreibungen.

```
strFile = "c:\boot.ini"

Set objWMI = GetObject("winmgmts:")
Set objFile = objWMI.Get("CIM_LogicalFile='" & strFile & "'")

mask = objFile.AccessMask
WScript.Echo ShowRights(mask)

Function ShowRights(ByVal mask)
```

```
    strTxt = Array("Read", "Write", "Append", "ReadEA", "WriteEA", _
    "Execute", "Delete", "ReadAttributes", "WriteAttributes", "", "", _
    "", "", "", "", "", "Delete", "ReadControl", "WriteDAC", _
    "WriteOwner", "Synchronize")
    For x = 0 To 20
        If (mask AND 2^x) = 2^x Then
            ShowRights = ShowRights & strTxt(x) & vbNewLine
        End If
    Next
End Function
```

Listing 4.30: Aktuelle Berechtigungen im Klartext ermitteln

NTFS-Berechtigungen ändern

Skripts können NTFS-Berechtigungen nicht nur analysieren, sondern auch ändern. Bevor Sie das allerdings tun, sollten Sie sich genauestens über die Konsequenzen im Klaren sein. Wie bei jeder Schließanlage können Sie sich durch fehlerhafte Einstellungen durchaus selbst ausschließen.

Insgesamt stehen Ihnen drei prinzipielle Wege offen, die NTFS-Berechtigungen zu ändern:

- **Null-DACL:** Weisen Sie einer Datei oder einem Ordner eine so genannte Null-DACL zu, dann erhält jede Person Vollzugriff. Die Sicherheit wird also de facto abgeschaltet. Dieser Ansatz ist besonders einfach umzusetzen, weil Sie keine ausführliche Berechtigungsstruktur zusammenstellen brauchen.

- **Klonen:** Sie können jederzeit den Security Descriptor einer vorhandenen Datei oder eines vorhandenen Ordners auslesen und einem anderen Objekt zuweisen, also quasi klonen. Hierbei würden Sie den Prototyp zuerst über die gewohnten Dialogfenster so konfigurieren, dass er die gewünschte NTFS-Sicherheit bereitstellt. Danach kann dieser Prototyp-Security Descriptor beliebig häufig auf andere Ordner und Dateien angewendet werden. Vorteilhaft hierbei ist, dass Sie sich nicht näher mit der inneren Struktur des Security Descriptors auszukennen brauchen, weil Sie es Windows selbst überlassen, diesen zu generieren.

- **Synthese:** Natürlich kann ein Skript den gewünschten Security Descriptor auch vollständig synthetisieren, also selbst in allen Bestandteilen aufbauen. Vorteilhaft hierbei ist, dass Sie keinen Prototyp benötigen. Allerdings sind Sie nun alleinverantwortlich für den korrekten Aufbau des Security Descriptors. Kleinste Fehler können das Skript scheitern lassen oder unerwünschte Berechtigungen zur Folge haben.

Vollzugriff für eine Datei herstellen

Möchten Sie sämtliche NTFS-Berechtigungen entfernen und einen Vollzugriff für jeden herstellen, dann beauftragen Sie ein Skript damit, einen leeren Security Descriptor herzustellen. Den weisen Sie dann über *ChangeSecurityPermissions* der gewünschten Datei oder dem gewünschten Ordner zu.

ACHTUNG: Als Folge ist die Datei oder der Ordner vollkommen ungeschützt und erhält auch keine übergeordneten Berechtigungen mehr per Vererbung. Überlegen Sie genau, ob es das ist, was Sie erreichen wollen.

Das folgende Skript entfernt die NTFS-Sicherheit von der Datei »C:\NTFS.TXT«. Sorgen Sie dafür, dass diese Datei existiert, bevor Sie das Skript ausprobieren.

Das Ergebnis können Sie begutachten, wenn Sie die Datei mit der rechten Maustaste anklicken, Eigenschaften wählen und dann auf die Registerkarte *Sicherheit* klicken. Bei Windows XP Home und bei Windows XP mit aktivierter *Einfacher Dateifreigabe* steht diese Registerkarte nicht zur Verfügung.

```
strFile = "c:\ntfs.txt"

Set objWMI = GetObject("winmgmts:")
Set objFile = objWMI.Get("CIM_LogicalFile='" & strFile & "'")
Set sd = objWMI.Get("Win32_SecurityDescriptor").SpawnInstance_

rv = objFile.ChangeSecurityPermissions(sd, 4)
If rv = 0 Then
    WScript.Echo "Vollzugriff für JEDER auf " & strFile
Else
    WScript.Echo "Fehler beim Ändern der NTFS-Berechtigungen: " & rv
End If
```

Listing 4.31: Null-DACL sorgt für Vollzugriff auf eine Datei

Wenn Sie *ChangeSecurityPermissions* auf einen Ordner anwenden, dann gelten die Sicherheitseinstellungen auch rekursiv für den Inhalt des Ordners. Das zweite Argument der Funktion legt fest, welche Teile des Security Descriptors geändert werden. Die Zahl 4 legt fest, dass nur die DACL-Informationen verändert werden sollen.

Berechtigungen klonen

Möchten Sie auf möglichst einfache Weise die NTFS-Berechtigungen neu festlegen, dann legen Sie sich einen Prototyp an. Wollen Sie zum Beispiel die NTFS-Berechtigungen für Ordner ändern, dann legen Sie einen neuen leeren Ordner an und legen für diesen die gewünschten NTFS-Berechtigungen über die eingebauten Windows-Dialogfelder wie gewohnt fest.

Anschließend kann ein Skript den so generierten Security Descriptor Ihres Prototyps auf beliebige andere Ordner übertragen. Dabei werden die vorhandenen NTFS-Berechtigungen dieser Ordner durch die Berechtigungen ersetzt, die in Ihrem Prototyp festgelegt worden sind.

Das folgende Skript demonstriert, wie das funktioniert. Es erwartet den Prototyp als »C:\PROTOTYP« und überträgt dessen NTFS-Berechtigungen auf den Ordner »C:\NEU«.

```
prototyp = "c:\backup"
ziel = "c:\neu"

Set wmi = GetObject("winmgmts:")

Set objekt = wmi.Get("Win32_LogicalFileSecuritySetting='" & prototyp & "'")

retval = objekt.GetSecurityDescriptor(secdesc)
if retval <> 0 then
    WScript.Echo "Konnte Prototyp-SD nicht lesen."
    WScript.Quit
end if

Set objekt = wmi.Get("CIM_LogicalFile='" & ziel & "'")
retval = objekt.ChangeSecurityPermissions(secdesc, 4)
WScript.Echo "Ergebnis: " & retval
```

Listing 4.32: Einen Security Descriptor von einem Ordner auf einen anderen übertragen

Das Skript meldet im Erfolgsfall den Wert 0 zurück. Jeder andere Wert zeigt einen Fehler an. Weil *ChangeSecurityPermissions* die Berechtigungen rekursiv auch auf den Ordnerinhalt des Zielordners überträgt, könnte ein Fehler zum Beispiel dadurch verursacht werden, dass sich im Ordner Dateien oder Unterordner befinden, die keinen Zugriff auf ihren Security Descriptor erlauben.

Neue Berechtigungen setzen

Möchten Sie die NTFS-Berechtigungen ohne Vorlagen erstellen, dann ist das Skript gezwungen, den gesamten Security Descriptor selbst zu generieren. Das ist ein relativ aufwändiger Vorgang.

Das folgende Skript vereinfacht diese Aufgabe, indem es die Funktion *CreateNTFSSecurity* bereitstellt. Diese Funktion verlangt vier Argumente:

- **Servername:** Name des Computers, auf dem die Berechtigungen geändert werden sollen. Handelt es sich um den lokalen Computer, dann geben Sie entweder ».« oder den Rechnernamen Ihres Computers an. Bei Remotesystemen benötigen Sie die notwendigen Anmeldeberechtigungen. Innerhalb einer Domäne sollte es dazu genügen, Domänen-Admin zu sein.
- **Ordnerpfad:** Pfadname des Ordners, dem Sie die neuen Berechtigungen zuweisen wollen. Wenn Sie auf ein Remotesystem zugreifen, muss dies der lokale Pfadnamen aus Sicht des Remotesystems sein.
- **Berechtigungen:** Die Berechtigungen werden als ein Feld mit fest definiertem Aufbau übergeben. Das Feld, das Sie zuvor mit *Array* anlegen können, enthält für jede Berechtigung einen Text mit dem vollqualifizierten Benutzernamen, einem Gleichheitszeichen und der gewünschten Berechtigung. Vordefiniert sind die Konstanten *FULL* (Vollzugriff), *READ* (Lesezugriff) und *CHANGE* (Schreibzugriff). Erlaubt ist aber auch jeder Zahlenwert als Bitmaske.
- **Vererbung:** Geben Sie *False* an, wenn Sie nicht wollen, dass der Ordner übergeordnete Berechtigungen übernimmt, oder *True*, wenn übergeordnete Berechtigungen gültig sein sollen.

ACHTUNG: Falls Sie einen Benutzernamen angeben, den das System nicht erkennt, wird für diesen Benutzer keine Berechtigung erstellt.

Sollten Sie das Beispielskript erweitern und zum Beispiel auch *Access Control Entries* (ACEs) vom Typ »Verbot« verwenden, dann denken Sie daran, dass Sie selbst für die korrekte Reihenfolge der Access Control Entries innerhalb der DACL verantwortlich sind. Verbots-ACEs müssen immer vor Erlaubnis-ACEs gespeichert werden, denn Windows geht die ACEs der Reihe nach durch und erlaubt den Zugriff, sobald eine entsprechende ACE entdeckt ist. Verbots-ACEs, die anschließend folgen, würden so nicht mehr berücksichtigt.

Verwenden Sie dagegen wie im Beispiel nur Erlaubnis-ACEs, dann spielt die Reihenfolge keine Rolle.

```
' Auf dem lokalen System Absicherung des Ordners
' C:\BACKUP
' Vollzugriff für lokale Administratoren auf System "Thinkpad2"
' Vollzugriff für Benutzer "Tobias" auf System "Thinkpad2"
' Schreibzugriff für Benutzer "Matthias" auf System "Thinkpad2"
' Reiner Lesezugriff für Gruppe "Gäste" auf System "Thinkpad2"

ul = Array("thinkpad2\Administratoren=FULL", _
    "thinkpad2\Matthias=CHANGE", _
    "thinkpad2\Tobias=FULL", _
    "thinkpad\Gäste=1048577")
rv = CreateNTFSSecurity(".", "c:\backup", ul, False)
```

Dateisystem-Aufgaben mit WMI

```vbscript
If rv = 0 Then
   WScript.Echo "Berechtigungen gesetzt."
Else
   WScript.Echo "Fehler Code " & rv
End If


Function CreateNTFSSecurity(ByVal server, ByVal path, ByVal userlist, ByVal inherit)
   Const FULL = 2032127
   Const CHANGE = 1180159
   Const READ = 1179817

   Set wmi = GetObject("winmgmts:")

   Redim newDACL(UBound(userlist))

   c = 0
   For x = 0 To UBound(userlist)
      userfeld = Split(userlist(x), "\")
      Domain = userfeld(0)

      detailfeld = Split(userfeld(1), "=")
      username = detailfeld(0)
      AccessMask = Eval(detailfeld(1))

      Set ACEUser = CreateACE(wmi, AccessMask, 3, 0, _
         SetTrustee(wmi, Domain,username))

      If Not IsNull(ACEUser.Trustee) Then
         Set newDACL(c) = ACEUser
         c = c + 1
      Else
         WScript.Echo Domain & "\" & username & _
      " nicht gefunden und ignoriert."
      End If
   Next

   Redim Preserve newDACL(c-1)

   ' die Datei, die diese Rechte erhalten soll, wird angesprochen
   Set wmilocal = GetObject("winmgmts:\\" & server)

   Set fileinstance = wmilocal.Get("Win32_LogicalFileSecuritySetting='" _
   & path & "'")

   ' der alte Security Descriptor wird geoeffnet
   retval = fileinstance.getsecuritydescriptor(sec)

   If inherit Then
      ' vererbung einschalten
      sec.Controlflags = 33796
   Else
      ' Vererbung ausschalten
      sec.Controlflags = 37892
   End If
```

```
   ' die neue DACL ersetzt die alte DACL
   sec.DACL = newDACL
   ' der geaenderte Security Descriptor wird in die Datei zurueckgeschrieben
   CreateNTFSSecurity = fileinstance.setsecuritydescriptor(sec)
End Function

Function CreateACE(wmi, AccessMask, AceFlags, AceType, objTrustee)
   ' legt einen ACE an
   Set objAce = wmi.Get("Win32_Ace").SpawnInstance_
   objAce.AccessMask = AccessMask
   objAce.AceFlags = AceFlags
   objAce.AceType = AceType
   objAce.Trustee = objTrustee
   Set CreateACE = objAce
End Function

Function SetTrustee(wmi, Domain,Account)
   ' legt ein Win32_Trustee-Objekt an
   Set objTrustee = wmi.Get("Win32_Trustee").SpawnInstance_
   objTrustee.Domain = Domain
   objTrustee.name = Account
   objTrustee.SID = GetBinarySID(wmi, Account, Domain)
   If IsNull(objTrustee.SID) Then
      Set SetTrustee = Nothing
   Else
      Set SetTrustee = objTrustee
   End If
End Function

Function GetBinarySID(wmi,username, domainname)
   wql = "select * from win32_account where name='" & username & _
   "' and domain='" & domainname & "'"
   Set result = wmi.ExecQuery(wql)

   For Each entry In result
      SID = entry.SID
      Exit For
   Next

   ' Bestimmen der Binaeren SID
   Set obj = wmi.get("Win32_SID.SID=""" & SID & """")
   GetBinarySID = obj.BinaryRepresentation
End Function
```

Listing 4.33: NTFS-Berechtigungen setzen

TIPP: Das Skript zeigt, dass Sie jede beliebige Berechtigung auf diese Weise setzen können, nicht nur *FULL*, *READ* und *CHANGE*. Das Skript legt für die Gruppe der Gäste zum Beispiel die Berechtigung als Bitmaske direkt fest.

Sie können leicht ermitteln, welche Bitmaske für spezielle Berechtigungen nötig ist. Dazu weisen Sie die Berechtigung zunächst wie gewohnt über die Windows-Dialogfelder einem Beispielordner zu. Anschließend lesen Sie den Security Descriptor dieses Testordners mit Listing 4.28 aus und schauen nach, welcher Wert in der Eigenschaft *AccessMask* des von Ihnen geänderten Access Control Entries vermerkt wurde.

Benötigen Sie diese Berechtigung häufiger, dann fügen Sie den so ermittelten Zahlenwert als weitere Konstante in die Funktion *CreateNTFSSecurity* ein und geben ihr einen aussagekräftigen Namen, zum Beispiel:

```
Const GASTZUGRIFF = 1048577
```

Anschließend können Sie diese Berechtigung auch über den Konstantennamen vergeben:

```
ul = Array("thinkpad2\Administratoren=FULL", _
   "thinkpad2\Matthias=CHANGE", _
   "thinkpad2\Tobias=FULL", _
   "thinkpad2\Gäste=GASTZUGRIFF")
```

Besitz übernehmen

Jeder Datei und jedem Ordner auf einem NTFS-Datenträger ist ein Besitzer zugeteilt. Das ist in der Regel die Person, die den Ordner oder die Datei erstellt hat. Der Besitzer verfügt immer über das Recht, den Security Descriptor zu ändern. So ist sichergestellt, dass niemand sich dauerhaft durch falsche NTFS-Berechtigungen ausschließen kann.

Wollen Sie den Besitz an Dateien oder Ordnern übernehmen, dann benötigen Sie dafür die entsprechenden NTFS-Berechtigungen. Als Administrator verfügen Sie standardmäßig über diese Berechtigungen, es sei denn, diese Berechtigungen wurden manuell entzogen.

Das folgende Skript versucht, im Namen des Aufrufers den Besitz am Ordner »C:\BACKUP« sowie seines gesamten Inhalts zu übernehmen.

```
strObjekt = "c:\backup"
Set objWMI = GetObject("winmgmts:")
Set objfile = objWMI.get("CIM_LogicalFile='" & strObjekt & "'")
rv = objfile.TakeOwnerShip
WScript.Echo rv
```

Listing 4.34: *Besitz am Ordner C:\BACKUP und seinem gesamten Inhalt übernehmen*

Das Skript scheitert, wenn sich im Ordner auch nur eine Datei oder ein Unterordner befindet, bei dem der Besitz nicht übernommen werden kann. Präziser kann man deshalb mit dem folgenden Skript vorgehen, das im Fehlerfall meldet, an welchem Punkt der Aufruf scheiterte. Gemeldet wird die Datei oder der Ordner, dessen Besitz nicht übernommen werden konnte. Sie könnten mit dieser Information dann kontrollieren, warum Sie den Besitz nicht übernehmen konnten.

```
strObjekt = "c:\backup"
Set objWMI = GetObject("winmgmts:")
Set objfile = objWMI.get("CIM_LogicalFile='" & strObjekt & "'")
rv = objfile.TakeOwnerShipEx(stopfile, Null, True)
WScript.Echo rv
If Not IsNull(stopfile) Then
   WScript.Echo "Probleme mit " & stopfile
End If
```

Listing 4.35: *Ausführliche Abbruchmeldung beim Versuch, den Besitz zu übernehmen*

Lokale Administratoren, zu denen normalerweise auch Domänen-Administratoren gehören, verfügen außerdem über ein spezielles Benutzerrecht, was sie in die Lage versetzt, den Besitz auch dann zu übernehmen, wenn sie nicht über die nötigen NTFS-Berechtigungen verfügen.

Damit haben diese Personen immer die Möglichkeit, auf NTFS-geschützte Daten zuzugreifen und zum Beispiel versehentlich geschützte Daten zu öffnen oder einen Schutz aufzuheben, der von einem längst aus der Firma ausgeschiedenen Mitarbeiter stammten.

Allerdings ist dies nur möglich, wenn das Skript zuvor das dafür zuständige Benutzerrecht auch aktiviert. Das folgende Skript übernimmt den Besitz des Ordners *C:\BACKUP* und aller seiner Unterordner und Dateien, selbst dann, wenn diese vom Besitzer ausdrücklich davor geschützt wurden. Einzige Voraussetzung: Der Aufrufer des Skripts gehört zur Gruppe der lokalen Administratoren:

```
strObjekt = "c:\backup"
Set objWMI = GetObject("winmgmts:{(TakeOwnership)}")
Set objfile = objWMI.get("CIM_LogicalFile='" & strObjekt & "'")
rv = objfile.TakeOwnerShipEx(stopfile, Null, True)
WScript.Echo rv
If Not IsNull(stopfile) Then
   WScript.Echo "Probleme mit " & stopfile
End If
```

Listing 4.36: *Besitz notfalls gewaltsam übernehmen*

TIPP: Müssen Sie die NTFS-Berechtigungen eines Dateisystem-Bereiches neu setzen und wissen Sie nicht genau, ob Sie in diesem Bereich über die dafür nötigen NTFS-Berechtigungen verfügen, dann kann es eine gute Lösung sein, im ersten Schritt mit Listing 4.36 zunächst den Besitz zu übernehmen und erst danach die Berechtigungen zu setzen. Über die Besitzübernahme schaffen Sie in jedem Fall die nötigen Voraussetzungen dafür, die NTFS-Berechtigungen neu zu setzen.

Zuvor sollten Sie allerdings prüfen, ob die Besitzübernahme fremder Daten in Ihrem Unternehmen auch erlaubt ist. Sie kann nämlich auch als Indiz dafür gewertet werden, dass sich ein Administrator unberechtigt Zugriff zu geschützten Daten verschafft hat. Genau aus diesem Grunde gibt es auch keine Möglichkeit, den Besitz wieder an eine andere Person zurückzugeben. Der Besitz kann immer nur von einer Person aktiv übernommen werden. Damit wird es unmöglich, Spuren einer Besitzübernahme zu verwischen.

Fernzugriff auf Remotesysteme

Fast alle Skripts in diesem Kapitel haben bislang lokal gearbeitet, also auf dem Computer, auf dem das Skript ausgeführt wird. Mit WMI ist aber auch der Fernzugriff auf Remotesysteme über das Netzwerk leicht möglich und erfordert beinahe keine Änderungen am Skript.

Um auf ein Remotesystem zuzugreifen, ersetzen Sie lediglich die Kontaktaufnahme zur WMI:

```
Set objWMI = GetObject("winmgmts:")
```

Listing 4.37: *Mit der lokalen WMI verbinden*

Geben Sie stattdessen den Namen des gewünschten Remotesystems an:

```
pc = "System12"
Set objWMI = GetObject("winmgmts:\\" & pc)
```

Listing 4.38: Mit der WMI eines anderen PC unter aktuellem Benutzernamen verbinden

Sofern Ihre Netzwerkinfrastruktur den Zugriff auf das Zielsystem zulässt, sollten die Skripts nun wie gewohnt funktionieren, spielen sich jetzt aber auf dem angegebenen Zielsystem ab.

Falls Sie dagegen eine Fehlermeldung erhalten, die den Zugriff verweigert, verfügen Sie nicht über die nötigen Anmeldeberechtigungen am Zielsystem. In einem Domänen-basierten Netzwerk ist das selten der Fall, weil Sie dort als Domänen-Admin auf allen Clients normalerweise automatisch in der lokalen Gruppe der Administratoren Mitglied sind. In einem Peer-to-Peer-Netzwerk oder in komplexeren Domänen-Strukturen dagegen kann es sein, dass Sie sich mit Ihrem aktuellen Benutzerkonto nicht am Zielsystem anmelden dürfen.

In diesem Fall melden Sie sich am Zielsystem mit einem berechtigten Benutzerkonto an, also zum Beispiel mit einem lokalen Benutzerkonto des Zielsystems, das Mitglied in der lokalen Gruppe der *Administratoren* des Zielsystems ist.

```
strServer = "PC12"
strUserName = "PC12\Administrator"
strPassword = "geheim"
Set objLocator = CreateObject("WbemScripting.SWbemLocator")
Set objWMI = objLocator.ConnectServer(strServer, "root\CIMv2", _
   strUserName, strPassword)
```

Listing 4.39: Unter alternativem Benutzernamen remote anmelden

Bekommen Sie eine andere Fehlermeldung, dann liegt die Ursache fast immer in Ihrer Netzwerkinfrastruktur:

- **Firewall:** Stellen Sie sicher, dass sich zwischen Ihnen und dem Zielsystem keine Firewall befindet bzw. dass die Firewall DCOM-Zugriffe erlaubt. Dies betrifft auch die in Windows XP SP2 integrierte Windows-Firewall. Hier muss die so genannte Remoteverwaltungsausnahme aktiviert sein, damit WMI-Fernanfragen durchgelassen werden.
- **Einfache Dateifreigabe:** Stellen Sie bei Windows XP sicher, dass die *Einfache Dateifreigabe* nicht eingeschaltet ist. Sie mappt sämtliche Netzwerkzugriffe auf das Gast-Konto, das nicht über die nötigen Berechtigungen für einen Fernzugriff verfügt. Bei Windows XP Home kann die Einfache Dateifreigabe nicht abgeschaltet werden, weswegen dort grundsätzlich keine Fernverwaltung möglich ist.
- **Anmeldebeschränkungen:** Stellen Sie sicher, dass Sie zur Anmeldung ein Benutzerkonto mit einem Kennwort verwenden. Benutzerkonten ohne Kennwort sind ab Windows XP in den Standardeinstellungen nicht für Netzwerkanmeldungen zugelassen.

Grundsätzlich gilt: Wenn Sie über die *Microsoft Management Console* (MMC) – zum Beispiel die *Computerverwaltung* – remote auf das Zielsystem zugreifen können, sollte dies auch per WMI funktionieren. Ist der Zugriff über die MMC dagegen nicht möglich, dann gelten die Einschränkungen auch für die WMI, und Sie sollten die Ursache nicht in Ihrem Skript suchen, sondern in den oben genannten Bereichen.

5 Externe Programme steuern

122	Externe Programme starten
125	Externe Programme mit mehr Kontrolle
129	Programme auf Remotesystemen starten
131	Zeitgesteuerte Programmstarts

Administratoren sind es gewohnt, von der Konsole aus zu arbeiten. Häufig werden von dort aus die unterschiedlichsten Dienstprogramme gestartet.

Skripts können ebenfalls externe Programme starten und so mehrschrittige Aufgaben automatisieren. Dabei haben Skripts zum Beispiel die Möglichkeit, auf die aufgerufenen Programme zu warten, ihren Rückgabewert auszuwerten und entsprechend zu handeln. Skripts können sich bei konsolenbasierten Befehlen sogar in die Ein- und Ausgabeströme einklinken, um solche Programme fernzusteuern.

Wenn Sie planen, externe Programme per Skript zu starten, sollten Sie sich zuerst Gedanken darüber machen, wie das Skript das externe Programm starten soll:

- **Synchron oder asynchron:** Soll das Skript darauf warten, bis das externe Programm seine Arbeit erledigt hat? Solch einen Aufruf nennt man »synchron«, und weil das Skript bis zum Abschluß des externen Programms wartet, kann es dessen Rückgabewert auslesen. Oder soll das Skript ein externes Programm nur aufrufen, dann aber sich selbst überlassen? Diesen Aufruf nennt man »asynchron«. In beiden Fällen liefert das WScript.Shell-Objekt mit seiner Run-Methode den dafür nötigen Befehl.

- **Kontinuierliche Kontrolle:** Soll das Skript während der Ausführung des externen Programms dieses kontinuierlich überwachen und notfalls abbrechen können? In diesem Fall benötigen Sie die Exec-Methode des WScript.Shell-Objekts. Sie erlaubt Ihnen, jederzeit den Status des gestarteten Programms zu ermitteln. Das Programm kann vom Skript außerdem zu jedem beliebigen Zeitpunkt abgebrochen werden. Das Skript kann sich sogar in den Ein- und Ausgabestrom des Programms einklinken und ihm so während seiner Ausführung neue Befehle erteilen oder Zwischenergebnisse auslesen.

- **Fernverwaltung:** Möchten Sie ein Programm nicht auf dem eigenen System starten, sondern ferngesteuert auf einem anderen System, dann benötigen Sie dafür den WMI-Dienst. Er erlaubt Fernzugriffe. Allerdings wird das gestartete Programm auf Remotesystemen grundsätzlich unsichtbar ausgeführt. Wollen Sie ein Programm im sichtbaren Kontext eines Remotesystems starten, dann können Sie den WMI-Dienst beauftragen, es als geplanten Task auf dem Remotesystem zu starten.

Externe Programme starten

Das *WScript.Shell*-Objekt liefert die *Run*-Methode, mit der Sie beliebige Programme starten lassen können.

Um also zum Beispiel skriptgesteuert den Texteditor auf den Bildschirm zu holen, genügen die folgenden Zeilen:

```
Set wshshell = CreateObject("WScript.Shell")
wshshell.Run """" & "NOTEPAD.EXE" & """"
MsgBox "Fertig!", vbSystemModal
```

Listing 5.1: *Ein Programm asynchron starten*

WICHTIG: Damit sich die *Run*-Methode nicht an langen Dateinamen und darin enthaltenen Leerzeichen stört, setzen Sie den Programm-Pfad immer in Anführungszeichen! Im Skript sehen Sie vor und nach dem Programmpfad »""""«. Das entspricht einem regulären Anführungszeichen.

Denken Sie daran, dass Sie normalerweise den vollen Pfadnamen eines Programms angeben müssen. Nur wenn das Programm in einem der Systemordner liegt, die in der Systemvariablen *%PATH%* genannt werden, können Sie auf die Pfadangabe verzichten.

In diesem Fall wurde das Programm asynchron gestartet: Das Skript gibt den Startbefehl und macht dann sofort weiter. Das ist der Grund, warum die Nachricht »Fertig« erscheint, obwohl der Texteditor noch läuft.

WICHTIG: Der *Run*-Befehl löst Umgebungsvariablen automatisch auf. Gibt es zum Beispiel auf Ihrem System die Umgebungsvariable *%HOMEDIR%*, die den Ordnernamen eines Benutzerordners enthält, dann könnte *Run* darin Programme starten, wenn Sie diesen Pfad verwenden:

```
WScript.Run """" & "%USERPATH%\Programm.exe" & """"
```

Die Konstante *vbSystemModal* sorgt übrigens dafür, dass die *MsgBox*-Meldung immer über allen anderen Fenstern angezeigt wird und nicht hinter anderen Fenstern begraben werden kann.

Auf Programme warten: Synchrone Ausführung

Wollen Sie lieber auf ein Programm warten? Dann setzen Sie die erweiterten Optionen von *Run* ein:

```
Set wshshell = CreateObject("WScript.Shell")
ergebnis = wshshell.Run("""" & "NOTEPAD.EXE" & """",,true)
MsgBox "Fertig!", vbSystemModal
```

Listing 5.2: *Programme synchron starten*

Diesmal wartet das Skript, bis Sie den Editor schließen, und gibt erst dann seine Meldung aus.

Nützlich ist die synchrone Programmausführung immer dann, wenn Sie entweder den Rückgabewert eines Programms benötigen, um festzustellen, ob die Ausführung gelungen ist, oder wenn Sie Aufgaben kontrolliert hintereinander ausführen möchten.

Alle Festplatten nacheinander defragmentieren

Die Defragmentierung von Festplatten ist ein zeitraubender Vorgang, den man am besten unbeaufsichtigt nachts oder zu einer Zeit durchführt, wo das System nicht benötigt wird. Die in Windows XP integrierte Defragmentierung kann allerdings nur jeweils ein Laufwerk defragmentieren. Verfügt Ihr Computer über mehr als ein Festplattenlaufwerk beziehungsweise über mehr als eine Partition, dann könnten Sie unbeaufsichtigt nur maximal ein Laufwerk defragmentieren.

Ein Skript kann dagegen nacheinander alle vorhandenen Laufwerke defragmentieren. Voraussetzung für das nächste Skript ist der ab Windows XP vorhandene Befehl *defrag*.

```
Set objfs = CreateObject("Scripting.FileSystemObject")

For Each drive In objfs.Drives
   If drive.drivetype = 2 Then
      Defrag drive.DriveLetter
   End If
Next


Sub Defrag(ByVal laufwerk)
   Set objshell = CreateObject("WScript.Shell")

   WScript.Echo Now, "Defragmentiere Laufwerk " & laufwerk
   cmd = "defrag -f " & laufwerk & ":"
   rv = objshell.Run(cmd,,True)
   WScript.Echo Now, "Defragmentierung abgeschlossen. Status:"

   Select Case rv
      Case 0
         WScript.Echo "Fehlerfrei durchgeführt"
      Case 1
         WScript.Echo "Benutzer hat abgebrochen"
      Case 2
         WScript.Echo "Falsche Parameter"
      Case 3
         WScript.Echo "Unbekannter Fehler"
      Case 4
         WScript.Echo "Zu wenig Speicher"
      Case 5
         WScript.Echo "Allgemeiner Fehler"
      Case 6
         WScript.Echo "System- oder Berechtigungsfehler"
      Case 7
         WScript.Echo "Zu wenig freier Speicherplatz"
      Case Else
         WScript.Echo "Unbekannter Fehler"
   End Select

   WScript.Echo string(80, "=")
End Sub
```

Listing 5.3: *Alle Festplattenlaufwerke defragmentieren*

Woher weiss man, welche Rückgabewerte ein Konsolenbefehl meldet? Diese Information ist zwar meist dokumentiert, aber diese Dokumentation zu finden ist weniger leicht. Im Zweifelsfall surfen Sie zu einer Suchseite wie *www.google.de* und suchen dort mit den Suchbegriffen Befehlsname return value, also zum Beispiel defrag.exe return value.

Listing 5.3 kann selbstverständlich weiter ausgebaut werden. Sie erfahren gleich, wie Sie das Konsolenfenster unsichtbar machen können. In späteren Kapiteln lesen Sie außerdem, wie Sie den Computer nach erfolgter Defragmentierung automatisch herunterfahren können.

Mit Ping prüfen, ob ein System online ist

Falls Sie ermitteln möchten, ob ein bestimmtes System online ist, können Sie dafür den *Ping*-Befehl einsetzen. Er liefert einen Rückgabewert, der Ihnen verrät, ob das angegebene System reagiert hat oder nicht:

```
cmd = "ping.exe -n 1 -w 100"
ip = InputBox("Name des Remotesystems oder IP-Adresse?",,"127.0.0.1")

Set objshell = CreateObject("WScript.Shell")
rv = objshell.run(cmd & " " & ip,,True)

If rv=0 Then
   WScript.Echo "System " & ip & " ist online."
Else
   WScript.Echo "System " & ip & " ist OFFLINE."
End If
```

Listing 5.4: Mittels PING überprüfen, ob ein System online ist oder nicht

Das Skript ruft *Ping* zusammen mit einigen Parametern auf, die den *Ping*-Vorgang so weit wie möglich verkürzen: Es wird nur ein *Ping* ausgeführt (Standard: 4) und maximal 100 Millisekunden auf die Antwort gewartet.

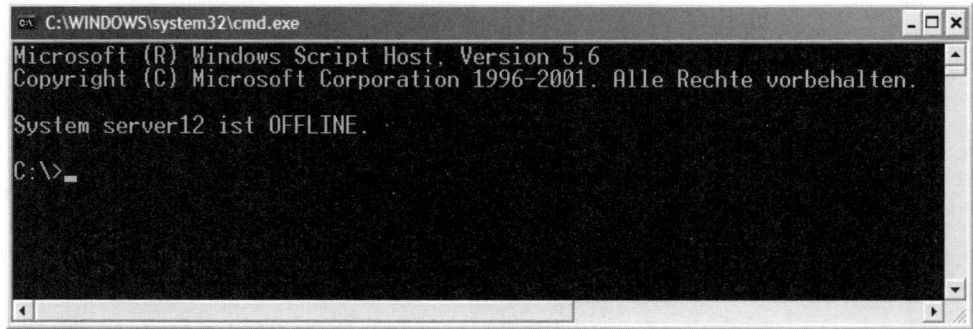

Abbildung 5.1: Mit Ping prüfen, ob Systeme online sind

Meldet *Ping* den Rückgabewert 0, dann konnte das Zielsystem erreicht werden, in allen anderen Fällen nicht.

Fenstergrößen bestimmen

Run kann den Programmen vorschreiben, in was für einem Fenster sie geöffnet werden. Wollen Sie den Editor bildschirmfüllend öffnen, dann verwenden Sie zum Beispiel die Fensterkonstante »3«:

```
Set wshshell = CreateObject("WScript.Shell")
ergebnis = wshshell.Run("""" & "NOTEPAD.EXE" & """",3,true)
MsgBox "Fertig!", vbSystemModal
```

Listing 5.5: Programme in besonderen Fenstern anzeigen

Möchten Sie dagegen wie in Listing 5.3 oder Listing 5.4 Konsolenbefehle für Ihre Zwecke nutzen und dabei das Konsolenfenster verstecken, dann verwenden Sie als Fensterkonstante den Wert 0.

ACHTUNG: Bevor Sie ein Fenster mit dem Wert 0 verstecken, stellen Sie unbedingt sicher, dass das von Ihnen verwendete Programm ohne Benutzereingaben auskommt. Sollte das Programm nämlich eine Rückfrage stellen, würde diese bei verstecktem Fenster natürlich nie angezeigt, und das Programm erscheint blockiert.

Externe Programme mit mehr Kontrolle

Mit der Run-Methode, die Sie gerade kennen gelernt haben, lassen sich bereits einfache Aufgaben automatisieren. Allerdings ist Run in seinen Möglichkeiten begrenzt:

- **Ein- und Ausgaben:** Versuchen Sie, konsolenbasierte Programme zu automatisieren, dann kann es passieren, dass das Programm Eingaben von Ihnen verlangt oder die gewünschten Informationen direkt auf die Konsole ausgibt. *Run* kann weder die Ein- noch die Ausgaben der Konsole ansprechen.

- **Kontrolle:** *Run* kann das aufgerufene Programm nicht überwachen und schon gar nicht vorzeitig abbrechen. Starten Sie mit *Run* ein Programm asynchron, dann läuft das Skript zwar weiter, aber das aufgerufene Programm bleibt sich selbst überlassen. Das Skript kann nicht länger darauf zugreifen. Starten Sie Programme dagegen synchron, dann stoppt das Skript so lange, wie das Programm läuft. Es kann also wiederum nicht Einfluß auf das gestartete Programm nehmen und es zum Beispiel nach einer gewissen Zeit abbrechen.

Konsolenausgaben abfangen

Run kann konsolenbasierte Programme so ausführen, dass die Konsolenausgaben von Ihrem Skript gelesen werden können. Allerdings funktioniert das nur über Umleitungen.

Die Idee: *Run* startet das konsolenbasierte Programm und gibt per Umleitung eine Ausgabedatei an. Die Ausgaben des Befehls landen nun nicht mehr in der Konsole, sondern in dieser Ausgabedatei. Anschließend kann das Skript das Ergebnis aus der Ausgabedatei lesen.

Das nächste Skript zeigt, wie Sie beispielsweise den Konsolenbefehl *DIR* dazu einsetzen, um ein Verzeichnislisting per Skript weiterzuverarbeiten.

```
ergebnis = ExecuteKonsole("DIR C:\")

' Roh ausgeben
WScript.Echo ergebnis

' Sonderzeichen in ANSI-Sonderzeichen umwandeln
```

```
    WScript.Echo ASCIItoANSI(ergebnis)

Function ExecuteKonsole(befehl)
    Set wshshell = CreateObject("WScript.Shell")
    Set fs = CreateObject("Scripting.FileSystemObject")

    ' Ausgabedatei vorbereiten
    Set temp = fs.GetSpecialFolder(2)
    temppath = temp.Path
    ausgabe = temppath & "\ausgabe.txt"

    kommando = "%COMSPEC% /C " & befehl & " > """ & ausgabe & """"

    ' DOS-Kommando ausführen
    resultat = wshshell.Run(kommando, 1, True)

    ' Ergebnis lesen
    Set textstream = fs.OpenTextFile(ausgabe)

    if not textstream.atEndOfStream then
        ExecuteKonsole = textstream.ReadAll
    end if
    textstream.Close

    ' Ausgabedatei löschen
    fs.DeleteFile ausgabe, True
End Function

Function ASCIItoANSI(text)
    ersetzung = _
    Split("132,228,129,252,142,196,154,220,153,214,148,246,225,223", ",")
    ASCIItoANSI = text

    For x = 0 to UBound(ersetzung) Step 2
        ASCIItoANSI = Replace(ASCIItoANSI, Chr(ersetzung(x)), _
        Chr(ersetzung(x+1)))
    Next
End Function
```

Listing 5.6: *Konsolenbefehl-Ausgabe per Skript weiterverarbeiten*

> Einige Dinge sind hier wichtig: Erstens sind Umleitungen, die mit dem »>«-Zeichen in die Befehlszeile eingefügt werden, eine Dienstleistung der Konsole und nicht etwa des aufgerufenen Programms.
>
> Wenn Sie also Umleitungen einsetzen wollen, müssen Sie das konsolenbasierte Programm innerhalb einer Konsole aufrufen. Dazu stellen Sie dem Befehl die folgende Anweisung voran: *%comspec% /c*. %comspec% ist eine Umgebungsvariable und enthält den Pfadnamen des Kommandozeileninterpreters. Auf Windows 2000-Systemen und höher können Sie auch direkt *cmd.exe* verwenden. Die Option */c* sorgt dafür, dass die Konsole den anschließend angegebenen Befehl ausführt und danach automatisch endet. Wollen Sie zur Fehlersuche das Konsolenfenster angezeigt lassen, verwenden Sie stattdessen die Option */k*. In diesem Fall müssen Sie das Konsolenfenster selbst ausklicken.

Wenn Sie Befehle des Kommandozeileninterpreters einsetzen wollen, zum Beispiel *Dir*, dann müssen Sie in jedem Fall wie eben beschrieben den Kommandozeileninterpreter laden, nicht nur bei Umleitungen.

```
C:\WINDOWS\system32\cmd.exe                                           _ □ ×
17.11.2004  13:55                    1.657 testhtm.htm
21.07.2004  12:14       <DIR>              testing
23.07.2004  08:10       <DIR>              testntfs
06.09.2004  22:03       <DIR>              testordner
14.11.2004  20:16       <DIR>              testordnerntfs
28.11.2004  18:54                        0 testsetting.txt
31.08.2004  12:29                      227 testskript.vbs
29.11.2004  17:44                    2.550 testxml.xml
25.08.2004  15:45                       29 todo.txt
16.07.2004  09:45                       21 trustcenter.txt
17.02.2005  11:04       <DIR>              typelibs
03.06.2004  11:19                       46 unterroutine.bat
03.09.2004  12:17                      660 unterskript.vbs
03.09.2004  12:16                      660 unterskript2.vbs
23.08.2004  14:06       <DIR>              VALUEADD
13.10.2004  10:52                    3.804 vattenfall.txt
22.02.2005  10:55       <DIR>              web
08.05.2004  07:48                      805 wepeinstellungen.txt
28.07.2004  12:28       <DIR>              willi
11.11.2004  00:52                4.202.496 willi.sdb
01.03.2005  11:52                        0 willi.txt
28.07.2004  11:46       <DIR>              willibald
14.04.2005  13:01       <DIR>              WINDOWS
29.09.2004  12:47                   34.816 WInLITE.ISO
12.07.2004  10:20                       63 wlankey.txt
22.06.2004  19:25                       31 xphome_serial.txt
29.07.2004  10:27                       44 zürich.txt
             465 Datei(en)     157.354.456 Bytes
              56 Verzeichnis(se),  4.308.025.344 Bytes frei
C:\>_
```

Abbildung 5.2: Ergebnis von Konsolenbefehlen in Skripts einlesen

Zweitens liefern Konsolenbefehle Informationen im ASCII-Zeichensatz. Windows dagegen verwendet den ANSI-Zeichensatz. Die meisten Zeichencodes dieser Zeichensätze sind identisch, aber Sonderzeichen wie die deutschen Umlaute unterscheiden sich. Deshalb müssen diese Zeichen zuerst von ASCII nach ANSI konvertiert werden, was die Funktion *ASCIItoANSI* demonstriert.

Übrigens können Sie auch in diesem Skript das Konsolenfenster wie oben gezeigt verstecken, wenn Sie bei *Run* die Fensterkonstante 0 angeben. Das sollten Sie aber erst dann tun, wenn Sie sicher sind, dass das Konsolenprogramm tatsächlich unbeaufsichtigt ohne Rückfragen zu stellen abläuft.

Ein- und Ausgabe eines Konsolenbefehls kidnappen

Listing 5.6 zeigte, wie Sie über eine Umleitung an die Ausgabe eines Konsolenbefehls gelangen. Wesentlich einfacher geht dies, wenn Sie anstelle von *Run* die Methode *Execute* des *WScript.Shell*-Objekts einsetzen. Diese kann nämlich auf Ein- und Ausgabeströme der Konsole zugreifen.

Listing 5.7 zeigt, um wie viel kürzer die Funktion *ExecuteKonsole* auf diese Weise wird. Die Funktion kommt jetzt völlig ohne Umleitungsdatei aus und führt den Befehl anstelle von *Run* mit *Exec* aus. Das Skript erhält ein Kontrollobjekt zurück, das in *objProc* gespeichert wird und Kontakt zum gestarteten Programm hält. So kann das Skript prüfen, ob das gestartete Programm noch läuft.

Solange das Programm läuft, liest es über *StdOut* alle Ausgaben.

```
WScript.Echo Executekonsole("arp -a")

Function ExecuteKonsole(ByVal befehl)
   Const WshRunning = 0
   Set wshshell = CreateObject("WScript.Shell")
   kommando = "%comspec% /c " & befehl

      Set objProc = wshshell.Exec(kommando)
      Do While objProc.Status = WshRunning
         ExecuteKonsole = ExecuteKonsole & objProc.StdOut.ReadAll
      Loop
End Function
```

Listing 5.7: *Konsolenbefehl-Ausgabe direkt in Skript einlesen*

Ebenso könnte ein Skript mit *StdIn.WriteLine* auch Eingaben ans gestartete Programm senden oder Fehlermeldungen über *StdErr.ReadAll* auslesen.

WICHTIG: *Exec* hat allerdings nicht nur Vorteile gegenüber *Run*. Ein gravierender Nachteil ist, dass beim Einsatz von *Exec* immer ein Konsolenfenster erscheint, das sich leider nicht unsichtbar machen lässt.

Programme vorzeitig abbrechen

Exec kann nicht nur bei konsolenbasierten Programmen die Ein- und Ausgaben steuern, sondern generell bei allen Programm-Typen die Ausführung überwachen und das gestartete Programm bei Bedarf vorzeitig beenden. Das ist möglich, weil das Skript nach dem Programmstart weiterläuft, aber über das Kontrollobjekt eine Verbindung zum gestarteten Programm behält.

Das nächste Skript demonstriert dies mit dem Windows-Editor. Der Editor wird geöffnet und nach genau 5 Sekunden wieder geschlossen:

```
Set objshell = CreateObject("WScript.Shell")
Set objProc = objshell.Exec("notepad.exe")

For x = 5 To 1 Step -1
   WScript.Echo x
   WScript.Sleep 1000
Next

objProc.Terminate
```

Listing 5.8: *Gestartetes Programm nach 5 Sekunden wieder beenden*

Programme auf Remotesystemen starten

Über den WMI-Dienst können Skripts Programme auch remote auf anderen Systemen starten und beenden. Allerdings gelten hierfür einige Einschränkungen:

- **Infrastruktur:** Das Zielsystem muss per Netzwerk über DCOM erreichbar, also grundsätzlich fernverwaltbar sein. Firewalls zwischen den Systemen oder Personal Firewalls wie die Windows-Firewall können das verhindern.
- **Berechtigung:** Sie benötigen auf dem Zielsystem lokale Administrator-Rechte
- **Weitere Einschränkungen:** Programme werden im Kontext des Aufrufers gestartet und erscheinen deshalb nicht im sichtbaren Benutzerkontext des am Remotesystem möglicherweise angemeldeten Benutzers. Das bedeutet also, dass Programme, die Sie per WMI starten, grundsätzlich unsichtbar ausgeführt werden und keine Benutzer-Interaktion nutzen können.

Das folgende Skript zeigt, wie Sie per WMI ein Programm starten. Das Skript kann das Programm sowohl auf dem lokalen System als auch auf einem Remotesystem ausführen. Weisen Sie den gewünschten Zielsystem-Namen oder dessen IP-Adresse der Variablen *server* zu. Auf dem lokalen System erscheint das gestartete Programm im sichtbaren Benutzerkontext. Auf dem Remotesystem ist es unsichtbar und nur im Task Manager zu sehen.

```
Path = "regedit.exe"
server = "."
Set objwmi = GetObject("winmgmts:\\" & server)
Set prgclass = objwmi.Get("win32_process")
rv = prgclass.Create(Path, Null, Null, procID)
If rv = 0 Then
   WScript.Echo "OK, Prozess-ID: " & procID
Else
   Select Case rv
      Case 2 : WScript.Echo "Zugriff verweigert"
      Case 3 : WScript.Echo "Unzureichende Berechtigungen"
      Case 8 : WScript.Echo "Unbekannter Fehler"
      Case 9 : WScript.Echo "Pfad nicht gefunden"
      Case 21 : WScript.Echo "Ungültiger Parameter"
      Case Else : WScript.Echo "Unbekannter Rückgabewert"
   End Select
End If
```

Listing 5.9: Programm per WMI lokal oder remote ausführen

TIPP: Das Programm, das Sie starten möchten, muss aus Sicht des Zielsystems angegeben werden.

Programme beenden

Der WMI-Dienst erlaubt Ihren Skripts, Programme auf dem lokalen System und auch auf Remotesystemen zu beenden. Dabei werden die Programme sofort und ohne Rückfrage beendet, also in etwa so, als würden Sie im Task Manager die Schaltfläche *Task beenden* einsetzen.

Wenn Sie die Prozess-ID eines Prozesses kennen, können Sie diesen Prozess mit folgendem Skript beenden:

```
pid = InputBox("Prozess-ID?")
server = "."
```

```
Set objwmi = GetObject("winmgmts:\\" & server)

On Error Resume Next

   Set prgclass = objwmi.Get("win32_process=" & pid)
   If Err.number <> 0 Then
      WScript.Echo "Prozess-ID " & pid & " nicht gefunden."
      WScript.quit
   End If

On Error Goto 0

prgclass.terminate
```

Listing 5.10: Prozess unter Angabe der Prozess-ID beenden

Sie können Programme aber auch unter Angabe des Namens beenden. Dann allerdings schließen Sie möglicherweise mehr Programme, als Ihnen lieb ist, weil nun alle Prozesse, die den angegebenen Namen tragen, beendet werden.

Das folgende Skript schließt alle Instanzen des Windows-Editors:

```
server = "."

Set objwmi = GetObject("winmgmts:\\" & server)
wql = "select * from Win32_Process where name='notepad.exe'"

Set objProzesse = objwmi.ExecQuery(wql)

c = 0
For Each objProzess In objProzesse
   objProzess.Terminate
      c = c + 1
Next

WScript.Echo c & " Instanzen geschlossen..."
```

Listing 5.11: Alle Instanzen des Windows-Editors schließen

Skripts remote ausführen

Es gibt einige Situationen, in denen man sich wünschen würde, Skripts remote auf anderen Systemen auszuführen, und möglichst zwar so, dass diese mit dem gerade am Remotesystem angemeldeten Benutzer in Kontakt treten können.

Mit reinen Bordmitteln ist so etwas nur über geplante Ausführungen möglich, also über so genannte »AT-Jobs«, von denen Sie im nächsten Abschnitt mehr erfahren. Mit Hilfe eines kleinen Werkzeugs namens »psexec«, das Sie kostenlos von *www.sysinternals.com* herunterladen können, lassen sich Programme und Skripts allerdings auch so auf völlig unkomplizierte Weise remote ausführen.

Nachdem Sie »psexec.exe« heruntergeladen, ausgepackt und zum Beispiel im Windows-Ordner gespeichert haben, legen Sie sich zusätzlich den Ordner »C:\Skripts« an. In diesen Ordner legen Sie die Skripts, die Sie remote auf einem anderen System ausführen lassen wollen.

Dann starten Sie das folgende Skript. Es erfragt zunächst den Namen des Skripts aus Ihrem »C:\Skripts«-Ordner, das Sie remote ausführen wollen, und dann zusätzlich die IP-Adresse oder den Rechnernamen des Systems, auf dem Sie das Skript ausführen lassen möchten.

Anschließend kopiert das Skript das angegebene Skript auf das Zielsystem und führt es dann dort mit »psexec.exe« aus. Danach wird das herüberkopierte Skript wieder gelöscht.

```
' Infos erfragen:
skript = InputBox("Name des Skripts",, "skript.vbs")
ip = InputBox("IP-Adresse des Zielsystems?")

' Hier lagern die Skripts
strSkriptOrdner = "c:\skripts"

' Bibliotheken laden:
Set objfs = CreateObject("Scripting.FileSystemObject")
Set objshell = CreateObject("WScript.Shell")

' gewähltes Skript auf Zielsystem kopieren
objfs.CopyFile strSkriptOrdner & "\" & skript, "\\" & ip & "\c$\tempskript.vbs"

' Kopiertes Skript remote ausführen
rv = objshell.run("psexec \\" & ip & " -i -d ""cscript.exe"" ""c:\tempskript.vbs"",,True)

' Warten, bis Skript gestartet wurde
WScript.sleep 1000

' Skriptdatei entfernen
objfs.DeleteFile "\\" & ip & "\c$\tempskript.vbs"
```

Listing 5.12: Ein Skript auf ein anderes System kopieren und dort ausführen

Zeitgesteuerte Programmstarts

Wollen Sie ein Programm regelmäßig ausführen, dann kann ein Skript die Aufgabe zu den *Geplanten Tasks* hinzufügen. Diese Variante eines Programmstarts hat einen zweiten Nutzen: Programme, die über *Geplante Tasks* gestartet werden, können sichtbar gemacht werden. So könnte Ihr Skript auf einem Remotesystem also ein Programm starten, das für den dort angemeldeten Benutzer sichtbar ist.

ACHTUNG: Programme, die Sie auf diese Weise starten lassen, laufen im extrem machtvollen *SYSTEM*-Kontext. Aus diesem Grund dürfen nur Administratoren solche Programmstarts einrichten. Denken Sie daran: Wenn Sie auf einem Remotesystem auf diese Weise den Windows-Editor starten, kann der am Remotesystem angemeldete Benutzer damit auf sämtliche geschützte Dateien und Ordner zugreifen.

Das folgende Skript zeigt, wie Sie ein Programm zu einer bestimmten Uhrzeit sichtbar ausführen lassen:

```
server = "."
prg = "regedit.exe"
when = "********123000.000000+120"
Set objwmi = GetObject("winmgmts:\\" & server)
Set objNewJob = objwmi.Get("Win32_ScheduledJob")
rv = objNewJob.Create(prg, when, False, , , True, jobID)
```

```
Select Case rv
    Case 0 : WScript.Echo "Erfolgreicher Abschluss, Job: " & jobID
    Case 1 : WScript.Echo "Nicht unterstützt"
    Case 2 : WScript.Echo "Zugriff verweigert"
    Case 8 : WScript.Echo "Unbekannter Fehler"
    Case 9 : WScript.Echo "Pfad nicht gefunden"
    Case 21 : WScript.Echo "Ungültiger Parameter"
    Case 22 : WScript.Echo "Dienst nicht gestartet"
    Case Else : WScript.Echo "Unbekannter Rückgabewert"
End Select
```

Listing 5.13: *Ein Programm sichtbar zu einer bestimmten Zeit ausführen lassen*

Wollen Sie diesen Mechanismus dazu einsetzen, um sofort ein Programm auf einem Remotesystem sichtbar auszuführen, dann sorgen Sie dafür, dass das Skript die aktuelle Uhrzeit berücksichtigt und daraus den Startzeitpunkt dynamisch berechnet.

Abbildung 5.3: *Dieser Job wurde per Skript angelegt*

Das folgende Skript legt den Startzeitpunkt fest, indem es zur aktuellen Uhrzeit 2 Minuten hinzuaddiert. Als Zeitzone werden 120 Minuten festgelegt (Mitteleuropäische Sommerzeit; passen Sie diesen Wert gegebenenfalls an). Spätestens 2 Minuten nach Skriptausführung wird das angegebene Programm auf dem Zielsystem im sichtbaren Kontext ausgeführt.

```
server = "."
prg = "regedit.exe"
zeitzone = 120

' Startzeitpunkt angeben
Set objdt = CreateObject("WbemScripting.SWbemDateTime")
objdt.SetVarDate DateAdd("n", 2, Time), True
objdt.DaySpecified = False
```

```
objdt.MonthSpecified = False
objdt.YearSpecified = False
objdt.utc = zeitzone
when = objdt.Value
WScript.Echo when


Set objwmi = GetObject("winmgmts:\\" & server)
Set objNewJob = objwmi.Get("Win32_ScheduledJob")
rv = objNewJob.Create(prg, when, False, , , True, jobID)

Select Case rv
   Case 0 : WScript.Echo "Erfolgreicher Abschluss, Job: " & jobID
   Case 1 : WScript.Echo "Nicht unterstützt"
   Case 2 : WScript.Echo "Zugriff verweigert"
   Case 8 : WScript.Echo "Unbekannter Fehler"
   Case 9 : WScript.Echo "Pfad nicht gefunden"
   Case 21 : WScript.Echo "Ungültiger Parameter"
   Case 22 : WScript.Echo "Dienst nicht gestartet"
   Case Else : WScript.Echo "Unbekannter Rückgabewert"
End Select
```

Listing 5.14: Ein Programm automatisch zu einer bestimmten Zeit remote ausführen lassen

WICHTIG: Geplante Tasks berücksichtigen bei der Zeitangabe nicht die Sekunden. Sie können ein Programm deshalb frühestens eine Minute nach der aktuellen Uhrzeit ausführen lassen, weil es andernfalls erst am nächsten Tag zur genannten Uhrzeit ausgeführt würde.

Das Skript verwendet als Verzögerung vorsichtshalber 2 Minuten für den Fall, dass das Skript wenige Sekunden vor Erreichen der nächsten Minute ausgeführt würde.

Zur Überprüfung können Sie in der Systemsteuerung das Modul *Geplante Tasks* öffnen. Darin finden sich alle per Skript angelegten Aufträge unter dem Namen *At[Zahl]*, wobei *[Zahl]* für die Job-ID steht.

Mehr Informationen finden Sie im Internet unter *http://msdn.microsoft.com/library/en-us/wmisdk/wmi/create_method_in_class_win32_scheduledjob.asp*.

6 Zugriff auf die Registry

135 Kurzer Registry-Rundgang
137 Mit *WScript.Shell* die Registry verwalten
144 Mit WMI die Registry steuern

Die Registry ist die zentrale Windows-Datenbank, in der beinahe alle Einstellungen sowohl des Betriebssystems als auch der Anwendungssoftware vermerkt sind.

Umso wichtiger ist es, per Skript auf die Registry zugreifen zu können. So basteln Sie sich nicht nur Ihre eigenen Patches, sondern können zudem via Skript Bedieninterfaces für Registry-Einstellungen schaffen, die nicht über bequeme Dialogfelder bedienbar sind.

Registry-Zugriff: Drei Wege

Um auf die Registry zugreifen zu können, bieten sich Ihnen drei Wege:

- **Kleinere Arbeiten verrichtet** das *WScript.Shell*-Objekt. Es ist Teil des Script Host und in der Lage, Daten aus der Registry zu lesen und Daten in die Registry zu schreiben. Viele wichtige Funktionen fehlen aber: So ist es nicht möglich, den Inhalt eines Registry-Zweiges auszulesen. Sie müssen also vorher wissen, welchen Registry-Zweig Sie lesen wollen. Außerdem kann *WScript.Shell* nur die lokale Registry verwalten, nicht die anderer Computer.
- **COM-Objekte:** Zahlreiche Hersteller bieten eigene COM-Objekte mit erweiterten Registry-Funktionen an, und natürlich könnten Sie auch eigene COM-Objekte schreiben, die sich die API-Aufrufe zunutze machen.
- **WMI:** WMI verfügt zwar von Haus aus eigentlich über keine Registry-Funktionen, aber mit einer kleinen *MOF*-Datei, die Sie auf der Buch-CD-ROM finden, bekommen Sie über WMI uneingeschränkten Registry-Zugriff, sowohl auf das eigene System als auch ferngesteuert auf Registries anderer Computer.

Kurzer Registry-Rundgang

Die Registry speichert ihren Inhalt mit Hilfe von drei Strukturen:
- Schlüssel (Keys) entsprechen sozusagen den Ordnern
- Namen entsprechen den Dateien
- Werte (Informationen) entsprechen dem Inhalt der Dateien

Der Inhalt der Registry wird normalerweise über den Registrierungseditor »regedit.exe« verwaltet.

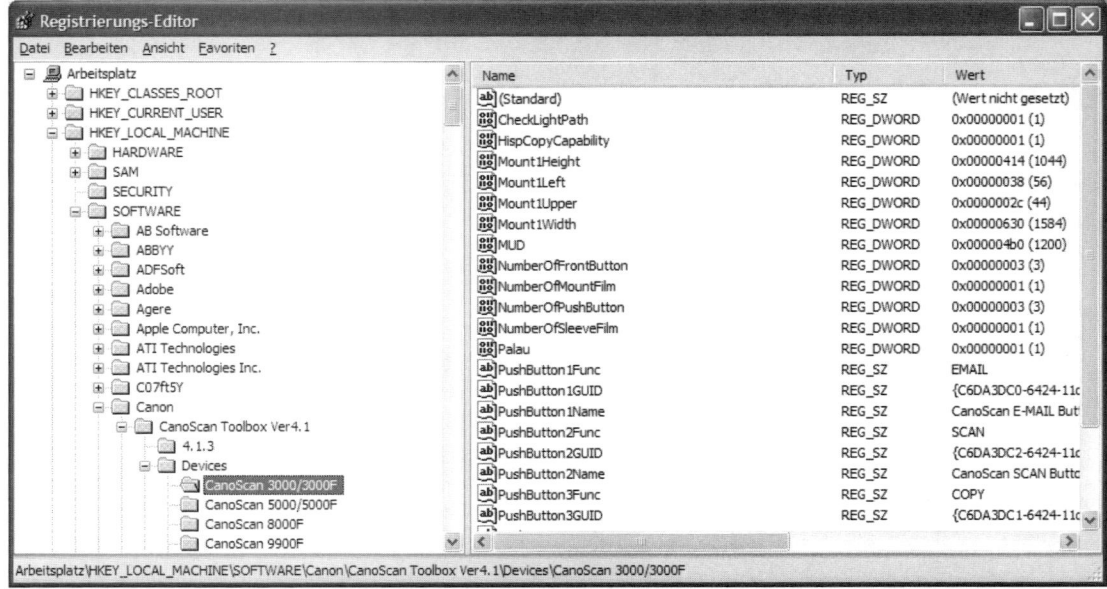

Abbildung 6.1: Ein Blick in die Registry mit dem Registrierungseditor

ACHTUNG: In der Registry wird scharf geschossen: Wie bei jeder Datenbank werden Änderungen sofort und ohne Sicherheitsabfrage wirksam. Ändern Sie auf keinen Fall den Inhalt der Registry, wenn Sie nicht absolut sicher sind, was Sie tun.

Die Hauptschlüssel (Hives)

Der Registry-Editor zeigt: Die Informationen sind in einer Reihe von Hauptschlüsseln organisiert. Die Hauptschlüssel sind feststehende Bestandteile der Registry und können weder gelöscht noch ergänzt werden. Je nach Windows-Version finden Sie unterschiedliche Hauptschlüssel:

Hauptschlüssel	Bedeutung
HKEY_CLASSES_ROOT	Speichert Dateitypen und Informationen über installierte COM-Komponenten. Regelt die Befehle in Kontextmenüs. Intern eine Abkürzung auf HKEY_LOCAL_MACHINE\SOFTWARE\CLASSES
HKEY_CURRENT_USER	Speichert alle benutzerabhängigen Dinge. Intern eine Abkürzung auf HKEY_USERS\(Benutzername)
HKEY_LOCAL_MACHINE	Speichert alle maschinenabhängigen Dinge, die also für alle Benutzer gleichermaßen gelten
HKEY_USERS	Speichert alle Benutzerinformationen und gliedert sich in weitere Unterschlüssel auf, von denen jeder einem Benutzerkonto entspricht
HKEY_CURRENT_CONFIG	Dynamische Daten über Hardware und andere Plug&Play-Geräte
HKEY_DYN_DATA	(nur Windows 9x) Dynamische Daten, die das System im laufenden Betrieb speichert und die nach dem Herunterfahren verworfen werden

Tabelle 6.1: Die Hauptschlüssel der Registry

Sie können sich im Registrierungseditor in der linken Spalte wie in einer Festplatte durch die einzelnen Unterschlüssel hindurch-doppelklicken. Rechts sehen Sie jeweils die Namen und Werte, die im Schlüssel gespeichert sind. Auch das entspricht dem Explorer-Analogon, wo Sie in der rechten Spalte ebenfalls die Dateinamen sehen (allerdings nicht ihren Inhalt).

Variablentypen

Die Registry kann unterschiedliche Datenarten speichern, und so können die Namen, die Sie in der rechten Spalte des Registrierungseditors sehen, ein unterschiedliches Datenformat besitzen.

Datenformat	Bedeutung
Zeichenfolge	Text
Binärwert	Ein oder mehrere Byte-Werte
DWORD-Wert	Ein einzelner Zahlenwert

Tabelle 6.2: *Variablentypen in der Registry*

Auffällig ist dabei in der rechten Spalte der Eintrag *(Standard)*. Dieser Eintrag existiert immer, ist immer vom Typ »Zeichenfolge«, kann allerdings leer oder undefiniert sein. Jeder Schlüssel verfügt also immer mindestens über das Datenfeld *(Standard)*.

Mit *WScript.Shell* die Registry verwalten

Das *WScript.Shell*-Objekt liefert die Registry-Funktionen aus Tabelle 6.3. Damit gelingen einfache Registry-Operationen ohne großen Aufwand.

Einen Wert aus der Registry lesen

RegRead verlangt immer den genauen Bezeichner eines Wertes. Das bedeutet, Sie müssen immer den Schlüssel und den Namen angeben, der den Wert beherbergt. Geben Sie den Namen nicht an, sondern nur den Schlüssel, dann wird der *(Standard)*-Name des Schlüssels gelesen.

Dieses Konzept ist ausgesprochen wichtig. Entweder endet Ihre »Pfadangabe« mit dem Namen eines Wertes. Oder sie endet mit einem »\«-Zeichen, weil Sie keinen Namen angeben. Niemals aber darf Ihr »Pfadname« mit einem Schlüssel enden.

Eine einfache Regel lautet deshalb: Denken Sie immer daran, dass ein Registry-Schlüssel immer mit »\« endet.

Methode	Beschreibung
RegRead	Liest einen Wert aus der Registry
RegDelete	Löscht einen Wert oder Schlüssel aus der Registry
RegWrite	Schreibt einen Wert oder Schlüssel in die Registry

Tabelle 6.3: *Registry-Funktionen des WScript.Shell-Objekts*

Ein Beispiel: Windows NT/2000 speichert den registrierten Benutzernamen unter dem folgenden Schlüssel ab:

```
HKEY_LOCAL_MACHINE\SOFTWARE\Microsoft\Windows NT\CurrentVersion
```

Bei Windows 9x/Millennium verwenden Sie stattdessen diesen Schlüssel:

```
HKEY_LOCAL_MACHINE\SOFTWARE\Microsoft\Windows\CurrentVersion
```

Der Name des Windows-Eigentümers wird im Namen »RegisteredOwner« aufbewahrt. Damit lautet der Pfadname:

```
HKEY_LOCAL_MACHINE\SOFTWARE\Microsoft\Windows NT\CurrentVersion\RegisteredOwner
```

Um diesen Namen auszulesen, verwenden Sie das nächste Skript (es ist für NT/2000 geschrieben, passen Sie den Schlüssel für Windows 9x/Millennium entsprechend an):

```
Set wshshell = CreateObject("WScript.Shell")
key = "HKEY_LOCAL_MACHINE\SOFTWARE\Microsoft\Windows NT\CurrentVersion\"
Name = "RegisteredOwner"

besitzer = wshshell.RegRead(key & Name)
WScript.Echo "Der Besitzer ist " & besitzer
```

Listing 6.1: *Windows-Besitzer ermitteln*

Prüfen, ob der gesuchte Wert überhaupt existiert

Allerdings erhalten Sie eine Fehlermeldung, wenn Sie versuchen, einen Wert aus der Registry zu lesen, den es gar nicht gibt. Ließen Sie das Skript auf einem Windows 9x-Rechner ausführen, käme es zu diesem Fehler.

Deshalb entwerfen Sie sich zuerst eine Möglichkeit, um herauszufinden, ob ein Wert überhaupt existiert. Dazu versuchen Sie den Wert zu lesen, schalten dabei aber das Fehlermanagement ab, und werten dann den Fehlerstatus aus. Das nächste Skript macht genau dies und kann so plattformunabhängig auf allen Windows-Versionen laufen.

TIPP: Die etwas ausladenden Hauptschlüssel-Namen der Registry lassen sich auch abkürzen. Anstelle also *HKEY_LOCAL_MACHINE* zu verwenden, benutzt das nächste Skript einfach die Kurzform *HKCR*.

```
Set wshshell = CreateObject("WScript.Shell")
keyNT = "HKLM\SOFTWARE\Microsoft\Windows NT\CurrentVersion\"
key9x = "HKLM\SOFTWARE\Microsoft\Windows\CurrentVersion\"

Name = "RegisteredOwner"

If Exists(keyNT & Name) Then
   besitzer = wshshell.RegRead(keyNT & Name)
   system = "Windows NT/2000"
Else
   besitzer = wshshell.RegRead(key9x & Name)
   system = "Windows 9x/Millennium"
End If

WScript.Echo "Der Besitzer Ihres " & system & "-Systems ist " & besitzer
```

```
Function Exists(wert)
   On Error Resume Next
   test = wshshell.RegRead(wert)
   Exists = (Err.number = 0)
   On Error Goto 0
End Function
```

Listing 6.2: Prüfen, ob ein Wert überhaupt existiert

Den (Standard)-Wert eines Schlüssels lesen

Oben hatten Sie gesehen, dass jeder Registry-Schlüssel mindestens einen *(Standard)*-Namen besitzt. Er kann undefiniert sein, speichert aber häufig interessante Grundinformationen über den Schlüssel.

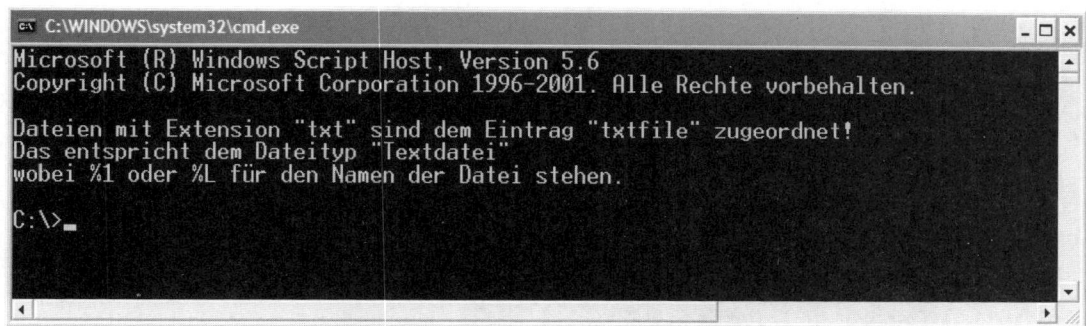

Abbildung 6.2: Informationen zur Dateityp-Zuordnung aus Registry lesen

Das nächste Skript geht auf die Spur der Dateityp-Registrierung, verrät also Einzelheiten darüber, wie Windows Dateitypen katalogisiert. Dateitypen sind durch ihre Extension gekennzeichnet, also durch die meist drei Buchstaben, die nach einem Punkt an den eigentlichen Dateinamen angehängt werden.

```
Set wshshell = CreateObject("WScript.Shell")

extension = InputBox("Dateierweiterung?",,"txt")

key = "HKCR\." & extension & "\"
Name = ""

If Nct Exists(key & Name) Then
   WScript.Echo "Dateien mit der Extension """ & extension _
      & """ sind nicht registriert."
Else
   eintrag = wshshell.RegRead(key & Name)
   WScript.Echo "Dateien mit Extension """ & extension _
      & """ sind dem Eintrag """ & eintrag _
         & """ zugeordnet!"
   key = "HKCR\" & eintrag & "\"
   Name = ""
   prgtyp = wshshell.RegRead(key & Name)
   WScript.Echo "Das entspricht dem Dateityp """ & prgtyp & """"
```

```
        key = "HKCR\" & eintrag & "\Shell\Open\Command\"
        Name = ""
        If Exists(key & Name) Then
            kommando = wshshell.RegRead(key & Name)
            WScript.Echo "Die Datei wird geöffnet durch:" & vbCr & _
            kommando & "," & vbCr _
                    & "wobei %1 oder %L für den Namen der Datei stehen."
        End If
End If

Function Exists(wert)
    On Error Resume Next
    test = wshshell.RegRead(wert)
    Exists = (Err.number = 0)
    On Error Goto 0
End Function
```

Listing 6.3: Registrierte Dateitypen analysieren

Geben Sie zum Beispiel als Dateiextension »vbs« ein, die Extension Ihrer VBS-Skripte. Schon verrät das Skript, unter welchen Namen in der Registry dieser Dateityp registriert ist und wie der Befehl lautet, den Windows intern verwendet, wenn Sie eine VBS-Datei öffnen.

All diese Informationen sind jeweils im *(Standard)*-Eintrag der Schlüssel gespeichert, und deshalb ist Name im Skript die ganze Zeit über leer.

Eigene Daten in der Registry speichern

Mit *RegWrite* speichern Sie Werte in der Registry. Sie können dabei schon vorhandene Werte ersetzen (soweit Sie die entsprechenden Berechtigungen haben) oder ganz neue Werte anlegen. Das Umbenennen ist nicht möglich. Wollen Sie einen Wert unter einem anderen Namen speichern, dann müssen Sie den alten Namen löschen und dann den Wert unter dem neuen Namen neu in die Registry eintragen.

RegWrite wird fast genauso bedient wie *RegRead*. Wenn Sie also die Benutzer-Registrierung von Windows nachträglich ändern wollten, könnten Sie das nächste Skript einsetzen:

```
Set wshshell = CreateObject("WScript.Shell")
keyNT = "HKLM\SOFTWARE\Microsoft\Windows NT\CurrentVersion\"
key9x = "HKLM\SOFTWARE\Microsoft\Windows\CurrentVersion\"

Name = "RegisteredOwner"

If Exists(keyNT & Name) Then
    besitzer = wshshell.RegRead(keyNT & Name)
    system = "Windows NT/2000"
Else
    besitzer = wshshell.RegRead(key9x & Name)
    system = "Windows 9x/Millenium"
End If

WScript.Echo "Der Besitzer Ihres " & system & "-Systems ist " & besitzer

Function Exists(wert)
```

```
    On Error Resume Next
    test = wshshell.RegRead(wert)
    Exists = (Err.number = 0)
    On Error Goto 0
End Function
```

Listing 6.4: Einen neuen Besitzernamen eintragen

Die Änderung wird sofort vollzogen. Klicken Sie anschließend mit der rechten Maustaste auf das *Arbeitsplatz*-Symbol auf dem Desktop und wählen *Eigenschaften*, dann finden Sie Ihren neuen Besitzernamen unter »Registriert für«.

Auch die *(Standard)*-Werte der Schlüssel können Sie verändern. Dazu lassen Sie – ganz analog zu *RegRead* – den Namen wieder leer.

Skripts in Kontextmenüs einbauen

Es würde den Rahmen dieses Buches sprengen, detailliert in all die Möglichkeiten einzutauchen, die sich Ihnen nun durch Registry-Änderungen offenbaren. Eine wichtige Technik allerdings sollten Sie kennen. Über wenige Registry-Änderungen sorgen Sie nämlich dafür, dass Skripte ins Kontextmenü Ihrer Dateien und Ordner einwandern. So lassen sich neue Systemfunktionen ganz bequem ins System eingliedern.

Das Listing 6.3 hat bereits ansatzweise gezeigt, wie Windows registrierte Dateitypen in seiner Registry organisiert. Alle Kontextmenü-Befehle sind zum Beispiel im Schlüssel *HKCR\fileid\Shell* gespeichert, wobei *fileid* dem Schlüssel eines Dateityps entspricht. Für Ihre VBS-Skriptdateien lautet die FileID zum Beispiel *VBSFile*.

Um ein beliebiges Skript in ein beliebiges Kontextmenü einzubauen, könnten Sie deshalb das nächste Skript verwenden. Dazu speichern Sie Ihr Dienst-Skript, das über das Kontextmenü aufgerufen werden soll, zuerst an einem sicheren Ort, zum Beispiel in Ihrem Windows-Ordner oder einem Unterordner.

Das Problem mit eigenen Kontextmenü-Erweiterungen kennen Sie möglicherweise von Shareware-Software. Wird Ihr Skript gelöscht, ohne dass dabei der Kontextmenü-Eintrag mitgelöscht wird, dann bleiben unschöne defekte Kontextmenü-Befehle zurück. Deshalb ist es wichtig, das Skript an einem Ort zu speichern, an dem es nicht übermorgen versehentlich wieder entsorgt wird.

Verwenden Sie zunächst dieses Skript als »Zielskript« für Ihren neuen Kontextmenü-Befehl:

```
Set args = WScript.Arguments
WScript.Echo args(0)
```

Listing 6.5: Beispielskript wird ins Kontextmenü integriert

Ziehen Sie das Skript-Icon dieses Skripts nun auf das Skript-Icon Ihres folgenden Service-Skripts:

```
Set fs = CreateObject("Scripting.FileSystemObject")

Set args = WScript.Arguments
If args.Count = 0 Then
    WScript.Echo "Ziehen Sie ein Skripticon auf mein Icon!"
    WScript.Quit
ElseIf LCase(fs.GetExtensionName(args(0)))<>"vbs" Then
```

Zugriff auf die Registry

```vbscript
        WScript.Echo "Sie haben keine VBS-Skriptdatei auf das Icon gezogen!"
        WScript.Quit
End If

skript = args(0)

Set wshshell = CreateObject("WScript.Shell")
msg = "Extension des Dateityps angeben, in dessen Kontextmenü "
msg = msg & "Sie Ihr Skript """ & fs.GetBaseName(skript) & """ integrieren wollen." & vbCr
msg = msg & "Besondere Eingaben:" & vbCr & vbCr
msg = msg & "ALLE" & vbTab & vbTab & "Alle Menüs" & vbCr
msg = msg & "UNBEKANNT" & vbTab & "unbekannte Dateitypen" & vbCr
msg = msg & "ORDNER" & vbTab & "Ordner" & vbCr
msg = msg & "LAUFWERK" & vbTab & "Laufwerke" & vbCr
msg = msg & "BEIDES" & vbTab & vbTab & "Laufwerke und Ordner" & vbCr
msg = msg & vbCr & "Ihre Wahl?"

extension = LCase(InputBox(msg,,"vbs"))
Select Case extension
    Case "alle":
        ziel = "*"
    Case "unbekannt":
        ziel = "unknown"
    Case "laufwerk":
        ziel = "drive"
    Case "ordner":
        ziel = "directory"
    Case "beides":
        ziel = "folder"
    Case Else
        Key = "HKCR\." & extension & "\"
        If Not Exists(Key) Then
            WScript.Echo "Dateien mit der Extension """ & extension & _
            """ sind nicht registriert." _
            & "Dafür gibt es also auch kein Kontextmenü, in das " & _
            "Sie Skripte integrieren könnten."
            WScript.Quit
        Else
            ziel = wshshell.RegRead(Key & Name)
        End If
End Select

befehlsname = InputBox("Wie soll Ihr Kontextmenübefehl heißen?")
subkey = Trim(Replace(befehlsname, " ", ""))
kommando = "WScript.exe """ & skript & """ ""%L"""
schluessel = "HKCR\" & ziel & "\shell\" & subkey & "\"
wshshell.RegWrite schluessel, befehlsname
wshshell.RegWrite schluessel & "command\", kommando

myfiles = wshshell.SpecialFolders("MyDocuments") & "\Kontextmenü"

If Not fs.FolderExists(myfiles) Then
    fs.CreateFolder myfiles
End If

zielfilename = "Kontextbefehl " & befehlsname & _
```

```
            " entfernen (vom " & timestamp & ").vbs"
zielfile = myfiles & "\" & zielfilename

Set file = fs.CreateTextFile(zielfile, True)
file.WriteLine "set wshshell = CreateObject(""WScript.Shell"")"
file.WriteLine "set fs = CreateObject(""Scripting.FileSystemObject"")"
file.WriteLine "on error resume next"
file.WriteLine "wshshell.RegDelete """ & schluessel & "command\" & """"
file.WriteLine "wshshell.RegDelete """ & schluessel & """"
file.WriteLine "if err.number=0 then "
file.WriteLine "MsgBox ""Befehl """" & befehlsname _
     & """" wurde erfolgreich entfernt."""
file.WriteLine "else"
file.WriteLine "MsgBox ""Registrierungsschlüssel können " & _
        "nicht entfernt werden. " _
              & "Der Befehl existiert offenbar nicht mehr"""
file.WriteLine "end if"
file.WriteLine "fs.DeleteFile WScript.ScriptFullName"
file.Close

WScript.Echo "Befehl installiert" & vbCr & "Zum Entfernen " & vbCr & vbCr _
      & zielfilename & vbCr & vbCr & "aus dem Ordner " & vbCr & vbCr _
      & "Eigene Dateien\Kontextmenü" & vbCr & vbCr & "aufrufen."

Function Exists(wert)
    On Error Resume Next
    test = wshshell.RegRead(wert)
    Exists = (Err.number = 0)
    On Error Goto 0
End Function

function Timestamp
    Timestamp = Replace(now, ".", "-")
    Timestamp = Replace(Timestamp, ":", "-")
End Function
```

Listing 6.6: Skript fügt andere Skripte in beliebige Kontextmenüs ein

Neue Kontextmenü-Befehle entwerfen

Das Skript fragt Sie nun, in welches Kontextmenü Ihr Skript integriert werden soll. Entweder geben Sie den Dateityp ein. Geben Sie zum Beispiel »txt« ein, dann wird das Skript ins Kontextmenü der Textdateien integriert. Geben Sie dagegen »vbs« ein, dann bekommt das Kontextmenü Ihrer VBS-Skriptdateien Zuwachs.

Oder aber Sie geben einen Schlüsselbegriff ein. Zur Auswahl stehen »Alle«, »Unbekannt«, »Laufwerk«, »Ordner« und »Beides«. Über diese Schlüsselbegriffe kommen Sie an die besonderen System-Kontextmenüs heran.

Anschließend werden Sie gefragt, wie Ihr neuer Kontextmenübefehl heißen soll. Den Namen dürfen Sie sich selbst aussuchen. Möchten Sie, dass ein Buchstabe im Kontextmenü-Befehl als Tastenshortcut unterstrichen wird, dann stellen Sie ein »&« davor. Geben Sie zum Beispiel ein: »&Pfad anzeigen«.

Ihr Testskript wird ins Kontextmenü integriert. Probieren Sie es aus! Rufen Sie Ihren neuen Befehl im Kontextmenü auf, dann meldet das Testskript den Pfadnamen der Datei, von der es aus aufgerufen wurde. Das geschieht, weil Windows intern mit der Variablen %L den langen Dateinamen der Datei ans Skript übergibt, deren Kontextmenü Sie benutzt haben.

TIPP: Sie wollen Ihren neuen Kontextmenü-Befehl wieder entsorgen? Dann schauen Sie mal in Ihren Ordner *Eigene Dateien*! Dort hat das Service-Skript einen Ordner namens *Kontextmenü* angelegt. Darin liegt für jeden neu von Ihnen angelegten Kontextbefehl ein »Undo«-Skript, mit dem Sie die Änderungen an der Registry rückgängig machen – Ihren Befehl also wieder entfernen. Nebenbei demonstriert dieses Beispiel gleich zweierlei: Erstens zeigt das Service-Skript, wie ein Skript dynamisch ein zweites Skript erzeugen kann. Und zweitens demonstrieren Ihre »Undo«-Skripte, wie sie sich nach Gebrauch automatisch selbst löschen.

Anregungen für eigene Kontextmenü-Befehle

Ziehen Sie doch mal das folgende Skript auf Ihr Service-Skript, und lassen Sie es ins Kontextmenü »Ordner« unter dem Namen »Größe angeben« einbauen!

Schon genügt ein Rechtsklick auf einen beliebigen Ordner, um sofort seine Gesamtgröße zu erfahren:

```
Set args = WScript.Arguments

set fs = CreateObject("Scripting.FileSystemObject")
set folder = fs.GetFolder(args(0))
MsgBox "Gesamtgröße von " & args(0) & ":" & vbCr & vbCr _
    & FormatNumber(folder.size/1024^2,1) & " MB."
```

Listing 6.7: Gesamtgröße eines Ordners als neuer Ordner-Kontextmenü-Befehl

Mit WMI die Registry steuern

Mehr Möglichkeiten, aber auch eine etwas beschwerlichere Handhabung bietet WMI, um die Registry zu bearbeiten. WMI bietet diese Vorteile:

- **Binärwerte:** WMI kann Binärwerte nicht nur lesen, sondern auch schreiben
- **Remotezugriff:** WMI kann die Registry eines anderen Systems bearbeiten
- **Enumeration:** WMI kann die Unterschlüssel eines Schlüssels und die Werte eines Schlüssels auflisten. Sie brauchen hier die genauen Schlüssel- und Wertnamen also nicht unbedingt zu kennen.

Die WMI-Registry-Befehle

WMI stellt Ihnen die folgenden Befehle zur Verwaltung der Registry bereit:

Methode	Beschreibung
CheckAccess	Testet, ob aktueller Benutzer Rechte auf diesen Schlüssel besitzt
CreateKey	Legt einen Schlüssel an
DeleteKey	Löscht einen Schlüssel
DeleteValue	Löscht einen Wert
EnumKey	Listet alle Unterschlüssel auf
EnumValues	Listet alle Datenschlüssel auf

Methode	Beschreibung
GetBinaryValue	Liest einen Binärwert
GetDWORDValue	Liest einen DWORD-Wert
GetExpandedStringValue	Liest einen ExpandedString-Wert
GetMultiStringValue	Liest einen Multistring-Wert
GetStringValue	Liest einen String-Wert
SetBinaryValue	Setzt einen Binärwert
SetDWORDValue	Setzt einen DWORD-Wert
SetExpandedStringValue	Setzt einen ExpandedString-Wert
SetMultiStringValue	Setzt einen Multistring-Wert
SetStringValue	Setzt einen String-Wert

Tabelle 6.4: Methoden, um via WMI die Registry zu verwalten

WMI setzt eine Stufe tiefer an als *WScript.Shell* und ist damit wesentlich maschinennäher. Die Aufrufe erinnern eher an die Registry-API-Aufrufe. Für Sie sind die folgenden Dinge wichtig:

- Der Hauptschlüssel, also zum Beispiel *HKEY_LOCAL_MACHINE*, wird separat angegeben, und zwar als hexadezimale Kennzahl.
- Möchten Sie einen neuen Wert schreiben, dann müssen Sie zuerst den Schlüssel anlegen und dann den Wert darin speichern.
- Es gibt keine universelle Methode, um einen Wert aus der Registry zu lesen oder einen Wert hineinzuschreiben. Stattdessen müssen Sie je nach Variablentyp die richtige WMI-Methode wählen.

Hauptschlüssel	Code
HKEY_CLASSES_ROOT	&h80000000
HKEY_LOCAL_MACHINE	&h80000001
HKEY_CURRENT_USER	&h80000002
HKEY_USERS	&h80000003
HKEY_CURRENT_CONFIG	&h80000005
HKEY_DYN_DATA	&h80000006

Tabelle 6.5: Codes der Registry-Hauptschlüssel

Verbindung zu den WMI-Registry-Funktionen aufnehmen

Die Registry-Funktionen der WMI befinden sich nicht wie sonst üblich im Standard-Namensraum *root/cimv2*, sondern sind in *root/Default* gespeichert. Um also auf eine der Funktionen aus Tabelle 6.5 zuzugreifen, verbinden Sie sich mit diesem Namensraum:

```
Set objRegistry = GetObject("winmgmts:root/Default:StdRegProv")
```

Werte aus der Registry lesen

Wollten Sie zum Beispiel die Aufgabe von Listing 6.2 mit WMI lösen und den registrierten Windows-Besitzer aus der Registry auslesen, so sähe das Ergebnis so aus:

```
Set wmireg = GetObject("winmgmts:root/Default:StdRegProv")

Const HKEY_LOCAL_MACHINE = &h80000002

mainkey = HKEY_LOCAL_MACHINE
keyNT = "SOFTWARE\Microsoft\Windows NT\CurrentVersion"
key9x = "SOFTWARE\Microsoft\Windows\CurrentVersion"
Name = "RegisteredOwner"

result = wmireg.GetStringValue(HKEY_LOCAL_MACHINE, keyNT, Name, gelesen)
If Not result = 0 Then
    result = wmireg.GetStringValue(HKEY_LOCAL_MACHINE, key9x, Name, gelesen)
End If
If result = 0 Then
    MsgBox "Der Besitzer heißt: " & gelesen
Else
    MsgBox "Konnte Schlüssel nicht lesen."
End If
```

Listing 6.8: Mit GetStringValue Textwerte aus der Registry lesen

Hier treten eine Reihe von feinen Unterschieden zu *WScript.Shell* zutage:

- Der Schlüssel endet niemals auf »\«.
- Sie müssen den Variablentyp kennen, den Sie lesen wollen. *GetStringValue* liest nur Registry-Werte vom Typ »Zeichenfolge«.
- *GetStringValue* liefert einen Statuscode zurück, der Fehler anzeigt. Sie brauchen also nicht zuvor separat zu prüfen, ob ein Wert in der Registry existiert. Stattdessen reagieren Sie anschließend auf den Statuscode.
- Das eigentliche Ergebnis wird von der Funktion über das letzte Argument (im Beispiel die Variable »gelesen«) zurückgeliefert. Das letzte Argument funktioniert also »rückwärts«.
- Der Registry-Zugriff funktioniert wesentlich schneller als bei *WScript.Shell*

Registry-Zugriff über das Netzwerk

Der höhere Aufwand rechtfertigt sich aber meist durch die neuen Möglichkeiten. Wenn Sie mögen, können Sie nämlich mit beinahe demselben Skript nicht nur Ihre eigene, sondern auch die Registry ganz anderer Computer ferngesteuert ausfragen.

```
server = InputBox("Rechnername?")

on error resume next
Set wmireg = GetObject("winmgmts:\\" & server & "\root\Default:StdRegProv")
if not err.number=0 then
  MsgBox "Konnte \\" & server & " nicht finden, vermutlich offline."
  WScript.Quit
end if
```

```
Const HKEY_LOCAL_MACHINE = &h80000002

mainkey = HKEY_LOCAL_MACHINE
keyNT = "SOFTWARE\Microsoft\Windows NT\CurrentVersion"
key9x = "SOFTWARE\Microsoft\Windows\CurrentVersion"
Name = "RegisteredOwner"

result = wmireg.GetStringValue(HKEY_LOCAL_MACHINE, keyNT, Name, gelesen)
If Not result = 0 Then
   result = wmireg.GetStringValue(HKEY_LOCAL_MACHINE, key9x, Name, gelesen)
End If
If result = 0 Then
   MsgBox "Der Besitzer heißt: " & gelesen
Else
   MsgBox "Konnte Schlüssel nicht lesen."
End If
```

Listing 6.9: Ferngesteuert die Registry auf einem anderen Computer ausfragen

Unterschlüssel eines Schlüssels auflisten

WMI kann außerdem mehr für Sie tun als *WScript.Shell*. Wenn Sie möchten, listen Ihnen die neuen Befehle alle Unterschlüssel eines bestimmten Schlüssels auf:

```
Set wmireg = GetObject("winmgmts:\\.\root\default:StdRegProv")

Const HKEY_LOCAL_MACHINE = &h80000002

key = "Software\Microsoft"
result = wmireg.EnumKey(HKEY_LOCAL_MACHINE, key, subkeys)

list = "Alle Unterschlüssel in " & key & ":" & vbCr

For each subkey in subkeys
   WScript.Echo subkey
Next
```

Listing 6.10: Alle Unterschlüssel eines Schlüssels auflisten

Zugriff auf die Registry

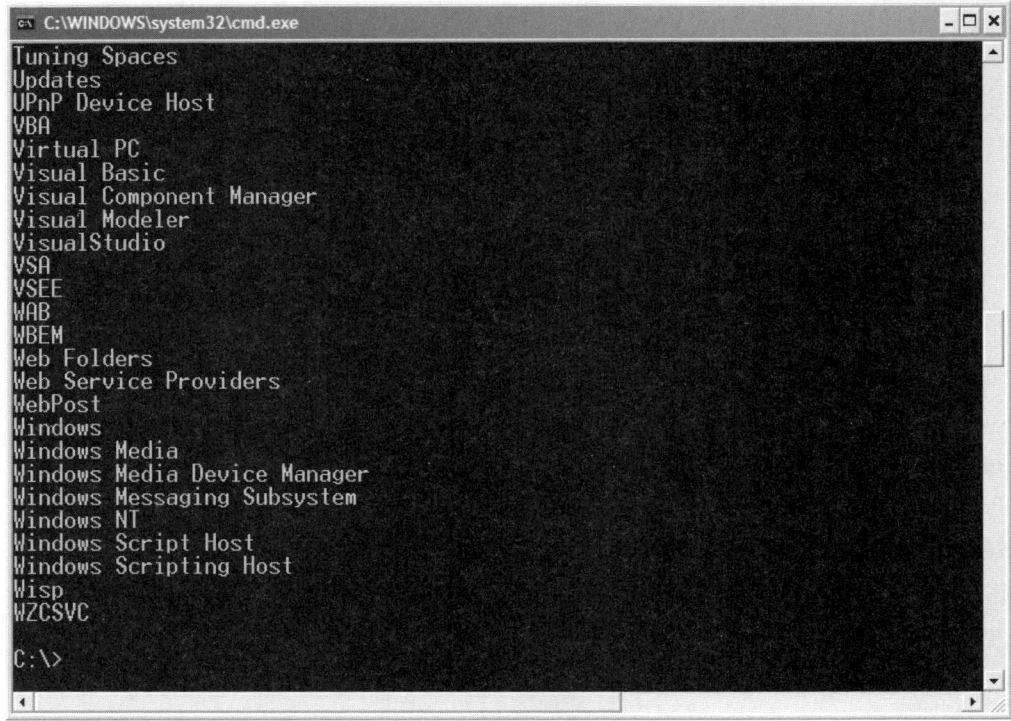

Abbildung 6.3: Unterschlüssel eines Schlüssels auflisten

Liste der installierten Dateitypen abrufen

So wäre es mit minimalem Aufwand möglich, eine Liste der registrierten Dateitypen anzulegen – entweder lokal oder für einen weit entfernten Netzwerkcomputer:

```
' Mit welchem Computer verbinden?
server = InputBox("Auf welchem Rechner wollen Sie installierte Dateitypen prüfen?")

On Error Resume Next
Set wmireg = GetObject("winmgmts:\\" & server & "\root\Default:StdRegProv")
If Not Err.number = 0 Then
   MsgBox "Konnte \\" & server & " nicht finden, vermutlich offline."
   WScript.Quit
End If

' Ausgabedatei anlegen
Set fs = CreateObject("Scripting.FileSystemObject")
Set temp = fs.GetSpecialFolder(2)
logfilename = fs.GetTempName
logfile = temp.Path & "\" & logfilename
Set file = temp.CreateTextFile(logfilename, True)

' In Registry nach Informationen suchen
Const HKEY_CLASSES_ROOT = &h80000000

Key = ""
```

```
result = wmireg.EnumKey(HKEY_CLASSES_ROOT, Key, subkeys)

file.WriteLine "Installierte Dateitypen auf \\" & server & vbCrLf

For each subkey in subkeys
   If Left(subkey,1) = "." Then
      CheckIt subkey
   End If
Next

file.Close

' Datei im Editor anzeigen:
Set wmi = GetObject("winmgmts:")
wmi.Get("Win32_Process").Create("NOTEPAD.EXE " & logfile)

Sub CheckIt(extension)
   result = wmireg.GetStringValue(HKEY_CLASSES_ROOT, extension, "", fileid)
   If result<>0 Then Exit Sub
   If extension = ".bmp" Then stop
   result = wmireg.GetStringValue(HKEY_CLASSES_ROOT, fileid, "", typedesc)
   If result<>0 Then Exit Sub

   file.WriteLine extension & vbTab & typedesc
End Sub
```

Listing 6.11: Lokal oder remote eine Liste der installierten Dateitypen erstellen

Werte eines Schlüssels auflisten

WMI kann auch die Namen auflisten, die in einem Schlüssel definiert sind. Das ist der erste Schritt, um den ganzen Schlüsselinhalt sichtbar zu machen:

```
Set wmireg = GetObject("winmgmts:\\.\ROOT\DEFAULT:StdRegProv")

Const HKEY_LOCAL_MACHINE = &H80000002
key = "SOFTWARE\Microsoft\Windows\CurrentVersion"
result = wmireg.EnumValues(HKEY_LOCAL_MACHINE, key, names, nametypes)

If result = 0 Then
   For x = 0 to UBound(names)
      If names(x) = "" Then
         realname = "(Standard)"
      Else
         realname = names(x)
      End If
      WScript.Echo realname & " (Typ = " & nametypes(x) & ")"
   Next
Else
   WScript.Echo "Konnte Schlüssel nicht lesen."
End If
```

Listing 6.12: Namen auflisten, die in einem Schlüssel definiert sind

EnumValues liefert zwei Variablenfelder zurück. Das erste Feld enthält alle Namen, das zweite Feld die Variablentypen, also die Art der Daten, die in den Namensfeldern gespeichert werden. Das ist wichtig, denn Sie haben bereits gesehen, dass WMI für jeden Variablentyp eine andere Lese-Methode verwendet.

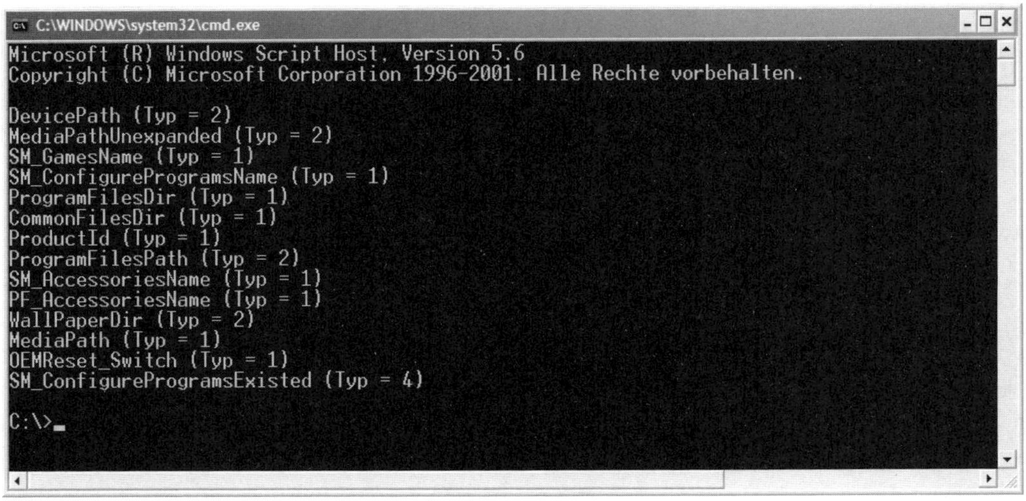

```
C:\WINDOWS\system32\cmd.exe
Microsoft (R) Windows Script Host, Version 5.6
Copyright (C) Microsoft Corporation 1996-2001. Alle Rechte vorbehalten.

DevicePath (Typ = 2)
MediaPathUnexpanded (Typ = 2)
SM_GamesName (Typ = 1)
SM_ConfigureProgramsName (Typ = 1)
ProgramFilesDir (Typ = 1)
CommonFilesDir (Typ = 1)
ProductId (Typ = 1)
ProgramFilesPath (Typ = 2)
SM_AccessoriesName (Typ = 1)
PF_AccessoriesName (Typ = 1)
WallPaperDir (Typ = 2)
MediaPath (Typ = 1)
OEMReset_Switch (Typ = 1)
SM_ConfigureProgramsExisted (Typ = 4)

C:\>
```

Abbildung 6.4: *Werte eines Schlüssels auflisten*

Um also alle Werte eines Schlüssels sichtbar zu machen, brauchen Sie nun nur noch die jeweils auf den Datentyp abgestimmte Methode einzusetzen.

```
Set wmireg = GetObject("winmgmts:\\.\root\default:StdRegProv")

Const HKLM = &H80000002
Const REG_SZ = 1
Const REG_EXPAND_SZ = 2
Const REG_BINARY = 3
Const REG_DWORD = 4
Const REG_MULTI_SZ = 7

keyNT = "SOFTWARE\Microsoft\Windows NT\CurrentVersion"
key9x = "SOFTWARE\Microsoft\Windows\CurrentVersion"
result = wmireg.EnumValues(HKLM, keyNT, names, nametypes)
If result<>0 Then
    result = wmireg.EnumValues(HKLM, key9x, names, nametypes)
    key = key9x
Else
    key = keyNT
End If


If result = 0 Then
    For i = 0 To UBound(nametypes)
        Select Case nametypes(i)
            Case REG_SZ
            result = wmireg.GetStringValue(HKLM, key, names(i), gelesen)
            If names(i) = "" Then
                msg = msg & "(Standard)" & " = " & gelesen & vbCrLf
            Else
                msg = msg & names(i) & " = " & gelesen & vbCrLf
```

```
            End If
         Case REG_EXPAND_SZ
         result = wmireg.GetExpandedStringValue(HKLM, key, names(i), gelesen)
         If names(i) = "" Then
            msg = msg & "(Standard)" & " = " & gelesen & vbCrLf
         Else
            msg = msg & names(i) & " = " & gelesen & vbCrLf
         End If
         Case REG_BINARY
         result = wmireg.GetBinaryValue(HKLM, key, names(i), binary)
         If names(i) = "" Then
            msg = msg & "(Standard)" & " = "
         Else
            msg = msg & names(i) & " = "
         End If

         For j = LBound(binary) To UBound(binary)
            msg = msg & binary(j) & " "
            If j = UBound(binary) Then
               msg = msg & vbCrLf
            End If
         Next
         Case REG_DWORD
         result = wmireg.GetDWORDValue(HKLM, key, names(i), dwordval)
         If names(i) = "" Then         'the (Standard) named value
            msg = msg & "(Standard)" & " = " & Hex(dwordval) & vbCrLf
         Else
            msg = msg & names(i) & " = " & Hex(dwordval) & vbCrLf
         End If
         Case REG_MULTI_SZ
         result = wmireg.GetMultiStringValue(HKLM, key, _
            names(i), multistring)
         If names(i) = "" Then         'the (Standard) named value
            msg = msg & "(Standard)" & " = "
         Else
            msg = msg & names(i) & " = "
         End If

         For j = 0 To UBound(multistring)
            msg = msg & multistring(j)
            If j <> UBound(multistring) Then
               msg = msg & ","
            Else
               msg = msg & vbCrLf
            End If
         Next
         Case Else
         msg = msg & names(i) & " = " & "Unbekannt" & vbCrLf
      End Select
   Next

   WScript.Echo msg

Else
   WScript.Echo "Konnte Schlüssel nicht öffnen"
End If
```

Listing 6.13: *Alle Werte eines Schlüssels lesen*

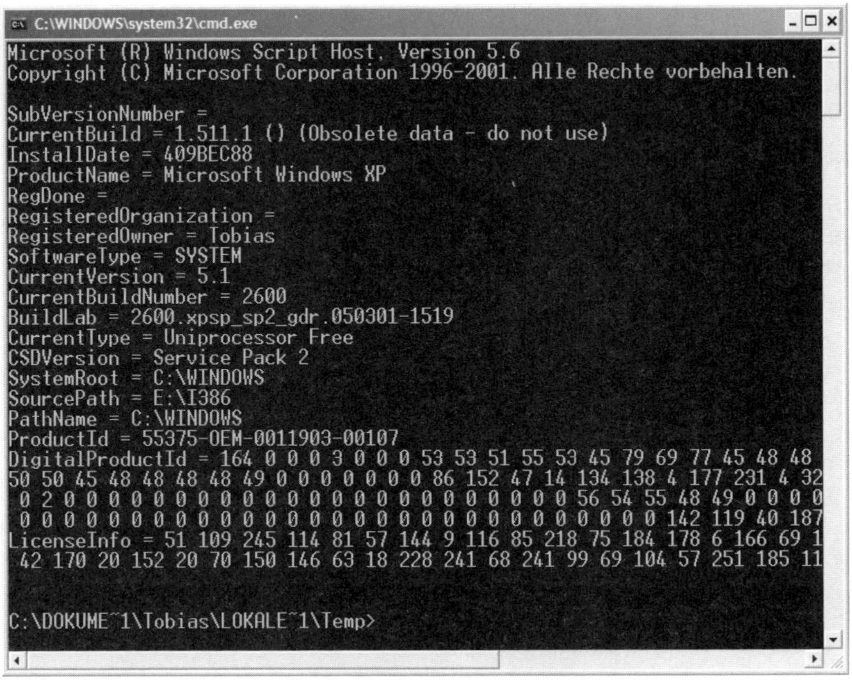

Abbildung 6.5: Alle Werte eines Registry-Schlüssels auslesen

Einen Schlüssel in der Registry anlegen

WScript.Shell kümmerte sich selbst darum, einen neuen Schlüssel anzulegen, wenn Sie mit *RegWrite* Werte in die Registry schrieben. WMI ist bürokratischer und verlangt, dass Sie zuerst den Schlüssel anlegen – sofern er noch nicht existiert – und dann erst den Wert hineinschreiben.

Der erste Schritt besteht also darin, einen Schlüssel anzulegen.

```
Set wmireg = GetObject("winmgmts:\\.\root\default:StdRegProv")

Const HKLM = &H80000002
Const REG_SZ = 1
Const REG_EXPAND_SZ = 2
Const REG_BINARY = 3
Const REG_DWORD = 4
Const REG_MULTI_SZ = 7

key = "SOFTWARE\MeinProdukt\NeuesteVersion"
result = wmireg.CreateKey(HKLM, key)

If result = 0 Then
   WScript.Echo "Schlüssel angelegt."
Else
   WScript.Echo "Fehler Nr. " & result
End If
```

Listing 6.14: Einen neuen Schlüssel in der Registry anlegen

WICHTIG: WMI nörgelt nicht, wenn der Schlüssel bereits existieren sollte. Deshalb ist es eine gute Idee, grundsätzlich jedes Mal einen neuen Schlüssel anzulegen, bevor Sie einen Wert in die Registry eintragen.

Einen Wert in die Registry eintragen

Bevor Sie Daten in die Registry eintragen, müssen Sie sich ein wenig Gedanken um den gewünschten Variablentyp machen, denn WMI unterscheidet wie schon beim Lesen eines Wertes auch beim Anlegen zwischen einer Reihe von Variablentypen.

REG_SZ: Textwerte schreiben

Einfache Textwerte schreibt *SetStringValue*. Geben Sie keinen Namen für Ihren Wert an, dann wird der *(Standard)*-Wert geschrieben:

```
Set wmireg = GetObject("winmgmts:\\.\root\default:StdRegProv")

Const HKLM = &H80000002

key = "SOFTWARE\MeinProdukt\NeuesteVersion"
result = wmireg.CreateKey(HKLM, key)
CheckIt result
result = wmireg.SetStringValue(HKLM, key, "Ein neuer Eintrag", "Der Textwert")
CheckIt result
result = wmireg.SetStringValue(HKLM, key, "", "Der (Standard)-Wert")
CheckIt result

WScript.Echo "Eingetragen..."

Sub CheckIt(result)
   If result = 0 Then Exit Sub
   WScript.Echo "Fehler passiert: " & result
End Sub
```

Listing 6.15: SetStringValue: Texte in die Registry schreiben

REG_MULTI_SZ: Mehrzeiliger Text

Wollen Sie mehrere separate Textzeilen speichern, dann ist *SetMultiStringValue* für Sie richtig:

```
Set wmireg = GetObject("winmgmts:\\.\root\default:StdRegProv")

Const HKLM = &H80000002

key = "SOFTWARE\MeinProdukt\NeuesteVersion"
result = wmireg.CreateKey(HKLM, key)
CheckIt result
stringliste = Array("Dies ist der erste Text", "Hier noch einer", _
   "Und noch einer")
result = wmireg.SetMultiStringValue(HKLM, key, "MultiString-Eintrag", stringliste)
CheckIt result

WScript.Echo "Eingetragen..."

Sub CheckIt(result)
```

```
   If result = 0 Then Exit Sub
   WScript.Echo "Fehler passiert: " & result
End Sub
```

Listing 6.16: Multistring-Daten in die Registry schreiben

REG_EXPAND_SZ: Texte plus Umgebungsvariablen

Besonders zuvorkommend sind Einträge vom Typ *REG_EXPAND_SZ*: In solchen Einträgen dürfen Sie nämlich Umgebungsvariablen einsetzen. Die werden automatisch mit den gerade aktuellen Werten gefüllt, wenn Sie den Eintrag später wieder auslesen. Das nächste Beispiel beweist es:

```
Set wmireg = GetObject("winmgmts:\\.\root\default:StdRegProv")

Const HKLM = &H80000002

key = "SOFTWARE\MeinProdukt\NeuesteVersion"
result = wmireg.CreateKey(HKLM, key)
CheckIt result
result = wmireg.SetExpandedStringValue(HKLM, key, _
   "Umgebungsvariablen", "%WINDIR%\%COMSPEC%")
CheckIt result
result = wmireg.GetExpandedStringValue(HKLM, key, "Umgebungsvariablen", wert)
CheckIt result

WScript.Echo "Eingetragen. Ausgelesen wird: " & wert

Sub CheckIt(result)
   If result = 0 Then Exit Sub
   WScript.Echo "Fehler passiert: " & result
End Sub
```

Listing 6.17: Texte mit Umgebungsvariablen in der Registry speichern

REG_DWORD: einfache Zahlenwerte

Möchten Sie einzelne Zahlen speichern, dann ist das *DWORD*-Format genau richtig:

```
Set wmireg = GetObject("winmgmts:\\.\root\default:StdRegProv")

Const HKLM = &H80000002

key = "SOFTWARE\MeinProdukt\NeuesteVersion"
result = wmireg.CreateKey(HKLM, key)
CheckIt result
result = wmireg.SetDWORDValue(HKLM, key, "der erste eigene DWORD-Wert", _
   &H20445112)
CheckIt result

WScript.Echo "Eingetragen. "

Sub CheckIt(result)
   If result = 0 Then Exit Sub
   WScript.Echo "Fehler passiert: " & result
End Sub
```

Listing 6.18: DWORD-Werte in die Registry eintragen

REG_BINARY: binäre Daten speichern

WMI kann noch etwas, das *WScript.Shell* nicht vermag: Es kann beliebig lange Binärdaten in der Registry speichern. *WScript.Shell* kann zwar Binärdaten lesen (als Variant-Array), aber nur ein einziges Byte speichern.

Dieses Limit sprengt WMI mit Leichtigkeit, wie das nächste Skript beweist:

```
Set wmireg = GetObject("winmgmts:\\.\root\default:StdRegProv")

Const HKLM = &H80000002

key = "SOFTWARE\MeinProdukt\NeuesteVersion"
result = wmireg.CreateKey(HKLM, key)
CheckIt result
binaer = Array(72,97,108,108,111,32,87,101,108,116,44,32,_
   100,105,101,115,32,105,115,116,32,101,105,110,101,32,_
   118,101,114,115,116,101,99,107,116,101,32,66,111,116,_
   115,99,104,97,102,116,33)

result = wmireg.SetBinaryValue(HKLM, key,"binäre Botschaft", binaer)
CheckIt result

WScript.Echo "Eingetragen. "

Sub CheckIt(result)
   If result = 0 Then Exit Sub
   WScript.Echo "Fehler passiert: " & result
End Sub
```

Listing 6.19: *Binärdaten in der Registry speichern*

Werte aus der Registry entfernen

Mit *DeleteValue* entfernen Sie Werte aus der Registry. Geben Sie also den Namen ein, den Sie innerhalb eines Schlüssels löschen wollen. Geben Sie keinen Namen an, dann wird der *(Standard)*-Eintrag gelöscht.

```
Set wmireg = GetObject("winmgmts:\\.\root\default:StdRegProv")

Const HKLM = &H80000002

key = "SOFTWARE\MeinProdukt\NeuesteVersion"
result = wmireg.DeleteValue(HKLM, key, "binäre Botschaft")

If result = 0 Then
   WScript.Echo "Wert gelöscht."
ElseIf result = 2 Then
   WScript.Echo "Wert existiert nicht."
Else
   WScript.Echo "Fehler passiert: " & result
End If
```

Listing 6.20: *Werte aus der Registry löschen*

Einen kompletten Schlüssel entfernen

Möchten Sie einen ganzen Schlüssel entfernen, dann setzen Sie *DeleteKey* ein. *DeleteKey* kann Schlüssel allerdings nur dann löschen, wenn sie keine Unterschlüssel enthalten:

```
Set wmireg = GetObject("winmgmts:\\.\root\default:StdRegProv")

Const HKLM = &H80000002

key = "SOFTWARE\MeinProdukt"
result = wmireg.DeleteKey(HKLM, key)

If result = 0 Then
   WScript.Echo "Schlüssel gelöscht."
ElseIf result = 2 Then
   WScript.Echo "Schlüssel existiert nicht."
elseif result = 5 then
   WScript.Echo "Schlüssel enthält noch Unterschlüssel"
Else
   WScript.Echo "Fehler passiert: " & result
End If
```

Listing 6.21: Einen Schlüssel aus der Registry entfernen

Schlüssel mit Unterschlüsseln löschen

Wollen Sie einen Schlüssel aus der Registry entfernen, auch wenn dieser Unterschlüssel enthält? Anstatt alle Unterschlüssel von Hand zu löschen, greifen Sie lieber auf das nächste Skript zu. Es löscht die vorhandenen Unterschlüssel rekursiv in genau der richtigen Reihenfolge:

```
Set wmireg = GetObject("winmgmts:\\.\root\default:StdRegProv")

Const HKLM = &H80000002

key = "SOFTWARE\MeinProdukt"
counter = 0

result = wmireg.CreateKey(HKLM, key & _
   "\Unterschlüssel\Noch einer\Und noch einer!")

If result = 0 Then
   WScript.Echo "Habe massenweise Unterschlüssel angelegt..."
Else
   WScript.Echo "Probleme, die Unterschlüssel anzulegen..."
End If

DeleteAllKeys HKLM, key

WScript.Echo "Gelöschte Schlüssel: " & counter

Sub DeleteAllKeys(mainkey, key)
   result = wmireg.EnumKey(mainkey, key, keys)
   If Not result = 0 Then
      MsgBox "Konnte Schlüssel nicht öffnen."
      Exit Sub
```

```
        End If

        For each subkey in keys
            DeleteAllKeys mainkey, key & "\" & subkey
        Next
        DeleteKey mainkey, key
End Sub

Sub DeleteKey(mainkey, key)
        result = wmireg.DeleteKey(mainkey, key)
        If Not result = 0 Then
            MsgBox "Konnte diesen Schlüssel nicht löschen: """ & key & """!"
        End If
        counter = counter + 1
End Sub
```

Listing 6.22: Schlüssel löschen, die Unterschlüssel enthalten

Zugriffsrechte auf Registry-Schlüssel prüfen

Ab Windows NT können Registry-Schlüssel abgesichert werden. Deshalb ist es für Ihr Skript wichtig, herauszufinden zu können, welche Rechte der aktuelle Benutzer über Registry-Schlüssel eigentlich besitzt. Diese Aufgabe übernimmt *CheckAccess*. Füttern Sie die Methode mit den Rechten, die Sie brauchen, dann liefert sie »wahr« oder »falsch« zurück und meldet damit, ob Sie diese Rechte besitzen.

```
Set wmireg = GetObject("winmgmts:\\.\root\default:StdRegProv")

Const HKLM = &H80000002

key = "SOFTWARE\MeinProdukt"

Const KEY_QUERY_VALUE = &H1
Const KEY_SET_VALUE = &H2
Const KEY_NOTIFY = &H10
Const KEY_CREATE_SUB_KEY = &H4
Const KEY_ENUMERATE_SUB_KEYS = &H8
Const KEY_CREATE_LINK = &H20
Const Delete = &H10000
Const READ_CONTROL = &H20000
Const WRITE_DAC = &H40000
Const WRITE_OWNER = &H80000

checkThis = KEY_NOTIFY + KEY_QUERY_VALUE + KEY_SET_VALUE
result = wmireg.CheckAccess(HKLM, key, checkThis, istok)
If result = 0 Then
    WScript.Echo "Zugriff erlaubt? " & istok
ElseIf result = 2 Then
    WScript.Echo "Schlüssel existiert nicht"
Else
    WScript.Echo "Konnte Zugriff nicht testen: Code " & result
End If
```

Listing 6.23: Zugriffsberechtigung auf Registry-Schlüssel testen

7 Datenbanken

159	Recordsets als »Mini-Datenbank«
168	Neue Datenbanken anlegen
172	Echte Datenbanken ansprechen
177	Mit Recordsets der Datenbank arbeiten
179	SQL-Abfragen einsetzen

Standardmäßig enthält Windows ab Windows 2000 eine spezielle Befehlsbibliothek für Datenbankzugriffe. Sie kann von Skripts angesprochen werden und ist auch für den Administrator von großem Nutzen:

- **Datensätze speichern und verwalten:** Skripts können vielfältige Daten für Sie beschaffen, zum Beispiel Software-Inventarlisten oder Benutzerlisten. Häufig besteht der Wunsch, solche Daten als Datensammlung zu speichern, um später gezielt darauf zugreifen zu können. Skripts sind in der Lage, Recordsets anzulegen, die als universeller Datenspeicher dienen. Diese Recordsets können im XML-Format gespeichert und bei Bedarf jederzeit geladen werden. Damit haben Skripts die Möglichkeit, die gesammelten Daten in einem universellen Format abzuspeichern und später bei Bedarf jederzeit auf diese Daten zuzugreifen. Außerdem können Skripts die Daten aus solchen Recordsets sortiert auslesen oder gezielt nach Datensätzen darin suchen.
- **Datenbank-Zugriff:** Im Unternehmen sind Daten häufig in großen Datenbanksystemen gespeichert. Skripts können solche Datenbanken ansprechen und über Standard-Abfragesprachen wie SQL gezielt Daten abrufen, verwalten, löschen, einfügen und sogar die Datenbank selbst verwalten.
- **Eigene Datenbanken anlegen:** Möchten Sie gewonnene Daten in einer eigenen Datenbank vorhalten, dann können Skripts sogar ganze Datenbanken im Access-Format für Sie generieren, und dies auch, wenn Access selbst gar nicht auf dem System installiert ist.

Recordsets als »Mini-Datenbank«

Recordsets sind der kleinste gemeinsame Nenner echter Datenbanken. Ein Recordset speichert die Datensätze einer Datenbanktabelle. Vielfach unbekannt ist aber, dass Recordsets auch unabhängig von einer Datenbank angelegt und verwendet werden können. Die Recordsets liegen dann isoliert im Speicher und können zum Beispiel im XML-Format gespeichert oder geöffnet werden.

Recordsets sind damit ein wertvoller Datenspeicher für Skripts.

Ein Recordset neu anlegen

Möchten Sie Informationen in einem Recordset speichern, dann muss Ihr Skript die Struktur des Recordsets zuerst definieren. Sie geben also an, welche Felder das Recordset enthalten soll und was für Daten in diesen Feldern gespeichert werden.

Im folgenden Beispiel soll ein Recordset angelegt werden, das die Namen und Versionsnummern sämtlicher DLL-Dateien aus dem Ordner »System32« aus dem Windows-Ordner enthält. Sie können das Beispiel natürlich auch als Ausgangspunkt für ganz eigene Datensammlungen verwenden.

Das Recordset soll dazu zwei Felder enthalten: »Name« speichert den Namen der DLL-Datei, und »Version« speichert die Versionsnummer. Beide Felder sollen vom Typ »Text« sein, der über die Konstante *adVarWChar* festgelegt wird, und maximal 100 Zeichen speichern:

```
Const adPersistXML = 1
strPath = "c:\windows\system32"
strExtension = "DLL"
strXML = "c:\versionen.xml"

Const adDouble = 5
Const adEmpty = 0
Const adError = &hA      ' (dezimal: 10)
Const adFileTime = &h40   ' (dezimal: 64)
Const adGUID = &h48       ' (dezimal: 72)
Const adIDispatch = 9
Const adInteger = 3
Const adIUnknown = &hD    ' (dezimal: 13)
Const adLongVarBinary = &hCD   ' (dezimal: 205)
Const adLongVarChar = &hC9     ' (dezimal: 201)
Const adLongVarWChar = &hCB    ' (dezimal: 203)
Const adNumeric = &h83    ' (dezimal: 131)
Const adPropVariant = &h8A    ' (dezimal: 138)
Const adSingle = 4
Const adSmallInt = 2
Const adTinyInt = &h10    ' (dezimal: 16)
Const adUnsignedBigInt = &h15    ' (dezimal: 21)
Const adUnsignedInt = &h13    ' (dezimal: 19)
Const adUnsignedSmallInt = &h12    ' (dezimal: 18)
Const adUnsignedTinyInt = &h11    ' (dezimal: 17)
Const adUserDefined = &h84    ' (dezimal: 132)
Const adVarBinary = &hCC    ' (dezimal: 204)
Const adVarChar = &hC8    ' (dezimal: 200)
Const adVariant = &hC    ' (dezimal: 12)
Const adVarNumeric = &h8B    ' (dezimal: 139)
Const adVarWChar = &hCA    ' (dezimal: 202)
Const adWChar = &h82    ' (dezimal: 130)

Set objfs = CreateObject("Scripting.FileSystemObject")


Set objRS = CreateObject("ADODB.Recordset")

With objRS.Fields
   .Append "Name", adVarWChar, 100
   .Append "Version", adVarWChar, 100
End With

objRS.Open
```

```
Set objFolder = objfs.GetFolder(strPath)
For Each objFile In objFolder.Files
   strExt = LCase(objfs.GetExtensionName(objFile.Name))
   If strExt = LCase(strExtension) Then

      objRS.AddNew
      objRS("Name") = objFile.name
      objRS("Version") = objfs.GetFileVersion(objFile.path)
      objRS.Update

   End If
Next

objRS.Save strXML, adPersistXML

Set objRS = Nothing
```

Listing 7.1: *Ein Recordset mit DLL-Versionen anlegen und als XML speichern*

Das Skript liest dann den gewünschten Ordner aus und verwendet dazu die üblichen Dateisystem-Befehle, die Sie bereits im Kapitel 3 kennen gelernt haben. Die Versionsnummer wird mit *GetFileVersion* bestimmt. Anschließend trägt das Skript die Information in das neu angelegte Recordset ein.

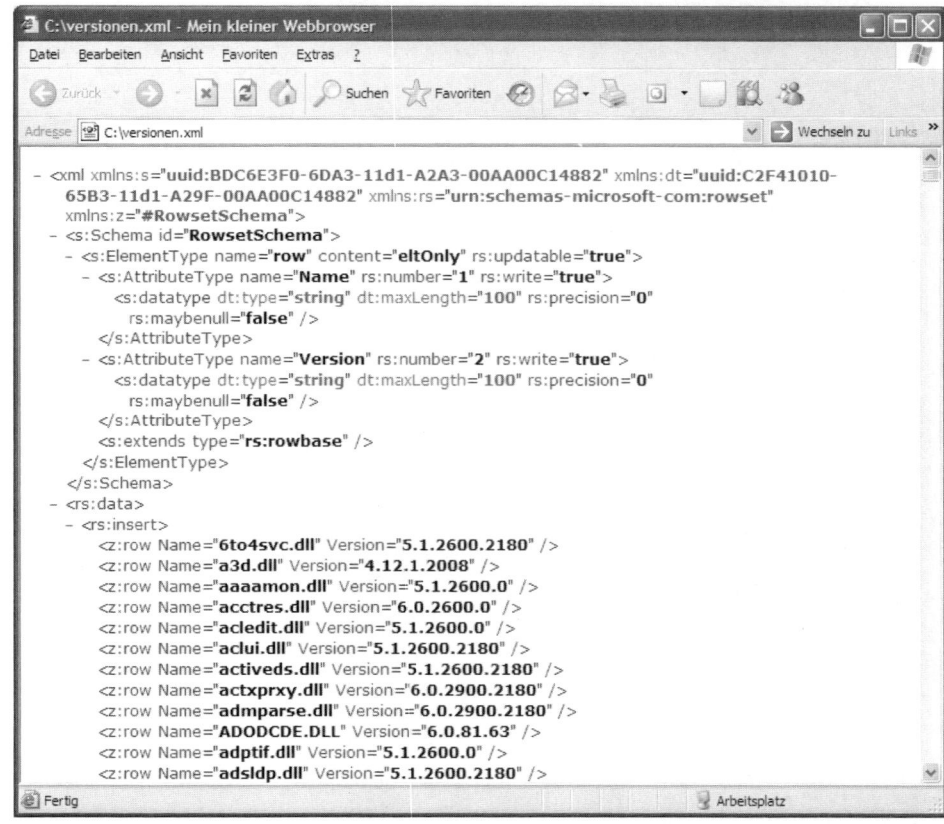

Abbildung 7.1: *Recordset-Daten als XML-Datei speichern*

Über *AddNew* legt es dazu jeweils einen neuen Datensatz an und speichert dann die Information in den eingerichteten Feldern. *Update* speichert den neuen Datensatz im Recordset.

Abschließend wird das Recordset als XML-Datei gespeichert und kann jetzt jederzeit für Abfragen eingesetzt werden. Im Skript wird dazu als Zieldatei »c:\versionen.xml« eingesetzt. Achten Sie darauf, dass Sie im Zielverzeichnis Schreibrechte besitzen, und passen Sie die Einstellung in *strXML* gegebenenfalls an.

HINWEIS: Natürlich kann das Recordset auch Felder enthalten, die Zahlen oder Daten speichern. Setzen Sie dazu die entsprechenden Konstanten ein, und lassen Sie das Argument für die Zahlenangabe frei.

Wollen Sie in Ihrem Recordset zum Beispiel die Version nicht als Text speichern, sondern als Zahl, dann könnten Sie Ihr Recordset auch so definieren:

```
With objRS.Fields
    .Append "Name", adVarWChar, 100
    .Append "Version", adDouble
End With
```

Allerdings würde das Skript in der vorliegenden Form dann einen Fehler melden, weil die Version nicht als Zahl verstanden werden kann. Versionsinformationen enthalten mehrere Dezimalpunkte. Sie müssten die Version also zuerst in ein verständliches Zahlenformat umwandeln, zum Beispiel so:

```
Const adPersistXML = 1
strPath = "c:\windows\system32"
strExtension = "DLL"
strXML = "c:\versionen.xml"

Const adDouble = 5
Const adEmpty = 0
Const adError = &hA         ' (dezimal: 10)
Const adFileTime = &h40     ' (dezimal: 64)
Const adGUID = &h48         ' (dezimal: 72)
Const adIDispatch = 9
Const adInteger = 3
Const adIUnknown = &hD      ' (dezimal: 13)
Const adLongVarBinary = &hCD    ' (dezimal: 205)
Const adLongVarChar = &hC9      ' (dezimal: 201)
Const adLongVarWChar = &hCB     ' (dezimal: 203)
Const adNumeric = &h83          ' (dezimal: 131)
Const adPropVariant = &h8A      ' (dezimal: 138)
Const adSingle = 4
Const adSmallInt = 2
Const adTinyInt = &h10          ' (dezimal: 16)
Const adUnsignedBigInt = &h15   ' (dezimal: 21)
Const adUnsignedInt = &h13      ' (dezimal: 19)
Const adUnsignedSmallInt = &h12 ' (dezimal: 18)
Const adUnsignedTinyInt = &h11  ' (dezimal: 17)
Const adUserDefined = &h84      ' (dezimal: 132)
Const adVarBinary = &hCC        ' (dezimal: 204)
Const adVarChar = &hC8          ' (dezimal: 200)
Const adVariant = &hC           ' (dezimal: 12)
Const adVarNumeric = &h8B       ' (dezimal: 139)
Const adVarWChar = &hCA         ' (dezimal: 202)
Const adWChar = &h82            ' (dezimal: 130)
```

```
Set objfs = CreateObject("Scripting.FileSystemObject")


Set objRS = CreateObject("ADODB.Recordset")

With objRS.Fields
    .Append "Name", adVarWChar, 100
    .Append "Version", adDouble
End With

objRS.Open


Set objFolder = objfs.GetFolder(strPath)
For Each objFile In objFolder.Files
    strExt = LCase(objfs.GetExtensionName(objFile.Name))
    If strExt = LCase(strExtension) Then

        objRS.AddNew
        objRS("Name") = objFile.name
        objRS("Version") = Convert(objfs.GetFileVersion(objFile.path))
        objRS.Update

    End If
Next

' XML-Datei löschen, wenn sie existiert
Set objfs = CreateObject("Scripting.FileSystemObject")
If objfs.FileExists(strXML) Then
    objfs.DeleteFile strXML
End If


objRS.Save strXML, adPersistXML

Set objRS = Nothing


Function Convert(ByVal version)
    ' Text zerlegen, Punkt ist Trennzeichen
    arrZahlen = Split(version, ".")

    ' mindestens zwei Zahlen vorhanden
    If UBound(arrZahlen) > 0 Then
        Convert = CDbl(arrZahlen(0) & "," & arrZahlen(1))
    ' gar keine Information vorhanden
    ElseIf UBound(arrZahlen)=-1 Then
        Convert = -1
    ' eine Zahl vorhanden
    Else
        Convert = CDbl(arrZahlen(0))
    End If
End Function
```

Listing 7.2: Versionsinformation in Zahl verwandeln

Das Skript zeigt außerdem, wie Sie dafür sorgen, dass eine eventuell schon vorhandene XML-Datei gleichen Namens gelöscht wird. Save kann XML-Dateien nämlich nicht überschreiben.

Recordsets lesen

Möchten Sie Daten aus einem Recordset lesen, dann haben Sie zwei Varianten zur Auswahl:
- **Alle Daten:** Sie können den gesamten Inhalt des Recordsets auslesen und dabei eine beliebige Sortierreihenfolge vorgeben. Der Inhalt kann zeilenweise oder in einem Zug gelesen werden.
- **Bestimmte Daten:** Über die Eigenschaft *Filter* können Sie die Ausgabe auf bestimmte Daten beschränken. Oder Sie wenden *Find* an und gelangen so automatisch zum ersten Eintrag (»Record)« im Recordset, der Ihrem Kriterium entspricht.

Sie können dies entweder mit einem Recordset tun, das Sie selbst aktuell erstellt haben, oder Sie beauftragen das Skript, ein zuvor im XML-Format abgespeichertes Recordset zu laden.

Möchten Sie zum Beispiel die Informationen, die Listing 7.1 gesammelt hat, als Liste ausgeben, dann könnten Sie dies so tun:

```
strXML = "C:\versionen.xml"

Set objRS = CreateObject("ADODB.Recordset")
objRS.Open strXML, , adOpenStatic, adLockBatchOptimistic, &H100

Do Until objRS.EOF
   WScript.Echo objRS("Name"), objRS("Version")
   objRS.MoveNext
Loop
```

Listing 7.3: Versionen installierter DLLs ausgeben

Daten sortiert ausgeben

Sie können die Informationen auch sortieren. Möchten Sie die Liste alphabetisch sortiert in aufsteigender Reihenfolge, dann geht dies so:

```
strXML = "c:\versionen.xml"
Const adLockBatchOptimistic = 4
Const adOpenStatic = 3

strXML = "C:\versionen.xml"

Set objRS = CreateObject("ADODB.Recordset")
objRS.Open strXML, , adOpenStatic, adLockBatchOptimistic, &H100

objRS.Sort = "Name Asc"

Do Until objRS.EOF
   WScript.Echo objRS("Name"), objRS("Version")
   objRS.MoveNext
Loop
```

Listing 7.4: Namen in alphabetischer Reihenfolge ausgeben

Sie könnten auch nach absteigenden Versionsnummern ausgeben:

```
strXML = "c:\versionen.xml"
Const adLockBatchOptimistic = 4
```

```
Const adOpenStatic = 3

strXML = "C:\versionen.xml"

Set objRS = CreateObject("ADODB.Recordset")
objRS.Open strXML, , adOpenStatic, adLockBatchOptimistic, &H100

objRS.Sort = "Version Desc"

Do Until objRS.EOF
   WScript.Echo objRS("Name"), objRS("Version")
   objRS.MoveNext
Loop
```

Listing 7.5: Nach absteigenden DLL-Versionsnummern ausgeben

Alle Daten in einem Zug auslesen

Ein noch schnellerer Weg, den Inhalt des Recordsets auszugeben, ist *getString*. Damit wird der gesamte Inhalt in einem Zug ausgelesen. Sowas funktioniert wesentlich schneller. Das nächste Beispiel gibt die Namen in absteigender Reihenfolge aus:

```
strXML = "c:\versionen.xml"
Const adLockBatchOptimistic = 4
Const adOpenStatic = 3

strXML = "C:\versionen.xml"

Set objRS = CreateObject("ADODB.Recordset")
objRS.Open strXML, , adOpenStatic, adLockBatchOptimistic, &H100

objRS.Sort = "Name Desc"

If Not objRS.EOF Then
   WScript.Echo objRS.GetString
End If
```

Listing 7.6: Inhalt eines Recordsets in einem Zug lesen

Daten als HTML-Seite darstellen

GetString kann die Spalten und Zeilen mit frei wählbaren Trennzeichen versehen. Auf diese Weise könnten Sie zum Beispiel eine HTML-Seite generieren:

```
strXML = "c:\versionen.xml"
strAusgabe = "c:\versionen.html"

Const adLockBatchOptimistic = 4
Const adOpenStatic = 3

strXML = "C:\versionen.xml"

Set objRS = CreateObject("ADODB.Recordset")
Set objfs = CreateObject("Scripting.FileSystemObject")
```

Datenbanken

```
objRS.Open strXML, , adOpenStatic, adLockBatchOptimistic, &H100

objRS.Sort = "Name Desc"

Set objFile = objfs.CreateTextFile(strAusgabe)

objFile.WriteLine "<html><body><table border=1><tr><td>"
If Not objRS.EOF Then
   objFile.WriteLine objRS.GetString(,,"</td><td>", "</td></tr><tr><td>")
End If
objFile.WriteLine "</td></tr></table></body></html>"

objFile.Close

Set objshell = CreateObject("WScript.Shell")
objshell.run """" & strAusgabe & """"
```

Listing 7.7: Inhalt des Recordsets als HTML-Datei ausgeben

Filtern und nach bestimmten Informationen suchen

Möchten Sie nur bestimmte Inhalte sehen, dann können Sie genau dieselben Skripts einsetzen. Sorgen Sie lediglich dafür, dass der Inhalt des Recordsets zuerst mit *Filter* oder *Find* eingeschränkt wird.

Mit Find bestimmte Datensätze finden

Wollen Sie zum Beispiel nur die Informationen zu einer bestimmten Datei sehen, dann könnten Sie *Find* einsetzen:

```
strXML = "c:\versionen.xml"
strSuchwort = "zipfldr.dll"

Const adLockBatchOptimistic = 4
Const adOpenStatic = 3

strXML = "C:\versionen.xml"

Set objRS = CreateObject("ADODB.Recordset")
objRS.Open strXML, , adOpenStatic, adLockBatchOptimistic, &H100

objRS.MoveFirst
objRS.Find "Name='" & strSuchwort & "'"

If Not objRS.EOF Then
   WScript.Echo objRS("Name"), objRS("Version")
Else
   WScript.Echo "Nicht gefunden"
End If
```

Listing 7.8: Nach einem bestimmten Suchwort suchen

> **ACHTUNG:** *Find* ändert nichts am Inhalt des Recordsets, sondern sucht nur von der aktuellen Position aus bis zum ersten Datensatz, der Ihrem Kriterium entspricht. Deshalb ist es wichtig, vor *Find* zuerst den Datensatzcursor mit *MoveFirst* auf den Anfang des Recordsets zu stellen, damit auch tatsächlich von Anfang an gesucht wird.

Würden Sie nach Einsatz von *Find* das Recordset mit *getString* ausgeben, dann würden Sie alle Datensätze ab der gefundenen Position sehen.

Mit Platzhalterzeichen arbeiten

Find unterstützt Platzhalterzeichen, wenn Sie den Operator »Like« verwenden. Das nächste Skript findet also die erste Datei, die mit »F« beginnt:

```
strXML = "c:\versionen.xml"
strSuchwort = "F"

Const adLockBatchOptimistic = 4
Const adOpenStatic = 3

strXML = "C:\versionen.xml"
Set objRS = CreateObject("ADODB.Recordset")
objRS.Open strXML, , adOpenStatic, adLockBatchOptimistic, &H100

objRS.MoveFirst
objRS.Find "Name Like '" & strSuchwort & "%'"

If Not objRS.EOF Then
   WScript.Echo objRS("Name"), objRS("Version")
Else
   WScript.Echo "Nicht gefunden"
End If
```

Listing 7.9: Mit Platzhalterzeichen suchen

HINWEIS: Das Platzhalterzeichen lautet »%«. Würden Sie das Platzhalterzeichen auch an den Anfang des Suchworts schreiben, dann würde die erste Datei gefunden, die irgendwo im Namen das Suchwort enthält.

Mit Filter ein ganzes Recordset filtern

Eine andere Variante nutzt *Filter*. Damit können Sie den Inhalt des Recordsets filtern und sogar mehrere Kriterien kombinieren. Weil nun der gesamte Inhalt des Recordsets gemäß Ihren Kriterien behandelt wird, können Sie anschließend *getString* einsetzen oder das Recordset mit *einer Do...Loop*-Schleife durchlaufen und erhalten so nur die Einträge, die Ihrem Kriterium entsprechen.

Setzen Sie *Find* ein, wenn Sie genau einen Datensatz suchen. Setzen Sie *Filter* ein, wenn Sie mehrere Datensätze erwarten.

Volltextsuche einsetzen

Das nächste Skript nutzt *Filter*, um alle DLLs anzuzeigen, die mit »F« beginnen:

```
strXML = "c:\versionen.xml"
strSuchwort = "F%"

Const adLockBatchOptimistic = 4
Const adOpenStatic = 3

strXML = "C:\versionen.xml"
```

Datenbanken

```
Set objRS = CreateObject("ADODB.Recordset")
objRS.Open strXML, , adOpenStatic, adLockBatchOptimistic, &H100

objRS.Sort = "Name Desc"
objRS.Filter = "Name Like '" & strSuchwort & "'"

If Not objRS.EOF Then
   WScript.Echo objRS.GetString
End If
```

Listing 7.10: Alle DLLs finden, die mit dem Suchwort beginnen

Filterkriterien kombinieren

Es lassen sich nun auch mehrere Kriterien kombinieren. Möchten Sie zum Beispiel alle DLLs finden, die mit »A« beginnen und deren Version mindestens 6 lautet, dann könnten Sie dies so tun:

```
strXML = "c:\versionen.xml"
strSuchwort = "A%"
strVersion = "6"

Const adLockBatchOptimistic = 4
Const adOpenStatic = 3

strXML = "C:\versionen.xml"

Set objRS = CreateObject("ADODB.Recordset")
objRS.Open strXML, , adOpenStatic, adLockBatchOptimistic, &H100

objRS.Sort = "Name Desc"
objRS.Filter = "Name Like '" & strSuchwort & "' And Version>='" & strVersion & "'"

If Not objRS.EOF Then
   WScript.Echo objRS.GetString
End If
```

Listing 7.11: Nach mehreren Kriterien gleichzeitig filtern

ACHTUNG: Denken Sie daran, dass der Filter so lange aktiv bleibt, bis Sie ihn wieder löschen. Sie löschen einen Filter, indem Sie ihm einen Leertext zuweisen:

```
objRS.Filter = ""
```

Wenn Sie sortieren, dann wird die Sortierreihenfolge durch den Variablentyp der sortierten Spalte bestimmt. Weil die Beispiele die Dateiversion in einem Textfeld gespeichert haben, wird alphabetisch und nicht numerisch sortiert, wenn Sie versuchen, die Versionen zu sortieren.

Neue Datenbanken anlegen

Eben haben Sie mit einem isolierten Recordset gearbeitet. Die Alternative hierzu ist eine echte Datenbank. Sie werden im nächsten Abschnitt lesen, wie Sie per Skript Datenbanken ansprechen und verwalten, aber bevor Sie das tun können, benötigen Sie ein Anschauungsobjekt.

Wenig bekannt ist, dass Skripts sogar völlig neue Datenbanken im Microsoft Access-Format erstellen können, und zwar auch dann, wenn Access gar nicht vorhanden ist.

Aufbau der Datenbank festlegen

Das nächste Skript legt eine Beispiel-Kundendatenbank für Sie an. In der Datenbank wird eine Tabelle namens »Kunden« erstellt. Sie besteht aus den folgenden Feldern:

Feldname	Typ	Besonderheit
Kunden-ID	AutoWert	Zählt automatisch hoch
Vorname	Text	100 Zeichen
Name	Text	150 Zeichen
Email	Text	80 Zeichen
Strasse	Text	100 Zeichen, optional
Hausnummer	Ganzzahl	Optional
Ort	Text	100 Zeichen
PLZ	Ganzzahl	Optional

Tabelle 7.1: *Aufbau der neuen Kundendatenbank*

Datenbank generieren

Die Datenbank, die das folgende Skript anlegt, dient als Ausgangspunkt für eigene Datenbanken, die Sie dynamisch generieren wollen, legt aber in erster Linie die Datei »c:\adressen.mdb« an, die für die Beispiele im nächsten Kapitel benötigt wird.

Achten Sie darauf, dass Sie im Zielordner Schreibrechte besitzen, und ändern Sie die Ortsangabe Ihrer Datenbank gegebenenfalls entsprechend in allen Skripts.

```
Const adColNullable = 2
Const adInteger = 3
Const adVarNumeric = &h8B    ' (dezimal: 139)
Const adVarWChar = &hCA      ' (dezimal: 202)

strTable = "Kunden"
strPath = "c:\adressen.mdb"
strProvider = "Provider=Microsoft.Jet.OLEDB.4.0;Data Source=" & strPath

Set objFS = CreateObject("Scripting.FileSystemObject")
Set objShell = CreateObject("WScript.Shell")

' Falls die Datenbank schon existiert, anbieten, die Datei zu löschen
If objFS.FileExists(strPath) Then
   antwort = MsgBox("Datei existiert bereits. Überschreiben?", _
      vbYesNo + vbQuestion)
   If antwort = vbYes Then
      objFS.DeleteFile strPath, True
   Else
      Err.Raise 10012, "CreateDB", "Datenbank existiert bereits!"
```

```
    End If
End If

Set objADOX = CreateObject("ADOX.Catalog")
objADOX.Create strProvider

Set objTable = CreateObject("ADOX.Table")

' Autowert-Feld einfügen
Set objColumn = CreateObject("ADOX.Column")
objColumn.Name = "Kunden-ID"
objColumn.Type = adInteger
Set objColumn.ParentCatalog = objADOX
objColumn.Properties("AutoIncrement") = True
objTable.Columns.Append objColumn

' übrige Felder einfügen
objTable.Columns.Append "Vorname", adVarWChar, 100
objTable.Columns.Append "Name", adVarWChar, 150
objTable.Columns.Append "Email", adVarWChar, 80

Set objColumn = CreateObject("ADOX.Column")
objColumn.name = "Strasse"
objColumn.Type = adVarWChar
objColumn.Precision = 100
objColumn.Attributes = adColNullable
objTable.Columns.Append objColumn

Set objColumn = CreateObject("ADOX.Column")
objColumn.name = "Hausnummer"
objColumn.Type = adInteger
objColumn.Attributes = adColNullable
objTable.Columns.Append objColumn

objTable.Columns.Append "Ort", adVarWChar, 100

Set objColumn = CreateObject("ADOX.Column")
objColumn.name = "PLZ"
objColumn.Type = adInteger
objColumn.Attributes = adColNullable
objTable.Columns.Append objColumn


objTable.Name = strTable
objADOX.Tables.Append objTable

Set objDB = objADOX.ActiveConnection
```

Listing 7.12: *Eine neue Kundendatenbank anlegen*

Das Ergebnis ist eine vollwertige Access-Datenbank, die Sie mit Microsoft Access öffnen können, wenn Sie das Programm besitzen. Sie benötigen es für die folgenden Beispiele aber nicht.

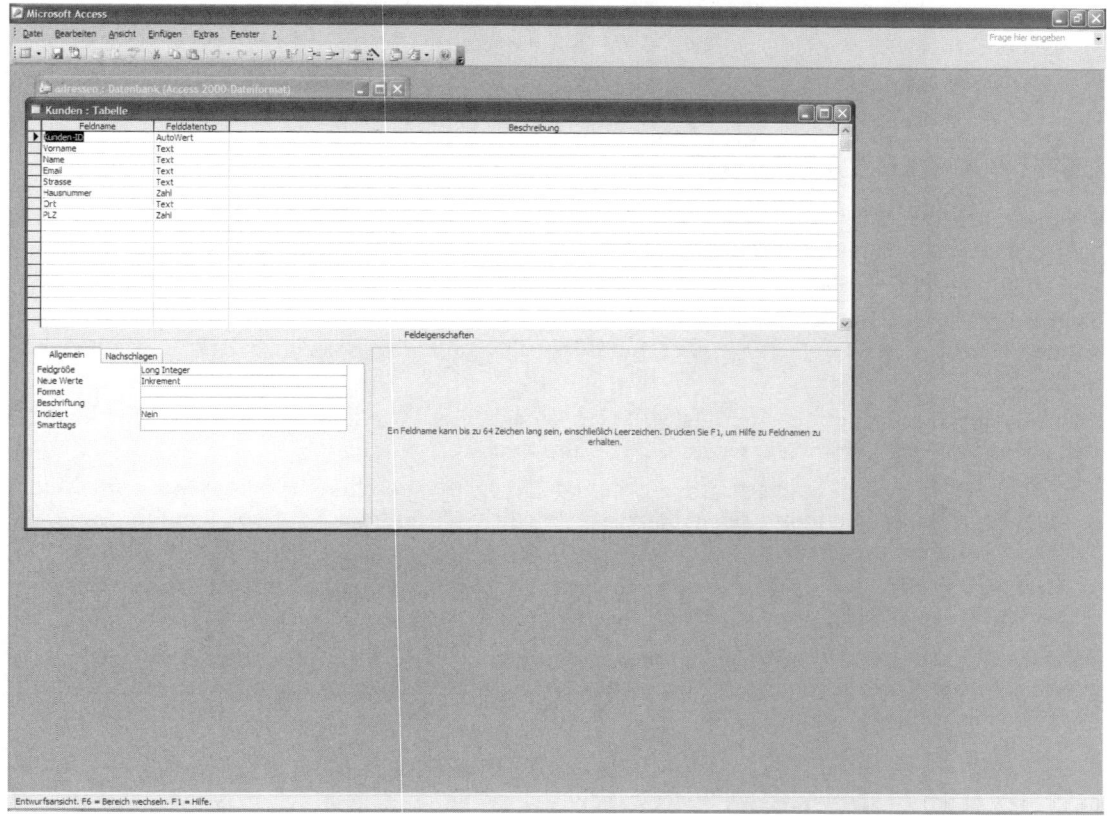

Abbildung 7.2: *Automatisch generierte Access-Datenbank*

Besonderheiten bei der Tabellendefinition

Listing 7.12 zeigt zahlreiche Besonderheiten, die bei der Generierung neuer Datenbanken wichtig sind.

Zunächst können Skripts dateibasierte Datenbanken nur anlegen, wenn es die Zieldatei noch nicht gibt. Deshalb prüft das Skript zunächst, ob die in *strPath* angegebene Datei existiert. Falls ja, bietet es an, sie zu löschen.

ADOX.Catalog generiert die neue Datenbank mit dem Befehl Create. Sie ist jetzt noch vollkommen unstrukturiert.

ADOX.Table legt eine neue Tabelle namens »Kunden« an und definiert den Aufbau dieser Tabelle. Dabei gibt es zwei Wege, neue Felder in die Tabelle einzufügen:

- **Einfaches Feld:** Benötigen Sie ein normales Feld, bei dem die Eingabe später zwingend erforderlich sein wird, dann verwenden Sie *Append* und geben dahinter direkt den Namen, den Typ und optional die Größe des Feldes an.
- **Besonderes Feld:** Benötigen Sie dagegen ein optionales Feld, bei dem die Eingabe freigestellt ist, oder wollen Sie besondere Felder wie ein *AutoWert*-Feld einfügen, dann legen Sie zuerst mit *ADOX.Column* ein Feld neu an und bestimmen über Attributes und Properties die speziellen Eigenschaften dieses Feldes. Das Feld wird dann ebenfalls über *Append* der Tabelle hinzugefügt.

Ist die Tabelle definiert, wird sie mit *Append* der Datenbank hinzugefügt. Diese wird automatisch gespeichert. in *objDB* könnte das Skript sofort auf die Datenbank zugreifen, was in diesem Beispiel aber nicht erforderlich ist.

Echte Datenbanken ansprechen

Bislang haben Ihre Skripts mit Recordsets gearbeitet, die das Skript entweder selbst erstellt oder als XML geladen hat. Eine andere Quelle für Recordsets sind echte Datenbanken. Sie speichern die Datenbanktabellen ebenfalls in Form von Recordsets.

Eben haben Sie eine solche Datenbank angelegt und können diese gleich für eigene Experimente verwenden. Genauso gut könnten Sie aber auch firmeneigene SQL Server oder Oracle Datenbanken ansprechen.

Damit Skripts die Recordsets einer Datenbank ansprechen und weiterverarbeiten können, muss die Datenbank zuerst angesprochen werden. Dazu sind zwei Wege möglich:

- **System-DSN:** In der Systemsteuerung können Sie die gewünschte Datenbank über das Modul Datenbank festlegen und mit einem Schlüssel versehen. Über diesen Schlüssel kann Ihr Skript die Datenbank dann ansprechen.
- **Direkter Zugriff:** Ihr Skript kann den Typ der Datenbank und den Speicherort auch direkt angeben und benötigt dann keine vorherigen Konfigurationen in der Systemsteuerung.

HINWEIS: In den folgenden Beispielen wird die Kundendatenbank »adressen.mdb« eingesetzt. Diese Datenbank können Sie sich per Skript mit Listing 7.12 erstellen und sollten dies tun, bevor Sie die Beispiele ausprobieren.

Zugriff über DSN-Registrierung

Am einfachsten sprechen Sie eine Datenbank an, wenn Sie vorher in der Systemsteuerung die Datenbank festgelegt und mit einem Schlüsselbegriff versehen haben. Hierbei werden Sie nämlich von Assistenten unterstützt.

Der Vorteil dieses Verfahrens ist außerdem, dass Sie die Datenbank später leicht in der Systemsteuerung anpassen können, ohne Ihre Skripts erneut anfassen zu müssen. Die Skripts verwenden jeweils nur den der Datenbank zugeordneten Schlüsselbegriff. Auf welche Datenbank dieser verweist, ist dem Skript also egal.

So gehen Sie vor, wenn Sie die Kundendatenbank »c:\adressen.mdb«, die im Microsoft Access-Datenbankformat vorliegt, unter dem Schlüssel »stammdaten« verfügbar machen wollen:

Öffnen Sie zuerst die Systemsteuerung und darin den Ordner *Verwaltung*. Öffnen Sie dann das Modul *Datenquellen*. Klicken Sie auf die Registerkarte *System-DNS*.

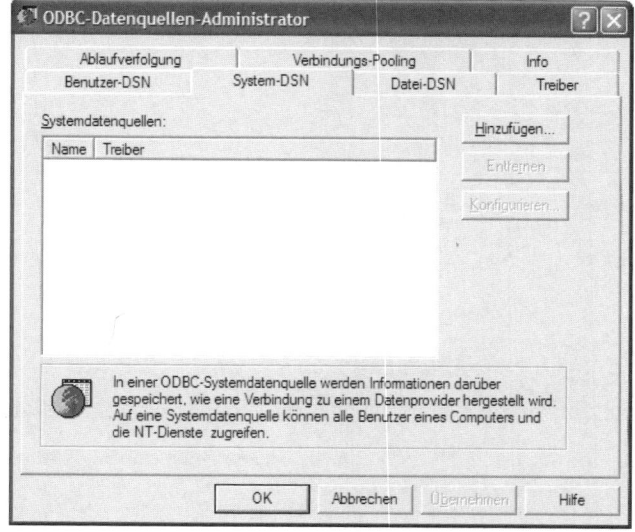

Abbildung 7.3: Eine neue Datenquelle in der Systemsteuerung anlegen

Klicken Sie nun auf *Hinzufügen*, und wählen Sie den entsprechenden Datenbank-Typ aus. Für eine Microsoft Access-basierte Datenbank wählen Sie zum Beispiel »Microsoft Access Driver«. Sie sehen, wie einfach es wäre, auch eine andere Datenbank wie zum Beispiel einen SQL-Server anzusprechen.

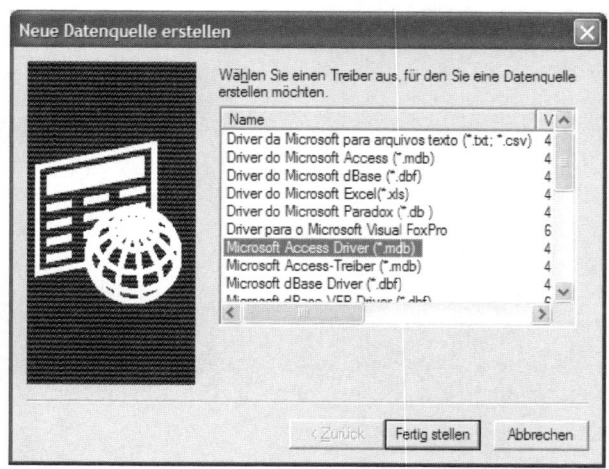

Abbildung 7.4: Datenbank-Typ aussuchen

Klicken Sie auf *Fertig stellen*. Geben Sie nun der Datenbank im Feld *Datenquellenname* einen Schlüsselbegriff, zum Beispiel »stammdaten«. Dann klicken Sie auf *Auswählen*, um festzulegen, wo sich die Datenbank befindet.

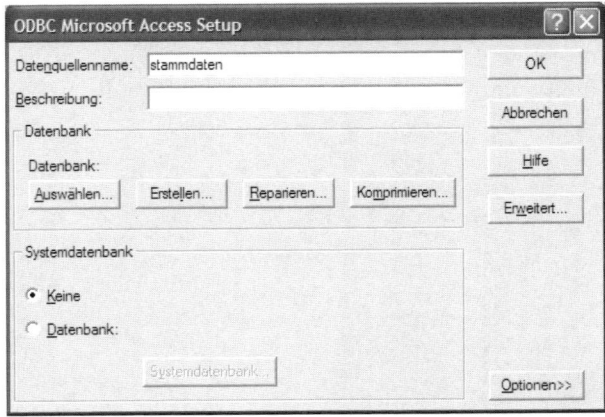

Abbildung 7.5: Der Datenbank einen Schlüsselbegriff zuordnen

Geben Sie nun an, wo sich die Datenbank-Datei befindet. Nutzen Sie für dieses Beispiel die Datenbank »c:\adressen.mdb«, die Sie mit Listing 7.12 generieren können.

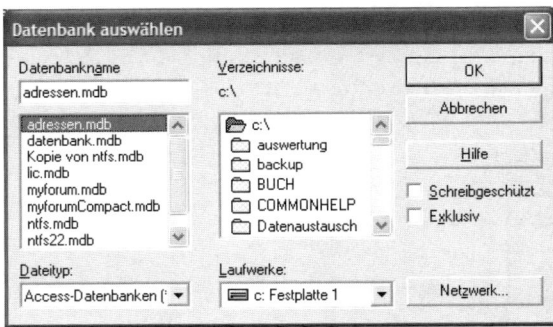

Abbildung 7.6: Datenbankdatei auswählen

Klicken Sie auf *OK*, bis alle Dialogfelder geschlossen sind. Ihre System-DSN ist nun eingerichtet, und Ihre Skripts können damit auf die Adressdatenbank zugreifen.

Datenbank ansprechen

Wenn Sie alles richtig gemacht haben, dann steht die Access-Datenbank »c:\adressen.mdb« nun unter dem Schlüsselbegriff »stammdaten« zur Verfügung. Ein Skript kann die Datenbank jetzt so ansprechen:

```
Set objado = CreateObject("ADODB.Connection")
objado.open "stammdaten"
WScript.Echo "OK"
```

Listing 7.13: Datenbank über System-DSN ansprechen

Das Skript sollte fehlerfrei ausgeführt werden. Es tut allerdings noch keine spektakulären Dinge. Außerdem ist die Datenbank vermutlich ohnehin noch völlig leer.

Sie können jetzt entweder im nächsten Abschnitt lesen, wie Sie die Datenbank mit SQL verwalten. Oder Sie schauen sich zunächst an, wie Sie Datenbanken ohne die System-DSN direkt per Skript ansprechen.

Direkter Zugriff auf eine Datenbank

Wenn Sie eben eine System-DNS für die Kundendatenbank angelegt haben, dann wurden dabei lediglich die für die Kontaktaufnahme notwendigen Informationen in der Windows-Registry unter dem angegebenen Schlüsselbegriff vermerkt.

Skripts können auch ohne diesen Schritt auf Datenbanken zugreifen, wenn sie die nötigen Informationen selbst angeben. Haben Sie wie im Beispiel gezeigt eine System-DSN angelegt, dann könnte ein Skript die dabei hinterlegten Informationen einfach aus der Registry auslesen, um damit automatisch ein Skript zu generieren, dass auch ohne eine System-DSN auf die Datenbank zugreift.

Die System-DSN würde dabei also nur als einmalig benötigte Vorlage dienen:

```
strDSN = "stammdaten"
strSkript = "datenbank.vbs"

Const REGKEY = "HKLM\SOFTWARE\ODBC\ODBC.INI\"

Set objshell = CreateObject("WScript.Shell")
Set objfs = CreateObject("Scripting.FileSystemObject")

strDBQ = objshell.RegRead(REGKEY & strDSN & "\dbq")
strDriver = "{" & _
   objshell.RegRead(REGKEY & "ODBC Data Sources\" & strDSN) & "}"

strDesktop = objshell.SpecialFolders("Desktop")
Set objfile = objfs.CreateTextFile(strDesktop & "\" & strSkript, True)

objfile.WriteLine "strDSN = ""DRIVER=" & strDriver & ";DBQ=" & strDBQ & """"
objfile.WriteLine "set objDB = CreateObject(""ADODB.Connection"")"
objfile.WriteLine "objDB.Open strDSN"
objfile.WriteLine " WScript.Echo ""OK"""
objfile.Close

objshell.run "notepad.exe """ & strDesktop & "\" & strSkript & """"
```

Listing 7.14: *Automatisch eine System-DSN in ein Verbindungsskript umwandeln*

Das Ergebnis ist ein Skript, das auch ohne System-DSN Kontakt zur Datenbank aufnimmt. Mit diesem Skript benötigen Sie also keine System-DSN, was vorteilhaft ist, wenn Sie vermeiden müssen, zuerst in der Registry Einstellungen vorzunehmen:

```
strDSN = "DRIVER={Microsoft Access Driver (*.mdb)};DBQ=C:\adressen.mdb"
set objDB = CreateObject("ADODB.Connection")
objDB.Open strDSN
WScript.Echo "OK"
```

Listing 7.15: *Direkter Zugriff auf eine Datenbank*

Wie Sie sehen, erfordert die Kontaktaufnahme die Angabe der Verbindungsdetails. Welche das für die unterschiedlichen Datenbankentypen sind, verrät Tabelle 7.2.

Data Source Driver	ODBC Connection String
Microsoft Access	Driver={Microsoft Access Driver (*.mdb)};DBQ=Pfad der .mdb-Datei
SQL Server	DRIVER={SQL Server};SERVER=Pfad zum Server
Oracle	DRIVER={Microsoft ODBC for Oracle};SERVER=Pfad zum Server
Microsoft Excel	Driver={Microsoft Excel Driver (*.xls)};DBQ=Pfad der .xls-Datei; DriverID=278
Microsoft Excel 97	Driver={Microsoft Excel Driver (*.xls)};DBQ=Pfad der.xls-Datei;DriverID=790
Paradox	Driver={Microsoft Paradox Driver (*.db)};DBQ= Pfad der .db-Datei;DriverID=26
Text	Driver={Microsoft Text Driver (*.txt;*.csv)};DefaultDir=Pfad der.txt-Datei
Microsoft Visual FoxPro	Driver={Microsoft Visual FoxPro Driver};SourceType=DBC;SourceDb=Pfad der .dbc-Datei

Tabelle 7.2: *Connection-Strings für alle gebräuchlichen Datenbanken und Datenquellen*

Neben diesen alten Datenbankteibern existieren neuere so genannte »OLE DB«-Datenbanktreiber, die Sie ebenfalls einsetzen können. Sie sind in der Regel performanter. Die Tabelle 7.3 liefert die Informationen zu den OLE DB-Treibern.

Data Source	OLE DB Connection String
Microsoft Access	Provider=Microsoft.Jet.OLEDB.4.0;Data Source=Pfad zur .mdb-Datei
Microsoft SQL Server	Provider=SQLOLEDB.1;Data Source=Pfad zur Datenbank auf dem Datenbankserver
Oracle	Provider=MSDAORA.1;Data Source= Pfad zur Datenbank auf dem Datenbankserver
Microsoft Indexing Service	Provider=MSIDXS.1;Data Source=Pfad zur Datenbankdatei

Tabelle 7.3: *OLE DB-Treiber*

Sie könnten Listing 7.15 also sehr einfach auf OLE DB umstellen:

```
strDSN = "Provider=Microsoft.Jet.OLEDB.4.0;Data Source=C:\adressen.mdb"
Set objDB = CreateObject("ADODB.Connection")
objDB.Open strDSN
WScript.Echo "OK"
```

Listing 7.16: *Access-Datenbank über OLE DB ansprechen*

Dynamisch Access-Datenbanken einsetzen

Weil die hier gezeigte Verbindungsvariante keinerlei Voreinstellungen in der Registry erfordert, könnten Sie damit per Skript Datenbanken öffnen, die Sie zusammen mit Ihren Skripts zum Beispiel auf einem Datenträger ausliefern.

Dazu muss sich die Datenbank lediglich in demselben Ordner befinden wie das Skript. Das folgende Skript ermittelt zuerst den Ordner, in dem es sich befindet, und versucht dann, die Datenbank »adressen.mdb« anzusprechen, die in demselben Ordner liegen muss wie das Skript:

```
strName = "adressen.mdb"

strPath = WScript.ScriptFullName
strPath = Left(strPath, InStrRev(strPath, "\")) & strName
```

```
Set objDB = CreateObject("ADODB.Connection")
strDSN = "Provider=Microsoft.Jet.OLEDB.4.0;Data Source=""" & strPath & """"
objDB.Open strDSN

WScript.Echo "OK"
```

Listing 7.17: Auf eine Access-Datenbank zugreifen, die im Skriptordner liegt

Mit Recordsets der Datenbank arbeiten

Jetzt sind Sie bereit dafür, auf die Recordsets zuzugreifen, die in der Datenbank lagern. Im Prinzip gehen Sie mit diesen Recordsets genauso um wie in den Skriptbeispielen, die selbst eigene Recordsets angelegt oder per XML geladen haben.

In der Datenbank »adressen.mdb« liegt eine Tabelle namens »Kunden«. Diese Tabelle ist eigentlich ein Recordset. Um es anzusprechen, erweitern Sie Listing 7.16 und gehen so vor:

```
strTable = "Kunden"
strDB = "c:\adressen.mdb"

strDSN = "Provider=Microsoft.Jet.OLEDB.4.0;Data Source=""" & strDB & """"

Set objRS = CreateObject("ADODB.Recordset")
objRS.Open strTable, strDSN
```

Listing 7.18: Auf ein Recordset zugreifen

Mit *objRS*, dem Recordset aus der Datenbank, können Sie nun genauso verfahren wie mit den Recordsets, die Sie schon früher kennen gelernt haben.

Möchten Sie zum Beispiel den Inhalt des Recordsets anzeigen, dann machen Sie dies so:

```
strTable = "Kunden"
strDB = "c:\adressen.mdb"

strDSN = "Provider=Microsoft.Jet.OLEDB.4.0;Data Source=""" & strDB & """"

Set objRS = CreateObject("ADODB.Recordset")
objRS.Open strTable, strDSN

If objRS.eof Then
   WScript.Echo "leer"
Else
   WScript.Echo objRS.GetString
End If
```

Listing 7.19: Den Inhalt eines Recordsets anzeigen

Wahrscheinlich ist das Recordset noch leer. Aber das ändern Sie im nächsten Schritt. Möchten Sie zum Beispiel einen neuen Kunden aufnehmen, dann fügen Sie ähnlich wie in Listing 7.1 die Informationen über *Add* ins Recordset ein. Damit das funktioniert, muss das Recordset allerdings im Schreibmodus geöffnet sein, was über die Konstante *adLockOptimistic* gewährleistet wird.

```
strTable = "Kunden"
strDB = "c:\adressen.mdb"

'CursorTypeEnum
Const adOpenDynamic = 2
Const adOpenForwardOnly = 0
Const adOpenKeyset = 1
Const adOpenStatic = 3
Const adOpenUnspecified = -1

'LockTypeEnum
Const adLockBatchOptimistic = 4
Const adLockOptimistic = 3
Const adLockPessimistic = 2
Const adLockReadOnly = 1
Const adLockUnspecified = -1

' CommandTypeEnum
Const adCmdFile = 256
Const adCmdStoredProc = 4
Const adCmdTable = 2
Const adCmdTableDirect = 512
Const adCmdText = 1
Const adCmdUnknown = 8
Const adCmdUnspecified = -1


strDSN = "Provider=Microsoft.Jet.OLEDB.4.0;Data Source=""" & strDB & """"

Set objRS = CreateObject("ADODB.Recordset")
objRS.Open strTable, strDSN, adOpenForwardOnly, adLockOptimistic, adCmdTable


objRS.AddNew
objRS("Name") = "Weltner"
objRS("Vorname") = "Tobias"
objRS("Email") = "Irgendwo@irgendwer.com"
objRS("Ort") = "Zumselhausen"
objRS("PLZ") = 12345
objRS.Update

WScript.Echo "OK"
```

Listing 7.20: *Neue Informationen in ein Recordset eintragen*

ACHTUNG: Würden Sie versuchen, einen Datensatz anzulegen, bei dem Sie das Feld »Name« nicht definieren, dann erhalten Sie einen Fehler. Beim Anlegen der Datenbank wurde nämlich festgelegt, welche Felder zwingend erforderlich sind und welche nicht. Das Feld »Name« ist erforderlich und muss also angegeben werden. Das Feld »PLZ« dagegen ist optional und braucht nicht zwingend festgelegt zu werden.

Wenn Sie möchten, können Sie auf diese Weise auch den Inhalt eines Recordsets als XML-Datei exportieren und später ganz ohne Datenbank wie im ersten Teil des Kapitels gezeigt weiterverwerten.

So wäre es möglich, Stammdaten aus einer Unternehmensdatenbank zu exportieren, um später isoliert mit den so gewonnenen XML-Dateien weiterzuarbeiten.

WICHTIG: Wenn Sie Informationen aus einem Recordset in eine XML-Datei exportieren, dann gelten für den Export die Filterkriterien, die Sie zuvor eventuell mit *Filter* so wie in Listing 7.10 gezeigt festgelegt haben. Sie können also zuerst einen passenden Filter definieren und erst dann das Recordset als XML-Datei speichern, um tatsächlich nur die benötigten Daten in die XML-Datei zu schreiben.

```
Const adPersistXML = 1

strXML = "C:\daten.xml"
strTable = "Kunden"
strDB = "c:\adressen.mdb"

Set objRS = CreateObject("ADODB.Recordset")

strProvider = "DRIVER={Microsoft Access Driver (*.mdb)}; DBQ=" & strDB

objRS.Open strTable, strProvider
objRS.Save strXML, adPersistXML
```

Listing 7.21: Den Inhalt eines Recordsets als XML-Datei speichern

SQL-Abfragen einsetzen

Eben haben Sie den Inhalt der Datenbank direkt über Recordsets verwaltet. Datenbanken besitzen den großen Vorteil, dass hier auch so genannte SQL-Abfragen erlaubt sind. SQL ist eine Abfragesprache, die im Datenbankumfeld Standard ist.

Mit SQL sind viele zusätzliche Abfragen möglich, die zum Beispiel Tabellen-Joins (die Verknüpfung von mehreren Tabellen alias Recordsets) umfassen. Sie alle aufzuführen, würde den Rahmen dieses Buches sprengen.

SQL-Abfragen verstehen

Um eine SQL-Abfrage an eine Datenbank zu richten, passen Sie Listing 7.18 nur minimal an:

```
strDB = "c:\adressen.mdb"
sql = "select * from kunden where vorname like 't%' order by name asc"

strDSN = "Provider=Microsoft.Jet.OLEDB.4.0;Data Source=""" & strDB & """"
Set cbjDB = CreateObject("ADODB.Connection")
objDB.Open strDSN

Set objRS = objDB.Execute(sql)
If objRS.EOF Then
   WScript.Echo "Kein Ergebnis"
Else
   WScript.Echo objRS.GetString
End If
```

Listing 7.22: SQL-Anfrage an Datenbank richten

Das Skript spricht die Datenbank also über *ADODB.Connection* an und richtet dann seine SQL-Anfrage mit *Execute* an die Datenbank. Das Ergebnis der Abfrage wird dann als Recordset zurückgeliefert und kann jetzt wie üblich weiterverarbeitet und zum Beispiel über getString ausgelesen werden.

Die SQL-Abfrage selbst verwendet »SELECT«, einen von vielen SQL-Anweisungen. Select ruft Daten ab. Der Stern sorgt dafür, dass alle Felder der Tabelle zurückgeliefert werden, die hinter »FROM« genannt wird.

»WHERE« bestimmt schließlich, welchen Kriterien die Datensätze entsprechen müssen. »ORDER BY« legt fest, nach welchem Feld und in welcher Reihenfolge die Ergebnisse sortiert sein sollen.

Wichtige SQL-Abfragen in der Übersicht

In der Paxis werden nur eine handvoll SQL-Abfragen benötigt. Wenn Sie sich mehr für das Thema interessieren, werden Sie im Internet aber selbst für die exotischsten Fragestellungen SQL-Abfragen finden.

Daten einfügen mit INSERT INTO

Möchten Sie ähnlich wie Listing 7.20 neue Daten in eine Datenbanktabelle eintragen und hierfür SQL verwenden, dann verwenden Sie »INSERT INTO«:

```
strDB = "c:\adressen.mdb"

strDSN = "Provider=Microsoft.Jet.OLEDB.4.0;Data Source=""" & strDB & """"

Set objDB = CreateObject("ADODB.Connection")

objDB.Open strDSN

sql = "INSERT INTO kunden (vorname, name, email, ort, plz) " _
    & "VALUES ('martina', 'heidecke', 'wer@wo.com', 'Cofihausen', 77665)"
objDB.Execute sql
WScript.Echo "OK"
```

Listing 7.23: Neue Datensätze einfügen

Datensätze löschen mit DELETE

»DELETE« entfernt Datensätze aus einer Tabelle. Alle Datensätze, die den angegebenen Kriterien hinter »WHERE« entsprechen, werden gelöscht.

```
strDB = "c:\adressen.mdb"

strDSN = "Provider=Microsoft.Jet.OLEDB.4.0;Data Source=""" & strDB & """"

Set objDB = CreateObject("ADODB.Connection")

objDB.Open strDSN

sql = "delete * from kunden where vorname='Tobias'"
```

```
objDB.Execute sql
WScript.Echo "OK"
```

Listing 7.24: Datensätze aus einer Tabelle löschen

Existierende Datensätze aktualisieren

Wollen Sie vorhandene Datensätze ändern, dann nutzen Sie »UPDATE«. Das nächste Skript ändert zum Beispiel die Postleitzahl bei allen Kunden, die in einem bestimmten Ort wohnen:

```
strDB = "c:\adressen.mdb"

strDSN = "Provider=Microsoft.Jet.OLEDB.4.0;Data Source=""" & strDB & """"

Set objDB = CreateObject("ADODB.Connection")

objDB.Open strDSN

sql = "UPDATE kunden SET plz=66778 WHERE Ort='Cofihausen'"
objDB.Execute sql
WScript.Echo "OK"
```

Listing 7.25: Informationen in bestehenden Datensätzen aktualisieren

Sonderzeichen entschärfen

Achten Sie darauf, dass SQL einige Zeichen mit besonderer Bedeutung versieht. Das einfache Anführungszeichen begrenzt Teile des SQL-Befehls. Wollen Sie also das einfache Anführungszeichen in ein Feld schreiben, dann müssen Sie es durch zwei einfache Anführungszeichen maskieren:

```
vorname = Replace(vorname, "'", "''")
nachname = Replace(nachname, "'", "''")
email = Replace(email, "'", "''")
telefon = Replace(telefon, "'", "''")
```

Dies ist nicht nur wichtig, um Fehler zu vermeiden, sondern auch, um Sicherheit zu gewährleisten. Über die so genannte »SQL Injection«-Technik wäre es Angreifern sonst möglich, über Freitexteingaben in Ihre SQL-Abfrage einzugreifen und ganz andere Abfragen durchzuführen, als Sie eigentlich erlauben wollen.

8 ADSI – das Active Directory Service Interface

184 Überblick: Die ADSI-Provider
185 Das lokale System ansprechen
187 Das Schema eines Objekts nutzen
194 Das Active Directory ansprechen
201 Vorhandene Objekte ändern
210 Neue Objekte anlegen
212 Vorhandene Objekte löschen

Ein wesentlicher Arbeitsbereich des Administrators ist die Benutzerkonto-Verwaltung. In einem domänengestützten Netzwerk betrifft das die Pflege der Konten auf dem Domänen-Controller. Bei Peer-to-Peer-Netzwerken (ohne Domänencontroller also) müssen die Benutzerkonten einzeln auf jedem Computer gepflegt werden.

Skripts können hier sehr viel Arbeit sparen:

- **Komplexe Aufgaben erleichtern:** Automatisieren Sie immer wiederkehrende Handgriffe und legen Sie zum Beispiel neue Benutzerkonten per Skript an. Das Skript könnte auf diese Weise nicht nur das Konto anlegen, sondern auch gleich alle weiteren Standardeinstellungen darin vornehmen.

- **Mehr Kontrolle:** Schaffen Sie sich Skripts, die wichtige Prüfungen für Sie regelmäßig vornehmen. Skripts könnten zum Beispiel Listen der Konten erstellen, die zurzeit gesperrt sind, ein zu altes Kennwort verwenden oder längst nicht mehr eingesetzt werden.

Skripts haben die Möglichkeit, über einen Mechanismus namens ADSI (*Active Directory Service Interface*) sowohl die lokalen als auch die domänenbasierten Benutzerkonten (und Gruppen) anzusprechen. Der Name ist also insoweit etwas irreführend, als Sie auch ohne Active Directory mit ADSI erfolgreich lokale Benutzerkonten verwalten können.

ADSI ist ab Windows 2000 Teil des Betriebssystems. Wollen Sie es auf alten Windows NT-Systemen einsetzen, zum Beispiel, um dort Benutzereinstellungen im Rahmen einer Migration auszulesen, dann muss ADSI auf dem NT-System lediglich nachinstalliert werden. Microsoft stellt ADSI als kostenloses Download für diese älteren Betriebssysteme zur Verfügung.

Überblick: Die ADSI-Provider

ADSI bietet die Infrastruktur, und Provider füllen diese Infrastruktur mit Leben. Für jede Art von Informationsquelle kann ein eigener Provider programmiert werden, sodass ADSI auch für künftige Herausforderungen gerüstet ist und im Firmenumfeld erweitert werden kann.

Die folgenden Provider sind Standardbestandteil von ADSI:

Provider-Name	Beschreibung
WinNT:	Computer- und Benutzerverwaltung für Windows NT und Windows 2000
NWCOMPAT:	Novell NetWare 3.0
NDS:	Novell NetWare Directory Service
LDAP:	Lightweight Directory Access Protocol zum Zugriff auf das Windows 2000 Active Directory oder auf Exchange
IIS:	Internet Information Server

Tabelle 8.1: *Die ADSI-Standardprovider*

Nicht alle Provider sind automatisch auf Ihrem System vorhanden. Haben Sie zum Beispiel den *Internet Information Server* nicht installiert, dann fehlt der *IIS:*-Provider.

Welche ADSI-Provider bei Ihnen zur Verfügung stehen, ermittelt das folgende Skript:

```
Set NamespacesObj = GetObject("ADS:")

For Each obj In NamespacesObj
    WScript.Echo obj.name
Next
```

Listing 8.1: *Verfügbare ADSI-Provider ermitteln*

WICHTIG: Achten Sie bei der Angabe des Provider-Namens unbedingt auf Groß- und Kleinschreibung!

Der WinNT:-Provider

WinNT: ist der Universalprovider für die Windows-Benutzerverwaltung. Die größten Vorteile dieses Providers sind seine einfache Struktur und seine machtvollen Methoden. Der *WinNT:*-Provider ermöglicht den Zugriff sowohl auf lokale Benutzerkonten, die in der SAM-Datenbank des einzelnen Systems gespeichert sind, als auch auf Domänen-basierte Konten eines Domänencontrollers.

Allerdings erlaubt der Provider nur den Zugriff auf die Eigenschaften eines Kontos, die bereits zu Zeiten von Windows NT festgelegt waren. Mit Einführung der Active Directory sind zahlreiche neue Eigenschaften hinzugekommen, und außerdem können Benutzerkonten im Active Directory hierarchisch in Organisationseinheiten gegliedert werden. Aus diesem Grunde wird der *WinNT:*-Provider in der Regel nicht dazu eingesetzt, ein Active Directory zu verwalten.

Der LDAP:-Provider

LDAP (*Lightweight Directory Access Protocol*) ist ein Universalprotokoll für Verzeichnisdienste und ganz nebenbei einer der Industriestandards. Damit ist *LDAP:* ein sehr flexibler Provider, mit dem Sie auf moderne Datenquellen aller Art zugreifen können.

Mit LDAP haben Sie zum Beispiel vollen Zugriff auf alle Daten des Active Directories. Über LDAP können Sie aber auch andere kompatible Informationssysteme ansprechen, zum Beispiel Novell oder Exchange (ab Version 5.5).

Das lokale System ansprechen

Sie werden gleich sehen, dass nur wenige Skriptzeilen erforderlich sind, um via ADSI auf Elemente der Benutzerverwaltung wie zum Beispiel Benutzerkonten oder Gruppen zuzugreifen. Zunächst einige wichtige Grundlagen:

ADSI organisiert beinahe alles in Containern. Jede Netzwerk-Domäne ist zum Beispiel ein Container, und in diesem Container liegen die Computer, die Domänenmitglied sind, die domänenweit gültigen Konten und alle Organisationseinheiten. Jeder Computer ist wiederum ein Container, und in diesem finden sich zum Beispiel die lokalen Benutzerkonten und Gruppen. Ähnlich verhält es sich mit den Organisationseinheiten, die wiederum Konten oder Ressourcen enthalten können.

Glücklicherweise funktionieren alle Container nach einem ganz ähnlichen Prinzip. Sie können Container immer mit der *For Each...Next*-Schleife durchlaufen, um ihren Inhalt auszulesen. Wenn Sie möchten, können Sie mit der Filter-Eigenschaft, die jeder Container besitzt, den Inhalt vorher filtern, so dass Sie nur bestimmte darin enthaltene Objekttypen erhalten.

Daneben gibt es genau drei ADSI-Funktionen, mit denen Sie Container bearbeiten:

Befehl	Bedeutung
Create	Legt ein neues Objekt in den Container. Das könnte zum Beispiel ein neues Benutzerkonto sein.
Delete	Entfernt ein Objekt aus dem Container. So könnten Sie zum Beispiel ein Benutzerkonto löschen.
GetObject	Greift auf ein bestimmtes Objekt im Container zu. Damit könnten Sie sich die Einstellungen eines bestimmten Kontos anzeigen lassen oder diese ändern.

Tabelle 8.2: Die drei wesentlichen Befehle der ADSI-Container

Auf einen Container zugreifen

Schauen Sie sich zunächst an, wie Sie auf einen beliebigen ADSI-Container per Skript zugreifen. Der am besten erreichbare Container ist Ihr eigener lokaler Computer, denn um auf diesen zuzugreifen, benötigen Sie noch nicht einmal eine Netzwerkverbindung. Das folgende Skript greift auf den *Computer*-Container Ihres Computers zu und zeigt an, welche Objekte darin lagern:

```
Set objADSI = GetObject("WinNT://.")

For Each objInhalt In objADSI
   WScript.Echo objInhalt.Class, objInhalt.name
Next
```

Listing 8.2: Alle Objekte des lokalen Computer-Containers auflisten

Wie Sie sehen, werden zahlreiche Objekte zurückgeliefert. Weil jedes ADSI-Objekt einer bestimmten Sorte entspricht, die über die Eigenschaft *Class* ausgegeben werden kann, bleibt alles aber übersichtlich: Ihr lokaler *Computer*-Container enthält Objekte des Typs »User«, »Group« und »Service«, also die lokalen Benutzerkonten, die lokalen Gruppen und die Dienste.

Generell unterstützt jedes ADSI-Objekt die Eigenschaften aus Tabelle 8.3:

Eigenschaft oder Methode	Beschreibung
ADsPath	Der Pfadname, der dieses Objekt eindeutig im ADSI-Namensraum identifiziert. Das Objekt kann unter diesem Namen jederzeit über GetObject angesprochen werden.
Class	Die Klasse dieses Objekts, also sein Typ. Sie haben in Listing 6.26 bereits gesehen, wie Sie die speziellen Eigenschaften eines Klassentyps sichtbar machen.
GetInfo	Liest die Eigenschaften für das Objekt neu ein.
GUID	Die global eindeutige ID-Nummer dieses Objekt-Typs
Name	Der Name des Objekts
Parent	Der Name des übergeordneten Objekts
Schema	Der eindeutige ADSI-Pfad zum Schema-Objekt, das für diesen Objekttyp zuständig ist.
SetInfo	Speichert Änderungen, die Sie an den Eigenschaften des Objekts vorgenommen haben.

Tabelle 8.3: Die allgemeinen Methoden und Eigenschaften aller ADSI-Objekte

Containerinhalt filtern

Möchten Sie die Ausgabe filtern, um zum Beispiel nur eine Liste der Benutzerkonten zu erhalten, dann haben Sie bereits von der Eigenschaft *Filter* gehört, die es bei jedem Container gibt.

Abbildung 8.1: Alle lokalen Benutzerkonten auflisten

Diese Eigenschaft kann auf einen oder mehrere Objekttypen festgesetzt werden, für die Sie sich besonders interessieren. Alle übrigen Objekttypen werden dann ausgeblendet. Damit Sie auch tatsächlich ein oder mehrere Objekte angeben können, erwartet die *Filter*-Eigenschaft immer ein Variablenfeld, das Sie mit *Array* anlegen können:

```
Set objADSI = GetObject("WinNT://.")
objADSI.Filter = Array("User")

For Each objInhalt In objADSI
   WScript.Echo objInhalt.Class, objInhalt.name
Next
```

Listing 8.3: Alle Benutzerkonten auflisten

Auf Remotesysteme zugreifen

ADSI ist natürlich netzwerktauglich, und so ist es nicht schwierig, auch remote über das Netzwerk auf fremde Systeme zuzugreifen, um diese fernzuverwalten. Dafür benötigen Sie lediglich lokale Administrator-Rechte auf dem Zielsystem.

Allerdings sollten Sie einige wenige Tipps kennen, die den Verbindungsaufbau zu Remotesystemen beschleunigen können.

Wenn Sie nämlich mit der folgenden Zeile auf einen Remotecomputer zugreifen, können dabei einige unerwünschte und vor allem zeitraubende Dinge passieren:

```
zielsystem = "PC001"
Set objADSI = GetObject("WinNT://" & zielsystem)
```

ADSI würde in diesem Fall zunächst versuchen, eine Domäne namens »PC001« zu erreichen und einige Sekunden auf eine Antwort warten. Erst dann käme die Verbindung zum Computer »PC001« zustande. Um das zu vermeiden, können Sie die Objektklasse vorgeben, die Sie ansprechen wollen. Wenn Sie auf diese Weise ADSI sagen, dass Sie nach einem Objekt der Klasse *Computer* suchen, spart es sich die langwierige Suche nach einer Domäne:

```
zielsystem = "PC001"
Set objADSI = GetObject("WinNT://" & zielsystem & ",computer")
```

Falls das Zielsystem gar nicht online ist, käme es erneut zu einer Wartepause, bis ADSI die Verbindungsaufnahme aufgibt. Wenn Sie also planen, viele Computer nacheinander abzufragen, wo sich dieser Effekt leicht potenziert, sollten Sie vor jeder Verbindungsaufnahme zum Beispiel durch einen Ping testen, ob das System überhaupt online ist. Wie Sie per Skript pingen, war bereits Thema im Kapitel 5.

Das Schema eines Objekts nutzen

Sie haben inzwischen gesehen, dass ein Container andere Objekte enthalten kann, dass Sie diese mit Hilfe einer *For Each...Next*-Schleife sichtbar machen können und dass der Container eine Eigenschaft namens *Filter* besitzt.

ADSI liefert Ihnen auf Wunsch aber noch sehr viel mehr nützliche Informationen über Container, wie das nächste Skript zeigt:

```
Set objADSI = GetObject("WinNT://.")
WScript.Echo objADSI.Class

WScript.Echo objADSI.Schema
```

```
Set objSchema = GetObject(objADSI.Schema)

If objSchema.container=True Then
   WScript.Echo "Objekt ist ein Container und darf die folgenden"
   WScript.Echo "Objekte enthalten:"
   For Each allowed In objSchema.containment
      WScript.Echo allowed
   Next
Else
   WScript.Echo "Objekt ist kein Container."
End If

WScript.Echo "Es stehen die folgenden Eigenschaften zur Verfügung:"

For Each property In objSchema.MandatoryProperties
   WScript.Echo "zwingend", property
Next

For Each property In objSchema.OptionalProperties
   WScript.Echo "optional: ", property
Next
```

Listing 8.4: *Alle wichtigen Eigenschaften eines Containers sichtbar machen*

Das Skript öffnet wieder den *Computer*-Container Ihres lokalen Computers. Über *Class* zeigt sich, dass dieser Container vom Typ »Computer« ist. Die Eigenschaft *Schema* liefert den ADSI-Pfad zur internen »Betriebsanleitung« für Objekte vom Typ »Computer«.

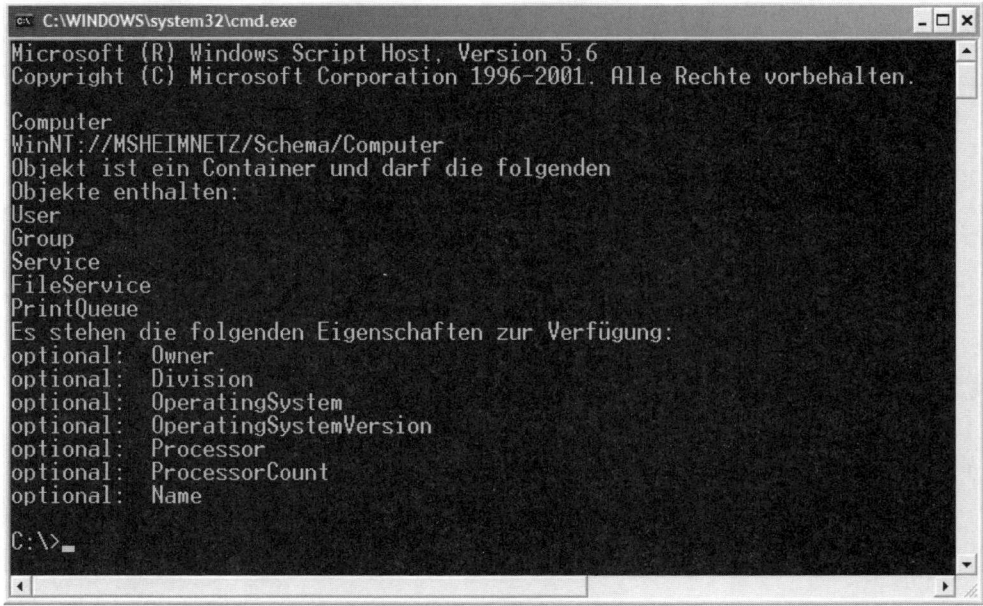

Abbildung 8.2: *Alle Eigenschaften eines ADSI-Objekts anzeigen*

Das Skript nutzt also den Pfad, den *Schema* liefert, und verbindet sich mit *GetObject* mit dieser Betriebsanleitung.

Dann prüft es, ob die Eigenschaft *Container* den Wert *true* enthält. Falls ja, bedeutet dies, dass das Objekt ein Container ist und also weitere Objekte enthalten darf. Erwartungsgemäß ist das beim *Computer*-Objekt der Fall. Das Skript kann jetzt den Inhalt der Eigenschaft *Containment* auslesen. Dieses Feld liefert alle Objekttypen, die in diesem Container prinzipiell vorkommen dürfen.

Zum Schluß liest das Skript die beiden Eigenschaften *MandatoryProperties* und *OptionalProperties* aus. Beide sind Felder und liefern die Namen der zwingend definierten und der optionalen Eigenschaften (auch »Attribute« genannt). Jedes Objekt vom Typ *Computer* muss also diese Eigenschaften besitzen, und die zwingenden Eigenschaften (*Mandatory Properties*) müssen einen definierten Wert haben.

Wie sich herausstellt, liefert das Computer-Objekt ein paar rudimentäre Informationen zum PC wie zum Beispiel *Owner*, *OperatingSystem* und *Processor*. Alle diese Eigenschaften sind optional, müssen also nicht unbedingt mit Inhalt gefüllt sein. So würde ein Skript diese Eigenschaften erfragen:

```
Set objADSI = GetObject("WinNT://.")
With objADSI
   WScript.Echo .Owner
   WScript.Echo .OperatingSystem, .OperatingSystemVersion
   WScript.Echo .ProcessorCount
End With
```

Listing 8.5: *Eigenschaften des Computer-Objekts auslesen*

Welche Informationen stehen zur Verfügung?

Mit diesem Wissen können Sie auch die Eigenschaften auflisten lassen, die die Objekte bereitstellen, die im *Computer*-Objekt gelagert sind. Sie hatten bereits gesehen, dass es sich dabei um Benutzerkonten, Gruppen und Dienste handelt. Welche Eigenschaften stellen diese Objekte bereit?

Dazu greifen Sie sich am einfachsten ein Objekt aus dem *Computer*-Container heraus, das Sie näher untersuchen wollen. Tabelle 8.2 hatte bereits die drei wesentlichen Befehle genannt, mit denen Sie Containerinhalte bearbeiten. *GetObject* dient dazu, aus einem Container ein bestimmtes Objekt herauszufischen.

Das nächste Skript greift auf das lokale Konto namens »Administrator« zu, verbindet sich dann mit seinem Schema und listet alle Eigenschaften dieses Objekts auf:

```
Set objADSI = GetObject("WinNT://.")
Set objuser = objADSI.GetObject("user", "Administrator")

ExamineObject objuser

Sub ExamineObject(ByVal obj)
   WScript.Echo "Objekt ist vom Typ: " & obj.Class
   WScript.Echo "Schema-Pfad: " & obj.schema

   Set objSchema = GetObject(obj.Schema)

   If objSchema.container=True Then
      WScript.Echo "Objekt ist ein Container und darf die folgenden"
      WScript.Echo "Objekte enthalten:"
      For Each allowed In objSchema.containment
         WScript.Echo allowed
```

```
        Next
    Else
        WScript.Echo "Objekt ist kein Container."
    End If

    WScript.Echo "Es stehen die folgenden Eigenschaften zur Verfügung:"

    For Each property In objSchema.MandatoryProperties
        WScript.Echo "zwingend", property
    Next

    For Each property In objSchema.OptionalProperties
        WScript.Echo "optional: ", property
    Next
End Sub
```

Listing 8.6: *Eigenschaften des User-Objekts untersuchen*

Wie sich zeigt, ist das *User*-Objekt kein Container, enthält also keine weiteren Objekte. Es liefert aber eine große Anzahl Eigenschaften, die die Einstellungen des Benutzerkontos betreffen.

Ersetzen Sie nun in Listing 8.6 diese Zeilen:

```
Set objuser = objADSI.GetObject("user", "Administrator")
ExamineObject objuser
```

durch diese Zeilen:

```
Set objgroup = objADSI.GetObject("group", "Administratoren")
ExamineObject objgroup
```

Ihr Skript greift nun nicht mehr auf das lokale Benutzerkonto namens »Administrator« zu, sondern auf die lokale Gruppe namens »Administratoren«.

Diesmal erhalten Sie ein *Group*-Objekt zurück, das ebenfalls über Eigenschaften, wenngleich über sehr viel weniger als beim Benutzerkonto verfügt. Dabei wird deutlich, dass Gruppen eine zwingende Eigenschaft namens *groupType* haben. Das ist klar: Gruppen müssen einem bestimmten Typ angehören, der festlegt, ob sie lokal oder global sind.

Mit dem jetzt gewonnenen Wissen könnten Sie Listing 8.3 erweitern. Sie wissen nun, über welche Eigenschaften ein *User*-Objekt verfügt. Damit wissen Sie, wonach Sie fragen dürfen:

```
Set objADSI = GetObject("WinNT://.")
objADSI.Filter = Array("User")

For Each objInhalt In objADSI
    WScript.Echo objInhalt.name
    WScript.Echo objInhalt.description
    WScript.Echo objInhalt.Profile

    WScript.Echo string(80, "=")
Next
```

Listing 8.7: *Erweiterte Informationen zu allen lokalen Benutzerkonten anzeigen*

Allerdings ist nicht garantiert, dass Sie auf Ihre Frage auch tatsächlich eine Antwort bekommen, denn Listing 8.6 hatte bereits gezeigt, dass sämtliche Eigenschaften des *User*-Objekts optional sind.

Im einfachsten Fall ist eine Eigenschaft einfach leer. Problematischer wird es, wenn eine Eigenschaft undefiniert ist. Das kann Ihnen bei der Eigenschaft *LastLogin* passieren, die den Zeitpunkt der letzten Anmeldung protokolliert. Hat sich mit dem betreffenden Benutzerkonto noch niemand angemeldet, dann ist diese Eigenschaft leer und kann nicht ausgelesen werden.

```
Set objADSI = GetObject("WinNT://.")
objADSI.Filter = Array("User")

For Each objInhalt In objADSI
   WScript.Echo objInhalt.name

   On Error Resume Next
   datum = objInhalt.LastLogin
   If Err.number = 0 Then
      WScript.Echo datum
      differenz = DateDiff("d", datum, Now)
      WScript.Echo "vor " & differenz & " Tagen."
   Else
      WScript.Echo "Noch nie angemeldet"
   End If

   WScript.Echo string(80, "=")
Next
```

Listing 8.8: *Datum der letzten Anmeldung bestimmen*

Sie können das Problem aber beheben, indem Sie die Abfrage in einen *On Error Resume Next/On Error Goto 0*-Block stellen und so das Fehlerhandling vorübergehend abschalten. Wenn dabei kein Fehler auftritt, also *Err.Number* den Wert *0* liefert, dann wissen Sie, dass ein gültiges Datum gelesen wurde. Andernfalls können Sie davon ausgehen, dass sich mit dem betreffenden Konto noch niemand angemeldet hat.

Alle lesbaren Informationen automatisiert anzeigen

Listing 8.6 hatte gezeigt, dass ADSI mit seinem Schema bereitwillig Auskunft darüber gibt, welche Eigenschaften ein beliebiges ADSI-Objekt liefert. Sie können deshalb auch sämtliche Eigenschaften eines Objekts automatisch abfragen und erhalten so einen sehr einfachen Überblick, welche Informationen ein ADSI-Objekt überhaupt enthält.

Weil es dabei passieren kann, dass Sie Eigenschaften abfragen, die entweder wie beim Beispiel von *LastLogin* nicht definiert sind oder die in einem Datenformat vorliegen, das VBScript nicht bearbeiten kann, müssen die Abfragen wieder bei abgeschaltetem Fehlerhandling vorgenommen werden.

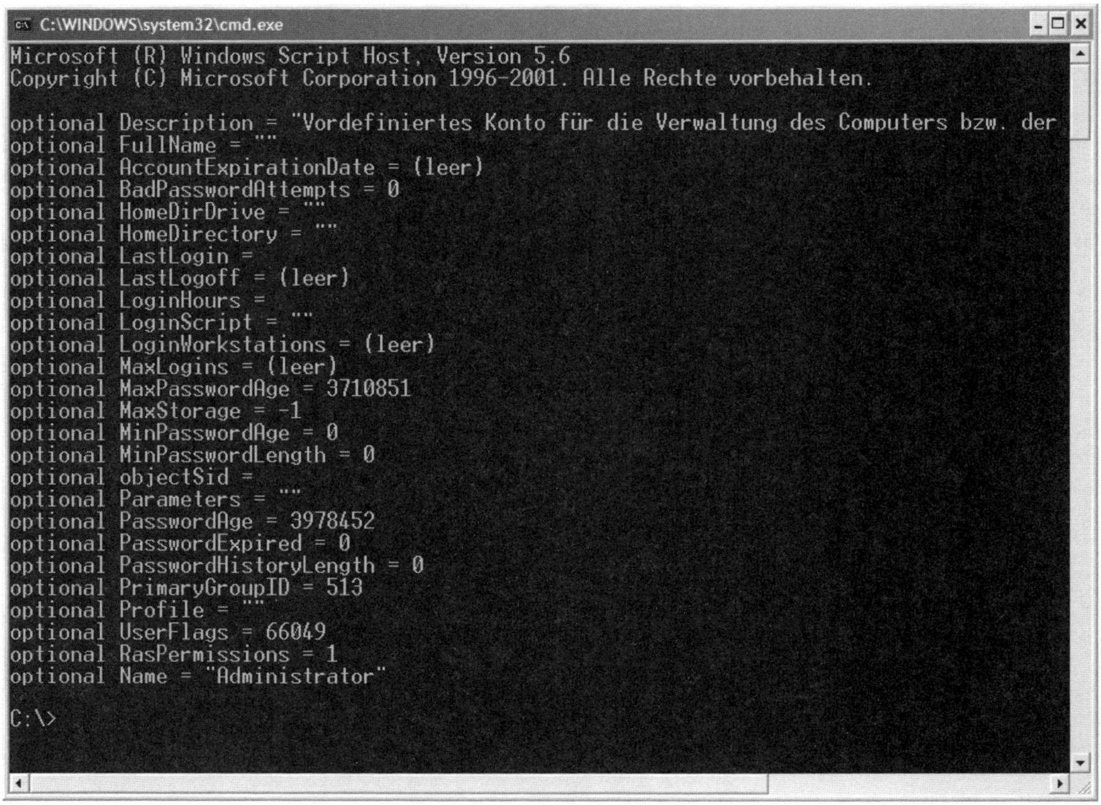

```
Microsoft (R) Windows Script Host, Version 5.6
Copyright (C) Microsoft Corporation 1996-2001. Alle Rechte vorbehalten.

optional Description = "Vordefiniertes Konto für die Verwaltung des Computers bzw. der
optional FullName = ""
optional AccountExpirationDate = (leer)
optional BadPasswordAttempts = 0
optional HomeDirDrive = ""
optional HomeDirectory = ""
optional LastLogin =
optional LastLogoff = (leer)
optional LoginHours =
optional LoginScript = ""
optional LoginWorkstations = (leer)
optional MaxLogins = (leer)
optional MaxPasswordAge = 3710851
optional MaxStorage = -1
optional MinPasswordAge = 0
optional MinPasswordLength = 0
optional objectSid =
optional Parameters = ""
optional PasswordAge = 3978452
optional PasswordExpired = 0
optional PasswordHistoryLength = 0
optional PrimaryGroupID = 513
optional Profile = ""
optional UserFlags = 66049
optional RasPermissions = 1
optional Name = "Administrator"

C:\>
```

Abbildung 8.3: Alle Eigenschaften eines ADSI-Objekts automatisch auslesen

Das folgende Skript ist eine simple Erweiterung von Listing 8.6. Neu ist im Wesentlichen nur die Funktion *GetProperty*, die die Eigenschaften aus dem Objekt ausliest. Wie Sie sehen, unterstützt das Objekt dazu die Funktion *Get*: Ihr kann man den gewünschten Eigenschaften-Namen übergeben und erhält den Wert zurück.

```
Set objADSI = GetObject("WinNT://.")
Set objuser = objADSI.GetObject("user", "Administrator")

ExamineObject objuser

Sub ExamineObject(ByVal obj)
   obj.GetInfo
   Set objSchema = GetObject(obj.Schema)
   For Each property In objSchema.MandatoryProperties
      WScript.Echo "zwingend:", property, "=", GetProperty(obj, property)
   Next

   For Each property In objSchema.OptionalProperties
      WScript.Echo "optional", property, "=", GetProperty(obj, property)
   Next
End Sub
```

```
Function GetProperty(obj, property)
    On Error Resume Next
    GetProperty = "unlesbar"
    GetProperty = obj.get(property)
    On Error Goto 0
End Function
```

Listing 8.9: Alle Eigenschaften eines ADSI-Objekts auf einfache Weise lesen

WICHTIG: Wenn Sie sich ein Objekt wie in diesem Fall das *Domain*-Objekt beschaffen, sind möglicherweise noch nicht alle Eigenschaften des Objekts mit Daten gefüllt. Erst wenn Sie explizit die Methode *GetInfo* des Objekts aufrufen, wird es mit den verfügbaren Daten gefüllt. Aus diesem Grund ruft die Funktion *ExamineObject* zuerst *GetInfo* auf und ermittelt erst dann die Eigenschaften des Objekts.

Für einfache Zwecke genügt Listing 8.9 vollauf, aber noch mehr Informationen werden mit Listing 8.10 sichtbar. Dieses Skript verwendet anstelle von *Get* die Funktion *GetPropertyItem* und kann so nicht nur den Inhalt der Eigenschaft bestimmen, sondern auch dessen Variablentyp. Damit ist es zum Beispiel möglich, Texte korrekt mit Anführungszeichen anzugeben.

```
Set objADSI = GetObject("WinNT://.")
Set objuser = objADSI.GetObject("user", "Administrator")

ExamineObject objuser

Sub ExamineObject(ByVal obj)
    obj.GetInfo
    Set objSchema = GetObject(obj.Schema)
    For Each property In objSchema.MandatoryProperties
        WScript.Echo "zwingend:", property, "=", GetProperty(obj, property)
    Next

    For Each property In objSchema.OptionalProperties
        WScript.Echo "optional", property, "=", GetProperty(obj, property)
    Next
End Sub

Function GetProperty(obj, property)
    Const ADSTYPE_UNKNOWN = &h1A    ' (dezimal: 26)

    On Error Resume Next
    Set propEntry = obj.GetPropertyItem(property, ADSTYPE_UNKNOWN)
        If Err.number= 0 Then
        For Each v In propEntry.Values
            Set propVal = v
            Select Case propVal.ADsType
                Case 2
                   ' ADSTYPE_CASE_EXACT_STRING
                   GetProperty = """" & propVal.CaseExactString & """"
                Case 3
                   ' ADSTYPE_CASE_IGNORE_STRING
                   GetProperty = """" & propVal.CaseIgnoreString & """"
                 Case 4
                    ' ADSTYPE_PRINTABLE_STRING
                    GetProperty = """" & propVal.PrintableString & """"
```

```
            Case 5
                ' ADSTYPE_NUMERIC_STRING
                    GetProperty = """" & propVal.NumericString & """"
                Case 7
                    ' ADSTYPE_INTEGER
                    GetProperty = propVal.Integer
                Case 10
                    ' ADSTYPE_LARGE_INTEGER
                    GetProperty = propVal.LargeInteger
                Case 6
                    ' ADSTYPE_BOOLEAN
                    GetProperty = propVal.Boolean
                Case 9
                    ' ADSTYPE_UTC_TIME
                    GetProperty = propVal.UTCTime
                Case 1
                    ' ADSTYPE_DN_STRING
                    GetProperty = propVal.DNString
                Case 8
                    ' ADSTYPE_OCTET_STRING
                    GetProperty = "[" & propVal.OctetString    & "]"
                Case Else
                    GetProperty = "Inhalt vom Typ " & propVal.ADsType
            End Select
        Next
    Else
        GetProperty = "(leer)"
    End If
    On Error Goto 0
End Function
```

Listing 8.10: Alle Eigenschaften eines ADSI-Objekts ausgeben

Das Active Directory ansprechen

Bis jetzt haben Ihre Skripts auf die lokale Benutzerverwaltung zugegriffen. Dazu kommt immer der *WinNT:*-Provider zum Einsatz. Anders ist das, wenn Sie auf eine Domäne zugreifen. Jetzt steht Ihnen neben dem *WinNT:*-Provider alternativ der *LDAP:*-Provider zur Verfügung.

Zugriff über WinNT:

Um mit *WinNT:* Kontakt zur Domäne herstellen zu können, benötigen Sie den Domänennamen, an dem Sie angemeldet sind. Dieser wird Ihnen zum Beispiel vom *WinNTSystemInfo*-Objekt in der Eigenschaft *DomainName* gemeldet:

```
Set objsysinfo = CreateObject("WinNTSystemInfo")
strDomain = objsysinfo.DomainName
WScript.Echo strDomain

Set objDomain = GetObject("WinNT://" & strDomain & ",domain")
```

Listing 8.11: Mit dem WinNT:-Provider an einer Domäne anmelden

HINWEIS: Ist Ihr Computer nicht an einer Domäne angemeldet, dann liefert *DomainName* den Namen Ihres Computers zurück. Das ist natürlich keine Domäne. Wollen Sie sich an einer Domäne anmelden, ohne dass Ihr Computer an dieser Domäne angemeldet ist, dann geben Sie den gewünschten Domänennamen von Hand in der Variablen *strDomain* an.

Um sicherzustellen, dass ADSI Sie tatsächlich mit einer Domäne verbindet und nicht etwa mit einem *Computer*-Objekt, gibt das Skript hinter dem *WinNT:*-Provider-Namen und hinter dem Domänennamen von einem Komma getrennt die Objektklasse an, die es erhalten will, also »domain«. Diese Angabe ist optional. Ohne sie liefert ADSI das erstbeste Objekt zurück, das dem angegebenen Namen entspricht. Das kann auch ein Computer oder eine Arbeitsgruppe sein.

Ist Ihnen der Kontakt zur Domäne gelungen, dann verwenden Sie zum Beispiel die in Listing 8.10 definierte Funktion *ExamineObject*, um zu ermitteln, welche Informationen das Domain-Objekt zu bieten hat.

```
optional MinPasswordLength = 7
optional MinPasswordAge = 86400
optional MaxPasswordAge = 3710851
optional MaxBadPasswordsAllowed = 0
optional PasswordHistoryLength = 24
optional AutoUnlockInterval = 1800
optional LockoutObservationInterval = 1800
optional Name = "TECHNET"
```

Abbildung 8.4: *Die verfügbaren Eigenschaften einer über WinNT: angesprochenen Domäne*

Zugriff über LDAP:

Bei Active Directory-basierten Domänen steht Ihnen alternativ *LDAP:* für die Kontaktaufnahme zur Verfügung. So einfach würde sich ein Skript zum Beispiel mit Ihrer Anmeldedomäne verbinden:

```
On Error Resume Next
   Set RootDSE = GetObject("LDAP://RootDSE")
   If Err.number <> 0 Then
      WScript.Echo "Sie sind nicht an einer Domäne angemeldet!"
      WScript.quit
   End If
On Error Goto 0

Path = "LDAP://" & RootDSE.get("DefaultNamingContext")
WScript.Echo Path

Set objDomain = GetObject(Path)
```

Listing 8.12: *Automatisch an der Anmeldedomäne anmelden*

rootDSE ist sozusagen die zentrale Auskunft einer Domäne, die Sie aber nur dann erreichen, wenn Sie an der Domäne angemeldet sind. Das Objekt liefert neben dem Domänennamen viele weitere nützliche Informationen:

Eigenschaft	Bedeutung
RootDomainNamingContext	Pfad des ersten Domänencontrollers im Forest, zu dem dieses Verzeichnis gehört.
DefaultNamingContext	Pfad der Domäne, zu der dieses Verzeichnis gehört. Beim Domänencontroller ist dies sein eigener Pfadname.
NamingContexts	Variablenfeld mit den Pfadnamen all derjenigen Namensräume, die in diesem Verzeichnis – also direkt auf diesem Domänencontroller – gespeichert werden.
SchemaNamingContext	Pfad des Schema-Containers mit den Objektdefinitionen aller LDAP-Objekte
SubSchemaSubentry	Pfad des Subschema-Containers
ConfigurationNamingContext	Pfad des Configuration-Containers
DsServiceName	Pfad des NTDS Service-Objekts

Tabelle 8.4: Wegweiser auf die wichtigsten Active Directory Datencontainer

Manuell Verbindung mit der Domäne aufbauen

Möchten Sie sich dagegen von Hand an einer anderen Domäne anmelden, dann geben Sie den Domänen-Pfad in der LDAP-Syntax an. LDAP verwendet für Objektpfade eine an den X.500-Standard angelegte Syntax, die von rechts nach links gelesen wird und aus den Elementen besteht, die Tabelle 8.5 aufführt.

Schlüsselwort	Bedeutung
C	Landesname (Country Name)
CN	Name (Common Name)
DC	Teil des Domänennamens (Domain Component)
L	Örtlichkeit (Locality)
O	Organisation (Organization Name)
OU	Organisationseinheit (Organizational Unit)
ST	Bundesland (State/Province)

Tabelle 8.5: Die Schlüsselwörter der DNS-Namenssyntax

Während also zum Beispiel die Domäne *Technet.local* über *WinNT:* und *NetBIOS* als *WinNT://Technet,Domain* angesprochen wird, splittet *LDAP* diese Information in Häppchen: *LDAP://DC=technet,DC=local*.

```
Set objDomain = GetObject("LDAP://DC=technet,DC=local")
```

Listing 8.13: Direkt mit einer fest vorgegebenen Domäne verbinden

Anmeldung unter alternativem Benutzerkonto

Zur Anmeldung an der Domäne benötigen Sie entsprechende Berechtigungen. Ihre Berechtigungen legen auch fest, welche Informationen Sie aus der Domäne auslesen können. Sie werden später noch lesen, wie die Bestandteile der Domäne ähnlich dem NTFS-Dateisystem abgesichert und der Zugriff kontrolliert wird. Wenn Sie sich also als regulärer Benutzer an der Domäne anmelden, erhalten Sie unter Umständen keine oder nur sehr wenige Informationen.

Möchten Sie sich an einer fremden Domäne unter Angabe eines anderen Benutzerkontos anmelden, dann verwenden Sie das folgende Skript, das *OpenDSObject* zur Anmeldung einsetzt. Ändern Sie entsprechend den Namen des Domänencontrollers, des Benutzers und seines Kennwortes:

```
strDCName = "s2003basis"
strUserName = "Hugo"
strPassword = "Geheim99"

LDAPPath = "DC=technet,DC=local"
Set objNamespace = GetObject("LDAP:")
Set objDomain = objNamespace.OpenDSObject("LDAP://" & strDCName & "/" _
   & LDAPPath, strUserName, strPassword, 1)
```

Listing 8.14: *Anmeldung an Domäne unter Angabe eines anderen Benutzerkontos*

ACHTUNG: Wenn Sie sich mit Listing 8.14 von einem Computer aus an der Domäne anmelden, der kein Domänenmitglied ist, dann steht Kerberos nicht zur Verfügung. Kerberos benötigt nämlich das Computerzertifikat, das nur vorhanden ist, wenn der Computer Domänenmitglied ist. Als Konsequenz stehen Ihnen Operationen nicht zur Verfügung, die auf Kerberos angewiesen sind. Sie können also zwar beispielsweise ein neues Benutzerkonto anlegen, aber dessen Kennwort kann ohne Kerberos in den Grundeinstellungen nicht gesetzt werden.

Verwalten Sie das Active Directory daher möglichst nur von Computern aus, die Domänenmitglied sind.

Alle drei Ansätze liefern Ihnen in *objDomain* das *Domain*-Objekt. Auch hier sollten Sie mit *ExamineObject* aus Listing 8.10 ermitteln, welche Informationen Ihnen diesmal zur Verfügung stehen.

```
zwingend: dc = "technet"
zwingend: instanceType = 5
zwingend: nTSecurityDescriptor = Inhalt vom Typ 25
zwingend: objectCategory = CN=Domain-DNS,CN=Schema,CN=Configuration,DC=technet,DC=local
zwingend: objectClass = "domainDNS"
optional adminDescription = (leer)
optional adminDisplayName = (leer)
optional allowedAttributes = (leer)
optional allowedAttributesEffective = (leer)
optional allowedChildClasses = (leer)
optional allowedChildClassesEffective = (leer)
optional auditingPolicy =
optional bridgeheadServerListBL = (leer)
optional builtinCreationTime = (leer)
optional builtinModifiedCount = (leer)
optional cACertificate = (leer)
optional canonicalName = (leer)
optional cn = (leer)
optional controlAccessRights = (leer)
optional createTimeStamp = (leer)
optional creationTime =
optional defaultLocalPolicyObject = (leer)
optional description = (leer)
optional desktopProfile = (leer)
```

```
optional directReports = (leer)
optional displayName = (leer)
optional displayNamePrintable = (leer)
optional distinguishedName = DC=technet,DC=local
optional domainPolicyObject = (leer)
optional domainReplica = (leer)
optional dSASignature = (leer)
optional dSCorePropagationData = (leer)
optional eFSPolicy = (leer)
optional extensionName = (leer)
optional flags = (leer)
optional forceLogoff =
optional fromEntry = (leer)
optional frsComputerReferenceBL = (leer)
optional fRSMemberReferenceBL = (leer)
optional fSMORoleOwner = CN=NTDS Settings,CN=S2003BASIS,CN=Servers,CN=Default-First-Site,CN=Sites,CN=Configura-
tion,DC=technet,DC=local
optional gPLink = "[LDAP://CN={31B2F340-016D-11D2-945F-00C04FB984F9},CN=Policies,CN=System,DC=tech-
net,DC=local;0]"
optional gPOptions = (leer)
optional isCriticalSystemObject = 1
optional isDeleted = (leer)
optional isPrivilegeHolder = (leer)
optional lastKnownParent = (leer)
optional lockoutDuration =
optional lockOutObservationWindow =
optional lockoutThreshold = 0
optional lSACreationTime = (leer)
optional lSAModifiedCount = (leer)
optional managedBy = (leer)
optional managedObjects = (leer)
optional masteredBy = CN=NTDS Settings,CN=S2003BASIS,CN=Servers,CN=Default-First-Site,CN=Sites,CN=Configura-
tion,DC=technet,DC=local
optional maxPwdAge =
optional memberOf = (leer)
optional minPwdAge =
optional minPwdLength = 7
optional modifiedCount =
optional modifiedCountAtLastProm =
optional modifyTimeStamp = (leer)
optional mS-DS-ConsistencyChildCount = (leer)
optional mS-DS-ConsistencyGuid = (leer)
optional ms-DS-MachineAccountQuota = 10
optional msCOM-PartitionSetLink = (leer)
optional msCOM-UserLink = (leer)
optional msDS-AllowedDNSSuffixes = (leer)
optional msDS-AllUsersTrustQuota = 1000
optional msDS-Approx-Immed-Subordinates = (leer)
optional msDS-Behavior-Version = 0
optional msDS-LogonTimeSyncInterval = (leer)
optional msDs-masteredBy = CN=NTDS Settings,CN=S2003BASIS,CN=Servers,CN=Default-First-Site,CN=Sites,CN=Configu-
ration,DC=technet,DC=local
optional msDS-MembersForAzRoleBL = (leer)
optional msDS-NCReplCursors = (leer)
optional msDS-NCReplInboundNeighbors = (leer)
optional msDS-NCReplOutboundNeighbors = (leer)
```

```
optional msDS-NonMembersBL = (leer)
optional msDS-ObjectReferenceBL = (leer)
optional msDS-OperationsForAzRoleBL = (leer)
optional msDS-OperationsForAzTaskBL = (leer)
optional msDS-PerUserTrustQuota = 1
optional msDS-PerUserTrustTombstonesQuota = 10
optional msDS-ReplAttributeMetaData = (leer)
optional msDS-ReplValueMetaData = (leer)
optional msDS-TasksForAzRoleBL = (leer)
optional msDS-TasksForAzTaskBL = (leer)
optional name = "technet"
optional nETBIOSName = (leer)
optional netbootSCPBL = (leer)
optional nextRid = 1005
optional nonSecurityMemberBL = (leer)
optional nTMixedDomain = 0
optional objectGUID =
optional objectSid =
optional objectVersion = (leer)
optional oEMInformation = (leer)
optional otherWellKnownObjects = (leer)
optional ownerBL = (leer)
optional partialAttributeDeletionList = (leer)
optional partialAttributeSet = (leer)
optional pekKeyChangeInterval = (leer)
optional pekList = (leer)
optional possibleInferiors = (leer)
optional privateKey = (leer)
optional proxiedObjectName = (leer)
optional proxyAddresses = (leer)
optional pwdHistoryLength = 24
optional pwdProperties = 1
optional queryPolicyBL = (leer)
optional replicaSource = (leer)
optional replPropertyMetaData = (leer)
optional replUpToDateVector = (leer)
optional repsFrom = (leer)
optional repsTo = (leer)
optional revision = (leer)
optional rIDManagerReference = CN=RID Manager$,CN=System,DC=technet,DC=local
opticnal sDRightsEffective = (leer)
optional serverReferenceBL = (leer)
optional serverRole = (leer)
optional serverState = 1
optional showInAdvancedViewOnly = (leer)
optional siteObjectBL = (leer)
optional structuralObjectClass = (leer)
optional subRefs = CN=Configuration,DC=technet,DC=local
optional subSchemaSubEntry = (leer)
optional systemFlags = -1946157056
optional treeName = (leer)
optional uASCompat = 1
optional url = (leer)
optional uSNChanged =
optional uSNCreated =
optional uSNDSALastObjRemoved = (leer)
```

```
optional USNIntersite = (leer)
optional uSNLastObjRem = (leer)
optional uSNSource = (leer)
optional wbemPath = (leer)
optional wellKnownObjects = Inhalt vom Typ 27
optional whenChanged = 17.03.2004 14:49:36
optional whenCreated = 27.02.2004 11:04:39
optional wWWHomePage = (leer)
```

Listing 8.15: *Die verfügbaren Eigenschaften einer über LDAP: angesprochenen Domäne*

Hier wird bereits deutlich, dass *LDAP:* wesentlich mehr Informationen bereitstellt als *WinNT:*.

Eine Übersicht aller Eigenschaften, die im Sprachgebrauch des Active Directories auch »Attribute« genannt werden, liefert zum Beispiel *http://msdn.microsoft.com/library/en-us/adschema/adschema/attributes_all.asp*.

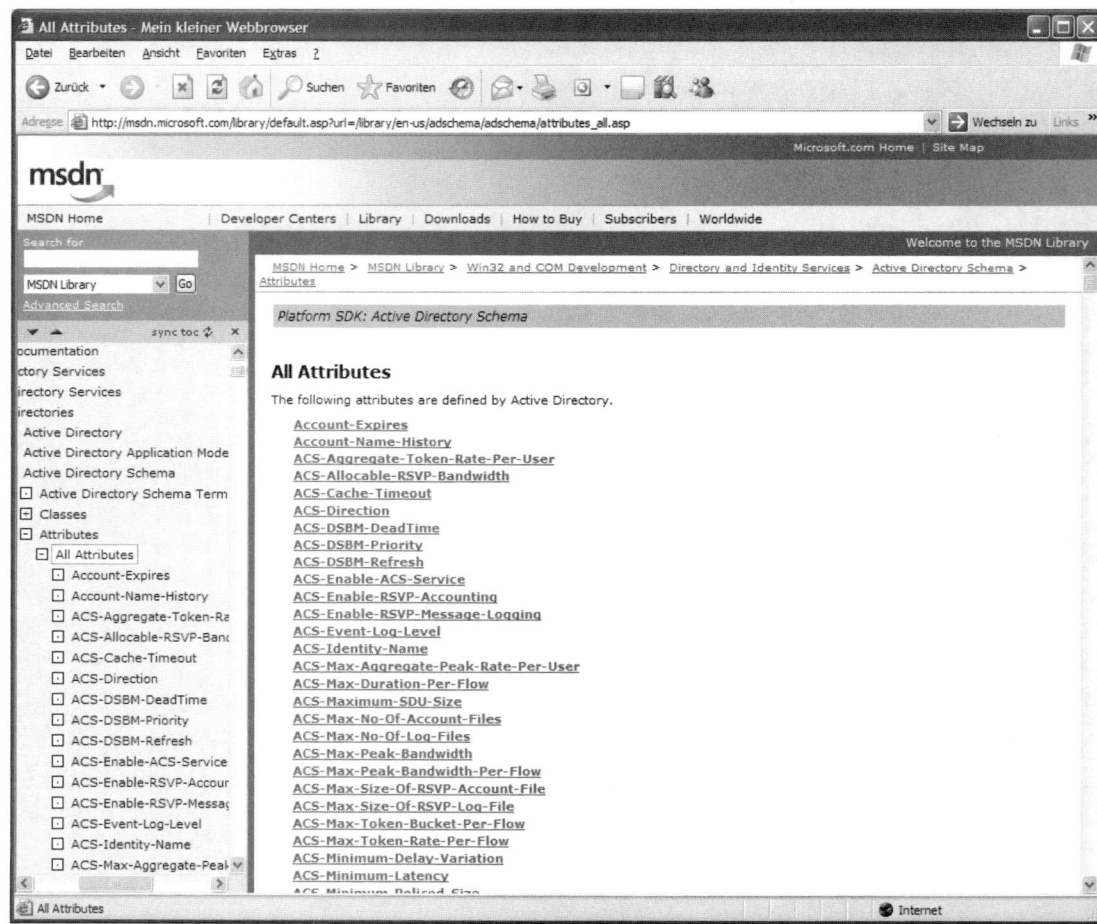

Abbildung 8.5: *MSDN liefert ausführliche Informationen zu den Active Directory-Attributen*

Vorhandene Objekte ändern

Bislang haben Ihre Skripts Kontakt zu ADSI-Objekten wie zum Beispiel einem Benutzerkonto aufgenommen und die hinterlegten Eigenschaften angezeigt. Die meisten Eigenschaften können aber ebenso gut auch verändert werden. Erst dadurch werden ADSI-Skripts wirklich nützlich.

Im einfachsten Fall ist der Inhalt einer Eigenschaft weit gehend selbsterklärend. Die Eigenschaft *Description* eines Benutzerkontos beispielsweise ist die Klartextbeschreibung des Kontos. Sie dient nur Informationszwecken und ist nicht funktionsentscheidend. Das folgende Skript ändert diese Eigenschaft bei einem lokalen Benutzerkonto und verwendet dafür den *WinNT:*-Provider:

```
Set objcomp = GetObject("WinNT://.")

name = InputBox("Name des gewünschten Kontos?",,"Administrator")

On Error Resume Next
   Set objkonto = objcomp.GetObject("user", name)
   If Err.number <>0 Then
      WScript.Echo name & " wurde nicht gefunden."
      WScript.quit
   End If
On Error Goto 0

desc = objkonto.description
desc = InputBox("Beschreibung?",,desc)
objkonto.description = desc
objkonto.SetInfo
```

Listing 8.16: *Beschreibung eines Kontos neu setzen*

HINWEIS: Besonders wichtig ist der abschließende Befehl *SetInfo*. Alle Änderungen an den Eigenschaften eines ADSI-Objekts spielen sich nämlich zunächst nur in einer gepufferten Kopie des Objekts ab, um den Netzwerktraffic zu minimieren.

Erst wenn Sie *SetInfo* aufrufen, werden die geänderten Eigenschaften des Objekts zurückgeschrieben und somit wirksam. *SetInfo* ist damit das Gegenstück zu *GetInfo*, das die Informationen in umgekehrter Richtung vom Original in die gepufferte Kopie schreibt.

Weil *SetInfo* Daten über das Netzwerk überträgt, sollten Sie den Befehl sparsam einsetzen. Ändern Sie mehrere Eigenschaften eines Objekts, dann genügt es, erst zum Abschluß einmalig *SetInfo* aufzurufen.

Wenn Sie übrigens Listing 8.16 auf einem Domänencontroller ausführen oder bei der Verbindungsaufnahme den Namen oder die IP-Adresse eines Domänencontrollers angeben, werden Domänenkonten geändert. Ein Domänencontroller verfügt über keine lokalen Konten.

Möchten Sie die Eigenschaft über *LDAP:* ändern, dann funktioniert das zwar im Grunde ganz ähnlich, aber weil *LDAP:* Informationen hierarchisch gliedert, müssen Sie zuerst genau wissen, wo sich das gewünschte Konto überhaupt befindet.

Das nächste Beispiel geht davon aus, dass Sie an einer Domäne angemeldet sind und das von Ihnen angegebene Konto im Standardcontainer »Users« liegt.

```
name = InputBox("Name des gewünschten Kontos?",,"Administrator")

Set RootDSE = GetObject("LDAP://RootDSE")
path = "LDAP://CN=Users," & RootDSE.get("DefaultNamingContext")
```

```
Set objContainer = GetObject(path)

On Error Resume Next
   Set objkonto = objContainer.GetObject("user", "CN=" & name)
   If Err.number <>0 Then
      WScript.Echo name & " wurde nicht gefunden."
      WScript.quit
   End If
On Error Goto 0

desc = objkonto.description
desc = InputBox("Beschreibung?",,desc)
objkonto.description = desc
objkonto.SetInfo
```

Listing 8.17: *Beschreibung eines Kontos über LDAP: ändern*

Listing 8.16 macht deutlich, dass es auch in einer modernen Active Directory-Umgebung sinnvoll sein kann, mit dem *WinNT:*-Provider zu arbeiten. Schließlich hat Listing 8.16 die Aufgabe ebenfalls gemeistert, aber mit sehr viel geringerem Aufwand.

Tatsächlich ist Listing 8.16 sogar flexibler als Listing 8.17, denn es findet das angegebene Konto auch dann, wenn es sich nicht im Container »Users« befindet. Weil *WinNT:* einen flachen Namensraum verwendet, ist es hier ganz egal, wo in der Active Directory Hierarchie ein Objekt gelagert wird.

Greifen Sie via *LDAP:* auf das Active Directory zu, dann müssen Sie selbst den Container angeben, in dem sich das gesuchte Objekt befindet. Deshalb hat sich Listing 8.17 mit dem Container »Users« verbunden, indem es »CN=Users,« in den LDAP-Pfad eingefügt hat.

Hätte sich das Konto dagegen in der Organisationseinheit *Vertrieb* innerhalb der Organisationseinheit *Firma* befunden, lautete der Pfad zu diesem Container »OU=Vertrieb,OU=Firma,«.

Diese an X.500 angelehnte Syntax kommt auch dann zum Zug, wenn es darum geht, das Benutzerkonto mit *GetObject* aus dem Container zu lesen. Hier wird im Gegensatz zu Listing 8.16 der Name nicht allein für sich angegeben, sondern in der Form »CN=Name«.

LDAP: ist also vor allem dann wichtig, wenn Sie die erweiterten Eigenschaften eines Objekts ansprechen wollen, die nicht über *WinNT:* verfügbar sind, oder wenn Sie in die Hierarchie eingreifen wollen, um zum Beispiel ein neues Benutzerkonto direkt in eine bestimmte Organisationseinheit einzufügen.

Erleichtert wird der Umgang mit *LDAP:* durch integrierte Suchfunktionen. Damit wird es möglich, Benutzerkonten genauso einfach zu finden wie mit *WinNT:*. Das folgende Skript zeigt, wie das funktioniert, und sucht das Konto namens »Administrator«:

```
name = InputBox("Name des gewünschten Kontos?",,"Administrator")
Set objKonto = FindAccount(name)

desc = objkonto.description
desc = InputBox("Beschreibung?",,desc)
objkonto.description = desc
objkonto.SetInfo

Function FindAccount(ByVal strName)
   Set RootDSE = GetObject("LDAP://RootDSE")
```

```
    path = "LDAP://" & RootDSE.get("DefaultNamingContext")
    sql = "SELECT ADsPath FROM '" & path & _
        "' WHERE objectClass='User' and name='" & strName & "'"

Set objconn = CreateObject("ADODB.Connection")
    Set objcomm = CreateObject("ADODB.Command")
    objconn.Provider = "ADsDSOObject"
    objconn.open "Active Directory Provider"

    Set objcomm.ActiveConnection = objconn

    objcomm.CommandText = sql
    objcomm.Properties("Page Size")=50
    objcomm.Properties("Searchscope") = 2

    Set rs = objcomm.Execute

    If rs.eof Then
        Set FindAccount = Nothing
    Else
        Set FindAccount = GetObject(rs("ADsPath"))
    End If
End Function
```

Listing 8.18: Benutzerkonten mit LDAP: suchen

Die neue Funktion *FindAccount* liefert das Konto unter Angabe des Namens, ganz gleich, wo es sich in der Active Directory Hierarchie befindet.

Komplexere Eigenschaften richtig interpretieren

Nicht immer ist die Arbeit mit Objekteigenschaften so einfach wie im vorangegangenen Fall bei der *Description*-Eigenschaft. Manchmal liefern Eigenschaften sonderbare Ergebnisse, und in wieder anderen Fällen funktionieren Eigenschaften scheinbar gar nicht richtig.

Einheiten festlegen

Wenn Sie zum Beispiel bei einem Benutzerkonto die Eigenschaft *PasswordAge* abfragen, dann erhalten Sie nur einen relativ großen Zahlenwert zurück:

```
Set objComp = GetObject("WinNT://.")
Set objKonto = objComp.GetObject("user", "Administrator")

WScript.Echo objKonto.PasswordAge
```

Listing 8.19: Kennwortalter bestimmen

Manche Eigenschaften enthalten also Daten, die nicht auf den ersten Blick verständlich sind. *PasswordAge* beispielsweise liefert zwar das Alter des Kennworts, verwendet aber als Einheit Sekunden.

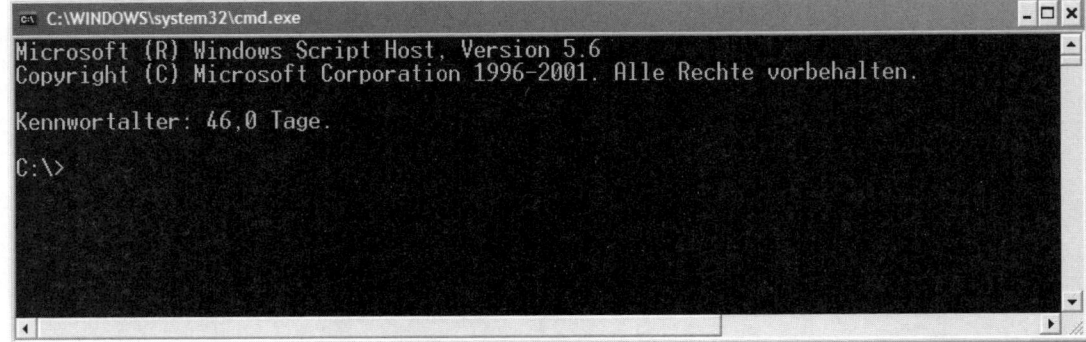

Abbildung 8.6: Das Alter eines Kennworts in Tagen bestimmen

Um also das Kennwortalter in Tagen zu bestimmen, müsste die Information zuerst umgewandelt werden:

```
Set objComp = GetObject("WinNT://.")
Set objKonto = objComp.GetObject("user", "Administrator")

sekunden = objKonto.PasswordAge
tage = sekunden / 60 / 60 / 24
tage = FormatNumber(tage, 1)

WScript.Echo "Kennwortalter: " & tage & " Tage."
```

Listing 8.20: Kennwortalter in der Einheit »Tage« bestimmen

Unterschiedliche Eigenschaften-Namen

Ein anderes sonderbares Problem betrifft die Namen einiger Eigenschaften. So kann in einem Active Directory-basierten Benutzerkonto die Telefax-Nummer auf zwei unterschiedliche Arten ermittelt werden:

```
name = InputBox("Name des gewünschten Kontos?",,"Administrator")

Set RootDSE = GetObject("LDAP://RootDSE")
path = "LDAP://CN=Users," & RootDSE.get("DefaultNamingContext")
Set objContainer = GetObject(path)

Set objkonto = objContainer.GetObject("user", "CN=" & name)

WScript.Echo objkonto.FaxNumber
WScript.Echo objkonto.Get("facsimileTelephoneNumber")
```

Listing 8.21: Verschiedene Wege, die Faxnummer eines Benutzers zu ermitteln

Vorausgesetzt, es wurde überhaupt eine Faxnummer eingepflegt, kann diese sowohl über *FaxNumber* als auch über *facsimileTelephoneNumber* ausgelesen werden. Ist keine Faxnummer hinterlegt, kommt es natürlich zu einer Fehlermeldung.

FaxNumber ist eine Abkürzung für das Schema-Attribut *facsimileTelephoneNumber*. Deshalb kann *FaxNumber* direkt hinter dem Punkt angegeben werden. Möchten Sie dagegen direkt das Attribut ansprechen, verwenden Sie *Get* und den Namen des Attributs.

Diese Unterscheidung ist wichtig. Viele Alltags-Eigenschaften sind über Abkürzungen erreichbar, die oftmals klarere Namen verwenden als die eigentlichen Attribute. Spätestens aber wenn Sie das Schema erweitern und eigene neue Attribute einführen, können diese nur noch über *Get* ausgelesen werden. Ohnehin verfügen nur die gebräuchlichsten Attribute über Abkürzungen. Wichtige Attribute wie *ntSecurityDescriptor* können ausschließlich über *Get* ausgelesen werden, wie der nächste Abschnitt zeigt.

Das Gegenstück zu *Get* heißt *Put*. Wenn Sie also die Faxnummer eines Benutzerkontos festlegen wollen, haben Sie diese Möglichkeiten:

```
name = InputBox("Name des gewünschten Kontos?",,"Administrator")

Set RootDSE = GetObject("LDAP://RootDSE")
path = "LDAP://CN=Users," & RootDSE.get("DefaultNamingContext")
Set objContainer = GetObject(path)

Set objkonto = objContainer.GetObject("user", "CN=" & name)

objkonto.FaxNumber = "12345"
objkonto.SetInfo

objkonto.Put "facsimileTelephoneNumber", "12345"
objkonto.SetInfo
```

Listing 8.22: *Zwei Wege, die Faxnummer eines Benutzerkontos zu ändern*

Unverständliche Eigenschaften-Inhalte

Nicht alle Eigenschaften enthalten Klartext-Informationen wie Zahlen oder Zeichen. Wenn Sie zum Beispiel versuchen, den Security Descriptor eines Objekts zu lesen, der den Zugriff auf das Objekt festlegt, kommt es zu einer Fehlermeldung:

```
name = InputBox("Name des gewünschten Kontos?",,"Administrator")

Set RootDSE = GetObject("LDAP://RootDSE")
path = "LDAP://CN=Users," & RootDSE.get("DefaultNamingContext")
Set objContainer = GetObject(path)

Set objkonto = objContainer.GetObject("user", "CN=" & name)

sd = objkonto.Get("ntSecurityDescriptor")
```

Listing 8.23: *Fehlerhafter Versuch, ein komplexes Objekt aus einer Eigenschaft zu lesen*

Der Grund: Das Attribut *ntSecurityDescriptor* liefert ein Objekt zurück. Objekte müssen mit der Anweisung *Set* einer Variablen zugewiesen werden. Das nächste Beispiel zeigt, wie es richtig geht:

```
name = InputBox("Name des gewünschten Kontos?",,"Administrator")

Set RootDSE = GetObject("LDAP://RootDSE")
```

```
path = "LDAP://CN=Users," & RootDSE.get("DefaultNamingContext")
Set objContainer = GetObject(path)

Set objkonto = objContainer.GetObject("user", "CN=" & name)

Set sd = objkonto.Get("ntSecurityDescriptor")
```

Listing 8.24: Sicherheitsinformationen als Objekt auslesen

Die Variable *sd* enthält nun den Security Descriptor, der das Benutzerkonto absichert. Sie erfahren später mehr über den genauen Aufbau eines solchen Security Descriptors. Dass es sich tatsächlich um einen solchen handelt, zeigt das nächste Beispiel:

```
name = InputBox("Name des gewünschten Kontos?",,"Administrator")

Set RootDSE = GetObject("LDAP://RootDSE")
path = "LDAP://CN=Users," & RootDSE.get("DefaultNamingContext")
Set objContainer = GetObject(path)

Set objkonto = objContainer.GetObject("user", "CN=" & name)

Set sd = objkonto.Get("ntSecurityDescriptor")
' declare sd=COM+activeds.tlb+SecurityDescriptor
WScript.Echo "Owner: ", sd.Owner
WScript.Echo "Group", sd.Group

For Each ace In sd.DiscretionaryAcl
    ' declare ace=COM+activeds.tlb+AccessControlEntry
    WScript.Echo "Berechtigungen:", ace.AccessMask
    WScript.Echo "Trustee", ace.Trustee
    WScript.Echo string(80, "=")
Next
```

Listing 8.25: Auf den Security Descriptor eines Active Directory-Objekts zugreifen

HINWEIS: Die Kommentarzeilen im Skript sind nur wichtig, wenn Sie das Skript mit dem Editor SystemScripter bearbeiten. In diesem Fall verraten die Kommentarzeilen dem Editor, wo sich die Typelibrary-Informationen für das Objekt befinden. Der Editor kann Ihnen daraufhin anzeigen, welche Eigenschaften und Methoden das Objekt anzubieten hat.

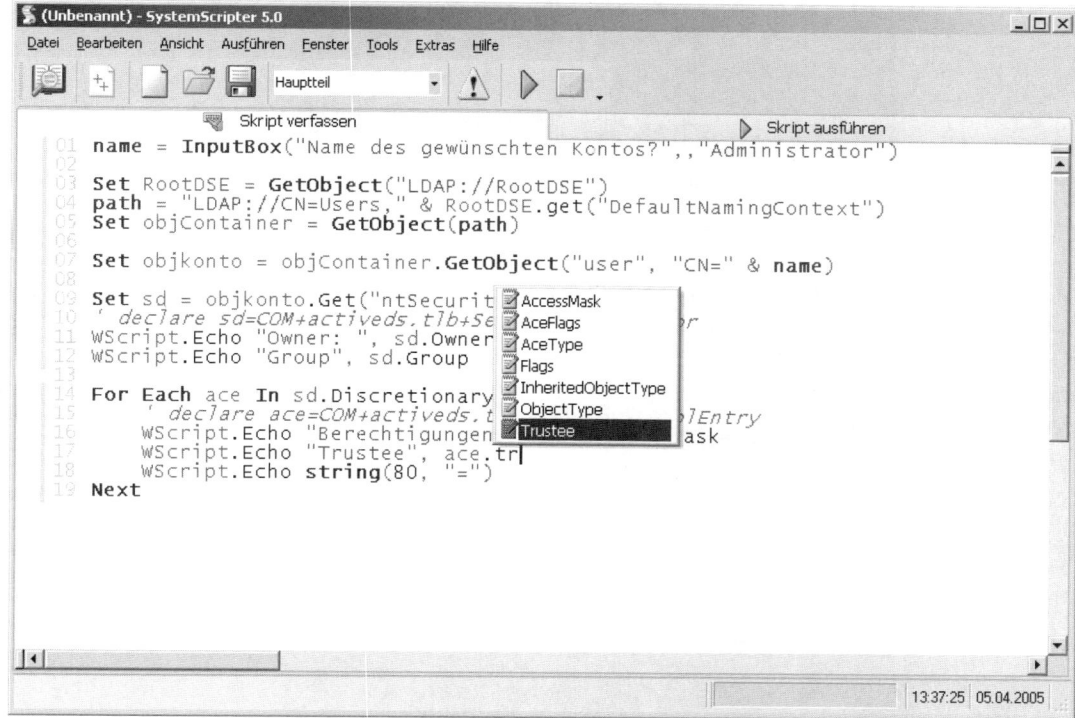

Abbildung 8.7: *Im SystemScripter-Editor werden die Eigenschaften und Methoden angezeigt*

Felder lesen und verändern

Manche Eigenschaften können mehr als eine Information speichern und sind deshalb als Feld angelegt. Wenn Sie versuchen, auf herkömmlichem Wege ein Feld auszulesen, erhalten Sie einen Typen unverträglich-Fehler.

Felder können sehr einfach mit dem Befehl *Join* in einen Text verwandelt werden. Dazu übergeben Sie *Join* das Feld und das gewünschte Trennzeichen. Sofern Sie also bei einem Konto eine Liste mit zusätzlichen Rufnummern angegeben haben, können Sie diese folgendermaßen abrufen:

```
name = InputBox("Name des gewünschten Kontos?",,"Administrator")

Set RootDSE = GetObject("LDAP://RootDSE")
path = "LDAP://CN=Users," & RootDSE.get("DefaultNamingContext")
Set objContainer = GetObject(path)

Set objkonto = objContainer.GetObject("user", "CN=" & name)

WScript.Echo Join(objkonto.Get("otherTelephone"), ",")
```

Listing 8.26: *Inhalt eines Variablenfeldes auslesen*

Umgekehrt lassen sich Werte zurückschreiben, indem Sie selbst zuerst mit *Array* ein Feld anlegen:

```
name = InputBox("Name des gewünschten Kontos?",,"Administrator")
```

```
Set RootDSE = GetObject("LDAP://RootDSE")
path = "LDAP://CN=Users," & RootDSE.get("DefaultNamingContext")
Set objContainer = GetObject(path)

Set objkonto = objContainer.GetObject("user", "CN=" & name)
objkonto.Put "otherTelephone", Array("1234", "5678", "9101112")
objkonto.SetInfo
```

Listing 8.27: Mehrere zusätzliche Telefonnummern in einem Benutzerkonto hinterlegen

Allerdings können Sie auf diese Weise immer nur das gesamte Feld lesen oder ändern. Häufig möchte man aber nur eine weitere Information hinzufügen oder eine bestimmte Information aus dem Feld löschen.

Haben Sie zum Beispiel mit Listing 8.27 die vier angegebenen Telefonnummern ins Benutzerkonto eingetragen und möchten nun eine weitere Telefonnummer hinzufügen, dann könnten Sie dies mit *PutEx* so tun:

```
Const ADS_PROPERTY_CLEAR = 1
Const ADS_PROPERTY_UPDATE = 2
Const ADS_PROPERTY_APPEND = 3
Const ADS_PROPERTY_DELETE = 4

name = InputBox("Name des gewünschten Kontos?",,"Administrator")

Set RootDSE = GetObject("LDAP://RootDSE")
path = "LDAP://CN=Users," & RootDSE.get("DefaultNamingContext")
Set objContainer = GetObject(path)

Set objkonto = objContainer.GetObject("user", "CN=" & name)
objkonto.PutEx ADS_PROPERTY_APPEND, "otherTelephone", Array("99999")
objkonto.SetInfo
```

Listing 8.28: Eine weitere Information in ein Feld einfügen

Wollten Sie dagegen die Rufnummern *1234* und *5678* entfernen, verwenden Sie diesen Ansatz:

```
Const ADS_PROPERTY_CLEAR = 1
Const ADS_PROPERTY_UPDATE = 2
Const ADS_PROPERTY_APPEND = 3
Const ADS_PROPERTY_DELETE = 4

name = InputBox("Name des gewünschten Kontos?",,"Administrator")

Set RootDSE = GetObject("LDAP://RootDSE")
path = "LDAP://CN=Users," & RootDSE.get("DefaultNamingContext")
Set objContainer = GetObject(path)

Set objkonto = objContainer.GetObject("user", "CN=" & name)
objkonto.PutEx ADS_PROPERTY_DELETE, "otherTelephone", Array("1234", "5678")
objkonto.SetInfo
```

Listing 8.29: Informationen aus einem Feld entfernen

Um den Inhalt des gesamten Feldes neu zu setzen, verwenden Sie das folgende Skript. Es entspricht damit Listing 8.27.

```
Const ADS_PROPERTY_CLEAR = 1
Const ADS_PROPERTY_UPDATE = 2
Const ADS_PROPERTY_APPEND = 3
Const ADS_PROPERTY_DELETE = 4

name = InputBox("Name des gewünschten Kontos?",,"Administrator")

Set RootDSE = GetObject("LDAP://RootDSE")
path = "LDAP://CN=Users," & RootDSE.get("DefaultNamingContext")
Set objContainer = GetObject(path)

Set objkonto = objContainer.GetObject("user", "CN=" & name)
objkonto.PutEx ADS_PROPERTY_UPDATE, "otherTelephone", _
    Array("1234", "5678", "9101112")
objkonto.SetInfo
```

Listing 8.30: *Inhalt des Feldes mit neuen Werten überschreiben*

Und wollen Sie den Inhalt einer Eigenschaft komplett auf *null* zurücksetzen, geht dies nur auf diesem Wege:

```
Const ADS_PROPERTY_CLEAR = 1
Const ADS_PROPERTY_UPDATE = 2
Const ADS_PROPERTY_APPEND = 3
Const ADS_PROPERTY_DELETE = 4

name = InputBox("Name des gewünschten Kontos?",,"Administrator")

Set RootDSE = GetObject("LDAP://RootDSE")
path = "LDAP://CN=Users," & RootDSE.get("DefaultNamingContext")
Set objContainer = GetObject(path)

Set objkonto = objContainer.GetObject("user", "CN=" & name)
objkonto.PutEx ADS_PROPERTY_CLEAR, "otherTelephone", vbNullString
objkonto.SetInfo
```

Listing 8.31: *Inhalt einer Eigenschaft auf null zurücksetzen*

Würden Sie anschließend versuchen, den Inhalt der Eigenschaft zu lesen, dann käme es wieder zu derselben Fehlermeldung wie wenn diese Eigenschaft niemals mit einem Inhalt versehen worden wäre.

Zusammenfassung

Zusammenfassend verfügt jedes ADSI-Objekt neben seinen individuellen Eigenschaften immer über die Methoden aus Tabelle 8.6:

Methode	Beschreibung
Get	Liest eine Eigenschaft aus dem Property Cache.
GetEx	Liest eine Eigenschaft aus dem Property Cache als Variablenfeld. Enthält die Eigenschaft kein Variablenfeld, sondern nur einen einzelnen Eintrag, dann wird ein Variablenfeld mit nur einem Element zurückgeliefert.
GetInfo	Liest alle Eigenschaften aus dem Originalobjekt in den Property Cache.
GetInfoEx	Liest eine bestimmte Eigenschaft aus dem Originalobjekt in den Property Cache.
Put	Schreibt Änderungen einer Eigenschaft in den Property Cache.
PutEx	Schreibt Änderungen einer Eigenschaft in den Property Cache und erlaubt mit dem Zusatzargument *InControlCode* feinere Kontrolle: 1: Eigenschaft löschen 2: Eigenschaft überschreiben 3: Eigenschaft mit den neuen Daten erweitern 4: Angegebene Eigenschaftswerte löschen
SetInfo	Schreibt alle Eigenschaften aus dem Property Cache zurück ins Originalobjekt.

Tabelle 8.6: Methoden zur Verwaltung der Objekteigenschaften

Neue Objekte anlegen

Bis jetzt haben Sie nur mit existierenden Objekten gearbeitet. Natürlich besteht ein wichtiger Teil der administrativen Arbeit darin, neue Objekte anzulegen, zum Beispiel neue Benutzerkonten.

Glücklicherweise brauchen Sie dazu nicht viel mehr Wissen, als Sie bis jetzt bereits gewonnen haben. Sie konnten bereits sehen, dass ADSI mit Containern arbeitet. Sie haben in Listing 8.4 auch gesehen, dass jeder Containertyp bestimmte Objekttypen enthalten kann. Nun kommt es also nur noch darauf an, die gewünschten Objekte in die Container hineinzulegen. Ein Blick in Tabelle 8.2 zeigt, dass Sie dazu die Create-Methode des Containers benötigen.

Ein neues Benutzerkonto mit WinNT: anlegen

Möchten Sie zum Beispiel mit dem *WinNT:*-Provider ein neues Benutzerkonto anlegen, dann ist die Angelegenheit besonders einfach, denn der *WinNT:*-Provider nutzt einen flachen Namensraum. Sie müssen also nicht angeben, wo das Konto erstellt werden soll.

Rufen Sie das nächste Skript auf einem lokalen System auf, dann entsteht ein lokales Benutzerkonto. Rufen Sie es auf einem Domänencontroller auf oder geben Sie einen Domänencontroller als Remotesystem an, dann entsteht ein Domänenkonto und wird im Container »Users« abgelegt.

```
Set objcomp = GetObject("WinNT://.")
Set objkonto = objcomp.Create("user", "ThomasM")
objkonto.description = "Ein Testkonto"
objkonto.SetPassword "Geheim99"
objkonto.SetInfo
```

Listing 8.32: Ein neues Benutzerkonto namens »ThomasM« anlegen

Create verwendet genau dieselben Argumente wie der Befehl *GetObject* des Containers, den Sie bereits in Listing 8.6 zum ersten Mal eingesetzt haben: den gewünschten Objekttyp und den Namen des Objekts.

Verwechseln Sie diesen *GetObject*-Befehl nicht mit dem *GetObject*-Befehl, den VBScript bereitstellt und den das Skript dazu nutzt, um sich mit ADSI zu verbinden. Der VBScript-GetObject-Befehl steht immer allein für sich. Der *GetObject*-Befehl des ADSI-Containers dagegen ist immer mit einem Punkt an den jeweiligen Container bzw. der Variable geknüpft, die den Container repräsentiert.

Ist Ihnen der Unterschied aufgefallen? *Description* wird ein Wert mit Gleichheitszeichen zugewiesen. *Description* benimmt sich also wie eine Variable, denn es ist eine Eigenschaft (alias Attribut) des neu angelegten Benutzerkontos.

SetPassword dagegen verwendet kein Gleichheitszeichen. *SetPassword* ist nämlich keine Eigenschaft, sondern eine Methode (alias Befehl) des neuen Benutzerkontos, und das Kennwort ist also keine Zuweisung, sondern einfach nur ein Argument des Befehls.

Wenn Sie einen fortschrittlichen Editor wie zum Beispiel den *SystemScripter* nutzen, zeigt ein kleines Symbol in der Kontextliste an, ob es sich um eine Eigenschaft oder einen Befehl handelt. Eigenschaften werden mit einem kleinen Notizblock-Symbol markiert, Methoden (also Befehle) mit einem Blitz:

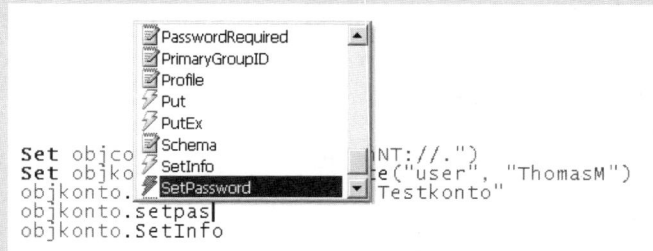

Abbildung 8.8: *Objekte liefern immer entweder Eigenschaften oder Methoden (Befehle)*

Ein neues Benutzerkonto mit LDAP: anlegen

Möchten Sie ein Konto in einer Active Directory-Domäne mittels LDAP: anlegen, zum Beispiel, weil Sie es in einer bestimmten Organisationseinheit und nicht im Ordner *Users* ablegen wollen, dann gehen Sie etwas anders vor:

```
Set RootDSE = GetObject("LDAP://RootDSE")
path = "LDAP://OU=Vertrieb,OU=Firma," & RootDSE.get("DefaultNamingContext")
Set objContainer = GetObject(path)

Set objKonto = objContainer.Create("user", "CN=ThomasM")
objKonto.SamAccountName = "ThomasM"
objKonto.Description = "Ein neues Konto"
objKonto.SetInfo

objKonto.SetPassword "Geheim99"
```

```
objKonto.AccountDisabled = False
objKonto.SetInfo
```

Listing 8.33: Ein neues Benutzerkonto in der Organisationseinheit »Vertrieb« anlegen

WICHTIG: Das folgende Skript legt ein Konto in der Organisationseinheit »Vertrieb« an, die in der Organisationseinheit »Firma« liegt. Sorgen Sie dafür, dass diese beiden Organisationseinheiten existieren, bevor Sie das Skript testen.

Achten Sie darauf, dass bei LDAP: der Objektname mit »CN=Name« angegeben werden muss.

Wird ein Konto mit *LDAP:* angelegt, dann kann ihm erst dann ein Kennwort zugewiesen werden, wenn es fertig angelegt ist. Allerdings verlangen die Sicherheitsrichtlinien der meisten Domänen ein Kennwort, damit das Konto überhaupt benutzt werden kann.

Deshalb wird via LDAP: zunächst ein Konto ohne Kennwort angelegt. LDAP sperrt dieses Konto automatisch. Anschließend kann das Kennwort mit SetPassword gesetzt und dann das Konto aktiviert werden.

Die Eigenschaft *SAMAccountName* ist dabei sehr wichtig: Über sie legen Sie den abwärtskompatiblen Konto-Namen fest, der verwendet wird, wenn Sie sich auf klassische Weise per Benutzernamen und Domänennamen anmelden. Legen Sie diese Eigenschaft nicht fest, dann kommt es bei einer Windows 2000-basierten Domäne zu einem Fehler, weil dort diese Eigenschaft zwingend war. Bei einer Windows 2003-basierten Domäne wird der Eigenschaft ein zufälliger Wert zugewiesen.

Vorhandene Objekte löschen

Möchten Sie Objekte unwiderruflich löschen, dann kommt die dritte Methode eines Containers aus Tabelle 8.2 zum Einsatz: *Delete*.

Wollen Sie zum Beispiel das in Listing 8.32 angelegte Benutzerkonto wieder löschen, dann verbinden Sie sich wiederum mit dem Container, in dem sich das Objekt befindet, und entfernen es mit der *Delete*-Methode des Containers. *Delete* verlangt wiederum dieselben beiden Argumente, nämlich Objekttyp und Objektname.

```
Set objcomp = GetObject("WinNT://.")
objcomp.Delete "user", "ThomasM"
```

Listing 8.34: Benutzerkonto unwiderruflich löschen

ACHTUNG: Wenn Sie ADSI-Objekte löschen, die über eine Sicherheits-ID verfügen (Benutzerkonten, Gruppen, Computerobjekte), dann geht diese Sicherheits-ID dabei verloren.

Legen Sie das Objekt später neu an, erhält es eine neue Sicherheits-ID. Beim Löschen solcher Objekte gehen also in jedem Fall alle Berechtigungen verloren, die dem Objekt möglicherweise an anderer Stelle zugewiesen worden sind.

Deshalb ist das Löschen von solchen Objekten ein kritischer Vorgang, der wohl überlegt sein sollte.

9 Domänen verwalten

213	Infrastruktur analysieren
218	Sicherheitseinstellungen der Domäne
222	Kennwortrichtlinien überprüfen
224	Benutzerrechte protokollieren
228	Überwachung kontrollieren (Auditing)
230	Vertrauensstellungen
230	Replikation
233	Standorte (Sites)
237	Subnetze

o Die Domäne stellt in einem Firmen-Netzwerk die zentrale Kontrollinstanz dar. Sie ist dafür zuständig, Benutzer zu authentifizieren. Ohne ein domänenbasiertes Netzwerk müssen alle Benutzerkonten lokal auf den jeweiligen Computern verwaltet werden. Man spricht dann von einem Peer-to-Peer-Netzwerk, das aber aufgrund der Unübersichtlichkeit kaum praktikabel ist, sobald das Netzwerk aus mehr als einer handvoll Client PCs besteht.

o In diesem Kapitel lesen Sie, wie Skripte in der Domänenverwaltung eingesetzt werden können.

Infrastruktur analysieren

Ist ein Computer an einer Domäne angemeldet, dann liefert das *WScript.Network*-Objekt den NetBIOS-Namen der Domäne zurück. Ist der Computer nicht an einer Domäne angemeldet, wird der lokale Computername zurückgemeldet. Damit haben Sie die Möglichkeit, per Skript zu überprüfen, ob der Computer an einer Domäne angemeldet ist oder nicht.

```
Set wshnet = CreateObject("WScript.Network")
domainname = wshnet.UserDomain
If domainname = "" Then
   MsgBox "Sie sind zur Zeit an keiner Domäne angemeldet."
Else
   MsgBox "Sie sind zur Zeit an der Domäne """ & domainname & """ angemeldet."
End If
```

Listing 9.1: *Den NetBIOS-Namen der Heimatdomäne finden*

Benötigen Sie den DNS-Namen einer Active Directory-Domäne, dann liefert das *ADSystemInfo*-Objekt mit seiner Methode *DomainDNSName* die gewünschte Information. *DomainShortName* liefert den abwärtskompatiblen *NetBIOS*-Namen:

```
Set obj = CreateObject("ADSystemInfo")
DomainName = obj.DomainDNSName
If DomainName = "" Then
    MsgBox "Sie sind zur Zeit an keiner Domäne angemeldet."
Else
    msg = "Sie sind zur Zeit an der Domäne """ & domainname & """ angemeldet." & vbCr
    msg = msg & "Der NetBIOS-Name lautet """ & obj.DomainShortName
    MsgBox msg
End If
```

Listing 9.2: *Den DNS- und NetBIOS-Namen der Heimatdomäne finden*

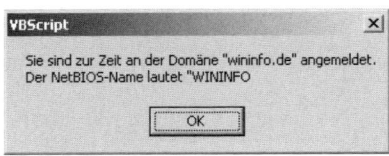

Abbildung 9.1: *NetBIOS- und DNS-Namen Ihres Domänencontrollers ermitteln*

Das *WinNTSystemInfo*-Objekt liefert ebenfalls den *NetBIOS*-Namen der Heimatdomäne:

```
Set obj = CreateObject("WinNTSystemInfo")
DomainName = obj.DomainName
If DomainName = "" Then
    MsgBox "Sie sind zur Zeit an keiner Domäne angemeldet."
Else
    MsgBox "Sie sind zur Zeit an der Domäne """ & domainname & """ angemeldet."
End If
```

Listing 9.3: *NetBIOS-Name der Windows 2000-Heimatdomäne finden*

Auch der WMI-Dienst liefert wichtige Eckdaten der Domänen-Infrastruktur:

```
strComputer = "."
Set objwmi = GetObject("winmgmts:" _
    & "{impersonationLevel=impersonate}!\\" & _
        strComputer & "\root\MicrosoftActiveDirectory")
Set colDomainInfo = objwmi.ExecQuery _
    ("Select * from Microsoft_LocalDomainInfo")
For Each objDomain In colDomainInfo
    WScript.Echo objDomain.DNSName
    WScript.Echo objDomain.FlatName
    WScript.Echo objDomain.SID
    WScript.Echo objDomain.TreeName
    WScript.Echo objDomain.DCName
Next
```

Listing 9.4: *Information über die eigene Domäne ermitteln*

Den Primären Domänencontroller finden

In der Windows NT-Welt wird zwischen *Primärem Domänencontroller* (PDC) und einer variablen Anzahl von *Backup Domänencontrollern* (BDCs) unterschieden. Nur der Primäre Domänencontroller ist schreib- und leseberechtigt. Änderungen müssen also immer an diesen PDC gerichtet sein.

In einer Active Directory-Domäne dagegen sind alle Domänencontroller gleichberechtigt (Multi Master-Prinzip). Allerdings gibt es auch hier einen Domänencontroller, der die Rolle des PDC übernimmt und zum Beispiel bei Kennwortänderungen zuerst kontaktiert wird.

```
Set obj = CreateObject("WinNTSystemInfo")
pdcName = obj.PDC
If pdcName = "" Then
   MsgBox "Es wurde kein Primärer Domänencontroller gefunden"
Else
   MsgBox "Ihr Primärer Domänencontroller ist """ & pdcName & """."
End If
```

Listing 9.5: *Den Primären Domänencontroller ermitteln*

Native Mode oder Mixed Mode?

Ob Ihre Domäne im Windows NT-kompatiblen *Mixed Mode* oder im *Native Mode* arbeitet, findet das nächste Skript heraus.

```
Set obj = CreateObject("ADSystemInfo")
If obj.IsNativeMode Then
   MsgBox "Sie verwenden den Native Mode"
Else
   MsgBox "Sie verwenden den Mixed Mode"
End If
```

Listing 9.6: *Prüfen, ob der Native Mode von Windows 2000 aktiviert ist*

Flexible Single Master Operations prüfen

Die *Flexible Single Master Operations* (FSMO) sind im ansonsten redundant ausgelegten Active Directory-Domänenkonzept die Achillesferse. Weil diese Dienste nur auf jeweils einem einzelnen Domänencontroller ausgeführt werden, kann es zu Problemen kommen, wenn ausgerechnet dieser Domänencontroller offline geht.

Der Alltagsbetrieb wird zwar nahtlos von den übrigen Domänencontrollern übernommen, aber die besonderen Dienstleistungen der ausgefallenen FSMO-Operationen können Probleme verursachen.

Kritisch ist das allerdings nur beim *PDC Emulator*-Dienst, und auch nur dann, wenn die Domäne im Mixed Mode arbeitet, weil nun Informationen zwischen Active Directory und NT-Domänencontrollern nicht mehr synchronisiert werden. Alle übrigen Ausfälle haben für den Alltagsbetrieb keine Auswirkungen und stören erst Administratoren, die versuchen, am Active Directory Änderungen vorzunehmen.

Das nächste Skript zeigt, wie Sie herausfinden, welche Computer in Ihrem Netzwerk die Funktionen *Schema Master* und *PDC Master* ausüben. Das Skript prüft außerdem, ob diese Computer derzeit online sind. Falls nicht, schlägt es Alarm.

```
WScript.Echo CheckFSMO

Function CheckFSMO
    Set obj = CreateObject("ADSystemInfo")
    domain = obj.DomainDNSName
    If domain = "" Then
        CheckFSMO = "Sie sind an keiner Windows 2000 Domäne angemeldet."
        Exit Function
    End If
    CheckFSMO = "Test der FSMO-Dienste" & vbCr
    PDC = obj.PDCRoleOwner
    CheckFSMO = CheckFSMO & "Überprüfe PDC Role Server:" & vbCr
    CheckFSMO = CheckFSMO & CheckServer(PDC)

    Schema = obj.SchemaRoleOwner
    CheckFSMO = CheckFSMO & "Überprüfe Schema Master Server:" & vbCr
    CheckFSMO = CheckFSMO & CheckServer(Schema)
End Function

Function CheckServer(container)
    Set computerlist = GetObject("LDAP://" & Container)
    For each Computer in computerlist
        CheckServer = CheckServer & Computer.cn& ", Status: "
        On Error Resume Next
        Set test = GetObject("LDAP://" & Computer.cn)
        If Err.number = 0 Then
            CheckServer = CheckServer & "online" & vbCr
        Else
            CheckServer = CheckServer & " NICHT ONLINE!" & vbCr
        End If
    Next
End Function
```

Listing 9.7: *Wichtige FSMO-Server prüfen und bei Ausfall Fehler melden*

Zuständig ist wieder das *ADSystemInfo*-Objekt. Es liefert mit seinen Eigenschaften *PDCRoleOwner* und *SchemaRoleOwner* die *LDAP:*-Pfade der Container, in denen die zuständigen Server hinterlegt sind. Diese Container lassen sich mit *for each...next* untersuchen. Anschließend liest das Skript den betreffenden Servernamen aus der *CN*-Eigenschaft (*Common Name*) und macht einen Verbindungstest. Dazu versucht das Skript lediglich, sich über *LDAP:* mit dem Server zu verbinden. Schlägt das fehl, wird eine entsprechende Meldung generiert.

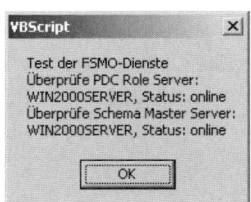

Abbildung 9.2: *Feststellen, ob kritische Serverfunktionen für das Active Directory online sind*

Benötigen Sie diese Funktion nur, um im Alarmfall aufmerksam zu werden, dann verwenden Sie dieses Skript:

```
If CheckFSMO = True Then
   WScript.Echo "Alles in Ordnung."
Else
   WScript.Echo "Mindestens ein FSMO-Server ist offline."
End If

Function CheckFSMO
   Set obj = CreateObject("ADSystemInfo")
   PDC = obj.PDCRoleOwner
   If CheckServer(PDC) = False Then
      CheckFSMO = False
      Exit Function
   End If
   Schema = obj.SchemaRoleOwner
   CheckFSMO = CheckServer(Schema)
End Function

Function CheckServer(container)
   Set computerlist = GetObject("LDAP://" & Container)
   For each Computer in computerlist
      On Error Resume Next
      Set test = GetObject("LDAP://" & Computer.cn)
      If Err.number = 0 Then
         CheckServer = True
      Else
         CheckServer = False
      End If
   Next
End Function
```

Listing 9.8: *Prüfen, ob ein FSMO-Server offline ist*

Sites untersuchen

Das *ADSystemInfo*-Objekt ermittelt auf Wunsch sowohl den Namen der Site (Standort), in der Ihr Domänencontroller operiert, als auch den Namen der Site eines jeden anderen Domänencontrollers.

```
Set obj = CreateObject("ADSystemInfo")
SiteName = obj.SiteName
WScript.Echo "Name Ihrer Site: " & SiteName

dcname = InputBox("Geben Sie den Computernamen eines Domänencontrollers ein")
On Error Resume Next
SiteName = obj.GetDCSiteName(dcname)
If Err.number = 0 Then
   WScript.Echo "Sitename des Domänencontrollers """ & dcname _
      & """: " & SiteName
Else
   WScript.Echo """" & dcname & """ ist kein Domänencontroller oder offline"
End If
On Error Goto 0
```

Listing 9.9: *Den Namen der Site ermitteln, in die ein Domänencontroller eingebunden ist*

TIPP: *Sites* werden mit dem MMC-Snap-In *Active Directory-Standorte und -Dienste* eingerichtet und verwaltet.

Forests und Trees untersuchen

Über die Methoden *ForestDNSName* und *GetTrees* können Ihre Skripte die Organisationsstruktur eines Unternehmensnetzwerkes analysieren. Das nächste Skript listet den Forest (Gesamtstruktur) und alle darin enthaltenen Trees (Domänenstruktur) auf:

```
Set obj = CreateObject("ADSystemInfo")

liste = "Forest-DNS Name: " & obj.ForestDNSName & vbCr
trees = obj.GetTrees
liste = liste & "Im Forest sind " & UBound(trees)+1 _
    & " Tree(s) enthalten:" & vbCr
For each tree in trees
    liste = liste & tree & vbCr
Next

WScript.Echo liste
```

Listing 9.10: Forest und Trees auflisten

GetTree liefert ein Variablenfeld zurück. Die Anzahl der Elemente in diesem Feld liefert *UBound()* –1: Enthält das Feld genau ein Element, dann liefert *UBound*() den Wert »0« zurück, denn das erste Element des Feldes besitzt den Index »0«. Ist das Feld leer, dann liefert *UBound*() »–1« zurück. Die Anzahl der Elemente im Feld errechnet sich also aus *UBound() +1*.

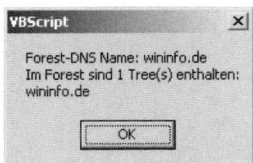

Abbildung 9.3: Forests und Trees analysieren

Sicherheitseinstellungen der Domäne

Die Sicherheit einer Domäne wird primär über Gruppenrichtlinien gesteuert. Gruppenrichtlinien sind Sammelbehälter für alle wesentlichen Sicherheitseinstellungen und enthalten darüber hinaus weitere Konfigurationen, die nicht primär der Sicherheit dienen müssen.

Jeder Windows-Computer ab Windows 2000 verfügt über mindestens eine Gruppenrichtlinie: seine lokale Gruppenrichtlinie. Diese ist auch dann vorhanden, wenn der Computer kein Domänenmitglied ist, und kann über *GPEDIT.MSC* geöffnet und eingesehen werden.

Darüber hinaus kann der Administrator weitere Gruppenrichtlinien auf die Container des Active Directories legen. Diese haben Vorrang vor der lokalen Gruppenrichtlinie, und so lässt sich ein flexibles hierarchisch gegliedertes Sicherheitsmodell für die Domäne schaffen.

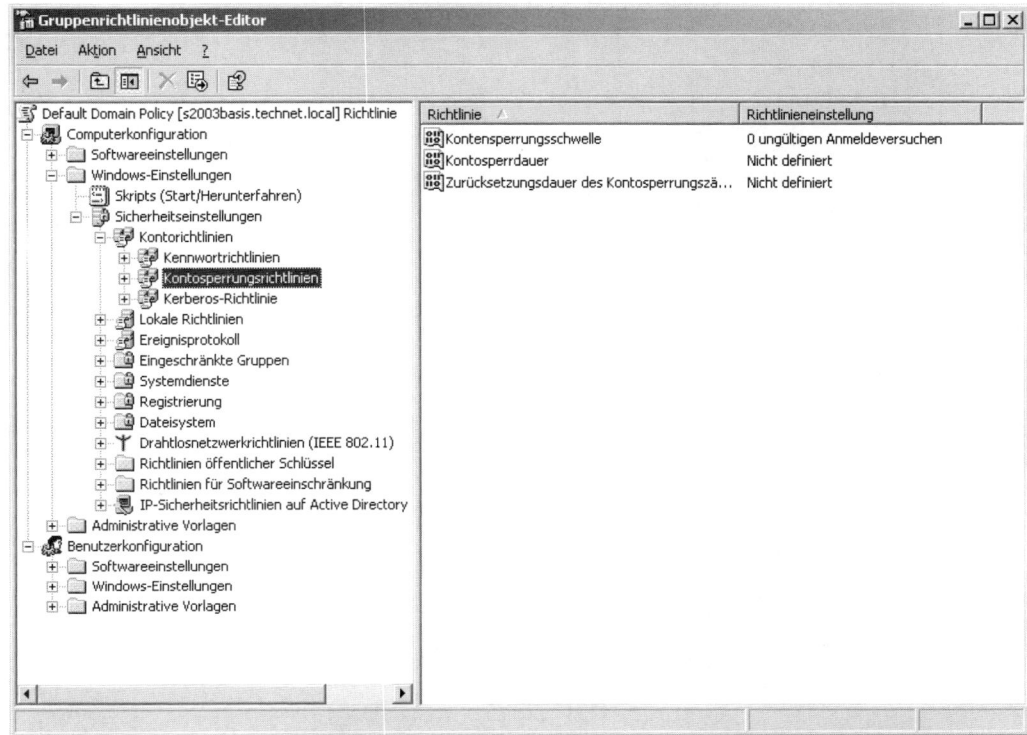

Abbildung 9.4: *Eine Gruppenrichtlinie der Domäne*

An dieser Stelle werden Sie keine weiteren Informationen über den Einsatz von Gruppenrichtlinien finden, wohl aber zahlreiche Skriptbeispiele, wie Skripts diese Sicherheitseinrichtung verwalten können.

Die folgenden Bereiche einer Gruppenrichtlinie sind besonders wichtig für die Sicherheit:

- **Kennwortrichtlinien:** Sie legen fest, welche Anforderungen an Kennworte zu stellen sind und was geschieht, wenn ein Anwender sich wiederholt mit falschem Kennwort anmeldet.
- **Überwachungsrichtlinien:** Sie bestimmen, welche Systemereignisse im Sicherheit-Logbuch protokolliert werden, zum Beispiel, um Missbrauch oder Einbruchsversuche zu dokumentieren.
- **Benutzerrechte:** Sie gewähren Benutzern und Gruppen Zugriff auf besonders sicherheitskritische Systemfunktionen, zum Beispiel erlauben sie, im Rahmen von Backups auch solche Daten zu kopieren, die eigentlich über NTFS-Berechtigungen geschützt sind.

Gruppenrichtlinien protokollieren

Skripts können den Einsatz von Gruppenrichtlinien dokumentieren. Das nächste Skript listet auf, in welchen Gruppenrichtlinien Administrative Vorlagen, die so genannten ADM-Dateien, zum Einsatz kommen:

```
Set dtmConvertedDate = CreateObject("WbemScripting.SWbemDateTime")

strComputer = "."
```

```
Set objwmi = GetObject("winmgmts:\\" & strComputer & "\root\rsop\computer")
wql = "Select * from RSOP_AdministrativeTemplateFile"
Set colItems = objwmi.ExecQuery(wql,, 48)

For Each objItem In colItems
    WScript.Echo "GPO ID: " & objItem.GPOID
    dtmConvertedDate.Value = objItem.LastWriteTime
    dtmCreationTime = dtmConvertedDate.GetVarDate
    WScript.Echo "Letzte Änderung: " & dtmCreationTime
    WScript.Echo "Name: " & objItem.Name
    WScript.Echo string(80, "=")
Next
```

Listing 9.11: Verwendete ADM-Dateien auflisten

Das Ergebnis zeigt, wo sich die Gruppenrichtlinie befindet, die die ADM-Datei nutzt, wann die letzte Änderung vorgenommen wurde und um welche ADM-Datei es sich handelt.

```
GPO ID: CN={31B2F340-016D-11D2-945F-00C04FB984F9},CN=Policies,CN=System,DC=technet,DC=local
Letzte Änderung: 26.03.2003 13:00:00
Name: \\technet.local\sysvol\technet.local\Policies\{31B2F340-016D-11D2-945F-00C04FB984F9}\Adm\wmplayer.adm
================================================================================
GPO ID: CN={31B2F340-016D-11D2-945F-00C04FB984F9},CN=Policies,CN=System,DC=technet,DC=local
Letzte Änderung: 28.05.2003 11:24:32
Name: \\technet.local\sysvol\technet.local\Policies\{31B2F340-016D-11D2-945F-00C04FB984F9}\Adm\wuau.adm
================================================================================
GPO ID: CN={31B2F340-016D-11D2-945F-00C04FB984F9},CN=Policies,CN=System,DC=technet,DC=local
Letzte Änderung: 26.03.2003 13:00:00
Name: \\technet.local\sysvol\technet.local\Policies\{31B2F340-016D-11D2-945F-00C04FB984F9}\Adm\conf.adm
================================================================================
GPO ID: CN={31B2F340-016D-11D2-945F-00C04FB984F9},CN=Policies,CN=System,DC=technet,DC=local
Letzte Änderung: 26.03.2003 13:00:00
Name: \\technet.local\sysvol\technet.local\Policies\{31B2F340-016D-11D2-945F-00C04FB984F9}\Adm\system.adm
================================================================================
GPO ID: CN={31B2F340-016D-11D2-945F-00C04FB984F9},CN=Policies,CN=System,DC=technet,DC=local
Letzte Änderung: 26.03.2003 13:00:00
Name: \\technet.local\sysvol\technet.local\Policies\{31B2F340-016D-11D2-945F-00C04FB984F9}\Adm\inetres.adm
================================================================================
```

Listing 9.12: Alle verwendeten ADM-Dateien auflisten

TIPP: Mehr Informationen zur WMI-Klasse *RSOP_AdministrativeTemplateFile* finden Sie im Internet unter *http://msdn.microsoft.com/library/en-us/policy/policy/rsop_administrativetemplatefile.asp*.

Gruppenrichtlinien-Objekte anzeigen

Die einzelnen Gruppenrichtlinien, mit denen die Sicherheit der Domäne durchgesetzt wird, lassen sich ebenfalls auflisten. So erhalten Sie einen schnellen Überblick darüber, welche Gruppenrichtlinien-Objekte für den Computer relevant sind, auf dem das Skript ausgeführt wird.

```
strComputer = "."
Set objwmi = GetObject("winmgmts:\\" & strComputer & "\root\rsop\computer")
```

```
Set colItems = objwmi.ExecQuery("Select * from RSOP_GPO")
For Each objItem In colItems
    WScript.Echo "Name: " & objItem.Name
    WScript.Echo "GUID Name: " & objItem.GUIDName
    WScript.Echo "ID: " & objItem.ID
    WScript.Echo "Zugriff verboten: " & objItem.AccessDenied
    WScript.Echo "Aktiviert: " & objItem.Enabled
    WScript.Echo "Dateipfad: " & objItem.FileSystemPath
    WScript.Echo "Filter erlaubt: " & objItem.FilterAllowed
    WScript.Echo "Filter ID: " & objItem.FilterId
    WScript.Echo "Version: " & objItem.Version
    WScript.Echo string(80, "=")
Next
```

Listing 9.13: *Gruppenrichtlinien-Objekte auflisten, die für den Computer relevant sind*

Das Ergebnis zeigt nicht nur den Namen und den Speicherort der Gruppenrichtlinien an, sondern auch, ob die Gruppenrichtlinie aktiviert ist, der Zugriff darauf erlaubt ist und ob ein WMI-Filter definiert wurde.

```
Name: Default Domain Policy
GUID Name: {31B2F340-016D-11D2-945F-00C04FB984F9}
ID: CN={31B2F340-016D-11D2-945F-00C04FB984F9},CN=Policies,CN=System,DC=technet,DC=local
Zugriff verboten: Falsch
Aktiviert: Wahr
Dateipfad: \\technet.local\sysvol\technet.local\Policies\{31B2F340-016D-11D2-945F-00C04FB984F9}\Machine
Filter erlaubt: Wahr
Filter ID:
Version: 393222
============================================================================
Name: Default Domain Controllers Policy
GUID Name: {6AC1786C-016F-11D2-945F-00C04fB984F9}
ID: CN={6AC1786C-016F-11D2-945F-00C04fB984F9},CN=Policies,CN=System,DC=technet,DC=local
Zugriff verboten: Falsch
Aktiviert: Wahr
Dateipfad: \\technet.local\sysvol\technet.local\Policies\{6AC1786C-016F-11D2-945F-00C04fB984F9}\Machine
Filter erlaubt: Wahr
Filter ID:
Version: 65537
============================================================================
Name: Richtlinien der lokalen Gruppe
GUID Name: Richtlinien der lokalen Gruppe
ID: LocalGPO
Zugriff verboten: Falsch
Aktiviert: Wahr
Dateipfad: C:\WINDOWS\System32\GroupPolicy\Machine
Filter erlaubt: Wahr
Filter ID:
Version: 0
============================================================================
```

Listing 9.14: *Alle Gruppenrichtlinien anzeigen, die für den Computer wirksam sind*

Möchten Sie stattdessen die Gruppenrichtlinien sehen, die für den angemeldeten Benutzer wirksam sind, dann verwenden Sie dieses Skript:

```
strComputer = "."
Set objwmi = GetObject("winmgmts:\\" & strComputer & "\root\rsop\user")
Set colItems = objwmi.ExecQuery("Select * from RSOP_GPO")
For Each objItem In colItems
    WScript.Echo "Name: " & objItem.Name
    WScript.Echo "GUID Name: " & objItem.GUIDName
    WScript.Echo "ID: " & objItem.ID
    WScript.Echo "Zugriff verboten: " & objItem.AccessDenied
    WScript.Echo "Aktiviert: " & objItem.Enabled
    WScript.Echo "Dateipfad: " & objItem.FileSystemPath
    WScript.Echo "Filter erlaubt: " & objItem.FilterAllowed
    WScript.Echo "Filter ID: " & objItem.FilterId
    WScript.Echo "Version: " & objItem.Version
    WScript.Echo string(80, "=")
Next
```

Listing 9.15: Gruppenrichtlinien auflisten, die für den angemeldeten Benutzer relevant sind

Kennwortrichtlinien überprüfen

Die Kennwortrichtlinien der Domäne können über den WinNT:-Provider ausgelesen und verändert werden. Die folgenden Eigenschaften stehen Ihnen dabei zur Verfügung:

Eigenschaft	Beschreibung
AutoUnlockInterval	Zeit (in Sekunden), die ablaufen muss, bevor ein gesperrtes Konto automatisch wieder entsperrt wird.
LockoutObservationInterval	Zeitrahmen (in Sekunden), in dem misslungene Einloggversuche protokolliert werden. Nach Ablauf dieses Zeitrahmens wird der Zähler für vergebliche Einloggversuche auf null zurückgesetzt.
MaxBadPasswordsAllowed	Anzahl der vergeblichen Einloggversuche. Nach Überschreiten innerhalb des von *LockoutObservationInterval* angegebenen Zeitrahmens wird das Konto gesperrt.
MaxPasswordAge	Zeit (in Sekunden). Nach Ablauf dieser Zeit muss der Benutzer sein Kennwort ändern, es sei denn, Sie haben im Konto die Option »Kennwort läuft nie ab« gesetzt.
MinPasswordAge	Zeit (in Sekunden). Erst nach Verstreichen dieser Zeit kann ein Benutzer sein Kennwort ändern.
MinPasswordLength	Mindestanzahl von Zeichen, aus denen ein Kennwort bestehen muss.
PasswordHistoryLength	Anzahl der früheren Kennwörter, die gespeichert werden. Der Benutzer kann kein Kennwort aus dieser Liste erneut nutzen.

Tabelle 9.1: Sicherheitseinstellungen für Domänen

So erfragen Sie die derzeit für Ihre Domäne gültigen Sicherheitseinstellungen:

```
Set net = CreateObject("WScript.Network")
domain = net.UserDomain
If domain = "" Then
```

```
    domain = InputBox("Bitte geben Sie den Domänennamen an!")
End If

Set obj = GetObject("WinNT://" & domain & ",domain")

msg = "Sicherheitsstatistik für Domäne """ & domain & """:" & vbCrLf & vbCrLf

Add "Zeitrahmen, in dem Einloggversuche protokolliert werden: " & _
    cmin(obj.LockoutObservationInterval)
Add "Anzahl erlaubter Einloggversuche: " & obj.MaxBadPasswordsAllowed
Add "Zeit, die verstreicht, bis ein gesperrtes Konto reaktiviert wird: " & _
    cmin(obj.AutoUnlockInterval)
Add " "
Add "Richtlinien für Kennwörter:"
Add "Mindestlänge für Kennwörter: " & obj.MinPasswordLength
Add "Frühester Zeitpunkt, zu dem ein Kennwort umbenannt werden kann: " & ctag(obj.MinPasswordAge)
Add "Maximales Alter eines Kennworts: " & ctag(obj.MaxPasswordAge)
Add "Umfang der Kennwort-History-Liste: " & obj.PasswordHistoryLength

MsgBox msg

Sub Add(text)
   ' Fügt Text hinzu
   msg = msg & text & vbCrLf
End Sub

Function cmin(seconds)
   ' Konvertiert in Minuten
   If seconds = 0 Then
      cmin = "nicht aktiv"
   Else
      cmin = Fix(seconds/60) & " Minuten."
   End If
End Function

Function ctag(seconds)
   ' Konvertiert in Tage
   If seconds = 0 Then
      ctag = "sofort"
   Else
      ctag = Fix(seconds/60/60/24) & " Tage."
   End If
End Function
```

Listing 9.16: Die aktuellen Sicherheitseinstellungen der Domäne erfragen

WICHTIG: Die Zeitinformationen – zum Beispiel das maximale Alter eines Kennwortes – werden im *Domain*-Objekt in Sekunden angegeben. Deshalb implementiert das Skript die eigenen Funktionen *cmin* und *ctag*, mit dem Sekunden in Minuten bzw. Tage umgerechnet werden.

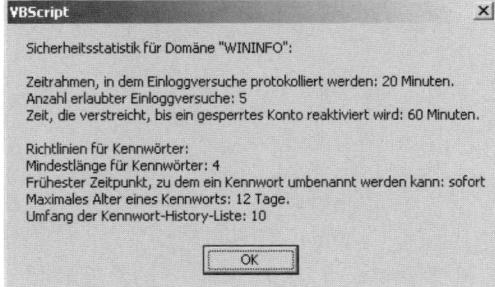

Abbildung 9.5: Sicherheitseinstellungen der Domäne sichtbar machen

Erweiterte Sicherheitseinstellungen protokollieren

Ab Windows 2000 sind zahlreiche weitere Sicherheitseinstellungen hinzugekommen. Die für den Computer, auf dem das Skript ausgeführt wird, relevanten Einstellungen können Sie mit Hilfe des WMI-Dienstes lesen, aber nicht verändern:

```
strComputer = "."
Set objwmi = GetObject("winmgmts:\\" & strComputer & "\root\rsop\computer")

wql = "Select * from RSOP_SecuritySettingBoolean"
Set colItems = objwmi.ExecQuery(wql)

For Each objItem In colItems
    WScript.Echo objItem.KeyName, "=", CStr(objItem.Setting)
Next
```

Listing 9.17: Sicherheitseinstellungen des Computers auflisten

```
TicketValidateClient = Wahr
RequireLogonToChangePassword = Falsch
PasswordComplexity = Wahr
ForceLogoffWhenHourExpire = Falsch
ClearTextPassword = Falsch
```

Abbildung 9.6: Erweiterte Kennwort-Richtlinien anzeigen

Benutzerrechte protokollieren

Benutzerrechte erlauben den Zugriff auf besondere sicherheitskritische Systemfunktionen. Ein Backup-Administrator besitzt zum Beispiel das Backup-Recht und kann so Daten auch dann sichern, wenn ihm eigentlich die dafür notwendigen NTFS-Berechtigungen fehlen.

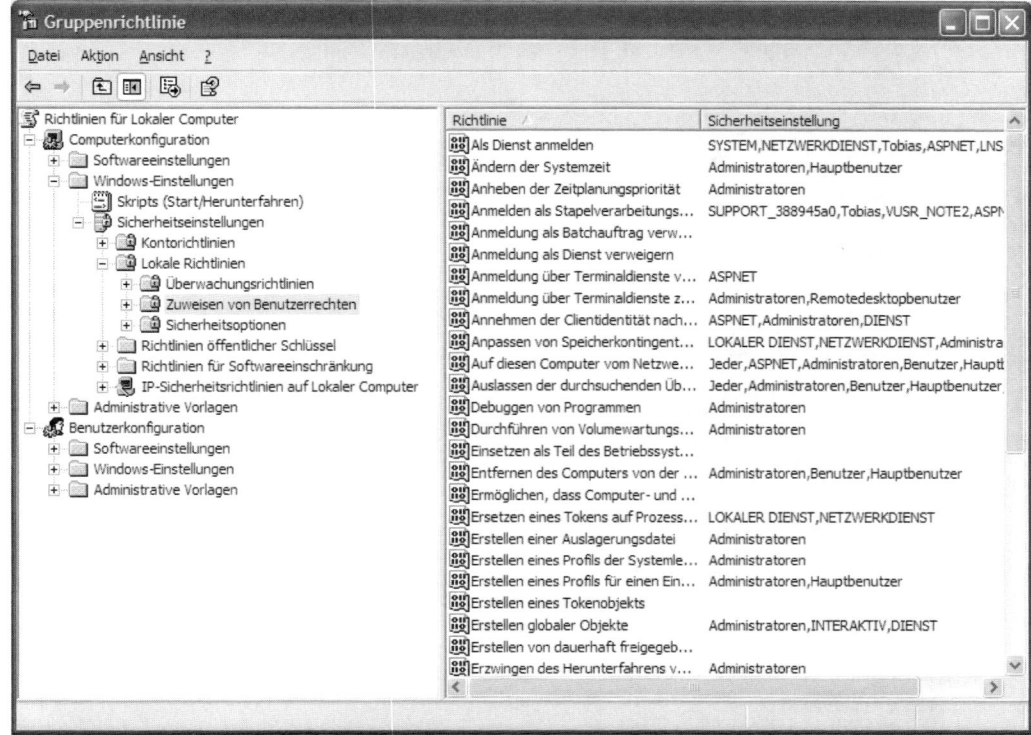

Abbildung 9.7: *Zuordnung von Benutzerrechten kontrollieren*

Das nächste Skript listet auf, welche Benutzerrechte an welche Personen oder Gruppen vergeben worden sind:

```
strComputer = "."
Set objwmi = GetObject("winmgmts:\\" & strComputer & "\root\rsop\computer")
Set colItems = objwmi.ExecQuery("Select * from RSOP_UserPrivilegeRight")
For Each objItem In colItems
   WScript.Echo "Benutzerrecht: " & objItem.UserRight
   If Not IsNull(objItem.AccountList) Then
      For Each strAccountList In objItem.AccountList
         WScript.Echo strAccountList
      Next
   Else
      WScript.Echo "niemandem zugewiesen"
      End If
      WScript.Echo string(80, "=")
Next
```

Listing 9.18: *Vergabe von Benutzerrechten kontrollieren*

Das Skript liefert eine übersichtliche Liste, aus der hervorgeht, welche Benutzerrechte es gibt und wem diese zurzeit zugewiesen sind.

Domänen verwalten

```
Microsoft (R) Windows Script Host, Version 5.6
Copyright (C) Microsoft Corporation 1996-2001. Alle Rechte vorbehalten.

Benutzerrecht: SeMachineAccountPrivilege
Authentifizierte Benutzer
=============================================================================
Benutzerrecht: SeDenyNetworkLogonRight
TECHNET\SUPPORT_388945a0
=============================================================================
Benutzerrecht: SeRestorePrivilege
Administratoren
Sicherungs-Operatoren
Server-Operatoren
=============================================================================
Benutzerrecht: SeTcbPrivilege
niemandem zugewiesen
=============================================================================
Benutzerrecht: SeSystemProfilePrivilege
Administratoren
=============================================================================
Benutzerrecht: SeDenyServiceLogonRight
niemandem zugewiesen
=============================================================================
Benutzerrecht: SeServiceLogonRight
NETZWERKDIENST
=============================================================================
Benutzerrecht: SeUndockPrivilege
Administratoren
=============================================================================
Benutzerrecht: SeCreatePermanentPrivilege
niemandem zugewiesen
=============================================================================
Benutzerrecht: SeAuditPrivilege
LOKALER DIENST
NETZWERKDIENST
=============================================================================
Benutzerrecht: SeTakeOwnershipPrivilege
Administratoren
=============================================================================
Benutzerrecht: SeCreatePagefilePrivilege
Administratoren
=============================================================================
Benutzerrecht: SeEnableDelegationPrivilege
Administratoren
=============================================================================
Benutzerrecht: SeDebugPrivilege
Administratoren
=============================================================================
Benutzerrecht: SeSystemTimePrivilege
Administratoren
Server-Operatoren
=============================================================================
Benutzerrecht: SeDenyBatchLogonRight
niemandem zugewiesen
=============================================================================
Benutzerrecht: SeBackupPrivilege
```

Administratoren
Sicherungs-Operatoren
Server-Operatoren
===
Benutzerrecht: SeCreateTokenPrivilege
niemandem zugewiesen
===
Benutzerrecht: SeChangeNotifyPrivilege
Jeder
Administratoren
Authentifizierte Benutzer
Prä-Windows 2000 kompatibler Zugriff
===
Benutzerrecht: SeSyncAgentPrivilege
niemandem zugewiesen
===
Benutzerrecht: SeProfileSingleProcessPrivilege
Administratoren
===
Benutzerrecht: SeLoadDriverPrivilege
Administratoren
Druck-Operatoren
===
Benutzerrecht: SeInteractiveLogonRight
Administratoren
Sicherungs-Operatoren
Konten-Operatoren
Server-Operatoren
Druck-Operatoren
===
Benutzerrecht: SeRemoteShutdownPrivilege
Administratoren
Server-Operatoren
===
Benutzerrecht: SeIncreaseBasePriorityPrivilege
Administratoren
===
Benutzerrecht: SeNetworkLogonRight
Jeder
Administratoren
Authentifizierte Benutzer
DOMÄNENCONTROLLER DER ORGANISATION
Prä-Windows 2000 kompatibler Zugriff
===
Benutzerrecht: SeLockMemoryPrivilege
niemandem zugewiesen
===
Benutzerrecht: SeShutdownPrivilege
Administratoren
Sicherungs-Operatoren
Server-Operatoren
Druck-Operatoren
===
Benutzerrecht: SeSecurityPrivilege
Administratoren
===

Domänen verwalten

```
Benutzerrecht: SeAssignPrimaryTokenPrivilege
LOKALER DIENST
NETZWERKDIENST
=========================================================================
Benutzerrecht: SeSystemEnvironmentPrivilege
Administratoren
=========================================================================
Benutzerrecht: SeIncreaseQuotaPrivilege
LOKALER DIENST
NETZWERKDIENST
Administratoren
=========================================================================
Benutzerrecht: SeBatchLogonRight
LOKALER DIENST
TECHNET\SUPPORT_388945a0
=========================================================================
Benutzerrecht: SeDenyInteractiveLogonRight
TECHNET\SUPPORT_388945a0
=========================================================================
```

Listing 9.19: *Vergabe von Benutzerrechten kontrollieren*

Überwachung kontrollieren (Auditing)

Die Domäne legt fest, welche sicherheitskritischen Aktionen im Überwachungslogbuch überwacht werden. Eine Überwachung kann sowohl für den Erfolgsfall als auch für den Misserfolg eingerichtet werden.

Das folgende Skript zeigt, welche Überwachungseinstellungen Ihre Domäne augenblicklich verwendet:

```
strComputer = "."
Set objwmi = GetObject("winmgmts:\\" & strComputer & "\root\rsop\computer")
Set colItems = objwmi.ExecQuery("Select * from RSOP_AuditPolicy")
For Each objItem In colItems
    WScript.Echo "Category: " & objItem.Category
    WScript.Echo "Precedence: " & objItem.Precedence
    WScript.Echo "Fehlschlag: " & objItem.Failure
    WScript.Echo "Erfolg: " & objItem.Success
    WScript.Echo string(80, "=")
Next
```

Listing 9.20: *Überwachungseinstellungen prüfen*

Das Ergebnis zeigt, dass die Beispieldomäne bei Fehlschlägen (zum Beispiel fehlende Berechtigungen) die folgenden Ereignisse protokolliert: *AuditPolicyChange, AuditDSAccess, AuditAccountLogon, AuditAccountManage, AuditLogonEvents, AuditSystemEvents*. Dies sind die Standardeinstellungen einer Windows 2003-basierten Domäne. Die Protokoll-Einträge finden Sie in der Ereignisanzeige.

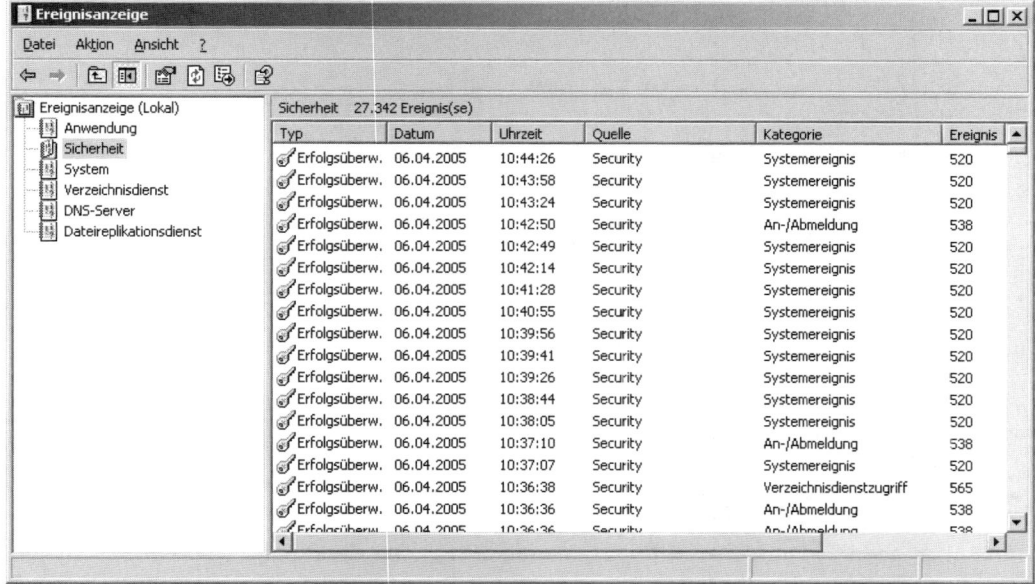

Abbildung 9.8: Überwachte Ereignisse werden im Sicherheit-Logbuch protokolliert

```
Category: AuditPolicyChange
Precedence: 1
Fehlschlag: Falsch
Erfolg: Wahr
===========================================================================
Category: AuditPrivilegeUse
Precedence: 1
Fehlschlag: Falsch
Erfolg: Falsch
===========================================================================
Category: AuditDSAccess
Precedence: 1
Fehlschlag: Falsch
Erfolg: Wahr
===========================================================================
Category: AuditAccountLogon
Precedence: 1
Fehlschlag: Falsch
Erfolg: Wahr
===========================================================================
Category: AuditObjectAccess
Precedence: 1
Fehlschlag: Falsch
Erfolg: Falsch
===========================================================================
Category: AuditAccountManage
Precedence: 1
Fehlschlag: Falsch
Erfolg: Wahr
===========================================================================
Category: AuditLogonEvents
```

Domänen verwalten

```
Precedence: 1
Fehlschlag: Falsch
Erfolg: Wahr
========================================================================
Category: AuditProcessTracking
Precedence: 1
Fehlschlag: Falsch
Erfolg: Falsch
========================================================================
Category: AuditSystemEvents
Precedence: 1
Fehlschlag: Falsch
Erfolg: Wahr
========================================================================
```

Listing 9.21: Das Skript listet die aktuellen Überwachungseinstellungen auf

Vertrauensstellungen

Domänen können anderen Domänen vertrauen. Wird eine Vertrauensstellung zwischen zwei Domänen eingerichtet, dann akzeptieren die Domänen gegenseitig die authentifizierten Benutzer. Vertraut Domäne A also Domäne B, dann vertraut Domäne A darauf, dass sich Benutzer X bei Domäne B korrekt angemeldet hat, und gewährt Benutzer X Zugriff auf Ressourcen der eigenen Domäne.

Skripts können Vertrauensstellungen protokollieren. Das folgende Skript zeigt, welche Vertrauensstellungen existieren:

```
strComputer = "."
Set objwmi = GetObject("winmgmts:" _
    & "{impersonationLevel=impersonate}!\\" & _
        strComputer & "\root\MicrosoftActiveDirectory")
Set colTrustList = objwmi.ExecQuery _
    ("Select * from Microsoft_DomainTrustStatus")
For Each objTrust In colTrustList
    WScript.Echo objTrust.TrustedDomain
    WScript.Echo objTrust.TrustDirection
    WScript.Echo objTrust.TrustType
    WScript.Echo objTrust.TrustAttributes
    WScript.Echo objTrust.TrustedDCName
    WScript.Echo objTrust.TrustStatus
    WScript.Echo objTrust.TrustIsOK
Next
```

Listing 9.22: Vertrauensstellungen auflisten

Replikation

Größere Netzwerke verwenden mehr als einen Domänencontroller, teils aus Performance-Gründen, teils aus Gründen der Ausfallsicherheit. Diese Domänencontroller gleichen sich untereinander ständig ab. Wird zum Beispiel auf einem Domänencontroller ein neues Benutzerkonto eingerichtet oder eine Gruppenrichtlinie geändert, dann muss diese Information natürlich auch an die übrigen Domänencontroller übermittelt werden. Dieser Vorgang wird »Replikation« genannt.

Skripts können die Replikation überwachen, und das kann wichtig bei der Diagnose von Netzwerk- und Sicherheitsproblemen sein:

```
strComputer = "."
Set objwmi = GetObject("winmgmts:" _
    & "{impersonationLevel=impersonate}!\\" & _
        strComputer & "\root\MicrosoftActiveDirectory")
Set colReplicationOperations = objwmi.ExecQuery _
    ("Select * from MSAD_ReplNeighbor")
For Each objReplicationJob In colReplicationOperations
    WScript.Echo objReplicationJob.Domain
    WScript.Echo objReplicationJob.NamingContextDN
    WScript.Echo objReplicationJob.SourceDsaDN
    WScript.Echo objReplicationJob.LastSyncResult
    WScript.Echo objReplicationJob.NumConsecutiveSyncFailures
Next
```

Listing 9.23: *Replikationspartner auflisten*

Replikation überwachen

Möchten Sie feststellen, ob die Replikation einwandfrei verläuft, dann kann ein Skript die Replikation überwachen und Probleme anzeigen:

```
strComputer = "."
Set objwmi = GetObject("winmgmts\\" & _
        strComputer & "\root\MicrosoftActiveDirectory")
Set colReplicationOperations = objwmi.ExecQuery _
        ("Select * from MSAD_ReplPendingOp")
If colReplicationOperations.Count = 0 Then
    WScript.Echo "There are no replication jobs pending."
    WScript.Quit
Else
    For Each objReplicationJob In colReplicationOperations
        WScript.Echo objReplicationJob.SerialNumber
        WScript.Echo objReplicationJob.TimeEnqueued
        WScript.Echo objReplicationJob.DsaDN
        WScript.Echo objReplicationJob.DsaAddress
        WScript.Echo objReplicationJob.NamingContextDn
    Next
End If
```

Listing 9.24: *Replikation überwachen*

Bridgehead-Serverprotokolle auflisten

Falls Sie mehrere Standorte (Sites) einsetzen, übernimmt ein so genannter Bridgehead-Server (Brückenkopf-Server) die Aufgabe, die Daten mit der übrigen Domäne abzugleichen. Sites und Bridgehead-Server werden über das MMC-Snap-In *Active Directory Standorte und Dienste* verwaltet.

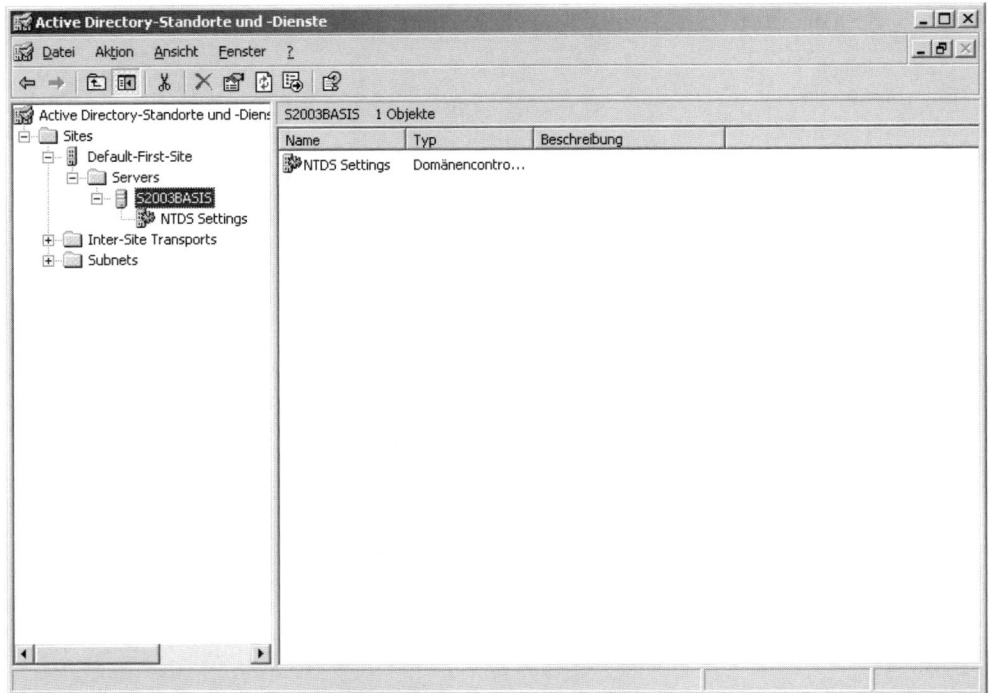

Abbildung 9.9: *Standorte und Dienste verwalten*

Als Standard befindet sich darin nur ein Standort namens »Default-First-Site«. Darin findet sich Ihr Domänencontroller im Container *Servers*.

Öffnen Sie die Eigenschaften des Domänencontrollers, dann können Sie Protokolle festlegen, die für die Replikation verwendet werden sollen.

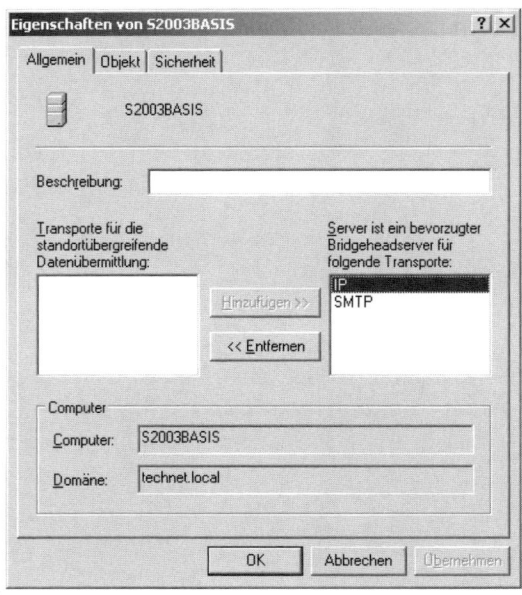

Abbildung 9.10: *Übertragungsprotokolle festlegen*

Diese Protokolle kann ein Skript jederzeit anzeigen. Dazu müssen Sie lediglich im Skript den korrekten LDAP-Pfad zum Server angeben:

```
Set objServer = GetObject _
    ("LDAP://CN=S2003BASIS,CN=Servers,CN=Default-First-Site," & _
        " CN=Sites,CN=Configuration,DC=technet,DC=local")

dnBHTList = objServer.GetEx("bridgeheadTransportList")

WScript.Echo "Replikationsprotokolle"
For Each dnValue In dnBHTList
    WScript.Echo dnValue
Next
```

Listing 9.25: *Replikationsprotokoll eines Bridgehead-Servers bestimmen*

Das Ergebnis sind die Protokolle, die Sie im Dialogfenster eingerichtet haben:

```
Replikationsprotokolle
CN=SMTP,CN=Inter-Site Transports,CN=Sites,CN=Configuration,DC=technet,DC=local
CN=IP,CN=Inter-Site Transports,CN=Sites,CN=Configuration,DC=technet,DC=local
```

Listing 9.26: *Replikationsprotokolle auslesen*

Standorte (Sites)

Standorte sind Netzwerkbereiche, die intern über schnelle Netzwerkverbindungen verfügen, aber mit dem Rest der Domäne nur über langsame Netzwerkverbindungen angebunden sind. Ein Standort könnte also zum Beispiel eine Zweigstelle sein, die nur über eine langsame ISDN-Verbindung mit der Zentrale verbunden ist.

Neue Standorte können per Skript angelegt werden. Das nächste Skript legt den neuen Standort namens »Zweigstelle-Berlin« an:

```
strSiteRDN      = "cn=Zweigstelle-Berlin"
strSiteLinkRDN  = "cn=DEFAULTIPSITELINK"
strSiteLinkType = "IP"                    ' Valid values: "IP" or "SMTP"

Const ADS_PROPERTY_APPEND = 3

Set objRootDSE = GetObject("LDAP://RootDSE")
strConfigurationNC = objRootDSE.Get("configurationNamingContext")
strSitesContainer = "LDAP://cn=Sites," & strConfigurationNC

Set objSitesContainer = GetObject(strSitesContainer)

Set objSite = objSitesContainer.Create("site", strSiteRDN)
objSite.SetInfo

Set objLicensingSiteSettings = objSite.Create("licensingSiteSettings", _
    "cn=Licensing Site Settings")
objLicensingSiteSettings.SetInfo
```

Domänen verwalten

```
Set objNtdsSiteSettings = objSite.Create("nTDSSiteSettings", _
    "cn=NTDS Site Settings")
objNtdsSiteSettings.SetInfo

Set objServersContainer = objSite.Create("serversContainer", "cn=Servers")
objServersContainer.SetInfo

strSiteLinkPath = "LDAP://" & strSiteLinkRDN & ",cn=" & strSiteLinkType & _
    ",cn=Inter-Site Transports,cn=Sites," & strConfigurationNC

Set objSiteLink = GetObject(strSiteLinkPath)

objSiteLink.PutEx ADS_PROPERTY_APPEND, "siteList", _
                Array(objSite.Get("distinguishedName"))
objSiteLink.SetInfo
```

Listing 9.27: Neuen Standort anlegen

Den Erfolg können Sie sich im MMC-Snap-In *Active Directory Standorte und Dienste* ansehen.

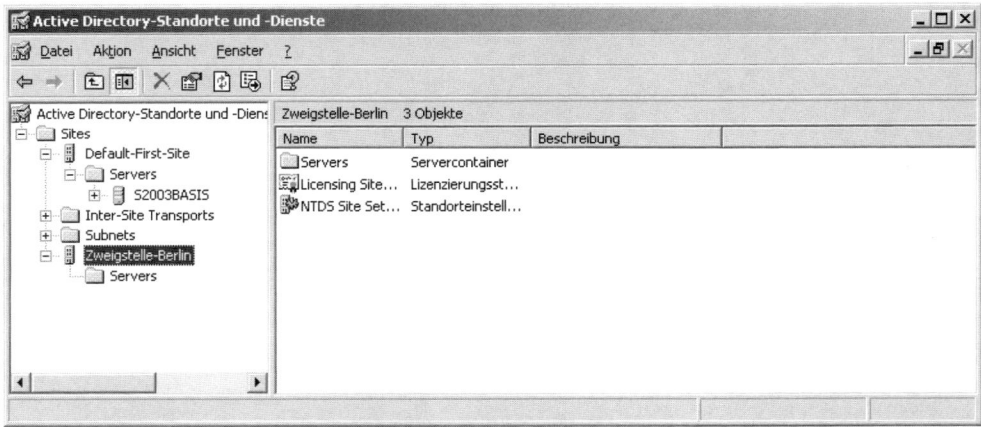

Abbildung 9.11: Ein neuer Standort wurde per Skript angelegt

Alle Standorte auflisten

Möchten Sie sich auflisten lassen, welche Standorte es in Ihrer Organisation gibt, dann setzen Sie folgendes Skript ein:

```
Set objRootDSE = GetObject("LDAP://RootDSE")
strConfigurationNC = objRootDSE.Get("configurationNamingContext")

strSitesContainer = "LDAP://cn=Sites," & strConfigurationNC
Set objSitesContainer = GetObject(strSitesContainer)

objSitesContainer.Filter = Array("site")

For Each objSite In objSitesContainer
```

```
    WScript.Echo objSite.Name
Next
```

Listing 9.28: Alle Standorte der Domäne auflisten

Das Ergebnis zeigt die gefundenen Standorte:

```
CN=Default-First-Site
CN=Zweigstelle-Berlin
```

Listing 9.29: Alle Domänen-Standorte werden als LDAP-Pfad aufgelistet

Standort-Verknüpfung anlegen

Möchten Sie zwei Standorte miteinander verknüpfen, um dafür zu sorgen, dass beide miteinander Daten austauschen, kann auch das skriptgesteuert erfolgen.

Das folgende Skript verbindet den standardmäßig eingerichteten Standort »Default-First-Site« mit dem neuen Standort »Zweigstelle-Berlin«, den Listing 9.28 angelegt hatte:

```
strSite1Name    = "Default-First-Site"
strSite2Name    = "Zweigstelle-Berlin"
strSiteLinkRDN  = "cn=[" & strSite1Name & "][" & strSite2Name & "]"
intCost         = 100
intReplInterval = 60
strDescription  = "[" & strSite1Name & "][" & strSite2Name & "]"

Const ADS_PROPERTY_UPDATE = 2

Set objRootDSE = GetObject("LDAP://RootDSE")
strConfigurationNC = objRootDSE.Get("configurationNamingContext")

strSite1DN = "cn=" & strSite1Name & ",cn=Sites," & strConfigurationNC
strSite2DN = "cn=" & strSite2Name & ",cn=Sites," & strConfigurationNC

Set objInterSiteTransports = GetObject("LDAP://" & _
    "cn=IP,cn=Inter-Site Transports,cn=Sites," & strConfigurationNC)

Set objSiteLink = objInterSiteTransports.Create("siteLink", strSiteLinkRDN)
objSiteLink.Put "cost",          intCost
objSiteLink.Put "replInterval",  intReplInterval
objSiteLink.Put "description",   strDescription


objSiteLink.PutEx ADS_PROPERTY_UPDATE, "siteList", _
                Array(strSite1DN, strSite2DN)
objSiteLink.SetInfo
```

Listing 9.30: Verknüpfung zwischen zwei Standorten herstellen

Wieder können Sie das Ergebnis im MMC-Snap-In begutachten:

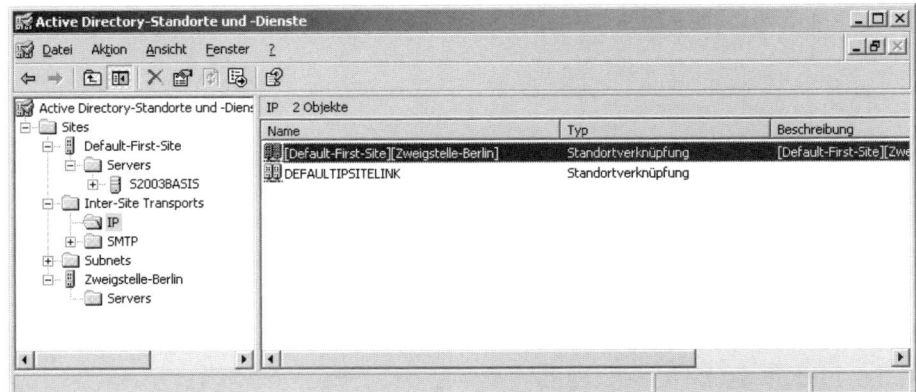

Abbildung 9.12: Per Skript eingefügter Inter-Site Transport

Domänencontroller finden

Skripts können prüfen, ob sich ein bestimmter Domänencontroller an einem angegebenen Standort befindet. Das folgende Skript prüft, ob sich der Domänencontroller »s2003basis« im Standort »Default-First-Site« befindet:

```
strDcName = "s2003basis"
strSiteName = "Default-First-Site"

Set objADSysInfo = CreateObject("ADSystemInfo")
strDcSiteName = objADSysInfo.GetDCSiteName(strDcName)

If UCase(strSiteName) = UCase(strDcSiteName) Then
    WScript.Echo strDcName & " befindet sich in " & strSiteName
Else
    WScript.Echo strDcName & " befindet sich NICHT in " & strSiteName
End If
```

Listing 9.31: Prüfen, ob sich ein Domänencontroller am angegebenen Standort befindet

Server eines Standortes auflisten

Wollen Sie alle Server auflisten, die einem bestimmten Standort zugewiesen sind, dann verwenden Sie dieses Skript:

```
strSiteRDN = "cn=Default-First-Site"

Set objRootDSE = GetObject("LDAP://RootDSE")
strConfigurationNC = objRootDSE.Get("configurationNamingContext")

strServersPath = "LDAP://cn=Servers," & strSiteRDN & ",cn=Sites," & _
    strConfigurationNC

Set objServersContainer = GetObject(strServersPath)
```

```
For Each objServer In objServersContainer
    WScript.Echo objServer.Name
Next
```

Listing 9.32: Alle Server eines Standortes auflisten

Subnetze

Da Standorte per Definition Netzwerkbereiche sind, die über eine gute, d.h. breitbandige und schnelle Netzwerkanbindung untereinander verfügen, werden diese normalerweise in Subnetzen gegliedert. Sie erhalten also einen bestimmten IP-Adressbereich.

Subnetze können ebenfalls per Skript angelegt werden. Das nächste Skript legt ein Subnetz für den Standort »Zweigstelle-Berlin« an:

```
strSubnetRDN      = "cn=192.168.1.0/26"
strSiteObjectRDN  = "cn=Zweigstelle-Berlin"
strDescription    = "192.168.1.0/255.255.255.192"
strLocation       = "GE/Berlin/Kreuzberg"

Set objRootDSE = GetObject("LDAP://RootDSE")
strConfigurationNC = objRootDSE.Get("configurationNamingContext")

strSiteObjectDN = strSiteObjectRDN & ",cn=Sites," & strConfigurationNC

strSubnetsContainer = "LDAP://cn=Subnets,cn=Sites," & strConfigurationNC

Set objSubnetsContainer = GetObject(strSubnetsContainer)

Set objSubnet = objSubnetsContainer.Create("subnet", strSubnetRDN)
objSubnet.Put "siteObject",   strSiteObjectDN
objSubnet.Put "description",  strDescription

objSubnet.Put "location",     strLocation
objSubnet.SetInfo
```

Listing 9.33: Active Directory-Subnetz einrichten

Das Ergebnis zeigt sich im MMC-Snap-In:

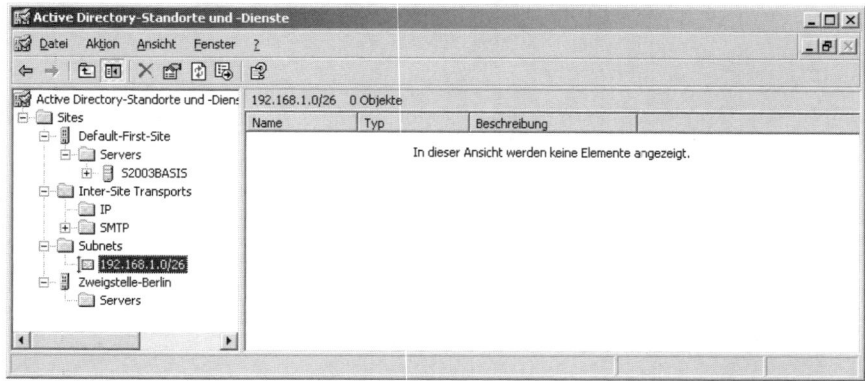

Abbildung 9.13: Per Skript ein neues Subnetz einrichten

Domänen verwalten **237**

Subnetze auflisten

Alle vorhandenen Subnetze lassen sich per Skript auf diese Weise auflisten:

```
Set objRootDSE = GetObject("LDAP://RootDSE")
strConfigurationNC = objRootDSE.Get("configurationNamingContext")
strSubnetsContainer = "LDAP://cn=Subnets,cn=Sites," & strConfigurationNC
Set objSubnetsContainer = GetObject(strSubnetsContainer)
objSubnetsContainer.Filter = Array("subnet")

For Each objSubnet In objSubnetsContainer
    WScript.Echo objSubnet.name
Next
```

Listing 9.34: Subnetze auflisten

Subnetz entfernen

Möchten Sie ein Subnetz wieder entfernen, kann auch dies per Skript geschehen:

```
strSubnetCN = "cn=192.168.1.0/26"

Set objRootDSE = GetObject("LDAP://RootDSE")
strConfigurationNC = objRootDSE.Get("configurationNamingContext")

strSubnetsContainer = "LDAP://cn=Subnets,cn=Sites," & strConfigurationNC

Set objSubnetsContainer = GetObject(strSubnetsContainer)
objSubnetsContainer.Delete "subnet", strSubnetCN
```

Listing 9.35: Active Directory-Subnetz entfernen

10 Computer verwalten

- 239 Computer-Konten verwalten
- 245 Computer-Eigenschaften ändern
- 250 Die Rolle des Computers feststellen
- 252 Betriebssystem
- 253 Software
- 256 Starten und Herunterfahren

Damit ein Computer sich an einer Domäne anmelden kann, benötigt der Computer ein eigenes Konto in der Domäne. Im ersten Teil dieses Kapitels lesen Sie, wie solche Konten per Skript angelegt und verwaltet werden.

Unabhängig davon, ob ein Computer Domänenmitglied ist oder nicht, können darüber hinaus viele weitere Grundeinstellungen des Computers über den WMI-Dienst verwaltet werden. Dies stellt den zweiten Schwerpunkt des Kapitels dar.

Computer-Konten verwalten

Soll ein Computer einer Domäne hinzugefügt werden, so benötigt dieser Computer ein Computerkonto in der Domäne.

Computer in Domäne aufnehmen

Normalerweise sind für das Hinzufügen von Computern zu einer Domäne Administrator-Rechte nötig. Falls Sie über diese verfügen, können Sie einen Computer mit dem folgenden Skript der Domäne »Technet« hinzufügen:

```
Const JOIN_DOMAIN             = 1
Const ACCT_CREATE             = 2
Const ACCT_DELETE             = 4
Const WIN9X_UPGRADE           = 16
Const DOMAIN_JOIN_IF_JOINED   = 32
Const JOIN_UNSECURE           = 64
Const MACHINE_PASSWORD_PASSED = 128
Const DEFERRED_SPN_SET        = 256
Const INSTALL_INVOCATION      = 262144

strDomain   = "TECHNET"
```

```
strPassword = "Geheim99"
strUser     = "Administrator"

Set objNetwork = CreateObject("WScript.Network")
strComputer = objNetwork.ComputerName

Set objComputer = GetObject("winmgmts:{authenticationLevel=pktPrivacy}!\\" _
    & strComputer & "\root\cimv2:Win32_ComputerSystem.Name='" & _
        strComputer & "'")

ReturnValue = objComputer.JoinDomainOrWorkGroup(strDomain, _
                                    strPassword, _
                                    strDomain & "\" & strUser, _
                                    NULL, _
                                    JOIN_DOMAIN + ACCT_CREATE)
```

Listing 10.1: *Computer in Domäne aufnehmen*

ACHTUNG: Der Computer muss in der Lage sein, den Domänennamen aufzulösen. Unter Umständen kann es erforderlich sein, zuerst den DNS-Server und die IP-Adresse in den Netzwerk-Eigenschaften festzulegen. Dies gilt allerdings auch, wenn Sie manuell den Rechner einer Domäne zufügen möchten.

Weil das Hinzufügen eines Computers zu einer Domäne eine sicherheitskritische Operation ist, bei der ein Administrator-Kennwort übertragen wird, ist dieser Vorgang einer der seltenen WMI-Operationen, bei denen eine abhörsichere Netzwerkverbindung nötig ist. Diese wird über den Authentikationslevel »pktPrivacy« hergestellt.

Möchten Sie dagegen einem anderen Benutzer erlauben, seinen Computer selbständig der Domäne hinzuzufügen, dann muss das Computer-Konto zuerst von einem Administrator angelegt und seine Berechtigungen so geändert werden, dass der betreffende Anwender die Berechtigung erhält, darauf zuzugreifen.

Das folgende Skript legt für den Computer »PC007« ein Computerkonto an und berechtigt den Benutzer »TECHNET\Tobias« dazu, diesen Computer in die Domäne aufzunehmen.

```
strComputer = "PC007"
strComputerUser = "technet\Tobias"

Const ADS_UF_PASSWD_NOTREQD              = &h0020
Const ADS_UF_WORKSTATION_TRUST_ACCOUNT   = &h1000
Const ADS_ACETYPE_ACCESS_ALLOWED         = &h0
Const ADS_ACETYPE_ACCESS_ALLOWED_OBJECT  = &h5
Const ADS_FLAG_OBJECT_TYPE_PRESENT       = &h1
Const ADS_RIGHT_GENERIC_READ             = &h80000000
Const ADS_RIGHT_DS_SELF                  = &h8
Const ADS_RIGHT_DS_WRITE_PROP            = &h20
Const ADS_RIGHT_DS_CONTROL_ACCESS        = &h100
Const ALLOWED_TO_AUTHENTICATE    = "{68B1D179-0D15-4d4f-AB71-46152E79A7BC}"
Const RECEIVE_AS                 = "{AB721A56-1E2f-11D0-9819-00AA0040529B}"
Const SEND_AS                    = "{AB721A54-1E2f-11D0-9819-00AA0040529B}"
Const USER_CHANGE_PASSWORD       = "{AB721A53-1E2f-11D0-9819-00AA0040529b}"
Const USER_FORCE_CHANGE_PASSWORD = "{00299570-246D-11D0-A768-00AA006E0529}"
Const USER_ACCOUNT_RESTRICTIONS  = "{4C164200-20C0-11D0-A768-00AA006E0529}"
```

```
Const VALIDATED_DNS_HOST_NAME    = "{72E39547-7B18-11D1-ADEF-00C04FD8D5CD}"
Const VALIDATED_SPN              = "{F3A64788-5306-11D1-A9C5-0000F80367C1}"

Set objRootDSE = GetObject("LDAP://rootDSE")
Set objContainer = GetObject("LDAP://cn=Computers," & _
                             objRootDSE.Get("defaultNamingContext"))

Set objComputer = objContainer.Create("Computer", "cn=" & strComputer)
objComputer.Put "sAMAccountName", strComputer & "$"
objComputer.Put "userAccountControl", _
                ADS_UF_PASSWD_NOTREQD OR ADS_UF_WORKSTATION_TRUST_ACCOUNT
objComputer.SetInfo

Set objSecurityDescriptor = objComputer.Get("ntSecurityDescriptor")
Set objDACL = objSecurityDescriptor.DiscretionaryAcl

Set objACE1 = CreateObject("AccessControlEntry")
objACE1.Trustee    = strComputerUser
objACE1.AccessMask = ADS_RIGHT_GENERIC_READ
objACE1.AceFlags   = 0
objACE1.AceType    = ADS_ACETYPE_ACCESS_ALLOWED

Set objACE2 = CreateObject("AccessControlEntry")
objACE2.Trustee    = strComputerUser
objACE2.AccessMask = ADS_RIGHT_DS_CONTROL_ACCESS
objACE2.AceFlags   = 0
objACE2.AceType    = ADS_ACETYPE_ACCESS_ALLOWED_OBJECT
objACE2.Flags      = ADS_FLAG_OBJECT_TYPE_PRESENT
objACE2.ObjectType = ALLOWED_TO_AUTHENTICATE

Set objACE3 = CreateObject("AccessControlEntry")
objACE3.Trustee    = strComputerUser
objACE3.AccessMask = ADS_RIGHT_DS_CONTROL_ACCESS
objACE3.AceFlags   = 0
objACE3.AceType    = ADS_ACETYPE_ACCESS_ALLOWED_OBJECT
objACE3.Flags      = ADS_FLAG_OBJECT_TYPE_PRESENT
objACE3.ObjectType = RECEIVE_AS

Set objACE4 = CreateObject("AccessControlEntry")
objACE4.Trustee    = strComputerUser
objACE4.AccessMask = ADS_RIGHT_DS_CONTROL_ACCESS
objACE4.AceFlags   = 0
objACE4.AceType    = ADS_ACETYPE_ACCESS_ALLOWED_OBJECT
objACE4.Flags      = ADS_FLAG_OBJECT_TYPE_PRESENT
objACE4.ObjectType = SEND_AS

Set objACE5 = CreateObject("AccessControlEntry")
objACE5.Trustee    = strComputerUser
objACE5.AccessMask = ADS_RIGHT_DS_CONTROL_ACCESS
objACE5.AceFlags   = 0
objACE5.AceType    = ADS_ACETYPE_ACCESS_ALLOWED_OBJECT
objACE5.Flags      = ADS_FLAG_OBJECT_TYPE_PRESENT
objACE5.ObjectType = USER_CHANGE_PASSWORD
```

```
Set objACE6 = CreateObject("AccessControlEntry")
objACE6.Trustee    = strComputerUser
objACE6.AccessMask = ADS_RIGHT_DS_CONTROL_ACCESS
objACE6.AceFlags   = 0
objACE6.AceType    = ADS_ACETYPE_ACCESS_ALLOWED_OBJECT
objACE6.Flags      = ADS_FLAG_OBJECT_TYPE_PRESENT
objACE6.ObjectType = USER_FORCE_CHANGE_PASSWORD

Set objACE7 = CreateObject("AccessControlEntry")
objACE7.Trustee    = strComputerUser
objACE7.AccessMask = ADS_RIGHT_DS_WRITE_PROP
objACE7.AceFlags   = 0
objACE7.AceType    = ADS_ACETYPE_ACCESS_ALLOWED_OBJECT
objACE7.Flags      = ADS_FLAG_OBJECT_TYPE_PRESENT
objACE7.ObjectType = USER_ACCOUNT_RESTRICTIONS

Set objACE8 = CreateObject("AccessControlEntry")
objACE8.Trustee    = strComputerUser
objACE8.AccessMask = ADS_RIGHT_DS_SELF
objACE8.AceFlags   = 0
objACE8.AceType    = ADS_ACETYPE_ACCESS_ALLOWED_OBJECT
objACE8.Flags      = ADS_FLAG_OBJECT_TYPE_PRESENT
objACE8.ObjectType = VALIDATED_DNS_HOST_NAME

Set objACE9 = CreateObject("AccessControlEntry")
objACE9.Trustee    = strComputerUser
objACE9.AccessMask = ADS_RIGHT_DS_SELF
objACE9.AceFlags   = 0
objACE9.AceType    = ADS_ACETYPE_ACCESS_ALLOWED_OBJECT
objACE9.Flags      = ADS_FLAG_OBJECT_TYPE_PRESENT
objACE9.ObjectType = VALIDATED_SPN

objDACL.AddAce objACE1
objDACL.AddAce objACE2
objDACL.AddAce objACE3
objDACL.AddAce objACE4
objDACL.AddAce objACE5
objDACL.AddAce objACE6
objDACL.AddAce objACE7
objDACL.AddAce objACE8
objDACL.AddAce objACE9

objSecurityDescriptor.DiscretionaryAcl = objDACL
objComputer.Put "ntSecurityDescriptor", objSecurityDescriptor
objComputer.SetInfo
```

Listing 10.2: Computerkonto mit spezieller Berechtigung anlegen

Wenn Sie anschließend mit dem MMC-Snap-In nachschauen, werden Sie das neue Computer-Konto entdecken:

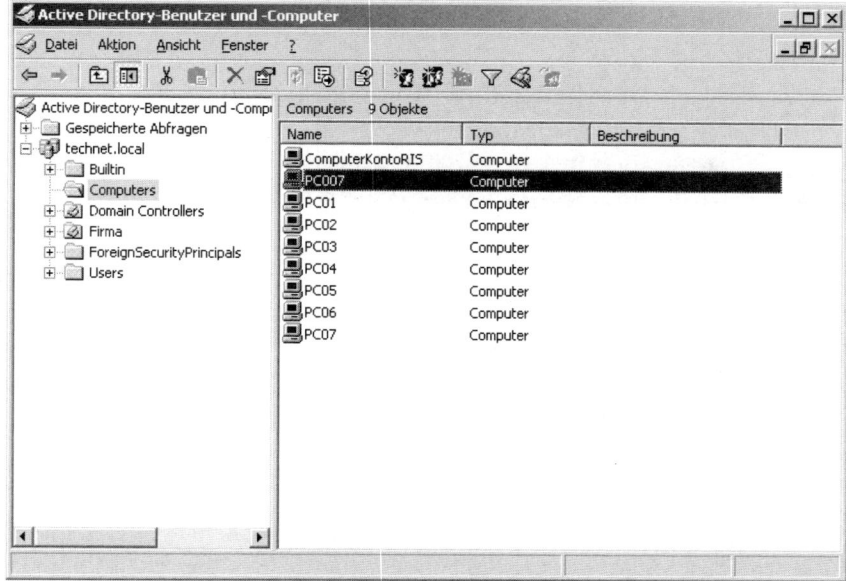

Abbildung 10.1: Neues Computerkonto anlegen

Öffnen Sie die Eigenschaften des Computerkontos, dann sehen Sie in Der Registerkarte *Sicherheit*, dass der Benutzer »TECHNET\Tobias« zusätzliche Berechtigungen erhalten hat. Diese Registerkarte ist nur sichtbar, wenn Sie zuvor im Snap-In *Ansicht – Erweiterte Funktionen* gewählt haben.

Abbildung 10.2: Berechtigungen erlauben diesem Benutzer, eigenmächtig den Computer hinzuzufügen

Computer verwalten

Konto verschieben

Möchten Sie ein Computer-Konto nachträglich an einen anderen Ort verschieben, dann ist hierfür die *MoveHere*-Methode des Zielcontainers zuständig.

Mit dem folgenden Skript verschieben Sie das Computerkonto »PC02« innerhalb der Domäne »technet.local« aus dem Container »Computers« in die Organisationseinheit »Firma«. Diese Organisationseinheit muss bereits existieren, damit das Skript das Konto verschieben kann.

```
Set objNewOU = GetObject("LDAP://OU=Firma,DC=technet,DC=local")
Set objMoveComputer = objNewOU.MoveHere _
   ("LDAP://CN=pc02,CN=Computers,DC=technet,DC=local", "CN=pc02")
```

Listing 10.3: Computer-Konto in eine Organisationseinheit verschieben

Computer-Konten löschen

Möchten Sie ein Computer-Konto unwiderruflich löschen, stehen dazu zwei Ansätze zur Verfügung. Sie können sich erstens mit dem Container verbinden, in dem das Konto sich befindet, und es daraus mit *Delete* löschen. Das folgende Skript verbindet sich mit dem Container »Computers«, greift darin auf das Computerkonto des Computers »PC007« zu und löscht dieses.

```
strComputer = "PC007"
Set RootDSE = GetObject("LDAP://RootDSE")
path = "LDAP://CN=Computers," & RootDSE.get("DefaultNamingContext")
Set objContainer = GetObject(path)
objContainer.Delete "computer", "CN=" & strComputer
```

Listing 10.4: Computer-Konto entfernen

Oder aber Sie suchen das Objekt, zum Beispiel mit Hilfe von *FindComputer*, und rufen dann dessen *DeleteObject*-Methode auf. Das nächste Skript sucht domänenweit nach dem Computerkonto des Computers »PC007« und löscht es dann:

```
strComputer = "PC007"
Set objComputer = FindComputer(strComputer)
objComputer.DeleteObject(0)


Function FindComputer(ByVal strName)
   Set RootDSE = GetObject("LDAP://RootDSE")
   path = "LDAP://" & RootDSE.get("DefaultNamingContext")
   sql = "SELECT ADsPath FROM '" & path & _
      "' WHERE objectClass='Computer' and name='" & strName & "'"

   Set objconn = CreateObject("ADODB.Connection")
   Set objcomm = CreateObject("ADODB.Command")
   objconn.Provider = "ADsDSOObject"
   objconn.open "Active Directory Provider"

   Set objcomm.ActiveConnection = objconn

   objcomm.CommandText = sql
```

```
    objcomm.Properties("Page Size")=50
    objcomm.Properties("Searchscope") = 2

    Set rs = objcomm.Execute

    If rs.eof Then
        Set FindComputer = Nothing
    Else
       Set FindComputer = GetObject(rs("ADsPath"))
    End If
End Function
```

Listing 10.5: *Computer-Konto löschen, das zuvor über die Suche gefunden wurde*

Computer-Eigenschaften ändern

Computerkonten verfügen über eine Reihe von Eigenschaften, die für die übersichtlichere Verwaltung wichtig sind. Skripts können diese Eigenschaften auslesen und auch verändern.

Computerkonten befinden sich normalerweise innerhalb des Active Directories im Container *Computers*. Wenn Sie also Eigenschaften eines Computerkontos ändern möchten, greifen Sie auf diesen Container zu, lesen das gewünschte Computerkonto und führen die Änderungen durch.

Das folgende Skript ändert die Beschreibung des Computerkontos »PC007«. Dieses Konto muss dafür im Container »Computers« vorhanden sein:

```
strComputer = "PC007"
Set RootDSE = GetObject("LDAP://RootDSE")
path = "LDAP://CN=Computers," & RootDSE.get("DefaultNamingContext")
Set objContainer = GetObject(path)
Set objComputer = objContainer.GetObject("computer", "CN=" & strComputer)

objComputer.Description = "CAD/CAM Arbeitsplatz Müller"
objComputer.put "Location" , "Gebäude 12, Ebene 7, Raum 774"
objComputer.SetInfo
```

Listing 10.6: *Auf ein Computerkonto zugreifen und Eigenschaften ändern*

> Die Eigenschaft *Description* ist eine gebräuchliche Eigenschaft und steht deshalb als Abkürzung zur Verfügung. Sie kann direkt über den Punkt angesprochen werden.
>
> Die Eigenschaft *Location* ist ein echtes Active Directory-Attribut und wird über Put verändert.
>
> Nähere Informationen zum Unterschied haben Sie bereits in Kapitel 8 gelesen.

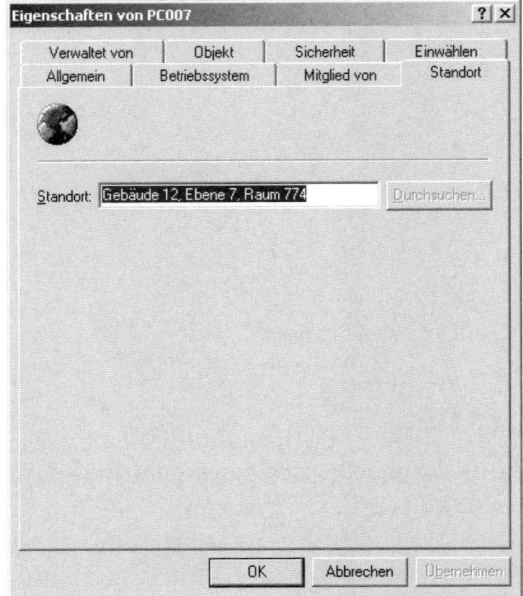

Abbildung 10.3: Skriptgesteuert den Standort eines Computers einfügen

Nach Computer-Konten suchen

Sind Computerkonten bei Ihnen an unterschiedlichen Orten innerhalb des Active Directories gespeichert, dann können Sie auch nach Computerkonten suchen.

Das nächste Skript definiert die Funktion *FindComputer*, mit der Sie Computerkonten innerhalb der Domäne finden. Es sucht domänenweit nach dem Computerkonto »PC007« und ändert dann einige seiner Eigenschaften.

```
strComputer = "PC007"
Set objComputer = FindComputer(strComputer)
objComputer.Description = "CAD/CAM Arbeitsplatz Müller"
objComputer.put "Location" , "Gebäude 12, Ebene 7, Raum 774"
objComputer.SetInfo


Function FindComputer(ByVal strName)
   Set RootDSE = GetObject("LDAP://RootDSE")
   path = "LDAP://" & RootDSE.get("DefaultNamingContext")
   sql = "SELECT ADsPath FROM '" & path & _
      "' WHERE objectClass='Computer' and name='" & strName & "'"

   Set objconn = CreateObject("ADODB.Connection")
   Set objcomm = CreateObject("ADODB.Command")
   objconn.Provider = "ADsDSOObject"
   objconn.open "Active Directory Provider"

   Set objcomm.ActiveConnection = objconn

   objcomm.CommandText = sql
   objcomm.Properties("Page Size")=50
```

```
        objcomm.Properties("Searchscope") = 2

    Set rs = objcomm.Execute

    If rs.eof Then
            Set FindComputer = Nothing
    Else
        Set FindComputer = GetObject(rs("ADsPath"))
    End If
End Function
```

Listing 10.7: Nach Computerkonto suchen und Änderung durchführen

Remoteinstallations-ID hinterlegen

Möchten Sie das Betriebssystem eines Computers automatisiert über die *Remote Installation Services* (RIS) aufspielen, dann benötigt der Computer dazu ein spezielles Computerkonto, in das die RIS-ID eingetragen ist.

Die RIS-ID kann per Skript nur auf etwas umständlichem Wege eingetragen werden, weil es sich dabei um einen Binärwert handelt, mit dem Skripts normalerweise wenig zu tun haben. Über die grafische Oberfläche von Windows können Sie die RIS-ID allerdings nur beim Anlegen eines neuen Computerkontos angeben. Nachträglich kann eine RIS-ID deshalb nur per Skript zugewiesen werden.

Das nächste Skript trägt die in *strGUID* gespeicherte RIS-ID ins Computerkonto »PC01« ein. Dieses Konto muss im Container »Computers« vorhanden sein.

```
strGUID = "{00000000-8597-4c2c-9ACB-FC860480FC5D}"

strComputer = "PC01"

Set RootDSE = GetObject("LDAP://RootDSE")
path = "LDAP://CN=Computers," & RootDSE.get("DefaultNamingContext")
Set objcontainer = GetObject(path)
Set objComputer = objcontainer.GetObject("computer", "CN=" & strComputer)

objComputer.Put "netbootGUID", flipTextGUIDtoBinaryArray(strGUID)
objComputer.SetInfo


Function flipTextGUIDtoBinaryArray(strGUID)
    'Vom String zum ByteArray um ins AD zu schreiben
    Dim BinString,octetStr
    Dim tmpGuid
    Dim cnv
    'Hilfsobject zum konvertieren des ByteArrays
    'Benötigt ie CAPICOM Utilitis
    Set cnv = CreateObject("CAPICOM.Utilities")
    'String verdrehen
    tmpGuid = Mid(strGUID,8,2)
    tmpGuid = tmpGuid & Mid(strGUID,6,2)
    tmpGuid = tmpGuid & Mid(strGUID,4,2)
    tmpGuid = tmpGuid & Mid(strGUID,2,2)
    tmpGuid = tmpGuid & Mid(strGUID,13,2)
```

```
        tmpGuid = tmpGuid & Mid(strGUID,11,2)
        tmpGuid = tmpGuid & Mid(strGUID,18,2)
        tmpGuid = tmpGuid & Mid(strGUID,16,2)
        tmpGuid = tmpGuid & Mid(strGUID,21,4)
        tmpGuid = tmpGuid & Mid(strGUID,26,12)
        BinString = cnv.HexToBinary(tmpGuid)
        flipTextGUIDtoBinaryArray = cnv.BinaryStringToByteArray(BinString)
End Function
```

Listing 10.8: *Eine Remoteinstallations-GUID angeben*

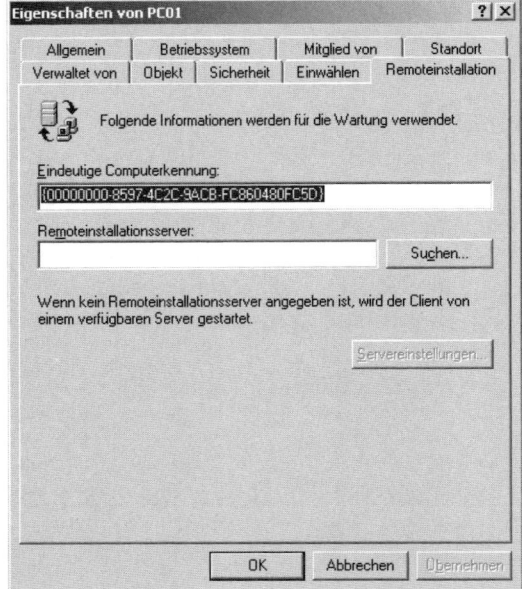

Abbildung 10.4: *Nachträglich eine Remoteinstallations-GUID einrichten*

Konto umbenennen

Der Name des Computerkontos ist keine Eigenschaft, die sich per Skript verändern lässt. Dennoch kann ein Skript nachträglich ein Computerkonto umbenennen. Dazu wird das Konto mit *MoveHere* ähnlich wie in Listing 10.3 verschoben, wobei Quell- und Zielcontainer identisch sind. Nur der Name ändert sich:

```
Set objNewOU = GetObject("LDAP://CN=Computers,DC=technet,DC=local")
Set objMoveComputer = objNewOU.MoveHere _
    ("LDAP://CN=pc03,CN=Computers,DC=technet,DC=local", _
        "CN=pc99")
```

Listing 10.9: *Computer-Konto umbenennen*

Prüfen, ob ein Computer online ist

Möchten Sie prüfen, ob ein Computer online ist, dann stehen Ihnen hierfür verschiedene Wege offen. Sie haben bereits in früheren Kapiteln gelesen, wie Sie dazu den Ping-Befehl einsetzen können.

Falls in Ihrem Netzwerk allerdings ICMP-Echo-Requests durch Firewalls abgefangen werden, besteht ein anderer Weg darin, den Computer über den *WinNT:*-Provider anzusprechen. Gelingt dies, dann ist der Computer online.

```
Set wshnet = CreateObject("WScript.Network")

localcomputer = wshnet.ComputerName

' Liste der Computernamen, die geprüft werden sollen
computerliste = localcomputer & ",TEST1,SERVER12,WILLIBALD"
computerfeld = Split(computerliste, ",")

MsgBox "Prüfe, ob bestimmte Computer online sind, sobald Sie auf OK klicken!"

For x = 0 to UBound(computerfeld)
    list = list & "\\" & computerfeld(x) & " online? " & isOnline(computerfeld(x)) & vbCr
Next

MsgBox list

Function isOnline(computername)
    On Error Resume Next
    Set computer = GetObject("WinNT://" & ComputerName & ",computer")
    isOnline = (Err.number = 0)
    On Error Goto 0
End Function
```

Listing 10.10: *Prüfen, ob Computer online sind*

Das Skript prüft eine Reihe von Computernamen, unter anderem auch Ihren eigenen. *isOnline* leistet die eigentliche Arbeit: Zunächst schaltet es das Fehlerhandling ab und versucht dann, über *WinNT:* eine Verbindung zum betreffenden Computer herzustellen. Ist das Ergebnis ein Fehlercode 0, dann steht fest, dass dieser Computer online ist, und die Funktion liefert *Wahr* zurück.

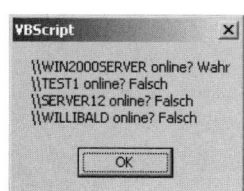

Abbildung 10.5: *Prüfen, ob Computer online sind*

Domänencontroller auflisten

Wollen Sie nach spezifischen Computerkonten suchen, zum Beispiel nach allen Domänencontrollern, dann erweitern Sie die Suche um die betreffenden Vorgaben.

Das nächste Skript sucht nach allen Domänencontrollern und identifiziert diese über die Eigenschaft *objectClass*, die bei Domänencontrollern »nTDSDSA« lautet.

```
For Each DC In FindDCs
    WScript.Echo dc
Next
```

```
Function FindDCs
   Set RootDSE = GetObject("LDAP://RootDSE")
   path = "LDAP://CN=Configuration," & RootDSE.get("DefaultNamingContext")
   sql = "SELECT ADsPath FROM '" & path & _
      "' WHERE objectClass='nTDSDSA'"

   Set objconn = CreateObject("ADODB.Connection")
   Set objcomm = CreateObject("ADODB.Command")
   objconn.Provider = "ADsDSOObject"
   objconn.open "Active Directory Provider"

   Set objcomm.ActiveConnection = objconn

   objcomm.CommandText = sql
   objcomm.Properties("Page Size")=50
   objcomm.Properties("Searchscope") = 2

   Set rs = objcomm.Execute

   If rs.eof Then
        FindDCs = Array()
   Else
        FindDCs = Split(rs.getString(,,"#"), "#")
   End If
End Function
```

Listing 10.11: Alle Domänencontroller der Domäne auflisten

HINWEIS: Das Skript erhält die gefundenen Domänencontroller als Datenbank-Recordset in rs zurück. *GetString* verwandelt den Inhalt des Recordsets in einen Text und verwendet dabei »#« als Trennzeichen. *Split* verwandelt diesen Text in ein Variablenfeld und verwendet dazu erneut »#« als Trenner.

Das Ergebnis ist also ein Variablenfeld, das die LDAP-Pfade der Domänencontroller nennt. Dieses Feld kann mit *For Each...Next* durchlaufen werden, um die einzelnen Informationen auszulesen.

Die Rolle des Computers feststellen

Jeder Computer übernimmt eine spezifische Aufgabe. Dabei wird unterschieden zwischen einfachen Computern, Member Servern und Domänencontrollern. Welche Rolle ein bestimmter Computer hat, ermittelt das folgende Skript:

```
strComputer = "."
Set objwmi = GetObject("winmgmts:\\" & strComputer)
wql = "Select DomainRole from Win32_ComputerSystem"
Set colComputers = objwmi.ExecQuery(wql)
For Each objComputer In colComputers
    Select Case objComputer.DomainRole
        Case 0
            strComputerRole = "Standalone Workstation"
        Case 1
```

```
                strComputerRole = "Member Workstation"
            Case 2
                strComputerRole = "Standalone Server"
            Case 3
                strComputerRole = "Member Server"
            Case 4
                strComputerRole = "Backup Domain Controller"
            Case 5
                strComputerRole = "Primary Domain Controller"
        End Select
        WScript.Echo strComputerRole
Next
```

Listing 10.12: Funktion eines Computers ermitteln

Zusatzfunktionen eines Computers ermitteln

Darüber hinaus können Skripts ermitteln, ob der Computer zusätzliche Dienstleistungen anbietet. Weil die meisten solcher Dienstleistungen als Dienst implementiert sind, kann das Skript prüfen, ob ein spezifischer Dienst auf dem Computer ausgeführt wird und in welchem Status er sich befindet.

Das folgende Skript prüft beispielsweise, ob der Computer einen SQL-Server ausführt, also ein Datenbankserver ist:

```
strComputer = "."
Set objwmi = GetObject("winmgmts:\\" & strComputer & "\root\cimv2")
wql = "Select * from Win32_Service Where Name = 'MSSQLServer'"

Set colServices = objwmi.ExecQuery(wql)

If colServices.Count > 0 Then
    For Each objService In colServices
        WScript.Echo "SQL Server Status: " & objService.State
    Next
Else
    WScript.Echo strComputer & " führt keinen SQL-Server aus."
End If
```

Listing 10.13: Prüfen, ob ein Computer eine SQL-Datenbank ausführt

Global Catalog Server

Innerhalb von Active Directory spielt der Global Catalog eine besondere Rolle. Er stellt wichtige und häufig benötigte Informationen im Active Directory unternehmensweit, also gegebenenfalls domänenübergreifend zur Verfügung.

Das folgende Skript prüft, ob der Computer »s2003basis« ein Global Catalog Server ist:

```
strComputer = "s2003basis"

Const NTDSDSA_OPT_IS_GC = 1

Set objRootDSE = GetObject("LDAP://" & strComputer & "/rootDSE")
```

```
strDsServiceDN = objRootDSE.Get("dsServiceName")
Set objDsRoot   = GetObject("LDAP://" & strComputer & "/" & strDsServiceDN)
intOptions = objDsRoot.Get("options")

If intOptions AND NTDSDSA_OPT_IS_GC Then
    WScript.Echo strComputer & " ist ein Global Catalog Server."
Else
    WScript.Echo strComputer & " ist KEIN Global Catalog Server."
End If
```

Listing 10.14: Prüfen, ob ein Computer ein Global Catalog Server ist

Skripts können die Global Catalogs Funktion abschalten:

```
strComputer = "s2003basis"

Const NTDSDSA_OPT_IS_GC = 1

Set objRootDSE = GetObject("LDAP://" & strComputer & "/rootDSE")
strDsServiceDN = objRootDSE.Get("dsServiceName")
Set objDsRoot   = GetObject("LDAP://" & strComputer & "/" & strDsServiceDN)
intOptions = objDsRoot.Get("options")

If intOptions AND NTDSDSA_OPT_IS_GC Then
    objDsRoot.Put "options", intOptions Xor NTDSDSA_OPT_IS_GC
    objDsRoot.Setinfo
End If
```

Listing 10.15: Global Catalog-Dienst auf Domänencontroller abschalten

Wollen Sie die Global Catalogs Funktion wieder einschalten, dann verwenden Sie dieses Skript:

```
strComputer = "s2003basis"

Const NTDSDSA_OPT_IS_GC = 1

Set objRootDSE = GetObject("LDAP://" & strComputer & "/RootDSE")
strDsServiceDN = objRootDSE.Get("dsServiceName")
Set objDsRoot   = GetObject("LDAP://" & strComputer & "/" & strDsServiceDN)
intOptions = objDsRoot.Get("options")

If (intOptions AND NTDSDSA_OPT_IS_GC) = False Then
    objDsRoot.Put "options" , intOptions OR NTDSDSA_OPT_IS_GC
    objDsRoot.Setinfo
End If
```

Listing 10.16: Global Catalog-Dienst auf Domänencontroller einschalten

Betriebssystem

Der WMI-Dienst liefert umfangreiche Informationen zum Betriebssystem des Computers. Eine Übersicht aller verfügbaren Informationen liefert das folgende Skript:

```
strComputer = "."
Set objwmi = GetObject("winmgmts:\\" & strComputer)
wql = "Select * from Win32_OperatingSystem"
Set colOperatingSystems = objwmi.ExecQuery(wql)

For Each objOperatingSystem In colOperatingSystems
    WScript.Echo objOperatingSystem.getObjectText_
Next
```

Listing 10.17: Allgemeine Informationen zum Betriebssystem abrufen

Möchten Sie daraus zum Beispiel nur die Betriebssystem-Version extrahieren, könnte dies so geschehen:

```
strComputer = "."
Set objwmi = GetObject("winmgmts:\\" & strComputer)
wql = "Select * from Win32_OperatingSystem"
Set colOperatingSystems = objwmi.ExecQuery(wql)

For Each objOperatingSystem In colOperatingSystems
    WScript.Echo objOperatingSystem.Caption & " " & _
        objOperatingSystem.Version
Next
```

Listing 10.18: Betriebssystem-Version ermitteln

Software

Skripts können ermitteln, welche Hotfixes, Service Packs und sonstige Software auf einem Computer installiert sind.

Hotfixes auflisten

Der WMI-Dienst liefert eine Liste aller installierten Hotfixes und Service Packs:

```
strComputer = "."
Set objwmi = GetObject("winmgmts:\\" & strComputer)
Set colQuickFixes = objwmi.ExecQuery _
    ("Select * from Win32_QuickFixEngineering")
For Each objQuickFix In colQuickFixes
    WScript.Echo objQuickFix.Description, objQuickFix.HotFixID, objQuickFix.InstalledBy
Next
```

Listing 10.19: Alle installierten Hotfixes und Service Packs auflisten

Aufgelistet werden allerdings keine Hotfixes und Service Packs, die bereits mit dem Betriebssystem mitinstalliert wurden. Ein Windows XP mit integriertem Service Pack 2 meldet also kein Service Pack 2. Wie Sie den Service Pack Status des Betriebssystems ermitteln, lesen Sie im folgenden Beispiel.

Service Pack Status melden

Die Version des aktuell installierten Service Packs kann ebenfalls über WMI ermittelt werden. Möchten Sie ein Remotesystem abfragen, weisen Sie *strComputer* wie üblich den entsprechenden Namen bzw. die IP-Adresse zu.

```
strComputer = "."
Set objwmi = GetObject("winmgmts:\\" & strComputer)
wql = "Select * from Win32_OperatingSystem"
Set colOperatingSystems = objwmi.ExecQuery(wql)

For Each objOperatingSystem In colOperatingSystems
    major = objOperatingSystem.ServicePackMajorVersion
    minor = objOperatingSystem.ServicePackMinorVersion
    If major = 0 Then
        WScript.Echo "Kein Service Pack installiert"
    Else
        WScript.Echo "Service Pack " & major & "." & minor
    End If
Next
```

Listing 10.20: Version des installierten Service Packs melden

Installierte Software inventarisieren

WMI kann leider von Hause aus nur diejenige Software inventarisieren, die über den Windows Installer Dienst installiert wurde. Das betrifft fast alle neueren Softwarepakete, aber ältere Software, die über individuelle Setup-Routinen installiert wurde, fällt nicht darunter.

```
strComputer = "."
Set objwmi = GetObject("winmgmts:\\" & strComputer)
wql = "Select * from Win32_Product"

Set colSoftware = objwmi.ExecQuery(wql)


For Each objSoftware In colSoftware
   WScript.Echo objSoftware.GetObjectText_
Next
```

Listing 10.21: Installierte WMI-Pakete inventarisieren

Zudem steht die für die Software zuständige WMI-Klasse *Win32_Product* ab Windows Server 2003 nicht mehr standardmäßig zur Verfügung, sondern muss zunächst nachinstalliert werden.

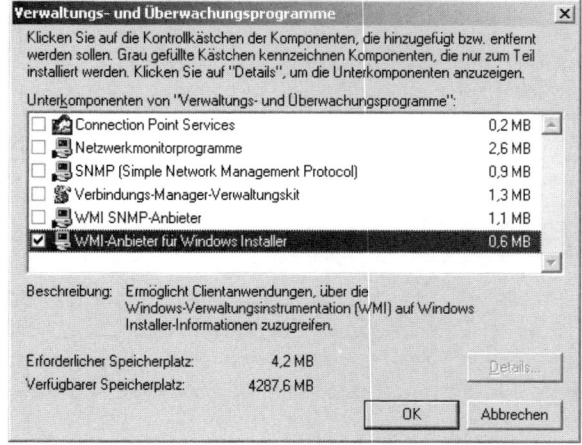

Abbildung 10.6: Bei Windows Server 2003 muss der WMI-Anbieter für Windows-Installer installiert sein

Komplettes Softwareinventar

Auf Wunsch können Sie dennoch ein ausführliches Software-Inventar anlegen, wenn Sie eine eigene WMI-Klasse dafür generieren. Das ist wesentlich weniger aufwändig als anzunehmen wäre, denn Ihre neue Klasse kann den bereits vorhandenen Registry-Provider nutzen, um die gesuchten Softwareinformationen direkt aus der Registrierungsdatenbank auszulesen.

```
#pragma namespace ("\\\\.\\Root\\CIMV2")
instance of __Win32Provider as $Instprov
{
        Name ="RegProv" ;
        ClsID = "{fe9af5c0-d3b6-11ce-a5b6-00aa00680c3f}" ;
};


instance of __InstanceProviderRegistration
{
        Provider =$InstProv;
        SupportsPut =TRUE;
        SupportsGet =TRUE;
        SupportsDelete =FALSE;
        SupportsEnumeration =TRUE;
};


[dynamic, provider("RegProv"),
ProviderClsid("{fe9af5c0-d3b6-11ce-a5b6-00aa00680c3f}"),
ClassContext("local|HKEY_LOCAL_MACHINE\\SOFTWARE\\Microsoft\\Windows\\CurrentVersion\\Uninstall")
]
class Inventar{
   [key] string Name;
   [read, propertycontext("DisplayName")]        string Anzeigename;
   [read, propertycontext("DisplayVersion")]     string Version;
   [read, propertycontext("InstallLocation")]    string Ort;
   [read, propertycontext("EstimatedSize")]      uint32 Groesse;
   [read, propertycontext("InstallDate")]        string Installationsdatum;
   [read, propertycontext("QuietUninstallString")]   string
```

```
DeinstallationsaufrufQuiet;
   [write(TRUE), propertycontext("ReadMe")]       string Readme;
   [write(TRUE), propertycontext("SpecialInfo")]  string Zusatzinfo;
   [read, propertycontext("InstallSource")]       string Quelldatei;
   [read, propertycontext("UninstallString")]     string Deinstallationsaufruf;
};
```

Listing 10.22: Inventar.mof generiert eine neue WMI-Klasse zur Software-Inventarisierung

Ihre neue WMI-Klasse besteht deshalb lediglich aus der folgenden Textdatei, die als *inventar.mof* auch auf der Buch-CD zu finden ist.

Diese Datei wird nur ein einziges Mal benötigt, um die neue Klasse in der WMI anzulegen. Dazu importieren Sie die MOF-Datei mit dem auf jedem Windows-System vorhandenen Befehl *mofcomp*. Dies muss einmalig auf jedem Computer geschehen, auf dem Sie später lokal oder remote Software inventarisieren wollen.

Anschließend kann ein Skript sehr einfach die Software auflisten, die auf einem Computer installiert ist:

```
strComputer = "."
Set objwmi = GetObject("winmgmts:\\" & strComputer)
wql = "Select * from Inventar"
Set colSoftware = objwmi.ExecQuery(wql)


For Each objSoftware In colSoftware

   WScript.Echo objsoftware.getObjectText_
Next
```

Listing 10.23: Eigene WMI-Klasse zur Inventarisierung verwenden

Starten und Herunterfahren

Details über den Startvorgang eines Computers kann ein Skript auf diesem Weg für Sie bestimmen:

```
strComputer = "."
Set objwmi = GetObject("winmgmts:\\" & strComputer)
wql = "Select * from Win32_ComputerSystem"

Set colStartupCommands = objwmi.ExecQuery(wql)

For Each objStartupCommand In colStartupCommands
    WScript.Echo "Reset Boot Enabled: " & _
        objStartupCommand.AutomaticResetBootOption
    WScript.Echo "Reset Boot Possible: " & _
        objStartupCommand.AutomaticResetCapability
    WScript.Echo "Boot State: " & objStartupCommand.BootupState
    WScript.Echo "Startup Delay: " & objStartupCommand.SystemStartupDelay
    For i = 0 To UBound(objStartupCommand.SystemStartupOptions)
        WScript.Echo "Startup Options: " & _
            objStartupCommand.SystemStartupOptions(i)
    Next
```

```
    WScript.Echo "Startup Setting: " & _
        objStartupCommand.SystemStartupSetting
Next
```

Listing 10.24: Startparameter bestimmen

Einige Einstellungen wie zum Beispiel die Verzögerungszeit des Bootmenüs lassen sich per Skript auch ändern:

```
strComputer = "."
Set objwmi = GetObject("winmgmts:\\" & strComputer)
wql = "Select * from Win32_ComputerSystem"
Set colStartupCommands = objwmi.ExecQuery(wql)

For Each objStartupCommand In colStartupCommands
    objStartupCommand.SystemStartupDelay = 10
    objStartupCommand.Put_
Next
```

Listing 10.25: Startverzögerung festlegen

Wiederherstellungsoptionen

Möchten Sie herausfinden, wie die Wiederherstellungsoptionen gesetzt sind, die bestimmen, was bei einem Totalabsturz oder unerwartetem Beenden geschieht, gehen Sie so vor:

```
strComputer = "."
Set objwmi = GetObject("winmgmts:\\" & strComputer)
wql = "Select * from Win32_OSRecoveryConfiguration"
Set colRecoveryOptions = objwmi.ExecQuery(wql)

For Each objOption In colRecoveryOptions
    WScript.Echo "Auto reboot: " & objOption.AutoReboot
    WScript.Echo "Debug File Path: " & objOption.DebugFilePath
    WScript.Echo "Debug Info Type: " & objOption.DebugInfoType
    WScript.Echo "Kernel Dump Only: " & objOption.KernelDumpOnly
    WScript.Echo "Name: " & objOption.Name
    WScript.Echo "Overwrite Existing Debug File: " & _
        objOption.OverwriteExistingDebugFile
    WScript.Echo "Send Administrative Alert: " & objOption.SendAdminAlert
    WScript.Echo "Write Debug Information: " & objOption.WriteDebugInfo
    WScript.Echo "Write to System Log: " & objOption.WriteToSystemLog
Next
```

Listing 10.26: Wiederherstellungsoptionen anzeigen

Diese Optionen lassen sich per Skript auch verändern. Das folgende Skript sorgt dafür, dass im Fehlerfall ein komplettes Speicherabbild generiert und im Ordner »C:\dump« als »memory.dmp« gespeichert wird. Der Ordner muss existieren.

```
Const COMPLETE_MEMORY_DUMP = 1
strComputer = "."
Set objwmi = GetObject("winmgmts:\\" & strComputer)
wql = "Select * from Win32_OSRecoveryConfiguration"
```

```
Set colRecoveryOptions = objwmi.ExecQuery(wql)

For Each objOption In colRecoveryOptions
    objOption.DebugInfoType = COMPLETE_MEMORY_DUMP
    objOption.DebugFilePath = "c:\dump\memory.dmp"
    objOption.OverWriteExistingDebugFile = False
    objOption.Put_
Next
```

Listing 10.27: Wiederherstellungsoptionen setzen

Boot-Konfiguration auslesen

Interessieren Sie sich für die Boot-Konfiguration Ihres Rechners, dann schauen Sie sich das nächste Skript an. Es meldet zum Beispiel, wo alle wesentlichen Systemordner zu finden sind.

```
strComputer = "."
Set objwmi = GetObject("winmgmts:\\" & strComputer)
wql = "Select * from Win32_BootConfiguration"
Set colItems = objwmi.ExecQuery(wql)

For Each objItem In colItems
    WScript.Echo "Boot Directory: " & objItem.BootDirectory
    WScript.Echo "Configuration Path: " & objItem.ConfigurationPath
    WScript.Echo "Description: " & objItem.Description
    WScript.Echo "Last Drive: " & objItem.LastDrive
    WScript.Echo "Name: " & objItem.Name
    WScript.Echo "Scratch Directory: " & objItem.ScratchDirectory
    WScript.Echo "Setting ID: " & objItem.SettingID
    WScript.Echo "Temp Directory: " & objItem.TempDirectory
Next
```

Listing 10.28: Bootkonfiguration bestimmen

BIOS-Einstellungen

Der WMI-Dienst kann Ihnen sogar die BIOS-Einstellungen auflisten. Leider sind aber keine Änderungen an diesen Einstellungen möglich:

```
strComputer = "."
Set objwmi = GetObject("winmgmts:\\" & strComputer)
wql = "Select * from Win32_BIOS"
Set colItems = objwmi.ExecQuery(wql)

For Each objItem In colItems
    WScript.Echo objItem.getObjectText_
Next
```

Listing 10.29: BIOS-Einstellungen ausgeben

Autostart-Programme auflisten

Beim Windows-Start werden häufig zahlreiche weitere Programme versteckt mitgestartet. Da es viele verschiedene Wege gibt, solche Autostarts einzurichten, fällt der Überblick über Autostart-Programme nicht immer leicht.

Der WMI-Dienst kann sämtliche Autostart-Programme automatisch ermitteln und mitteilen, auf welche Weise diese gestartet werden:

```
strComputer = "."
Set objwmi = GetObject("winmgmts:\\" & strComputer)
wql = "Select * from Win32_StartupCommand"
Set colStartupCommands = objwmi.ExecQuery(wql)

For Each objStartupCommand In colStartupCommands
    WScript.Echo objStartupCommand.getObjectText_
Next
```

Listing 10.30: *Alle automatisch mitstartenden Programme auflisten*

Computer neu starten

Möchten Sie einen Computer neu starten, dann sind dazu nur wenige Skriptzeilen notwendig:

```
strComputer = "pc02"
Set objwmi = GetObject("winmgmts:" _
    & "{(Shutdown)}!\\" & strComputer)

wql = "Select * from Win32_OperatingSystem"

Set colOperatingSystems = objwmi.ExecQuery(wql)

For Each objOperatingSystem In colOperatingSystems
    objOperatingSystem.Reboot
Next
```

Listing 10.31: *Computer neu starten lassen*

Wesentlich mehr Möglichkeiten bietet die Methode *Win32Shutdown*, der als erster Parameter eine Kennziffer übergeben wird, die festlegt, was passieren soll. Das zweite Argument der Methode ist immer 0.

```
strComputer = "pc02"

Const LOGOFF   = 0
Const SHUTDOWN = 1
Const REBOOT   = 2
Const POWEROFF = 8

Const FORCE = 4

flags = POWEROFF + FORCE

Set objwmi = GetObject("winmgmts:" _
```

```
        & "{(Shutdown)}!\\" & strComputer)

wql = "Select * from Win32_OperatingSystem"

Set colOperatingSystems = objwmi.ExecQuery(wql)

For Each objOperatingSystem In colOperatingSystems
    objOperatingSystem.Win32Shutdown flags, 0
Next
```

Listing 10.32: *System »PC02« herunterfahren und abschalten*

Die Kennziffer darf einen von vier Werten annehmen und regelt so, ob Sie den Benutzer abmelden, das System herunterfahren, neu starten oder abschalten wollen.

Zusätzlich kann die Ziffer 4 addiert werden. Sie führt die gewünschte Aktion auch dann aus, wenn laufende Programme nicht ordnungsgemäß beendet werden können. Dabei kann es dann allerdings in diesen Programmen zu Datenverlusten kommen.

11 Benutzer verwalten

261 Lokale Benutzerkonten
273 Domänenkonten verwalten
276 Domänenkonten-Eigenschaften ändern

Jeder Benutzer benötigt zur Anmeldung ein Benutzerkonto und das zugehörige Kennwort. Das Benutzerkonto bildet also die Identität des Benutzers ab.

Jeder Computer verwaltet dazu eigene so genannte lokale Benutzerkonten in seiner eigenen SAM-Datenbank (Security Accounts Manager). Damit kann sich ein Benutzer lokal an diesem Computer anmelden. Lokale Benutzerkonten spielen vor allen Dingen bei privaten Computern und kleinen Peer-to-Peer-Netzwerken eine Rolle.

Außerdem verwaltet jeder Domänencontroller in einer Netzwerkdomäne so genannte domänenweite Benutzerkonten. Damit kann sich ein Benutzer von beliebigen Computern aus anmelden, solange diese Computer Mitglied in der Domäne sind. Solche Benutzerkonten spielen in Firmen und größeren Netzwerkstrukturen eine Rolle.

Skripts können sowohl lokale als auch domänenbasierte Benutzerkonten verwalten.

Lokale Benutzerkonten

Normalerweise werden lokale Benutzerkonten vom Administrator über die Computerverwaltung administriert, die Sie zum Beispiel erreichen, wenn Sie *Arbeitsplatz* mit der rechten Maustaste anklicken und *Verwalten* wählen.

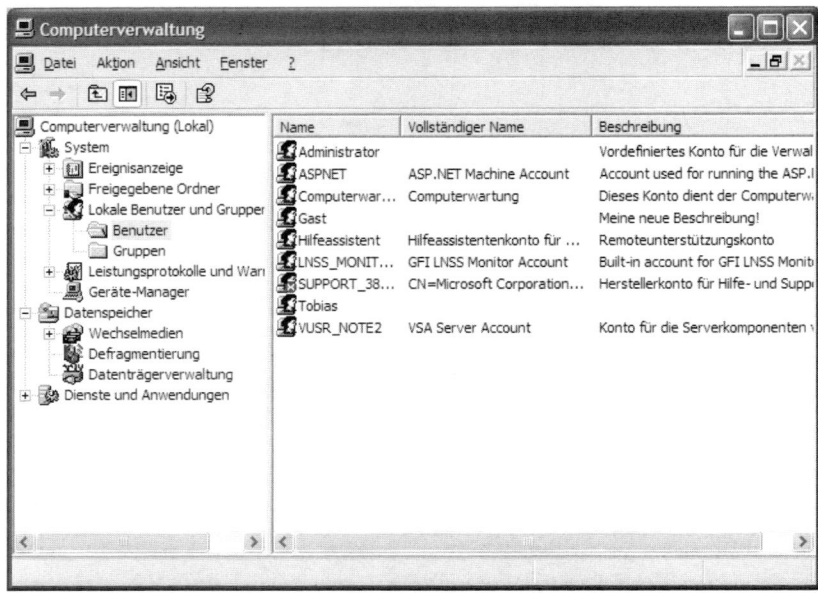

Abbildung 11.1: Lokale Benutzerkonten verwalten

Per Skript können Sie auf die Benutzerkonten mit Hilfe des *WinNT:*-Providers zugreifen. Dazu verbindet sich ein Skript zuerst mit dem Computer und greift dann auf das gewünschte Konto zu:

```
strComputer = "."
strName = "Administrator"

Set objComputer = GetObject("WinNT://" & strComputer & ",computer")

Set objKonto = objComputer.GetObject("user", strName)
```

Listing 11.1: Auf das lokale Administrator-Konto zugreifen

Jetzt können Sie die Eigenschaften des Kontos lesen oder ändern. Wie dies geschieht, wird gleich genauer beschrieben. Zuerst aber noch einige Details zur angewendeten Technik:

Der *WinNT:*-Provider kann sowohl auf die lokalen Benutzerkonten des eigenen Systems als auch auf diejenigen eines Remotesystems zugreifen. Möchten Sie also Verbindung zum lokalen Konto »Administrator« auf dem System »PC02« aufnehmen, dann ersetzen Sie in Listing 11.1 in der Variablen *strComputer* den Punkt durch »PC02« oder die IP-Adresse dieses Systems.

Weil es auf Domänencontrollern keine lokalen Konten gibt, können Sie mit dem *WinNT:*-Provider auch Domänenkonten verwalten. Dazu führen Sie das Skript entweder direkt auf dem Domänencontroller aus oder geben als Zielsystem den Namen eines Domänencontrollers an.

Sie können auch eine Verbindung zu einer Domäne herstellen und dann das Domänenkonto auf diese Weise ansprechen. So werden Sie automatisch mit dem nächstgelegenen Domänencontroller verbunden und brauchen dessen Namen nicht zu kennen:

```
strDomain = "technet"
strName = "Administrator"
```

```
Set objComputer = GetObject("WinNT://" & strDomain & ",domain")

Set objKonto = objComputer.GetObject("user", strName)
```

Listing 11.2: Auf ein Domänenkonto zugreifen

Allerdings stehen Ihnen dann nur die Eigenschaften des Domänenkontos zur Verfügung, die abwärtskompatibel zu Windows NT sind. In den meisten Fällen werden Domänenkonten deshalb nicht über den *WinNT:*-Provider verwaltet, sondern über *LDAP:*. Zahlreiche Beispiele dazu finden Sie im zweiten Teil dieses Kapitels.

Neues Benutzerkonto anlegen

Das folgende Skript legt ein neues lokales Benutzerkonto namens »ThomasB« an. Es dient in den weiteren Beispielskripts als Versuchskaninchen.

Falls das Skript auf einem Domänencontroller ausgeführt wird oder einen Domänencontroller als Zielsystem verwendet, entsteht ein domänenbasiertes Benutzerkonto im Container »Users«.

```
strComputer = "."
strName = "ThomasB"
strDesc = "Neues Konto"
strPwd = "Geheim99"

Set objcomp = GetObject("WinNT://" & strComputer & ",computer")
Set objkonto = objcomp.Create("user", strName)
objkonto.description = strDesc
objkonto.SetPassword strPwd
objkonto.setinfo
```

Listing 11.3: Ein neues lokales Benutzerkonto anlegen

Ein Benutzerkonto entfernen

Um ein vorhandenes lokales Benutzerkonto zu entfernen, verwenden Sie *Delete*:

```
strComputer = "."
strName = "ThomasB"

Set objcomp = GetObject("WinNT://" & strComputer)
objcomp.Delete "user", strName
```

Listing 11.4: Ein vorhandenes Benutzerkonto löschen

Einstellungen lokaler Konten ändern

Möchten Sie die Eigenschaften eines vorhandenen Benutzerkontos lesen oder ändern, dann greifen Sie mit *GetObject* auf das Konto zu.

```
strComputer = "."
strName = "ThomasB"
```

```
Set objcomp = GetObject("WinNT://" & strComputer)
Set objkonto = objcomp.GetObject("user", strName)
WScript.Echo objkonto.description
```

Listing 11.5: Auf ein lokales Benutzerkonto zugreifen

Allgemein

Die Registerkarte *Allgemein* legt die Grundeinstellungen des Kontos fest. Es stehen die folgenden Eigenschaften zur Verfügung:

Feldname	Eigenschaft
Vollständiger Name	FullName
Beschreibung	Description
Benutzer muss Kennwort bei der nächsten Anmeldung ändern	PasswordExpired
Benutzer kann Kennwort nicht ändern	UserFlags (Wert: 64)
Kennwort läuft nie ab	UserFlags (Wert: 65536)
Konto ist deaktiviert	AccountDisabled
Konto ist gesperrt	isAccountLocked

Tabelle 11.1: Eigenschaften des Allgemein-Registers

Abbildung 11.2: *Die allgemeinen Eigenschaften eines Kontos setzen*

Ein Skript kann diese Eigenschaften auf folgendem Weg setzen:

```
strComputer = "."
strName = "ThomasB"
```

```
Set objcomp = GetObject("WinNT://" & strComputer)
Set objKonto = objcomp.GetObject("user", strName)

With objKonto
   .AccountDisabled = False
   .Description = "Neues Konto"
   .FullName = "Thomas Bertram"
   .IsAccountLocked = False
   .PasswordExpired = CLng(1)

   .SetInfo
End With
```

Listing 11.6: Allgemeine Kontoinformationen festlegen

Mit den Userflags arbeiten

Zwei Optionen aus Tabelle 11.1 können nicht direkt gelesen oder verändert werden, sondern stellen Bits in der Eigenschaft *UserFlags* dar.

Bit	Bedeutung
1	Script
2	Konto abgeschaltet
8	Basisverzeichnis erforderlich
16	Konto gesperrt
32	Kein Kennwort erforderlich
64	Kennwort kann nicht geändert werden
256	Vorübergehendes Konto
512	Normales Konto
2048	Interdomain Trust Konto
4096	Workstation Trust Konto
8192	Server Trust Konto
65536	Kennwort läuft nie ab
131072	MNS Logon Konto

Tabelle 11.2: Bedeutung der User-Flags

Möchten Sie dafür sorgen, dass das Kennwort nie abläuft, dann gehen Sie so vor, um das entsprechende Bit zu setzen:

```
strComputer = "."
strName = "ThomasB"

Set objcomp = GetObject("WinNT://" & strComputer)
Set objKonto = objcomp.GetObject("user", strName)

With objKonto
   .UserFlags = .UserFlags OR 65536
```

```
    .SetInfo
End With
```

Listing 11.7: Kennwort ohne Gültigkeitsbegrenzung einstellen

Möchten Sie, dass das Kennwort wieder in regelmäßigen Intervallen abläuft, dann löschen Sie das Bit:

```
strComputer = "."
strName = "ThomasB"

Set objcomp = GetObject("WinNT://" & strComputer)
Set objKonto = objcomp.GetObject("user", strName)

With objKonto
   .UserFlags = .UserFlags AND NOT 65536

   .SetInfo
End With
```

Listing 11.8: Kennwort läuft in regelmäßigen Intervallen ab

Wollen Sie stattdessen, dass der Benutzer sein Kennwort nicht ändern darf, dann setzen Sie das entsprechende Bit in den *UserFlags*:

```
strComputer = "."
strName = "ThomasB"

Set objcomp = GetObject("WinNT://" & strComputer)
Set objKonto = objcomp.GetObject("user", strName)

With objKonto
   .UserFlags = .UserFlags OR 64

   .SetInfo
End With
```

Listing 11.9: Kennwortänderungen verbieten

Löschen Sie das Bit, wenn Kennwortänderungen erlaubt sein sollen:

```
strComputer = "."
strName = "ThomasB"

Set objcomp = GetObject("WinNT://" & strComputer)
Set objKonto = objcomp.GetObject("user", strName)

With objKonto
   .UserFlags = .UserFlags AND NOT 64

   .SetInfo
End With
```

Listing 11.10: Kennwortänderungen erlauben

Lebensdauer eines Benutzerkontos einschränken

Brauchen Sie von vornherein Konten, die nur für einen festgelegten Zeitraum benutzbar sein sollen, dann setzen Sie beim Anlegen des Kontos die Eigenschaft *AccountExpirationDate* fest. Anstelle eines festen Datums sind auch relative Zeiträume möglich.

ACHTUNG: Die Eigenschaft *AccountExpirationDate* hat nur bei domänenbasierten Benutzerkonten eine Bedeutung und sperrt dort den Zugang zum Konto nach Ablauf des hinterlegten Datums.

Das folgende Skript legt auf dem Domänencontroller »DC1« für das Konto »WernerB« ein Ablaufdatum fest:

```
strPC = "DC1"
strName = "WernerB"

Set objComp = GetObject("WinNT://" & strPC & ",computer")
Set objKonto = objComp.GetObject("user", strName)

' Ablaufdatum auf "5 Tage von heute an" festlegen:
objKonto.AccountExpirationDate = CDate(DateAdd("d", Now, 5))
' auch ein festes Datum wäre setzbar:
' jahr = 2005
' monat = 11
' tag = 6
' objKonto.AccountExpirationDate = DateSerial(jahr, monat, tag)
objKonto.SetInfo
```

Listing 11.11: Ablaufdatum eines Kontos festlegen

Kennwort-Alter ermitteln

Die Eigenschaft *PasswordAge* des Benutzerkontos protokolliert, wie lange ein Kennwort bereits in Benutzung ist. Auf diese Weise ist es leicht, Benutzerkonten zu identifizieren, die seit geraumer Zeit ein und dasselbe Kennwort verwenden.

```
' Alle Konten anzeigen, bei denen das Kennwort älter ist
' als dieses Limit:
limit = 30
strComputer = "."

Set objcomp = GetObject("WinNT://" & strComputer)

' Nur Benutzerkonten anzeigen
objcomp.Filter = Array("user")

For Each objuser In objcomp
   'objuser.GetInfo

   On Error Resume Next
   alter = objuser.Get("PasswordAge")
   If Err.number = 0 Then
        tage = Fix(alter/60/60/24)
   Else
        tage = 0
   End If
   On Error Goto 0
```

```
    If tage>limit Then
        WScript.Echo objuser.Name," Kennwortalter: " & tage & " Tage."
    End If
Next
```

Listing 11.12: Veraltete Kennwörter finden

Kennwortänderung erzwingen

Möchten Sie einen Benutzer zwingen, sein Kennwort bei der nächsten Anmeldung zu ändern, dann setzen Sie die Eigenschaft *PasswordExpired* des betreffenden Benutzerkontos auf *CLng(1)*.

```
strComputer = "."
strName = "Administrator"

Set objcomp = GetObject("WinNT://" & strComputer)
Set objkonto = objcomp.GetObject("user", strName)
objkonto.PasswordExpired = CLng(1)
objkonto.SetInfo
```

Listing 11.13: Benutzer zur Kennwortänderung zwingen

Gesperrte Konten aufschließen

Windows kennt zwei grundsätzlich verschiedene Arten, um Konten zu sperren. Über das Bit 2 der *UserFlags* können Sie selbst manuell Konten abschalten, die zur Zeit nicht gebraucht werden. Das Gast-Konto sollte zum Beispiel abgeschaltet sein, wenn Sie es nicht unbedingt brauchen, und dies ist auch die Vorgabe.

Darüber hinaus sperrt Windows automatisch Konten mit Hilfe des Bits 16, wenn gemäß den Domäneneinstellungen innerhalb eines festgelegten Intervalls zu häufig versucht wurde, das falsche Kennwort einzugeben. Diese Sperrung können Sie also nicht selbst auslösen, sondern nur das System. Umso wichtiger ist es aber, gesperrte Konten wieder aufzuschließen, wenn Sie nicht eine automatische Entsperrung eingerichtet haben.

Sie können also über die UserFlags feststellen, ob ein Konto gesperrt oder deaktiviert wurde, und die Sperre bei Bedarf aufheben. Weil das ein häufig benötigter Vorgang ist, stellt ADSI dafür zwei Eigenschaften zur Verfügung, die die Handhabung vereinfachen: *AccountDisabled* und *isAccountLocked*.

Das folgende Skript listet alle Konten auf, die vom System gesperrt wurden, und bietet jeweils an, das Konto zu entsperren:

```
strComputer = "."
Set objcomp = GetObject("WinNT://" & strComputer & ",computer")
objcomp.Filter = Array("user")

c = 0

For Each objUser In objcomp
    If objUser.isAccountLocked Then
        c = c + 1

        strTxt = objUser.name & " ist gesperrt. Entsperren?"
        antwort = MsgBox(strTxt, vbYesNo + vbQuestion)
```

```
        If antwort = vbYes Then
            objUser.isAccountLocked = False
            objUser.SetInfo
        End If
    End If
Next

WScript.Echo c & " gesperrte Konten gefunden."
```

Listing 11.14: Gesperrte Konten finden und auf Wunsch reaktivieren

Möchten Sie dagegen Konten finden, die vom Administrator deaktiviert wurden, verwenden Sie stattdessen die Eigenschaft *AccountDisabled*:

```
strComputer = "."
Set objcomp = GetObject("WinNT://" & strComputer & ",computer")
objcomp.Filter = Array("user")

c = 0

For Each objUser In objcomp
    If objUser.AccountDisabled Then
        c = c + 1

        strTxt = objUser.name & " ist deaktiviert. Aktivieren?"
        antwort = MsgBox(strTxt, vbYesNo + vbQuestion)

        If antwort = vbYes Then
            objUser.AccountDisabled = False
            objUser.SetInfo
        End If
    End If
Next

WScript.Echo c & " deaktivierte Konten gefunden."
```

Listing 11.15: Deaktivierte Konten finden und auf Wunsch aktivieren

Profil

Die Registerkarte *Profil* legt fest, wo das Benutzerprofil gespeichert wird. Die folgenden Eigenschaften stehen zur Verfügung:

Feldname	Eigenschaft
Profilpfad	Profile
Anmeldeskript	LoginScript
Lokaler Pfad	HomeDirectory
Verbinden von	HomeDirDrive
Mit:	HomeDirectory

Tabelle 11.3: Eigenschaften des Profil-Registers

Abbildung 11.3: Profil-Eigenschaften eines lokalen Benutzerkontos

Per Skript können Sie die Einstellungen folgendermaßen setzen:

```
strComputer = "."
strName = "ThomasB"

Set objcomp = GetObject("WinNT://" & strComputer)
Set objKonto = objcomp.GetObject("user", strName)

With objKonto
   .Profile = "C:\ThomasB"
   .LoginScript = "login1.vbs"
   .HomeDirDrive = "Z":
   .HomeDirectory = "\\s2003basis\Profile"

   .SetInfo
End With
```

Listing 11.16: Profil-Eigenschaften festlegen

Mitgliedschaft

Die Registerkarte *Mitgliedschaft* zeigt die Gruppen, in denen ein Benutzer Mitglied ist, und kann die Mitgliedschaften verwalten. Wenn Sie per Skript ein neues lokales Benutzerkonto anlegen, ist es zunächst in keiner Gruppe Mitglied und kann deshalb nicht zur Anmeldung verwendet werden.

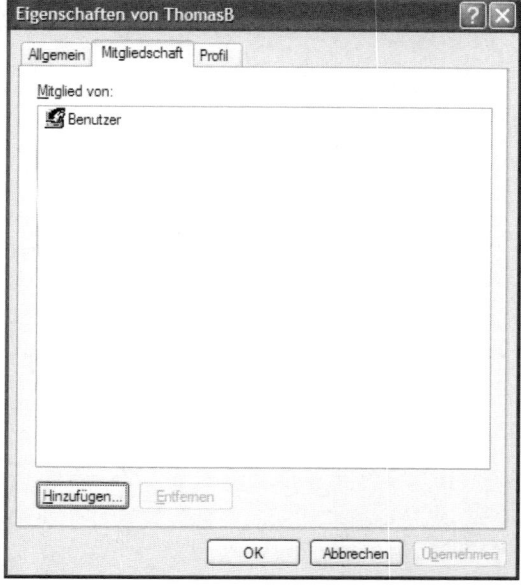

Abbildung 11.4: *Gruppenmitgliedschaften eines Benutzerkontos*

Um ein Konto in eine Gruppe aufzunehmen, sprechen Sie zuerst die Gruppe an und weisen ihr dann mit *Add* den neuen Benutzer zu. Bei lokalen Systemen, die nicht an einer Domäne angemeldet sind, funktioniert dies nur, wenn Sie den Computer unter seinem Namen ansprechen. Die vereinfachte Punkt-Schreibweise für das lokale System ist hier nicht zulässig.

Das nächste Skript nimmt den Benutzer »ThomasB« in die Gruppe »Benutzer« auf. Dazu ermittelt das Skript den lokalen Rechnernamen mit Hilfe des *WScript.Network*-Objekts:

```
Set objnet = CreateObject("WScript.Network")

strComputer = objnet.ComputerName
strGruppe = "Benutzer"
strName = "ThomasB"

Set objcomp = GetObject("WinNT://" & strComputer)
Set objGruppe = objcomp.GetObject("group", strGruppe)
Set objKonto = objcomp.GetObject("user", strName)

objGruppe.Add objKonto.ADsPath
objGruppe.SetInfo
```

Listing 11.17: Lokales Benutzerkonto in Gruppe aufnehmen

Möchten Sie einen Benutzer aus einer Gruppe entfernen, dann verwenden Sie anstelle von *Add* den Befehl *Remove*:

```
Set objnet = CreateObject("WScript.Network")

strComputer = objnet.ComputerName
strGruppe = "Benutzer"
strName = "ThomasB"
```

Benutzer verwalten

```
Set objcomp = GetObject("WinNT://" & strComputer)
Set objGruppe = objcomp.GetObject("group", strGruppe)
Set objKonto = objcomp.GetObject("user", strName)

objGruppe.Remove objKonto.ADsPath
objGruppe.SetInfo
```

Listing 11.18: Benutzerkonto aus Gruppe entfernen

Mitgliedschaften auflisten

Möchten Sie sehen, in welchen Gruppen ein Benutzer augenblicklich Mitglied ist, dann fragen Sie dessen *Groups*-Eigenschaft ab. Dahinter verbirgt sich ein Feld, das Sie mit *For Each...Next* durchlaufen können, um seinen Inhalt anzuzeigen:

```
strComputer = "."
strName = "ThomasB"

Set objcomp = GetObject("WinNT://" & strComputer)
Set objKonto = objcomp.GetObject("user", strName)

For Each gruppe In objkonto.groups
    WScript.Echo gruppe.name
Next
```

Listing 11.19: Gruppenmitgliedschaften eines Kontos auflisten

Kennwörter ändern

Kennwörter lassen sich nachträglich verändern (jedoch nicht abfragen). Wenn Sie das alte Kennwort kennen, benötigen Sie für die Kennwortänderung keine Administrator-Rechte und weisen sich stattdessen mit dem alten Kennwort aus. Setzen Sie *ChangePassword* ein:

```
strComputer = "."
strName = "WillibaldK"
strPwdNeu = "XYZxyz999"
strPwdAlt = "ABCabc998"

Set objcomp = GetObject("WinNT://" & strComputer)
Set objkonto = objcomp.GetObject("user", strName)
objkonto.ChangePassword strPwdAlt, strPwdNeu
```

Listing 11.20: Kennwort eines Benutzerkontos ändern

Ist das alte Kennwort nicht bekannt, und verfügen Sie über Administrator-Rechte, dann können Sie ein neues Kennwort zuweisen. Setzen Sie *SetPassword* ein:

```
strComputer = "."
strName = "WillibaldK"
strPwdNeu = "XYZxyz999"

Set objcomp = GetObject("WinNT://" & strComputer)
```

```
Set objkonto = objcomp.GetObject("user", strName)
objkonto.SetPassword strPwdNeu
```

Listing 11.21: Ein neues Kennwort festlegen

ACHTUNG: Bei Computern, die nicht in einer Domäne Mitglied sind, kann das Zurücksetzen eines Kennworts unerwünschte Nebenwirkungen haben, denn Sie verlieren dann Zugriff auf alle persönlichen Zertifikate. Dazu zählt auch das EFS-Zertifikat für das Verschlüsselnde Dateisystem. Sofern Sie also Dateien und Ordner mit EFS verschlüsselt haben und nicht Mitglied einer Domäne sind, geht der Zugriff auf alle verschlüsselten Daten verloren.

Domänenkonten verwalten

Während lokale Benutzerkonten und Domänenkonten einer alten Windows NT-Domäne ausschließlich über den eben beschriebenen *WinNT:*-Provider verwaltet werden können, haben Sie bei Benutzerkonten eines Active Directory eine Auswahl: Neben dem *WinNT:*-Provider können Sie solche Konten auch über *LDAP:* verwalten.

Während *WinNT:*-Skripts nur Zugriff auf die mit Windows NT kompatiblen Eigenschaften bietet, stehen Ihnen über *LDAP:* alle Eigenschaften offen, die im Active Directory gespeichert sind.

Ein neues domänenbasiertes Benutzerkonto anlegen

Das folgende Skript legt ein Konto namens »ThomasB« im Container »Users« an.

```
strName = "ThomasB"
strDesc = "Ein neues Konto"
strPwd = "Geheim99"
strContainer = "CN=Users"
Set RootDSE = GetObject("LDAP://RootDSE")
path = "LDAP://" & strContainer & "," & RootDSE.get("DefaultNamingContext")
Set objContainer = GetObject(path)

Set objKonto = objContainer.Create("user", "CN=" & strName)
objKonto.SamAccountName = strName
objKonto.Description = strDesc
objKonto.SetInfo

objKonto.SetPassword strPwd

objKonto.AccountDisabled = False
objKonto.SetInfo
```

Listing 11.22: Ein neues Benutzerkonto anlegen

Auf ein domänenbasiertes Benutzerkonto zugreifen

Möchten Sie die Eigenschaften eines Benutzerkontos lesen oder ändern, dann greifen Sie zunächst auf das gewünschte Konto zu. Das nächste Skript zeigt, wie Sie unter Angabe eines Namens auf ein beliebiges Konto im Container »Users« zugreifen. Anschließend können die die Beschreibung des Kontos ändern:

```
name = InputBox("Name des gewünschten Kontos?",,"Administrator")

Set RootDSE = GetObject("LDAP://RootDSE")
path = "LDAP://CN=Users," & RootDSE.get("DefaultNamingContext")
Set objContainer = GetObject(path)

On Error Resume Next
   Set objkonto = objContainer.GetObject("user", "CN=" & name)
   If Err.number <>0 Then
      WScript.Echo name & " wurde nicht gefunden."
      WScript.quit
   End If
On Error Goto 0

desc = objkonto.description
desc = InputBox("Beschreibung?",,desc)
objkonto.description = desc
objkonto.SetInfo
```

Listing 11.23: Die Beschreibung eines Kontos ändern

Wissen Sie nicht, in welchem Container des Active Directory sich ein Konto befindet, dann können Sie auch domänenweit danach suchen lassen:

```
name = InputBox("Name des gewünschten Kontos?",,"Administrator")
Set objKonto = FindAccount(name)

desc = objkonto.description
desc = InputBox("Beschreibung?",,desc)
objkonto.description = desc
objkonto.SetInfo


Function FindAccount(ByVal strName)
   Set RootDSE = GetObject("LDAP://RootDSE")
   path = "LDAP://" & RootDSE.get("DefaultNamingContext")
   sql = "SELECT ADsPath FROM '" & path & _
      "' WHERE objectClass='User' and name='" & strName & "'"

   Set objconn = CreateObject("ADODB.Connection")
   Set objcomm = CreateObject("ADODB.Command")
   objconn.Provider = "ADsDSOObject"
   objconn.open "Active Directory Provider"

   Set objcomm.ActiveConnection = objconn

   objcomm.CommandText = sql
   objcomm.Properties("Page Size")=50
   objcomm.Properties("Searchscope") = 2

   Set rs = objcomm.Execute

   If rs.eof Then
        Set FindAccount = Nothing
   Else
```

```
        Set FindAccount = GetObject(rs("ADsPath"))
    End If
End Function
```

Listing 11.24: Domänenweit nach einem bestimmten Benutzerkonto suchen lassen

Ein domänenbasiertes Benutzerkonto löschen

Möchten Sie ein Benutzerkonto unwiderruflich löschen und wissen Sie, wo sich das Konto befindet, dann können Sie es mit *Delete* löschen. Das nächste Skript löscht das Konto »ThomasB« aus dem Container »Users«:

```
strName = "ThomasB"

Set RootDSE = GetObject("LDAP://RootDSE")
path = "LDAP://CN=Users," & RootDSE.get("DefaultNamingContext")
Set objContainer = GetObject(path)

objContainer.Delete "user", "CN=" & strName
```

Listing 11.25: Ein Benutzerkonto löschen

Wissen Sie nicht, wo sich das Konto befindet, dann können Sie das Konto suchen und anschließend über dessen *Parent*-Eigenschaft auf den Container zugreifen, in dem sich das Konto befindet. Danach kann das Konto gelöscht werden:

```
name = "ThomasB"
Set objKonto = FindAccount(name)
Set objContainer = GetObject(objKonto.parent)
objContainer.delete "user", objKonto.name

Function FindAccount(ByVal strName)
    Set RootDSE = GetObject("LDAP://RootDSE")
    path = "LDAP://" & RootDSE.get("DefaultNamingContext")
    sql = "SELECT ADsPath FROM '" & path & _
        "' WHERE objectClass='User' and name='" & strName & "'"

    Set objconn = CreateObject("ADODB.Connection")
    Set objcomm = CreateObject("ADODB.Command")
    objconn.Provider = "ADsDSOObject"
    objconn.open "Active Directory Provider"

    Set objcomm.ActiveConnection = objconn

    objcomm.CommandText = sql
    objcomm.Properties("Page Size")=50
    objcomm.Properties("Searchscope") = 2

    Set rs = objcomm.Execute

    If rs.eof Then
        Set FindAccount = Nothing
    Else
```

```
        Set FindAccount = GetObject(rs("ADsPath"))
    End If
End Function
```

Listing 11.26: Konto im Active Directory suchen und löschen

Domänenkonten-Eigenschaften ändern

Für beinahe alle Felder in den grafischen Dialogfeldern der Benutzerkonto-Einstellungen gibt es zugeordnete Eigenschaften, die per Skript gelesen und gesetzt werden können. Die folgenden Abschnitte orientieren sich am Aufbau der Register des Server 2003-Dialogfelds.

Einige Eigenschaften können mehr als einen Wert enthalten und sind deshalb als Feld organisiert. Wie Sie mit Hilfe von *PutEx* Feldinhalte lesen, ändern und löschen können, haben Sie im Detail bereits in Kapitel 8 gelesen.

Für zahlreiche Eigenschaften existiert neben dem Attribut-Namen ein Alias-Name, der eingesetzt werden kann, wenn Sie die Eigenschaften direkt über die Punkt-Schreibweise erfragen.

Allgemein

Diese Registerkarte verwaltet die allgemeinen Angaben zur Person. Die folgenden Felder und zugeordneten Eigenschaften sind vorhanden:

Feldname	Attribut	Alias	Besonderheiten
Vorname	givenName	firstName	
Initialen	initials	Initials	
Nachname	sn	lastName	
Anzeigename	displayName		
Beschreibung	description		
Büro	physicalDeliveryOfficeName	OfficeLocations	
Rufnummer	telephoneNumber		
Andere	otherTelephone		Feld
E-Mail	Mail	EmailAddress	
Webseite	WWWHomePage	HomePage	
Andere	url		Feld

Tabelle 11.4: Informationen des Allgemein-Registers

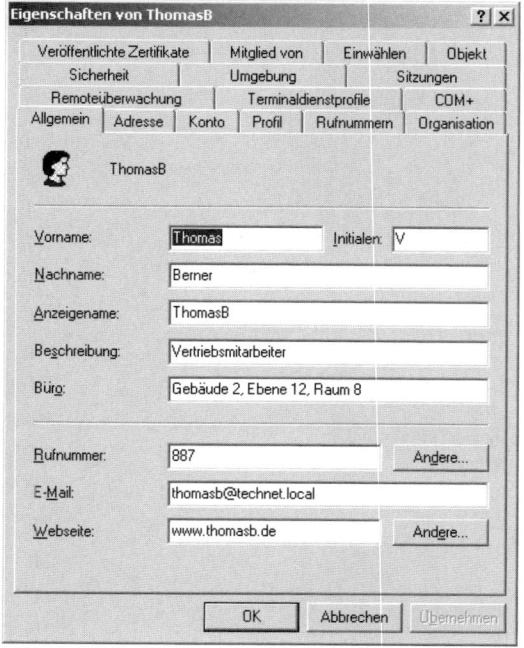

Abbildung 11.5: Eigenschaften des Allgemein-Registers

Ein Skript kann die zugrunde liegenden Attribute entweder direkt ansprechen:

```
Const ADS_PROPERTY_APPEND = 3
strName = "ThomasB"

Set RootDSE = GetObject("LDAP://RootDSE")
path = "LDAP://CN=Users," & RootDSE.get("DefaultNamingContext")
Set objContainer = GetObject(path)

Set objKonto = objContainer.GetObject("user", "CN=" & strName)

With objKonto
    .Put "givenName", "Thomas"
    .Put "initials", "V"
    .Put "sn", "Berner"
    .Put "displayName", "Thomas Berner"
    .Put "description", "Vertriebsmitarbeiter"
    .Put "physicalDeliveryOfficeName", "Gebäude 2, Ebene 12, Raum 8"
    .put "telephoneNumber", "887"
    .putEx ADS_PROPERTY_APPEND, "otherTelephone", Array("123", "456")
    .put "Mail", "thomasb@technet.local"
    .put "wWWHomePage", "www.thomasb.de"
    .putex ADS_PROPERTY_APPEND, "url", _
    Array("www.thomasb.com", "www.thomasb.net")

    .SetInfo
End With
```

Listing 11.27: Eigenschaften des Allgemein-Registers

Oder aber Sie verwenden die Alias-Namen:

```
strName = "ThomasB"

Set RootDSE = GetObject("LDAP://RootDSE")
path = "LDAP://CN=Users," & RootDSE.get("DefaultNamingContext")
Set objContainer = GetObject(path)

Set objKonto = objContainer.GetObject("user", "CN=" & strName)


With objKonto
    .firstName = "Thomas"
    .Initials = "V"
    .lastName = "Berner"
    .displayName = "Thomas Berner"
    .description = "Vertriebsmitarbeiter"
    .OfficeLocations = "Gebäude 2, Ebene 12, Raum 8"
    .telephoneNumber = "887"
    .EmailAddress ="thomasb@technet.local"
    .HomePage = "www.thomasb.de"

    .SetInfo
End With
```

Listing 11.28: *Zugriff auf die Eigenschaften über Alias-Namen*

WICHTIG: Wenn Sie Alias-Namen verwenden, dürfen Sie diese mit einem Punkt direkt an den Objektnamen anfügen und können so den gewünschten Wert mit einem Gleichheitszeichen zuweisen. Allerdings können Sie mit Alias-Namen nicht auf Eigenschaften zugreifen, die Felder sind.

Adresse

Diese Registerkarte verwaltet die Adress-Informationen des Benutzers. Die folgenden Eigenschaften stehen zur Verfügung:

Feldname	Attribut	Alias	Besonderheiten
Straße	streetAddress		
Postfach	postOfficeBox		
Ort	l		
Bundesland/Kanton	st		
PLZ	postalCode	PostalCodes	
Land/Region	co		

Tabelle 11.5: *Eigenschaften des Adresse-Registers*

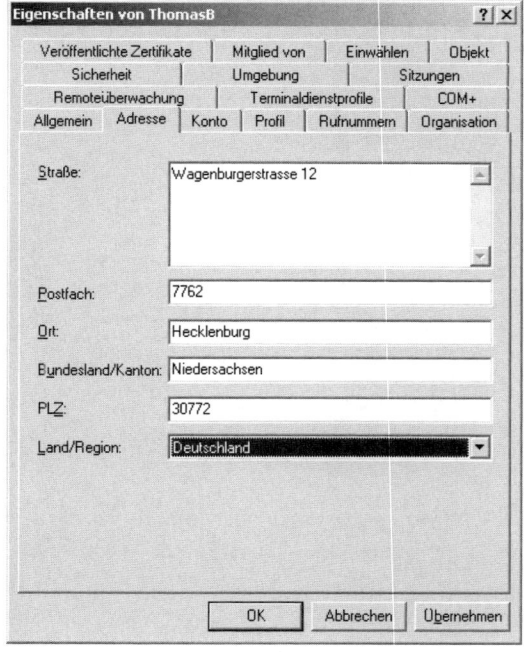

Abbildung 11.6: *Die Adress-Informationen eines Benutzerkontos*

Ein Skript kann die Adress-Informationen des Benutzers auf folgende Weise ändern:

```
strName = "ThomasB"

Set RootDSE = GetObject("LDAP://RootDSE")
path = "LDAP://CN=Users," & RootDSE.get("DefaultNamingContext")
Set objContainer = GetObject(path)

Set objKonto = objContainer.GetObject("user", "CN=" & strName)

With objKonto
   .Put "streetAddress", "Wagenburgerstrasse 12"
   .Put "postOfficeBox", "7762"
   .Put "l", "Hecklenburg"
   .Put "st", "Niedersachsen"
   .Put "postalCode", "30772"
   .Put "CO", "Deutschland"

   .SetInfo
End With
```

Listing 11.29: *Setzen der Adress-Informationen*

Die Adress-Informationen können auch in der Kurzschreibweise festgelegt werden:

```
strName = "ThomasB"

Set RootDSE = GetObject("LDAP://RootDSE")
path = "LDAP://CN=Users," & RootDSE.get("DefaultNamingContext")
Set objContainer = GetObject(path)
```

Benutzer verwalten

```
Set objKonto = objContainer.GetObject("user", "CN=" & strName)

With objKonto
    .streetAddress = "Wagenburgerstrasse 12"
    .postOfficeBox = "7762"
    .l = "Hecklenburg"
    .st = "Niedersachsen"
    .postalCodes = "30772"
    .CO = "Deutschland"

    .SetInfo
End With
```

Listing 11.30: Adress-Informationen in Kurzschreibweise festlegen

Konto

Die Registerkarte *Konto* verwaltet die grundlegenden Kontoinformationen wie zum Beispiel den Anmeldenamen, unter dem das Konto angesprochen wird, und ein mögliches Ablaufdatum. Die folgenden Eigenschaften stehen zur Verfügung:

Feldname	Attribut	Alias	Besonderheiten
Benutzeranmeldename	userPrincipalName		
Benutzeranmeldename (prä-Windows 2000)	sAMAccountName		
Anmeldezeiten	logonHours		Binär
Anmelden	userWorkstations	LoginWorkstations	
Ablaufdatum		AccountExpirationDate	Datum, kann nur über spezielle Funktion gesetzt werden. Wird das Datum auf 1.1.1970 eingestellt, löscht dies das Ablaufdatum.
Konto ist gesperrt	userAccountControl	isAccountLocked	&H10, kann nur entsperrt werden. Sperrung nur durch das System möglich.
Benutzer muss Kennwort bei der nächsten Anmeldung ändern	pwdLastSet		
Benutzer kann das Kennwort nicht ändern	*UserFlags* (nur beim *WinNT:*-Provider)		&H40, funktioniert nur beim WinNT:-Provider.
Kennwort läuft nie ab	userAccountControl		&H10000
Kennwort mit umkehrbarer Verschlüsselung speichern	userAccountControl		&H80
Konto ist deaktiviert	userAccountControl	AccountDisabled	&H2
Benutzer muss sich mit einer Smartcard anmelden	userAccountControl		&H40000
Konto wird für Delegierungszwecke vertraut	userAccountControl		&H80000

Feldname	Attribut	Alias	Besonderheiten
Konto ist vertraulich und kann nicht delegiert werden	userAccountControl		&H100000
DES-Verschlüsselungstypen für dieses Konto verwenden	userAccountControl		&H200000
Keine Kerberos-Präauthentifizierung erforderlich	userAccountControl		&H400000

Tabelle 11.6: Eigenschaften des Konto-Registers

Einige Eigenschaften aus Tabelle 11.6 weichen vom Aufbau von den gewohnten Eigenschaften ab:

- **Anmeldezeiten:** Die Anmeldezeiten werden als so genanntes Byte-Array hinterlegt. Dabei steht jeweils ein Bit für jede Stunde der Woche. Bei 24 Stunden pro Tag werden pro Tag drei Byte benötigt, insgesamt 21 Bytes. Die Zählweise beginnt mit der zweiten Stunde am Sonntag. Weil VBScript Byte-Arrays nicht anlegen kann, ist es normalerweise nicht möglich, die Anmeldezeiten per Skript zu setzen. Über ein Hilfsobjekt namens *CAPICOM.Utilities* können jedoch Byte-Arrays erzeugt werden. Dieses Hilfsobjekt steht ab Windows XP SP 1 zur Verfügung und kann bei älteren Windows-Systemen auch kostenfrei von Microsoft bezogen und nachinstalliert werden (Im Internet unter *http://www.microsoft.com/downloads/details.aspx?displaylang=en&FamilyID=860EE43A-A843-462F-ABB5-FF88EA5896F6* oder auf der Buch-CD)
- **Ablaufdatum:** Das Ablaufdatum eines Kontos ist keine Active Directory-Eigenschaft, die einfach zu setzen wäre. Stattdessen steht hierfür ein Alias namens *AccountExpirationDate* zur Verfügung, mit dem das Datum gelesen und gesetzt werden kann.
- **Flags:** Eine ganze Reihe von Optionen werden gemeinsam als Bitmaske in der Eigenschaft *userAccountControl* festgelegt. Wie Sie diese Optionen per Skript steuern, zeigen die Skripts ab Listing 11.32.

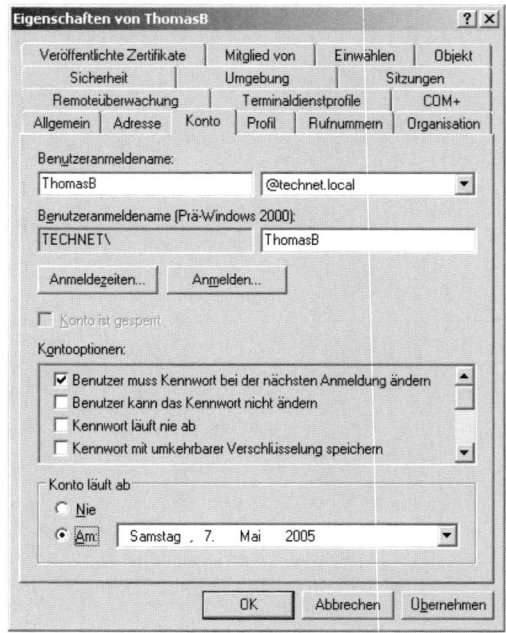

Abbildung 11.7: Die grundlegenden Konto-Informationen

Das folgende Skript setzt die Kontoinformationen einschließlich Ablaufdatum und Anmeldezeiten. Es setzt voraus, dass das *CAPICOM.Utilities*-Objekt auf dem Computer installiert ist.

Die Anmeldezeiten werden der Einfachheit halber über eine Bitmaske angegeben. Dabei steht jede Zeile für einen Wochentag, beginnend mit Sonntag. Jede Stunde des Tages, zu der eine Anmeldung möglich sein soll, wird mit einer »1« gekennzeichnet.

Das Skript wandelt diese Bitmaske in ein Byte-Array um und weist es dem Konto zu.

```
strName = "ThomasB"

Set RootDSE = GetObject("LDAP://RootDSE")
path = "LDAP://CN=Users," & RootDSE.get("DefaultNamingContext")
Set objContainer = GetObject(path)

Set objKonto = objContainer.GetObject("user", "CN=" & strName)

' Anmeldezeiten Sonntag bis Samstag:
table =   "000000000000000000000000" & _
          "000000111111111111110000" & _
          "000000111111111111110000" & _
          "000000111111111000000000" & _
          "000000111111111111110000" & _
          "000000111111111111110000" & _
          "000000000111111000000000"

With objKonto
   .Put "userPrincipalName", "ThmasB"
   .Put "sAMAccountName", "ThomasB"
   .Put "LogonHours", ConvertFormat(table)
   .Put "userWorkstations", "PC1,PC2,PC3"
   .AccountExpirationDate = DateSerial(2005,5,7)
   .SetInfo
End With

Function ConvertFormat(ByVal timetable)
   timetable = Mid(timetable,2) & Left(timetable,1)
   For x = 0 To 20
      mask = Mid(timetable, x*8+1, 8)

      intByte = 0
      For y = 7 To 0 Step -1
         char = Mid(mask, y+1, 1)

         If char = "1" Then
            intByte = intByte + 2^(y)
         End If
      Next

      strBinary = strBinary & ChrB(intByte)
   Next

   Set objcapi = CreateObject("CAPICOM.Utilities")

   ConvertFormat = objcapi.BinaryStringToByteArray(strBinary)
End Function
```

Listing 11.31: Konto-Informationen einschließlich Ablaufdatum und Anmeldezeiten festlegen

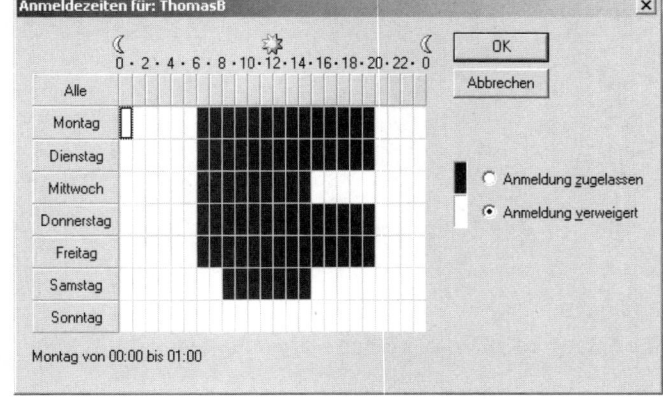

Abbildung 11.8: *Das Skript setzt Anmeldezeiten und für die Anmeldung erlaubte Arbeitsstationen fest*

Userflags setzen und löschen

Einige Einstellungen aus Tabelle 11.6 werden als Bitwert in der Eigenschaft *userAccountControl* gesetzt. Das folgende Skript schlüsselt die Bedeutung der Bits in dieser Eigenschaft auf und zeigt, wie Sie Bits setzen können.

Dazu setzt das Skript die Bits, die dafür sorgen, dass das Kennwort nie abläuft und dass DES-Verschlüsselung eingesetzt wird. Sie können leicht andere Bits setzen, indem Sie die gewünschten Bits in der Variable *setflag* addieren.

ACHTUNG: Nicht alle Bits dürfen von Ihnen gesetzt werden. Die Bitwerte, die vom System verwaltet werden, sind im Skript auskommentiert.

```
Const ADS_UF_SCRIPT = &H1
Const ADS_UF_ACCOUNTDISABLE = &H2
Const ADS_UF_HOMEDIR_REQUIRED = &H8
Const ADS_UF_LOCKOUT = &H10
Const ADS_UF_PASSWD_NOTREQD = &H20
Const ADS_UF_PASSWD_CANT_CHANGE = &H40
Const ADS_UF_ENCRYPTED_TEXT_PASSWORD_ALLOWED = &H80
'Const ADS_UF_TEMP_DUPLICATE_ACCOUNT = &H100
'Const ADS_UF_NORMAL_ACCOUNT = &H200
'Const ADS_UF_INTERDOMAIN_TRUST_ACCOUNT = &H800
'Const ADS_UF_WORKSTATION_TRUST_ACCOUNT = &H1000
'Const ADS_UF_SERVER_TRUST_ACCOUNT = &H2000
Const ADS_UF_DONT_EXPIRE_PASSWD = &H10000
'Const ADS_UF_MNS_LOGON_ACCOUNT = &H20000
Const ADS_UF_SMARTCARD_REQUIRED = &H40000
Const ADS_UF_TRUSTED_FOR_DELEGATION = &H80000
Const ADS_UF_NOT_DELEGATED = &H100000
Const ADS_UF_USE_DES_KEY_ONLY = &H200000
Const ADS_UF_DONT_REQUIRE_PREAUTH = &H400000
Const ADS_UF_PASSWORD_EXPIRED = &H800000
Const ADS_UF_TRUSTED_TO_AUTHENTICATE_FOR_DELEGATION = &H1000000

strName = "ThomasB"
setflag = ADS_UF_DONT_EXPIRE_PASSWD + ADS_UF_USE_DES_KEY_ONLY

Set RootDSE = GetObject("LDAP://RootDSE")
path = "LDAP://CN=Users," & RootDSE.get("DefaultNamingContext")
Set objContainer = GetObject(path)
```

```
Set objKonto = objContainer.GetObject("user", "CN=" & strName)

With objKonto
   flag = .Get("userAccountControl")

   If (flag AND setflag) = 0 Then
       .Put "userAccountControl", flag OR setflag
       .SetInfo
   End If
End With
```

Listing 11.32: Neue Userflags setzen

Möchten Sie umgekehrt Bits löschen, um die entsprechenden Optionen auszuschalten, dann verwenden Sie dieses Skript:

```
Const ADS_UF_SCRIPT = &H1
Const ADS_UF_ACCOUNTDISABLE = &H2
Const ADS_UF_HOMEDIR_REQUIRED = &H8
Const ADS_UF_LOCKOUT = &H10
Const ADS_UF_PASSWD_NOTREQD = &H20
Const ADS_UF_PASSWD_CANT_CHANGE = &H40
Const ADS_UF_ENCRYPTED_TEXT_PASSWORD_ALLOWED = &H80
'Const ADS_UF_TEMP_DUPLICATE_ACCOUNT = &H100
'Const ADS_UF_NORMAL_ACCOUNT = &H200
'Const ADS_UF_INTERDOMAIN_TRUST_ACCOUNT = &H800
'Const ADS_UF_WORKSTATION_TRUST_ACCOUNT = &H1000
'Const ADS_UF_SERVER_TRUST_ACCOUNT = &H2000
Const ADS_UF_DONT_EXPIRE_PASSWD = &H10000
'Const ADS_UF_MNS_LOGON_ACCOUNT = &H20000
Const ADS_UF_SMARTCARD_REQUIRED = &H40000
Const ADS_UF_TRUSTED_FOR_DELEGATION = &H80000
Const ADS_UF_NOT_DELEGATED = &H100000
Const ADS_UF_USE_DES_KEY_ONLY = &H200000
Const ADS_UF_DONT_REQUIRE_PREAUTH = &H400000
Const ADS_UF_PASSWORD_EXPIRED = &H800000
Const ADS_UF_TRUSTED_TO_AUTHENTICATE_FOR_DELEGATION = &H1000000

strName = "ThomasB"
setflag = ADS_UF_DONT_EXPIRE_PASSWD + ADS_UF_USE_DES_KEY_ONLY

Set RootDSE = GetObject("LDAP://RootDSE")
path = "LDAP://CN=Users," & RootDSE.get("DefaultNamingContext")
Set objContainer = GetObject(path)

Set objKonto = objContainer.GetObject("user", "CN=" & strName)

With objKonto
   flag = .Get("userAccountControl")

   If (flag AND setflag) <> 0 Then
       .Put "userAccountControl", flag XOR setflag
       .SetInfo
   End If
End With
```

Listing 11.33: Userflags entfernen

Kennwortänderungen erlauben oder verbieten

Die Option *Benutzer kann das Kennwort nicht verändern* ist über *LDAP:* nur sehr schwer steuerbar. Der Einstellung liegen nämlich Sicherheitseinstellungen im Security Descriptor des Benutzerkontos zugrunde.

Möchten Sie also dafür sorgen, dass der Benutzer sein Kennwort nicht ändern kann, dann müssen dazu die entsprechenden Verbote in den Security Descriptor eingetragen werden, was leider nicht trivial ist.

Insbesondere muss das Skript bestimmte Identitäten angeben und kann dies nur länderspezifisch tun. Das nächste Skript würde zum Beispiel auf deutschen Systemen dafür sorgen, dass der Benutzer sein Kennwort nicht ändern kann:

```
Const ADS_ACETYPE_ACCESS_DENIED_OBJECT = &H6
Const ADS_ACEFLAG_OBJECT_TYPE_PRESENT = &H1
Const CHANGE_PASSWORD_GUID = "{ab721a53-1e2f-11d0-9819-00aa0040529b}"
Const ADS_RIGHT_DS_CONTROL_ACCESS = &H100

strName = "ThomasB"

Set RootDSE = GetObject("LDAP://RootDSE")
path = "LDAP://CN=Users," & RootDSE.get("DefaultNamingContext")
Set objContainer = GetObject(path)

Set objKonto = objContainer.GetObject("user", "CN=" & strName)

With objKonto
   Set objSD   = .Get("nTSecurityDescriptor")
   Set objDACL = objSD.DiscretionaryAcl
   arrTrustees = Array("nt-autorität\selbst", "jeder")

   For Each strTrustee In arrTrustees
      Set objACE = CreateObject("AccessControlEntry")
      objACE.Trustee = strTrustee
      objACE.AceFlags = 0
      objACE.AceType = ADS_ACETYPE_ACCESS_DENIED_OBJECT
      objACE.Flags = ADS_ACEFLAG_OBJECT_TYPE_PRESENT
      objACE.ObjectType = CHANGE_PASSWORD_GUID
      objACE.AccessMask = ADS_RIGHT_DS_CONTROL_ACCESS
      objDACL.AddAce objACE
   Next

   objSD.DiscretionaryAcl = objDACL

   .Put "nTSecurityDescriptor", objSD
   .SetInfo
End With
```

Listing 11.34: Kennwortänderungen verbieten

Das nächste Skript erlaubt dem Benutzer wieder, sein Kennwort zu ändern:

```
Const ADS_ACETYPE_ACCESS_DENIED_OBJECT = &H6
Const CHANGE_PASSWORD_GUID    = "{ab721a53-1e2f-11d0-9819-00aa0040529b}"
```

```
strName = "ThomasB"

Set RootDSE = GetObject("LDAP://RootDSE")
path = "LDAP://CN=Users," & RootDSE.get("DefaultNamingContext")
Set objContainer = GetObject(path)

Set objKonto = objContainer.GetObject("user", "CN=" & strName)

With objKonto
   Set objSD   = .Get("nTSecurityDescriptor")
   Set objDACL = objSD.DiscretionaryAcl
   arrTrustees = Array("nt-autorität\selbst", "jeder")

   For Each strTrustee In arrTrustees
     For Each ace In objDACL
       WScript.Echo ace.trustee
       If(LCase(ace.Trustee) = strTrustee) Then
         If((ace.AceType = ADS_ACETYPE_ACCESS_DENIED_OBJECT) AND _
           (LCase(ace.ObjectType) = CHANGE_PASSWORD_GUID)) Then
           objDACL.RemoveAce ace
         End If
       End If
     Next
   Next

   .Put "nTSecurityDescriptor", objSD
   .SetInfo
End With
```

Listing 11.35: Kennwortänderungen erlauben

Die beiden Skripts dienen eher dazu, die zugrunde liegenden Mechanismen aufzudecken, als praktisch nützlich zu sein. Allein die Angabe entsprechender Konten über Klartextnamen und die daraus resultierenden Probleme bei internationalen Systemen sind in der Praxis nicht tolerierbar.

Ein sehr viel einfacherer und zuverlässigerer Weg, diese Benutzerkonto-Eigenschaft zu setzen, nutzt den *WinNT*-Provider, der ja auch für Domänenkonten eingesetzt werden kann.

Das nächste Skript sorgt dafür, dass der Inhaber des Kontos »ThomasB« sein Kennwort nicht ändern darf:

```
Const ADS_UF_PASSWD_CANT_CHANGE = &H40

strUser = "ThomasB"

Set objnet = CreateObject("WScript.Network")
strDomain = objnet.UserDomain

If strDomain = objnet.ComputerName Then
   WScript.Echo "Sie sind nicht an der Domäne angemeldet."
   WScript.quit
End If
```

```
Set objDomain = GetObject("WinNT://" & strDomain & ",domain")

Set objKonto = objDomain.GetObject("user", strUser)
With objKonto
   .UserFlags = objKonto.UserFlags OR ADS_UF_PASSWD_CANT_CHANGE
   .SetInfo
End With
```

Listing 11.36: Kennwortänderung verbieten

Möchten Sie dafür sorgen, dass der Inhaber sein Kennwort ändern darf, dann ersetzen Sie in Listing 11.36 den Operator »OR« durch »AND NOT«.

Kennwortänderung erzwingen

Möchten Sie erzwingen, dass der Benutzer bei der nächsten Anmeldung ein neues Kennwort festlegt, dann gehen Sie so vor:

```
strName = "ThomasB"

Set RootDSE = GetObject("LDAP://RootDSE")
path = "LDAP://CN=Users," & RootDSE.get("DefaultNamingContext")
Set objContainer = GetObject(path)

Set objKonto = objContainer.GetObject("user", "CN=" & strName)

With objKonto
   .Put "pwdLastSet", 0
   .SetInfo
End With
```

Listing 11.37: Kennwortänderung bei der nächsten Anmeldung erzwingen

Profil

Die Registerkarte *Profil* legt fest, wo sich das Benutzerprofil des Anwenders befindet. Die folgenden Eigenschaften stehen zur Verfügung:

Feldname	Attribut	Alias	Besonderheiten
Profilpfad	profilePath	Profile	
Anmeldeskript	scriptPath	LoginScript	
Lokaler Pfad	homeDirectory		
Verbinden von	homeDrive		
Mit	homeDirectory		

Tabelle 11.7: Eigenschaften des Profil-Registers

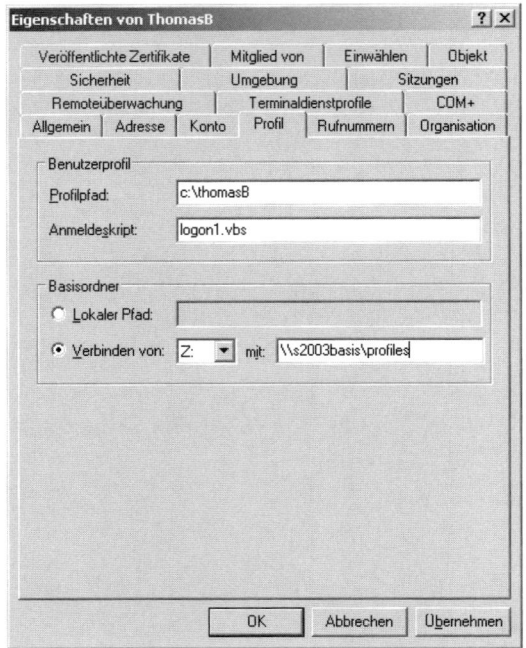

Abbildung 11.9: Die Profil-Einstellungen eines Benutzerkontos

Das folgende Skript legt die Profilangaben für einen Benutzer fest:

```
strName = "ThomasB"

Set RootDSE = GetObject("LDAP://RootDSE")
path = "LDAP://CN=Users," & RootDSE.get("DefaultNamingContext")
Set objContainer = GetObject(path)

Set objKonto = objContainer.GetObject("user", "CN=" & strName)

With objKonto
    .Put "profilePath", "c:\ThomasB"
    .Put "scriptPath", "logon1.vbs"
    .Put "homeDirectory", "\\s2003\profiles"
    .Put "homeDrive", "Z:"

    .SetInfo
End With
```

Listing 11.38: Profil-Informationen setzen

Auch über die Kurzschreibweise und Alias-Namen können die Informationen gesetzt werden:

```
strName = "ThomasB"

Set RootDSE = GetObject("LDAP://RootDSE")
path = "LDAP://CN=Users," & RootDSE.get("DefaultNamingContext")
Set objContainer = GetObject(path)

Set objKonto = objContainer.GetObject("user", "CN=" & strName)

With objKonto
    .Profile       = "c:\ThomasB"
    .LoginScript   = "logon1.vbs"
    .HomeDirectory = "\\s2003\profiles"
    .homeDrive     = "Z:"

    .SetInfo
End With
```

Listing 11.39: *Profil-Eigenschaften in Kurzschreibweise ändern*

Rufnummern

Die Registerkarte *Rufnummern* speichert die Rufnummern des Benutzers. Die folgenden Eigenschaften stehen zur Verfügung:

Feldname	Attribut	Alias	Besonderheiten
Privat	homePhone	TelephoneHome	
Andere	otherHomePhone		Feld
Pager	Pager	TelephonePager	
Andere	otherPager		Feld
Mobil	Mobile	TelephoneMobile	
Andere	otherMobile		Feld
Fax	facsimileTelephoneNumber	FaxNumber	
Andere	otherFacsimileTelephoneNumber		Feld
IP-Telefon	ipPhone		
Andere	otherIpPhone		Feld
Anmerkung	Info		

Tabelle 11.8: *Eigenschaften des Rufnummer-Registers*

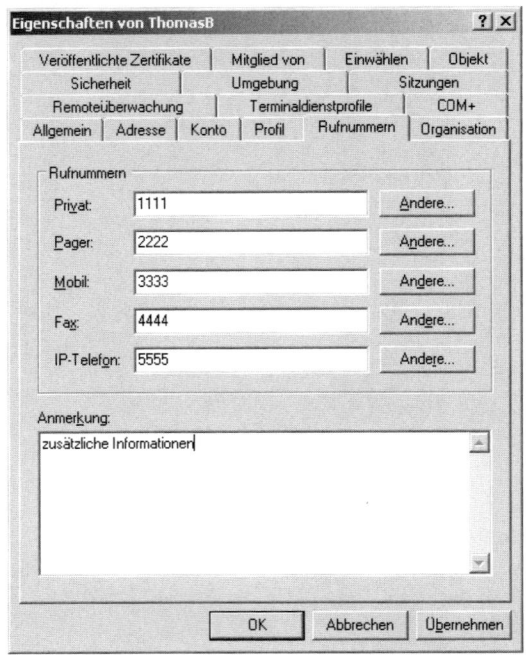

Abbildung 11.10: Rufnummern eines Benutzerkontos und Zusatzinfos hinterlegen

Ein Skript setzt diese Informationen auf folgende Weise:

```
Const ADS_PROPERTY_UPDATE = 2
Const ADS_PROPERTY_APPEND = 3

strName = "ThomasB"

Set RootDSE = GetObject("LDAP://RootDSE")
path = "LDAP://CN=Users," & RootDSE.get("DefaultNamingContext")
Set objContainer = GetObject(path)

Set objKonto = objContainer.GetObject("user", "CN=" & strName)


With objKonto
   .Put "homePhone", "1111"
   .PutEx ADS_PROPERTY_UPDATE, "otherHomePhone", Array("123", "456")

   .Put "Pager", "2222"
   .PutEx ADS_PROPERTY_UPDATE, "otherPager", Array("123", "456")

   .Put "Mobile", "3333"
   .PutEx ADS_PROPERTY_UPDATE, "otherMobile", Array("123", "456")

   .Put "facsimileTelephoneNumber", "4444"
   .PutEx ADS_PROPERTY_UPDATE, "otherFacsimileTelephoneNumber", _
      Array("123", "456")

   .Put "ipPhone", "5555"
   .PutEx ADS_PROPERTY_UPDATE, "otherIpPhone", Array("123", "456")
```

```
    .Put "Info", "zusätzliche Informationen"

    .SetInfo
End With
```

Listing 11.40: Rufnummern eines Benutzerkontos hinterlegen

Einige Eigenschaften sind Felder und können mehrere Rufnummern aufnehmen. Diese Felder werden mit *PutEx* beschrieben. Verwenden Sie die Konstante *ADS_PROPERTY_UPDATE*, wenn Sie den Feldinhalt neu setzen wollen, oder *ADS_PROPERTY_APPEND*, wenn Sie neue Rufnummern zu den vorhandenen Rufnummern hinzufügen wollen.

Über die Kurzschreibweise können Eigenschaften, die kein Feld sind, folgendermaßen gesetzt werden:

```
strName = "ThomasB"

Set RootDSE = GetObject("LDAP://RootDSE")
path = "LDAP://CN=Users," & RootDSE.get("DefaultNamingContext")
Set objContainer = GetObject(path)

Set objKonto = objContainer.GetObject("user", "CN=" & strName)


With objKonto
    .TelephoneHome  =  "1111"
    .TelephonePager =  "2222"
    .TelephoneMobile = "3333"
    .FaxNumber = "4444"
    .ipPhone = "5555"
    .Info = "zusätzliche Informationen"

    .SetInfo
End With
```

Listing 11.41: Rufnummern in Kurzschreibweise ändern

Organisation

Die Registerkarte *Organisation* verwaltet Informationen über die Stellung des Benutzers innerhalb der Firma. Die folgenden Eigenschaften stehen zur Verfügung:

Feldname	Attribut	Alias	Besonderheiten
Position	title		
Abteilung	department		
Firma	company		
Vorgesetzer	manager		
Mitarbeiter	directReports		Automatisch erstellt

Tabelle 11.9: Eigenschaften des Organisation-Registers

Zwei Eigenschaften spielen hierbei eine Sonderrolle:

- **Vorgesetzter:** Hier wird der distinguishedName des Benutzerkontos erwartet, das dem Vorgesetzten des Benutzers entspricht.
- **Mitarbeiter:** Diese Eigenschaft kann nicht gesetzt, sondern nur gelesen werden, weil sich das Ergebnis automatisch ergibt. Es enthält alle Kontennamen, bei denen dieser Benutzer als Vorgesetzter eingetragen ist.

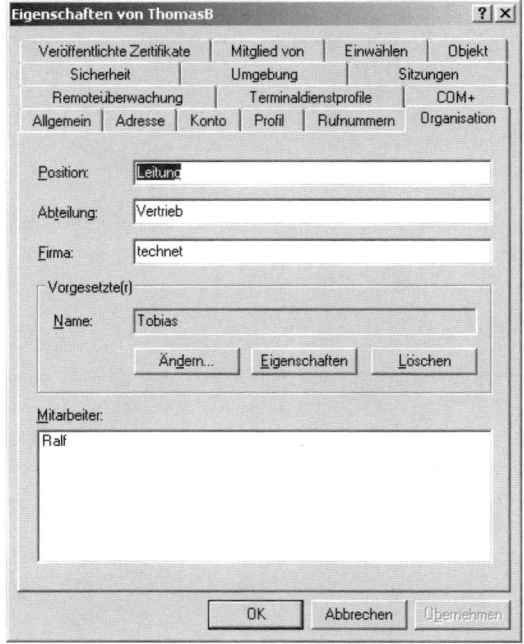

Abbildung 11.11: *Informationen zur Firma*

Das folgende Skript geht davon aus, dass es im Container »Users« ein Konto namens »Tobias« gibt, und verwendet dieses Konto als Vorgesetzten.

Alternativ können Sie den distinguishedName des Vorgesetzten-Kontos auch als Text von Hand angeben, wenn Sie die Information kennen. Diese Information könnte zum Beispiel folgendermaßen aussehen: »CN=Tobias,CN=Users,DC=technet,DC=local«.

```
strName = "ThomasB"

Set RootDSE = GetObject("LDAP://RootDSE")
path = "LDAP://CN=Users," & RootDSE.get("DefaultNamingContext")
Set objContainer = GetObject(path)

Set objKonto = objContainer.GetObject("user", "CN=" & strName)
Set objKontoVorgesetzter = objContainer.GetObject("user", "CN=Tobias")
strManager = objKontoVorgesetzter.distinguishedName

With objKonto
   .Put "title", "Leitung"
   .Put "department", "Vertrieb"
   .put "company", "Technet"
```

```
      .put "manager", strManager

    .SetInfo
End With
```

Listing 11.42: Organisations-Informationen für ein Benutzerkonto festlegen

Wieder steht die Kurzschreibweise zur Verfügung. Das folgende Skript legt als Vorgesetzten das Konto diesmal als Text fest und geht davon aus, dass Sie sich in der Domäne »technet.local« befinden:

```
strName = "ThomasB"

Set RootDSE = GetObject("LDAP://RootDSE")
path = "LDAP://CN=Users," & RootDSE.get("DefaultNamingContext")
Set objContainer = GetObject(path)

Set objKonto = objContainer.GetObject("user", "CN=" & strName)

With objKonto
    .Title = "Leitung"
    .Department = "Vertrieb"
    .company = "Technet"
    .Manager = "CN=Tobias,CN=Users,DC=technet,DC=local"

    .SetInfo
End With
```

Listing 11.43: Organisations-Informationen mit Kurzschreibweise hinterlegen

Die Mitarbeiter des Benutzers finden Sie heraus, wenn Sie die Eigenschaft directReports abfragen. Weil *directReports* ein Feld ist, fragen Sie es über *GetEx* ab und können dann die Elemente des Feldes mit einer *For Each...Next*-Schleife durchlaufen.

Das Feld enthält die *distinguishedNames* der Konten, bei denen das Benutzerkonto als Vorgesetzter eingetragen ist. Sollte das Konto bei keinem anderen Konto als Vorgesetzter eingetragen sein, kann die Information nicht gefunden werden, und das Skript meldet »keine Mitarbeiter«.

```
Const E_ADS_PROPERTY_NOT_FOUND = &h8000500D

strName = "ThomasB"

Set RootDSE = GetObject("LDAP://RootDSE")
path = "LDAP://CN=Users," & RootDSE.get("DefaultNamingContext")
Set objContainer = GetObject(path)

Set objKonto = objContainer.GetObject("user", "CN=" & strName)

With objKonto
    On Error Resume Next
    strDirectReports = .GetEx("directReports")
    If Err.number = E_ADS_PROPERTY_NOT_FOUND Then
        WScript.Echo "Keine Mitarbeiter."
    Else
```

```
            WScript.Echo "Mitarbeiter:"

            For Each strValue In strDirectReports
                WScript.echo strValue
                Set objMitarbeiter = GetObject("LDAP://" & strValue)
                WScript.Echo objMitarbeiter.cn
            Next
        End If
End With
```

Listing 11.44: Die Mitarbeiter eines Benutzers bestimmen

Über die Angabe des *distinguishedName* kann das Skript auf die Mitarbeiter-Konten zugreifen und zum Beispiel über *CN* den Namen des Kontos ermitteln.

Scheidet ein Mitarbeiter beispielsweise aus dem Unternehmen aus, dann könnte ein Skript auf diese Weise alle Konten ermitteln, bei denen das Konto Vorgesetzter ist, und diese Information aus den Mitarbeiter-Konten löschen (oder ändern).

Das nächste Skript entfernt das aktuelle Konto als Vorgesetzter aus allen übrigen Konten, wo es als Vorgesetzter eingetragen ist.

```
Const E_ADS_PROPERTY_NOT_FOUND  = &h8000500D
Const ADS_PROPERTY_CLEAR = 1


strName = "ThomasB"

Set RootDSE = GetObject("LDAP://RootDSE")
path = "LDAP://CN=Users," & RootDSE.get("DefaultNamingContext")
Set objContainer = GetObject(path)

Set objKonto = objContainer.GetObject("user", "CN=" & strName)

With objKonto
    On Error Resume Next
    strDirectReports = .GetEx("directReports")
    If Err.number = E_ADS_PROPERTY_NOT_FOUND Then
        WScript.Quit
    Else
        For Each strValue In arrDirectReports
            Set objMitarbeiter = GetObject("LDAP://" & strValue)
            objMitarbeiter.PutEx ADS_PROPERTY_CLEAR, "manager", 0
            objMitarbeiter.SetInfo
        Next
    End If
    On Error Goto 0
End With
```

Listing 11.45: Konto als Vorgesetzter aus allen übrigen Konten entfernen

Mitglied von

Diese Registerkarte listet die aktuellen Gruppenmitgliedschaften eines Benutzerkontos auf. Die folgenden Eigenschaften stehen zur Verfügung:

Feldname	Attribut	Alias	Besonderheiten
Mitglied von	memberOf		
Primäre Gruppe	primaryGroupID		

Tabelle 11.10: Eigenschaften des Mitglied von-Registers

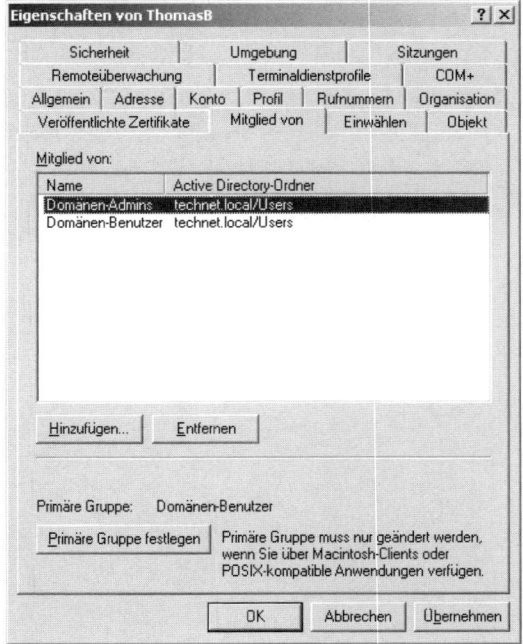

Listing 11.46: Gruppenmitgliedschaften verwalten

Möchten Sie wissen, in welchen Gruppen ein Konto Mitglied ist, dann fragen Sie die Eigenschaft *memberOf* ab. Weil es sich dabei um ein Feld handelt, wird der Feldinhalt mit *GetEx* erfragt:

```
Const E_ADS_PROPERTY_NOT_FOUND = &h8000500D


strName = "ThomasB"

Set RootDSE = GetObject("LDAP://RootDSE")
path = "LDAP://CN=Users," & RootDSE.get("DefaultNamingContext")
Set objContainer = GetObject(path)

Set objKonto = objContainer.GetObject("user", "CN=" & strName)

With objKonto
  On Error Resume Next
  .GetInfo
```

Benutzer verwalten **295**

```
    arrMemberOf = .GetEx("memberOf")

    If Err.Number = E_ADS_PROPERTY_NOT_FOUND Then
        WScript.Echo "Keine Mitgliedschaften."
    Else
        WScript.Echo "Gruppenmitgliedschaften:"
        For Each Group In arrMemberOf
            WScript.Echo Group
        Next
    End If

    intPrimaryGroupID = .Get("primaryGroupID")
    WScript.Echo "Primäre Gruppe: " & intPrimaryGroupID
End With
```

Listing 11.47: Gruppenmitgliedschaften eines Benutzerkontos ermitteln

Jedem Benutzerkonto ist eine Gruppe als primäre Gruppe zugeordnet. Diese Gruppe erscheint nicht in der Liste, sondern kann nur als Gruppen-ID in der Eigenschaft *primaryGroupID* erfragt werden. Dabei handelt es sich um die RID der Security-ID dieser Gruppe.

Sie können den Namen der primären Gruppe ermitteln, indem Sie nach der ID der Gruppe suchen, was allerdings etwas zeitaufwändig ist:

```
Const E_ADS_PROPERTY_NOT_FOUND = &h8000500D


strName = "ThomasB"

Set RootDSE = GetObject("LDAP://RootDSE")
path = "LDAP://CN=Users," & RootDSE.get("DefaultNamingContext")
Set objContainer = GetObject(path)

Set objKonto = objContainer.GetObject("user", "CN=" & strName)

With objKonto
    On Error Resume Next
    .GetInfo
    arrMemberOf = .GetEx("memberOf")

    If Err.Number = E_ADS_PROPERTY_NOT_FOUND Then
        WScript.Echo "Keine Mitgliedschaften."
    Else
        WScript.Echo "Gruppenmitgliedschaften:"
        For Each Group In arrMemberOf
            WScript.Echo Group
        Next
    End If
    On Error Goto 0

    intPrimaryGroupID = .Get("primaryGroupID")
    WScript.Echo "Primäre Gruppe: " & intPrimaryGroupID

    Set objGroup = FindGroupByID(intPrimaryGroupID)
    If objGroup Is Nothing Then
```

```
        WScript.Echo "Primäre Gruppe nicht gefunden."
    Else
        WScript.Echo objGroup.cn
    End If
End With


Function FindGroupByID(ByVal id)
    Set RootDSE = GetObject("LDAP://RootDSE")
    path = "LDAP://" & RootDSE.get("DefaultNamingContext")
    sql = "SELECT ADsPath, PrimaryGroupToken FROM '" & path & _
        "' WHERE objectClass='Group'"

    Set objconn = CreateObject("ADODB.Connection")
    Set objcomm = CreateObject("ADODB.Command")
    objconn.Provider = "ADsDSOObject"
    objconn.open "Active Directory Provider"

    Set objcomm.ActiveConnection = objconn

    objcomm.CommandText = sql
    objcomm.Properties("Page Size")=50
    objcomm.Properties("Searchscope") = 2

    Set rs = objcomm.Execute

    Set FindGroupByID = Nothing
    Do Until rs.EOF
        If rs("primaryGroupToken")=id Then
            Set FindGroupByID = GetObject(rs("ADsPath"))
            Exit Function
        End If
        rs.MoveNext
    Loop
End Function
```

Listing 11.48: Name der primären Gruppe ermitteln

Verschachtelte Gruppenmitgliedschaften

Gruppen können selbst Mitglied in anderen Gruppen sein, und so ist ein Benutzerkonto indirekt vielleicht in sehr viel mehr Gruppen Mitglied als auf den ersten Blick ersichtlich.

Das nächste Skript durchsucht rekursiv die gefundenen Gruppen nach weiteren Mitgliedschaften und liefert so eine Liste sämtlicher Gruppen, in denen ein Benutzer direkt oder indirekt Mitglied ist. Dabei werden verschachtelte Gruppenmitgliedschaften in der Darstellung entsprechend eingerückt, damit ersichtlich wird, welche Mitgliedschaften aus anderen Mitgliedschaften abgeleitet wurden.

```
Const TextCompare = 1
Const E_ADS_PROPERTY_NOT_FOUND = &h8000500D

Set objdict = CreateObject("Scripting.Dictionary")
objdict.CompareMode = TextCompare

strName = "ThomasB"
```

```
Set RootDSE = GetObject("LDAP://RootDSE")
path = "LDAP://CN=Users," & RootDSE.get("DefaultNamingContext")
Set objContainer = GetObject(path)

Set objKonto = objContainer.GetObject("user", "CN=" & strName)

AddPrimaryGroup objKonto.primaryGroupID
AddMembers objKonto, 0


For Each key In objdict
   WScript.Echo objdict(key), key
Next


Sub AddMembers(ByVal obj, tiefe)
   On Error Resume Next
   obj.Getinfo
   
   arrMemberOf = obj.GetEx("memberOf")
   
   If Not Err.Number = E_ADS_PROPERTY_NOT_FOUND Then
      For Each Group In arrMemberOf
         If Not objdict.Exists(Group) Then
            Set objGroup = GetObject("LDAP://" & Group)
            objdict.add Group, string(tiefe*2, " ") & objGroup.cn
            AddMembers objGroup, tiefe + 1
         End If
      Next
   End If
   On Error Goto 0
End Sub


Sub AddPrimaryGroup(ByVal id)
   Set RootDSE = GetObject("LDAP://RootDSE")
   path = "LDAP://" & RootDSE.get("DefaultNamingContext")
   sql = "SELECT ADsPath, PrimaryGroupToken FROM '" & path & _
      "' WHERE objectClass='Group'"
   
   Set objconn = CreateObject("ADODB.Connection")
   Set objcomm = CreateObject("ADODB.Command")
   objconn.Provider = "ADsDSOObject"
   objconn.open "Active Directory Provider"
   
   Set objcomm.ActiveConnection = objconn
   
   objcomm.CommandText = sql
   objcomm.Properties("Page Size")=50
   objcomm.Properties("Searchscope") = 2
   
   Set rs = objcomm.Execute
```

```
    Set FindGroupByID = Nothing
    Do Until rs.EOF
       If rs("primaryGroupToken")=id Then
          adspath = rs("ADsPath")
          If Not objdict.exists(adspath) Then
             Set objGroup = GetObject(adspath)
             objdict.add adspath, objGroup.cn
          End If
          Exit Sub
       End If
       rs.MoveNext
    Loop
End Sub
```

Listing 11.49: Rekursiv auch verschachtelte Mitgliedschaften anzeigen

Neue Gruppenmitgliedschaft einrichten

Neue Mitglieder können einer Gruppe mit Hilfe von *Add* hinzugefügt werden. Intern verwaltet das Active Directory die Gruppenmitglieder in der Eigenschaft *member*, die ein Feld ist.

Das nächste Skript fügt den Benutzer »ThomasB« in die Gruppe »Domänen-Admins« ein:

```
strName = "ThomasB"
strGruppe = "Domänen-Admins"

Set RootDSE = GetObject("LDAP://RootDSE")
path = "LDAP://CN=Users," & RootDSE.get("DefaultNamingContext")
Set objContainer = GetObject(path)

Set objKonto = objContainer.GetObject("user", "CN=" & strName)

Set objGruppe = objContainer.GetObject("group", "CN=" & strGruppe)

On Error Resume Next
   objGruppe.Add objKonto.ADsPath
   objGruppe.SetInfo

   Select Case Err.number
      Case &h80071392
         WScript.Echo "Bereits Mitglied in Gruppe"
      Case Else
         WScript.Echo "Fehler: &h" & Hex(Err.number)
   End Select
On Error Goto 0
```

Listing 11.50: Benutzerkonto in Gruppe aufnehmen

Sie können den Benutzer auch über seinen *ADsPath* in die Gruppe aufnehmen:

```
strUser = "CN=ThomasB,CN=Users"
strGruppe = "CN=Domänen-Admins, CN=Users"
```

```
Set RootDSE = GetObject("LDAP://RootDSE")
strDomain = RootDSE.get("DefaultNamingContext")

strGruppeADs = "LDAP://" & strGruppe & "," & strDomain
strUserADs = "LDAP://" & strUser & "," & strDomain

Set objGroup = GetObject(strGruppeADs)
objGroup.Add strUserADs
objGroup.SetInfo
```

Listing 11.51: Benutzerkonto über ADsPath in Gruppe aufnehmen

Möchten Sie den Benutzer aus der Gruppe entfernen, dann verwenden Sie anstelle von *Add* den Befehl *Remove*:

```
strUser = "CN=ThomasB,CN=Users"
strGruppe = "CN=Domänen-Admins, CN=Users"

Set RootDSE = GetObject("LDAP://RootDSE")
strDomain = RootDSE.get("DefaultNamingContext")

strGruppeADs = "LDAP://" & strGruppe & "," & strDomain
strUserADs = "LDAP://" & strUser & "," & strDomain

Set objGroup = GetObject(strGruppeADs)
objGroup.Remove strUserADs
objGroup.SetInfo
```

Listing 11.52: Benutzerkonto aus Gruppe entfernen

Einwählen

Die Registerkarte *Einwählen* verwaltet die Remoteeinwahl eines Benutzerkontos. Die folgenden Eigenschaften stehen zur Verfügung:

Feldname	Attribut
RAS-Berechtigungen	msNPAllowDialin
Anruferkennung verifizieren	msNPCallingStationID, msNPSavedCallingStationID
Rückrufoptionen	msRADIUSCallbackNumber, msRASSavedCallbackNumber
Statische IP-Adresse zuweisen	msRADIUSFramedIPAddress, msRADIUSSavedIPAddress
Statische Routen anwenden	msRADIUSFramedRoute, msRADIUSSavedFramedRoute

Tabelle 11.11: Eigenschaften für die Einwahl eines Benutzerkontos

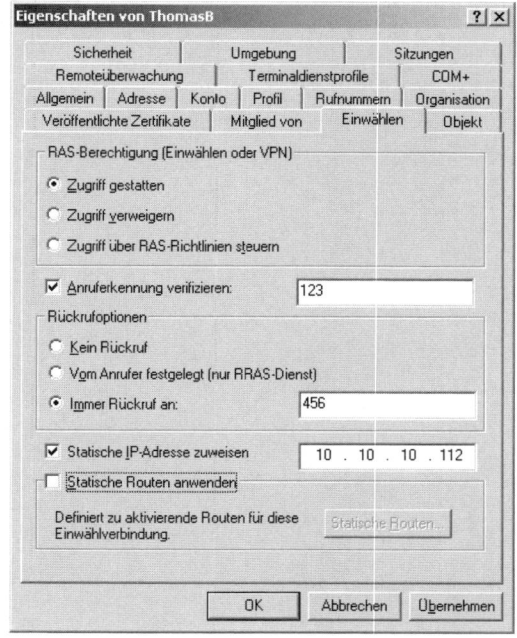

Abbildung 11.12: *Einwahleinstellungen eines Benutzerkontos*

Das folgende Skript setzt die Einwahl-Einstellungen für ein Benutzerkonto:

```
Const ADS_PROPERTY_UPDATE = 2
strName = "ThomasB"

Set RootDSE = GetObject("LDAP://RootDSE")
path = "LDAP://CN=Users," & RootDSE.get("DefaultNamingContext")
Set objContainer = GetObject(path)

Set objKonto = objContainer.GetObject("user", "CN=" & strName)

With objKonto
    .Put "msNPAllowDialin", True
    .PutEx ADS_PROPERTY_UPDATE, _
        "msNPSavedCallingStationID", Array("123", "124")
    .PutEx ADS_PROPERTY_UPDATE, _
        "msNPCallingStationID", Array("123", "124")
    .Put "msRADIUSServiceType", 4
    .Put "msRADIUSCallbackNumber", "456"
    .Put "msRASSavedFramedIPAddress", 168430192
    .Put "msRADIUSFramedIPAddress", 168430192 ' entspricht 10.10.10.112
    .PutEx ADS_PROPERTY_UPDATE, _
        "msRASSavedFramedRoute", _
            Array("10.1.0.0/16 0.0.0.0 1", "192.168.1.0/24 0.0.0.0 3")
    .PutEx ADS_PROPERTY_UPDATE, _
        "msRADIUSFramedRoute", _
            Array("10.1.0.0/16 0.0.0.0 1", "192.168.1.0/24 0.0.0.0 3")

    .SetInfo
End With
```

Listing 11.53: *Einwahleinstellungen per Skript setzen*

Möchten Sie die Einwahleinstellungen auslesen, dann liefert das folgende Skript einen Ansatz:

```
Const ADS_PROPERTY_UPDATE = 2
Const E_ADS_PROPERTY_NOT_FOUND  = &h8000500D

strName = "ThomasB"

Set RootDSE = GetObject("LDAP://RootDSE")
path = "LDAP://CN=Users," & RootDSE.get("DefaultNamingContext")
Set objContainer = GetObject(path)

Set objKonto = objContainer.GetObject("user", "CN=" & strName)

With objKonto
   On Error Resume Next

   blnMsNPAllowDialin = .Get("msNPAllowDialin")
   WScript.Echo "Einwahl- oder VPN-Einstellungen:"
   If Err.Number = E_ADS_PROPERTY_NOT_FOUND Then
        WScript.Echo "Steuerung über Remotezugriffs-Policy"
        Err.Clear
   Else
        If blnMsNPAllowDialin = True Then
            WScript.Echo "Einwahl gestattet (msNPAllowDialin)"
        Else
            WScript.Echo "Einwahl verboten (msNPAllowDialin)"
        End If
   End If


   arrMsNPSavedCallingStationID = .GetEx("msNPSavedCallingStationID")
   If Err.Number = E_ADS_PROPERTY_NOT_FOUND Then
        WScript.Echo "Keine Caller-ID angegeben."
        Err.Clear
   Else
        WScript.Echo "Caller-ID überprüfen:"
        For Each strValue In arrMsNPSavedCallingStationID
            WScript.echo strValue
        Next

        .GetEx "msNPCallingStationID"
        If Err.Number = E_ADS_PROPERTY_NOT_FOUND Then
            WScript.Echo "Calling station ID(s) angegeben, " & _
     _ "aber nicht zugewiesen."
            Err.Clear
        Else
            WScript.echo "Calling station ID(s) zugewiesen."
      End If

   End If

   intMsRADIUSServiceType = .Get("msRADIUSServiceType")
   WScript.Echo "Rückrufoptionen"
   If Err.Number = E_ADS_PROPERTY_NOT_FOUND Then
        WScript.Echo "Kein Rückruf"
        Err.Clear
```

```
        Else
            strMsRADIUSCallbackNumber = .Get("msRADIUSCallbackNumber")
            If Err.Number = E_ADS_PROPERTY_NOT_FOUND Then
                WScript.Echo "vom Anrufer gesetzt"
                Err.Clear

                strMsRASSavedCallbackNumber = .Get("msRASSavedCallbackNumber")
                If Err.Number <> E_ADS_PROPERTY_NOT_FOUND Then
                    WScript.Echo "Nicht verwendet: " & strMsRASSavedCallbackNumber
                Else
                    Err.Clear
                End If
            Else
                WScript.Echo "Rückruf immer an: " & _
                    strMsRADIUSCallbackNumber
            End If
        End If

        intMsRASSavedFramedIPAddress = .Get("msRASSavedFramedIPAddress")
        If Err.Number = E_ADS_PROPERTY_NOT_FOUND Then
            WScript.Echo "Keine statische IP angegeben."
            Err.Clear
        Else
            hexMsRASSavedFramedIPAddress = Hex(intMsRASSavedFramedIPAddress)
            hexMsRASSavedFramedIPAddress = Right("0" _
                & hexMsRASSavedFramedIPAddress, 8)

            strIP = ""
            For i = 1 To 8 Step 2
                strIP = strIP & trenner & Eval("&h" _
                    & Mid(hexMsRASSavedFramedIPAddress,i,2))
                trenner = "."
            Next
            WScript.Echo "IP-Adresse:", strIP

            .Get "msRADIUSFramedIPAddress"
            If Err.Number = E_ADS_PROPERTY_NOT_FOUND Then
                WScript.Echo "Statische IP angegeben aber nicht zugewiesen."
                Err.Clear
            Else
                WScript.Echo "Statische IP zugewiesen."
            End If

        End If

        arrMsRASSavedFramedRoute = .GetEx("msRASSavedFramedRoute")
        If Err.Number = E_ADS_PROPERTY_NOT_FOUND Then
            WScript.Echo "Keine statischen Routen."
            Err.Clear
        Else
            WScript.echo "Statische Routen:"
            WScript.Echo vbTab & "CIDR 0.0.0.0 Metric"
            For Each strValue In arrMsRASSavedFramedRoute
                WScript.echo vbTab & strValue
            Next
```

```
            .GetEx "msRADIUSFramedRoute"
        If Err.Number = E_ADS_PROPERTY_NOT_FOUND Then
            WScript.Echo "Statische Route angegeben aber nicht zugewiesen."
            Err.Clear
        Else
            WScript.echo "Statische Route zugewiesen."
        End If
    End If

End With
```

Listing 11.54: RAS- und VPN-Einstellungen eines Kontos auslesen

Und wenn Sie die Einwahleinstellungen für ein Konto komplett entfernen wollen, verwenden Sie dieses Skript:

```
Const ADS_PROPERTY_CLEAR = 1

strName = "ThomasB"

Set RootDSE = GetObject("LDAP://RootDSE")
path = "LDAP://CN=Users," & RootDSE.get("DefaultNamingContext")
Set objContainer = GetObject(path)

Set objKonto = objContainer.GetObject("user", "CN=" & strName)

With objKonto
    .PutEx ADS_PROPERTY_CLEAR, "msNPAllowDialin", 0
    .PutEx ADS_PROPERTY_CLEAR, "msNPCallingStationID", 0
    .PutEx ADS_PROPERTY_CLEAR, "msNPSavedCallingStationID", 0
    .PutEx ADS_PROPERTY_CLEAR, "msRADIUSServiceType", 0
    .PutEx ADS_PROPERTY_CLEAR, "msRADIUSCallbackNumber", 0
    .PutEx ADS_PROPERTY_CLEAR, "msRASSavedCallbackNumber", 0
    .PutEx ADS_PROPERTY_CLEAR, "msRADIUSFramedIPAddress", 0
    .PutEx ADS_PROPERTY_CLEAR, "msRASSavedFramedIPAddress", 0
    .PutEx ADS_PROPERTY_CLEAR, "msRADIUSFramedRoute", 0
    .PutEx ADS_PROPERTY_CLEAR, "msRASSavedFramedRoute", 0

    .SetInfo
End With
```

Listing 11.55: Alle Einwahleinstellungen für ein Konto entfernen

Terminaldienstprofile

Die Einstellungen des Registers *Terminaldienstprofile* legen Einstellungen für die Arbeit mit dem Terminal Dienst fest.

Ab Windows XP SP 1 können diese Eigenschaften per Skript gelesen und verändert werden. Zuständig hierfür ist eine Erweiterung, die die Datei *tsuserex.dll* liefert.

Fehlt diese Erweiterung, dann können die Terminaldienst-Eigenschaften nicht per Skript angesprochen werden. In diesem Fall können Sie aber die Datei *tsuserex.dll* nachträglich installieren. Das ist auch bei Windows 2000 möglich. Dazu beschaffen Sie sich die Datei, zum Beispiel von einem Windows Server 2003-System, und kopieren Sie in den Ordner *%windir%\system32*. Registrieren Sie die DLL dann mit dem Befehl *regsvr32*:

regsvr32 %windir%\system32

Anschließend stehen Ihnen die Terminalserver-Eigenschaften auch auf Windows 2000 oder einer älteren Windows XP-Version zur Verfügung.

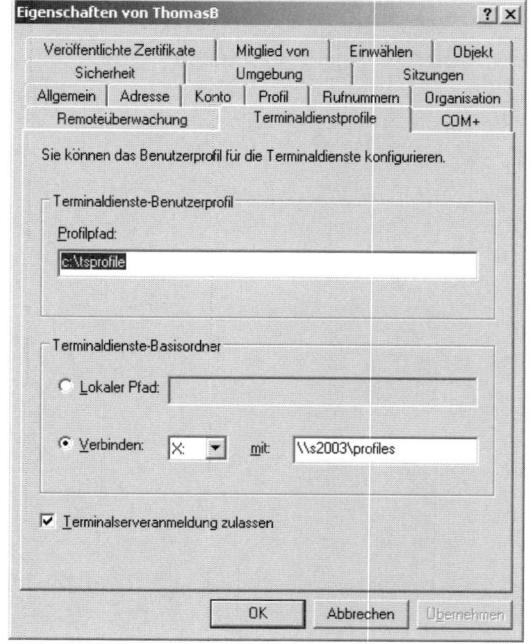

Abbildung 11.13: *Einstellungen für die Terminaldienstprofile*

Ein Skript setzt die Terminalserver-Profilangaben auf diese Weise:

```
Const Enabled = 1
Const Disabled = 0

strName = "ThomasB"

Set RootDSE = GetObject("LDAP://RootDSE")
path = "LDAP://CN=Users," & RootDSE.get("DefaultNamingContext")
Set objContainer = GetObject(path)

Set objKonto = objContainer.GetObject("user", "CN=" & strName)

With objKonto
  .TerminalServicesProfilePath = "c:\tsprofile"
  .TerminalServicesHomeDirectory = "\\s2003\profiles"
  .TerminalServicesHomeDrive = "x:"
  .AllowLogon = Enabled

  .SetInfo
End With
```

Listing 11.56: *Terminaldienstprofile einstellen*

Remoteüberwachung

Terminaldienst-Sitzungen können vom Administrator überwacht werden. Die Einstellungen dazu finden sich auf der Registerkarte *Remoteüberwachung*. Die Einstellungen werden über *EnableRemoteControl* kontrolliert.

WICHTIG: Auch für diese Einstellung ist die Erweiterung *tsuserex.dll* erforderlich.

Ein Skript kann die Remoteüberwachung ohne Rückfragen zum Beispiel so einstellen:

```
Const Disable = 0
Const EnableInputNotify = 1
Const EnableInputNoNotify = 2
Const EnableNoInputNotify = 3
Const EnableNoInputNoNotify = 4

strName = "ThomasB"

Set RootDSE = GetObject("LDAP://RootDSE")
path = "LDAP://CN=Users," & RootDSE.get("DefaultNamingContext")
Set objContainer = GetObject(path)

Set objKonto = objContainer.GetObject("user", "CN=" & strName)

' DECLARE objkonto = LDAP+user
With objKonto
    .EnableRemoteControl = EnableNoInputNoNotify
    .SetInfo
End With
```

Listing 11.57: Terminaldienst-Remoteüberwachung aktivieren

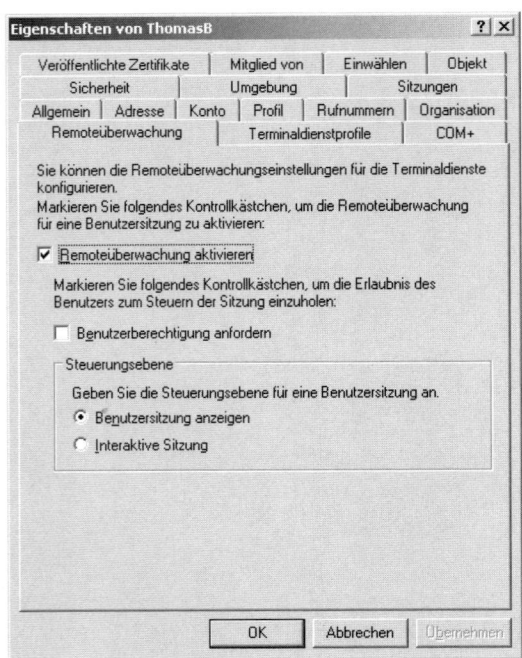

Abbildung 11.14: *Festlegen, welche Art der Remoteüberwachung erlaubt ist*

Umgebung

Die Registerkarte *Umgebung* legt die Basisumgebung für Terminaldienst-Konten fest und bestimmt zum Beispiel, ob ein bestimmtes Programm oder der gesamte Desktop gestartet werden soll:

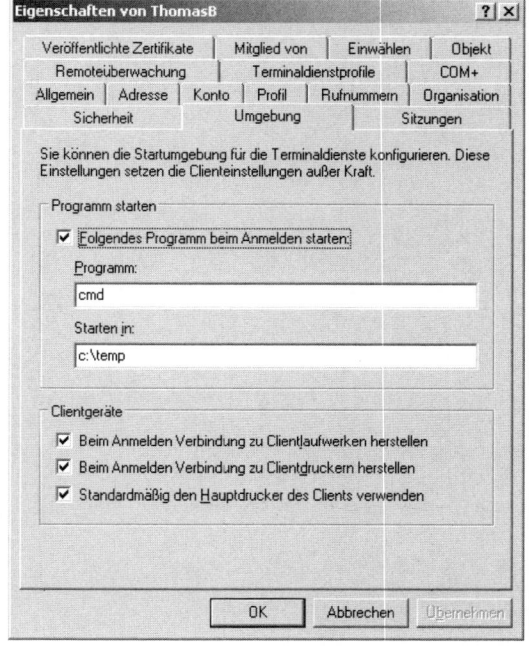

Abbildung 11.15: *Einstellung der Terminalserver-Umgebung*

```
Const Enabled = 1
Const Disabled = 0

strName = "ThomasB"

Set RootDSE = GetObject("LDAP://RootDSE")
path = "LDAP://CN=Users," & RootDSE.get("DefaultNamingContext")
Set objContainer = GetObject(path)

Set objKonto = objContainer.GetObject("user", "CN=" & strName)

With objKonto
   .ConnectClientDrivesAtLogon = Enabled
   .ConnectClientPrintersAtLogon = Enabled
   .DefaultToMainPrinter = Enabled
   .TerminalServicesInitialProgram = "cmd"
   .TerminalServicesWorkDirectory = "c:\temp"

   .SetInfo
End With
```

Listing 11.58: *Terminalserver-Umgebung per Skript konfigurieren*

Sitzungen

Die Handhabung von Terminalserver-Sitzungen werden in der Registerkarte *Sitzungen* definiert.

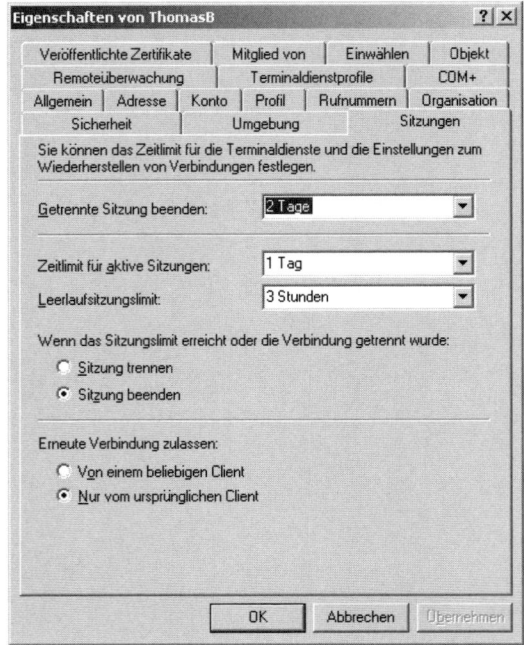

Abbildung 11.16: *Einstellungen für die Terminalserver-Sitzungen*

Ein Skript kann diese Einstellungen auf folgende Weise setzen:

```
Const Enabled = 1
Const Disabled = 0

strName = "ThomasB"

Set RootDSE = GetObject("LDAP://RootDSE")
path = "LDAP://CN=Users," & RootDSE.get("DefaultNamingContext")
Set objContainer = GetObject(path)

Set objKonto = objContainer.GetObject("user", "CN=" & strName)

With objKonto
   .MaxDisconnectionTime = 2880
   .MaxConnectionTime = 1440
   .MaxIdleTime = 180
   .BrokenConnectionAction = Enabled
   .ReconnectionAction = Enabled

   .SetInfo
End With
```

Listing 11.59: *Terminalserver-Sitzungseinstellungen per Skript setzen*

Veröffentlichte Zertifikate

Die Registerkarte *Veröffentlichte Zertifikate* zeigt die veröffentlichten Zertifikate eines Benutzers an. Skripts können die veröffentlichten Zertifikate eines Benutzers auslesen und sich mit Hilfe der CAPICOM-Erweiterung die Detailinformationen der gefundenen Zertifikate auflisten lassen.

Darüber hinaus können Skripts neue Zertifikate aus Zertifikatdateien oder einem Zertifikatsspeicher in die Liste aufnehmen oder daraus löschen.

ACHTUNG: Die folgenden Skripts benötigen die CAPICOM-2.0-Erweiterung. Sie ist Bestandteil von Windows XP SP 1 und Windows Server 2003 und kann bei älteren Betriebssystemen kostenlos nachinstalliert werden.

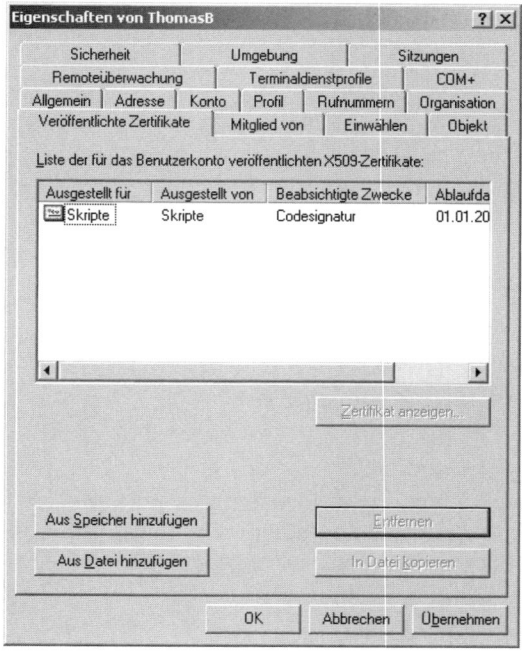

Abbildung 11.17: Veröffentlichte Zertifikate eines Benutzerkontos

Das folgende Skript ermittelt die veröffentlichten Zertifikate eines Benutzerkontos und stellt dann mit Hilfe von CAPICOM die Zertifikat-Details dar:

```
Const E_ADS_PROPERTY_NOT_FOUND = &h8000500D

strName = "ThomasB"

Set RootDSE = GetObject("LDAP://RootDSE")
path = "LDAP://CN=Users," & RootDSE.get("DefaultNamingContext")
Set objContainer = GetObject(path)

Set objKonto = objContainer.GetObject("user", "CN=" & strName)
objKonto.GetInfo
With objKonto

   arrUserCertificates = .GetEx("userCertificate")
```

Benutzer verwalten

```
      If Err.Number = E_ADS_PROPERTY_NOT_FOUND Then
         WScript.Echo "Keine Zertifikate zugeordnet."
      Else
         For Each cert In arrUserCertificates
            AnalyzeCert cert
         Next
      End If
End With

Sub AnalyzeCert(ByVal cert)
   Set objcapi = CreateObject("CAPICOM.Certificate")
   On Error Resume Next

   With objcapi
      .Import(cert)
      WScript.Echo "Aussteller: ", .IssuerName
      WScript.Echo "Privater Schlüssel:", .PrivateKey
      WScript.Echo "Seriennummer:", .SerialNumber
      WScript.Echo "Subject:", .SubjectName
      WScript.Echo "Thumbprint:", .Thumbprint
      WScript.Echo "Gültig ab:", .ValidFromDate
      WScript.Echo "Gültig bis:", .ValidToDate
      WScript.Echo "Version:", .Version
      WScript.Echo string(80, "=")
   End With
End Sub
```

Listing 11.60: Details zu allen veröffentlichten Zertifikaten eines Kontos anzeigen

Aus Speicher hinzufügen

Möchten Sie ein neues Zertifikat veröffentlichen, dann können Sie das gewünschte Zertifikat zum Beispiel aus einem der Zertifikatsspeicher lesen und dann dem Konto zuordnen. Das folgende Skript zeigt ein Dialogfenster an, mit dem Sie ein Zertifikat aus dem Zertifikatspeicher des aktuellen Benutzers aussuchen können.

Das ausgewählte Zertifikat wird dann dem Benutzerkonto zugeordnet.

Möchten Sie einen anderen Zertifikatspeicher als Quelle verwenden, dann ändern Sie im Skript die Konstante, die den Zertifikatspeicher angibt.

```
Const ADS_PROPERTY_APPEND = 3
Const CAPICOM_ENCODE_BINARY = 1

Const CAPICOM_MEMORY_STORE = 0
Const CAPICOM_LOCAL_MACHINE_STORE = 1
Const CAPICOM_CURRENT_USER_STORE = 2
Const CAPICOM_ACTIVE_DIRECTORY_USER_STORE = 3
Const CAPICOM_SMART_CARD_USER_STORE = 4

strName = "ThomasB"
```

```
Set RootDSE = GetObject("LDAP://RootDSE")
path = "LDAP://CN=Users," & RootDSE.get("DefaultNamingContext")
Set objContainer = GetObject(path)

Set objKonto = objContainer.GetObject("user", "CN=" & strName)

With objKonto
Set store = CreateObject("Capicom.Store")
   store.open CAPICOM_CURRENT_USER_STORE

   strTxt = "Suchen Sie sich ein Zertifikat aus"
   strTxtDetail = "Das ausgewählte Zertifikat wird dem " & _
      " Benutzerkonto """ & strName & """ zugeordnet."
   Set collcerts = store.certificates.Select(strTxt, strTxtDetail)
   For Each certificate In collcerts
      encoded = certificate.Export(CAPICOM_ENCODE_BINARY)

      Set Utilities = CreateObject("CAPICOM.Utilities")
      binary = Utilities.BinaryStringToByteArray(encoded)

      .PutEx ADS_PROPERTY_APPEND, "userCertificate", Array(binary)
      .SetInfo
   Next
End With
```

Listing 11.61: Zertifikat aus Zertifikatspeicher hinzufügen

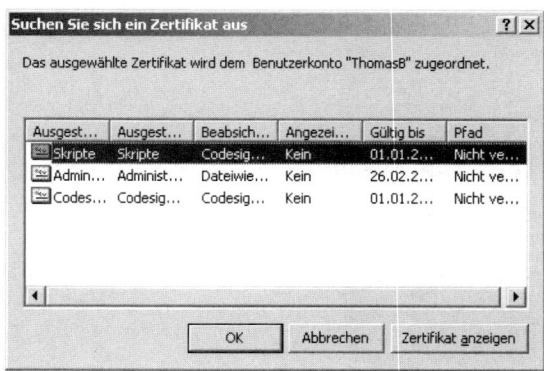

Abbildung 11.18: *Per Skript ein Zertifikat aussuchen und veröffentlichen*

Aus Datei hinzufügen

Sie können auch Zertifikate veröffentlichen, die als *CER*-Datei vorliegen. Das nächste Skript importiert eine Zertifikatdatei und veröffentlicht das Zertifikat im Benutzerkonto:

```
Const ADS_PROPERTY_APPEND = 3
Const CAPICOM_ENCODE_BINARY = 1

strName = "ThomasB"
strCert = "c:\zertifikat.cer"
```

```
Set RootDSE = GetObject("LDAP://RootDSE")
path = "LDAP://CN=Users," & RootDSE.get("DefaultNamingContext")
Set objContainer = GetObject(path)

Set objKonto = objContainer.GetObject("user", "CN=" & strName)

With objKonto
   Set Certificate = CreateObject("CAPICOM.Certificate")

   Certificate.Load strCert
   BinaryEncodedCertificate = Certificate.Export(CAPICOM_ENCODE_BINARY)

   Set Utilities = CreateObject("CAPICOM.Utilities")
   binary = Utilities.BinaryStringToByteArray(BinaryEncodedCertificate)

   .PutEx ADS_PROPERTY_APPEND, "userCertificate", Array(binary)
   .SetInfo
End With
```

Listing 11.62: Ein Zertifikat aus einer CER-Datei dem Benutzerkonto zuordnen

Zertifikatinformationen löschen

Möchten Sie alle veröffentlichten Zertifikate eines Kontos zurückziehen, dann löschen Sie den Inhalt der Eigenschaft *userCertificate*.

```
Const ADS_PROPERTY_CLEAR = 1

strName = "ThomasB"

Set RootDSE = GetObject("LDAP://RootDSE")
path = "LDAP://CN=Users," & RootDSE.get("DefaultNamingContext")
Set objContainer = GetObject(path)

Set objKonto = objContainer.GetObject("user", "CN=" & strName)

With objKonto
   .PutEx ADS_PROPERTY_CLEAR, "userCertificate", 0
   .SetInfo
End With
```

Listing 11.63: Alle veröffentlichten Zertifikate eines Kontos entfernen

COM+

COM+-Anwendungen können Partitionsgruppen einsetzen, die auf dieser Registerkarte eingestellt werden. Voraussetzung dafür ist, dass Sie zuvor Partitionsgruppen erstellt haben.

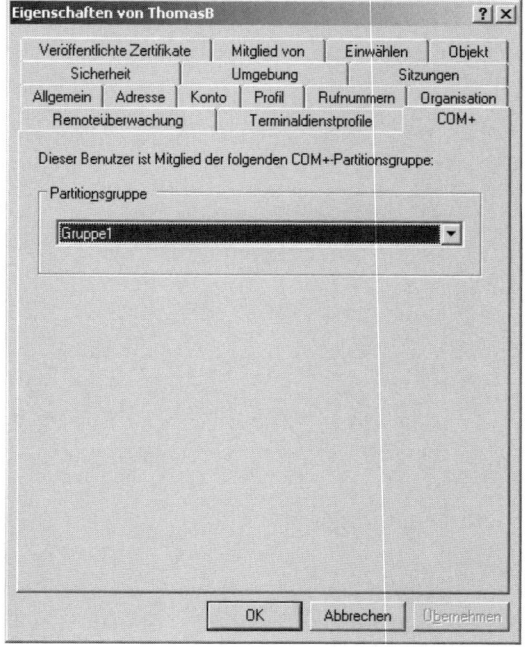

Abbildung 11.19: *Partitionsgruppen verwalten*

Ein Skript legt die COM+-Partitionsgruppe folgendermaßen fest:

```
strName = "ThomasB"
strCOMGruppe = "Gruppe1"

Set RootDSE = GetObject("LDAP://RootDSE")
strDomain = RootDSE.get("DefaultNamingContext")

path = "LDAP://CN=Users," & strDomain
Set objContainer = GetObject(path)

Set objKonto = objContainer.GetObject("user", "CN=" & strName)

With objKonto
    .Put "msCOM-UserPartitionSetLink", "cn=" & strCOMGruppe _
    & ",cn=ComPartitionSets,cn=System," & strDomain
    .SetInfo
End With
```

Listing 11.64: *COM+-Partitionsgruppe festlegen*

12 Gruppen verwalten

315 Gruppe anlegen
316 Gruppe löschen
316 Domänenbasierte Gruppen
318 Nach Gruppen suchen

Gruppen dienen der Vereinfachung der Benutzerverwaltung. Zwei wesentliche Gruppentypen gibt es:

- **Sicherheitsgruppen:** Solche Gruppen besitzen eine eigene Sicherheits-ID. Man kann diesen Gruppen also Berechtigungen zuweisen, zum Beispiel die Berechtigung, auf einen bestimmten Ordner zuzugreifen. Alle Benutzer, die Mitglied in der Gruppe sind, erhalten automatisch ebenfalls diese Berechtigung.
- **Verteilergruppen:** Diese Gruppen besitzen keine Sicherheits-ID und können deshalb auch keine Berechtigungen verwalten. Sie dienen stattdessen organisatorischen Aufgaben und könnten zum Beispiel einen Mail-Verteiler darstellen.

Gruppen können ähnlich wie Benutzerkonten sowohl lokal als auch domänenweit auf einem Domänencontroller vorhanden sein. Lokale Gruppen werden dabei wieder ausschließlich mit dem *WinNT:*-Provider verwaltet, während domänenbasierte Gruppen sowohl von *WinNT:* als auch von *LDAP:* verwaltet werden können.

TIPP: Wie Sie neue Mitglieder in Gruppen aufnehmen, wurde bereits im letzten Kapitel gezeigt. In diesem Kapitel lesen Sie, wie Gruppen angelegt und gelöscht werden.

Gruppe anlegen

Benötigen Sie eine neue Gruppe, dann gehen Sie so vor, um die Gruppe anzulegen:

```
strComputer = "."
strName = "Projekt Seitenflügel"

Set objcomp = GetObject("WinNT://" & strComputer)
Set objGruppe = objcomp.Create("group", strName)

objGruppe.Description = "verwaltet die Mitarbeiter des " _
    & "Projekts ""Seitenflügel"""

objGruppe.SetInfo
```

Listing 12.1: *Eine neue Gruppe anlegen*

Abbildung 12.1: *Eine neue Gruppe wurde per Skript angelegt*

Gruppe löschen

Möchten Sie eine Gruppe löschen, verwenden Sie anstelle von *Create* den Befehl *Delete*:

```
strComputer = "."
strName = "Projekt Seitenflügel"

Set objcomp = GetObject("WinNT://" & strComputer)
objcomp.Delete "group", strName
```

Listing 12.2: Eine Gruppe löschen

Domänenbasierte Gruppen

Benötigen Sie eine Gruppe innerhalb einer Domäne, dann spielen Zugangsweg und Gruppentyp eine zusätzliche Rolle. Alle Gruppen, die Sie über *WinNT:* anlegen, werden im Active Directory-Container »Users« angelegt. Sie sind vom Typ »Lokal« und Sicherheitsgruppen.

Möchten Sie in einem Active Directory eine Gruppe an einem beliebigen Ort, zum Beispiel innerhalb einer Organisationseinheit, einrichten, und wollen Sie spezielle Gruppentypen erstellen, dann legen Sie die Gruppen über *LDAP:* an. Dies ist auch erforderlich, um die weiteren Eigenschaften domänenbasierter Gruppen festzulegen:

Feldname	Attribut
Gruppenname (Prä-Windows 2000)	sAMAccountName
Beschreibung	Description
E-Mail	mail

Feldname	Attribut
Gruppenbereich	groupType
Gruppentyp	groupType
Anmerkung	info

Tabelle 12.1: *Eigenschaften einer LDAP:-Gruppe*

Abbildung 12.2: *Eine domänenbasierte Gruppe*

Der Gruppentyp setzt sich aus einem Zahlenwert zusammen, der mit Tabelle 12.2 bestimmt werden kann:

groupType	Beschreibung
2	Globale Gruppe
4	Lokale Gruppe
8	Universal-Gruppe
&h80000000	Sicherheitsgruppe
0	Verteilergruppe

Tabelle 12.2: *Gruppentypen in der Eigenschaft groupType*

Möchten Sie zum Beispiel eine globale Verteilergruppe anlegen, dann lautet der Wert für *groupType* 2 + 0 = 2.

Wünschen Sie dagegen eine Universal-Sicherheitsgruppe, und arbeitet Ihre Domäne im *Native Mode*, der dafür erforderlich ist, dann lautet *groupType* in diesem Fall 8 + *&h80000000*.

Das folgende Skript legt eine neue Universal-Gruppe mit Sicherheits-ID in der Organisationseinheit »Firma« an und füllt die Eigenschaften der Gruppe aus:

```
Const ADS_GROUP_TYPE_GLOBAL_GROUP = &h2
Const ADS_GROUP_TYPE_LOCAL_GROUP = &h4
Const ADS_GROUP_TYPE_UNIVERSAL_GROUP = &h8
Const ADS_GROUP_TYPE_SECURITY_ENABLED = &h80000000

strName = "Projekt1"


Set RootDSE = GetObject("LDAP://RootDSE")
strDomain = RootDSE.get("DefaultNamingContext")

path = "LDAP://OU=Firma," & strDomain
Set objContainer = GetObject(path)

Set objKonto = objContainer.Create("group", "CN=" & strName)

With objKonto
   .groupType = ADS_GROUP_TYPE_UNIVERSAL_GROUP + _
      ADS_GROUP_TYPE_SECURITY_ENABLED
   .sAMAccountName = strName
   .Description = "Eine neue Gruppe"
   .mail = "gruppe@technet.local"
   .info = "Zusätzliche Informationen"

   .SetInfo
End With
```

Listing 12.3: *Eine neue Domänengruppe einrichten*

Nach Gruppen suchen

Möchten Sie eine Gruppe innerhalb von Active Directory finden, dann können Sie nach dem Gruppennamen suchen. Das nächste Skript liefert dazu die Funktion *FindGroup*:

```
Set objKonto = FindGroup("Domänen-Admins")

For Each objMember In objKonto.members
   WScript.Echo objMember.cn
Next

Function FindGroup(ByVal strName)
   Set RootDSE = GetObject("LDAP://RootDSE")
   path = "LDAP://" & RootDSE.get("DefaultNamingContext")
   sql = "SELECT ADsPath FROM '" & path & _
      "' WHERE objectClass='Group' and name='" & strName & "'"

   Set objconn = CreateObject("ADODB.Connection")
   Set objcomm = CreateObject("ADODB.Command")
   objconn.Provider = "ADsDSOObject"
   objconn.open "Active Directory Provider"
```

```
        Set objcomm.ActiveConnection = objconn

        objcomm.CommandText = sql
        objcomm.Properties("Page Size")=50
        objcomm.Properties("Searchscope") = 2

        Set rs = objcomm.Execute

        If rs.eof Then
              Set FindGroup = Nothing
        Else
           Set FindGroup = GetObject(rs("ADsPath"))
        End If
End Function
```

Listing 12.4: *Eine Gruppe suchen und ihre Mitglieder auflisten*

13 Organisationseinheiten verwalten

321 Organisationseinheit anlegen
323 Organisationseinheit löschen
324 Eigenschaften ändern

Organisationseinheiten erlauben es Ihnen, Benutzer und andere Ressourcen hierarchisch zu gliedern. Anstatt also alle diese Elemente in einem unübersichtlichen flachen Namensraum zu verwalten, wie dies bei Windows NT der Standard war, können Sie mit Hilfe von Organisationseinheiten logische oder physische Gegebenheiten Ihres Unternehmens abbilden.

Diese hierarchische Gliederung ist wichtig, wenn Sie die Sicherheit und weitere Einstellungen in Ihrem Unternehmen mit Gruppenrichtlinien kontrollieren wollen. Auf jede Organisationseinheit können Gruppenrichtlinien gelegt werden, die dann für alle Objekte gelten, die in dieser Organisationseinheit (oder einer untergeordneten) liegen.

Organisationseinheit anlegen

Möchten Sie eine neue Organisationseinheit anlegen, dann verbinden Sie sich mit dem Container, in der die neue Organisaionseinheit aufgenommen werden soll, und wenden *Create* an.

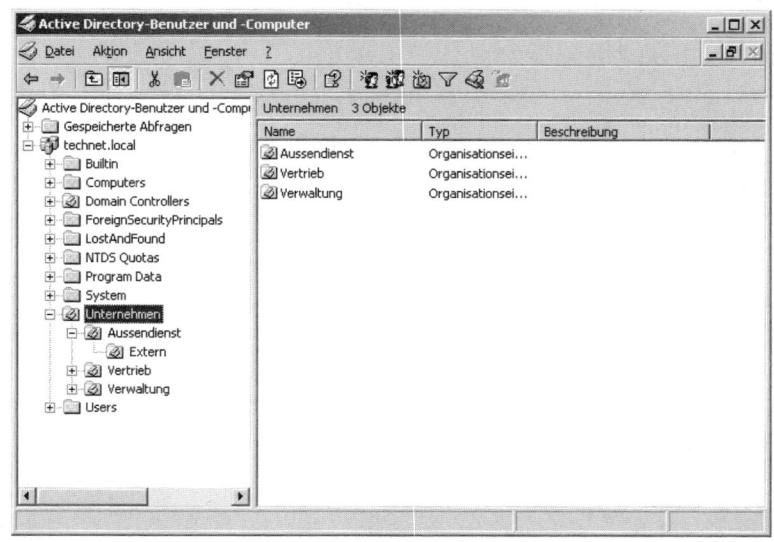

Abbildung 13.1: *Organisationseinheiten strukturieren Ihre Organisation*

Eine Top-Level-Organisationseinheit namens »Unternehmen« legen Sie zum Beispiel so an:

```
strName = "Unternehmen"

Set RootDSE = GetObject("LDAP://RootDSE")
strDomain = RootDSE.get("DefaultNamingContext")

path = "LDAP://" & strDomain
Set objContainer = GetObject(path)

Set objOU = objContainer.Create("organizationalUnit", "OU=" & strName)
objOU.SetInfo
```

Listing 13.1: Eine neue Organisationseinheit anlegen

HINWEIS: Der Klassen-Name für Organisationseinheiten ist etwas unhandlich und lautet »organizationalUnit«. Denken Sie daran, dass Sie den Namen von Organisationseinheiten im Format »OU=Name« und nicht »CN=Name« angeben müssen.

Wollen Sie dagegen eine Organisationseinheit innerhalb einer anderen Organisationseinheit anlegen, dann verbinden Sie sich zuerst mit der gewünschten Organisationseinheit.

Das nächste Skript legt die Organisationseinheit »Vertrieb« innerhalb der Organisationseinheit »Unternehmen« an. Die Organisationseinheit »Unternehmen« muss dazu bereits als Top-Level-Organisationseinheit vorhanden sein:

```
strName = "Vertrieb"

Set RootDSE = GetObject("LDAP://RootDSE")
strDomain = RootDSE.get("DefaultNamingContext")

path = "LDAP://OU=Unternehmen," & strDomain
Set objContainer = GetObject(path)

Set objOU = objContainer.Create("organizationalUnit", "OU=" & strName)
objOU.SetInfo
```

Listing 13.2: Eine Organisationseinheit innerhalb einer vorhandenen anlegen

Sie können auf diese Weise auch ganze Strukturen neu erschaffen. Wenn Sie in Ihrem Skript ohnehin Zugriff auf eine Organisationseinheit haben, können Sie nämlich auch darin direkt mit *Create* weitere Organisationseinheiten anlegen. Bevor Sie das nächste Skript ausführen, entfernen Sie die von Listing 13.1 angelegte Organisationseinheit »Unternehmen«.

```
strName1 = "Unternehmen"
strName2 = "Vertrieb"
strName3 = "Verwaltung"
strName4 = "Aussendienst"
strName5 = "Extern"

Set RootDSE = GetObject("LDAP://RootDSE")
strDomain = RootDSE.get("DefaultNamingContext")

path = "LDAP://" & strDomain
```

```
Set objContainer = GetObject(path)

Set objOUUnternehmen = objContainer.Create("organizationalUnit", _
    "OU=" & strName1)
objOUUnternehmen.SetInfo

Set objOUVertrieb = objOUUnternehmen.Create("organizationalUnit", _
    "OU=" & strName2)
objOUVertrieb.SetInfo

Set objOUVerwaltung = objOUUnternehmen.Create("organizationalUnit", _
    "OU=" & strName3)
objOUVerwaltung.SetInfo

Set objOUAussendienst = objOUUnternehmen.Create("organizationalUnit", _
    "OU=" & strName4)
objOUAussendienst.SetInfo

Set objOUExtern = objOUAussendienst.Create("organizationalUnit", _
    "OU=" & strName5)

objOUExtern.SetInfo
```

Listing 13.3: Eine ganze Organisationseinheiten-Struktur anlegen

Organisationseinheit löschen

Möchten Sie eine Organisationseinheit löschen, verwenden Sie anstelle von *Create* den Befehl *Delete*:

```
strName = "Unternehmen"

Set RootDSE = GetObject("LDAP://RootDSE")
strDomain = RootDSE.get("DefaultNamingContext")

path = "LDAP://" & strDomain
Set objContainer = GetObject(path)

objContainer.Delete "organizationalUnit", "OU=" & strName
```

Listing 13.4: Organisationseinheit löschen

ACHTUNG: Sie können auf diese Weise nur Organisationseinheiten löschen, die leer sind. Enthält die Organisationseinheit Ressourcen oder andere Organisationseinheiten, dann müssen Sie diese zuerst löschen.

Zwar könnte ein Skript rekursiv den Inhalt einer Organisationseinheit ermitteln und dann insgesamt löschen. Weil Löschvorgänge aber sicherheitskritisch sind und nicht häufig vorkommen, sollten Sie dafür die grafische Benutzeroberfläche und nicht ein Skript einsetzen.

Eigenschaften ändern

Sie können jederzeit auf eine bestehende Organisationseinheit zugreifen und dann dessen Eigenschaften ändern.

Allgemein

Die *Allgemein*-Registerkarte verwaltet die allgemeinen Ortsangaben zur Organisationseinheit und besteht aus diesen Eigenschaften:

Feldname	Attribut	Alias
Beschreibung	description	
Bundesland/Kanton	st	
Land/Region	co	
Ort	l	Locality
PLZ	postalCode	
Straße	street	

Tabelle 13.1: *Eigenschaften einer Organisationseinheit*

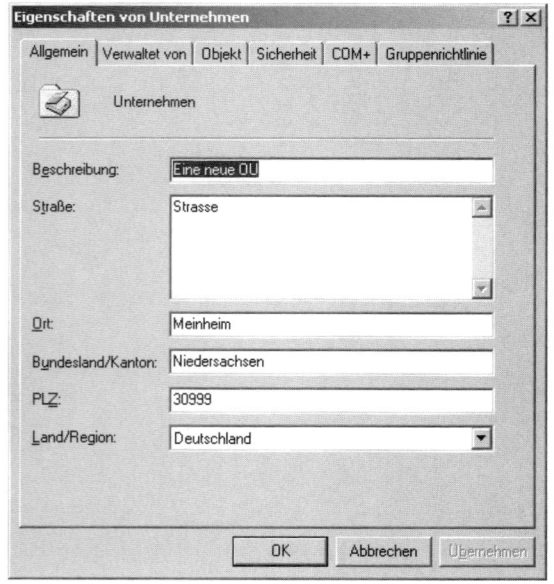

Abbildung 13.2: *Die Allgemein-Informationen einer Organisationseinheit*

Das folgende Skript setzt die Attribute aus Tabelle 13.1:

```
strName = "Unternehmen"

Set RootDSE = GetObject("LDAP://RootDSE")
strDomain = RootDSE.get("DefaultNamingContext")
```

```
path = "LDAP://" & strDomain
Set objContainer = GetObject(path)

Set objOU = objContainer.GetObject("organizationalUnit", "OU=" & strName)

With objOU
   .put "Description", "Eine neue OU"
   .put "l", "Meinheim"
   .put "street", "Strasse"
   .put "postalCode", "30999"
   .put "st", "Niedersachsen"
   .put "co", "Deutschland"

   .SetInfo
End With
```

Listing 13.5: Allgemeine Attribute einer Organisationseinheit setzen

Sie können auch die Kurzschreibweise verwenden und dann die Alias-Namen einsetzen:

```
strName = "Unternehmen"

Set RootDSE = GetObject("LDAP://RootDSE")
strDomain = RootDSE.get("DefaultNamingContext")

path = "LDAP://" & strDomain
Set objContainer = GetObject(path)

Set objOU = objContainer.GetObject("organizationalUnit", "OU=" & strName)

With objOU
   .Description = "Eine neue OU"
   .LocalityName = "Meinheim"
   .street = "Strasse"
   .postalCode = "30999"
   .st = "Niedersachsen"
   .co = "Deutschland"
   .TelephoneNumber = "5678"
   .FaxNumber = "1234"

   .SetInfo
End With
```

Listing 13.6: Eigenschaften einer Organisationseinheit verwalten

Verwaltet von

Die Registerkarte *Verwaltet von* legt fest, wer diese Organisationseinheit verwaltet. Diese Information wird in der Eigenschaft *managedBy* als *distinguishedName* angegeben.

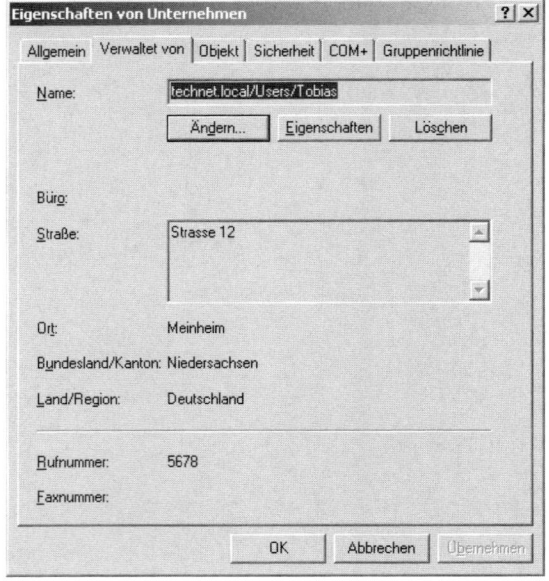

Abbildung 13.3: *Verwaltungsinformationen einer Organisationseinheit*

Die übrigen Felder dieser Seite werden automatisch ausgefüllt und durch das Konto der Person bestimmt, die für die Verwaltung vorgesehen ist.

Das nächste Skript setzt ein Benutzerkonto als Verwalter der Organisationseinheit »Unternehmen« fest:

```
strName = "Unternehmen"
strManager = "CN=Tobias,CN=Users,DC=technet,DC=local"

Set RootDSE = GetObject("LDAP://RootDSE")
strDomain = RootDSE.get("DefaultNamingContext")

path = "LDAP://" & strDomain
Set objContainer = GetObject(path)

Set objOU = objContainer.GetObject("organizationalUnit", "OU=" & strName)

With objOU
    .put "managedBy", strManager

    .SetInfo
End With
```

Listing 13.7: *Verwalter einer Organisationseinheit festlegen*

Gruppenrichtlinie

Gruppenrichtlinien bestimmen Sicherheitseinstellungen und sonstige Einstellungen, die für einen bestimmten Personen- oder Computerbereich gelten sollen.

Auf jede Organisationseinheit können Gruppenrichtlinien gelegt werden, die dann für den Inhalt der Gruppenrichtlinie gelten, also zum Beispiel für die Benutzer- oder Computerkonten, die in der Organisationseinheit verwaltet werden.

Die Registerkarte *Gruppenrichtlinie* zeigt die Gruppenrichtlinien an, die auf einer Organisationseinheit liegen.

Haben Sie die kostenlos von Microsoft für Windows XP und Windows Server 2003 verfügbare *Gruppenrichtlinien-Verwaltungskonsole* (Group Policy Management Console, GPMC) installiert, findet sich hier nur eine Schaltfläche, die in dieses Tool verzweigt. Mit diesem Tool lassen sich die Gruppenrichtlinien wesentlich übersichtlicher verwalten.

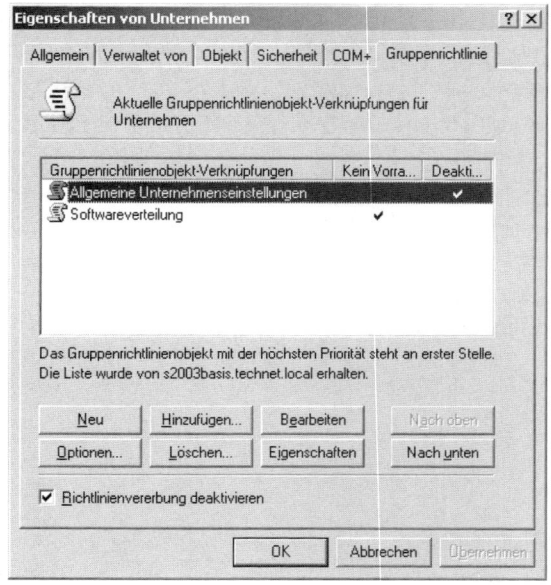

Abbildung 13.4*: Auf Organisationseinheiten können Gruppenrichtlinien gelegt werden*

Vorhandene Gruppenrichtlinien auflisten

Die Eigenschaften *gPLink* und *gPOptions* speichern die Informationen, die in diesem Dialog angezeigt werden, und lassen sich per Skript auslesen. Sie sind nur definiert, wenn der Organisationseinheit auch tatsächlich Gruppenrichtlinien zugeordnet sind:

```
strName = "Unternehmen"

Set RootDSE = GetObject("LDAP://RootDSE")
strDomain = RootDSE.get("DefaultNamingContext")

path = "LDAP://" & strDomain
Set objContainer = GetObject(path)

Set objOU = objContainer.GetObject("organizationalUnit", "OU=" & strName)

With objOU
    strGpLink = "(nicht definiert)"
    intGpOptions = "(nicht definiert)"

    On Error Resume Next
```

Organisationseinheiten verwalten

```
            strGpLink = Trim(.Get("gPLink"))
            intGpOptions = .Get("gPOptions")
         On Error Goto 0

         WScript.Echo "gPlink:"
         WScript.Echo strGpLink

         WScript.Echo "gPOptions:"
         WScript.Echo intGpOptions
      End With
```

Listing 13.8: *In roher Form liefern die Gruppenrichtlinien-Eigenschaften wenig Information*

gPlink liefert die distinguishedNames der Gruppenrichtlinien-Objekte, die mit der Organisationseinheit verknüpft sind. *gPOptions* meldet, ob die Richtlinienvererbung aktiviert ist oder nicht.

Ein Skript kann diese Informationen übersichtlicher aufbereiten. Dazu wird der Inhalt von *gPLink* mit *Split* in ein Feld verwandelt, das die einzelnen Gruppenrichtlinien aufführt. Als Trennzeichen dient »]«.

Das Skript kann daraus für jede einzelne Gruppenrichtlinie den distinguishedName sowie die Optionsflags extrahieren und speichert diese in *strDNGPLink* und *intGPOption*.

Um den Namen der Gruppenrichtlinie als Klartext anzeigen zu können, verbindet sich das Skript mit der Gruppenrichtlinie und kann dann aus dem Gruppenrichtlinienobjekt die Eigenschaft *DisplayName* abfragen.

```
strName = "Unternehmen"

Set RootDSE = GetObject("LDAP://RootDSE")
strDomain = RootDSE.get("DefaultNamingContext")

path = "LDAP://" & strDomain
Set objContainer = GetObject(path)

Set objOU = objContainer.GetObject("organizationalUnit", "OU=" & strName)

With objOU
   On Error Resume Next
   strGpLink = Trim(.Get("gPLink"))
   intGpOptions = .Get("gPOptions")
   On Error Goto 0

   If strGpLink <> "" Then
      ' ja, einzeln analysieren:
      arrGpLinkItems = Split(strGpLink,"]")
      For Each arrGpLinkItem In arrGpLinkItems
         If Trim(arrGpLinkItem) = "" Then Exit For

         arrGPLink = Split(arrGpLinkItem,";")

         strDNGPLink = Mid(arrGPLink(0),9)
         intGPOption = arrGPLink(1)

         Set gp = GetObject("LDAP://" & strDNGPLink)
```

```
            WScript.Echo "Name:", gp.displayname
                Select Case intGPOption
                    Case 0
                        WScript.Echo "Kein Vorrang: NICHT AKTIV"
                        WScript.Echo "Deaktiviert: NICHT AKTIV"
                    Case 1
                WScript.Echo "Kein Vorrang: NICHT AKTIV"
                        WScript.Echo "Deaktiviert: AKTIV"
                    Case 2
                WScript.Echo "Kein Vorrang: AKTIV"
                        WScript.Echo "Deaktiviert: NICHT AKTIV"
                    Case 3
                        WScript.Echo "Kein Vorrang: AKTIV"
                        WScript.Echo "Deaktiviert: AKTIV"
            End Select
        Next
    End If

    WScript.Echo string(80, "-")

    If intGpOptions = 1 Then
        WScript.Echo "Richtlinienvererbung deaktivieren: AKTIV"
    Else
        WScript.Echo "Richtlinienvererbung deaktivieren: NICHT AKTIV"
    End If
End With
```

Listing 13.9: Gruppenrichtlinien-Informationen einer Organisationseinheit sichtbar machen

```
Name: Softwareverteilung
Kein Vorrang: AKTIV
Deaktiviert: NICHT AKTIV
Name: Allgemeine Unternehmenseinstellungen
Kein Vorrang: NICHT AKTIV
Deaktiviert: AKTIV
--------------------------------------------------------------------------------
Richtlinienvererbung deaktivieren: AKTIV
```

Listing 13.10: Ergebnis der Gruppenrichtlinien-Zuordnungen

Neue Gruppenrichtlinien verknüpfen

Skripts können leider keine völlig neuen Gruppenrichtlinien anlegen. Skripts können aber vorhandene Gruppenrichtlinien mit einer Organisationseinheit neu verknüpfen. Dazu beschafft sich das Skript den *distinguishedName* der gewünschten Gruppenrichtlinie und stellt dann die Verknüpfung her.

Alle Gruppenrichtlinienobjekte befinden sich im Container *Policies* innerhalb des Containers *System*. Ein Skript könnte so alle verfügbaren Gruppenrichtlinien auflisten:

```
Set RootDSE = GetObject("LDAP://RootDSE")
strDomain = RootDSE.get("DefaultNamingContext")
path = "LDAP://cn=Policies,cn=System," & strDomain
Set objContainer = GetObject(path)
```

```
For Each element In objContainer
   WScript.Echo element.name, element.DisplayName, element.Class
Next
```

Listing 13.11: Alle verfügbaren Gruppenrichtlinien anzeigen

Um eine Verknüpfung zwischen Gruppenrichtlinie und Organisationseinheit herstellen zu können, benötigen Sie den *distinguishedName* der Gruppenrichtlinie. Zur Verfügung steht aber meist nur der Klartextname aus *DisplayName*. Das folgende Skript sucht den *distinguishedName* einer beliebigen Gruppenrichtlinie. Dazu geben Sie lediglich den Klartextnamen der Gruppenrichtlinie an.

```
strName = "Default Domain Policy"

Set objKonto = FindGPO(strName)
WScript.Echo strName
WScript.Echo objKonto.adspath



Function FindGPO(ByVal strName)
   Set RootDSE = GetObject("LDAP://RootDSE")
   path = "LDAP://cn=Policies,cn=System," & RootDSE.get("DefaultNamingContext")
   sql = "SELECT ADsPath FROM '" & path & _
      "' WHERE displayName='" & strName & "'"

   Set objconn = CreateObject("ADODB.Connection")
   Set objcomm = CreateObject("ADODB.Command")
   objconn.Provider = "ADsDSOObject"
   objconn.open "Active Directory Provider"

   Set objcomm.ActiveConnection = objconn

   objcomm.CommandText = sql
   objcomm.Properties("Page Size")=50
   objcomm.Properties("Searchscope") = 2

   Set rs = objcomm.Execute

   If rs.eof Then
         Set FindGPO = Nothing
   Else
      Set FindGPO = GetObject(rs("ADsPath"))
   End If
End Function
```

Listing 13.12: Eine Gruppenrichtlinie unter Angabe des Klartextnamens suchen

Das folgende Skript verknüpft die Organisationseinheit »Unternehmen« mit der Gruppenrichtlinie namens »Sicherheitseinstellungen«. Diese Gruppenrichtlinie muss bereits angelegt worden, die Organisationseinheit muss vorhanden sein.

```
strName = "Unternehmen"
strGPO = "Sicherheitseinstellungen"
```

```
Set RootDSE = GetObject("LDAP://RootDSE")
strDomain = RootDSE.get("DefaultNamingContext")

path = "LDAP://" & strDomain
Set objContainer = GetObject(path)

Set objOU = objContainer.GetObject("organizationalUnit", "OU=" & strName)
Set objGP = FindGPO(strGPO)

strGFPOLinkOptions = 2
strNewGPLink = "[" & objGP.ADsPath & ";" & strGPOLinkOptions & "]"

With objOU
    .Put "gPLink", strNewGPLink
    .Put "gPOptions", "0"

    .SetInfo
End With



Function FindGPO(ByVal strName)
    Set RootDSE = GetObject("LDAP://RootDSE")
    path = "LDAP://cn=Policies,cn=System," _
    & RootDSE.get("DefaultNamingContext")
    sql = "SELECT ADsPath FROM '" & path & _
        "' WHERE displayName='" & strName & "'"

    Set objconn = CreateObject("ADODB.Connection")
    Set objcomm = CreateObject("ADODB.Command")
    objconn.Provider = "ADsDSOObject"
    objconn.open "Active Directory Provider"

    Set objcomm.ActiveConnection = objconn

    objcomm.CommandText = sql
    objcomm.Properties("Page Size")=50
    objcomm.Properties("Searchscope") = 2

    Set rs = objcomm.Execute

    If rs.eof Then
        Set FindGPO = Nothing
    Else
       Set FindGPO = GetObject(rs("ADsPath"))
    End If
End Function
```

Listing 13.13: *Eine neue Verknüpfung zwischen OU und GPO herstellen*

ACHTUNG: Das Skript überschreibt dabei alle möglicherweise vorher vorhandenen Gruppenrichtlinien-Zuordnungen für diese Organisationseinheit.

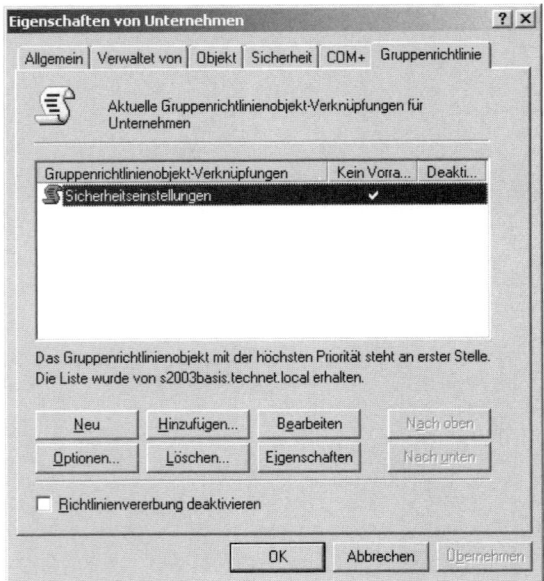

Abbildung 13.5: *Eine neue Zuordnung skriptgesteuert herstellen*

Möchten Sie neue Verknüpfungen zu vorhandenen Verknüpfungen hinzufügen, ohne also die vorhandenen Verknüpfungen durch die neue Zuordnung zu verlieren, dann ändern Sie Listing 13.13 und weisen die neue Verknüpfung zusammen mit dem alten Wert zu:

```
strExistingGPLink = .Get("gPLink")
.Put "gPLink", strExistingGPLink & strNewGPLink
```

14 Drucker und Dienste

333	Erste Übersicht
335	Lokale Drucker installieren
343	Druckerfreigaben verwalten
346	Drucker-Eigenschaften festlegen
350	Druckserver verwalten
356	Druckaufträge überwachen

Die Druckerverwaltung ist einer der aufwändigsten Administrationsbereiche überhaupt. Das liegt einerseits an der Vielzahl der überall im Unternehmen verteilten Drucker, andererseits an der Vielzahl der unterschiedlichen Druckertypen und ihrer Eigenarten.

Drucker können per Skript auf drei verschiedene Arten verwaltet werden:

- **ADSI:** Über ADSI lassen sich Drucker und Druckerwarteschlangen verwalten sowie veröffentlichte Drucker im Active Directory finden
- **WMI:** Der WMI-Dienst erlaubt die hardwarenahe Verwaltung von Druckern und Druckertreibern. Er ist auch für die Druckerüberwachung gut geeignet.
- **COM:** Klassische COM-Komponenten in Form von DLLs liefern maßgeschneiderte Befehlsbibliotheken zur Druckerverwaltung. Darunter sind printui.dll und prnadmin.dll, die beide von Microsoft stammen und kostenlos verfügbar sind. Aber auch Drittanbieter stellen Befehlserweiterungen für die Druckerverwaltung zur Verfügung.

In diesem Kapitel lesen Sie praxisorientiert, wie gebräuchliche Aufgaben am besten per Skript gelöst werden können. Dabei kommen alle drei Technologien zum Einsatz.

Erste Übersicht

Alle installierten Drucker werden vom Modul *Drucker und Faxgeräte* der Systemsteuerung verwaltet. Per Rechtsklick auf einen dort angezeigten Drucker erhalten Sie das Kontextmenü aus Abbildung 14.1. Viele davon lassen sich per Skript automatisieren.

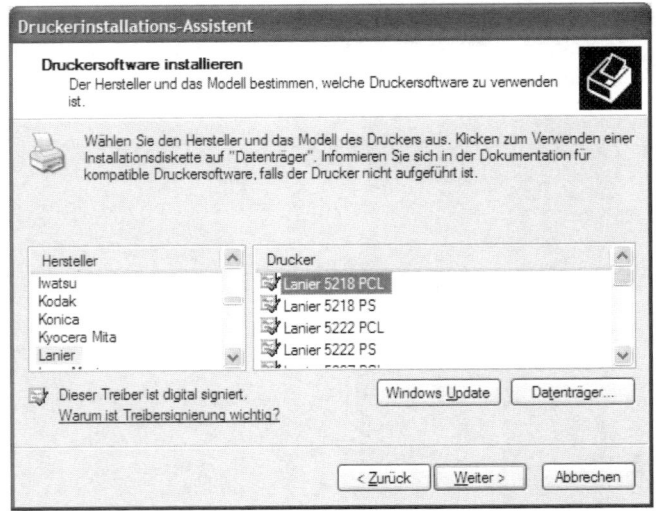

Abbildung 14.1: *Die Funktionen eines Druckers steuern*

Befehl	Beschreibung
Öffnen	Öffnet ein Fenster mit den ausstehenden Druckaufträgen des Druckers
Als Standard definieren	Legt den Drucker als Standarddrucker fest, auf dem immer dann gedruckt wird, wenn Sie keinen anderen Drucker aussuchen (▶ Listing 14.20)
Druckeinstellungen	Legt die aktuellen Ausdruck-Konfigurationen wie zum Beispiel Papierschacht und Farboptionen fest
Drucker anhalten	Hält den Drucker an, um beispielsweise Wartungsaufgaben durchzuführen (▶ Listing 14.28)
Freigabe	Gibt den Drucker im Netzwerk frei, damit andere ihn ebenfalls verwenden können (▶ Listing 14.11)
Drucker offline verwenden	Schaltet den Drucker offline, so dass Sie zum Beispiel unterwegs auf diesem Drucker drucken können, als wäre der Drucker angeschlossen. Die Druckaufträge werden erst bearbeitet, wenn der Drucker wieder online geschaltet wird (▶ Listing 14.32)
Löschen	Löscht den Drucker (▶ Listing 14.35)
Umbenennen	Gibt dem Drucker einen anderen Namen (▶ Listing 14.34)
Eigenschaften	Öffnet ein Dialogfeld mit den Eigenschaften dieses Druckers (▶ Listing 14.16)

Tabelle 14.1: *Wichtige Befehle für Drucker und zugehörige Skriptbeispiele*

Neue Drucker fügen Sie über den Druckerinstallations-Assistent hinzu. Beinahe alle Aufgaben, die damit durchgeführt werden, lassen sich auch unbeaufsichtigt per Skript durchführen.

Abbildung 14.2: *Der Druckerinstallations-Assistent fügt neue Drucker hinzu*

Option	Beschreibung
Lokaler Drucker, der an den Computer angeschlossen ist	Fügt einen Drucker hinzu, der entweder per Druckerkabel (Parallel, COM, USB, ▶ Listing 14.1) oder per Netzwerkkabel an den Computer angeschlossen ist (Netzwerkdrucker mit eigener Netzwerkkarte, ▶ Listing 14.2). Solche Drucker können im Netzwerk freigegeben und von anderen mitbenutzt werden.
Netzwerkdrucker oder Drucker, der an einen anderen Computer angeschlossen ist	Fügt einen Drucker hinzu, der im Netzwerk freigegeben wurde und von einem Druckserver verwaltet wird (▶ Listing 14.10).

Tabelle 14.2: *Neue Drucker installieren*

Lokale Drucker installieren

Lokale Drucker sind Drucker, die direkt mit dem Computer verbunden sind oder Drucker, die über eine eigene Netzwerkkarte verfügen und also mittels Netzwerkkabel direkt mit dem Computer verbunden sind.

Lokale Computer können im Netzwerk freigegeben werden und lassen sich so von anderen Computern aus mitbenutzen. In Unternehmen werden Drucker meist lokal an Druckservern installiert. Client-PCs verwenden dagegen selten lokale Drucker, sondern greifen eher auf im Netzwerk freigegebene Drucker zu.

Es stehen Ihnen drei Wege offen, neue lokale Drucker zu installieren:

- **Resource Kit-Lösung:** Diese Lösung verwendet eine kostenlos verfügbare Befehlserweiterung namens *prnadmin.dll* aus dem Windows Server 2003-Resource Kit und funktioniert ab Windows 2000.
- **WMI-Lösung:** Sie nutzt den WMI-Dienst und funktioniert ab Windows XP.

- **GUI-Lösung:** Sie nutzt die systemeigene *printui.dll* und funktioniert ab Windows 2000. Hierbei verwenden Sie ein Dialogfenster, weswegen diese Lösung am bequemsten ist, wenn Sie nur wenige Installationen vornehmen müssen.

Resource-Kit-Lösung

Das Windows Server 2003-Resource Kit steht kostenlos zum Download bereit und enthält unter anderem die Befehlsbibliothek *prnadmin.dll*. Sie finden das Resource Kit hier: *http://www.microsoft.com/downloads/details.aspx?FamilyID=9d467a69-57ff-4ae7-96ee-b18c4790cffd&DisplayLang=en*

Die Datei *prnadmin.dll* kann auf Windows Server 2003 sowie auf Windows XP und Windows 2000 mit folgendem Befehl installiert werden (sofern sie zuvor ins angegebene Verzeichnis kopiert wurde):

```
regsvr32 c:\windows\system32\prnadmin.dll
```

HINWEIS: Die Datei *prnadmin.dll* stand zuvor im kostenpflichtigen Windows 2000 Resource Kit ebenfalls zur Verfügung. Die im kostenlosen Windows Server 2003 Resource Kit enthaltene Datei funktioniert auch weiterhin bei Windows 2000.

Anschließend stehen Skripts drei neue Bibliotheken zur Verfügung: *PrintMaster.PrintMaster*, *Printer.Printer* und *Port.Port*.

Drucker installieren

Sie können nun Drucker samt Treiber mit folgendem Skript sowohl auf der lokalen Maschine als auch remote installieren. Die Installation von *prnadmin.dll* ist nur auf dem System notwendig, das das Skript ausführt. Tragen Sie in ServerName den Namen des Remotesystems ein, wenn der Drucker nicht lokal installiert werden soll:

```
Set oMaster = CreateObject("PrintMaster.PrintMaster.1")
Set oPrinter = CreateObject("Printer.Printer.1")

oPrinter.ServerName  = ""
oPrinter.PrinterName = "Skriptprinter"
oPrinter.DriverName  = "HP Laserjet 4"
oPrinter.PortName    = "lpt1:"

oMaster.PrinterAdd oPrinter

If Err <> 0 Then
    WScript.Echo "Fehler Code " & Err.number
Else
    WScript.Echo "Drucker installiert."
End If
```

Listing 14.1: Drucker samt Treiber mit prnadmin.dll installieren

Netzwerkdrucker installieren

Möchten Sie einen Netzwerkdrucker mit eigenständiger IP-Adresse installieren, dann ist hierfür ein Druckerport nötig. Das folgende Skript installiert zuerst den Port und dann den Drucker.

```
strServer = ""
strPort = "Druckport7"
strIP = "10.10.10.5"
strPrinter = "Skriptprinter"
strDriver = "HP Laserjet 4"

Set oMaster = CreateObject("PrintMaster.PrintMaster")
Set oPrinter = CreateObject("Printer.Printer")
Set oPort = CreateObject("Port.Port.1")

oPort.ServerName = strServer
oPort.PortName = strPort
' 1 (TCP RAW), 2 (TCP LPR), 3 (standard local)
oPort.PortType = 1
oPort.HostAddress = strIP
oPort.PortNumber = 9102
oPort.SNMP = False
'oPort.SNMPDeviceIndex = 2
'oPort.CommunityName = "public"
'oPort.QueueName = "Queue"
'oPort.DoubleSpool = True / False

oMaster.PortAdd oPort

If Err <> 0 Then
   WScript.Echo "Fehler Code " & Err.number
   WScript.Quit
Else
   WScript.Echo "Port installiert."
End If

oPrinter.PrinterName = strPrinter
oPrinter.DriverName  = strDriver
oPrinter.PortName    = strPort

oMaster.PrinterAdd oPrinter

If Err <> 0 Then
   WScript.Echo "Fehler Code " & Err.number
Else
   WScript.Echo "Drucker installiert."
End If
```

Listing 14.2: Netzwerkdrucker samt Port installieren

WMI-Lösung

Über den WMI-Dienst lassen sich Drucker in mehreren Schritten installieren. Allerdings sind die dafür notwendigen WMI-Klassen erst ab Windows XP vorhanden. Die Handhabung ist schwieriger als bei Listing 14.1, aber dafür sind keine Zusatzkomponenten wie *prnadmin.dll* erforderlich.

TIPP: Ab Windows XP wird das Skript *prndrvr.vbs* standardmäßig mitgeliefert. Geben Sie in der Konsole den Befehl *prndrvr* ein, dann erhalten Sie eine Kurzübersicht über die möglichen Optionen.

Druckertreiber installieren

Bevor ein Drucker lokal auf dem Computer installiert werden kann, muss der passende Druckertreiber vorhanden sein. Das folgende Skript prüft, welche Druckertreiber installiert sind:

```
strServer = "."
Set objWMI = GetObject("winmgmts:\\" & strServer )
wql = "SELECT * FROM win32_printerdriver"

Set colResult = objWMI.ExecQuery(wql,,48)

WScript.Echo "Installierte Druckertreiber:"

For Each objInstance In colResult
   strname = objInstance.name
   arrName = Split(strname, ",")
   WScript.Echo arrName(0)
Next
```

Listing 14.3: *Installierte Druckertreiber auflisten*

Möchten Sie einen neuen Druckertreiber installieren, so benötigen Sie hierfür den Namen des Druckertreibers so, wie er im Dialogfeld für die Druckerinstallation aufgeführt wird.

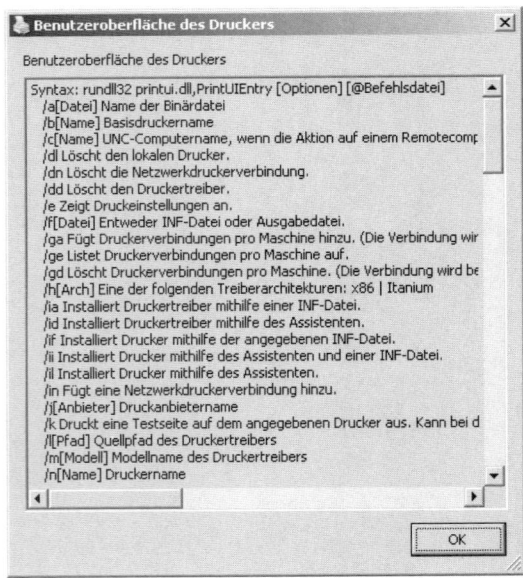

Abbildung 14.3: *Namen der Druckertreiber ermitteln*

Um beispielsweise den Druckertreiber für den Drucker »Lanier 5218 PCL« zu installieren, verwenden Sie folgendes Skript:

```
strDriver = "Lanier 5218 PCL"

Set objwmi = GetObject("winmgmts:")

Set objDriver = objwmi.Get("Win32_PrinterDriver") '.SpawnInstance_
```

```
objDriver.Name = strDriver
objDriver.SupportedPlatform = "Windows NT x86"
objDriver.Version = "3"
errResult = objDriver.AddPrinterDriver(objDriver)
If errResult=0 Then
   WScript.Echo "Druckertreiber erfolgreich installiert."
Else
   WScript.Echo "fehlgeschlagen mit Code " & errResult
End If
```

Listing 14.4: Einen neuen Druckertreiber installieren

ACHTUNG: Obwohl die Methode *AddPrinterDriver* sowohl auf Windows XP als auch auf Windows Server 2003 funktionieren sollte, kommt es beim Windows Server 2003 zu unklaren Fehlermeldungen. Zuverlässiger funktionieren die Funktionen aus *prnadmin.dll* (Listing 14.1).

Drucker installieren

Ist der Druckertreiber des gewünschten Druckers installiert, dann können Sie den Drucker mit folgendem Skript einrichten:

```
strComputer = "."
strName = "Endausdruck"
strDriver = "Lanier 5218 PCL"
strShare = "Druckshare"

Set objwmi = GetObject("winmgmts:{(LoadDriver)}!\\" & strComputer)
Set objPrinter = objwmi.Get("Win32_Printer").SpawnInstance_
objPrinter.DriverName = strDriver
objPrinter.PortName = "LPT1:"
objPrinter.DeviceID = strName
objPrinter.Location = "Ebene 2 Raum 4"
objPrinter.Network = False
objPrinter.Shared = True
objPrinter.ShareName = strShare
objPrinter.Put_
```

Listing 14.5: Drucker installieren

Der Drucker wird unter dem Namen »Druckshare« als Netzwerkdrucker im Netzwerk freigegeben.

Netzwerkdrucker installieren

Netzwerkdrucker sind Drucker, die über einen eigenen Netzwerkanschluß verfügen und unabhängig von einem Druckserver arbeiten können. Netzwerkdrucker werden wie lokale Drucker installiert. Allerdings wird dem Drucker als Anschluß nicht »LPT1:« zugewiesen, sondern ein TCP/IP-Druckerport.

Um also einen Netzwerkdrucker lokal zu installieren, muss nicht nur der passende Druckertreiber installiert sein (Listing 14.4), sondern außerdem ein TCP/IP-Druckerport.

Das nächste Skript richtet einen solchen Druckerport unter dem Namen »Druckport1« ein und weist ihm die IP-Adresse *10.10.10.5* zu. Der Netzwerkdrucker ist also auf diese IP-Adresse eingestellt worden und soll über den Druckerport ansprechbar sein:

```
strComputer = "."
Set objwmi = GetObject("winmgmts:{(LoadDriver)}!\\" & strComputer)
Set objNewPort = objwmi.Get _
("Win32_TCPIPPrinterPort").SpawnInstance_
objNewPort.Name = "Druckport1"
objNewPort.Protocol = 1
objNewPort.HostAddress = "10.10.10.5"
objNewPort.PortNumber = "9100"
objNewPort.SNMPEnabled = False
objNewPort.Put_
```

Listing 14.6: Einen Standard-TCP/IP-Port anlegen

Anschließend können Sie den Drucker ähnlich wie in Listing 14.5 installieren, geben diesmal aber als Anschluß den Namen Ihres Druckerports an, den Sie mit Listing 14.6 angelegt haben:

```
strComputer = "."
strName = "Endausdruck"
strDriver = "Lanier 5218 PCL"
strShare = "Druckshare"

Set objwmi = GetObject("winmgmts:{(LoadDriver)}!\\" & strComputer)
Set objPrinter = objwmi.Get("Win32_Printer").SpawnInstance_
objPrinter.DriverName = strDriver
objPrinter.PortName = "Druckport1"
objPrinter.DeviceID = strName
objPrinter.Location = "Ebene 2 Raum 4"
objPrinter.Network = True
objPrinter.Shared = False
objPrinter.Put_
```

Listing 14.7: Netzwerkdrucker installieren

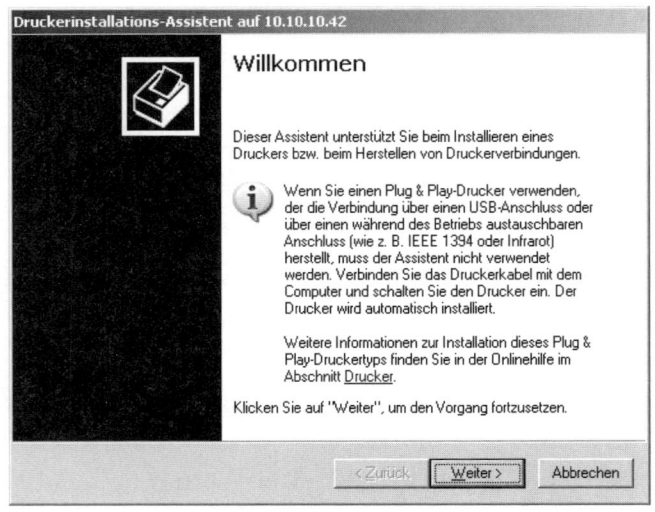

Abbildung 14.4: Netzwerkdrucker verwendet einen Standard-TCP/IP-Port

Nutzung der Printerports analysieren

Möchten Sie per Skript ermitteln, welche Druckerports es auf einem Computer gibt und welche Drucker diese nutzen, dann listen Sie zuerst alle Drucker auf und lesen darin die *PortName*-Eigenschaft. Anschließend listen Sie alle Druckerports auf und setzen diese in Beziehung zu den vorher gefundenen Druckern:

```
Set objdict = CreateObject("Scripting.Dictionary")
objdict.CompareMode = 1

strComputer = "."

Set objWMI = GetObject("winmgmts:\\" & strComputer)

wql = "Select * from Win32_Printer"
Set colPrinters =  objWMI.ExecQuery(wql)
For Each objPrinter In colPrinters
   strPort = objPrinter.PortName
   If Not objdict.exists(strPort) Then
      objdict.add strPort, "- " & objPrinter.Name
   Else
      objdict(strPort) = objdict(strPort) & vbNewLine _
         & "- " & objPrinter.name
   End If
Next

wql = "Select * from Win32_TCPIPPrinterPort"
Set colPorts =  objWMI.ExecQuery(wql)

For Each objPort In colPorts
   WScript.Echo objPort.name
   If objdict.exists(objPort.name) Then
      WScript.Echo objdict(objPort.name)
   Else
      WScript.Echo "unbenutzt"
   End If
Next
```

Listing 14.8: Nutzung von Druckerports dokumentieren

TIPP: Ab Windows XP wird das Skript *prnport.vbs* standardmäßig mitinstalliert. Geben Sie den Befehl *prnport* in der Konsole ein, um eine Übersicht der möglichen Optionen zu sehen.

GUI-Methode

Möchten Sie nur wenige Drucker installieren, dann können Sie dies remote auch über die bequeme grafische Benutzeroberfläche (GUI) tun. Nötig ist dafür nur der Zugriff auf die *printui.dll*. Eine erste Hilfestellung erhalten Sie mit diesem Befehl:

```
RUNDLL32 PRINTUI.DLL,PrintUIEntry /?
```

Abbildung 14.5: printui.dll liefert Funktionen für die meisten Druckverwaltungsaufgaben

Wollen Sie also einen Drucker samt Treiber ferninstallieren, setzen Sie ein Skript wie dieses ein:

```
strComputer = "10.10.10.42"

cmd = "rundll32 printui.dll,PrintUIEntry /il /c\\" & strComputer
Set objshell = CreateObject("WScript.Shell")
rv = objshell.run(cmd, 0, True)
WScript.Echo "Ergebnis: " & rv
```

Listing 14.9: Drucker samt Treiber remote auf Maschine 10.10.10.42 installieren

Abbildung 14.6: Druckerinstallation bequem per Dialog

Druckerfreigaben verwalten

Haben Sie einen lokal installierten Drucker im Netzwerk freigegeben, dann können andere sich mit dieser Freigabe verbinden und so den Drucker mitbenutzen. In den meisten Unternehmen werden Drucker als lokale Drucker an Printservern installiert, und die Client-PCs greifen auf diese Drucker über Netzwerkfreigaben zu.

Ein Logon-Skript könnte dem Client-PC mit folgendem Skript einen Drucker über eine Netzwerkfreigabe zuweisen:

```
strShare = "\\10.10.10.162\applelaser"

Set WshNetwork = CreateObject("WScript.Network")
WshNetwork.AddWindowsPrinterConnection strShare
WshNetwork.SetDefaultPrinter strShare
```

Listing 14.10: *Einen im Netzwerk freigegebenen Drucker verwenden*

Einen lokalen Drucker freigeben

Möchten Sie umgekehrt einen lokal installierten Drucker für andere im Netzwerk freigeben, dann muss dafür lediglich eine Druckerfreigabe eingerichtet werden. Das folgende Skript liest zunächst alle aktuellen Druckerfreigaben aus:

```
strComputer = "."
Set objwmi = GetObject("winmgmts:\\" & strComputer)

wql = "Select * from Win32_Share where Type=1"

Set colShares = objwmi.ExecQuery(wql)

For Each objShare In colShares
    WScript.Echo objShare.getObjectText_
Next
```

Listing 14.11: *Alle freigegebenen Drucker auflisten*

Abbildung 14.7: Druckerfreigabe verwalten

Drucker nachträglich freigeben

Möchten Sie einen Drucker nachträglich im Netzwerk freigeben, und verwenden Sie mindestens Windows XP, dann können Sie die Freigabe folgendermaßen einrichten:

```
strComputer = "."
strName = "Endausdruck"
strShare = "Druckshare12"

Set objWMI = GetObject("winmgmts:\\" & strComputer)

On Error Resume Next
Set objPrinter = objWMI.Get("Win32_Printer='" & strName & "'")
If Not Err.number = 0 Then
   WScript.Echo "Drucker nicht gefunden."
   WScript.quit
End If
On Error Goto 0

objPrinter.ShareName = strShare
objPrinter.Shared = True
objPrinter.put_
```

Listing 14.12: Einen Drucker nachträglich freigeben

Druckerfreigabe aufheben

Um die Freigabe eines Druckers aufzuheben, gehen Sie so vor:

```
strComputer = "."
strName = "Endausdruck"
```

```
Set objWMI = GetObject("winmgmts:\\" & strComputer)
Set objPrinter = objWMI.Get("Win32_Printer='" & strName & "'")
objPrinter.Shared = False
objPrinter.put_
```

Listing 14.13: Die Freigabe eines Druckers aufheben

Freigegebenen Drucker mit ADSI überwachen

Haben Sie einen Drucker im Netzwerk freigegeben, dann können Sie diesen Computer unter Angabe des NetBIOS-Namens des Computers, an den er angeschlossen ist, verwalten.

Das folgende Skript zeigt alle im Netzwerk freigegebenen Drucker des Computers »PC01« an:

```
strName = "pc01"

Set objComputer = GetObject("WinNT://" & strName & ",computer")
objComputer.Filter = Array("PrintQueue")

WScript.Echo "Freigegebene Drucker:"

For Each objPrinter In objComputer
    With objPrinter
        WScript.Echo "Beschreibung:", .Description
        WScript.Echo "Banner Page:" , .BannerPage
        WScript.Echo "Standardpriorität:", .DefaultJobPriority
        WScript.Echo "Ort:", .Location
        WScript.Echo "Modell:", .Model
        WScript.Echo "Name:", .PrinterName
        WScript.Echo "verfügbar von:", .startTime
        WScript.Echo "bis:", .UntilTime
    End With
Next
```

Listing 14.14: Netzwerkdrucker-Eigenschaften mit ADSI auslesen

WICHTIG: Anders als bei ADSI sonst üblich dürfen Sie als Computername für den lokalen Computer nicht die Abkürzung ».« verwenden, sondern müssen in strName immer einen gültigen Computernamen angeben.

Wollen Sie einen im Netzwerk freigegebenen Drucker direkt ansprechen, dann geben Sie seinen Freigabenamen an:

```
strUNC = "pc01/HPLaserj"

Set objPrinter = GetObject("WinNT://" & strUNC & ",PrintQueue")

With objPrinter
    WScript.Echo "Beschreibung:", .Description
    WScript.Echo "Banner Page:" , .BannerPage
    WScript.Echo "Standardpriorität:", .DefaultJobPriority
    WScript.Echo "Ort:", .Location
    WScript.Echo "Modell:", .Model
    WScript.Echo "Name:", .PrinterName
    WScript.Echo "verfügbar von:", .startTime
```

Drucker und Dienste

```
    WScript.Echo "bis:", .UntilTime
End With
```

Listing 14.15: Auf einen Netzwerkdrucker via UNC-Pfadnamen zugreifen

HINWEIS: Achten Sie bei der Pfadangabe darauf, das »/«-Zeichen und nicht das »\«-Zeichen einzusetzen.

Drucker-Eigenschaften festlegen

Ist Ihnen der Name des Druckers bekannt, dann können Sie seine Eigenschaften mit folgendem Skript auflisten:

```
strName = "Endausdruck"

Set objWMI = GetObject("winmgmts:")

Set objPrinter = objWMI.Get("Win32_Printer='" & strName & "'")
WScript.Echo objPrinter.getObjectText_
```

Listing 14.16: Druckereigenschaften auflisten

Auf den folgenden Seiten finden Sie die üblichen Druckverwaltungs-Dialogfelder und die dazugehörigen Konfigurationsskripts.

Allgemein

Diese Registerkarte liefert allgemeine Informationen über den Drucker und enthält die folgenden Felder:

Feldname	Eigenschaft
Name	DeviceID
Standort	Location
Kommentar	Comment
Modell	DriverName

Tabelle 14.3: Eigenschaften des Allgemein-Registers

Die übrigen Informationen auf dieser Seite werden von der WMI je nach Qualität der Treiber in den weiteren Eigenschaften abgebildet. Welche Informationen von der WMI über einen Drucker maximal geliefert werden können, zeigt das folgende Skript, das alle mit dem Drucker assoziierten Instanzen auflistet:

```
strName = "Endausdruck"

Set objWMI = GetObject("winmgmts:")

Set objPrinter = objWMI.Get("Win32_Printer='" & strName & "'")
```

```
With objPrinter
   WScript.Echo .GetObjectText_
   Set all = .Associators_
   For Each obj In all
      WScript.Echo obj.getObjectText_
   ext

End With
```

Listing 14.17: *Alle Informationen zu einem Drucker ermitteln*

Abbildung 14.8: *Allgemeine Informationen über den Drucker*

Nur wenige dieser Informationen lassen sich per Skript setzen. Sie entsprechen den editierbaren Feldern im Dialogfeld:

```
strName = "Endausdruck"
Set objWMI = GetObject("winmgmts:")
Set objPrinter = objWMI.Get("Win32_Printer='" & strName & "'")

With objPrinter
   .Comment = "nur für Endausdrucke der Abteilung 2"
   .Location = "Ebene 2 Raum 7"

   .Put_
End With
```

Listing 14.18: *Änderbare Druckereigenschaften setzen*

Drucker und Dienste

Erweitert

Diese Registerkarte bestimmt optionale Einstellungen des Druckers wie zum Beispiel die Zeiten, zu denen ein Drucker zur Verfügung steht, oder seine Priorität. Die folgenden Felder stehen zur Verfügung:

Feldname	Eigenschaft
Immer verfügbar	StartTime=Null und UntilTime=Null
Verfügbar von	StartTime
Bis	UntilTime
Priorität	Priority
Über Spooler drucken	Direct=False
Drucken beginnen, nachdem letzte Seite…	Queued=True
Drucken sofort beginnen	Queued=False
Druckaufträge direkt zum Drucker leiten	Direct=True
Fehlgeschlagene Druckaufträge anhalten	EnableDevQueryPrint=True
Druckaufträge im Spooler zuerst drucken	DoCompleteFirst=True
Druckaufträge nach dem Drucken nicht löschen	KeepPrintedJobs=True
Erweiterte Druckfunktionen aktivieren	RawOnly=False
Druckprozessor	PrintProcessor
Trennseite	SeparatorFile

Tabelle 14.4: *Erweiterte Drucker-Eigenschaften*

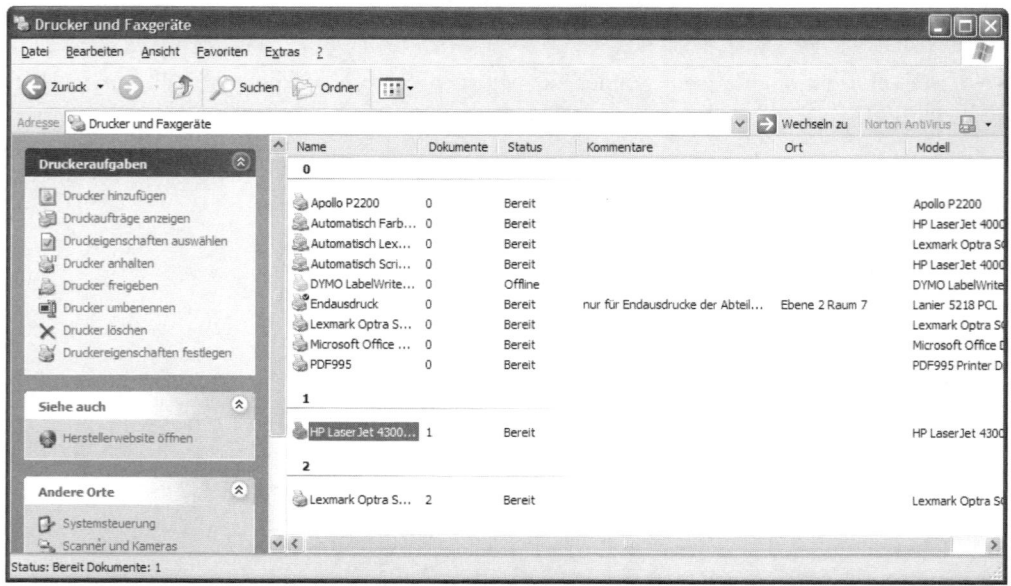

Abbildung 14.9: *Erweiterte Eigenschaften setzen*

Das folgende Skript macht sich die Eigenschaften aus Tabelle 14.4 zunutze und setzt Standardwerte für den Drucker »Endausdruck«, wobei die Verfügbarkeit des Druckers auf einen Zeitraum von 10:30 Uhr bis 18:45 Uhr eingestellt wird:

```
strComputer = "."
strName = "Endausdruck"

Set objWMI = GetObject("winmgmts:\\" & strComputer)
Set objPrinter = objWMI.Get("Win32_Printer='" & strName & "'")

Set objstart = CreateObject("WbemScripting.SWbemDateTime")
Set objende = CreateObject("WbemScripting.SWbemDateTime")

With objPrinter
   objstart.SetVarDate TimeSerial(10,30,00), True
   .StartTime = objstart.value

   objende.SetVarDate TimeSerial(18,45,00), True
   .UntilTime = objende.value

   .Priority = 10
   .DoCompleteFirst = True
   .KeepPrintedJobs = True
   .SpoolEnabled = False
   .Put_
End With
```

Listing 14.19: *Erweiterte Eigenschaften setzen*

TIPP: Ab Windows XP wird das Skript *prncnfg.vbs* standardmäßig mitinstalliert. Geben Sie in der Konsole den Befehl *prncnfg* ein, um die möglichen Optionen zu sehen.

Standarddrucker festlegen

Über die Methode *SetDefaultPrinter* können Sie jeden installierten Drucker zum Standarddrucker machen. Auf diesem Drucker wird ausgedruckt, wenn Sie keinen anderen Drucker auswählen.

Geben Sie dazu entweder ähnlich wie in Listing 14.10 den Drucker mit seinem UNC-Pfadnamen an, oder geben Sie den Drucker über seinen Namen an, so wie er im Drucker-Fenster der Systemsteuerung aufgeführt wird:

```
strName = "HP LaserJet 4300 PCL 6"

Set WshNetwork = CreateObject("WScript.Network")
WshNetwork.SetDefaultPrinter strName
```

Listing 14.20: *Standarddrucker festlegen*

Ab Windows XP kann der Standarddrucker auch über den WMI-Dienst lokal und remote gesetzt werden:

```
strComputer = "."
strName = "Endausdruck"
```

Drucker und Dienste

```
Set objWMI = GetObject("winmgmts:\\" & strComputer)
Set objPrinter = objWMI.Get("Win32_Printer='" & strName & "'")
objPrinter.SetDefaultPrinter
```

Listing 14.21: Standarddrucker ab Windows XP setzen

Aktuellen Standarddrucker bestimmen

Ab Windows XP liefert der WMI-Dienst den Namen des aktuellen Standarddruckers:

```
strComputer = "."
Set objWMI = GetObject("winmgmts:\\" & strComputer)

wql = "Select * from Win32_Printer where default=true"

Set colInstalledPrinters = objWMI.ExecQuery(wql)

For Each objPrinter In colInstalledPrinters
     WScript.Echo "Standarddrucker: " & objPrinter.Name
Next
```

Listing 14.22: Aktuellen Standarddrucker bestimmen

Druckserver verwalten

Druckaufträge werden von dem Computer verwaltet, an den der Computer lokal angeschlossen ist. Solche Computer werden in der Regel Druckserver genannt, weil sie über Netzwerk-Druckerfreigaben anderen Computern Druckdienste zur Verfügung stellen.

Spooler-Dienst überwachen

Für die Verwaltung von Druckaufträgen ist der Spooler-Dienst zuständig. Die erste Frage bei Druckproblemen ist also, ob dieser Dienst tatsächlich funktioniert.

Abbildung 14.10: Druckerwarteschlangen-Dienst überprüfen

Das folgende Skript erfragt den aktuellen Status dieses Dienstes:

```
strComputer = "."

Set objWMI = GetObject("winmgmts:\\" & strComputer)

wql = "Select * from Win32_Service Where Name = 'Spooler'"

Set colRunningServices = objWMI.ExecQuery(sql)

For Each objService In colRunningServices
    WScript.Echo objService.DisplayName  & vbTab & objService.State
Next
```

Listing 14.23: Druckdienst überprüfen

Der Spooler-Dienst liefert Ihnen auch Angaben über die aktuell bearbeiteten Druckaufträge:

```
strComputer = "."

Set objWMI = GetObject("winmgmts:\\" & strComputer)

wql = "Select * from Win32_PerfFormattedData_Spooler_PrintQueue Where " & _
      "Name <> '_Total'"

Set colPrintQueues = objWMI.ExecQuery(wql)

For Each objPrintQueue In colPrintQueues
    WScript.Echo "Name: " & objPrintQueue.Name
    WScript.Echo "Ausstehende Jobs: " & objPrintQueue.Jobs
Next
```

Listing 14.24: Alle Drucker eines Computers überwachen

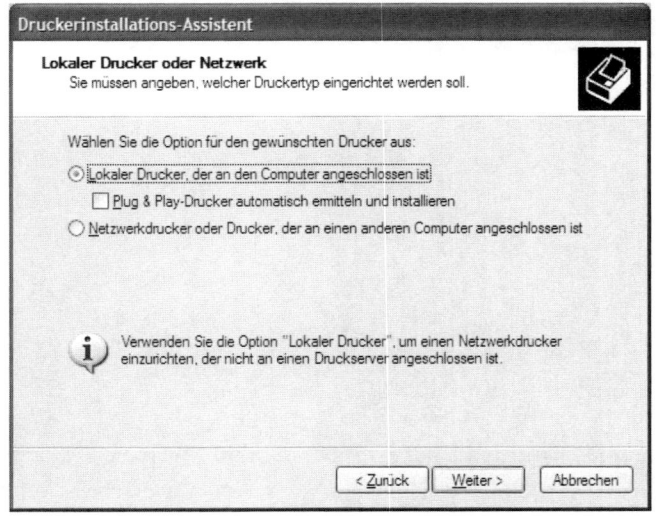

Abbildung 14.11: *Die Drucker eines Computers überwachen*

Drucker und Dienste

```
Name: Apollo P2200
Ausstehende Jobs: 0
Name: Endausdruck
Ausstehende Jobs: 0
Name: PDF995
Ausstehende Jobs: 0
Name: Microsoft Office Document Image Writer
Ausstehende Jobs: 0
Name: Lexmark Optra SC 1275 PS
Ausstehende Jobs: 0
Name: Lexmark Optra SC 1275 (MS)
Ausstehende Jobs: 2
Name: HP LaserJet 4300 PCL 6
Ausstehende Jobs: 1
Name: DYMO LabelWriter 310
Ausstehende Jobs: 0
Name: Automatisch ScriptedPrinter auf THINKPAD1
Ausstehende Jobs: 0
Name: Automatisch Lexmark Optra SC 1275 PS auf THINKPAD1
Ausstehende Jobs: 0
Name: Automatisch Farbdrucker auf THINKPAD1
Ausstehende Jobs: 0
```

Abbildung 14.12: Per Skript installierte Drucker und deren Aufträge auflisten

Druckerwarteschlangen eines Computers überwachen

Möchten Sie einen Überblick über die Drucker und deren Stati eines bestimmten Computers, dann listen Sie die Drucker mit diesem Skript auf:

```
arrStatus = Array("Unbekannt", "Unbekannt", _
    "Unbekannt", "Bereit", "Druckt", "Wärmt auf")

strComputer = "."
Set objWMI = GetObject("winmgmts:\\" & strComputer)

wql = "Select * from Win32_Printer"
Set colInstalledPrinters = objWMI.ExecQuery(wql)

For Each objPrinter In colInstalledPrinters
   With objPrinter
      WScript.Echo  "Name: " & .Name
      WScript.Echo  "Ort: " & .Location
      WScript.Echo "Status:", arrStatus(.PrinterStatus)
      WScript.Echo string(80, "=")
   End With
Next
```

Listing 14.25: Drucker und deren Zustände auflisten

Interessieren Sie sich nur für einen bestimmten Drucker eines Computers, dann wählen Sie den gewünschten Drucker direkt aus:

```
strName = "Endausdruck"

arrStatus = Array("Unbekannt", "Unbekannt", "Unbekannt", _
   "Bereit", "Druckt", "Wärmt auf")

strComputer = "."
Set objWMI = GetObject("winmgmts:\\" & strComputer)
Set objPrinter = objWMI.Get("Win32_Printer='" & strName & "'")


With objPrinter
    WScript.Echo  "Name: " & .Name
    WScript.Echo  "Ort: " & .Location
    WScript.Echo "Status:", arrStatus(.PrinterStatus)
    WScript.Echo string(80, "=")
End With
```

Listing 14.26: Zustand eines bestimmten Druckers ausgeben

Möchten Sie dagegen nur die Drucker sehen, die zurzeit ausdrucken, dann suchen Sie nach allen Druckern, bei denen PrintStatus den Wert 2 enthält:

```
strComputer = "."
Set objWMI = GetObject("winmgmts:\\" & strComputer)

wql = "Select * from Win32_Printer where PrinterStatus=4"
Set colInstalledPrinters =  objWMI.ExecQuery(wql)

WScript.Echo "Drucker, die zurzeit drucken:"

For Each objPrinter In colInstalledPrinters
   With objPrinter
        WScript.Echo  "Name: " & .Name
        WScript.Echo  "Ort: " & .Location
        WScript.Echo string(80, "=")
   End With
Next
```

Listing 14.27: Alle Drucker eines Computers auflisten, die gerade ausdrucken

Drucker anhalten und fortsetzen

Möchten Sie einen Drucker vorübergehend anhalten, zum Beispiel, um daran Wartungsarbeiten auszuführen, dann verwenden Sie dessen Pause-Funktion:

```
strComputer = "."
strName = "Endausdruck"

Set objWMI = GetObject("winmgmts:\\" & strComputer)

Set objPrinter = objWMI.Get("Win32_Printer='" & strName & "'")
objPrinter.Pause
```

Listing 14.28: Drucker anhalten

Wollen Sie den Drucker anschließend wieder fortsetzen, dann kommt Resume zum Einsatz:

```
strComputer = "."
strName = "Endausdruck"

Set objWMI = GetObject("winmgmts:\\" & strComputer)

Set objPrinter = objWMI.Get("Win32_Printer='" & strName & "'")
objPrinter.Resume
```

Listing 14.29: Drucker fortsetzen

Möchten Sie einen im Netzwerk freigegebenen Drucker anhalten oder fortsetzen, dann können Sie auch ADSI zur Verwaltung einsetzen. Das folgende Skript hält den angegebenen Drucker an:

```
strUNC = "pc01/HPLaserj"

Set objPrinter = GetObject("WinNT://" & strUNC & ",PrintQueue")
objPrinter.Pause
```

Listing 14.30: Drucker via ADSI anhalten

Möchten Sie ihn wieder aktivieren, verwenden Sie dieses Skript:

```
strUNC = "pc01/HPLaserj"

Set objPrinter = GetObject("WinNT://" & strUNC & ",PrintQueue")
objPrinter.Resume
```

Listing 14.31: Drucker via ADSI fortsetzen

Offline arbeiten

Ist ein Drucker nicht ständig mit dem Computer verbunden, zum Beispiel im Falle eines Notebooks, dann kann der Drucker offline geschaltet werden. In diesem Fall kann der Anwender wie gewohnt auf dem Drucker ausdrucken, aber die Aufträge werden nicht sofort bearbeitet, sondern zwischengespeichert.

Erst wenn der Drucker später wieder verfügbar ist und online geschaltet wird, überträgt der Computer die angesammelten Druckaufträge an den Drucker.

Per Skript schalten Sie einen Drucker in den Offline-Modus, indem Sie die Eigenschaft *WorkOffline* auf *true* setzen:

```
strComputer = "."
strName = "Endausdruck"

Set objWMI = GetObject("winmgmts:\\" & strComputer)

Set objPrinter = objWMI.Get("Win32_Printer='" & strName & "'")

objPrinter.WorkOffline = True
objPrinter.Put_
```

Listing 14.32: Einen Drucker offline schalten

Möchten Sie den Drucker später wieder online schalten, setzen Sie die Eigenschaft auf *False*:

```
strComputer = "."
strName = "Endausdruck"

Set objWMI = GetObject("winmgmts:\\" & strComputer)

Set objPrinter = objWMI.Get("Win32_Printer='" & strName & "'")

objPrinter.WorkOffline = False
objPrinter.Put_
```

Listing 14.33: Einen Drucker online schalten

Drucker umbenennen

Wollen Sie einem Drucker nachträglich einen anderen Namen geben, dann verwenden Sie dessen *RenamePrinter*-Funktion:

```
strComputer = "."
strNameAlt = "Endausdruck"
strNameNeu = "Proofing-Drucker"

Set objWMI = GetObject("winmgmts:\\" & strComputer)

Set objPrinter = objWMI.Get("Win32_Printer='" & strNameAlt & "'")

objPrinter.RenamePrinter strNameNeu
```

Listing 14.34: Einen Drucker umbenennen

Drucker löschen

Benötigen Sie einen Drucker nicht länger, dann können Sie ihn entfernen. Dabei werden die Druckertreiber nicht deinstalliert. Benötigen Sie den Drucker später doch, müssen Sie ihn wieder neu installieren:

```
strComputer = "."
strName = "Endausdruck"

Set objWMI = GetObject("winmgmts:\\" & strComputer)

Set objPrinter = objWMI.Get("Win32_Printer='" & strName & "'")

objPrinter.Delete_
```

Listing 14.35: Einen Drucker löschen

Druckaufträge überwachen

Jeder Druckauftrag, den Sie an einen Drucker senden, wird einzeln protokolliert. Sie sehen diese Aufträge, wenn Sie den Drucker im Modul Drucker und Faxgeräte der Systemsteuerung öffnen.

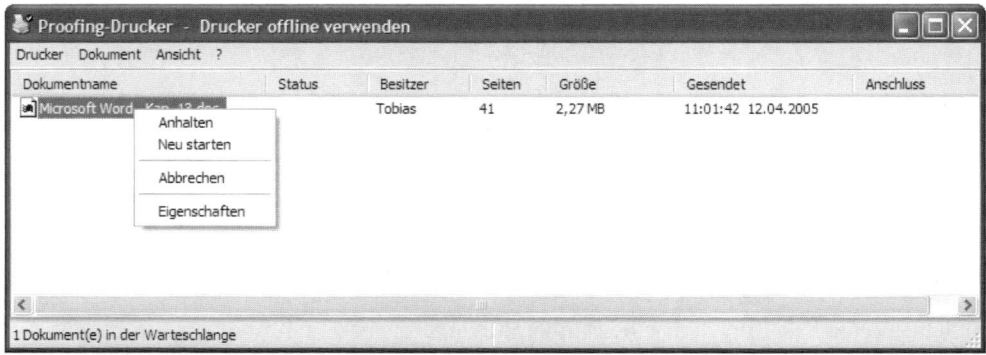

Abbildung 14.13: Druckaufträge verwalten

Die folgenden Informationen und Funktionen stehen Ihnen im Dialogfeld zur Verfügung und lassen sich per Skript wie angegeben auslesen oder ausführen:

Befehl/Information	Beschreibung
Anhalten	Hält den Druckauftrag vorübergehend an (▶ Listing 14.36)
Neu starten	Druckt den Auftrag neu
Abbrechen	Bricht den Druckauftrag ab (▶ Listing 14.43)
Eigenschaften	Öffnet die Eigenschaften des Druckjobs
Dokumentname	Document (▶ Listing 14.17)
Status	Status (▶ Listing 14.17)
Besitzer	Owner (▶ Listing 14.17)
Seiten	TotalPages, PagesPrinted (▶ Listing 14.17)
Größe	Size (▶ Listing 14.17)
Gesendet	TimeSubmitted (▶ Listing 14.17)

Tabelle 14.5: Funktionen und Informationen zu einzelnen Druckaufträgen

Zugriff über WMI

Der WMI-Dienst gewährt Skripts Zugriff auf die Druckaufträge. Im folgenden Skript kommen zwei Funktionen zum Einsatz, die die erfragten Daten aufbereiten. *GetDate* wandelt Datums- und Zeitinformationen aus dem WMI-Format in ein Klartextformat um. *GetJobStatus* decodiert ein Bitfeld, das den detaillierten Zustand beschreibt, in dem sich ein Druckauftrag gerade befindet.

```
strComputer = "."
Set objwmi = GetObject("winmgmts:\\" & strComputer)

wql = "Select * from Win32_PrintJob"
```

```
Set colPrintJobs = objwmi.ExecQuery(wql)

WScript.Echo "Aktuelle Druckaufträge:"

For Each objPrintJob In colPrintJobs
   With objPrintJob
      WScript.Echo "Zustand:", .status
      WScript.Echo "Drucker Name:", Split(.Name,",",-1,1)(0)
      WScript.Echo "Dokument:", .Document
      WScript.Echo "in Auftrag gegeben:", GetDate(.TimeSubmitted)
      WScript.Echo "Größe", FormatNumber(.Size/1024,1) & " KB"
      WScript.Echo "Seiten: ", .TotalPages
      WScript.Echo "davon gedruckt:", .PagesPrinted

      If IsNull(.StartTime) Then
         WScript.Echo "Start:", "noch nicht begonnen"
      Else
         WScript.Echo "Start:", GetDate(.StartTime)
      End If


      WScript.Echo "Job-Status:", .JobStatus
      WScript.Echo "Details:", GetJobStatus(.StatusMask)

      WScript.Echo "Job ID:", .JobID
      WScript.Echo "Priorität:", .Priority
      WScript.Echo "Auftraggeber:",.Owner

      WScript.Echo string(80, "=")
   End With
Next

Function GetDate(ByVal wmidate)
   Set objdate = CreateObject("WbemScripting.SWbemDateTime")
   objdate.Value = wmidate
   GetDate = objdate.GetVarDate(True)
End Function

Function GetJobStatus(ByVal flag)
   strStati = Array("Angehalten", "Fehler", "wird gelöscht", _
      "wird gepuffert", "druckt", "offline", "kein Papier", _
      "gedruckt", "gelöscht", "blockiert", _
      "Benutzereingriff erforderlich", "Neustart")

   For x = 0 To 11
      If (flag AND 2^x) = 2^x Then
         GetJobStatus = GetJobStatus & trenner & strStati(x)
         trenner = ", "
      End If
   Next
End Function
```

Listing 14.36: *Alle ausstehenden Druckaufträge eines Computers ausgeben*

```
Aktuelle Druckaufträge:
Zustand: Error
Drucker Name: Lexmark Optra SC 1275 (MS)
Dokument: mk:@MSITStore:C:\TechNet%20Script%20Center2\scriptcenter.chm::/
in Auftrag gegeben: 12.04.2005 09:42:37
Größe 75,3 KB
Seiten: 1
davon gedruckt: 0
Start: noch nicht begonnen
Job-Status: Fehler | Löschvorgang | Druckvorgang
Details: Angehalten
Job ID: 8
Priorität: 1
Auftraggeber: Tobias
==========================================================================
Zustand: Error
Drucker Name: HP LaserJet 4300 PCL 6
Dokument: Microsoft Word - Kap_13.doc
in Auftrag gegeben: 12.04.2005 09:30:57
Größe 64,0 KB
Seiten: 1
davon gedruckt: 0
Start: noch nicht begonnen
Job-Status: Fehler | Druckvorgang
Details: Angehalten
Job ID: 7
Priorität: 1
Auftraggeber: Tobias
==========================================================================
```

Abbildung 14.14: *Alle ausstehenden Druckaufträge anzeigen*

Benötigen Sie dagegen nur eine Kurzübersicht über ausstehende Druckaufträge, dann könnte diese so aussehen:

```
strComputer = "."

Set objWMI = GetObject("winmgmts:\\" & strComputer)

wql = "Select * from Win32_PrintJob"

Set colPrintJobs = objWMI.ExecQuery(wql)

For Each objPrintJob In colPrintJobs
    intTotalJobs = intTotalJobs + 1
    intTotalPages = intTotalPages + objPrintJob.TotalPages
    If objPrintJob.TotalPages > intMaxPrintJob Then
        intMaxPrintJob = objPrintJob.TotalPages
    End If
Next
WScript.Echo "Anzahl Druckaufträge in Warteschlange: " & intTotalJobs
WScript.Echo "Gesamtzahl Seiten in Warteschlange: " & intTotalPages
WScript.Echo "Größter Auftrag in Warteschlange: " & intMaxPrintJob
```

Listing 14.37: *Kurzübersicht über ausstehende Druckaufträge*

TIPP: Ab Windows XP wird das Skript *prnjobs.vbs* standardmäßig mitinstalliert. Geben Sie in der Konsole den Befehl *prnjobs* ein, um eine Übersicht der möglichen Optionen zu erhalten.

Zugriff über ADSI

Wollen Sie die Druckaufträge eines im Netzwerk freigegebenen Druckers verwalten, dann können Sie hierfür auch ADSI einsetzen:

```
strUNC = "thinkpad2/HPLaserj"


Set objPrinter = GetObject("WinNT://" & strUNC & ",PrintQueue")
For Each objJob In objPrinter.PrintJobs
   With objJob


      WScript.Echo "Position:", .Position
      WScript.Echo "Priorität:", .Priority
      WScript.Echo "Status:", GetJobStatus(.Status)
      WScript.Echo "Auftrag erteilt:", .TimeSubmitted
      WScript.Echo "Zeit seither:", .TimeElapsed
      WScript.Echo "Größe:", FormatNumber(.Size/1024,1) & " KB"

      WScript.Echo "Seiten gesamt:", .TotalPages
      WScript.Echo "Gedruckte Seiten:", .PagesPrinted

      WScript.Echo "drucken ab frühestens:", .StartTime
      WScript.Echo "drucken bis spätestens:", .UntilTime
      WScript.Echo "Auftraggeber:", .User
      WScript.Echo "Fertigstellungs-Benachrichtigung:", .Notify
   End With
Next

Function GetJobStatus(ByVal flag)
   arrStati = Array("", "angehalten", "Fehler", "wird gelöscht", _
      "wird gespoolt", "wird gedruckt", "offline", "kein Papier", _
      "gedruckt", "gelöscht")

   For x = 0 To 11
      If (flag AND 2^x) = 2^x Then
         GetJobStatus = GetJobStatus & trenner & arrStati(x)
         trenner = ", "
      End If
   Next
End Function
```

Listing 14.38: Druckaufträge einer im Netzwerk freigegebenen Warteschlange anzeigen

Druckaufträge anhalten oder abbrechen

Jeder einzelne Druckauftrag kann angehalten, fortgesetzt und vorzeitig gelöscht werden. Möchten Sie zum Beispiel alle Druckaufträge eines Druckservers anhalten, dann geschieht dies so:

```
strComputer = "."
Set objwmi = GetObject("winmgmts:\\" & strComputer)
```

```
wql = "Select * from Win32_PrintJob"
Set colPrintJobs =  objwmi.ExecQuery(wql)

For Each objPrintJob In colPrintJobs
    objPrintJob.Pause
Next
```

Listing 14.39: Alle Druckaufträge eines Druckservers anhalten

Um alle Druckaufträge fortzusetzen, verwenden Sie anstelle von *Pause* den Befehl *Resume*:

```
strComputer = "."
Set objwmi = GetObject("winmgmts:\\" & strComputer)

wql = "Select * from Win32_PrintJob"
Set colPrintJobs =  objwmi.ExecQuery(wql)

For Each objPrintJob In colPrintJobs
    objPrintJob.Resume
Next
```

Listing 14.40: Alle Druckaufträge fortsetzen

Wollen Sie dagegen nur die Druckaufträge anhalten, die ein bestimmter Benutzer in Auftrag gegeben hat, dann wenden Sie Listing 14.39 nur auf Druckjobs an, die als *Owner* den gewünschten Benutzernamen tragen:

```
strComputer = "."
strUser = "Tobias"

Set objwmi = GetObject("winmgmts:\\" & strComputer)

wql = "Select * from Win32_PrintJob where Owner='" & strUser & "'"

Set colPrintJobs =  objwmi.ExecQuery(wql)

For Each objPrintJob In colPrintJobs
   With objPrintJob
      .Pause
      WScript.Echo .Document & " auf " & .name & " angehalten."
   End With
Next
```

Listing 14.41: Alle Druckjobs eines bestimmten Benutzers anhalten

Für eine Netzwerkdruckerwarteschlange, die Sie über ADSI verwalten, würde das Skript so aussehen:

```
strUNC = "thinkpad2/HPLaserj"
strName = "Tobias"
```

```
Set objPrinter = GetObject("WinNT://" & strUNC & ",PrintQueue")
For Each objJob In objPrinter.PrintJobs
   With objJob
      If LCase(.User) = LCase(strName) Then
         WScript.Echo .Description & " auf " & .HostPrintQueue & " wurde angehalten."
         .Pause
      End If
   End With
Next
```

Listing 14.42: Alle Druckjobs eines Benutzers in einer Druckerwarteschlange anhalten

Fehlerhafte Druckjobs abbrechen

Druckjobs können mit dem Befehl *Delete_* aus der Warteschlange gelöscht werden. Möchten Sie alle Druckjobs abbrechen, die sich in einem Fehlerstatus befinden, dann könnte dies so geschehen:

```
strComputer = "."

Set objwmi = GetObject("winmgmts:\\" & strComputer)

wql = "Select * from Win32_PrintJob where Status='Error'"

Set colPrintJobs = objwmi.ExecQuery(wql)

WScript.Echo "Fehlerhafte Druckjobs, die gelöscht werden:"
For Each objPrintJob In colPrintJobs
   With objPrintJob
      WScript.Echo .Document & " auf " & .name
      .Delete_
   End With
Next
```

Listing 14.43: Fehlerhafte Druckjobs löschen

Möchten Sie dagegen alle Druckaufträge eines Druckers abbrechen, dann wenden Sie *CancelAllJobs* an:

```
strComputer = "."
strName = "Endausdruck"

Set objWMI = GetObject("winmgmts:\\" & strComputer)
Set objPrinter = objWMI.Get("Win32_Printer='" & strName & "'")

objPrinter.CancelAllJobs
```

Listing 14.44: Alle Druckaufträge abbrechen

TIPP: Ab Windows XP wird das Skript *prnqctl.vbs* standardmäßig mitinstalliert. Geben Sie in der Konsole den Befehl *prnqctl* ein, um die möglichen Optionen zu sehen.

Über ADSI können Sie alle Druckjobs eines Netzwerkdruckers ebenfalls löschen. Hier verwenden Sie den Befehl Purge:

```
strUNC = "pc01/HPLaserj"

Set objPrinter = GetObject("WinNT://" & strUNC & ",PrintQueue")
objPrinter.Purge
```

Listing 14.45: Alle Druckaufträge einer Druckerwarteschlange löschen

Größenbeschränkung für Druckaufträge

Ausdrucke kosten Geld, und fehlerhafte Ausdrucke, die hunderte von Seiten unnütz ausdrucken, sind in vielen Unternehmen ein Ärgernis.

Möchten Sie alle Druckjobs abbrechen, die eine bestimmte Größe überschreiten, dann verwenden Sie als Kriterium entweder die Seitenzahl in *TotalPages* oder die Größe in Bytes in der Eigenschaft *Size*.

Das nächste Skript löscht alle Druckaufträge, die größer sind als 30 Seiten:

```
strComputer = "."
maxPages = 30

Set objWMI = GetObject("winmgmts:\\" & strComputer)

wql = "Select * from Win32_PrintJob where totalpages>" & maxPages

Set colPrintJobs =  objWMI   .ExecQuery(wql)

WScript.Echo "Übergroße Druckjobs, die gelöscht werden:"
For Each objPrintJob In colPrintJobs
   With objPrintJob
      WScript.Echo .Document & " auf " & .name
      .Delete_
   End With
Next
```

Listing 14.46: Druckaufträge löschen, die größer sind als 30 Seiten

Allerdings werden die Druckaufträge nur gelöscht, wenn Sie das Skript zum richtigen Zeitpunkt aufrufen – dies ist schlecht. Besser macht es das nächste Skript, das automatisch Ereignisse überwacht und von selbst tätig wird, sobald ein Druckauftrag eingerichtet wird, der das Seitenlimit überschreitet.

```
strComputer = "."
maxPages = 30

Set objWMI = GetObject("winmgmts:\\" & strComputer)

wql = "Select * from __InstanceModificationEvent within 5 where targetinstance isa 'Win32_PrintJob' and targetinstance.totalpages>" & maxPages

Set objEvent = objWMI.ExecNotificationQuery(wql)

WScript.Echo "Druckerüberwachung aktiv."

Do
```

```
    Set objTarget = objEvent.NextEvent
    With objTarget.TargetInstance
        WScript.Echo .document & " auf " & .name & " gelöscht, weil es mit " _
            & .totalpages & " Seiten das Limit überschreitet."
        .Delete_
    End With
Loop
```

Listing 14.47: Automatisch ereignisbasiert Aufträge abbrechen, die größer als 30 Seiten sind

TIPP: Die Zahl hinter »WITHIN« gibt an, in welchen Intervallen die Druckaufträge überwacht werden sollen. Das Skript überwacht die Aufträge also in 5-Sekunden-Intervallen. Experimentieren Sie mit dem Wert, um das optimale Maß zwischen schneller Reaktion einerseits und CPU-Belastung andererseits für Ihre Druckserver zu finden.

Druckaufträge bei Wartungsarbeiten abbrechen

Müssen Druckaufträge eines Druckservers abgebrochen werden, weil der Druckserver längere Zeit außer Dienst geht, dann sollten die Auftraggeber der Aufträge informiert werden, damit sie die Aufträge auf einem anderen Drucker neu ausdrucken.

Das folgende Skript protokolliert, welche Benutzer auf einem Druckserver derzeit Aufträge eingereicht haben, löscht die Aufträge und informiert die Benutzer über *MSG.EXE*.

```
Set WshShell = WScript.CreateObject("Wscript.Shell")
Set objDict = CreateObject("Scripting.Dictionary")
objDict.CompareMode = 1

strComputer = "."

Set objwmi = GetObject("winmgmts:\\" & strComputer)

wql = "Select * from Win32_PrintJob"
Set colInstalledPrintJobs =  objwmi.ExecQuery(wql)

For Each objPrintJob In colInstalledPrintJobs
    strPrinterName = Split(objPrintJob.Name,",",-1,1)
    If Not objDict.Exists(objPrintJob.Notify) Then
        objDict.Add objPrintJob.Notify, strPrinterName(0)
    Else
        objDict(objPrintJob.Notify) = objDict(objPrintJob.Notify) & ", " & strPrinterName(0)
    End If
Next

For Each person In objDict
    msg = "Sie haben Dokumente auf dem Drucker """ & objDict(person)
    msg = msg & """ gedruckt. Ihre Druckaufträge musstem im Rahmen von "
    msg = msg & "Wartungsarbeiten gelöscht werden. Sie müssen Ihre "
    msg = msg & "Druckaufträge voraussichtlich erneut drucken."
    cmd = "%comspec% /c msg " & person & " " & """" & msg & """"
    WshShell.Run cmd, 0, True
Next

wql = "Select * from Win32_Printer"
```

Drucker und Dienste

```
Set colInstalledPrinters = objwmi.ExecQuery(wql)

For Each objPrinter In colInstalledPrinters
    objPrinter.CancelAllJobs
Next
```

Listing 14.48: Alle Druckaufträge abbrechen und Auftraggeber informieren

Druckjob-Eigenschaften

Öffnen Sie einen Druckauftrag in der Druckerwarteschlange, dann öffnet sich das Fenster mit den Detaileigenschaften.

Für den Administrator besonders interessant sind die Priorität und der Zeitplan. Die Priorität gibt an, in welcher Reihenfolge die Aufträge an den Drucker gesendet werden. Große Aufträge sollen häufig eine niedrigere Priorität erhalten, damit sie erst dann gedruckt werden, wenn keine anderen Aufträge mehr anstehen.

Auch der Zeitplan dient der Auftragssteuerung und kann zum Beispiel so eingestellt werden, dass Aufträge über einer bestimmten Größe erst abends gedruckt werden.

Abbildung 14.15: Detail-Eigenschaften eines Druckauftrags

Listing 14.36 hatte bereits demonstriert, wie Sie diese Detailinformationen mit Hilfe des WMI-Dienstes auslesen. Leider ist der WMI-Dienst aber nicht in der Lage, die Eigenschaften der Druckaufträge zu ändern.

Wenn Sie also die Priorität oder die Druckzeiten für einen Druckauftrag festlegen wollen, gelingt dies nur über ADSI, also grundsätzlich nur bei im Netzwerk freigegebenen Druckern.

Das nächste Skript untersucht alle Druckaufträge einer Druckerwarteschlange. Aufträge über 500.000 Byte Größe erhalten eine niedrigere Priorität und werden so nach allen kleinen Aufträgen gedruckt.

```
strUNC = "PC01/HPLaserj"
strName = "Tobias"
maxSize = 500000

Set objPrinter = GetObject("WinNT://" & strUNC & ",PrintQueue")
For Each objJob In objPrinter.PrintJobs
    With objJob
        If .Size > maxSize Then
            .Priority = 2
        Else
            .Priority = 3
        End If

        .SetInfo
    End With
Next
```

Listing 14.49: *Aufträge ab 500.000 Byte Größe erhalten eine niedrigere Priorität*

Eine andere Variante zeigt das folgende Skript, das bei Druckaufträgen über 500.000 Byte die Start- und Endzeiten so setzt, dass solche Aufträge nur abends und nachts zwischen 16:00 Uhr und 7:30 Uhr gedruckt werden.

```
strUNC = "thinkpad2/HPLaserj"
strName = "Tobias"
maxSize = 500000

Set objPrinter = GetObject("WinNT://" & strUNC & ",PrintQueue")
For Each objJob In objPrinter.PrintJobs
    With objJob
        If .Size > maxSize Then
            .StartTime = TimeSerial(16,00,00)
            .UntilTime = TimeSerial(07,30,00)
        Else
            .StartTime = TimeSerial(00,00,00)
            .UntilTime = TimeSerial(00,00,00)
        End If

        .SetInfo
    End With
Next
```

Listing 14.50: *Große Aufträge nur zwischen 16:00 und 7:30 Uhr drucken*

15 Dienste

367 Überblick
371 Auf Dienste zugreifen
373 Dienste starten und stoppen
378 Detailinformationen zu Diensten anzeigen
379 Detailinformationen zu Diensten ändern
383 Dienste überwachen
389 Dienste installieren
391 Abhängigkeiten anzeigen

Dienste sind spezielle Programme, die vom System automatisch oder bei Bedarf gestartet werden, und in einem eigenen Benutzerkontext laufen. Dienste stehen also unabhängig davon zur Verfügung, ob und welcher Benutzer angemeldet ist.

Überblick

Sie verwalten Dienste über das MMC-Snap-In *Dienste*, das Sie mit dem Befehl *services.msc* öffnen.

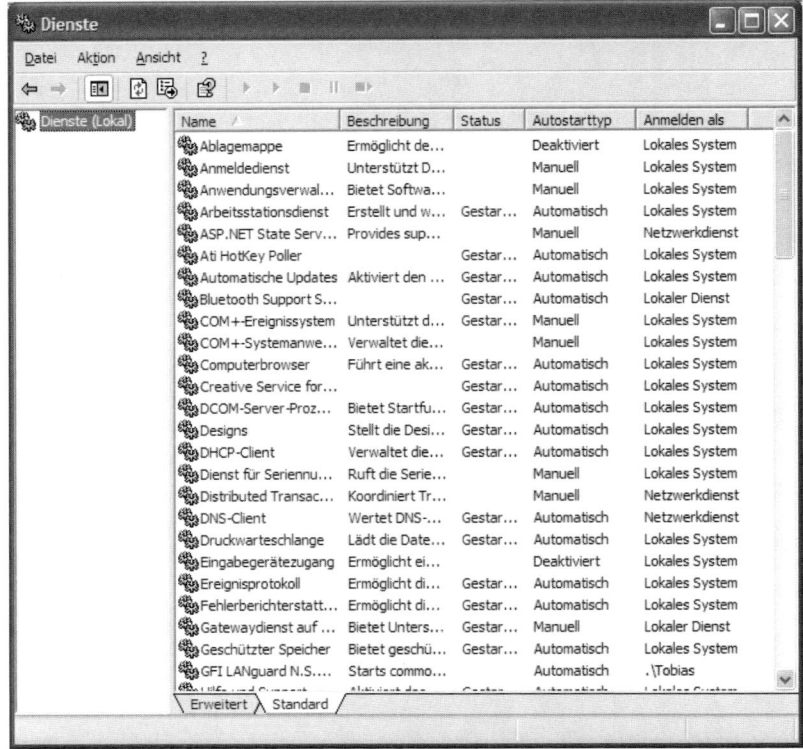

Abbildung 15.1: Dienste eines Computers

Skripts können Dienste sowohl über den WMI-Dienst als auch über ADSI verwalten. Die Informationen aus dem Dialogfeld aus Abbildung 15.1 entsprechen den folgenden Eigenschaften:

Feld	WMI	ADSI
Name	Name	Name
Beschreibung	Description	
Status	State, Status	Status
Autostarttyp	StartMode	StartType
Anmelden als	StartName	ServiceAccountName

Tabelle 15.1: Informationen über Dienste ermitteln

Skripts können diese Informationen sowohl über den WMI-Dienst (▶ Listing 15.1) als auch über ADSI (▶ Listing 15.3) sichtbar machen.

Öffnen Sie im *Dienste*-Dialogfeld einen bestimmten Dienst, dann sehen Sie dessen Detailinformationen.

Allgemein

Auf der *Allgemein*-Registerkarte können Sie die Dienst-Konfiguration ändern, und den Dienst starten oder anhalten.

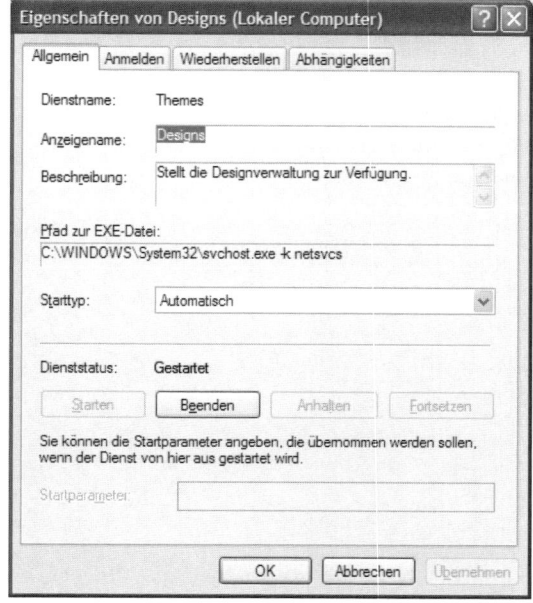

Abbildung 15.2: Detailinformationen zu einem bestimmten Dienst

Auch die Informationen in diesem Dialogfeld können über Skripts gesteuert werden:

Feld	WMI	ADSI
Dienstname	Name	Name
Anzeigename	DisplayName	DisplayName
Pfad zur EXE-Datei	PathName	Path
Starttyp	StartMode, ChangeStartMode	StartType
Dienststatus	State, Status	Status
Starten	StartService, AcceptStart	Start
Beenden	StopService, AcceptStop	Stop
Anhalten	PauseService	Pause
Fortsetzen	ResumeService	Continue
Startparameter	PathName	Path

Tabelle 15.2: Die Allgemein-Informationen verwalten

Anmelden

Jedem Dienst ist ein eigenes Konto zugewiesen. Über dieses Konto kann der Dienst auch dann ausgeführt werden, wenn kein anderer Benutzer am System angemeldet ist.

Das Dienstkonto ist sicherheitskritisch, denn es muss dem Dienst einerseits die benötigten Rechte liefern, sollte aber andererseits dem »Least Privilege«-Prinzip genügen, um Missbrauch vorzubeugen, also so wenig Rechte wie möglich gewähren.

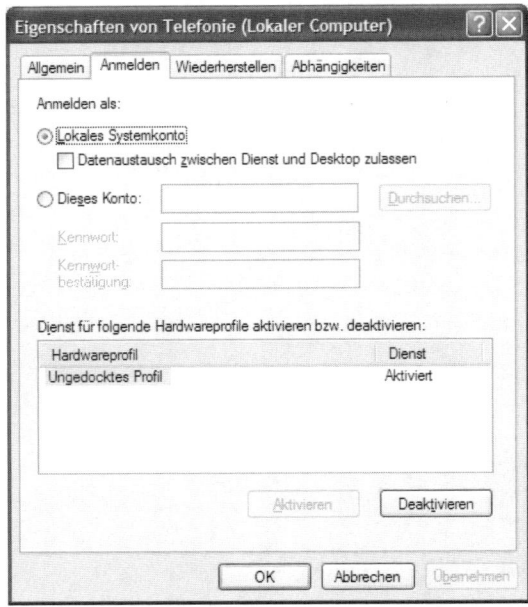

Abbildung 15.3: *Anmeldeinformationen eines Dienstes*

Skripts können das aktuelle Dienstkonto eines Dienstes auslesen. Skripts können aber auch das Dienstkonto neu setzen oder das Kennwort selbstdefinierter Dienstkonten aktualisieren.

Feld	WMI	ADSI
Anmelden als	StartName, Change	ServiceAccountName
Kennwort	Change	SetPassword

Tabelle 15.3: *Funktionen zur Einstellung des Dienst-Kontos*

Beispiele hierzu finden Sie ab ▶ Listing 15.21.

Abhängigkeiten

Dienste benötigen möglicherweise andere Dienste, um funktionieren zu können. Diese Abhängigkeiten werden auf der Registerkarte *Abhängigkeiten* im oberen Feld genannt.

Dienste, die vom ausgewählten Dienst selbst abhängen und also nur funktionieren können, wenn dieser Dienst läuft, werden im unteren Feld genannt.

Skripts können die Abhängigkeiten über WMI-Assoziationen sichtbar machen. Das kann wichtig sein, wenn Sie planen, einen Dienst zu stoppen, damit Sie schon im Vorfeld erkennen können, welche anderen Dienste dadurch beeinflusst werden könnten. Beispiele finden Sie ab ▶ Listing 15.34.

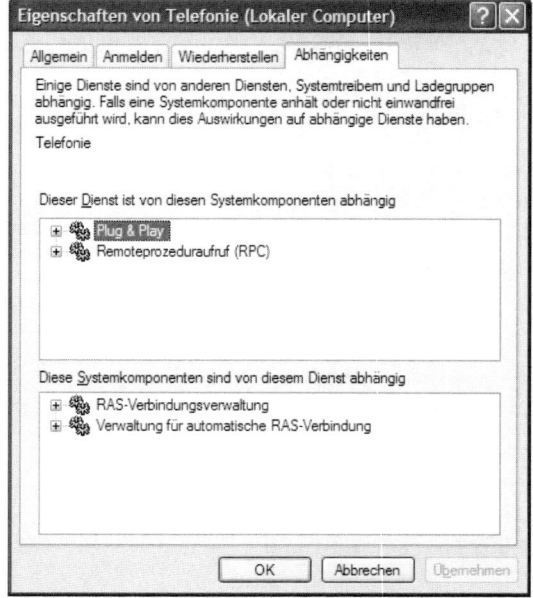

Abbildung 15.4: Abhängigkeiten eines Dienstes erforschen

Auf Dienste zugreifen

Dienste können über den WMI-Dienst und über ADSI verwaltet werden. Beide Varianten werden jetzt an zahlreichen Beispielen erläutert.

WMI verwenden

WMI repräsentiert Dienste mit der Klasse *Win32_Service*. Wollen Sie alle Dienste eines Computers ähnlich wie in Abbildung 15.1 auflisten, dann erfragen Sie die Instanzen dieser Klasse:

```
strServer = "."
Set objWMI = GetObject("winmgmts:\\" & strServer  & "\ROOT\CIMV2")
wql = "Select * from Win32_Service"

Set colResult = objWMI.ExecQuery(wql,,48)

For Each objInstance In colResult
   With objInstance
      WScript.Echo "Name:", .Name
      WScript.Echo "deutscher Name:", .DisplayName
      WScript.Echo "Status:", .State
      WScript.Echo "Status:", .Status
      WScript.Echo "Autostarttyp:", .StartMode
      WScript.Echo "Anmelden als:", .StartName
      WScript.Echo string(80, "=")
   End With
Next
```

Listing 15.1: Alle Dienste eines Computers auflisten

Auf einen bestimmten Dienst zugreifen

Kennen Sie den englischen Standardnamen eines Dienstes, dann können Sie per Skript auch direkt darauf zugreifen. Dieser Weg ist wichtig, wenn Sie einen bestimmten Dienst kontrollieren wollen. Das folgende Skript spricht den Dienst »Themes« an und zeigt mit *GetObjectText_* alle Informationen an, die der Dienst liefert:

```
strServer = "."
strName = "Themes"

Set objWMI = GetObject("winmgmts:\\" & strServer  & "\ROOT\CIMV2")
Set objDienst = objWMI.Get("Win32_Service='" & strName & "'")

WScript.Echo objDienst.GetObjectText_
```

Listing 15.2: *Auf einen namentlich bekannten Dienst zugreifen*

ADSI verwenden

Möchten Sie per ADSI alle Dienste eines Computers auflisten, dann verwenden Sie den *WinNT:*-Provider und gehen so vor:

```
strServer = "."

Set objComputer = GetObject("WinNT://" & strServer)
objComputer.Filter = Array("Service")

arrStatus = Array("", "gestoppt", "wird gestartet", _
   "wird gestoppt", "läuft", "wird fortgesetzt", _
   "wird angehalten", "angehalten", "Fehler")

arrStartType = Array("Autostart Boot", "Autostart Windows", _
   "Autostart Controlmanager", "manuell", "deaktiviert")

For Each objService In objComputer
   With objService
      WScript.Echo "Name:", .Name
      WScript.Echo "deutscher Name:", .DisplayName
      WScript.Echo "Status:", .Status
      WScript.Echo arrStatus(.Status)
      WScript.Echo "Autostarttyp:", .StartType
      WScript.Echo arrStartType(.StartType)

      WScript.Echo "Anmelden als:", .ServiceAccountName
      WScript.Echo string(80, "=")
   End With
Next
```

Listing 15.3: *Alle Dienste über ADSI auflisten*

Da die Eigenschaften *Status* und *StartType* nur einen zunächst unverständlichen Zahlenwert zurückliefern, legt das Skript für beide Eigenschaften jeweils ein Variablenfeld mit den Klartextbeschreibungen an und kann dann die Klartextinformationen anzeigen, indem der Zahlenwert als Index ins Variablenfeld verwendet wird.

Auf einen bestimmten Dienst zugreifen

Möchten Sie mit ADSI einen bestimmten Dienst ansprechen, dann verbinden Sie sich zuerst mit dem Computer und greifen dann den Dienst gezielt aus diesem Container heraus.

Das folgende Skript zeigt die Einstellungen des Dienstes »wuauserv«, also des Dienstes für die Automatischen Updates:

```
strServer = "."

Set objComputer = GetObject("WinNT://" & strServer)

arrStatus = Array("", "gestoppt", "wird gestartet", _
    "wird gestoppt", "läuft", "wird fortgesetzt", _
    "wird angehalten", "angehalten", "Fehler")

arrStartType = Array("Autostart Boot", "Autostart Windows", _
    "Autostart Controlmanager", "manuell", "deaktiviert")

Set objService = objComputer.GetObject("service", "wuauserv")

With objService
    WScript.Echo "Name:", .Name
    WScript.Echo "deutscher Name:", .DisplayName
    WScript.Echo "Status:", .Status
    WScript.Echo arrStatus(.Status)
    WScript.Echo "Autostarttyp:", .StartType
    WScript.Echo arrStartType(.StartType)

    WScript.Echo "Anmelden als:", .ServiceAccountName
    WScript.Echo string(80, "=")
End With
```

Listing 15.4: Den Dienst für die Automatischen Updates auslesen

Dienste starten und stoppen

Skripts können Dienste starten, anhalten und stoppen.

Dienst beenden

Nicht alle Dienste können beendet werden. Bei Diensten, die gar nicht ausgeführt werden, ist das selbstverständlich. Andere Dienste erlauben nicht, beendet zu werden. Das nächste Skript ermittelt alle Dienste, die angehalten werden können:

```
strComputer = "."

Set objWMI = GetObject("winmgmts:\\" & strComputer)

wql = "Select * from Win32_Service Where AcceptStop = True"

Set colServices = objWMI.ExecQuery(wql,,48)
```

```
WScript.Echo "Dienste, die beendet werden können:"
For Each objService In colServices
    WScript.Echo "-", objService.DisplayName
Next
```

Listing 15.5: Dienste auflisten, die angehalten werden können

Das folgende Skript beendet den Nachrichtendienst (»Messenger«) mit Hilfe von WMI:

```
strServer = "."
strName = "Messenger"

Set objWMI = GetObject("winmgmts:\\" & strServer  & "\ROOT\CIMV2")
Set objDienst = objWMI.Get("Win32_Service='" & strName & "'")

With objDienst
   If .AcceptStop Then
      rv = objDienst.StopService
      WScript.Echo rv
   Else
      WScript.Echo "Dienst kann nicht gestoppt werden."
      WScript.Echo "Er läuft möglicherweise nicht."
   End If
End With
```

Listing 15.6: Einen Dienst stoppen

Über ADSI beenden Sie einen Dienst auf diese Weise:

```
strServer = "."
strName = "Messenger"

Set objComputer = GetObject("WinNT://" & strServer)
Set objService = objComputer.GetObject("service", strName)

On Error Resume Next
   objService.Stop
   rv = Err.number
On Error Goto 0

Select Case rv
   Case 0
      WScript.Echo "OK"
   Case &h80070425
      WScript.Echo "Dienst reagiert zurzeit nicht."
   Case &h80070426
      WScript.Echo "Dienst wird nicht ausgeführt."
   Case Else
      WScript.Echo "Fehlercode: &h" & Hex(rv)
End Select
```

Listing 15.7: Einen Dienst mit ADSI beenden

Die Eigenschaft *State* verrät, ob ein Dienst ausgeführt wird oder nicht. Das folgende Skript listet alle Dienste auf, die nicht ausgeführt werden:

```
strComputer = "."

Set objWMI = GetObject("winmgmts:\\" & strComputer)

wql = "SELECT * FROM Win32_Service WHERE State<>'Running'"

Set colServices = objWMI.ExecQuery(wql,,48)

WScript.Echo "Diese Dienste werden nicht ausgeführt:"
For Each objService In colServices
   With objService
      WScript.Echo .DisplayName, .StartMode
   End With
Next
```

Listing 15.8: *Alle inaktiven Dienste auflisten*

Dienst starten

Wollen Sie den Dienst wieder starten, dann verwenden Sie bei WMI die Funktion *StartService*:

```
strServer = "."
strName = "Messenger"

Set objWMI = GetObject("winmgmts:\\" & strServer  & "\ROOT\CIMV2")
Set objDienst = objWMI.Get("Win32_Service='" & strName & "'")

With objDienst
   rv = objDienst.StartService
   Select Case rv
      Case 0
         WScript.Echo "OK"
      Case 10
         WScript.Echo "Dienst läuft bereits"
      Case Else
         WScript.Echo "Fehlercode: " & rv
   End Select
End With
```

Listing 15.9: *Einen Dienst starten*

Über ADSI starten Sie einen Dienst auf folgende Weise:

```
strServer = "."
strName = "Messenger"

Set objComputer = GetObject("WinNT://" & strServer)
Set objService = objComputer.GetObject("service", strName)

On Error Resume Next
   objService.Start
```

```
      rv = Err.number
On Error Goto 0

Select Case rv
   Case 0
      WScript.Echo "OK"
   Case &h80070420
      WScript.Echo "Dienst wird bereits ausgeführt."
   Case Else
      WScript.Echo "Fehlercode: &h" & Hex(rv)
End Select
```

Listing 15.10: Dienst mit ADSI beenden

Dienst anhalten

Um einen Dienst anzuhalten, verwenden Sie bei WMI die Funktion *PauseService*. Nicht alle Dienste können angehalten werden.

Das folgende Skript ermittelt zunächst eine Liste der Dienste, die angehalten werden können:

```
strComputer = "."

Set objWMI = GetObject("winmgmts:\\" & strComputer)

wql = "Select * from Win32_Service Where AcceptPause = True"

Set colServices = objWMI.ExecQuery(wql,,48)

WScript.Echo "Dienste, die angehalten werden können:"
For Each objService In colServices
    WScript.Echo "-", objService.DisplayName
Next
```

Listing 15.11: Dienste ermitteln, die angehalten werden können

Dieses Skript hält einen Dienst an:

```
strServer = "."
strName = "Messenger"

Set objWMI = GetObject("winmgmts:\\" & strServer & "\ROOT\CIMV2)
Set objDienst = objWMI.Get("Win32_Service='" & strName & "'")

With objDienst
   If .AcceptPause Then
      rv = objDienst.PauseService
      WScript.Echo rv
   Else
      WScript.Echo "Dienst kann nicht angehalten werden."
   End If
End With
```

Listing 15.12: Einen Dienst anhalten

Über ADSI halten Sie einen Dienst auf diese Weise an:

```
strServer = "."
strName = "Messenger"

Set objComputer = GetObject("WinNT://" & strServer)
Set objService = objComputer.GetObject("service", strName)

On Error Resume Next
   objService.Pause
   rv = Err.number
On Error Goto 0

Select Case rv
   Case 0
      WScript.Echo "OK"
   Case &h80070425
      WScript.Echo "Dienst reagiert zurzeit nicht."
   Case &h80070426
      WScript.Echo "Dienst wird nicht ausgeführt."
   Case &h8007041C
      WScript.Echo "Dieser Dienst kann nicht angehalten werden."
   Case Else
      WScript.Echo "Fehlercode: &h" & Hex(rv)
End Select
```

Listing 15.13: Einen Dienst mit ADSI anhalten

Dienst fortsetzen

Um einen angehaltenen Dienst wieder fortzusetzen, verwenden Sie bei WMI die Funktion *ResumeService*.

```
strServer = "."
strName = "Messenger"

Set objWMI = GetObject("winmgmts:\\" & strServer & "\ROOT\CIMV2")
Set objDienst = objWMI.Get("Win32_Service='" & strName & "'")

With objDienst
   rv = objDienst.ResumeService
   Select Case rv
      Case 0
         WScript.Echo "OK"
      Case 6
         WScript.Echo "Dienst läuft nicht"
      Case 10
         WScript.Echo "Dienst läuft bereits"
      Case Else
         WScript.Echo "Fehlercode: " & rv
   End Select
End With
```

Listing 15.14: Einen Dienst fortsetzen

Über ADSI setzen Sie einen Dienst auf diese Weise fort:

```
strServer = "."
strName = "Messenger"

Set objComputer = GetObject("WinNT://" & strServer)
Set objService = objComputer.GetObject("service", strName)

On Error Resume Next
   objService.Continue
   rv = Err.number
On Error Goto 0

Select Case rv
   Case 0
      WScript.Echo "OK"
   Case &h80070425
      WScript.Echo "Dienst reagiert zurzeit nicht."
   Case &h80070426
      WScript.Echo "Dienst wird nicht ausgeführt."
   Case &h8007041C
      WScript.Echo "Dieser Dienst kann nicht fortgesetzt werden."
   Case Else
      WScript.Echo "Fehlercode: &h" & Hex(rv)
End Select
```

Listing 15.15: Einen Dienst mit ADSI fortsetzen

Das nächste Skript setzt alle Dienste fort, die als Startmode »Autostart« verwenden und zurzeit angehalten sind:

```
strComputer = "."
Set objWMI = GetObject("winmgmts:\\" & strComputer)

wql = "Select * from Win32_Service Where State='Paused' and StartMode='Auto'"
Set colServices = objWMI.ExecQuery(wql,,48)

For Each objService In colServices
   WScript.Echo objService.DisplayName & " fortgesetzt..."
   objService.ResumeService
Next

WScript.Echo "OK"
```

Listing 15.16: Alle angehaltenen Autostartdienste fortsetzen

Detailinformationen zu Diensten anzeigen

Möchten Sie die Detailinformationen eines Dienstes ähnlich wie in Abbildung 15.2 per Skript auslesen, dann gehen Sie vor wie eben beschrieben und lesen die entsprechenden Eigenschaften aus. Dabei werden Sie feststellen, dass Skripts weit mehr Informationen in Erfahrung bringen als im Dialogfeld sichtbar sind.

Über WMI stehen diese Informationen zur Verfügung:

```
strServer = "."
strName = "Themes"

Set objWMI = GetObject("winmgmts:\\" & strServer  & "\ROOT\CIMV2")
Set objDienst = objWMI.Get("Win32_Service='" & strName & "'")

With objDienst
   WScript.Echo "Name:", .Name
   WScript.Echo "deutscher Name:", .Caption
   WScript.Echo "Anzeigename", .DisplayName
   WScript.Echo "Beschreibung:", .Description
   WScript.Echo "Starttyp", .StartMode
   WScript.Echo "Typ:", .ServiceType
   WScript.Echo "Installiert am:", .InstallDate
   WScript.Echo "Anmelden als", .StartName
   WScript.Echo "Datenaustausch zwischen Dienst und Desktop zulassen:", _
   .DesktopInteract
   WScript.Echo "Pfad zur EXE-Datei:", .PathName
   WScript.Echo "Prozess-ID:", .ProcessId
   WScript.Echo "Dienststatus:", .State
   WScript.Echo "Dienststatus:", .Status
   WScript.Echo "gestartet:", CStr(.Started)
   WScript.Echo "kann angehalten werden:", CStr(.AcceptPause)
   WScript.Echo "kann beendet werden:", cStr(.AcceptStop)
   WScript.Echo "Rückgabewert:", .ExitCode
   WScript.Echo "spezifischer Rückgabewert:", .ServiceSpecificExitCode
   WScript.Echo "Zähler:", .CheckPoint
   WScript.Echo "Millisekunden:", .WaitHint
end with
```

Listing 15.17: Dienst-Informationen mit WMI auslesen

TIPP: Nähere Informationen zu den Eigenschaften erhalten Sie hier: *http://msdn.microsoft.com/library/en-us/wmisdk/wmi/Win32_Service.asp*. Die meisten Eigenschaften sind selbsterklärend, aber einige Eigenschaften wie *CheckPoint* oder *WaitHint* werden nur in seltenen Fällen benötigt und sind im Internet genauer dokumentiert. Beide Eigenschaften geben Hinweise darauf, wie lange ein Start- oder Stop-Vorgang dauern wird.

ADSI liefert keine wesentlichen über Listing 15.4 hinaus gehenden Informationen.

Detailinformationen zu Diensten ändern

Einige Eigenschaften eines Dienstes können von Skripts geändert werden. Dazu dient die WMI-Methode *Change*.

Anzeigename ändern

Möchten Sie zum Beispiel den Anzeigenamen eines Dienstes ändern, dann rufen Sie die *Change*-Methode des Dienstes auf und übergeben den neuen Anzeigenamen. Das nächste Skript benennt den Anzeigenamen des Dienstes »Messenger« um von »Nachrichtendienst« nach »Mein Dienst«:

```
strServer = "."
strName = "Messenger"
'strDisplayName = "Nachrichtendienst"
strDisplayName = "Mein Dienst"

Set objWMI = GetObject("winmgmts:\\" & strServer  & "\ROOT\CIMV2")
Set objDienst = objWMI.Get("Win32_Service='" & strName & "'")

With objDienst
   rv = .change(strDisplayName)
     WScript.Echo rv
End With
```

Listing 15.18: Nachrichtendienst umbenennen

EXE-Datei ändern

Möchten Sie die EXE-Datei des Dienstes ändern, dann wenden Sie ebenfalls Change an und übergeben den Pfadnamen der neuen EXE-Datei als zweites Argument.

ACHTUNG: Ändern Sie niemals wahllos den EXE-Datei-Namen eines Dienstes, da der Dienst dann vermutlich nicht mehr funktionieren wird. Im folgenden Beispiel wird der EXE-Datei-Name des Nachrichtendienstes geändert. Führen Sie das Beispiel nur aus, wenn Sie genau wissen, dass der Nachrichtendienst im Augenblick bei Ihnen nicht benötigt wird und wenn Sie den EXE-Datei-Namen des Dienstes zuvor notiert haben, damit Sie ihn anschließend wiederherstellen können.

```
strServer = "."
strName = "Messenger"
'strPath = "C:\WINDOWS\System32\svchost.exe -k netsvcs"
strPath = "c:\notepad.exe"

Set objWMI = GetObject("winmgmts:\\" & strServer  & "\ROOT\CIMV2")
Set objDienst = objWMI.Get("Win32_Service='" & strName & "'")

With objDienst
   rv = .change(,strPath)
     WScript.Echo rv
End With
```

Listing 15.19: EXE-Datei-Pfadname des Nachrichtendienstes ändern

Starttyp ändern

Möchten Sie den Starttyp eines Dienstes ändern, dann verwenden Sie die WMI-Methode *ChangeStartType*.

Das folgende Skript ändert den Starttyp des Nachrichtendienstes auf »Deaktiviert«:

```
strServer = "."
strName = "Messenger"

Set objWMI = GetObject("winmgmts:\\" & strServer  & "\ROOT\CIMV2")
Set objDienst = objWMI.Get("Win32_Service='" & strName & "'")

With objDienst
   rv = .ChangeStartMode("Disabled")
   WScript.Echo rv
End With
```

Listing 15.20: Den Nachrichtendienst deaktivieren

Die folgenden Argumente sind für *ChangeStartType* erlaubt:

Argument	Bedeutung
Boot	Dienst wird vom Betriebssystem-Loader gestartet
System	Dienst wird bei der Initialisierung von Windows gestartet
Automatic	Dienst wird beim Hochfahren von Windows gestartet
Manual	Dienst kann manuell gestartet werden
Disabled	Dienst kann nicht gestartet werden

Tabelle 15.4: Start-Typen eines Dienstes

Dienstkonto ändern

Normalerweise werden Dienste im Kontext eines Systemkontos ausgeführt. Müssen Sie einen Dienst unter einem anderen Konto ausführen, dann können Sie das Dienstkonto folgendermaßen ändern:

```
strServer = "."
strName = "Messenger"

strUser = "technet\Tobias"
strPwd = "Geheim99"

Set objWMI = GetObject("winmgmts:\\" & strServer  & "\ROOT\CIMV2")
Set objDienst = objWMI.Get("Win32_Service='" & strName & "'")

With objDienst
   rv = .Change(,,,,,, strUser, strPwd)
   WScript.Echo rv
End With
```

Listing 15.21: Dienstkonto ändern

Dieses Skript ändert das Konto des Nachrichtendienstes und verwendet das Konto »technet\Tobias« mit einem festgelegten Kennwort.

ACHTUNG: Ändern Sie Dienstkonten nur, wenn Sie sich über die Konsequenzen im Klaren sind. Dienste benötigen häufig spezielle Rechte.

Möchten Sie einem Dienst das lokale Systemkonto zuweisen, dann geben Sie als Kontoname »LocalSystem« an:

```
strServer = "."
strName = "Messenger"


Set objWMI = GetObject("winmgmts:\\" & strServer  & "\ROOT\CIMV2")
Set objDienst = objWMI.Get("Win32_Service='" & strName & "'")

With objDienst
   rv = .Change(,,,,,, "LocalSystem")
   WScript.Echo rv
End With
```

Listing 15.22: *Nachrichtendienst mit dem Konto »LocalSystem ausführen«*

Dienst-Kennworte ändern

Wenn Sie Diensten eigene Dienstkonten zugewiesen haben, dann sollten auch für diese Konten die Kennworte in regelmäßigen Intervallen geändert werden. Skripts können dies für Sie automatisieren.

Das nächste Skript ändert das Kennwort bei allen Diensten, die unter dem hypothetischen Konto »sqlsvc@technet.local« ausgeführt werden:

```
strServer = "."
strUser = "sqlsvc@technet.local"
strPwd = "Geheim99"

Set objWMI = GetObject("winmgmts:\\" & strServer  & "\ROOT\CIMV2")

wql = "select * from Win32_Service where startname='" & strUser & "'"
Set collServices = objWMI.ExecQuery(wql,,48)

c = 0
For Each objDienst In collServices
   WScript.Echo objDienst.DisplayName
   rv = objDienst.Change(,,,,,,,strPwd)
   WScript.Echo "Rückgabewert: " & rv
   c = c + 1
Next

WScript.Echo "Kennwort bei " & c & " Diensten geändert."
```

Listing 15.23: *Kennwort für ein bestimmtes Dienstkonto bei allen Diensten ändern*

WICHTIG: Möchten Sie das Dienstkonto lieber in klassischer Schreibweise angeben, dann achten Sie darauf, dass das »\«-Zeichen doppelt geschrieben werden muss. Das Dienstkonto »sqlsvc« des Computers »server12« wird also so benannt: »server12\\sqlsvc«.

Über ADSI können Sie das Dienstkonto eines Dienstes nicht ändern, wohl aber dessen Kennwort. Das nächste Skript ändert das Kennwort des Nachrichtendienstes. Es dient nur als Anschauungsobjekt und würde voraussetzen, dass Sie dem Dienst zuvor ein Dienstkonto zugewiesen haben. Standardmäßig verwendet der Dienst das lokale System-Konto, dem kein Kennwort zugewiesen werden kann:

```
strServer = "."
strName = "Messenger"
strPwd = "Geheim98"

Set objComputer = GetObject("WinNT://" & strServer)


Set objService = objComputer.GetObject("service", strName)
objService.SetPassword strPwd
```

Listing 15.24: Dienstkonto-Kennwort mit ADSI ändern

Dienste überwachen

Da Dienste häufig unternehmenskritische oder zumindest für den Computer funktionskritische Aufgaben ausführt, ist die Überwachung von Diensten ein wichtiger Aspekt.

Skripts können Dienste auf vielfältige Weise überwachen:

- **Ereignisanzeige:** Skripts können relevante Informationen aus den Ereignislogbüchern auswerten.
- **Funktionsdaten:** Skripts können Dienste zu Prozessen in Beziehung setzen und so die Funktion von Diensten besser nachvollziehbar machen.
- **Eventüberwachung:** Skripts können auf Änderungen in Dienst-Stati reagieren und zum Beispiel eine Alarmierung versenden, wenn ein Dienst nicht mehr funktioniert.

Ereignislogbuch-Einträge zu Diensten auflisten

Das Ereignislogbuch protokolliert wichtige Systemmeldungen, wird aber im Alltag nur selten zurate gezogen. Skripts können die oftmals schier überwältigende Flut von Einträgen im Ereignislogbuch filtern und nur die für Dienste relevanten Einträge extrahieren.

Das nächste Skript meldet zum Beispiel alle Ereignisse aus dem System-Logbuch mit der Ereigniskennung 7036, die bei Start- und Stopvorgängen von Diensten auftreten:

```
Set dtmConvertedDate = CreateObject("WbemScripting.SWbemDateTime")

strComputer = "."

Set objWMI = GetObject("winmgmts:\\" & strComputer)

wql = "Select * from Win32_NTLogEvent Where Logfile='System' and EventCode='7036'"
Set colServiceEvents = objWMI.ExecQuery(wql,,48)

For Each strEvent In colServiceEvents
    dtmConvertedDate.Value = strEvent.TimeWritten
    WScript.Echo dtmConvertedDate.GetVarDate, Replace(strEvent.Message, vbCrLf, "")
Next
```

Listing 15.25: Alle Ereignisse mit ID 7036 aus dem System-Logbuch lesen

Dienste

Interessieren Sie sich für sämtliche Ereignisse, die der Service Control Manager meldet, dann suchen Sie nicht nach einer speziellen Eigenschaft in *EventCode*, sondern nach einem bestimmten *SourceName*:

```
Set dtmConvertedDate = CreateObject("WbemScripting.SWbemDateTime")

strComputer = "."

Set objWMI = GetObject("winmgmts:\\" & strComputer)

wql = "Select * from Win32_NTLogEvent Where Logfile='System' and SourceName='Service Control Manager'"
Set colServiceEvents = objWMI.ExecQuery(wql,,48)

For Each strEvent In colServiceEvents
   WScript.Echo strEvent.SourceName
    dtmConvertedDate.Value = strEvent.TimeWritten
     WScript.Echo dtmConvertedDate.GetVarDate, Replace(strEvent.Message, vbCrLf, "")
Next
```

Listing 15.26: *Alle Ereignisse des Service Control Managers auflisten*

Wollen Sie das Ergebnis von Listing 15.26 weiter filtern und zum Beispiel nur die Einträge sehen, die im Meldungstext den Begriff »Windows Installer« verwenden, dann kann ein Skript den Meldungstext mit *Instr* durchsuchen und die Meldungen entsprechend ausfiltern, die Sie interessieren:

```
Set dtmConvertedDate = CreateObject("WbemScripting.SWbemDateTime")

strComputer = "."
strService = "Windows Installer"

Set objWMI = GetObject("winmgmts:\\" & strComputer)

wql = "Select * from Win32_NTLogEvent Where Logfile='System' and SourceName='Service Control Manager'"
Set colServiceEvents = objWMI.ExecQuery(wql,,48)

For Each strEvent In colServiceEvents
   msg = strEvent.Message
   If InStr(1, msg, strService, 0)>0 Then
       dtmConvertedDate.Value = strEvent.TimeWritten
       WScript.Echo dtmConvertedDate.GetVarDate, Replace(msg, vbCrLf, "")
   End If
Next
```

Listing 15.27: *Alle Ereignisse des Service Control Managers zum Windows Installer zeigen*

Dienst-Prozesse auflisten

Häufig ist es nicht einfach zu überblicken, welche Dienste gemeinsam von welchen Prozessen ausgeführt werden.

Das nächste Skript ermittelt zunächst alle Prozess-IDs, die von Diensten genutzt werden. Danach nimmt es zum jeweiligen Prozess Kontakt auf, stellt dessen Pfadnamen dar und zeigt die Dienste an, die von diesem Prozess ausgeführt werden:

```
Set objDict = CreateObject("Scripting.Dictionary")

strComputer = "."
Set objWMI = GetObject("winmgmts:\\" & strComputer)

wql = "Select * from Win32_Service Where State <> 'Stopped'"
Set colServices = objWMI.ExecQuery(wql,,48)

For Each objService In colServices
    If objDict.Exists(objService.ProcessID) Then
    Else
        objDict.Add objService.ProcessID, objService.ProcessID
    End If
Next

For Each pid In objDict
   Set objProc = objWMI.Get("Win32_Process=" & pid)
   If IsNull(objProc.CommandLine) Then
      WScript.Echo "Prozess-ID:", pid, objProc.name
   Else
      WScript.Echo "Prozess-ID:", pid, objProc.CommandLine
   End If

   wql = "Select * from Win32_Service Where ProcessID = '" & pid & "'"
    Set colServices = objWMI.ExecQuery(wql,,48)
    For Each objService In colServices
        WScript.Echo "-", objService.DisplayName, objService.name
    Next
Next
```

Listing 15.28: Dienste und Prozesse in Beziehung setzen

Das Ergebnis ist eine aussagekräftige Liste:

```
Prozess-ID: 1388 svchost.exe
- Warndienst Alerter
- TCP/IP-NetBIOS-Hilfsprogramm LmHosts
- Remote-Registrierung RemoteRegistry
- SSDP-Suchdienst SSDPSRV
- Webclient WebClient
Prozess-ID: 2912 alg.exe
- Gatewaydienst auf Anwendungsebene ALG
Prozess-ID: 552 C:\WINDOWS\System32\Ati2evxx.exe
- Ati HotKey Poller Ati HotKey Poller
Prozess-ID: 1048 C:\WINDOWS\System32\svchost.exe -k netsvcs
- Windows Audio AudioSrv
- Computerbrowser Browser
- Kryptografiedienste CryptSvc
- DHCP-Client Dhcp
- Fehlerberichterstattungsdienst ERSvc
- COM+-Ereignissystem EventSystem
- Kompatibilität für schnelle Benutzerumschaltung FastUserSwitchingCompatibility
- Hilfe und Support helpsvc
- Infrarotüberwachung Irmon
```

- Server lanmanserver
- Arbeitsstationsdienst lanmanworkstation
- Nachrichtendienst Messenger
- Netzwerkverbindungen Netman
- NLA (Network Location Awareness) Nla
- RAS-Verbindungsverwaltung RasMan
- Taskplaner Schedule
- Sekundäre Anmeldung seclogon
- Systemereignisbenachrichtigung SENS
- Windows-Firewall/Gemeinsame Nutzung der Internetverbindung SharedAccess
- Shellhardwareerkennung ShellHWDetection
- Systemwiederherstellungsdienst srservice
- Telefonie TapiSrv
- Designs Themes
- Überwachung verteilter Verknüpfungen (Client) TrkWks
- Windows-Zeitgeber W32Time
- Windows-Verwaltungsinstrumentation winmgmt
- Sicherheitscenter wscsvc
- Automatische Updates wuauserv
- Konfigurationsfreie drahtlose Verbindung WZCSVC

Prozess-ID: 1700 svchost.exe
- Bluetooth Support Service BthServ

Prozess-ID: 736 "C:\Programme\Gemeinsame Dateien\Symantec Shared\ccEvtMgr.exe"
- Symantec Event Manager ccEvtMgr

Prozess-ID: 1712 "C:\Programme\Gemeinsame Dateien\Symantec Shared\ccSetMgr.exe"
- Symantec Settings Manager ccSetMgr

Prozess-ID: 1844 C:\WINDOWS\system32\CTSvcCDA.EXE
- Creative Service for CDROM Access Creative Service for CDROM Access

Prozess-ID: 588 C:\WINDOWS\system32\svchost -k DcomLaunch
- DCOM-Server-Prozessstart DcomLaunch
- Terminaldienste TermService

Prozess-ID: 1260 svchost.exe
- DNS-Client Dnscache

Prozess-ID: 272 C:\WINDOWS\system32\services.exe
- Ereignisprotokoll Eventlog
- Plug & Play PlugPlay

Prozess-ID: 504 C:\WINDOWS\System32\ibmpmsvc.exe
- IBM PM Service IBMPMSVC

Prozess-ID: 1924 "C:\Programme\Norton AntiVirus\navapsvc.exe"
- Norton AntiVirus Auto-Protect-Dienst navapsvc

Prozess-ID: 144 "C:\Programme\Norton AntiVirus\AdvTools\NPROTECT.EXE"
- Norton Unerase Protection NProtectService

Prozess-ID: 256 C:\WINDOWS\system32\lsass.exe
- IPSEC-Dienste PolicyAgent
- Geschützter Speicher ProtectedStorage
- Sicherheitskontenverwaltung SamSs

Prozess-ID: 992 System32\QCONSVC.EXE
- QCONSVC QCONSVC

Prozess-ID: 2676 C:\PROGRA~1\Dantz\RETROS~1\retrorun.exe
- Retrospect Launcher RetroLauncher

Prozess-ID: 1632 C:\PROGRA~1\Dantz\RETROS~1\wdsvc.exe
- Retrospect WD Service RetroWDSvc

Prozess-ID: 688 svchost.exe
- Remoteprozeduraufruf (RPC) RpcSs

Prozess-ID: 1084 "C:\Programme\Norton AntiVirus\SAVScan.exe"
- SAVScan SAVScan

```
Prozess-ID: 1788 C:\WINDOWS\system32\spoolsv.exe
- Druckwarteschlange Spooler
Prozess-ID: 140 C:\WINDOWS\System32\svchost.exe -k imgsvc
- Windows-Bilderfassung (WIA) stisvc
Prozess-ID: 784 "C:\Programme\Gemeinsame Dateien\Symantec Shared\Security Center\SymWSC.exe"
- SymWMI Service SymWSC
Prozess-ID: 188 C:\WINDOWS\system32\TpKmpSVC.exe
- IBM KCU Service TpKmpSVC
Prozess-ID: 384 C:\WINDOWS\system32\MsPMSPSv.exe
- WMDM PMSP Service WMDM PMSP Service
```

Listing 15.29: Zuordnung von Diensten zu Prozessen

Auf Dienst-Ereignisse reagieren

Skripts können automatisch reagieren, wenn sich die Einstellungen eines Dienstes ändern. Dazu wird die WMI-Eventüberwachung eingesetzt.

Das folgende Skript meldet zum Beispiel nach maximal 5 Sekunden, wenn sich die Konfiguration eines beliebigen Dienstes ändert und zeigt die Einstellungen vor und nach dem Ereignis an:

```
strComputer = "."

Set objWMI = GetObject("winmgmts:\\" & strComputer)

wql = "Select * from __instancemodificationevent " _
      & "within 5 where TargetInstance isa 'Win32_Service'"

Set colServices = objWMI.ExecNotificationQuery(wql)

WScript.Echo "Dienstüberwachung aktiv."

Do
    Set objService = colServices.NextEvent

    With objService
       WScript.Echo "Änderung der Einstellung im Dienst " & .targetInstance.DisplayName
       WScript.Echo "Alte Einstellungen:"
       WScript.Echo .previousInstance.getObjectText_
       WScript.Echo "Neue Einstellungen:"
       WScript.Echo .targetInstance.getObjectText_
    End With
Loop
```

Listing 15.30: Änderungen eines beliebigen Dienstes anzeigen

Immer wenn innerhalb der *Do...Loop*-Endlosschleife ein *NextEvent* ausgelöst wird, liefert WMI den auslösenden Dienst in *objService* zurück. *objService* enthält dabei zwei Objekte: den Dienst vor dem auslösenden Ereignis in *objService.previousInstance* und den Dienst nach dem auslösenden Ereignis in *objService.targetInstance*.

Sie müssen bei diesem Skript also von Hand ermitteln, welche Eigenschaft sich tatsächlich geändert hat. Das nächste Skript automatisiert den Vergleichsvorgang und meldet, welche Eigenschaften sich geändert haben:

```
strComputer = "."

Set objWMI = GetObject("winmgmts:\\" & strComputer)

wql = "Select * from __instancemodificationevent " _
      & "within 5 where TargetInstance isa 'Win32_Service'"

Set colServices = objWMI.ExecNotificationQuery(wql)

WScript.Echo "Dienstüberwachung aktiv."

Do
    Set objService = colServices.NextEvent

    WScript.Echo "Dienständerung im Dienst " & objService.targetInstance.DisplayName
    Set objdict = CreateObject("Scripting.Dictionary")

    For Each property In objService.previousInstance.Properties_
        objdict.Add property.name, property.value
    Next

    For Each property In objService.targetInstance.Properties_
        If objdict(property.name) <> property.value Then
            WScript.Echo "geändert:", property.name, "von:", objdict(property.name), "nach:", property.value
        End If
    Next

    Set objdict = Nothing
Loop
```

Listing 15.31: Automatisch geänderte Eigenschaften eines Dienstes auflisten

Das Skript liest den Inhalt sämtlicher Eigenschaften der *previousInstance* in ein *Dictionary* und vergleicht sie dann mit den Eigenschaften der *targetInstance*. Bei Änderungen wird die Eigenschaft samt Vorher/Nachher-Vergleich angezeigt.

Wenn Sie zum Beispiel das Skript starten und dann den Dienst »Automatische Updates« stoppen und starten, erhalten Sie eine Ausgabe ähnlich wie in Abbildung 15.6. Achten Sie dabei nur darauf, dass Listing 15.31 Änderungen wegen der *WITHIN*-Angabe innerhalb eines 5-Sekunden-Intervalls protokolliert. Starten und stoppen Sie einen Dienst also innerhalb von 5 Sekunden, werden die Änderungen nicht unbedingt bemerkt.

```
Dienstüberwachung aktiv.
Dienständerung im Dienst Automatische Updates
geändert: AcceptStop von: -1 nach: 0
geändert: ProcessId von: 1048 nach: 0
geändert: Started von: -1 nach: 0
geändert: State von: Running nach: Stopped
Dienständerung im Dienst Automatische Updates
geändert: AcceptStop von: 0 nach: -1
geändert: ProcessId von: 0 nach: 1048
geändert: Started von: 0 nach: -1
geändert: State von: Stopped nach: Running
```

Listing 15.32: Informationen des Dienst-Überwachungsskripts

Mit den neu gewonnenen Erkenntnissen können Sie nun auch ein maßgeschneidertes Skript verfassen, das nur dann Alarm schlägt, wenn der Dienst »Automatische Updates« (»wuauserv«) beendet wird:

```
strComputer = "."

Set objWMI = GetObject("winmgmts:\\" & strComputer)

wql = "Select * from __instancemodificationevent " _
    & "within 5 where TargetInstance isa 'Win32_Service' and " _
    & "targetinstance.started=false and previousinstance.started=true" _
    & " and targetinstance.name='wuauserv'"
Set colServices = objWMI.ExecNotificationQuery(wql)

WScript.Echo "Dienstüberwachung aktiv."

Do
    Set objService = colServices.NextEvent
    WScript.Echo "Dienst ""Automatische Updates"" wurde beendet."
Loop
```

Listing 15.33: Alarmmeldung ausgeben, wenn Automatische Updates-Dienst beendet wird

TIPP: Natürlich könnte Ihr Skript mehr tun als nur eine Meldung auszugeben. Über *objService.targetInstance.StartService* könnte der Dienst automatisch neu gestartet werden. Sie könnten auch andere Programme starten oder Emails verschicken. Was genau Ihr Skript also im Alarmfall tut, hängt von Ihrer Phantasie ab.

Sie verwenden hier einen so genannten »temporären Eventsubscriber«. Er ist nur so lange aktiv, wie das Überwachungsskript läuft. Setzen Sie dagegen einen permanenten Eventsubscriber ein, dann wird die Überwachung automatisch von WMI durchgeführt. Permanente Eventsubscriber werden im Event-Kapitel genauer vorgestellt.

Dienste installieren

Skripts können sogar neue Dienste installieren. Hierzu benötigen Sie natürlich ein entsprechendes Programm, das als Dienst ausgeführt werden kann. Das nächste Skript installiert den Windows-Editor als Dienst, was natürlich nur als Anschauungsobjekt funktioniert. Starten können Sie diesen Dienst selbstverständlich nicht:

```
Const OWN_PROCESS = 16
Const INTERACTIVE = False
Const NORMAL_ERROR_CONTROL = 2

strComputer = "."
strUser = "LocalSystem"
strStartMode = "Manual"
strPath = "c:\windows\notepad.exe"
strName = "MeinDienst"
strDisplayName = "Sicherheitsdienst"

Set objWMI = GetObject("winmgmts:\\" & strComputer)
```

```
Set objService = objWMI.Get("Win32_BaseService")

rv = objService.Create(strName ,strDisplayName , _
    strPath, OWN_PROCESS, NORMAL_ERROR_CONTROL, strStartMode, _
        INTERACTIVE, "LocalSystem")

If rv = 0 Then
   WScript.Echo "OK"
Else
   WScript.Echo "Fehler Code " & rv
End If
```

Listing 15.34: Einen hypothetischen Dienst installieren

Abbildung 15.5: Per Skript installierter neuer Dienst

Wollen Sie einen Dienst wie zum Beispiel den eben angelegten Dienst löschen, dann kann auch das per Skript geschehen.

ACHTUNG: Dienste, die Sie auf die hier beschriebene Weise löschen, können nicht mehr verwendet werden. Sie müssten den Dienst komplett neu installieren, um ihn wieder nutzen zu können. Wenden Sie das folgende Skript also nicht auf Windows-Standarddienste an, es sei denn, Sie wollen diese Dienste tatsächlich permanent entfernen.

```
strComputer = "."
strName = "MeinDienst"

Set objWMI = GetObject("winmgmts:\\" & strComputer)
Set objService = objWMI.Get("Win32_Service='" & strName & "'")
objService.StopService
objService.Delete
```

Listing 15.35: Einen Dienst unwiderruflich deinstallieren

Abhängigkeiten anzeigen

Dienste bilden häufig die Grundlage für andere Dienste. Welche anderen Dienste von einem bestimmten Dienst abhängig sind, zeigt das folgende Skript. Es listet die vom Telefonie-Dienst (»TapiSvc«) abhängigen Dienste auf:

```
strComputer = "."
strName = "TapiSrv"

Set objWMI = GetObject("winmgmts:\\" & strComputer)
Set objService = objWMI.Get("Win32_Service='" & strName & "'")

Set colServiceList = objService.Associators_(,"Win32_Service", "Dependent")
For Each objService In colServiceList
    WScript.Echo "-", objService.DisplayName, objService.name
Next
```

Listing 15.36: Abhängige Dienste ermitteln

Möchten Sie dagegen die Dienste sehen, von denen der Telefonie-Dienst selbst abhängig ist, dann formulieren Sie so:

```
strComputer = "."
strName = "TapiSrv"

Set objWMI = GetObject("winmgmts:\\" & strComputer)
Set objService = objWMI.Get("Win32_Service='" & strName & "'")

Set colServiceList = objService.Associators_(,"Win32_Service", "Antecedent")
For Each objService In colServiceList
    WScript.Echo "-", objService.DisplayName, objService.name
Next
```

Listing 15.37: Für den Telefonie-Dienst erforderliche andere Dienste auflisten

Sie können sich diese Informationen zum Beispiel zunutze machen, um einen Dienst einschließlich der abhängigen Dienste zu starten. Das nächste Skript startet den NetDDE-Dienst, wartet, bis der Dienst gestartet ist, und startet dann die abhängigen Dienste wie zum Beispiel die Ablagemappe:

```
strComputer = "."
strName = "NetDDE"

Set objWMI = GetObject("winmgmts:\\" & strComputer)
Set objService = objWMI.Get("Win32_Service='" & strName & "'")

WScript.Echo "Starte Dienst """ & strName & """"
objService.StartService

c = 0
Do
    If objService.started=0 Then Exit Do
    WScript.sleep 1000
    Set objService = objWMI.Get("Win32_Service='" & strName & "'")
```

```
    c = c + 1
    If c > 20 Then
        WScript.Echo "Dienst konnte nicht gestartet werden."
        WScript.quit
    End If
Loop

WScript.Echo "Dienst gestartet"

Set colServiceList = objService.Associators_(,"Win32_Service", "Dependent")
For Each objService In colServiceList
    WScript.Echo "Starte abhängigen Dienst """ & objService.DisplayName & """"
    objService.StartService
Next
```

Listing 15.38: *Dienst und abhängige Dienste starten*

16 Ereignislogbücher

393	Überblick
396	Ereignislogbücher verwalten
400	Ereignisse schreiben
401	Ereignisse analysieren
408	Ereignisse in Realtime verarbeiten

Jeder Computer verfügt über Ereignislogbücher (Ereignisanzeige), in denen Windows und Programme oder Dienste Einträge vermerken. Die Ereignislogbücher sind damit eine wichtige Quelle bei der Ursachenforschung von Problemen und gewähren einen Überblick darüber, ob wichtige Funktionen des Computers ordnungsgemäß ausgeführt werden.

Skripts können Ereignislogbücher und die darin enthaltenen Informationen auswerten und helfen so, die oft unüberschaubare Informationsmenge darin auf bestimmte Fragestellungen zu konzentrieren.

Überblick

Die Ereignislogbücher werden vom MMC-Snap-In *Ereignisanzeige* verwaltet, das Sie über den Befehl *eventvwr.msc* öffnen können.

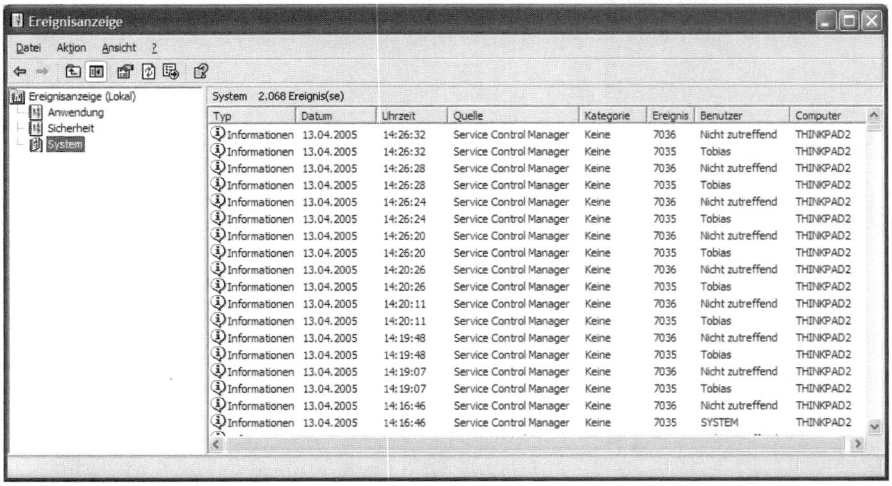

Abbildung 16.1: Die Ereignisanzeige

Ereignislogbücher

WMI repräsentiert die einzelnen Ereignislogbücher mit der Klasse *Win32_NTEventLogFile*.

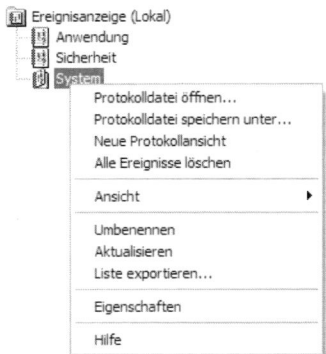

Abbildung 16.2: Die Funktionen zur Verwaltung eines Ereignislogbuchs

Die folgende Tabelle ordnet die Aufgaben, die Sie über das Kontextmenü eines Ereignislogbuchs durchführen können, den entsprechenden WMI-Methoden zu:

Befehl	WMI-Methode
Protokolldatei öffnen	Instanzen der Klasse *Win32_NTLogEvent*
Protokolldatei speichern unter	BackupEventLog
Alle Ereignisse löschen	ClearEventLog

Tabelle 16.1: Wichtige WMI-Funktionen zur Verwaltung von Ereignislogbüchern

Wählen Sie im Kontextmenü *Eigenschaften*, dann öffnet sich das *Eigenschaften*-Fenster des Ereignislogbuchs und liefert zusätzliche Informationen:

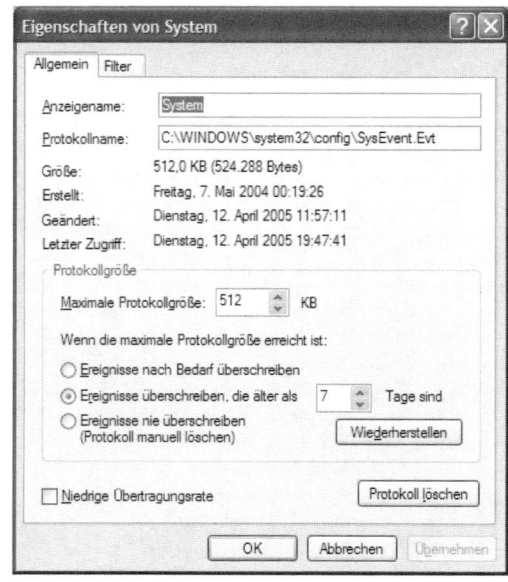

Abbildung 16.3: Detaileigenschaften des System-Logbuchs

Die Informationen darin können von Skripts über die folgenden Eigenschaften gelesen und teilweise auch geändert werden:

Feld	Eigenschaft
Anzeigename	LogFileName
Protokollname	Name
Größe	FileSize
Erstellt	CreationDate
Geändert	LastModified
Letzter Zugriff	LastAccessed
Maximale Protokollgröße	MaxFileSize
Ereignisse nach Bedarf überschreiben	OverwriteOutDated=0, OverwritePolicy
Ereignisse überschreiben, die älter als ...Tage sind	OverwriteOutDated=Tage, OverwritePolicy
Ereignisse nie überschreiben	OverwriteOutDated=-1, OverwritePolicy
Niedrige Übertragungsrate	(keine Entsprechung)
Protokoll löschen	ClearEventLog

Tabelle 16.2: Detailinformationen eines Ereignislogbuchs

Ereignisse

Die Einträge innerhalb eines Ereignislogbuchs werden von Instanzen der Klasse *Win32_NTLogEvent* repräsentiert. Die Informationen aus Abbildung 16.1 entsprechen dabei den folgenden WMI-Eigenschaften:

Feld	Eigenschaft
Typ	Type
Datum	TimeGenerated, TimeWritten
Uhrzeit	TimeGenerated, TimeWritten
Quelle	SourceName
Kategorie	CategoryString, Category
Ereignis	EventCode
Benutzer	User
Computer	ComputerName

Tabelle 16.3: Die Ereignis-Eigenschaften der Ereignisanzeige und entsprechende WMI-Eigenschaften

Doppelklicken Sie auf ein Ereignis, dann öffnet sich das *Eigenschaften*-Fenster des Ereignisses und liefert weitere Informationen:

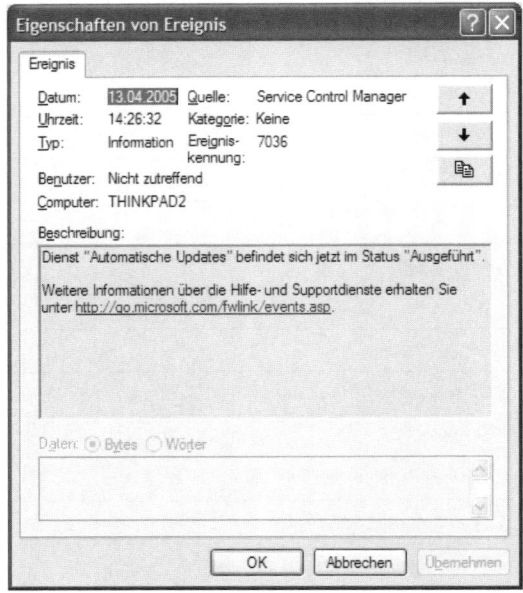

Abbildung 16.4: Die Eigenschaften eines Ereignisses

Auch auf diese Informationen kann ein Skript über folgende WMI-Eigenschaften zugreifen:

Feld	Eigenschaft
Datum	TimeGenerated, TimeWritten
Quelle	SourceName
Uhrzeit	TimeGenerated, TimeWritten
Kategorie	CategoryString, Category
Typ	Type
Ereigniskennung	EventCode
Benutzer	User
Computer	ComputerName
Beschreibung	Message

Tabelle 16.4: Detaileigenschaften eines Ereignisses

Ereignislogbücher verwalten

Alle Ereignislogbücher werden durch Instanzen der Klasse *Win32_NTEventLogFile* repräsentiert. Über diese Instanzen können Skripts die Ereignislogbücher verwalten.

Alle verfügbaren Ereignislogbücher anzeigen

Möchten Sie sehen, welche Ereignislogbücher auf einem System vorhanden sind, könnten Sie so vorgehen:

```
strServer = "."
Set objWMI = GetObject("winmgmts:\\" & strServer )
wql = "SELECT * FROM Win32_NTEventLogFile"

Set colResult = objWMI.ExecQuery(wql,,48)

For Each objInstance In colResult
    WScript.Echo objInstance.logfilename
Next
```

Listing 16.1: Den Namen sämtlicher Ereignislogbücher angeben

Auf Wunsch liefert WMI aber auch detaillierte Informationen zu jedem Ereignislogbuch. Das nächste Skript liest diese Eigenschaften beim System-Logbuch aus:

```
strServer = "."
strName = "System"

Set objWMI = GetObject("winmgmts:\\" & strServer )
wql = "SELECT * FROM Win32_NTEventLogFile where LogFileName='" & strName & "'"

Set colResult = objWMI.ExecQuery(wql,,48)

For Each objInstance In colResult
    WScript.Echo objInstance.getObjectText_
Next
```

Listing 16.2: Alle Eigenschaften des System-Logbuchs auslesen

Möchten Sie die Informationen aus Abbildung 16.3 per Skript auslesen, dann könnten Sie dies so tun:

```
strServer = "."
strName = "System"

Set objWMI = GetObject("winmgmts:\\" & strServer )
wql = "SELECT * FROM Win32_NTEventLogFile where LogFileName='" & strName & "'"

Set colResult = objWMI.ExecQuery(wql,,48)

For Each objInstance In colResult
    With objInstance
        WScript.Echo "Anzeigename:", .LogfileName
        WScript.Echo "Protokollname:", .Name
        WScript.Echo "Größe:", FormatNumber(.FileSize/1024,1) & " KB"

        WScript.Echo "Erstellt:", GetWMIDate(.CreationDate)
        WScript.Echo "Geändert:", GetWMIDate(.LastModified)
        WScript.Echo "Letzter Zugriff:", GetWMIDate(.LastAccessed)
```

```
        WScript.Echo "Maximale Protokollgröße:", FormatNumber(.MaxFileSize/1024,1) & " KB"
        WScript.Echo "Policy:", .OverWritePolicy

        Select Case .OverwriteOutDated
            Case -1
                WScript.Echo "Ereignisse nie überschreiben."
            Case 0
                WScript.Echo "Ereignisse nach Bedarf überschreiben."
            Case Else
                WScript.Echo "Ereignisse überschreiben, die älter als " _
            & .OverwriteOutDated & " Tage sind."
        End Select
    End With
Next

Function GetWMIDate(ByVal wmidate)
    Set objdate = CreateObject("WbemScripting.SWbemDateTime")
    objdate.Value = wmidate
    datDate = objdate.GetVarDate(True)
    GetWMIDate = FormatDateTime(datDate, vbLongDate)
    GetWMIDate = GetWMIDate & " " & FormatDateTime(datDate, vbLongTime)
End Function
```

Listing 16.3: Detailinformationen eines Ereignislogbuchs anzeigen

Protokollgröße verwalten

Möchten Sie die Einstellungen zur Protokollgröße ändern, so ist auch dies möglich. Die Eigenschaften *OverwriteOutDated* und *MaxFileSize* können ab Windows XP nicht nur gelesen, sondern auch verändert werden.

Das nächste Skript setzt die maximale Protokollgröße für das System-Logbuch auf 1024 KB fest und bestimmt, dass Ereignisse überschrieben werden, die älter sind als 10 Tage:

```
strServer = "."
strName = "System"

Set objWMI = GetObject("winmgmts:\\" & strServer )
wql = "SELECT * FROM Win32_NTEventLogFile where LogFileName='" & strName & "'"

Set colResult = objWMI.ExecQuery(wql,,48)

For Each objInstance In colResult
    With objInstance
        .MaxFileSize = 1024^2
        .OverwriteOutDated = 10
        .Put_
    End With
Next
```

Listing 16.4: Angaben zur Protokollgröße ändern

Ereignisquellen anzeigen

WMI liefert außerdem weitere Informationen, die nicht im Dialogfeld erscheinen. Das nächste Skript zeigt zum Beispiel, wie viel Einträge sich in einem Logbuch befinden und aus welchen Quellen diese Einträge stammen können:

```
strServer = "."
strName = "System"

Set objWMI = GetObject("winmgmts:\\" & strServer )
wql = "SELECT * FROM Win32_NTEventLogFile where LogFileName='" _
    & strName & "'"

Set colResult = objWMI.ExecQuery(wql,,48)

For Each objInstance In colResult
   With objInstance
      WScript.Echo "Das Logbuch enthält " & .NumberOfRecords & _
      " Einträge aus diesen Quellen:"
      WScript.Echo Join(.Sources, vbNewLine)
   End With
Next
```

Listing 16.5: *Anzahl von Logbucheinträgen und mögliche Quellen anzeigen*

Ein Ereignislogbuch sichern

Möchten Sie eine Sicherungskopie eines Ereignislogbuchs anlegen, dann kann der Inhalt des Logbuchs als *EVT*-Datei mit *BackupEventLog* gesichert werden. Geben Sie dazu lediglich den Namen des gewünschten Ereignislogbuchs und einen Pfadnamen für die Sicherungsdatei an.

ACHTUNG: *BackupEventLog* kann keine Dateien überschreiben. Achten Sie also darauf, dass es die Datei noch nicht gibt. Das Skript generiert automatisch einen Dateinamen mit Angabe des aktuellen Datums. Wollen Sie das Logbuch mehrmals am Tag sichern, dann erweitern Sie die Funktion entsprechend, so dass sie auch die Uhrzeit in den Dateinamen integriert. So vermeiden Sie, dass die Sicherungsdatei bereits existiert.

```
strComputer = "."
strName = "Application"
strBackup = "c:\" & GetTempName(strName)

Set objWMI = GetObject("winmgmts:{(Backup,Security)}!\\" & strComputer)

wql = "Select * from Win32_NTEventLogFile where LogFileName='" _
    & strName & "'"

Set colLogFiles = objWMI.ExecQuery(wql)

For Each objLogfile In colLogFiles
   rv = objLogFile.BackupEventLog(strBackup)

   Select Case rv
      Case 0
         WScript.Echo "OK"
      Case 183
```

```
            WScript.Echo strBackup & " existiert bereits."
        Case Else
            WScript.Echo "Fehler Code " & rv
    End Select
Next

Function GetTempName(ByVal eventlog)
    GetTempName = eventlog & "_backup_" & _
        Year(Date) & "_" & Month(Date) & "_" & _
        Day(Date) & ".evt"
End Function
```

Listing 16.6: Das Anwendungslogbuch sichern

Ereignislogbuch löschen

Möchten Sie den Inhalt eines Ereignislogbuchs löschen, dann sollten Sie zuerst wie eben beschrieben den Inhalt sichern. Anschließend können Sie den Inhalt mit *ClearEventLog* löschen:

```
strServer = "."
strName = "Application"

Set objWMI = GetObject("winmgmts:\\" & strServer )
wql = "SELECT * FROM Win32_NTEventLogFile where LogFileName='" & strName & "'"

Set colResult = objWMI.ExecQuery(wql,,48)

For Each objInstance In colResult
    rv = objInstance.ClearEventlog
    WScript.Echo rv
Next
```

Listing 16.7: Inhalt des Anwendungs-Logbuch löschen

Ereignisse schreiben

Skripts können eigene Ereignisse ins Anwendungs-Ereignislogbuch schreiben und setzen dazu *LogEvent* ein. Damit ist es möglich, auch die Funktion von Skripts (zum Beispiel Logon-Skripts) im Ereignislogbuch nachvollziehbar zu protokollieren. Als Quelle erscheint dabei stets »WSH«.

Das folgende Skript schreibt eine Information ins Anwendungs-Logbuch:

```
Const TYPE_SUCCESS       = 0
Const TYPE_ERROR         = 1
Const TYPE_WARNING       = 2
Const TYPE_INFORMATION   = 4
Const TYPE_AUDIT_SUCCESS = 8
Const TYPE_AUDIT_FAILURE = 16

Set objshell = CreateObject("WScript.Shell")
strMsg = "Skript wurde erfolgreich ausgeführt."
objshell.LogEvent TYPE_SUCCESS, strMsg
```

Listing 16.8: Einen Eintrag im Anwendungslogbuch einfügen

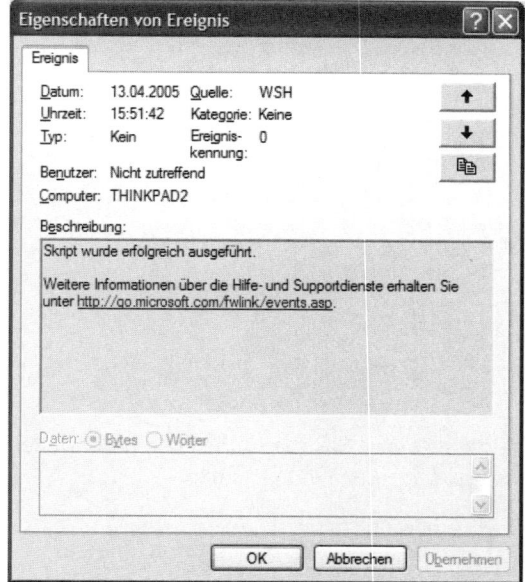

Abbildung 16.5: Einen Ereigniseintrag per Skript einfügen

Ereignisse analysieren

Alle Ereignisse innerhalb eines Ereignislogbuchs werden über Instanzen der WMI-Klasse *Win32_NTLogEvent* repräsentiert.

Alle Ereignisse anzeigen

Das folgende Skript listet den Inhalt des System-Logbuchs auf:

```
strComputer = "."
strName = "System"

Set objWMI = GetObject("winmgmts:\\" & strComputer)

wql = "Select * from Win32_NTLogEvent Where Logfile='" & strName & "'"

Set colLoggedEvents = objWMI.ExecQuery(wql,,48)

For Each objEvent In colLoggedEvents
    WScript.Echo objEvent.getObjectText_
Next
```

Listing 16.9: Alle Ereignisse des System-Logbuchs auslesen

Informationen aufbereiten

Möchten Sie die Informationen ähnlich wie in Abbildung 16.4 auslesen, dann gehen Sie so vor:

```
strComputer = "."
strName = "System"

Set objWMI = GetObject("winmgmts:\\" & strComputer)

wql = "Select * from Win32_NTLogEvent Where Logfile='" & strName & "'"

Set colLoggedEvents = objWMI.ExecQuery(wql,,48)

For Each objEvent In colLoggedEvents
   With objEvent
      WScript.Echo "Datum:", GetWMIDate(.TimeGenerated)
      WScript.Echo "Quelle:", .SourceName
      WScript.Echo "Uhrzeit:", GetWMITime(.TimeGenerated)
      WScript.Echo "Kategorie: " & .CategoryString
      WScript.Echo "Typ:", .Type
      WScript.Echo "Ereigniskennung:", .EventCode
      If IsNull(.User) Then
         WScript.Echo "Benutzer:", "Nicht zutreffend"
      Else
         WScript.Echo "Benutzer:", .User
      End If
      WScript.Echo "Computer:", .ComputerName
      WScript.Echo "Beschreibung:", .Message
      WScript.Echo string(80, "=")
   End With
Next


Function GetWMIDate(ByVal wmidate)
   Set objdate = CreateObject("WbemScripting.SWbemDateTime")
   objdate.Value = wmidate
   datDate = objdate.GetVarDate(True)
   GetWMIDate = FormatDateTime(datDate, vbLongDate)
End Function

Function GetWMITime(ByVal wmidate)
   Set objdate = CreateObject("WbemScripting.SWbemDateTime")
   objdate.Value = wmidate
   datDate = objdate.GetVarDate(True)
   GetWMITime = FormatDateTime(datDate, vbLongTime)
End Function
```

Listing 16.10: Eigenschaften der Ereignisse im System-Logbuch anzeigen

Zusätzliche Informationen auflisten

Normalerweise finden Sie in der Eigenschaft *Message* den Inhalt der Ereignisnachricht. Zuverlässiger ist aber die Eigenschaft *InsertionStrings*, bei der es sich um ein Feld handelt.

Jede Ereignisquelle kann selbst bestimmen, ob und wenn ja, welche Informationen sie in welchem Feld speichert. Analysieren Sie die Ereignisse eines bestimmten Typs, werden Sie im Feld *InsertionStrings* qualitativ hochwertigere Informationen finden als in *Message*.

Das nächste Skript listet für alle Ereignisse im System-Ereignislogbuch sowohl die Information aus *Message* als auch die Information aus *InsertionStrings*:

```
strComputer = "."
strName = "System"

Set objWMI = GetObject("winmgmts:\\" & strComputer)

wql = "Select * from Win32_NTLogEvent Where Logfile='" & strName & "'"

Set colLoggedEvents = objWMI.ExecQuery(wql,,48)

For Each objEvent In colLoggedEvents
   With objEvent
      WScript.Echo "Record Nr.", .RecordNumber
      WScript.Echo string(80, "-")
      WScript.Echo "Message:"
      WScript.Echo .Message

      c = 0
      If Not IsNull(.InsertionStrings) Then
         For Each entry In .InsertionStrings
            WScript.Echo string(80, "-")
            WScript.Echo "InsertionStrings(" & c & "):"
            WScript.Echo entry
            c = c + 1
         Next
      End If
      WScript.Echo string(80, "=")
   End With
Next
```

Listing 16.11: Ereignisnachricht aus Message und InsertionStrings lesen

Ausgewählte Ereignisse anzeigen

Der entscheidende Vorteil von Skripts ist, die Flut von Ereignissen zu filtern. Deshalb ist es selten sinnvoll, alle Ereignisse eines Logbuchs auszugeben. Stattdessen verpacken Sie Ihre Fragestellung in eine entsprechende Abfrage und erhalten so nur die für Sie relevanten Informationen.

Bestimmte Ereigniskennungen auswerten

Jeder Ereignistyp verfügt über eine eindeutige Ereigniskennung, die in der Eigenschaft *EventCode* gespeichert ist. Wissen Sie diese Kennung für das Ereignis, das Sie interessiert, dann können Sie gezielt danach fragen.

Jeder Ereignistyp speichert natürlich jeweils andere Informationen, aber der Aufbau der Informationen im Feld *InsertionStrings* ist für jeden Typ gleichartig.

Das folgende Skript wertet zum Beispiel den Ereignistyp »7011« aus, der eine verspätete Transaktionsrückmeldung für Dienste meldet. Hierbei speichert *InsertionStrings(0)* das Zeitlimit der Überschreitung in Millisekunden und *InsertionStrings(1)* den betroffenen Dienstnamen:

```
strComputer = "."
strName = "System"
intCode = 7011

Set objWMI = GetObject("winmgmts:\\" & strComputer)

wql = "Select * from Win32_NTLogEvent Where Logfile='" & strName _
   & "' and EventCode=" & intCode

Set colLoggedEvents = objWMI.ExecQuery(wql,,48)

For Each objEvent In colLoggedEvents
   With objEvent
      strService = .InsertionStrings(1)
      intWait = .InsertionStrings(0) / 1000
      WScript.Echo GetWMIDate(.TimeGenerated), ":", "Der Dienst " _
   & strService & " hat länger als " & intWait _
   & " Sekunden auf eine Transaktionsrückmeldung gewartet."
   End With
Next

Function GetWMIDate(ByVal wmidate)
   Set objdate = CreateObject("WbemScripting.SWbemDateTime")
   objdate.Value = wmidate
   datDate = objdate.GetVarDate(True)
   GetWMIDate = FormatDateTime(datDate, vbLongDate)
   GetWMIDate = GetWMIDate & " " & FormatDateTime(datDate, vbLongTime)
End Function
```

Listing 16.12: *Verspätete Transaktionsrückmeldung bei Diensten analysieren*

Sie können das Skript leicht an andere Ereignisse anpassen. Informieren Sie sich zuerst in der Ereignisanzeige über das Ereignis, das den zu überwachenden Vorgang charakterisiert. Ermitteln Sie dann dessen Ereignis-ID und ändern Sie Listing 16.12 entsprechend. Das folgende Skript meldet zum Beispiel alle System-Popup-Fenster, die erschienen sind:

```
strComputer = "."
strName = "System"
intCode = 26

Set objWMI = GetObject("winmgmts:\\" & strComputer)

wql = "Select * from Win32_NTLogEvent Where Logfile='" & strName _
   & "' and EventCode=" & intCode

Set colLoggedEvents = objWMI.ExecQuery(wql,,48)

For Each objEvent In colLoggedEvents
   With objEvent
      'WScript.Echo .EventCode
```

```
         'WScript.Echo Join(.InsertionStrings, vbNewLine)
         strHeader = .InsertionStrings(0)
         strMsg = .InsertionStrings(1)
         WScript.Echo GetWMIDate(.TimeGenerated), ":", _
         "Es wurde ein Popup angezeigt:"
         WScript.Echo strHeader, strMsg
      End With
Next

Function GetWMIDate(ByVal wmidate)
   Set objdate = CreateObject("WbemScripting.SWbemDateTime")
   objdate.Value = wmidate
   datDate = objdate.GetVarDate(True)
   GetWMIDate = FormatDateTime(datDate, vbLongDate)
   GetWMIDate = GetWMIDate & " " & FormatDateTime(datDate, vbLongTime)
End Function
```

Listing 16.13: Erscheinen von Popup-Fenstern protokollieren

Bestimmte Quellen überwachen

Die Eigenschaft *SourceName* nennt den Namen der Quelle, die ein Ereignis protokolliert hat. Wenn Sie eine bestimmte Quelle überwachen wollen, dann fragen Sie nach den Ereignissen, die von dieser Quelle stammen.

Das nächste Skript zeigt, welche Installationen vom »Windows Update Agent« vorgenommen wurden:

```
strComputer = "."
strName = "System"
strSource = "Windows Update Agent"

Set objWMI = GetObject("winmgmts:\\" & strComputer)

wql = "Select * from Win32_NTLogEvent Where Logfile='" _
   & strName & "' and SourceName='" & strSource & "'"

Set colLoggedEvents = objWMI.ExecQuery(wql,,48)

For Each objEvent In colLoggedEvents
   With objEvent
      WScript.Echo GetWMIDate(.TimeGenerated), ":", .Message
   End With
Next

Function GetWMIDate(ByVal wmidate)
   Set objdate = CreateObject("WbemScripting.SWbemDateTime")
   objdate.Value = wmidate
   datDate = objdate.GetVarDate(True)
   GetWMIDate = FormatDateTime(datDate, vbLongDate)
   GetWMIDate = GetWMIDate & " " & FormatDateTime(datDate, vbLongTime)
End Function
```

Listing 16.14: Alle Installationen des Windows Update Agents anzeigen

Auch hier kann das Skript leicht von Ihnen geändert werden. Interessieren Sie sich eher für Meldungen rund um Drucker, dann geben Sie als Quelle »Print« an.

```
strComputer = "."
strName = "System"
strSource = "Print"

Set objWMI = GetObject("winmgmts:\\" & strComputer)

wql = "Select * from Win32_NTLogEvent Where Logfile='" & _
    strName & "' and SourceName='" & strSource & "'"

Set colLoggedEvents = objWMI.ExecQuery(wql,,48)

For Each objEvent In colLoggedEvents
    With objEvent
        WScript.Echo GetWMIDate(.TimeGenerated)
        WScript.Echo "Ereignis:", .EventCode
        WScript.Echo .Message
        If Not isNull(.InsertionStrings) Then
            WScript.Echo Join(.InsertionStrings, vbNewLine)
        End If
    End With
Next

Function GetWMIDate(ByVal wmidate)
    Set objdate = CreateObject("WbemScripting.SWbemDateTime")
    objdate.Value = wmidate
    datDate = objdate.GetVarDate(True)
    GetWMIDate = FormatDateTime(datDate, vbLongDate)
    GetWMIDate = GetWMIDate & " " & FormatDateTime(datDate, vbLongTime)
End Function
```

Listing 16.15: Alle Ereignisse des Drucksystems ausgeben

TIPP: Das Skript gibt diesmal auch die Informationen aus dem Feld *InsertionStrings* aus. Weil das Feld bei unterschiedlichen Ereignistypen unterschiedlich viele Felder enthalten kann, greift es nicht auf einzelne Felder zu, sondern verwandelt den gesamten Feldinhalt mit *Join* in einen Text.

Ereignisse ab einem bestimmten Datum auslesen

Interessieren Sie sich nur für Ereignisse, die ab einem bestimmten Datum oder in einem bestimmten Zeitraum aufgetreten sind, dann können Sie auch das Datum als Filterkriterium verwenden. Allerdings müssen Datumsangaben im speziellen WMI-Format angegeben werden.

Das folgende Skript listet alle System-Ereignisse auf, die zwischen dem 1.3.2005 um 10:30 und dem 5.3.2005 um 16:22 Uhr generiert wurden. Sie können den Zeitraum leicht anpassen, indem Sie die Angaben für *datStart* und *datEnde* im Skript ändern.

```
strComputer = "."
strName = "System"

datStart = DateSerial(2005, 3, 1) + TimeSerial(10,30,00)
datEnde = DateSerial(2005, 3, 5) + TimeSerial(16,22,00)
```

```
wmiStart = CreateWMIDate(datStart)
wmiEnde = CreateWMIDate(datEnde)

Set objWMI = GetObject("winmgmts:\\" & strComputer)

wql = "Select * from Win32_NTLogEvent Where Logfile='" & _
    strName & "' and TimeWritten>'" & wmiStart & _
    "' and TimeWritten<'" & wmiEnde & "'"

Set colLoggedEvents = objWMI.ExecQuery(wql,,48)

WScript.Echo "Ereignisse von " & datStart & " bis " & datEnde & ":"

For Each objEvent In colLoggedEvents
    With objEvent
        WScript.Echo GetWMIDate(.TimeGenerated)
        WScript.Echo "Ereignis:", .EventCode
        WScript.Echo .Message
        WScript.Echo string(80, "=")
    End With
Next

Function CreateWMIDate(ByVal zeit)
    Set objdate = CreateObject("WbemScripting.SWbemDateTime")
    objdate.SetVarDate zeit, True
    CreateWMIDate = objdate.Value
End Function

Function GetWMIDate(ByVal wmidate)
    Set objdate = CreateObject("WbemScripting.SWbemDateTime")
    objdate.Value = wmidate
    datDate = objdate.GetVarDate(True)
    GetWMIDate = FormatDateTime(datDate, vbLongDate)
    GetWMIDate = GetWMIDate & " " & FormatDateTime(datDate, vbLongTime)
End Function
```

Listing 16.16: Ereignisse aus einem bestimmten Zeitraum auflisten

Hilfreich ist die Funktion *CreateWMIDate*, die die Datumsangaben ins WMI-Format konvertiert. *GetWMIDate* leistet die umgekehrte Aufgabe und wandelt ein WMI-Datum in Klartext um.

Nach Schlüsselworten suchen

Wissen Sie, dass in den Meldungstexten der für Sie interessanten Ereignisse ein bestimmter Text vorkommt, dann können Sie auch danach suchen.

Das nächste Skript sucht alle System-Ereignisse, in deren Meldung das Wort »Installer« vorkommt. Dazu wird in der WQL-Abfrage der Operator »LIKE« eingesetzt, der mit »%« ein universales Platzhalterzeichen unterstützt. Solche Suchabfragen werden ab Windows XP unterstützt:

```
strComputer = "."
strName = "System"
strText = "Installer"

Set objWMI = GetObject("winmgmts:\\" & strComputer)
```

Ereignislogbücher

```
wql = "Select * from Win32_NTLogEvent Where Logfile='" _
    & strName & "' and Message like '%" & strText & "%'"

Set colLoggedEvents = objWMI.ExecQuery(wql,,48)

WScript.Echo "Ereignisse von " & datStart & " bis " & datEnde & ":"

For Each objEvent In colLoggedEvents
    With objEvent
        WScript.Echo GetWMIDate(.TimeGenerated)
        WScript.Echo "Ereignis:", .EventCode
        WScript.Echo .Message
        WScript.Echo string(80, "=")
    End With
Next

Function GetWMIDate(ByVal wmidate)
    Set objdate = CreateObject("WbemScripting.SWbemDateTime")
    objdate.Value = wmidate
    datDate = objdate.GetVarDate(True)
    GetWMIDate = FormatDateTime(datDate, vbLongDate)
    GetWMIDate = GetWMIDate & " " & FormatDateTime(datDate, vbLongTime)
End Function
```

Listing 16.17: Ereignisse suchen, in denen ein Schlüsselwort vorkommt

Ereignisse in Realtime verarbeiten

Bisher haben Skripts die Events ausgewertet, die bereits ins Ereignislogbuch geschrieben wurden. Bei besonders zeitkritischen Vorgängen können Skripts aber auch bereits aktiv werden, wenn der betreffende Event ausgelöst wird.

Das nächste Skript nutzt die WMI-Eventverarbeitung, um sämtliche neu generierten Ereignisse innerhalb von maximal 5 Sekunden anzuzeigen.

Sie können das Skript selbstverständlich mit den Informationen aus den vorangegangenen Beispielen so ändern, dass es nur bestimmte Ereignisse anzeigt, und natürlich könnte das Skript weit mehr tun als nur das Ereignis zu melden.

```
strComputer = "."
Set objWMI = GetObject("winmgmts:{(Security)}!\\" & strComputer)


wql = "Select * from __InstanceCreationEvent within 5 where" & _
    " TargetInstance isa 'Win32_NTLogEvent'"

Set colMonitoredEvents = objWMI.ExecNotificationQuery(wql)

WScript.Echo "Eventüberwachung aktiv"

Do
    Set objEvent = colMonitoredEvents.NextEvent
    With objEvent.TargetInstance
        WScript.Echo "Datum:", GetWMIDate(.TimeGenerated)
        WScript.Echo "Quelle:", .SourceName
```

```
        WScript.Echo "Kategorie: " & .CategoryString
        WScript.Echo "Typ:", .Type
        WScript.Echo "Ereigniskennung:", .EventCode
        If IsNull(.User) Then
            WScript.Echo "Benutzer:", "Nicht zutreffend"
        Else
            WScript.Echo "Benutzer:", .User
        End If
        WScript.Echo "Computer:", .ComputerName
        WScript.Echo "Beschreibung:", .Message
        WScript.Echo string(80, "=")
    End With
Loop

Function GetWMIDate(ByVal wmidate)
    Set objdate = CreateObject("WbemScripting.SWbemDateTime")
    objdate.Value = wmidate
    datDate = objdate.GetVarDate(True)
    GetWMIDate = FormatDateTime(datDate, vbLongDate)
    GetWMIDate = GetWMIDate & " " & FormatDateTime(datDate, vbLongTime)
End Function
```

Listing 16.18: *Neue Ereignisse unmittelbar melden*

17 Netzwerk-Verwaltung

---

411 Netzwerkverbindungen
415 Netzwerkkarten
419 Netzwerkkarten-Einstellungen ändern
423 Netzwerk-Freigaben
435 Windows-Firewall

Skripts können mit Hilfe des WMI-Dienstes fast alle wichtigen Einstellungen rund um Netzwerkverbindungen und Netzwerkkarten lesen und ändern. Dazu gehören die Konfiguration von IP-Adressen und DNS-Servern ebenso wie das Einrichten, Absichern und der Zugriff auf Netzwerkfreigaben. Auch die neue Windows XP Firewall kann per Skript konfiguriert werden.

Netzwerkverbindungen

Das Modul *Netzwerkverbindungen* der Systemsteuerung zeigt die verfügbaren Netzwerkverbindungen an.

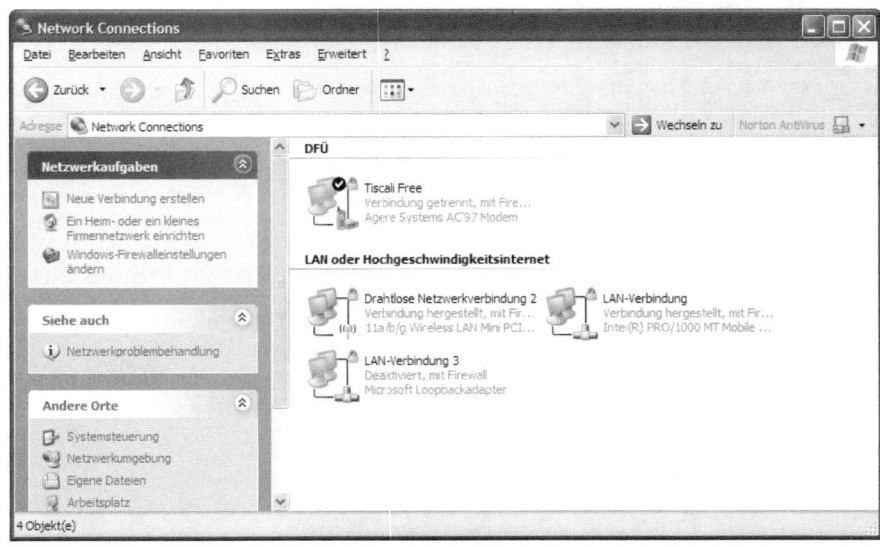

Abbildung 17.1: Die Netzwerkverbindungen anzeigen

WMI repräsentiert Netzwerkverbindungen, die auf Netzwerkkarten basieren, über Instanzen der Klasse *Win32_NetworkAdapter*. Möchten Sie alle Netzwerkkarten auflisten, die es auf einem Computer gibt, dann lassen Sie sich die Instanzen dieser Klasse aufzählen:

```
strServer = "."
Set objWMI = GetObject("winmgmts:\\" & strServer)
wql = "Select * from Win32_NetworkAdapter"
Set colResult = objWMI.ExecQuery(wql,,48)

For Each objInstance In colResult
    WScript.Echo objInstance.getObjectText_
Next
```

Listing 17.1: Alle Netzwerkkarten auflisten

Möchten Sie nur die wichtigsten Eckdaten der Netzwerkkarten sehen, dann fragen Sie nicht alle Eigenschaften mit *getObjectText_* ab, sondern suchen sich die für Sie interessanten Eigenschaften aus:

```
strServer = "."
Set objWMI = GetObject("winmgmts:\\" & strServer)
wql = "Select * from Win32_NetworkAdapter"
Set colResult = objWMI.ExecQuery(wql,,48)

For Each objInstance In colResult
   With objInstance
      WScript.Echo "Karte:", .Description
      WScript.Echo "MAC-Adresse:", .MACAddress
      WScript.Echo "Geräte-ID:", .DeviceID
      WScript.Echo string(80, "=")
   End With
Next
```

Listing 17.2: Eckdaten installierter Netzwerkkarten anzeigen

WMI listet auf diese Weise nicht nur die Netzwerkkarten auf, die im Fenster aus Abbildung 17.1 gezeigt werden, sondern auch »Pseudo-Netzwerkkarten« wie zum Beispiel die parallele Schnittstelle.

Möchten Sie nur die Netzwerkkarten sehen, die tatsächlich für Netzwerkverbindungen eingesetzt werden, dann können Sie ab Windows XP die neuen Eigenschaften *NetConnectionStatus* und *NetConnectionID* einsetzen. *NetConnectionStatus* meldet den Verbindungsstatus einer Netzwerkkarte und *NetConnectionID* den Namen der Netzwerkverbindung, so wie er in Abbildung 17.1 angezeigt wird.

Das nächste Skript meldet die Netzwerkverbindungen und deren Verbindungsstati:

```
strServer = "."
```

```
Set objWMI = GetObject("winmgmts:\\" & strServer)

strStatus = Array("getrennt", "Verbindungsaufbau", "Verbindung hergestellt", _
    "Verbindungsabbau", "Hardware fehlt", "Hardware deaktiviert", _
    "Hardwarefehler", "Netzwerkkabel fehlt", "Authentifizierung", _
    "Authentifiziert", "keine Berechtigung", "ungültige Adresse", _
    "Anmeldung erforderlich")

wql = "Select * from Win32_NetworkAdapter where NetConnectionID<>null"

Set colResult = objWMI.ExecQuery(wql,,48)

For Each objInstance In colResult
    With objInstance
        WScript.Echo "Netzwerkverbindung:", .NetConnectionID
        WScript.Echo "Status-ID:", .NetConnectionStatus
        WScript.Echo "Status:", strStatus(.NetConnectionStatus)
        WScript.Echo string(80, "=")
    End With
Next
```

Listing 17.3: Netzwerkverbindungen und Verbindungsstatus ausgeben

Eine bestimmte Netzwerkkarte ansprechen

Häufig sollen Skripts die Einstellungen einer bestimmten Netzwerkkarte auslesen oder ändern. Sie können Netzwerkkarten auf verschiedenen Wegen ansprechen.

Netzwerkverbindungsname

Möchten Sie die Netzwerkkarte über den Verbindungsnamen angeben, so wie er in Abbildung 17.1 genannt wird, und verfügen Sie mindestens über Windows XP, dann können Sie folgendermaßen vorgehen:

```
strServer = "."
strName = "Drahtlose Netzwerkverbindung"

Set objWMI = GetObject("winmgmts:\\" & strServer)

wql = "Select * from Win32_NetworkAdapter where NetConnectionID='" & _
    strName & "'"

Set colResult = objWMI.ExecQuery(wql,,48)

For Each objInstance In colResult
    With objInstance
        WScript.Echo .getObjectText_
    End With
Next
```

Listing 17.4: Eigenschaften einer bestimmten Netzwerkkarte ausgeben

Das Skript listet die Eigenschaften der Netzwerkkarte aus, die für die Netzwerkverbindung »Drahtlose Netzwerkverbindung« zuständig ist.

Können Sie den Verbindungsnamen nicht genau angeben, zum Beispiel, weil die Verbindung auf dem Zielsystem möglicherweise auch »Netzwerkverbindung 2« heißen könnte, dann gehen Sie so vor:

```
strServer = "."
strName = "Drahtlose Netzwerkverbindung"

Set objWMI = GetObject("winmgmts:\\" & strServer)

wql = "Select * from Win32_NetworkAdapter where NetConnectionID LIKE '%" _
    & strName & "%'"

Set colResult = objWMI.ExecQuery(wql,,48)

For Each objInstance In colResult
   With objInstance
      WScript.Echo .getObjectText_
   End With
Next
```

Listing 17.5: Netzwerkkarten finden, die ein bestimmtes Schlüsselwort im Namen tragen

Dieses Skript findet alle Netzwerkkarten, die im Verbindungsnamen den Text »Drahtlose Netzwerkverbindung« tragen.

Geräte-ID

Jede Netzwerkkarte erhält eine eindeutige ID-Kennziffer. Sofern Sie diese Kennziffer kennen, können Sie die Netzwerkkarte direkt über diese Kennziffer ansprechen:

```
strServer = "."
intID = 1

Set objWMI = GetObject("winmgmts:\\" & strServer)

Set objInstance = objWMI.Get("Win32_NetworkAdapter=" & intID)

With objInstance
   WScript.Echo .getObjectText_
End With
```

Listing 17.6: Netzwerkkarte über Kennziffer ansprechen

Netzwerkkarten-Name

Kennen Sie die Produktbezeichnung der Netzwerkkarte, dann können Sie die Netzwerkkarte auch über diese Information ermitteln:

```
strServer = "."
strName = "11a/b/g Wireless LAN Mini PCI Adapter"

Set objWMI = GetObject("winmgmts:\\" & strServer)

wql = "Select * from Win32_NetworkAdapter where Name='" & strName & "'"

Set colResult = objWMI.ExecQuery(wql,,48)
```

```
For Each objInstance In colResult
    With objInstance
        WScript.Echo .getObjectText_
    End With
Next
```

Listing 17.7: Netzwerkkarte über Kartenname ansprechen

MAC-Adresse

Kennen Sie die MAC-Adresse der Netzwerkkarte, dann kann auch diese Information für die Suche eingesetzt werden. Verfügen mehrere Netzwerkkarten über dieselbe MAC-Adresse, dann werden mehrere Instanzen gefunden:

```
strServer = "."
strName = "00:05:4E:44:1C:2A"

Set objWMI = GetObject("winmgmts:\\" & strServer)

wql = "Select * from Win32_NetworkAdapter where MACAddress='" & strName & "'"

Set colResult = objWMI.ExecQuery(wql,,48)

For Each objInstance In colResult
    With objInstance
        WScript.Echo .getObjectText_
    End With
Next
```

Listing 17.8: Netzwerkkarte über MAC-Adresse finden

Netzwerkkarten

Klicken Sie eine Netzwerkverbindung mit der rechten Maustaste an und wählen Sie *Eigenschaften* im Kontextmenü, dann sehen Sie die erweiterten Eigenschaften der zugeordneten Netzwerkkarte.

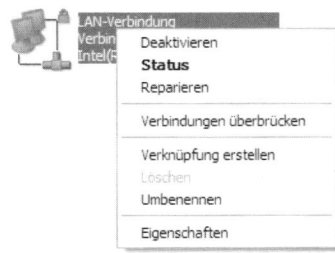

Abbildung 17.2: Eigenschaften einer Netzwerkkarte öffnen

Sie sehen nun ein Fenster mit allen Informationen der Netzwerkverbindung. Um die TCP/IP-basierten Einstellungen der Karte anzuzeigen, wählen Sie in der Liste den Eintrag *Internetprotokoll (TCP/IP)* und klicken auf *Eigenschaften*.

Abbildung 17.3: Die Detailinformationen einer Netzwerkkarte

Die Detaileinstellungen einer Netzwerkkarte, die Sie nun sehen, werden über Instanzen der Klasse *Win32_NetworkAdapterConfiguration* verwaltet.

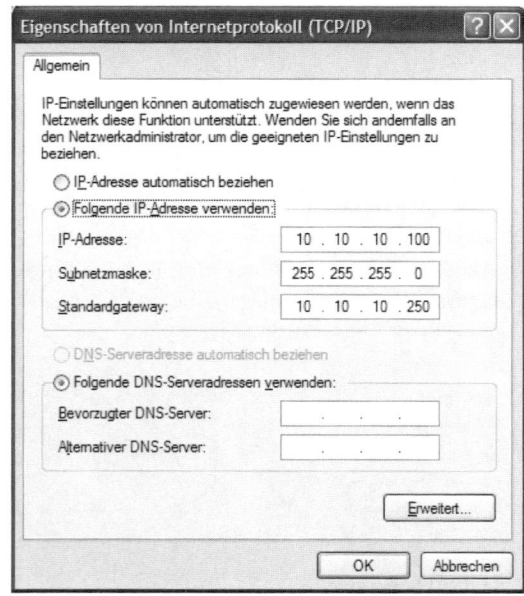

Abbildung 17.4: TCP/IP-Einstellungen einer Netzwerkkarte

Die Informationen in Abbildung 17.4 lassen sich über folgende Eigenschaften auslesen:

Feld	Eigenschaft
IP-Adresse automatisch beziehen	DHCPEnabled=True
IP-Adresse	IPAddress (Feld)
Subnetzmaske	IPSubnet (Feld)
Standardgateway	DefaultIPGateway (Feld)
DNS-Serveradresse automatisch beziehen	DHCPEnabled=True
Bevorzugter DNS-Server	DNSServerSearchOrder (Feld)
Alternativer DNS-Server	DNSServerSearchOrder (Feld)

Tabelle 17.1: Zuordnung der TCP/IP-Einstellungen zu WMI-Eigenschaften

Sie können sich die Detailinformationen für alle Netzwerkkarten ansehen, indem Sie diese Instanzen auflisten:

```
strServer = "."

Set objWMI = GetObject("winmgmts:\\" & strServer)

wql = "Select * from Win32_NetworkAdapterConfiguration"

Set colResult = objWMI.ExecQuery(wql,,48)

For Each objInstance In colResult
   With objInstance
      WScript.Echo .getObjectText_
   End With
Next
```

Listing 17.9: Netzwerkkarten-Einstellungen anzeigen

Ebenso leicht lässt sich eine Tabelle mit der Zuordnung von MAC-Adresse zu IP-Adresse(n) erstellen:

```
strServer = "."

Set objWMI = GetObject("winmgmts:\\" & strServer)

wql = "Select * from Win32_NetworkAdapterConfiguration where IPEnabled=true"

Set colResult = objWMI.ExecQuery(wql,,48)

For Each objInstance In colResult
   With objInstance
      WScript.Echo Join(.IPAddress, ", "), "=", .MACAddress
   End With
Next
```

Listing 17.10: Zuordnung von IP-Adressen zu MAC-Adressen anzeigen

HINWEIS: Die Eigenschaft *IPAddress* ist ein Feld und kann mehrere Werte beinhalten, was verständlich ist: Einer Netzwerkkarte können mehrere IP-Adressen zugeordnet sein.

Wenn Sie Felder in Skripts verarbeiten, können Sie den Feldinhalt sehr einfach mit *Join* in einen Text umwandeln.

Häufiger aber möchte man die Einstellungen einer bestimmten Karte auslesen oder ändern.

Um die Netzwerkkarte auszuwählen, verwenden Sie zunächst einen der bereits gezeigten Wege und erhalten so die Instanz der Klasse *Win32_NetworkAdapter* der Karte. Von hier aus gelangen Sie über WMI-Assoziationen zur zugeordneten Instanz der Klasse *Win32_NetworkAdapterConfiguration*.

Auf einem Windows XP-System könnten Sie also ähnlich wie in Listing 17.4 die Netzwerkkarte über den Verbindungsnamen aussuchen und sich dann die aktuellen Einstellungen anzeigen lassen. Das nächste Skript listet die Informationen aus Abbildung 17.4 für alle Netzwerkverbindungen auf, die »Drahtlose Netzwerkverbindung« im Namen tragen, also zum Beispiel auch für eine Verbindung namens »Drahtlose Netzwerkverbindung 12«:

```
strServer = "."
strName = "Drahtlose Netzwerkverbindung"

strStatus = Array("getrennt", "Verbindungsaufbau", "Verbindung hergestellt", _
    "Verbindungsabbau", "Hardware fehlt", "Hardware deaktiviert", _
    "Hardwarefehler", "Netzwerkkabel fehlt", "Authentifizierung", _
    "Authentifiziert", "keine Berechtigung", "ungültige Adresse", _
    "Anmeldung erforderlich")

Set objWMI = GetObject("winmgmts:\\" & strServer)

wql = "Select * from Win32_NetworkAdapter where NetConnectionID LIKE '%" _
    & strName & "%'"

Set colResult = objWMI.ExecQuery(wql,,48)

For Each objInstance In colResult
    Set collAllConfigs = objInstance.Associators_(, _
        "Win32_NetworkAdapterConfiguration")

    With objInstance
        WScript.Echo "Netzwerkverbindung:", .NetConnectionID
        WScript.Echo "Status:", strStatus(.NetConnectionStatus)
        WScript.Echo "MAC-Adresse:", .MACAddress
    End With

    For Each objconfig In collAllConfigs
        With objconfig
            If .DHCPEnabled Then
                WScript.Echo "DHCP-Server:", .DHCPServer
                WScript.Echo "DHCP-Lease erhalten:", _
                    GetWMIDate(.DHCPLeaseObtained)
                WScript.Echo "DHCP-Lease läuft ab:", _
                    GetWMIDate(.DHCPLeaseExpires)
            Else
                WScript.Echo "Statische IP"
            End If
            WScript.Echo "IP-Adresse:", Join(.IPAddress, ", ")
            WScript.Echo "Subnetz-Maske:", Join(.IPSubnet, ", ")
```

```
            WScript.Echo "Standard-Gateway:", Join(.DefaultIPGateway, ", ")
            WScript.Echo "DNS-Server:", Join(.DNSServerSearchorder, ", ")
        End With
    next
Next

Function GetWMIDate(ByVal wmidate)
    Set objdate = CreateObject("WbemScripting.SWbemDateTime")
    objdate.value = wmidate
    GetWMIDate = objdate.GetVarDate(True)
End Function
```

Listing 17.11: TCP/IP-Einstellungen einer Netzwerkkarte auslesen

Netzwerkkarten-Einstellungen ändern

Skripts können die Konfiguration von Netzwerkkarten nicht nur auslesen, sondern auch ändern.

DHCP und IP-Adressen

Beauftragen Sie eine Netzwerkkarte, die Verbindungsdaten wie IP-Adresse, Subnetzmaske und DNS-Serveradresse über DHCP zu beziehen, dann versucht die Netzwerkkarte zunächst, diese Informationen von einem zentralen DHCP-Server zu beziehen.

Gelingt dies, dann erhält die Karte ein so genanntes DHCP-Lease. Es hat einen Gültigkeitszeitraum. Innerhalb dieses Zeitraums verwendet die Netzwerkkarte die vom DHCP-Server bezogenen Informationen für IP-Adresse, Subnetz und DNS-Server. Sobald der Gültigkeitszeitraum überschritten ist, erfragt die Netzwerkkarte neue Informationen.

Steht kein DHCP-Server zur Verfügung, dann weist sich die Netzwerkkarte über einen Mechanismus namens APIPA selbst die nötigen Verbindungsdaten aus einem bestimmten Adresssegment zu. So ist gewährleistet, dass auch innerhalb eines kleinen Netzwerks ohne DHCP-Server Netzwerkkarten ohne manuelle Konfiguration funktionieren können.

Alternativ kann DHCP auch abgeschaltet werden. Dann müssen der Netzwerkkarte von Hand die IP-Adresse, Subnetzmaske und die DNS-Server zugewiesen werden.

DHCP aktivieren

Sie aktivieren DHCP für eine Netzwerkkarte über die Funktion *EnableDHCP*. Das folgende Skript verbindet sich mit der Netzwerkkarte »Intel(R) PRO/1000 MT Mobile Connection« und prüft zunächst über die Eigenschaft *DHCPEnabled*, ob DHCP schon aktiviert ist. Falls nicht, wird DHCP mit *EnableDHCP* aktiviert.

```
strServer = "."
strName = "Intel(R) PRO/1000 MT Mobile Connection"

Set objWMI = GetObject("winmgmts:\\" & strServer)

wql = "Select * from Win32_NetworkAdapter where Name='" & strName & "'"

Set colResult = objWMI.ExecQuery(wql,,48)

For Each objInstance In colResult
```

```
        Set collAllConfigs = objInstance.Associators_(, _
        "Win32_NetworkAdapterConfiguration")

        For Each objconfig In collAllConfigs
            With objconfig
                If .DHCPEnabled Then
                    WScript.Echo "DHCP bereits aktiv"
                Else
                    .EnableDHCP
                    WScript.Echo "DHCP wurde aktiviert."
                End If
            End With
        next
Next
```

Listing 17.12: DHCP für eine Netzwerkkarte aktivieren

DHCP-Lease kontrollieren und erneuern

Eine DHCP-aktivierte Netzwerkkarte erhält ein DHCP-Lease. Skripts können den Gültigkeitszeitraum erfragen und auf Wunsch das Lease vorzeitig erneuern:

```
strServer = "."
strName = "Intel(R) PRO/1000 MT Mobile Connection"

Set objWMI = GetObject("winmgmts:\\" & strServer)

wql = "Select * from Win32_NetworkAdapter where Name='" & strName & "'"

Set colResult = objWMI.ExecQuery(wql,,48)

For Each objInstance In colResult
    Set collAllConfigs = objInstance.Associators_(, _
    "Win32_NetworkAdapterConfiguration")

    For Each objconfig In collAllConfigs
        With objconfig
            If .DHCPEnabled Then
                WScript.Echo "Aktuelle DHCP-Einstellungen:"
                WScript.Echo "DHCP-Server:", .DHCPServer
                WScript.Echo "DHCP-Lease erhalten:", _
            GetWMIDate(.DHCPLeaseObtained)
                WScript.Echo "DHCP-Lease läuft ab:", _
            GetWMIDate(.DHCPLeaseExpires)
                antwort = MsgBox("Lease erneuern?", vbYesNo + vbQuestion)
                If antwort = vbYes Then
                    .RenewDHCPLease
                    WScript.Echo "Lease erneuert."
                End If
            Else
                WScript.Echo "DHCP nicht aktiv."
            end if
        End With
    next
Next
```

```
Function GetWMIDate(ByVal wmidate)
   Set objdate = CreateObject("WbemScripting.SWbemDateTime")
   objdate.value = wmidate
   GetWMIDate = objdate.GetVarDate(True)
End Function
```

Listing 17.13: DHCP-Lease kontrollieren und bei Bedarf erneuern

Möchten Sie die DHCP-Leases aller Netzwerkkarten erneuern, dann wird das Skript deutlich kürzer, weil Sie nun keine spezielle Netzwerkkarte mehr auszusuchen brauchen:

```
strServer = "."

Set objWMI = GetObject("winmgmts:\\" & strServer)

WScript.Echo "Alle DHCP-Leases werden erneuert..."
Set objNetConfigGlobal = objWMI.Get("Win32_NetworkAdapterConfiguration")
rv = objNetConfigGlobal.RenewDHCPLeaseAll
WScript.Echo "...erneuert. Rückgabecode: " & rv
```

Listing 17.14: Alle DHCP-Leases erneuern

Möchten Sie DHCP-Leases vorzeitig zurückgeben, dann setzen Sie entsprechend die Funktionen *ReleaseDHCPLease* und *ReleaseAllDHCPLease* ein.

IP-Adresse & Co. statisch zuweisen

Möchten Sie die TCP/IP-Verbindungseinstellungen einer Netzwerkkarte manuell zuweisen, dann kann auch dies per Skript geschehen. Weil Sie nun selbst für die Verbindungseinstellungen verantwortlich sind, müssen Sie penibel die Einstellungen kontrollieren, bevor Sie sie zuweisen.

ACHTUNG: Verfügt Ihr Computer über nur eine Netzwerkkarte, dann ist die Zuweisung der Verbindungseinstellungen leider fehlerhaft und funktioniert erst zuverlässig nach einem anschließenden Neustart des Computers. Ist mehr als eine Netzwerkkarte im Computer verbaut, dann gibt es diese Probleme nicht.

Es genügt, den virtuellen Microsoft Loopback Adapter nachzuinstallieren, um auch auf Systemen mit nur einer physikalischen Netzwerkkarte die TCP/IP-Einstellungen ohne Neustart per Skript zu setzen.

Das nächste Skript setzt die TCP/IP-Verbindungsdaten der Netzwerkkarte »Intel(R) PRO/1000 MT Mobile Connection« und weist zwei IP-Adressen mit derselben Subnetzmaske, ein Gateway und zwei DNS-Server zu:

```
strServer = "."
strName = "Intel(R) PRO/1000 MT Mobile Connection"

arrIP = Array("10.10.10.101", "10.10.10.102")
arrSubnet = Array("255.255.0.0", "255.255.0.0")
arrGateway = Array("10.10.10.250")
arrGatewayMetric = Array(1)
arrDNSServers = Array("192.168.1.100", "192.168.1.200")


Set objWMI = GetObject("winmgmts:\\" & strServer)
```

Netzwerk-Verwaltung

```
wql = "Select * from Win32_NetworkAdapter where Name='" & strName & "'"

Set colResult = objWMI.ExecQuery(wql,,48)

For Each objInstance In colResult
  Set collAllConfigs = objInstance.Associators_(, _
  "Win32_NetworkAdapterConfiguration")

  For Each objconfig In collAllConfigs
    With objconfig
        WScript.Echo "Setze IP und Subnetz..."
        rv = .EnableStatic(arrIP, arrSubnet)
        WScript.Echo "Rückgabewert: " & rv
        WScript.Echo "Setze Gateway..."
        rv = .SetGateways(arrGateway, arrGatewaymetric)
        WScript.Echo "Rückgabewert: " & rv
        WScript.Echo "Setze DNS-Server..."
        rv = .SetDNSServerSearchOrder(arrDNSServers)
        WScript.Echo "Rückgabewert: " & rv

    End With
  next
Next
```

Listing 17.15: *TCP/IP-Einstellungen manuell setzen*

Das Ergebnis des Skripts können Sie im Dialogfeld der Netzwerkkarte überprüfen:

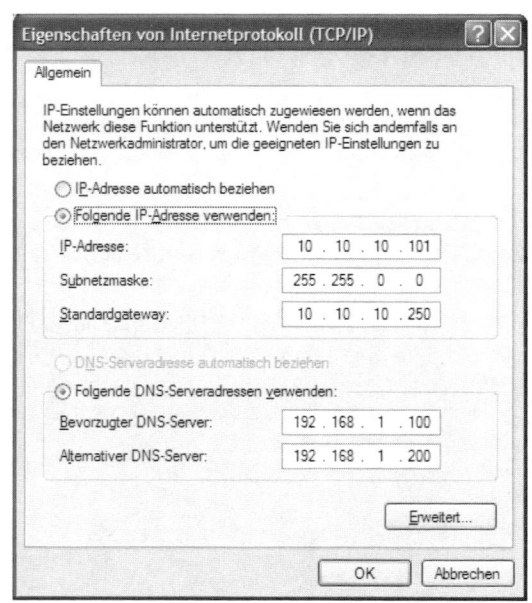

Abbildung 17.5: *TCP/IP-Einstellungen manuell per Skript setzen*

Weitere Einstellungen

Die Klasse *Win32_NetworkAdapterConfiguration* enthält zahlreiche weitere Methoden, mit denen Sie Netzwerkkarten konfigurieren können. Sie finden detaillierte Informationen hierzu im Internet bei *http://msdn.microsoft.com/library/default.asp?url=/library/en-us/wmisdk/wmi/Win32_NetworkAdapter.asp*.

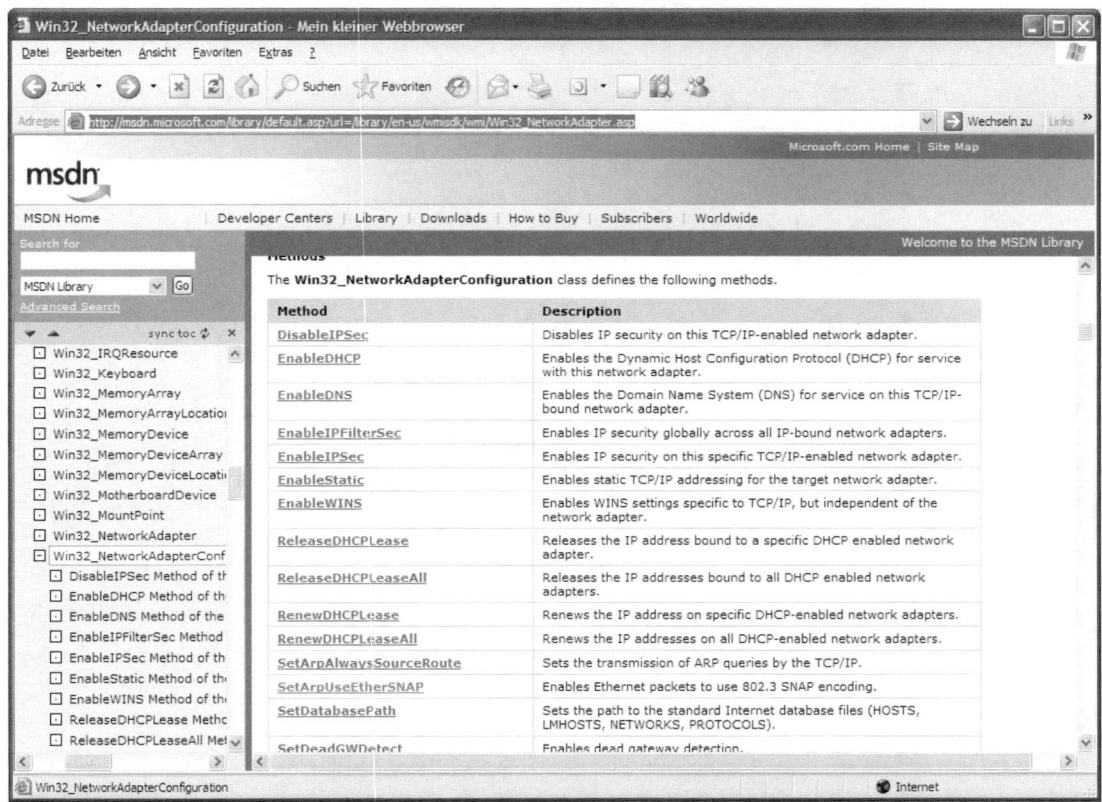

***Abbildung 17.6:** Viele weitere Methoden zur Netzwerkkarten-Konfiguration stehen zur Verfügung*

Netzwerk-Freigaben

Netzwerkfreigaben ermöglichen es anderen Netzwerkcomputern, auf lokale Ordner und deren Inhalte zuzugreifen. Sie können per Skript sowohl eigene Netzwerkfreigaben einrichten und absichern als auch Netzlaufwerke auf fremde Netzwerkfreigaben einrichten.

Eigene Freigaben

Die Computerverwaltung listet im Knoten *System – Freigegebene Ordner – Freigaben* alle Freigaben auf, die es auf Ihrem Computer gibt. Freigaben, deren Name auf »$« endet, sind versteckt und erscheinen nicht in der Netzwerkumgebung. Andere Computer können auf versteckte Freigaben nur zugreifen, wenn sie den Freigabenamen kennen.

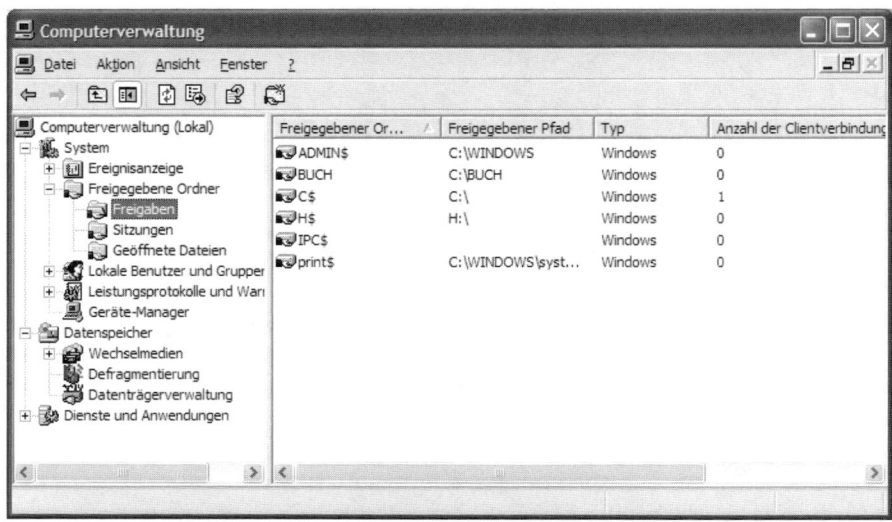

Abbildung 17.7: *Alle Freigaben eines Computers auflisten*

WMI repräsentiert Freigaben über Instanzen der Klasse *Win32_Share*. Ein Skript kann also Freigaben ähnlich wie in Abbildung 17.7 auflisten:

```
strServer = "."
Set objWMI = GetObject("winmgmts:\\" & strServer )
wql = "SELECT * FROM Win32_Share"

Set colResult = objWMI.ExecQuery(wql,,48)

For Each objInstance In colResult
   WScript.Echo objInstance.getObjectText_
Next
```

Listing 17.16: *Alle Freigaben des Systems auflisten*

Öffnen Sie eine Freigabe in Abbildung 17.7, dann sehen Sie die Detaileinstellungen der Freigabe:

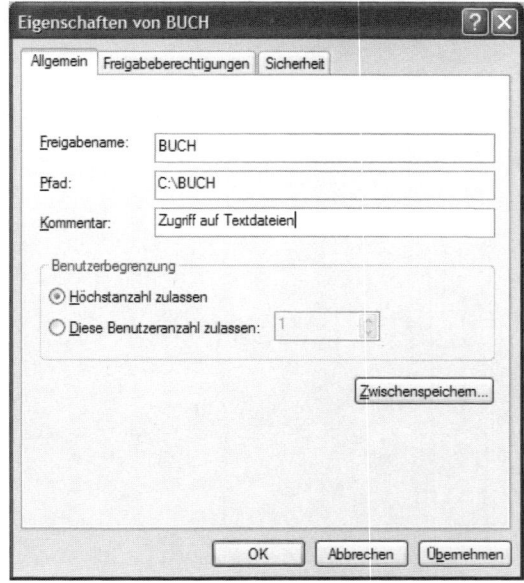

Abbildung 17.8: Detaileigenschaften einer Freigabe

Skripts können diese Informationen über die folgenden Eigenschaften ansprechen:

Feld	Eigenschaft
Freigabename	Name
Pfad	Path
Kommentar	Description
Benutzerbegrenzung	AllowMaximum, MaximumAllowed

Tabelle 17.2: Eigenschaften einer Freigabe

Das nächste Skript liefert Informationen ähnlich wie in Abbildung 17.7 und zeigt den Einsatz der Eigenschaften aus Tabelle 17.2:

```
strServer = "."
Set objWMI = GetObject("winmgmts:\\" & strServer )
wql = "SELECT * FROM Win32_Share"

Set colResult = objWMI.ExecQuery(wql,,48)

For Each objInstance In colResult
   With objInstance
      WScript.Echo "Freigabename:", .Name
      WScript.Echo "Pfad:", .Path
        WScript.Echo "Kommentar:", .Description

      If .AllowMaximum Then
         WScript.Echo "Benutzerbegrenzung:", "Höchstanzahl zulassen"
      Else
         WScript.Echo "Benutzerbegrenzung:", "Diese Anzahl zulassen: " _
      & .MaximumAllowed
```

Netzwerk-Verwaltung

```
        End If
        
        Select Case .type
          Case 0
            WScript.Echo "Typ:", "Normale Dateifreigabe"
          Case 1
            WScript.Echo "Typ:", "Druckerfreigabe"
          Case 2
            WScript.Echo "Typ:", "Gerätefreigabe"
          Case 3
            WScript.Echo "Typ:", "IPC-Freigabe"
          Case &h80000000
            WScript.Echo "Typ:", "Administrative Dateifreigabe"
          Case &h80000001
            WScript.Echo "Typ:", "Administrative Druckerfreigabe"
          Case &h80000002
            WScript.Echo "Typ:", "Administrative Gerätefreigabe"
          Case &h80000003
            WScript.Echo "Typ:", "Administrative IPC-Freigabe"
          Case Else
            WScript.Echo "Typ:", "Unbekannt"
        End Select
        
        WScript.Echo string(80, "=")
    End With
Next
```

Listing 17.17: Freigaben eines Systems auflisten

Wie Sie sehen, liefert *Type* den Typ einer Freigabe. Möchten Sie nur die normalen Dateifreigaben auflisten, könnten Sie so vorgehen:

```
strServer = "."
Set objWMI = GetObject("winmgmts:\\" & strServer )
wql = "SELECT * FROM Win32_Share where Type=0"

Set colResult = objWMI.ExecQuery(wql,,48)

For Each objInstance In colResult
    With objInstance
        WScript.Echo "Freigabename:", .Name
        WScript.Echo "Pfad:", .Path
        WScript.Echo "Kommentar:", .Description
        
        If .AllowMaximum Then
            WScript.Echo "Benutzerbegrenzung:", "Höchstanzahl zulassen"
        Else
            WScript.Echo "Benutzerbegrenzung:", "Diese Anzahl zulassen: " _
       & .MaximumAllowed
        End If
        
        
        WScript.Echo string(80, "=")
    End With
Next
```

Listing 17.18: Reguläre Dateifreigaben auflisten

Freigaben anlegen

Möchten Sie eine neue Freigabe einrichten, dann gehen Sie so vor:

```
strComputer = "."
strPath = "C:\BUCH"
strName = "Buch"
strDesc = "Zugriff auf Textdateien"

strMax = 25
Set objwmi = GetObject("winmgmts:\\" & strComputer)

Set objNewShare = objwmi.Get("Win32_Share")

rv = objNewShare.Create(strPath, strName, 0, strMax, strDesc)

Select Case rv
   Case 0 : WScript.Echo "Erfolgreich"
   Case 2 : WScript.Echo "Zugriff verweigert"
   Case 8 : WScript.Echo "Unbekannter Fehler"
   Case 9 : WScript.Echo "Ungültiger Name"
   Case 10 : WScript.Echo "Ungültige Stufe"
   Case 21 : WScript.Echo "Ungültiger Parameter"
   Case 22 : WScript.Echo "Doppelte Freigabe"
   Case 23 : WScript.Echo "Umgeleiteter Pfad"
   Case 24 : WScript.Echo "Unbekanntes Gerät oder Verzeichnis"
   Case 25 : WScript.Echo "Netzwerkname nicht gefunden"
   Case Else : WScript.Echo "Unbekannter Rückgabewert"
End Select
```

Listing 17.19: Eine neue Freigabe einrichten

Die neue Freigabe erhält als Standardberechtigung die Leseberechtigung für jeden und Vollzugriff für denjenigen, der die Freigabe eingerichtet hat, denn Sie haben die Freigabe ohne Angabe eines Security Descriptors angelegt.

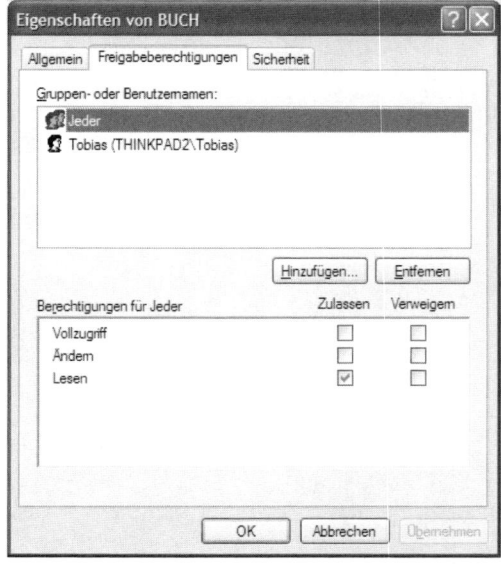

Abbildung 17.9: Automatische Freigabeberechtigungen bei Windows XP

In diesem Fall hätte eigentlich jeder Vollzugriff, aber ab Windows XP wird der Zugriff bei fehlendem Security Descriptor (Sicherheitsbeschreibung) entsprechend eingeschränkt.

Sie können per Skript die Freigabeberechtigungen einer Freigabe überprüfen:

```
strServer = "."
strName = "Buch"

Set objWMI = GetObject("winmgmts:\\" & strServer )
On Error Resume Next
Set objShare = objWMI.Get("Win32_Share='" & strName & "'")
If Err.number <> 0 Then
    WScript.Echo "Freigabe """ & strName & """ nicht gefunden."
    WScript.Quit
End If
On Error Goto 0

Set collAssoc = objShare.Associators_(,"Win32_LogicalShareSecuritySetting")


For Each objSecurity In collAssoc
    found = True
    rv = objSecurity.getSecurityDescriptor(sd)
    If rv = 0 Then
        WScript.Echo sd.getObjectText_
    Else
        WScript.Echo "Kann Security Descriptor nicht lesen."
    End If
Next

If Not found Then
    WScript.Echo "Kein Security Descriptor vorhanden."
End If
```

Listing 17.20: Freigabeberechtigungen einer Freigabe analysieren

Das Skript kann die wirklich relevanten Informationen auch ausfiltern:

```
strServer = "."
strName = "Buch"

Set objWMI = GetObject("winmgmts:\\" & strServer )
On Error Resume Next
Set objShare = objWMI.Get("Win32_Share='" & strName & "'")
If Err.number <> 0 Then
    WScript.Echo "Freigabe """ & strName & """ nicht gefunden."
    WScript.Quit
End If
On Error Goto 0

Set collAssoc = objShare.Associators_(,"Win32_LogicalShareSecuritySetting")


For Each objSecurity In collAssoc
    found = True
```

```
            rv = objSecurity.getSecurityDescriptor(sd)
            If rv = 0 Then
                For Each ace In sd.dacl
                    WScript.Echo ace.trustee.name, ace.accessmask
                Next
            Else
                WScript.Echo "Kann Security Descriptor nicht lesen."
            End If
Next

If Not found Then
    WScript.Echo "Freigabe verwendet Standardberechtigungen."
End If
```

Listing 17.21: Trustees und AccessMask auslesen

Dieses Skript liefert nur noch die Trustees (also diejenigen, denen Zugriff gewährt wird) und deren AccessMasks (also die Bitmaske, die den Zugriff regelt). Bei Freigaben kommen nur drei Bitmasken zum Einsatz: *LESEN = 1179817, ÄNDERN = 1245631* und *VOLLZUGRIFF = 2032127.*

Freigaben mit Zugriffsberechtigung erstellen

Möchten Sie eine Freigabe mit anderen, selbstdefinierten Zugriffsberechtigungen erstellen, dann muss Ihr Skript zusätzlich den gewünschten Security Descriptor erstellen. Das ist nicht trivial, aber das folgende Skript kapselt die dafür nötigen Vorgänge und macht es so leicht, Freigaben mit selbstdefinierten Berechtigungen zu erstellen.

Die Freigabeberechtigungen werden in arrSecurity festgelegt. Dabei handelt es sich um ein Feld, bei dem jedes Element eine Berechtigung darstellt.

Die Berechtigungen werden im Format »Domain\User=Berechtigung« formuliert. Als Berechtigung stehen Ihnen »Lesen«, »Aendern« und »Vollzugriff« zur Verfügung. Passen Sie die Benutzernamen an, bevor Sie das Skript ausprobieren.

```
strComputer = "."
strPath = "C:\Pakete"
strName = "Softwareverteilung"
strDesc = "Zugriff auf Textdateien"
strMax = 25
arrSecurity = Array("Technet\Domänen-Admins=VOLLZUGRIFF", "Technet\Tobias=LESEN")


Set objWMI = GetObject("winmgmts:\\" & strComputer)
rv = CreateShare(strPath, strName, strDesc, strMax, arrSecurity)

Select Case rv
    Case 0  : WScript.Echo "Erfolgreich"
    Case 2  : WScript.Echo "Zugriff verweigert"
    Case 8  : WScript.Echo "Unbekannter Fehler"
    Case 9  : WScript.Echo "Ungültiger Name"
    Case 10 : WScript.Echo "Ungültige Stufe"
    Case 21 : WScript.Echo "Ungültiger Parameter"
    Case 22 : WScript.Echo "Doppelte Freigabe"
    Case 23 : WScript.Echo "Umgeleiteter Pfad"
```

```
      Case 24 : WScript.Echo "Unbekanntes Gerät oder Verzeichnis"
      Case 25 : WScript.Echo "Netzwerkname nicht gefunden"
      Case Else : WScript.Echo "Unbekannter Rückgabewert"
End Select



Function CreateShare(ByVal strPath, _
   ByVal strName, ByVal strDesc, ByVal strMax, ByVal arrSecurity)

   Set objNewShare = objWMI.Get("Win32_Share")
   Set objNewSD = objWMI.Get("Win32_SecurityDescriptor").SpawnInstance_

   objNewSD.ControlFlags = 4

   Redim dacl(UBound(arrSecurity))

   counter = 0
   For Each element In arrSecurity
      arrParts = Split(element, "=")
      arrUser = Split(arrParts(0), "\")
      Set dacl(counter) = SetACE(arrParts(1), SetAccountTrustee(arrUser(0),arrUser(1)))
      counter = counter + 1
   Next

   objNewSD.dacl = dacl

   CreateShare = objNewShare.Create(strPath, strName, 0, strMax, strDesc,, objNewSD)
End Function


Function SetAccountTrustee(strDomain, strName)
    Set objTrustee = objWMI.Get("Win32_Trustee").Spawninstance_
    Set account = objWMI.Get("Win32_Account.Name='" & strName & _
    "',Domain='" & strDomain &"'")
    Set accountSID = objWMI.Get("Win32_SID.SID='" & account.SID &"'")


    objTrustee.Domain = strDomain
    objTrustee.Name = strName

    objTrustee.Properties_.item("SID") = accountSID.BinaryRepresentation

    Set accountSID = Nothing
    Set account = Nothing

    Set SetAccountTrustee = objTrustee
End Function


Function SetACE(AccessMask, objTrustee)
   Const LESEN = 1179817
   Const AENDERN = 1245631
   Const VOLLZUGRIFF = 2032127

   Set objACE = objWMI.Get("Win32_Ace").Spawninstance_
```

```
    objACE.Properties_.item("AccessMask") = Eval(AccessMask)
    objACE.Properties_.item("AceFlags") = 3
    objACE.Properties_.item("AceType") = 0
    objACE.Properties_.item("Trustee") = objTrustee

    Set objTrustee = Nothing

    Set SetACE = objACE
End Function
```

Listing 17.22: Freigabe mit Berechtigungen anlegen

Freigabeberechtigung nachträglich ändern

Möchten Sie die Freigabeberechtigungen einer Freigabe nachträglich ändern, dann muss der Freigabe zuvor ein Security Descriptor zugewiesen werden.

Haben Sie eine Freigabe ohne Security Descriptor zum Beispiel mit Listing 17.19 angelegt, dann können Sie nachträglich keine Änderungen am Security Descriptor vornehmen, weil überhaupt keiner vorhanden ist. WMI stellt für diese Freigaben also erst gar keine Instanzen der Klasse *Win32_LogicalShareSecuritySetting* bereit.

In diesem Fall ist es einfacher, die Freigabe zuerst mit Listing 17.24 zu entfernen und dann mit Listing 17.22 neu anzulegen.

So ändern Sie die Berechtigungen einer existierenden Freigabe, die bereits über einen Security Descriptor verfügt:

```
strComputer = "."
strName = "Softwareverteilung"
arrSecurity = Array("Technet\Domänen-Admins=VOLLZUGRIFF", "Technet\Tobias=LESEN")

Set objWMI = GetObject("winmgmts:\\" & strComputer)
rv = ChangeShare(strName, arrSecurity)
WScript.Echo "Rückgabewert: " & rv

Function ChangeShare(ByVal strName, ByVal arrSecurity)

    Set objShare = objWMI.Get("Win32_LogicalShareSecuritySetting.Name='" _
    & strName & "'")

    rv = objShare.GetSecurityDescriptor(sd)
    sd.ControlFlags = 4

    Redim dacl(UBound(arrSecurity))

    counter = 0

    For Each element In arrSecurity
        arrParts = Split(element, "=")
        arrUser = Split(arrParts(0), "\")
        Set dacl(counter) = SetACE(arrParts(1), _
        SetAccountTrustee(arrUser(0),arrUser(1)))
        counter = counter + 1
    Next
```

Netzwerk-Verwaltung

```
    sd.dacl = dacl
    ChangeShare = objShare.SetSecurityDescriptor(sd)
End Function


Function SetAccountTrustee(strDomain, strName)
    Set objTrustee = objWMI.Get("Win32_Trustee").Spawninstance_
    Set account = objWMI.Get("Win32_Account.Name='" & strName & _
"',Domain='" & strDomain &"'")
    Set accountSID = objWMI.Get("Win32_SID.SID='" & account.SID &"'")


    objTrustee.Domain = strDomain
    objTrustee.Name = strName

    objTrustee.Properties_.item("SID") = accountSID.BinaryRepresentation

    Set accountSID = Nothing
    Set account = Nothing

    Set SetAccountTrustee = objTrustee
End Function


Function SetACE(AccessMask, objTrustee)
    Const LESEN = 1179817
    Const AENDERN = 1245631
    Const VOLLZUGRIFF = 2032127

    Set objACE = objWMI.Get("Win32_Ace").Spawninstance_
    objACE.Properties_.item("AccessMask") = Eval(AccessMask)
    objACE.Properties_.item("AceFlags") = 3
    objACE.Properties_.item("AceType") = 0
    objACE.Properties_.item("Trustee") = objTrustee

    Set objTrustee = Nothing

    Set SetACE = objACE
End Function
```

Listing 17.23: Zugriffsberechtigungen einer Freigabe nachträglich ändern

Freigabe löschen

Möchten Sie eine Freigabe entfernen, dann funktioniert dies so:

```
strComputer = "."
strName = "Buch"

Set objWMI = GetObject("winmgmts:\\" & strComputer)
On Error Resume Next
    Set objShare = objWMI.Get("Win32_Share='" & strName & "'")
    If Err.number <> 0 Then
        WScript.Echo "Freigabe nicht gefunden"
```

```
        WScript.quit
    End If
On Error Goto 0

rv = objShare.Delete
Select Case rv
    Case 0 : WScript.Echo "Erfolgreich"
    Case 2 : WScript.Echo "Zugriff verweigert"
    Case 8 : WScript.Echo "Unbekannter Fehler"
    Case 9 : WScript.Echo "Ungültiger Name"
    Case 10 : WScript.Echo "Ungültige Stufe"
    Case 21 : WScript.Echo "Ungültiger Parameter"
    Case 22 : WScript.Echo "Doppelte Freigabe"
    Case 23 : WScript.Echo "Umgeleiteter Pfad"
    Case 24 : WScript.Echo "Unbekanntes Gerät oder Verzeichnis"
    Case 25 : WScript.Echo "Netzwerkname nicht gefunden"
    Case Else : WScript.Echo "Unbekannter Rückgabewert"
End Select
```

Listing 17.24: *Freigabe löschen*

Netzlaufwerke

Über Netzlaufwerke kann ein Computer freigegebene Ordner anderer Computer wie ein reguläres Laufwerk ansprechen. Dabei wird der Freigabe ein Laufwerksbuchstabe zugewiesen.

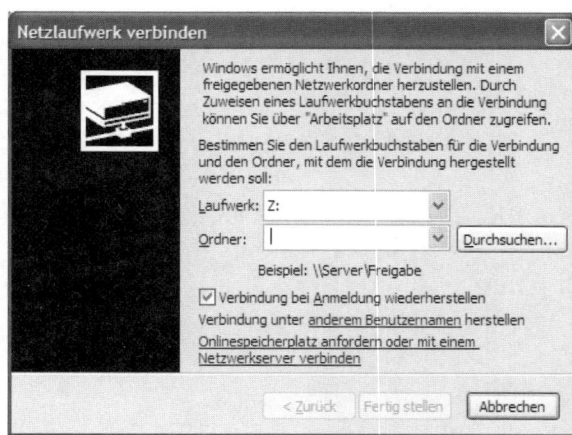

Abbildung 17.10: *Ein Netzlaufwerk verbinden*

Diese Zuweisung kann auch per Skript erfolgen und ist eine häufige Anforderung von Logon-Skripts.

```
strLetter = "X:"
strPath = "s2003\Softwareverteilung"

Set objnet = CreateObject("WScript.Network")
objnet.MapNetworkDrive strLetter, strPath
```

Listing 17.25: *Ein Netzlaufwerk temporär einrichten*

Listing 17.25 richtet ein Netzlaufwerk ein und weist ihm den Laufwerksbuchstaben X: zu. Voraussetzung ist, dass der UNC-Pfad der Freigabe erreichbar ist. Das Netzlaufwerk bleibt nur so lange erhalten, wie der Anwender angemeldet ist.

Möchten Sie das Netzlaufwerk nicht im Rahmen eines Logon-Skripts vorübergehend setzen, sondern permanent einrichten, dann gehen Sie so vor:

```
strLetter = "X:"
strPath = "s2003\Softwareverteilung"

Set objnet = CreateObject("WScript.Network")
objnet.MapNetworkDrive strLetter, strPath, True
```

Listing 17.26: Ein permanentes Netzlaufwerk einrichten

Das dritte Argument (True) entspricht also der Option »Verbindung bei Anmeldung wiederherstellen« aus Abbildung 17.10.

Möchten Sie sich an der Netzwerkfreigabe unter einem anderen Benutzernamen anmelden, dann verwenden Sie diesen Ansatz:

```
strLetter = "X:"
strPath = "s2003\Softwareverteilung"
strUser = "technet\Tobias"
strPwd = "Geheim99"

Set objnet = CreateObject("WScript.Network")
objnet.MapNetworkDrive strLetter, strPath, True, strUser, strPwd
```

Listing 17.27: Netzlaufwerk mit alternativen Anmeldedaten einrichten

Freigaberessourcen verwalten

Nicht nur WMI kann Netzwerkfreigaben verwalten. Dies ist auch über ADSI möglich. ADSI liefert im Gegensatz zu WMI wertvolle Informationen über Freigabesitzungen und –Ressourcen.

So werden alle zurzeit eingesetzten Ressourcen überprüft:

```
strName = "."

Set lanman = GetObject("WinNT://" & strName & "/LanmanServer,FileService")

WScript.Echo "Belegte Ressourcen:"

On Error Resume Next
For Each obj In lanman.Resources
    WScript.Echo obj.User & " greift auf " & obj.Path & " zu."
Next
On Error Goto 0
```

Listing 17.28: Netzwerk-Ressourcen auflisten

Im Gegensatz zu *Resource*-Objekten repräsentieren Sessions aktive Sitzungen, die Benutzer via Netzwerk aufrechterhalten. Innerhalb einer solchen Session kann ein User auf mehr als eine Resource zugreifen.

So werden alle zurzeit laufenden Netzwerk-Sessions sichtbar gemacht:

```
strName = "."
Set lanman = GetObject("WinNT://" & strName & "/LanmanServer,FileService")

WScript.Echo "Sitzungen:"

For Each obj In lanman.Sessions
   WScript.Echo obj.User & " greift auf " & obj.computer & " zu. "
   WScript.Echo "Verbindungszeit:", CMinute(obj.ConnectTime)
   WScript.Echo "Leerlaufzeit:", CMinute(obj.IdleTime)
Next


Function CMinute(secs)
   CMinute = Fix(secs/60) & " min. "
End Function
```

Listing 17.29: Aktive Netzwerkverbindungen auflisten

Windows-Firewall

Windows XP enthält ab Service Pack 2 eine eingebaute Personal Firewall, die Windows Firewall. Sie protokolliert, welche Anfragen der Computer ans Netzwerk richtet. Antworten auf diese Anfragen werden zugelassen, aber ungefragte Kontaktaufnahme aus dem Netzwerk unterbindet die Firewall.

Obwohl die Windows Firewall auf den ersten Blick unscheinbar wirkt, ist sie auch auf den professionellen Unternehmenseinsatz ausgerichtet und kann per Skript verwaltet werden.

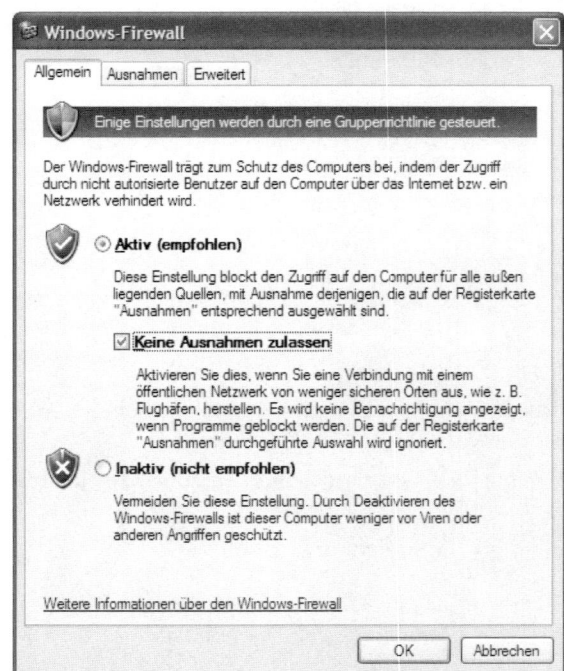

Abbildung 17.11: *Die Einstellungen der Windows-Firewall bei einem Home-PC*

Firewall ein- und ausschalten

Auf einem Home-PC, der nicht an eine Domäne angebunden ist, wird die Windows-Firewall über das gleichnamige Modul der Systemsteuerung kontrolliert. Der Anwender kann in Abbildung 17.11 zum Beispiel bestimmen, ob die Firewall aktiv sein soll oder nicht.

Per Skript können diese Einstellungen ebenfalls vorgenommen werden, erfordern aber natürlich Administrator-Rechte.

Für Diagnosezwecke im Netzwerk kann es sinnvoll sein, die Windows-Firewall vorübergehend abzuschalten:

```
Set objFirewall = CreateObject("HNetCfg.FwMgr")
Set objPolicy = objFirewall.LocalPolicy.CurrentProfile

objPolicy.FirewallEnabled = False
```

Listing 17.30: Windows-Firewall vorübergehend abschalten

Möchten Sie die Firewall einschalten, setzen Sie die Eigenschaft *FirewallEnabled* auf *True*.

Die Option *Keine Ausnahmen zulassen* macht die Firewall besonders sicher und eignet sich zum Beispiel für Außendienstler, die mit dem Notebook außerhalb der Firma zu tun haben. Ist die Option gesetzt, dann berücksichtigt die Firewall keine der Ausnahmen, die auf der *Ausnahmen*-Registerkarte vermerkt sind.

```
Set objFirewall = CreateObject("HNetCfg.FwMgr")
Set objPolicy = objFirewall.LocalPolicy.CurrentProfile

objPolicy.FirewallEnabled = True
objPolicy.ExceptionsNotAllowed = True
```

Listing 17.31: Keine Ausnahmen zulassen

WICHTIG: Schalten Sie die Option ab, wenn Sie sich im regulären Netzwerk befinden, weil sonst wichtige Funktionen wie Remote Desktop oder Dateifreigaben nicht funktionieren.

Firewall-Ausnahmen

Die *Ausnahmen*-Registerkarte listet alle Ausnahmen auf: Die Firewall lässt Daten an die hier angegebenen Programme oder Dienste in jedem Fall passieren.

Drei verschiedene Ausnahmen können hier eingetragen werden:

- **Anwendungen:** Programme, die über das Netzwerk erreichbar sein müssen, ohne vorher eine Verbindung aufgenommen zu haben, beispielsweise Programme für Internettelefonie.
- **Ports:** Alle Daten, die an den angegebenen Port gehen, werden durchgelassen, zum Beispiel Telnet-Verwaltungsports.
- **Dienste:** Dienste wie ein Webserver, der über das Netzwerk erreichbar sein soll.

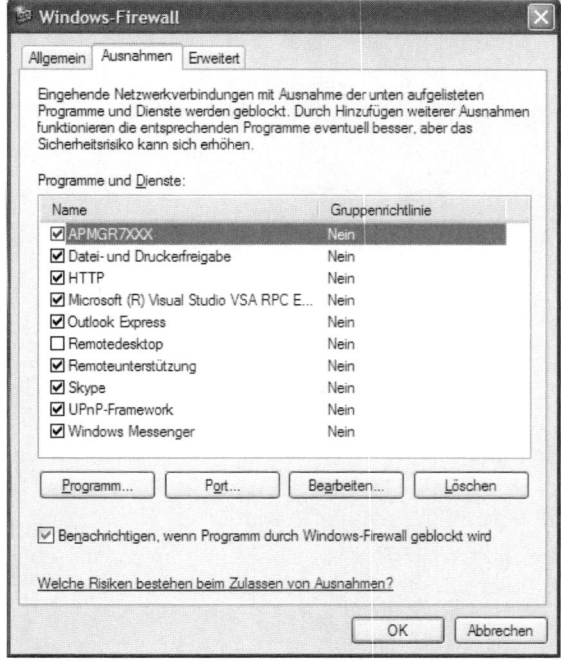

Abbildung 17.12: Ausnahmen der Firewall

Das nächste Skript listet alle Ausnahmen vom Typ »Anwendung« auf:

```
Set objFirewall = CreateObject("HNetCfg.FwMgr")
Set objPolicy = objFirewall.LocalPolicy.CurrentProfile

Set colApplications = objPolicy.AuthorizedApplications

For Each objApplication In colApplications
    WScript.Echo "Anwendung: " & objApplication.Name
    WScript.Echo "Aktiviert: " & objApplication.Enabled
    WScript.Echo "Prozess: " & _
        objApplication.ProcessImageFileName
    WScript.Echo "Remote-Adressen: " & _
        objApplication.RemoteAddresses
    WScript.Echo "Scope: " & objApplication.Scope
    WScript.Echo
Next
```

Listing 17.32: Anwendungs-Ausnahmen auflisten

Möchten Sie eine neue Anwendung in die Ausnahmeliste aufnehmen, dann gehen Sie so vor:

```
Set objFirewall = CreateObject("HNetCfg.FwMgr")
Set objPolicy = objFirewall.LocalPolicy
Set objProfile = objPolicy.CurrentProfile

Set objApplication = CreateObject("HNetCfg.FwAuthorizedApplication")
objApplication.Name = "Free Cell"
objApplication.IPVersion = 2
```

```
objApplication.ProcessImageFileName = "c:\windows\system32\freecell.exe"
objApplication.RemoteAddresses = "*"
objApplication.Scope = 0
objApplication.Enabled = True

Set colApplications = objProfile.AuthorizedApplications
colApplications.Add objApplication
```

Listing 17.33: FreeCell als Anwendung zu den Ausnahmen hinzufügen

Port

Möchten Sie einen neuen Port in die Ausnahmeliste einfügen, dann setzen Sie dieses Skript ein:

```
Set objFirewall = CreateObject("HNetCfg.FwMgr")
Set objPolicy = objFirewall.LocalPolicy.CurrentProfile

Set objPort = CreateObject("HNetCfg.FwOpenPort")
objPort.Port = 1011
objPort.Name = "NeuerPort"
objPort.Enabled = False
Set colPorts = objPolicy.GloballyOpenPorts

colPorts.Add objPort
```

Listing 17.34: Einen neuen Port anlegen

Die Eigenschaft *Enabled* legt fest, ob die Ausnahme wirksam ist oder nicht, und entspricht dem Häkchen in Abbildung 17.12.

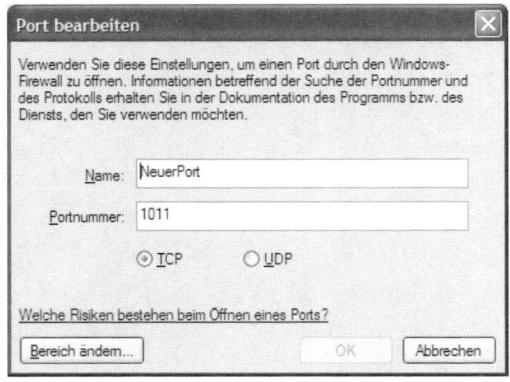

Abbildung 17.13: *Einen neuen Port hinzufügen*

ICMP-Einstellungen

Die ICMP-Einstellungen (Internet Control Message-Protokoll) legen fest, welche Steuerbefehle die Firewall zulassen soll. Der so wichtige Netzwerkdiagnosebefehl *Ping* zum Beispiel benötigt mindestens die Erlaubnis, eingehende Echoanforderungen zuzulassen. Schalten Sie diese Option in der Firewall aus, dann lässt sich der Computer nicht mehr anpingen.

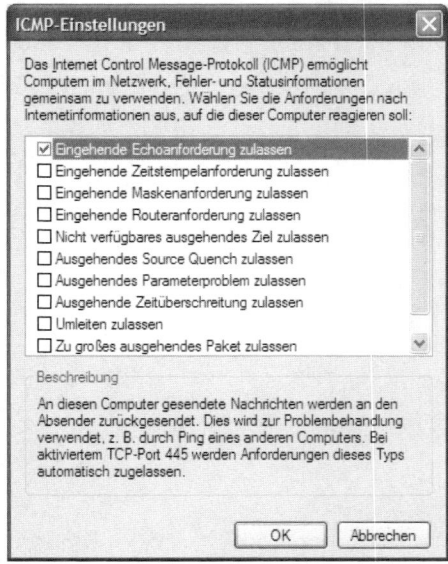

Abbildung 17.14: Die ICMP-Einstellungen der Windows-Firewall

Ein Skript kann die ICMP-Einstellungen auslesen:

```
Set objFirewall = CreateObject("HNetCfg.FwMgr")
Set objPolicy = objFirewall.LocalPolicy.CurrentProfile

Set objICMPSettings = objPolicy.ICMPSettings

With objICMPSettings
    WScript.Echo "Eingehende Echoanforderung zulassen: " _
        & .AllowInboundEchoRequest
    WScript.Echo "Eingehende Zeitstempelanforderung zulassen: " _
        & .AllowInboundTimestampRequest
    WScript.Echo "Eingehende Maskenanforderung zulassen: " _
        & .AllowInboundMaskRequest
    WScript.Echo "Eingehende Routeranforderung zulassen: " & _
        .AllowInboundRouterRequest
    WScript.Echo "Nicht verfügbares ausgehendes Ziel zulassen: " & _
        .AllowOutboundDestinationUnreachable
    WScript.Echo "Ausgehendes Source Quench zulassen: " & _
        .AllowOutboundSourceQuench
    WScript.Echo "Ausgehendes Parameterproblem zulassen: " & _
        .AllowOutboundParameterProblem
    WScript.Echo "Ausgehende Zeitüberschreitung zulassen: " & _
        .AllowOutboundTimeExceeded
    WScript.Echo "Zu großes ausgehendes Paket zulassen: " & _
        .AllowOutboundPacketTooBig
    WScript.Echo "Umleiten zulassen: " & .AllowRedirect
End With
```

Listing 17.35: ICMP-Einstellungen auslesen

Ebenso kann ein Skript die Einstellungen auch setzen. Das folgende Skript erlaubt eingehende ICMP-Echorequests, wie sie für *Ping* erforderlich sind, und verbietet alle anderen ICMP-Informationen.

```
Set objFirewall = CreateObject("HNetCfg.FwMgr")
Set objPolicy = objFirewall.LocalPolicy.CurrentProfile

Set objICMPSettings = objPolicy.ICMPSettings

With objICMPSettings
   .AllowInboundEchoRequest = True
   .AllowInboundTimestampRequest = False
   .AllowInboundMaskRequest = False
   .AllowInboundRouterRequest = False
   .AllowOutboundDestinationUnreachable = False
   .AllowOutboundSourceQuench = False
   .AllowOutboundParameterProblem = False
   .AllowOutboundTimeExceeded = False
   .AllowOutboundPacketTooBig = False
   .AllowRedirect = False
End With
```

Listing 17.36: *ICMP-Einstellungen ändern*

Firewall-Profile und Netzwerk-Domänen

Tatsächlich verfügt die Windows-Firewall über zwei getrennte Profile, von denen stets nur eins aktiv ist: Standardprofil und Domänenprofil. Das Domänenprofil greift, wenn sich der Computer innerhalb der Heimatdomäne befindet. Ansonsten ist das Standardprofil aktiv. So kann ein Administrator die Windows-Firewall unterschiedlich konfigurieren, je nachdem, ob sich ein Mitarbeiter innerhalb oder außerhalb der eigenen Firma befindet.

Die Skripts in diesem Kapitel griffen bisher stets auf das aktuelle Profil zu, unabhängig davon also, ob es sich um das Standard- oder Domänenprofil gehandelt hat.

Wenn Sie in den Skripts die Zeile

```
Set objProfile = objPolicy.CurrentProfile
```

durch

```
Set objProfile = objPolicy.GetProfileByType(1)
```

ersetzen, können Sie auch gezielt eins der beiden Profile ansprechen. Der Index 0 entspricht dabei dem Standardprofil, 1 dem Domänenprofil.

Bei einem domänenbasierten Netzwerk wird die Windows-Firewall über Gruppenrichtlinien konfiguriert. Hier sind zusätzliche Einstellungen möglich.

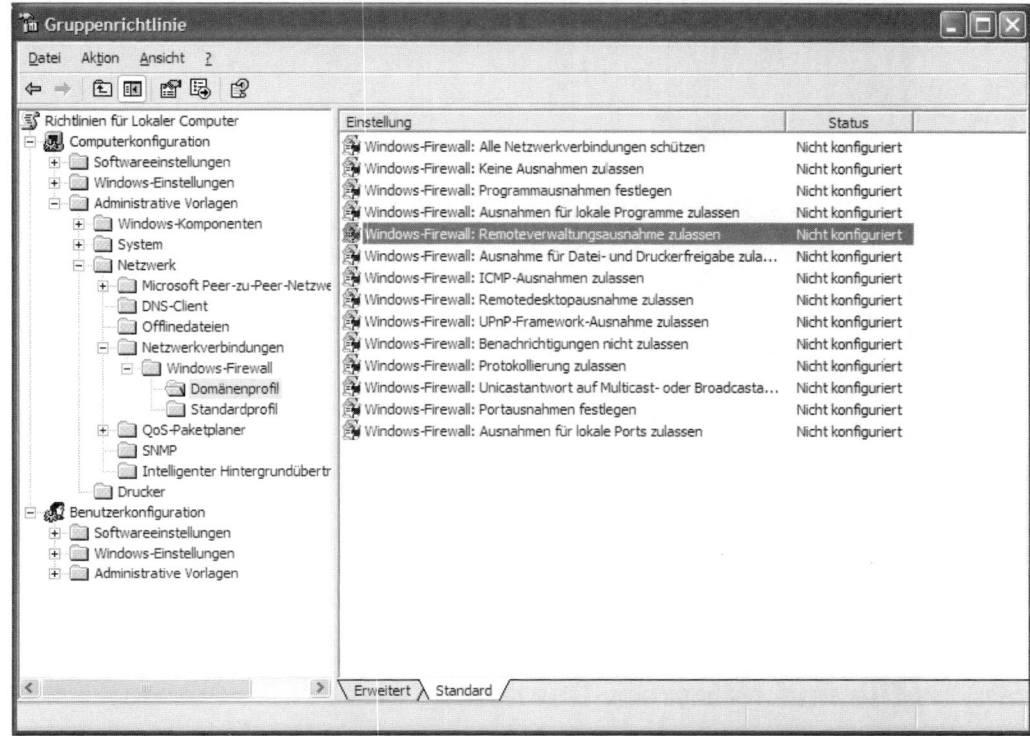

Abbildung 17.15: Die Verwaltung der Windows-Firewall über Gruppenrichtlinien

Eine der wichtigsten Einstellungen, die nicht über das Standarddialogfeld aus Abbildung 17.15 zur Verfügung steht, ist die Remoteverwaltungsausnahme.

Ist die Windows-Firewall aktiv, dann blockiert sie normalerweise Übertragungsstandards wie DCOM (*Distributed COM*) und macht es so unter anderem unmöglich, Systeme mit der *Micosoft Management Console* (MMC) oder per Skript fernzuverwalten.

Wird die Remoteverwaltungsausnahme der Windows-Firewall aktiviert, dann ist DCOM wieder möglich, und die Fernverwaltung wird durch die Windows-Firewall nicht behindert.

```
Const DOMAIN = 0
Const STANDARD = 1

Set objFirewall = CreateObject("HNetCfg.FwMgr")

Set objPolicy = objFirewall.LocalPolicy.GetprofileByType(STANDARD)

Set objAdminSettings = objPolicy.RemoteAdminSettings
objAdminSettings.Enabled = True

Set objPolicy = objFirewall.LocalPolicy.GetprofileByType(DOMAIN)

Set objAdminSettings = objPolicy.RemoteAdminSettings
objAdminSettings.Enabled = False
```

Listing 17.37: Remoteverwaltungsausnahme im Standardprofil inaktiv und im Domänenprofil aktiv

Netzwerk-Verwaltung

A Auf der Buch-CD

Auf der mitgelieferten CD finden Sie alle wichtigen Arbeitsmaterialien, die Sie für die Arbeit mit diesem Buch benötigen. Die CD enthält die folgenden Ordner:

- **Skripts aus dem Buch:** In diesem Ordner finden Sie sämtliche Skripts aus diesem Buch. Bitte beachten Sie, dass einige Skripts Schreibberechtigung in dem Ordner benötigen, in dem sie ausgeführt werden. Sie sollten die Skripts also zuerst in einen Ordner auf Ihrer Festplatte kopieren, bevor Sie sie ausführen. Beachten Sie bitte auch die Hinweise zu den jeweiligen Skripts, die im Buch angegeben sind. Manche Skripts ändern Systemeinstellungen oder legen neue Benutzerkonten an. Andere Skripts benötigen Administrator-Berechtigung, um zu funktionieren, oder funktionieren nur auf Windows-Versionen ab Windows XP. Informieren Sie sich also vor der Ausführung jedes Skripts, welche Voraussetzungen es benötigt und was genau es durchführen wird.

- **Dokumentationen:** Hier finden Sie zwei Hilfedateien sowie ein Installationsprogramm von Microsoft. Die Datei »WSH Dokumentation« ist das elektronische Handbuch zum Windows Script Host einschließlich der Sprachen VBScript und JScript. Die Datei »scriptcenter« enthält hunderte praktischer Beispielskripte zu allen wichtigen administrativen Themen. Und die Datei »scd56de.exe« ist ein Installationsprogramm, mit dem Sie die WSH-Dokumentation wahlweise auch installieren können, wobei die Programmgruppe »Microsoft Windows Script« eingerichtet wird.

- **Skript-Editoren:** In diesem Ordner finden Sie die beiden Skript-Editoren »QuickEdit« und »SystemScripter«, die in Kapitel 1 besprochen werden und Ihnen dabei helfen, Skripts zu erstellen und zu verstehen. Bei »QuickEdit« handelt es sich um eine lizenzierte Vollversion exklusiv für Leser dieses Buches. »SystemScripter« steht als uneingeschränkt funktionale 30-Tage-Testversion zur Verfügung.

- **Micosoft-Software:** Im Ordner »WSH« finden Sie die Installationsdateien für den Windows Script Host (WSH). Sie benötigen diese nicht bei Windows XP und Windows Server 2003, wo bereits die aktuelle Version Teil von Windows ist. Bei älteren Windows-Versionen dagegen sollten Sie zuerst den entsprechenden aktuellen WSH aus diesem Ordner nachinstallieren. Im Ordner »Debugger« finden Sie die deutsche und die englische Version des Script Debuggers. Sollte die deutsche Version auf einem deutschen System nicht funktionieren, dann installieren Sie die englische Version. Gerade im Firmenumfeld handelt es sich bei »deutschen« Systemen in Wirklichkeit um englische »MUI«-Systeme (Multi-User-Interface) mit deutscher Oberfläche, die die englische Debugger-Version benötigen. Der Ordner »CAPICOM« enthält die aktuelle Version der CAPICOM-Utilities, die einige Skripts in diesem Buch benötigen. Installieren Sie die DLL-Datei, wenn die CAPICOM-Skripts bei Ihnen nicht funktionieren. Installationshinweise finden Sie im Ordner.

Stichwortverzeichnis

%PATH% 122
(Standard) 139
__InstanceCreationEvent 105, 106
__InstanceDeletionEvent 105, 107
__InstanceModificationEvent 105

A

Abbrechen
 Skript 24
Abhängigkeiten
 Dienste 370
Ablaufdatum 280, 281
Abteilung 291
AcceptStart 369
AcceptStop 369
Access 176
Access Control Entries 115
AccessMask 110, 112
AccountDisabled 264, 268, 269
AccountExpirationDate 267, 280, 281
AceFlags 110
AceType 110
Active Directory Service Interface 183
Active Directory Standorte und Dienste 231
Add 177, 271, 299
AddNew 162
adLockOptimistic 177
ADM-Dateien 219
Administrative Vorlagen 219
Administratoren 120
Administrator-Rechte 187
ADODB.Connection 180
ADODB.Recordset 107
ADODB.Stream 87, 88
ADOX.Catalog 171
ADOX.Column 171
ADOX.Table 171
Adress-Informationen 279
ADS_PROPERTY_APPEND 291
ADS_PROPERTY_UPDATE 291
ADSI 183
ADsPath 186, 299
ADSystemInfo 31, 33
ADSystemInfo-Objekt 214, 217
adVarWChar 160
Alias-Namen 278
AllowMaximum 425

AllUsersDesktop 35
AllUsersPrograms 35
AllUsersStartMenu 35
AllUsersStartup 35
Alternativer DNS-Server 417
and not 65
Andere 276
Anhalten 369
Anmelden 280
Anmelden als 368, 370
Anmeldeskript 287
Anmeldezeiten 280, 281
Anmeldung
 unter anderem Namen 197
Anmerkung 289, 317
Anruferkennung verifizieren 300
ANSI 127
ANSI-Code 45, 86
Anzeigename 276, 369, 395
APIPA 419
Append 171
Archiv 64
Argumente 18, 20, 47
Arguments 72
Array 186, 207
ASC 45, 86, 108
ASCII 127
ASCIItoANSI 127
ASP-Seiten 4
 verschlüsseln 30
atEndOfStream 67
Attribut 49
Attribute 64, 277, 324
AuditAccountLogon 228
AuditAccountManage 228
AuditDSAccess 228
AuditLogonEvents 228
AuditPolicyChange 228
AuditSystemEvents 228
Ausnahmen
 Firewall 436
Automatic 381
Autostart-Gruppe 35
Autostart-Programme 259
Autostarts 259
Autostarttyp 368
AutoUnlockInterval 222
AutoWert-Feld 171
AvailableSpace 55

445

B

Backup Domänencontroller 215
BackupEventLog 394, 399
Basisverzeichnis erforderlich 265
BDC 215
Bedingungen 19
Beenden 369
Befehlsbibliotheken 6
Benutzer kann das Kennwort nicht ändern 280
Benutzer muss Kennwort bei der nächsten Anmeldung ändern 280
Benutzeranmeldename 280
Benutzeranmeldename (prä-Windows 2000) 280
Benutzerbegrenzung 425
Benutzerkonten
   suchen 202
Benutzerkonto 201, 261
   entfernen 263
   neues anlegen 263
   suchen 274
Benutzername 33, 34
Benutzerrechte 219, 224
Berechtigungen
   effektive 110
Beschreibung 276, 316, 324
Besitz
   übernehmen 118
Besitzer 118
Betriebssystem 252
Betriebssystem-Version 253
Bevorzugter DNS-Server 417
Bilddateien 99
Binärdatei 86
Binärdateien 65
Binärwert 137
BinaryStringToByteArray 88
BIOS-Einstellungen 258
Bit 85
BMP-Bilddateien 99
Boot 381
Boot-Konfiguration 258
Bootmenü
   Verzögerung 257
Bridgehead Server 231
Brückenkopf-Server 231
BuildPath 43
Bundesland/Kanton 278, 324
Büro 276
Byte 85
Byte-Array 282

C

C 196
CancelAllJobs 361
CAPICOM 309
CAPICOM.Utilities 87, 281, 282
Category 395, 396

CategoryString 395, 396
CD-ROM 56
CD-ROM-Laufwerk 57
CER-Datei 311
Change 370, 379
ChangePassword 272
ChangeSecurityPermissions 114, 115
ChangeStartMode 369
ChangeStartType 380
Char 85
CharacterSet 85
CheckAccess 144, 157
CheckPoint 379
Chr 45
CIM_DataFile 95, 105, 106
CIM_DirectoryContainsFile 106
CIM_LogicalFile 92, 94, 95
Class 95, 186, 188
ClearEventLog 394, 395, 400
cmd.exe 126
CN 196, 294
CN-Eigenschaft 216
CO 278, 324
Collection 55
ColNameHeader 85
COM+-Anwendungen 312
COM+-Partitionsgruppe 313
Common Name 196, 216
company 291
Compress 99
Computer 185, 239
   neu starten 259
   zur Domäne hinzufügen 239
Computer-Container 185
ComputerName 31, 33, 34, 395, 396
Computerzertifikat 197
ConfigurationNamingContext 196
Container 189
Containment 189
Continue 369
ControlFlags 110
CopyFile 48
CopyFolder 48
CopyHere 52
Country Name 196
Create 185
CreateFolder 46
CreateKey 144
CreateObject 32
CreateShortcut 72, 73
CreateTextFile 65, 68
CreateWMIDate 407
CreationDate 395
CScript 20
Currency 85

D

DACL 110
Data Source Driver 176

Date 85
DateCreated 59, 62
Datei 52, 92
    Änderungsdatum bestimmen 61
    umbenennen 70
Datei anlegen 65
Dateiattribute 64
    setzen und lesen 64
Dateiinhalt
    verschlüsseln 30
Dateiliste 69
Dateinamen
    zufälligen generieren 44
Dateisystem 55
    verwalten 41
Dateityp 43
Datei-Verknüpfung 52
DateLastAccessed 62, 93
DateLastModified 62
Datenbank
    generieren 169
Datenbanken anlegen 159
Datenbanktreiber 82
Datenbank-Zugriff 159
Datenquellen 172
Datenquellenname 173
Datenträgerbezeichnung 55
DateTime 85
DC 196
Debugger 26
    Haltepunkte 27
    öffnen 27
    Varianten 27
Default-First-Site 232
DefaultIPGateway 417
DefaultNamingContext 196
Defragmentierung 123
Delegierungszwecke 280
Delete 180, 185, 212, 244, 263, 275
DeleteFile 48, 49
DeleteFolder 48
DeleteKey 144, 156
DeleteObject 244
DeleteValue 144, 155
department 291
DESC 108
Description 51, 72, 201, 245, 264, 276, 316, 324, 368, 425
Desktop 35, 70
DES-Verschlüsselung 283
DES-Verschlüsselungstypen 281
DHCP 419
DHCPEnabled 417, 419
DHCP-Lease 419
Dictionary 76
Dienst 372
    anhalten 376
    beenden 373
    deaktivieren 380
    fortsetzen 377

    starten 375
    umbenennen 380
Dienste 367
Dienstkonto 370, 381
Dienstname 369
Dienststatus 369
DIR 125
directReports 291, 293
Disabled 381
DisplayName 276, 328, 369
distinguishedName 294, 325, 329
DLL-Dateien
    Versionen ermitteln 37
DNS-Serveradresse 419
DNS-Serveradresse automatisch beziehen 417
DNSServerSearchOrder 417
Do...Loop 68
Dokumentation 7
Dokumente-Menü 35
    bereinigen 74
Domain Component 196
DomainDNSName 33, 214
DomainName 34, 194
Domain-Objekt 193, 197
DomainShortName 33, 214
Domäne 213
Domänencontroller
    Name finden 33
    suchen 249
Domänenname 34
Domänenprofil 440
Double 85
Drive 52, 97
DriveExists 45
DriveLetter 55
Drives 53
DriveType 55, 56
Druckerordner 35
DsServiceName 196
DWORD-Wert 137

E

Echo 22
Echoanforderungen 438
EFS-Zertifikat 273
Eigene Dateien 35, 36, 69
Eigenschaft 211
Eigenschaften 18
Einfache Dateifreigabe 120
Einwahl-Einstellungen 301
Einwählen 300
E-Mail 276
EmailAddress 276
EnableRemoteControl 306
Endlosschleife 24
EnumKey 144
EnumValues 144, 149
Environment 39

Ereignisanzeige 228, 393
Ereigniskennung 396, 403
Ereignislogbuch
    löschen 400
Ereignislogbücher
    auflisten 397
Ereignisnachricht 402
Ereignisquelle 403
Ereignisse
    schreiben 400
Ereignisse löschen 394
Ereignisse nach Bedarf überschreiben 395
Ereignisse überschreiben 395
Err.Number 191
Err-Objekt 51
EventCode 384, 395, 396, 403
eventvwr.msc 393
EVT-Datei 399
Excel 23, 176
Excel 97 176
ExecNotificationEvent 105
ExecQuery 95
Execute 127, 180
ExecuteGlobal 76
Exit Function 46
ExpandEnvironmentStrings 39
Extension 98

F

facsimileTelephoneNumber 204, 289
Favorites 35
Fax 289
FaxNumber 204, 289
Fehlerbehebung 26
Felder 207
Festplatte 56
File 52
FileExists 46
FileName 101
File-Objekt 61
Files 62
FileSize 94, 98, 395
FileSystem 55
Filter 164, 166, 167, 179, 186
Filterkriterium
    Ereignisse 406
Find 164, 166
FindComputer 246
Firewall 120, 435
FirewallEnabled 436
Firewall-Logbuch 75
Firma 291
firstName 276
FixedLength 86
Flags 281
Flexible Single Master Operations 33, 215
Float 85
Folder 52

FolderExists 46
Folder-Objekt 58
Fonts 35
for each...next 55, 216
ForestDNSName 33, 218
Forests 33
Format 85
FormatDateTime 59, 94
Fortsetzen 369
FreeSpace 55
Freier Speicher 55
Freigabe
    löschen 432
    neue einrichten 427
Freigaben 424
Freigabename 55, 425
FSMO 215
FSMOs 33
FullName 72, 264
Function 46
Funktionen 18

G

Geplante Tasks 131
Gesamtgröße
    Datenträger 55
Get 205
GetAbsolutePathName 43
GetAnyDCName 33
GetBaseName 43
GetBinaryValue 145
GetDCSiteName 33
GetDrive 53
GetDriveName 43
GetDWORDValue 145
GetEffectivePermission 111
GetEx 293, 295
GetExpandedStringValue 145
GetExtensionName 43
GetFile 61, 70
GetFileName 43
GetFileVersion 37, 161
GetFolder 58, 70
GetInfo 193, 201
GetMultiStringValue 145
GetObject 185, 189, 263
getObjectText 412
GetObjectText_ 92, 372
GetParentFolderName 43
GetProperty 192
GetPropertyItem 193
GetSpecialFolder 36, 37, 61
GetString 165, 250
GetStringValue 145
GetTempName 44
GetTrees 33, 218
GetWMIDate 407
givenName 276

Global Catalog 251
Globale Gruppe 317
GPEDIT.MSC 218
gPLink 327
GPMC 327
gPOptions 327
Group 110
Group-Objekt 190
Groups 272
groupType 190, 317
Gruppe 190
    anlegen 315
    löschen 316
    suchen 318
Gruppen 270, 315
Gruppenbereich 317
Gruppenmitgliedschaften 295, 297
Gruppenname (Prä-Windows 2000) 316
Gruppenrichtlinie 218
Gruppenrichtlinien 326, 440
Gruppenrichtlinien-Management Console 327
Gruppenrichtlinien-Objekte 220, 328
Gruppentyp 317
Gruppentypen 315
GUID 186

H

Haltepunkte 27
Hauptschlüssel
    Registry 136
Hex 86
HexToBinary 87
Hidden 100
HKEY_CLASSES_ROOT 136
HKEY_CURRENT_CONFIG 136
HKEY_CURRENT_USER 136
HKEY_DYN_DATA 136
HKEY_LOCAL_MACHINE 136
HKEY_USERS 136
HomeDirDrive 269
HomeDirectory 269, 287
HomeDrive 287
HomePage 276
HomePhone 289
Hotfixes 253
Hotkey 72
HTML-Dateien 65
HTML-Seite 165

I

ICMP-Echo-Requests 249
ICMP-Einstellungen 438
IconLocation 72
IIS 4, 184
Indexing Service 176
Info 289, 317

Initialen 276
Initials 276
InputBox 20
INSERT INTO 180
InsertionStrings 402, 406
Instr 384
Integer 85
Internet Information Server 4, 184
Internetprotokoll (TCP/IP) 415
inventar.mof 256
IPAddress 417, 418
IP-Adresse 417
IP-Adresse automatisch beziehen 417
ipPhone 289
IPSubnet 417
IP-Telefon 289
isAccountLocked 264, 268, 280
IsNativeMode 33
isOnline 249
isReady 55

J

Join 406

K

Kategorie 395, 396
Kein Kennwort erforderlich 265
Keine Ausnahmen zulassen 436
Kennwort 370
    für Dienst ändern 382
Kennwort kann nicht geändert werden 265
Kennwort läuft nie ab 265, 280
Kennwort mit umkehrbarer Verschlüsselung
    speichern 280
Kennwörter
    ändern 272
Kennwortrichtlinien 219
Kerberos 197
Kerberos-Präauthentifizierung 281
Kommentar 425
Kompression 99
Konsolenbefehle 127
Konten
    gesperrte 268
    Lebensdauer einschränken 267
    reaktivieren 268
Kontextmenü 141
Konto 280
Konto abgeschaltet 265
Konto gesperrt 265
Konto ist deaktiviert 280
Konto ist gesperrt 280
Konto siehe Benutzerkonto
kopieren
    Ordner 103

L

L 196
l 278
Land/Region 278, 324
LastAccessed 395
LastLogin 191
LastModified 395
lastName 276
Laufwerk 52, 53
Laufwerke verwalten 52
Laufwerksbuchstabe 55
Laufwerksbuchstaben 45, 55, 57
Laufwerkspfad 55
Laufwerkstyp 57
Laufwerkstypen 56
LDAP 184, 185
Lease 420
Lightweight Directory Access Protocol 184
LIKE 101, 407
LNK 72
Locality 196
Location 245
LockoutObservationInterval 222
Log-Dateien 102
LogEvent 400
LogFileName 395
LoginScript 269, 287
LoginWorkstations 280
logonHours 280
Logon-Skripts 433
Lokale Gruppe 317
lokale Gruppenrichtlinie 218
Lokaler Pfad 287
Long 85
LongChar 85
Löschaktionen 63

M

MAC-Adresse 415
Mail 276, 316
managedBy 325
manager 291
MandatoryProperties 189
Manual 381
MaxBadPasswordsAllowed 222
MaxFileSize 395, 398
Maximale Protokollgröße 395
MaximumAllowed 425
MaxPasswordAge 222
MaxScanRows 85
member 299
memberOf 295
Memo 85
Message 396, 402
Methode 211
Methoden 18
Microsoft Access 176
Microsoft Excel 23
Microsoft Indexing Service 176
Microsoft Loopback Adapter 421
MinPasswordAge 222
MinPasswordLength 222
Mitarbeiter 291
Mitglied von 295
Mitgliedschaft 270
Mobil 289
Mobile 289
mofcomp 256
MOF-Datei 256
MoveFile 48
MoveFirst 166
MoveFolder 48
MoveHere 244, 248
MsgBox 19
msNPAllowDialin 300
msNPCallingStationID 300
msNPSavedCallingStationID 300
msRADIUSCallbackNumber 300
msRADIUSFramedIPAddress 300
msRADIUSFramedRoute 300
msRADIUSSavedFramedRoute 300
msRADIUSSavedIPAddress 300
msRASSavedCallbackNumber 300
MyDocuments 35, 70

N

Nachname 276
Name 368
    Dateiname 70
NameSpace 52, 88
NamingContexts 196
Native Mode 33
NDS 184
NetBIOS-Namen 213
NetConnectionID 412
NetConnectionStatus 412
NetHood 35
Netzlaufwerk 56
Netzlaufwerke 433
Netzwerkfreigaben 423
Netzwerkkarte 414
Netzwerkkarten 412
Netzwerkumgebung 35, 424
Netzwerkverbindungen 411
NextEvent 105, 387
Novell Netware 3.0 184
Novell Netware Directory Service 184
NTDS Service-Objekt 196
nTDSDSA 249
NTFS-Berechtigungen 108, 224
NTFS-Dateisystem 99, 108
NTFS-Kompression 99
NTFS-komprimieren 99
ntSecurityDescriptor 205
Null-DACL 113

Number 51
NWCOMPAT 184

O

O 196
objectClass 249
ODBC Connection String 176
OfficeLocations 276
OLE DB 176
On Error GoTo 0 62
On Error Goto 0 51
On Error Resume Next 51, 62
OpenAsTextStream 65
OpenDSObject 197
OpenTextFile 65, 66
OperatingSystem 189
OptionalProperties 189
or 65
Oracle 176
ORDER BY 83, 180
Ordner 52, 58, 94
   umbenennen 70
Ordnernamen 43
Ordnerpfade 101
Organisation 291
Organisationseinheit 196, 212
   anlegen 321
   löschen 323
Organisationseinheiten 321
Organization Name 196
Organizational Unit 196
organizationalUnit 322
Ort 278, 324
Ort_ XE Ort _ 324
otherFacsimileTelephoneNumber 289
otherHomePhone 289
otherIpPhone 289
otherMobile 289
otherPager 289
otherTelephone 276
OU 196
OverwriteOutDated 395, 398
OverwritePolicy 395
Owner 110, 189

P

Pager 289
Paradox 176
Parent 186, 275
PasswordAge 203, 267
PasswordExpired 264, 268
PasswordHistoryLength 222
Path 38, 51, 55, 97, 99, 369
path_ 95
PathName 369
Pause 369

PauseService 369
PDC 34, 215
PDC Master 215
PDCRoleOwner 33, 216
Peer-to-Peer-Netzwerk 120
Personal Firewall 435
Pfad 425
Pfad zur EXE-Datei 369
pfirewall.log 74, 83, 104
physicalDeliveryOfficeName 276
Ping 124, 438
Platzhalterzeichen 48, 49, 101, 167, 407
PLZ 278, 324
Port 436, 438
Position 291
postalCode 278, 324
Postfach 278
postOfficeBox 278
previousInstance 105, 387
Primäre Gruppe 295
Primärer Domänencontroller 33, 34, 215
primaryGroupID 295, 296
PrintHood 35
Privat 289
Processor 189
Profil 269, 287
Profile 269, 287
   Firewall 440
profilePath 287
Profilpfad 287
Programme
   beenden 129
Programme-Menü 35
Programmgruppe
   anlegen 73
Programs 35
Protokoll löschen 395
Protokoll-Datei
   auswerten 74
Protokolldatei öffnen 394
Protokolldatei speichern 394
Protokollgröße 395, 398
   setzen 398
Protokollname 395
Provider
   ADSI 184
Prozeduren 18
Prozesse
   beenden 129
Prozess-ID 129
Put 205
PutEx 208, 276
pwdLastSet 280

Q

Quelle 395, 396, 405
Quit 5, 28

R

RAS-Berechtigungen 300
Read 67, 86
ReadAll 67
Recent 35
Recordsets 159
RefreshSchemaCache 33
REG_BINARY 155
REG_DWORD 154
REG_EXPAND_SZ 154
REG_MULTI_SZ 153
REG_SZ 153
RegDelete 137
Registry 135
Registry-Provider 255
RegRead 137
RegWrite 137, 140, 152
RelativePath 72
ReleaseAllDHCPLease 421
ReleaseDHCPLease 421
Remote Installation Services 247
Remotecomputer 187
Remoteeinwahl 300
Remotesysteme 119
Remoteüberwachung 306
Remoteverwaltungsausnahme 441
Remove 271, 300
RenamePrinter 355
Replikation 231
Resource-Objekt 434
Resource-Objekten 434
ResumeService 369
RIS 247
root/cimv2 145
root/Default 145
RootDomainNamingContext 196
RootFolder 55
RSOP_AdministrativeTemplateFile 220
Rückgabewerte 102, 124
Rückrufoptionen 300
Rufnummer 276
Rufnummern 289
Run 122, 127
    auf Programm warten 122
    Fenstergröße 125
    Umgebungsvariablen 122

S

SACL 110
SAMAccountName 212
sAMAccountName 280, 316
Save 72
Schema 186, 188
Schema Master 33, 215
schema.ini 83, 85
SchemaNamingContext 196
SchemaRoleOwner 33, 216
Schleifen 19
Schreibgeschützt 64
Schreibgeschützt-Attribut 49
Schriftartenordner 35
SCRENC.EXE 29
Screnc.exe 29
Script 265
Script Debugger 26
Script Encoder 29
Script Host 4
Scripting.Encoder 29
Scripting.FileSystemObject 41
    einsetzen 42
scriptPath 287
Security Descriptor 109, 428, 429
SELECT 180
Senden an-Menü 35, 36
SendTo 35
SerialNumber 55
Service Packs 253
ServiceAccountName 368, 370
services.msc 367
Session 434
Sessions 434
Set 205
SetBinaryValue 145
SetDWORDValue 145
SetExpandedStringValue 145
SetInfo 186, 201
SetMultiStringValue 145, 153
SetPassword 272, 370
SetStringValue 145, 153
ShareName 55
Shell 141
Shell.Application 52, 88
Short 85
Shortcut 52
Shortcut-Objekt 72, 73
Sicherheitseinstellungen
    Domäne 222
Sicherheitsgruppe 317
Sicherheitsgruppen 315
Sicherheitskopie 48
Single 85
Site
    finden 33
SiteName 33
Sites 231
Sitzungen 308
Size 362
Skript
    abbrechen 24
    automatisch beenden 25
    debuggen 26
    schrittweise ausführen 27
Skript verschlüsseln 29
Sleep 5
Smartcard 280
sn 276
Software
    inventarisieren 253

Sort 108
sortieren 107, 164
SourceName 384, 395, 396, 405
SpecialFolders 51, 69, 70
Split 250
SQL Injection 181
SQL Server 176
SQL-Abfragen 179
SQL-Anweisung 83
SQL-Server 251
ST 196
st 278, 324
Stammverzeichnis 55
Standardberechtigung 427
Standardgateway 417
Standardprofil 440
Standorte 231
Start 369
Start Menu 35
Starten 369
Startmenü 35
StartMode 368, 369
StartName 368, 370
Startparameter 369
StartService 369, 375
Starttyp 369, 380
    ändern für Dienst 380
StartType 368, 369, 372
StartupB 35
State 368, 369, 375
State/Province 196
Statische IP-Adresse zuweisen 300
Statische Routen anwenden 300
Status 368, 369, 372
Stop 27, 369
StopService 369
Straße 278, 324
street 324
streetAddress 278
Sub 47
Subfolders 58, 59
Subnetze 238
Subnetzmaske 417
SubSchemaSubentry 196
Suchabfrage
    Datei/Ordner 95
System 64, 381
System-DNS 172
SYSTEM-Kontext 131
Systemkonto 382
System-Ordner 37
SystemScripters 16

T

targetInstance 105, 387
TargetPath 72
Task beenden 129
Task-Manager 24

Tastenkombination
    Verknüpfung 72
TelephoneHome 289
TelephoneMobile 289
TelephoneNumber 276
TelephonePager 289
Templates 35
temporäre Daten 62
TEMP-Ordner 35, 37
    Datei anlegen 37
Temp-Ordner 62
Terminaldienstprofile 304
Terminalserver-Eigenschaften 305
Terminalserver-Sitzungen 308
Text 85, 176
Texteditor
    starten 122
Textinformationen 65
TextStream 52, 65
TextStream-Objekt 65
Themes 372
TimeGenerated 395, 396
Timeout 25
TimeWritten 395, 396
title 291
TotalPages 362
TotalSize 55
Trees 33
Trustee 110
tsuserex.dll 304
Type 396, 426
TypeLibrary 64
TypeName 42

U

Überwachungseinstellungen 228
Überwachungsrichtlinien 219
Umbenennen 70
Umgebung 307
Umgebungsvariablen 39
Umleitung 22
Umleitungen 125, 126
Uncompress 100
Universal-Gruppe 317
Unterordner 52, 96
Unterschlüssel 147
UPDATE 162, 181
url 276
User 395, 396
userAccountControl 280, 281, 283
UserDomain 31
UserFlags 264, 265, 268, 280
UserName 31, 33, 34
User-Objekt 190
userPrincipalName 280
userWorkstations 280

V

Variablen 18
vbe 29
VBScript 2
vbSystemModal 122
vbTab 76
Verbinden von 287
Verbindungsnamen 413
Verknüpfung 36
  auf Editor anlegen 72
Verknüpfungen 72
Veröffentlichte Zertifikate 309
Verschlüsselungsengine 29
Versteckt 64
Verteilergruppe 317
Verteilergruppen 315
Vertrauensstellungen 230
Verzeichnislisting 125
Visual FoxPro 176
Vollzugriff 113, 428
VolumeName 55
Vorgesetzer 291
Vorlagenordner 35
Vorname 276

W

WaitHint 379
WbemScripting.SWBemDateTime 100
Webseite 276
Wechselmedium 56
WHERE 180
Width 86
Win32_Directory 95, 100
Win32_LogicalShareSecuritySetting 431
Win32_NetworkAdapter 412, 418
Win32_NetworkAdapterConfiguration 416, 418, 423
Win32_NTEventLogFile 396
Win32_NTLogEvent 394, 401
Win32_Product 254
Win32_Service 371
Win32_Share 424
Win32Shutdown 259
Windows Firewall 74, 435, 440
Windows Script Host 3
Windows Update Agent 405
Windows-Ordner 37, 61
WindowStyle 72
winmgmts 92
WinNT 184, 372
WinNTSystemInfo 31, 34, 194
WinNTSystemInfo-Objekt 214
With...End With 60
WITHIN 105, 388
WMI-Assoziationen 418
WMI-Datum 407
WMI-Datumsformat 100
WMI-Dienst 91
WMI-Eventverarbeitung 408
WMI-Filter 221
WorkingDirectory 72
WQL 95
WQL-Abfrage 407
WQL-Abfragen 95
WScript 5, 20
WScript.Echo 22
wscript.exe 24
WScript.Network 31, 213, 271
WScript.Quit 28
WScript.Shell 31
WSH 5
wuauserv 373
WWWHomePage 276

X

XML-Datei 162

Z

Zeichenfolge 137
Zeitinformationen 93, 223
Zertifikat veröffentlichen 310
Zertifikate 309
Zertifikatsspeicher 310
Zugriff verweigert 120

> Wissen aus erster Hand

Sie haben noch nie programmiert oder geskriptet? Dann sind Sie genau richtig hier! Dieser Einsteiger-Workshop setzt nichts weiter voraus als ein paar Tage Zeit und Lust, Neues zu lernen.

Scripting-Guru Tobias Weltner führt Sie unterhaltsam und gekonnt in die Welt der Skript-Automatisierung ein. Zusätzlich erhalten Sie auf CD neben den Beispielskripts auch eine Testversion von SystemScripter, das Ihnen die Arbeit mit Skripten wesentlich erleichtert.

Autor	Tobias Weltner,
Umfang	384 Seiten, 1 CD
Reihe	Einzeltitel
Preis	24,90 Euro [D]
ISBN	3-86063-847-5

Microsoft Press-Titel erhalten Sie im Buchhandel, PC-Fachhandel und in den Fachabteilungen der Warenhäuser

Microsoft® Press

Wissen aus erster Hand

Dieses Buch ist die deutsche Übersetzung eines Klassikers der Programmierliteratur von Steve McConnell. Seine mit vielen Preisen ausgezeichneten Bücher helfen Programmierern seit Jahren, besseren und effizienteren Code zu schreiben. Das Geheimnis dieses Buches liegt in der Art, wie der Autor das vorhandene Wissen über Programmiertechniken aus wissenschaftlichen Quellen mit den Erfahrungen aus der täglichen praktischen Arbeit am Code zusammenführt und daraus die wesentlichen Grundvoraussetzungen der Softwareentwicklung und die effektivsten Arbeitstechniken ableitet.

Autor	Steve McConnell
Umfang	940 Seiten
Reihe	Einzeltitel
Preis	49,90 Euro [D]
ISBN	3-86063-593-X

Microsoft Press-Titel erhalten Sie im Buchhandel, PC-Fachhandel und in den Fachabteilungen der Warenhäuser

Microsoft Press

(Wissen aus erster Hand)

Nicht wenige Software-Projekte erreichen ihre Ziele nicht, da bereits in ihrer Anfangsphase Anforderungen an die Software nicht gründlich genug analysiert und dokumentiert wurden. Dieser Titel präsentiert überzeugend, warum die Erhebung, Zusammen-Stellung und das Managen von Software Requirements essentiell für erfolgreiche Projekte ist und mit welchen Mitteln diese Aufgaben am besten zu erfüllen sind. Karl Wiegers zeigt, wie Produktivität, Termintreue, Kundenzufriedenheit und Wartungs- und Supportkosten drastisch verbessert werden können.

Autor	Karl E. Wiegers
Umfang	512 Seiten
Reihe	Einzeltitel
Preis	39,90 Euro [D]
ISBN	3-86063-594-8

Microsoft Press-Titel erhalten Sie im Buchhandel, PC-Fachhandel und in den Fachabteilungen der Warenhäuser

Wissen aus erster Hand

Diese Anleitung für Administratoren bietet einfach alles, was Sie für Installation, Administration und Troubleshooting von Windows Server 2003 Terminaldiensten benötigen. Auf rund 500 Seiten finden Sie kompakte Informationen und praxiserprobte Anleitungen zu Thin Client und Server Computing. Dazu gibt es eine Begleit-CD mit zahlreichen Zusatzinformationen und Testversionen von Microsoft und Drittanbietern rund um Terminal-Server und die Terminaldienste.

Autor	Bernhard Tritsch
Umfang	520 Seiten, 1 CD-ROM
Reihe	Fachbibliothek
Preis	49,90 Euro [D]
ISBN	3-86063- 656-1

Microsoft Press-Titel erhalten Sie im Buchhandel, PC-Fachhandel und in den Fachabteilungen der Warenhäuser

Microsoft Press

Wissen aus erster Hand

Hier erhalten Sie alle Informationen, um Exchange Server 2003 in kleinen, mittleren oder großen Unternehmen erfolgreich einzuführen, zu verwalten und zu unterstützen. Der praxisorientierte Ansatz des Buchs bietet Ihnen unentbehrliche Unterstützung anhand einer Vielzahl von Beispielen und einer detaillierten Beschreibung der Arbeitsschritte.

Autor	Walter Glenn, Bill English
Umfang	850 Seiten, 1 CD-ROM
Reihe	Das Handbuch
Preis	49,90 Euro [D]
ISBN	ISBN 3-86063-184-5

Microsoft Press-Titel erhalten Sie im Buchhandel, PC-Fachhandel und in den Fachabteilungen der Warenhäuser

Microsoft Press

(Wissen aus erster Hand)

In diesem Buch haben sich fünf Microsoft MVPs (Olaf Engelke, Nils Kaczenski, Holger Schwichtenberg, Ulf B. Simon Weidner und Sandro Villinger) – und damit ausgewiesene Windows-Spezialisten – zusammengetan, um ihre besten Tipps zu Windows XP zusammenzufassen: von Tuning bis Sicherheit, von Tools bis Scripting, von der Problembehebung bis zu optischen Manipulationen.

Dieses Buch ist eine wahre Fundgrube für jeden fortgeschrittenen Windows XP-Anwender und -Administrator.

Autor	MVP-Autorenteam
Umfang	544 Seiten
Reihe	Einzeltitel
Preis	19,90 Euro [D]
ISBN	3-86063-075-X

Microsoft Press-Titel erhalten Sie im Buchhandel, PC-Fachhandel und in den Fachabteilungen der Warenhäuser